KB265447

국어국문학의 탐구

저자 소개(논문 게재 순)

왕문용 강원대학교 국어교육과 교수
한 길 강원대학교 국어국문학과 교수
박진용 한국교육과정평가원
남길임 경북대학교 국어국문학과 교수
고석주 연세대학교 국어국문학과 교수
정태섭 한라대학교 교양교직과정부 겸임교수
남보열 한라대학교 교양교직과정부 외래교수
홍정원 사내중학교 교사
이명환 강원대학교 교육대학원 국어교육전공
정나리 강원대학교 교육대학원 국어교육전공
김동숙 강원대학교 교육대학원 국어교육전공
유인순 강원대학교 국어교육과 교수
정현숙 한림대학교 아시아문화 연구소 연구교수
최창헌 강원대학교 일반대학원 국어교육과 박사과정
윤현이 유봉여자고등학교 교사
신미나 강원대학교 교육대학원 국어교육전공
김풍기 강원대학교 국어교육과 교수
이민희 강원대학교 국어교육과 교수
안재순 강원대학교 한문교육과 교수
이윤석 연세대학교 국어국문학과 교수
김하나 강원대학교 교육대학원 국어교육전공

국어국문학의 탐구

초판 인쇄 2010년 8월 20일
초판 발행 2010년 8월 27일

저　자 왕문용 외
펴낸이 이대현
편　집 권분옥·이소희·박선주

펴낸곳 도서출판 역락
주　소 서울 서초구 반포4동 577-25 문창빌딩 2층
전　화 02-3409-2058, 2060
팩　스 02-3409-2059
등　록 1999년 4월 19일 제303-2002-000014호
이메일 youkrack@hanmail.net

값 40,000원
ISBN 978-89-5556-853-0 93710

* 파본은 교환해 드립니다.

국어국문학의 탐구

왕문용 외

역락

머리말

교육현장에 있다 보면 예나 지금이나 학생들로부터 이런 질문을 받는 경우가 종종 있다.

"학교에서 배우는 것은 많은데, 이 중에서 정작 얼마나 장래 직업이나 인생에 소용이 됩니까?"

물론 이에 대해 단번에 대답하기란 쉽지 않다. 현재 사회에서 열심히 살며 성공한 사람들에게 중·고등학교 때 배운 것을 테스트해 보더라도 자신의 일과 특별한 관련이 없는 과목에서는 중·고등학생들보다 성적이 더 좋을 리 없다. 전에 배웠으나 대부분 잊어 버렸기 때문에 정확히 답하기 쉽지 않다. 달리 말해, 아무리 성공한 사람이라도 많은 정규교육 내용을 잊고 산다는 말이다. 인간의 뇌는 과거에 배운 내용 중 일부만을 기억할 수 있을 뿐이다. 그럼에도 우리는 사서 고생하며 왜 지식을 얻으려 하고, 아니 왜 배워야 하는가? 나중에는 기억해 내지 못하거나 망각할 것이 뻔한 공부를 땀 흘려 해야 하는 이유는 무엇인가?

그 이유야 여러 가지일 수 있겠지만, 가장 큰 이유는 '지혜'를 얻기 위함이 아닐까 한다. 많은 시간을 들여 공부하는 과정에서 지혜라고 하는, 눈에 보이지는 않지만, 살아가는 데 매우 중요한 것이 만들어지기 때문이다. 이 지혜는 평소 잊고 지내다가도 다시 끄집어내고자 할 때, 전혀 듣도 보도 못하고 경험해 보지 못한 사람과 달리, 최소한 마음의 준비가 되어 있고, 그러다가 어느 순간부터는 별 고생 없이 그것을 이해하게 되기 때문이다. 또한 때로는 대상을 깊이 살펴보고, 결단력을 유도할 수 있는 힘마저 갖고 있다.

작은 개울이 모여 강이 되고, 강이 흘러 바다로 나아가듯이 한 사람의 작은 마음이 모여 뜻을 이루고, 뜻이 차고 넘쳐 비로소 이 한 권의 책으로 거듭나게 되었다. 이 책은 바로 21명의 마음이 모여 만들어낸, 소중한 지적 향연이자 노래이다. 이 책은 집필에 참여해 주신 필자들의 세부전공을 고려해 세 전공별(국어학, 현대문학, 고전문학)로 세분화해 세 개의 장으로 꾸몄다. 이 책을 펴내게 된 이유는 보다 많은 연구자들과 일반 독자의 소통을 위함이다. 국어국문학에 관한 연구와 교육이 따로 놀고, 일반 독자와 연구자 간의 소통 역시 단절된 상태에서 인문학, 아니 국어국문학과 국어교육은 그 존립 근거마저 흔들리기 쉽다. 디지털 매체가 발달하고 검정 국어 교과서의 등장으로 자율적, 창의적 교육이 더욱 요구되는 이 시기에 우리는 무엇을, 또 어떻게 가르쳐야 할 것인가? 기술이 발달하고 생활이 윤택해질수록 우리 시대가 필요로 하는 건 지혜와 창의성이다. 그래서 원론적일 수 있으나 기본으로 돌아가 국어학·현대문학·고전문학 각 분야에서 새로운 지혜를 모색하자는 의미에서 '국어국문학의 탐구'로 제목을 정했다. 아무쪼록 독자 제위들이 맛볼 학도락(學道樂)이 지혜를 찾는 데 있는 한, 이 책이 한 순갈 맛난 밥상이 될 수 있을 것이라 감히 추천하는 바이다.

　세 편을 제외한 대부분의 논문이 새로 집필된 것들이다. 선뜻 옥고를 보내주신 필자 여러분에게 감사를 표한다. 또한 책이 나오기까지 강원대 국어교육과 김승원 조교 선생이 쏟았던, 보이지 않는 헌신적 노력에 고마움을 전한다. 어려운 출판 상황에서도 기꺼이 출판을 응락해 준 역락 출판사 이대현 사장님과 책을 예쁘게 편집해 준 권분옥 편집장 이하 편집부 여러분께도 깊은 감사를 표하는 바이다.

2010년 8월
저자 일동

차례

제1부 국어학

문법 교육에 대한 몇 문제

왕문용

학교 현장에서 문법 교육이 시작된 지도 100년이 넘었고 해방 후에 본격적인 문법 교육이 실시되기 시작한 지도 반세기가 넘어섰다. 김민수(1973)에서는 1960년대 초반까지의 문법교육을 성립기(~1930), 반성기(1930~1946), 부흥기(1946~)로 구분하여 논의한 적이 있고 왕문용(2005)에서는 성립기(대한제국~대한민국 건국기), 발전기(1~3차 교육과정 시기), 성숙기(4~7차 교육과정 시기)처럼 정리하여 논의한 적이 있다.[1] 문법 교육 연구도 이에 병행하여 발전하였는데 이관규(2005)에서는 이를 발아기(1985~1921), 모색기(1921~1955), 성립기(1955~1991), 발전기(1991~현재)로 나누어 논의하고 있다. 아울러 박덕유(2005)에서는 문법 교육의 발전 방향에 대해서 논의한 바 있다.

이러한 논의에서도 밝혀졌듯이 문법 교육의 실상과 반성에 대한 논의는 매우 활발하게 이루어졌다. 민현식(2006, 2007)에는 문법 교육의 실상과 과제가 자세히 정리되어 있고 젊은 학자들을 중심으로 한 논의는 남가영

---

1) 여기에서는 4차 교육과정 시기를 문법 교육의 성숙기의 시작으로 잡은 주요 이유를 국정 통일 문법 교과서 편찬에 두고 있다.

(2007)에 소개되어 있다. 문법 교육의 현장 연구에 대해서는 홍정원(2008)에 비교적 자세히 소개되었다.

2007 개정 국어과 교육과정에서는 문법 영역의 내용이 대폭 바뀌었고 문법 교육의 방향도 많이 달라졌다. 또 새로운 교과서가 편찬되는 와중에 있어 이 시기가 더 지나면 지금의 문법 교육이 고착화 되고 설사 현행 문법 교육의 방향이나 내용에 잘못이 있더라도 바로 잡기가 힘들 것이다. 2009 개정 교육과정에서는 고등학교 선택과목에서 문법이 독서와 함께 '독서와 문법' 선택과목으로 자리 잡았다. 내용은 2007 개정 교육과정의 독서와 문법을 합친 형식이지만 전혀 시도되지 않았던 새로운 체제임에는 틀림 없다. 향후 문법 교육의 방향과 위상 문제를 정립하기 위해서는 변화의 와중에 있는 현재의 시점에서 다시 한번 문법 교육에 대해 고찰하고 성찰해 보는 작업이 우선 필요하다고 본다.

문법 교육은 그 동안 여러 우여곡절을 겪으면서 4차 교육과정 시기에 국어과 교육의 한 영역으로 자리 잡기 시작하여 지금까지 이어져 오고 있으나 이미 '성숙기'의 정점을 한참 지나 내리막으로 들어선 모습을 보이고 있다. 내부적으로나 외부적으로 문법 교육은 많이 위축되고 있는 것이 현실이다. 요즈음 많이 논의되고 있는 독립적인 문법 교육이 과연 필요한가에 대한 논의가 내부적인 논의의 한 예라면 국어과 교육에서 문법 영역을 설정하지 않으려는 논의나 국어 교과서에서 형식적으로 문법 내용을 다루려는 시도가 외부적인 시도의 한 예라 할 수 있겠다. 문법 교육에 대한 연구가 발전기로 접어들면서 왕성한 논의가 이루어지고 있는 것과 대조적으로 현장에서의 문법 교육은 변화의 와중에서 위축되고 있는 것이 현실이다.

본고에서는 2007, 2009 개정 교육과정에 나타난 '문법' 영역의 특징과 이에 따라 검인정으로 처음 시도되는 국어과 교과서에 실현된 문법 교육의 내용을 검토하여 문법 교육의 현실을 성찰해 보기로 한다. '독서와 문법'은 아직 간행되지 않아 그 교과서의 전모를 알기가 어렵다.

이전의 문법 교육을 국정 교과서시대의 문법 교육이라 할 수 있는데 이 시기의 교육은 단일한 교과서와 교육과정으로 문법 교육이 이루어졌다. 그러나 앞으로는 검인정 교과서 시대로 접어들어서 중학교 1학년의 경우 23종, 2학년 15종의 교과서가 개발되었다. 여러 교과서 중에서 하나를 선택하여 학생들이 학습하는 초유의 시대가 된 것이다. 앞으로는 어떤 교과서를 선택하느냐에 따라 문법 교육 내용이 달라질 것이다. 교과서 집필자나 교과서를 선택하는 교사들의 경향에 의해서 문법 교육 내용이 많이 달라지는 시대가 되었다.2)

본고에서는 이러한 개정 교육과정 시기의 문법 교육에 나타난 몇 가지 문제를 중점적으로 살펴보기로 한다. 여러 논의에서 드러난 문제점의 대부분은 개정 교육과정 시기에도 그대로 적용되고 있다. 위계문제를 예로 들면 '사동 표현', '피동 표현'을 들 수 있다. 이 내용은 문법론에서도 상당히 많은 지식이 전제되어야 학습할 수 있는 내용으로 7차 교육과정 시기에는 고등학교 10학년에 다른 문법 요소와 함께 공부하도록 편성한 내용이다. 그런데 이 성취 기준이 7학년에 제시되고 이 내용을 이해하는 데에 필요한 어근과 접사는 8학년에서 '국어 단어 형성법을 이해하고 활용한다.'처럼 다루도록 하고 있다. 중학교 1학년 학생에게 '영이가 철수를 때렸다.'와 '영이가 철수에게 맞았다.'가 왜 능동과 피동의 관계가 아닌지 설명하기 어렵고(표현의도로만 본다면 분명히 능동과 피동의 관계임), '능동'과 '주동'의 개념을 피하면서 피동과 사동을 설명하기가 쉽지 않을 것이다.

본고에서는 많이 논의된 내용은 제외하고 개정 교육과정과 교과서에서, 다시 성찰해 보지 않으면 안 될 문법 교육의 몇 가지 근본적인 문제점을 중심으로 논의를 전개하기로 한다.

---

2) 앞으로 논의하겠지만 문법을 중요시하지 않는 교과서 집필자에 의해 교과서에서 문법 교육의 내용은 부실화되고 이런 내용을 현장에서 많이 선택하므로 문법 교육은 더욱 위축되는 방향이 틀림없이 가시화되리라 생각한다.

1. '문법'이란 용어 문제

앞에서도 살폈듯이 개정 교육과정에서는 영역 명칭이 '문법'으로 바뀌었다. 4차 교육과정시기에 '언어'라는 명칭으로 교육과정에 처음 한 영역으로 자리 잡기 시작하여, 5차, 6차 교육과정시기까지 이어지다가 7차 교육과정에서 '국어지식'이란 좀 해괴한 용어로 명명 되게 된다. 이렇게 바뀐 논리는 '언어'가 '국어'의 상위 개념어인데 어떻게 국어의 하위 영역으로 다루어질 수 있느냐는 논리인데,3) 이런 논리라면 '문학' 영역도 마찬가지로 '문학'이 한국 문학보다 추상적인 상위어이니까 '문학'이라는 명칭을 국어과에서 쓰면 안 될 것이다.

우리가 유념하여야 할 것은 국어 교육에서 사용하는 '국어'라는 용어는 한 교과목의 명칭이지 이미 '한국어'를 지칭하는 용어는 아니라는 것이다.4)

4차 교육과정을 만들 때에 참고가 된 교육과정 중에 뉴욕 주의 교육과정이 있다.5) 뉴욕 주 교육과정에서 영어과의 교과목 명칭은 'English Language Arts'로 되어 있고 그 영역 구분을 'reading', 'listening and speaking', 'composition', 'language', 'literature'로 구분하고 있다. 4차 교육과정 시기의 '언어'라는 구분은 이 'language'에 해당되는 용어로 이미 외국에서도 사용된 전력이 있는 용어이다.

개념상 혼란이 일어나 '국어지식'을 바꿔야 하는 입장에서 '문법'이라는

---

3) 최미숙 외(2009) 참조.
4) 그 동안 국어과의 '언어' 영역이나 고등학교의 문법 교과서에서 다루어온 내용을 검토하여 보면 '언어' 영역의 '언어'는 '소통 매체로서의 언어'이다. 의사소통 매체로서의 언어에는 음성언어, 문자언어, 영상언어, 통신언어 등이 포함 되는 의미가 넓은 용어이다. 요즈음은 언어의 기원을 신이 내려 주신 선물이나 사람만이 가진 선천적인 능력으로 보기보다는 진화에 의하여 적응과 선택을 거쳐 사람이 사용하고 있는 것으로 파악하는 견해가 주목 받고 있다. Pinker(1994), Kenneally(2007) 참조. 진화에 의한 적응과 선택에 의하여 소통 매체로서의 언어는 범위를 넓히고 변화할 수 있는 것이다.
5) 손영애(1984)에는 일본, 미국, 캐나다 등의 여러 나라 교육과정을 소개하는 중에 뉴욕 주 교육과정이 자세히 소개되어 있다.

용어가 등장하게 되었는데 문제는 개정 교육과정에서 그 영역의 명칭을 '문법'으로 바꾸고 문법의 내용 요소는 전통적인 문법에 속한 내용을 대폭 약화시킨 데에 있다. 2007 개정 교육과정의 고등학교 '문법' 교과목은 그것이 과연 문법 과목이란 이름으로 불리어야 하는 것인지 다시 생각해 보게 한다.

고등학교 문법 교육과정의 개괄적인 내용은 (1)과 같다.6)

(1) 1) 국어와 앎
    (1) 언어의 본질   가. 언어와 인간
                        나. 언어의 특성
    (2) 국어의 구조   가. 음운
                        나. 단어
                        다. 문장
                        라. 담화
                        마. 의미

   2) 국어와 삶
    (1) 국어와 규범   가. 정확한 발음
                        나. 올바른 단어 사용
                        다. 좋은 문장 표현
                        라. 효과적인 담화 구성
    (2) 국어와 생활   가. 일상 언어
                        나. 예술 언어
                        다. 매체 언어
                        라. 전문어
   3) 국어와 얼7)
    (1) 국어의 변천   가. 국어가 걸어온 길
                        나. 한글의 창제와 문자 생활

---

6) 2009 개정 교육과정에서는 '독서와 문법 Ⅰ'에 '국어와 앎'과 '국어와 삶' 중에서 '국어와 생활'을 독서와 함께 배치하고 '독서와 문법 Ⅱ'에서 나머지 내용을 자구를 수정하는 정도로 배열하고 있다.

7) 문법 교과서의 교육과정에 '얼'이란 용어를 사용한 것 자체도 문제가 될 수 있다. 이기문 (2008) "얼'에 대하여'에서는 '國語學者들, 특히 國語史 學者들은 이 말을 즐겨 쓰지 않았습니다. 저도 이 말을 쓴 일이 한번도 없습니다.'처럼 언급하고 이 말이 '쓸게'에 해당되는 북부방언으로 남부방언의 '쓸게'에 자리를 내주고 소멸된 말임을 밝히고 있다.

다. 선인들의 국어 생활

(2) 국어의 미래　가. 통일 시대의 국어

나. 세계 속의 국어

다. 국어와 인접 분야

(1)에서 전통적인 문법에 해당되는 국어의 구조는 극히 일부분을 차지하고 대부분 잡다한 내용으로 구성되어 있음을 알 수 있다. 이런 교과목 명칭으로서는 아무래도 '문법'보다는 '국어 생활'이나 '언어'와 같은 명칭이 더 타당하다.

앞으로 학교 교육에서 '문법'이라는 용어와 '학교 문법'이라는 용어가 어떻게 사용될지 궁금하다.

일본의 교과서에서는 '言語事項'에 해당되는 내용을 다루면서도 '언어'와 '문법'을 구분하여 사용하고 있는 점도 주목된다. 東京書籍의 중학교 '국어' 교과서는 '언어'와 '문법'이라는 용어를 구분하여 코너名으로 사용하고 있다.8)

2. 내용의 타당성 문제

개정 교육과정에서 선정된 문법 교육의 내용 요소가 학교 문법론의 학문적인 내용 체계보다는 언어 사용의 실제를 우선시하다보니 성취기준의 선정이 자의적일 수밖에 없었다.

이에 따라 중등학교에서 교육하도록 한 성취 기준의 타당성 문제는 필연적으로 제기될 수밖에 없다. 중등학교에서 가르칠 어떤 내용 요소를 선정한다면 분명한 선정 기준이 있어야 한다. '문법' 영역의 궁극적인 학습 목표가

---

8) 東京書籍(2006), 새로운 國語 1, 2, 3. 여기에서는 (6)에서 알 수 있듯 '문법'이란 용어를 어휘까지 제외한 좁은 뜻으로 사용하고 있다.

있고 그에 맞는 내용을 선정한다고 하더라도 왜 그 내용을 선정하였는지 충분한 증거와 논리가 있어야 하고 그 증거가 설득력이 있어야 할 것이다.

현재의 시점에서 문법 교육을 독립적인 체계로 하자고 고집한다는 것이 사실상 무리이고 이미 교육과정이나 교과서가 이런 방향에서 많이 벗어나 있는 것이 현실이다. 이 경우, 여러 문법 현상에서 선택적으로 국어 생활에 유용한 사항을 발췌하여 집중적으로 가르치는 방향이 대안으로 모색될 수밖에 없을 것이다.

그런데 개정 교육과정에서 선정한 내용 요소는 이러한 내용의 타당성 면에서 많은 문제가 있는 것이 현실이다.

민현식(2007)에서 지적한 국어 규범의 문제는 국어 생활에 매우 유용한 문제이다. 맞춤법이 원리와 표준어 문제를 이해하는 것이 국어 생활의 기본 능력이 된다. 그런데 위에서 살폈듯이 문법 영역 성취기준에는 이 내용이 없다.9) 표준어와 맞춤법은 음성언어와 문자 언어의 근본 바탕이 되는 내용으로 '매체 언어'(7학년)나 '남북한 언어의 차이'(8학년) 등등 여러 내용을 이런 바탕 없이 다룬다는 것은 쉽지 않다.

음운 문제도 마찬가지이다. 개정 교육과정에서는 음운 부문의 성취 기준이 1학년, 9학년, 10학년에 하나씩 설정되어 있다. 발음 문제는 구체적인 모어 습득의 초기에서부터 중시되어야 하는 내용이다. '국어의 음운 체계 알기'(9학년), '국어의 음운 규칙 알기'(10학년)처럼 한 학년에서만 학습하면 학습하기도 벅찰 뿐만 아니라 실효성도 없을 것이다. 음운 체계는 음운 규칙을 이해하여 바른 발음을 알기 위해서 학습할 때에 효율적이다. 여러 구체적인 음운 변동 규칙에 해당되는 내용을 학년별로 분산할 필요가 있을 것이다.

---

9) 초등학교 1, 2학년에 '소리와 표기가 다를 수 있음을 이해한다.'나 '소리를 혼동하기 쉬운 낱말을 정확하게 발음한다.' 같은 내용이 있으나 이를 본격적인 맞춤법이나 표준어 학습으로 보기는 어려울 것이다.

이 이외에 국어 문법에 관심이 조금 있는 사람이라면 다음과 같은 사항을 의심할 수 있을 것이다.

국어의 높임 표현은 외국어로 한국어를 배우는 사람들이나 내국인의 언어 사용에서나 흔히 혼동되는 언어 현상이다. 일상생활에서 매일 겪는 국어의 한 특징에 해당하는 내용이 바로 높임 표현이다. 그런데 초등학교 4학년에 '국어의 높임법을 안다.'라는 성취기준으로 제시되어 있고 중등학교에서는 학습 내용이 없다. 초등학교 4학년의 학습으로 복잡한 주체 높임법이나 상대 높임법, 그리고 흔적으로 남아 있는 어휘에 의한 객체 높임법의 쓰임을 이해할 수 있을지 의문시 된다.

국어는 교착어로 많은 어미가 다양하게 사용되면서 미묘한 의미의 차이를 나타내는 특징이 있다. 그런데 이러한 어미를 학습하는 성취기준도 없다. 9학년에 '문장의 짜임새를 설명한다.'라는 성취기준이 있으나 어미의 용법은 짜임새를 아는 것과는 간접적인 관계에 있을 뿐이다. 어미에 따라 이어지는 문장이나 안기는 문장의 전후 호응 관계에 많은 제약이 있고 이를 혼동하는 경우가 성인에게도 많은 것이 현실이다.

조사의 쓰임도 마찬가지이다. '이/가'나 '을/를'의 쓰임이나 '마저', '조차', '까지' 같은 구체적인 보조사들의 미묘한 쓰임을 아는 것이 국어 능력 향상에 필수적이다. 많은 조사들에 의하여 그 의미가 미묘하게 차이가 나게 된다. '부자 아들'은 '부자의 아들'과 다르다. 그런데 이 助詞를 다루는 내용은 7학년에서 품사 공부의 일부로 다루어지고 있을 뿐이다.

여기에서 우리는 타당성의 문제를 해결할 수 있는 방안을 모색하여야 한다. 그 방안은 누구나 수긍할 수 있는 과학적인 방안이어야 한다. 이러한 문제를 해결하기 위한 방법과 어떤 기준으로 선정하느냐는 문제는 매우 중요한 문제인데 이의 해결방법으로 우리는 Weaver(1996 : 104ff)에서 논의한 방법을 본보기로 삼을 수 있을 것이다.

여기에서는 대학생이나 성인들의 담화나 글에 나타난 문법적인 오류 調

査를 그 하나의 방법으로 제시하고 있다. 대학생이나 성인들의 언어생활에서 반복적으로 나타나는 오류가 있다면 그것을 조사하여 빈도가 높은 것들을 중등학교의 문법 영역의 교육 내용에서 반드시 다루어야 할 것이고 이런 내용을 선정하면 그 타당성이 인정될 수 있는 것이다. 우리도 대학생이나 성인들의 담화나 글에 어떤 오류가 많이 나타나는가에 대한 광범위하고 심도 있는 연구를 바탕으로 하여 문법 교육 내용을 선정할 필요가 있는 것이다.

Weaver(1996)에서는 영어에서 이런 調査 硏究를 바탕으로 하여 문법 교육에서 다루어야 할 내용을 (2)와 같이 소개하고 있다.

> (2) 1. 주어, 서술어, 문장, 절, 구의 개념과 그의 실현 가르치기
> 2. 문장의 연결과 문장의 생성을 통한 문체 가르치기
> 3. 문장 성분의 조작에 의한 문장 의미와 문체의 차이 가르치기
> 4. 방언에 대해 가르치기
> 5. 구두점 등 규범 가르치기

국어에서도 신문의 매체 언어에서 나타나는 흔한 오류로 왕문용(1999)에서는 (3)과 같은 내용을 지적하고 있는데 이런 식의 광범위한 연구를 바탕으로 하면 내용 선정의 타당성에 대한 논거를 마련할 수 있을 것이다.

> (3) ·조사를 잘못 사용하는 경우
> ·명사나 부사를 잘못 사용하는 경우
> ·주어 술어의 호응이 잘못된 경우
> ·목적어와 서술어의 호응이 잘못된 경우
> ·부사어와 서술어의 호응이 잘못된 경우

개정 교육과정의 문법 영역 성취 기준은 어떤 기준으로 선정되었는지 자세히 알지 못하지만 위와 같은 방법으로 선정되지 않은 것은 틀림없는 듯하다.

3. 통사론 내용의 비중 문제

문법 영역에서 선정한 내용 중 통사론 영역의 비중이 문제된다. 국어의 문법 교육이 국어의 '구조와 체계' 문제를 주로 다루는 영역이라면 통사론의 비중이 상대적으로 많은 부문을 차지하여야 할 것이다.

중등학교에서 교육하도록 한 통사론의 내용은 '사동 피동'과 '문장의 짜임새'뿐이다.[10] 교육 현장에서 본격적인 문법 교육은 중등학교에서나 가능하다고 가정할 경우 중등학교에서 통사론 영역의 문법 교육은 미미한 것이 현실이다.

현실적으로 10학년까지 단계적으로 배열하여 나열하는 교육과정의 체계가 우선 문제일 것이다. 문법 교육과정을 학교 급별로 분리하여 만들든지, 아니면 중등학교에서 반복하는 체계로 만들든지 하는 방법을 모색하여야 할 것이다.

이렇게 통사론의 비중이 약화되기 시작한 것은 7차 교육과정시기부터이다. 6차 교육과정 시기의 중학교 국정 교과서에 실린 문법 영역의 내용은 (4)와 같았다. 6차 과정의 문법 영역은 아직 통사론의 비중이 높았음을 알 수 있다.

> (4) 1학년 1학기 : 4. 표준어와 표준 발음, 13. 단어들의 의미관계
>   2학기 : 6. 단어의 갈래, 12. 단어의 형성
> 2학년 1학기 : 3. 음운의 변동, 11. 용언의 활용
>   2학기 : 4. 문장의 형성, 10. 문장의 결합
> 3학년 1학기 : 3. 문법 기능(1), 9. 문법 기능(2)
>   2학기 : 3. 이야기, 9. 의미 표현

---

10) 초등학교 내용까지 포함하면 단순히 이렇게 말하기는 어렵다. 전체 기준 중 8개의 성취기준이 통사론에 해당되기 때문이다. 그러나 초등학교에서 공부하는 통사론은 피상적인 수준으로 여기에서는 중등학교를 기준으로 하여 다룬다.

앞서 살핀 Weaver(1996)에서 선정한 교육 내용이나 일본의 교육과정과 교과서 체계와 비교하여 보아도 통사론 부문의 위축이 확인된다. 위의 (2)에서 Weaver(1996)가 선정한 다섯 가지 항목 중에서 3가지 항목이 통사론 영역이었다.

일본의 學習指導要領에서는 일본어 교육이 내용을 말하기 듣기, 쓰기, 읽기로 나누고 별도로 言語事項의 항목을 두고 있다. 중학교의 경우 1학년과 2, 3학년에서 설정한 내용을 간략히 살피면 (5)와 같다.[11]

> (5) 1학년
> - 말의 속도와 음량, 어조와 질문 방법
> - 어구의 사전적 의미와 문맥적 의미
> - 事象이나 행위 등을 표현하는 다양한 어구에 관한 이해를 높이고 어휘에 관심을 가짐
> - 담화나 글에서 단락의 역할과 문장과 문장의 접속관계
> - 단어의 종류, 지시어와 접속어 그리고 이러한 역할을 하는 어구
> - 음성언어와 문자언어의 차이
>
> 2, 3학년
> - 음성의 작용과 구조
> - 관용구, 유의어와 반의어, 동음어와 다의어
> - 추상적인 개념을 표현하는 다양한 어구, 어감에 따른 어휘 사용
> - 상대와 목적에 따른 담화나 글의 형태랑 전개의 차이
> - 문장 성분의 순서와 호응, 문장의 구조
> - 단어의 活用, 조사와 助動詞
> - 표준어(共通語)와 방언의 역할, 높임 표현(敬語)

1학년에서는 6개 항목 중에서 어조, 문장과 문장의 접속관계, 접속어 등 적어도 세 항목이 통사론과 직접 관련이 있는 내용이다. 2, 3학년에서는 전체 7개 항목 중에서 문장 성분의 순서와 호응, 문장의 구조, 단어의 活用,

---

11) 2002년(평성 14년)에 공포한 내용임. 2, 3학년의 내용은 동일함.

조사와 助動詞와 높임 표현 등 적어도 3개 항목이 통사론 영역이다.

이러한 교육과정에 의하여 편찬된 東京書籍의 교과서에서 단원 구성의
예를 보이면 (6)과 같다.

(6) 1학년   1단원   언어 탐구 – 음성언어와 문자 언어
                문법의 창 – 문법과 언어의 단위
        2단원   언어 탐구 – 단어의 의미와 문맥 (다의어)
        3단원   문법의 창 – 문장성분, 連文節
        4단원   언어 탐구 – 일본어, 漢語, 외래어
        5단원   문법의 창 – 접속사, 지시어
        7단원   문법의 창 – 단어의 분류
    2학년   1단원   언어 탐구 – 방언과 공통어
                문법의 창 – 용언의 활용
        2단원   언어 탐구 – 유의어, 반의어
        3단원   문법의 창 – 명사
        4단원   언어 탐구 – 단어의 구조
        5단원   문법의 창 – 문법 부사, 連體詞
        7단원   문법의 창 – 조사
    3학년   1단원   언어 탐구 – 언어의 변화
                문법의 창 – 조동사
        2단원   언어 탐구 – 관용어
        3단원   문법의 창 – 높임 표현
        4단원   언어 탐구 – 단어와 단어의 배열
        5단원   문법의 창 – 애매한 문장
        7단원   문법의 창 – 글, 담화(文章)의 논리구조

이 교과서에서는 전체 단원의 뒤쪽에 별도로 문법 영역을 체계적으로 설
명한 '문법 해설'란을 두어 자세히 첨부 설명하고 있다.[12] '문법'이라는 용
어를 전통적인 문법에 국한하고 다른 경우 '언어'라는 용어를 사용하고 있

---

12) 學校圖書나 光村圖書 등 일본의 국어 교과서는 문법 영역을 앞의 단원에서 '문법의 학습', '문
    법의 광장'처럼 편성하고 다시 뒤에 체계적으로 설명 기술하는 란을 두고 있다.

음도 눈에 뜨인다.

1학년의 단원의 경우 전체 6단원 중에서 1단원, 3단원, 5단원 곧 3개 단원이 통사론과 직접 관련이 있는 단원이다. 2학년의 경우도 용언의 활용, 連體詞, 조사 등이 그렇고 3학년에서는 조동사, 높임 표현, 단어의 배열 등이 통사론과 관련된다. 전반적으로 통사론과 관련되는 단원이 절반 정도이다.

우리의 경우 7차 교육과정 시기부터 통사론 영역이 급격히 줄어든 모습을 보이고 있다. 통사론은 문법의 핵심이 되는 내용이다. 다른 부문의 내용을 포괄적으로 다루어 항목을 줄이고 성인들의 언어 사용의 오류를 바탕으로 문법 교육 내용을 선정한다면 통사론 영역의 위축 문제를 해결할 수도 있을 것이다.

4. '중학 국어' 문법 영역에 나타난 문제

2007 개정 교육과정에서는 문법 교육의 내용 요소를 '국어'에서 임의적으로 한 학년에 3에서 5가지 요소씩 선정하여 배열하였다. 그런데 이 교육 내용의 실질적인 교육 자료인 교과서에서는 이것이 또 여러 가지 내용과 방법으로 반영되고 있다.

교과서 '중학 국어' 편찬에서 문법 교육이 약화되고 현장에서 교과서를 선택하는 교사들이 형식적으로 문법을 다룬 교재를 선택한다면 교육 현장에서의 문법 교육의 앞날은 不問可知한 상황이 될 것이다.

'중학 국어' 교과서의 문법 영역에 나타난 문제점 중에서 두드러진 몇 문제를 논의하면 다음과 같다.

첫째, 지금의 교과서 체제는 '국어'와 '생활 국어'로 국어 교재가 둘로 나뉜다. 이것은 7차 교육과정 시기부터 도입된 제도이다. 7차 교육과정 시기에는 주로 읽기와 문학 영역은 '국어'에서 나머지 문법, 말하기, 듣기, 쓰기 영역은 '생활 국어'에서 다루도록 교과서를 편찬하였다.13) 이를 이어 받아 현재의 검인정 교과서도 국어과를 '국어'와 '생활 국어'로 나누어 편찬하도록 하였다. 이결과 문법을 다루는 방법이 교과서마다 달라서 '국어'와 '생활 국어'에서 다 다룬 교과서도 있지만 어느 한쪽에서만 문법 내용을 다룬 교과서도 있다. 이런 교재에 의한 교육은 필연적으로 문법 교육이 소홀해질 수밖에 없다. 더구나 '생활 국어'에서만 문법 내용을 다룬 교과서는 '생활 국어'가 보조 자료로 인식되는 현실에서 문법 교육에서는 심각한 문제가 된다.

이런 면에서 문법 교육의 내용은 지금과 같은 '국어'와 '생활 국어'로 이원화된 체계에서는 반드시 '국어'에 편성하여 다루고 '생활 국어'에서 적용하는 학습을 하여야 할 것이다. 우선 교과서의 편성에서부터 문법 영역을 홀대한다는 것은 문제가 될 수 있다.

둘째로 각 교과서에서 문법 단원을 구성하는 방법의 문제이다. 어떤 문법 교육이 제대로 된 문법 교육이냐는 논제는 여기에서 깊이 들어갈 수 없는 논제이지만 문법 단원이 피상적인 수준으로 구색만 갖춘 문법 단원이 되어서는 안 될 것이다.

개정 교육과정에서는 영역간 통합으로 단원을 구성할 것을 권장하고 있다. 또 독립적이고 체계적인 문법 교육이 비효율적이라는 논의도 많다. Weaver(1966) 등에서도 이런 논의가 심도 있게 논의되었고 자신의 작문을 직접 편집하고 교정하는 맥락에서 문법 능력이 실질적이고 효과적으로 습득된다고 소개하고 있다. 이것은 가상적인 이론 위주의 학습이 아니라 실질적인 '자기 자신의 언어 문제' 해결에서 문법 능력의 습득이 용이함을 말한

---

13) 이러한 체제는 문법 교육의 쇠퇴를 촉진한 면이 있다. 교육 현장에서 '국어' 교과서를 위주로 교육하고 '생활 국어'는 보조 교재처럼 다루면서 '문법 영역'의 교육은 쇠퇴하게 되는 것이다.

것이지 문법 교육을 읽기나 쓰기 교육의 부수 영역으로 본 것은 아니다.[14)]

교과서 단원의 전개에서 나타난 구체적인 예를 바탕으로 이런 문제를 좀 더 살펴보기로 한다. 7학년 교육과정에 해당되는 중학교 1학년 교과서에서 '매체 언어'와 '관용 표현'을 어떻게 구성하고 있는지 각각 김대행 외 '국어'와 박영목 외 '국어'에서 개괄적인 모습을 살피면 (7)과 같다. (7ㄱ)이 전자이고, (7ㄴ)이 후자이다.

    (7) ㄱ. 대단원 명 : 매체와 함께
          학습 목표 : 언어가 우리 삶에서 하는 역할을 이해한다.
                    매체에 따라 언어 사용 방식이 다름을 이해한다.
                    매체의 특성을 고려하여 효과적인 언어생활을 한다.
          소단원명 (1) 모든 사물에는 이름이 있다 ─ 헬렌 켈러 자서전
          '지식마당' 매체란 : 4행으로 설명
                    매체 변하에 따른 언어생활의 변화 파악하기 : 7행으로 설명
                    어휘력 기르기 : 한 쪽으로 배열
         ㄴ. 대단원 명 : 선인들의 삶과 언어
         학습 목표 : 문학 작품에 나온 여사적인 사건을 생각하고 작품을 읽을
                  수 있다.
                    재담에 나타난 재미있는 말의 발상과 의미를 파악할 수 있다.
                    관용 표현의 개념과 효과를 이해한다.
         소단원명 : 관용 표현의 이해
         '함께 나누기'   관용 표현에 대한 설명과 예 : 간단한 줄긋기 활동
         '속담에 대하여' 설명문 읽기(이기문)

'매체 언어'에서 다루도록 한 교육과정의 내용은 '언어의 기능과 특성 이해하기, 다양한 매체에 나타난 언어 사용 방식 비교하기. 매체의 특성을 고려하여 음성언어와 문자 언어 사용하기'인데 교과서에 이를 설명한 내용은

---

14) 개정 교육과정에서는 근본적으로 사회 구성주의적인 교육방법을 권장하고 있는데 이 방법은 전통적인 행동주의 심리학에 바탕을 둔 방법과 뚜렷하게 대조 되고 있다. 이 방법이 문법을 부수적으로 다루는 방법을 권장하는 것은 아니다.

한쪽도 안 된다. (7ㄱ)에서는 이렇게 영역간 통합으로 '국어' 단원을 편성하고 '생활 국어'에서는 별도로 다루지 않아서 결국은 '매체 언어'보다는 '효과적인 언어생활'만을 다룬 셈이 되었다. '언어의 기능' 파악은 언어생활의 기반이 되는 핵심적이고 중요한 내용인데 이것은 다루어지지 않고 있다.

(7ㄴ)에서 다루고 있는 '관용 표현'에서 다루도록 한 내용 요소의 예로는 교육과정에서 '속담, 명언, 관용어 등의 개념 이해하기, 관용 표현 사용이 효과를 알고 적절하게 활용하기, 관용 표현이 사용되는 상황 이해하기' 등이다. 그런데 (7ㄴ)에서는 이런 내용은 간략히 부수적으로 들고 있고 설명문 읽기를 주로 하고 있다. 관용 표현에서 관용어, 명언 등은 거의 다루지 않고 '속담에 대하여'라는 제재를 넣고 있다. 독립 소단원으로 문법을 다루었지만 다루어지는 내용은 영역간 통합이나 마찬가지이다.

이렇게 문법 영역을 영역간 통합 단원으로 편성하면 문법 학습은 단편적이고 지엽적인 학습이 되기 쉽다. 어느 부분에서 일부를 소개하든지, 학습 활동으로 다루든지, 어떤 경우든 문법 영역의 영역간 통합 학습은 단편적이고 지엽적인 학습이 된다. 문법 영역은 개념과 학습 내용이 체계적으로 분명하므로 이를 다른 영역에 부수적으로 가져다가 붙이면 제대로 학습 할 수 없을 것이다. 영역간 통합으로 문법 교육을 하더라도 '국어'에서는 독립 단원에 의하여 체계적으로 충분히 설명, 전달하고 이 내용을 다른 영역과 통합하는 방식이 타당하다고 생각한다.[15] 통합 학습은 문법 내용의 어떤 요소를 습득하기 위한 방편으로 활용하여야 할 것이다.

셋째는 각 교과서에 나타나는 내용의 차이 문제이다. 4차 교육과정 시기에 그 동안 검인정이던 문법 교과서를 통일하여 국정 문법 교과서를 만든 이유는 교과서마다 같은 범주를 다르게 설명하는 경우가 많아서 학생들이

---

15) 일본 국어 교과서들은 단원에서는 문법을 분리하여 간략히 내용을 소개하고 뒷부분에 서는 '문법 해설'(東京書籍), '문법의 학습(學校圖書)', '문법'(光村圖書) 등으로 자세히 내용을 보충하고 있는 편성을 하고 있는 점도 주목된다.

겪는 혼란을 방지하기 위함이었다.16) 2007 개정 교육 과정에서는 새로이 연구되기 시작한 사회언어학, 의미론, 화용론 등의 내용이 첨가되면서 각 교과서에서 같은 성취 기준을 다루는 내용에 차이가 생기게 된 것이다. 그 한 예로 '매체 언어'와 '명언'을 들 수 있다. '매체 언어'가 2007 개정 교육 과정에서 강조되면서 고등학교의 선택 과목으로 편성되게까지 되었지만 이 매체 언어가 활발히 논의되기 시작한 것은 최근 들어서의 일이다.17) 매체 언어를 다루면서 매체 언어의 갈래를 같이 다루게 되는데 이에 대한 내용이 없는 교과서도 있지만 갈래를 소개한 몇 종류를 보면 서로 상이한 경우가 있다. '매체 언어'와 '명언'에 대한 설명이 다르게 나타난 예를 살펴보면 (8)과 같다.

> (8) ㄱ. (가) 매체 언어 : 구분 안함. (김종철 외 '국어')
>   (나) 매체 언어 : 음성, 문자 언어
>   시청각, 영상 매체 언어
>   인터넷 정보 통신 매체 언어(이삼형 외 '국어')
>   (다) 매체 언어 : 문자 언어 등장 이전
>   문자
>   전자 매체
>   디지털 매체(윤여탁 외 '국어')
>   (라) 매체언어 : 음성언어와 문자 언어
>   신문, 라디오, 통신(권영민 외 '국어')
>   ㄴ. (가) 명언 : "명언은 사리에 맞는 훌륭한 말을 말한다. 명언은 관용
>   어나 속담과 달리 비유적으로 표현하지 않고 직접적으로 의
>   미를 전달한다."(김종철 외 '국어')
>   (나) 명언 : "속담과 비슷하지만 민간에 전내 온 것이 아니라 누가
>   한 말인지, 어느 책에 실려 있는 말인지가 알려져 있는 관용

---

16) 2차나 3차 교육과정 시기의 혼란의 예에 대해서는 이용주(1979)나 이길록(1981) 등이 참고된다.

17) 2009 개정 교육과정에서는 '매체 언어' 과목이 없어지고 그 내용이 '독서와 문법', '화법과 작문' 같은 다른 선택 과목에 분산되었다.

> 　　　　　표현”(이삼형 외 '국어')
> (다) 명언 : "사리에 꼭 들어맞는 훌륭한 말, 유명인이 한 말로 널
> 　　　리 알려진 말”(윤여탁 외 '국어')
> (라) 명언 : 명언이란 용어를 사용하지 않고 '관용어, 속담, 고사성
> 　　　어, 격언'으로 설명(권영민 외 '국어')

(8ㄱ)에서 보면 매체 언어의 유형이 서로 다를 뿐만 아니라 구분도 모호하다. '시청각' 매체와 '인터넷 정보통신' 매체가 구분되는 것인지, 전자 매체와 디지털 매체를 본질적으로 구분해야 하는 것인지 등이 혼란스럽다. 문자 언어에서는 인쇄 매체만이 아니라 개인적인 육필이 중요하여 '글씨 쓰기'의 중요함이 다루어져야 체계적이라고 하겠으나 그렇지 못하다.

명언도 속담, 관용어와 어떻게 구분되는지, 격언이나 금언과는 어떻게 다른지 학술적으로 분명히 정의되지 않은 내용을 다루다 보니 교과서마다 (8ㄴ)처럼 설명이 다르게 된다. 이를 학생들이 어떻게 이해할지 염려된다.

바람직한 문법 교육을 위해서는 이런 상이한 내용이 생기지 않도록 조정하는 방법이 강구되어야 할 것이다. 이런 내용들을 어떻게 처리하여야 할지 앞으로 해결해야 할 과제이다.

지금까지 논의한 내용을 요약하면 다음과 같다.

학교 현장에서 중등학교 학생들을 대상으로 시행되는 문법 교육의 현실은 2007 개정 교육과정과 그 교육과정에 의하여 편찬되기 시작한 국어 교과서를 살피면 그 대강의 모습을 알 수 있다. 개정 교육과정의 문법 영역과 문법 교육의 방향은 전과는 많이 달라졌다. 새로운 교과서가 편찬되는 와중에 있어 지금 문법 교육에 대한 철저한 성찰이 이루어지지 않으면 이러한 문법 교육이 고착화할 염려가 있다.

개정 교육과정과 새로이 편찬되기 시작한 교과서에서 드러나는 문제점 중 두드러진 것은 다음과 같은데 이에 대해서는 앞으로 반드시 철저한 논

의가 이루어져야 할 것이다.

우선 '문법'이라는 영역 명칭이 해결되어야 한다. 기존의 '언어' 영역, '국어 지식' 영역에서 '문법' 영역으로 명칭이 바뀌었는데 현재의 학습 요소로 보아서는 '문법'이라는 용어를 너무 지나치게 넓은 의미로 사용하고 있어 의미가 명확하지 않다. 해당되는 용어에 맞게 내용 요소를 선정하던지 아니면 내용 요소에 맞게 용어를 바꾸어야 할 것이다.

둘째로는 교육과정에서 선정한 학습 요소의 타당성 문제이다. 현재의 학습 요소는 나름대로 의사소통 능력을 길러주는 데에 필요하다고 판단되는 요소를 선정한 것일지라도 그 요소를 학습 내용으로 선정해야 할 타당한 근거나 합리적인 이유가 부족하다.

내용 선정에는 반드시 타당하고 합리적인 근거가 바탕이 되어야 할 것이다. 그 방법론 중의 하나는 일반 성인이나 대학생들의 담화나 글에 나타나는 오류를 광범위하게 조사하여 가장 심각한 오류 중심으로 내용 요소를 결정하는 방법이 있다. 우리의 언어생활에서 나타나는 여러 오류에 대한 깊이 있는 연구가 바탕이 되어야 할 것이다.

셋째로는 구문 능력에서도 많은 오류가 나타나듯 일상의 언어생활에서 사용하는 우리의 구문 능력은 선천적인 것만은 아니다. 이런 입장에서 문법 교육에서 통사론 영역의 축소는 또 하나의 심각한 문제가 된다. 통사론은 흥미가 없더라도 문법 교육의 기초가 되어야 한다.

넷째로 교과서의 문법 영역은 제대로 편성되어야 한다. '국어'나 '생활 국어'의 어느 한 곳에서만 다룬다든지, 영역간 통합 단원으로 부수적인 학습 활동이나 일부 학습란에서 다루면 제대로 문법 교육이 이루어질 수 없다. 문법 교육을 통합적으로, 맥락에서 학습한다는 것은 문법 교육을 그렇게 하는 것이지 다른 영역을 공부하는 것은 아니다. 문법 단원은 매우 소략히 편성하는 경향이 농후하다. 일반적으로 문법은 어렵고, 따분하다는 인식이 있는데 이에 편승하여 쉬운 교과서를 만들려는 경향이 문제가 된다고 할 것이다.

　다른 영역과 통합하여 단원을 구성하는 경우에 문법 영역은 부스러지고 단편화된다. 쉬운 교과서를 만들고 이런 것을 많이 선택하여 학습하는 담합을 막기 위하여 문법 영역에서 교과서에 실릴 내용을 규정하고, 잘 만들어진 교과서를 추천하는 일을 어디선가 확실하게 담당해야 할 필요성이 있다.

‖ 참고문헌

김민수, 『국어정책론』, 탑출판사, 1973.

남가영, 「문법 교육론 자리 매김의 두 방향」, 『국어교육연구』 19집, 서울대학교 국어교육연구소, 2007.

민현식, 「국어과 교육과정 개정과 문법 교육의 과제」, 『문법 교육』 4, 한국문법교육학회, 2006.

민현식, 「문법 교육의 반성과 교과서 개발의 방향」, 『국어교육 연구』 19집, 서울대학교 국어교육연구소, 2007.

박갑수, 『국어 교육과 한국어 교육의 성찰』, 서울대출판부, 2006.

박덕유, 「문법 교육의 발전 방향」, 『국어교육연구』 2, 한국어교육학회, 2005.

손영애, 『중학교 국어과 교육과정 국제 동향 연구』, 한국교육개발원, 1984.

신명선, 「개정 국어과 교육과정의 문법 교육 내용에 대한 고찰」, 『국어 교육학연구』 31, 국어교육학회, 2008.

왕문용, 「신문의 매체 언어」, 『선청어문』 27, 서울대 국어교육과, 1999.

왕문용, 「문법교육 변천사」, 『국어교육연구』 2, 한국어교육학회, 2005.

이관규, 「제7차 문법 교육과정과 교과서의 문법 내용적 특징에 대한 고찰」, 『국어교육학 연구』 14 국어교육학회, 2002.

이기문, 『'얼'에 대하여, 이숭녕 현대국어의 개척자』, 서울대학교 대학원 국어연구회 편, 태학사, 2008.

이길록, 『국어문법 연구』, 일신사, 1981.

이용주, 「불규칙 동사 설정에 대하여」, 『선청어문』 10, 서울대학교, 1979.

이충우, 『국어 문법의 교육과 연구』, 역락, 2006.

주세형, 「통합적 문법 교육 내용 설계의 원리와 실제연구」, 서울대학교 박사학위논문, 2005.

최미숙 외, 『국어 교육의 이해』, (주)사회평론, 2009.

최지현 외, 『국어과 교수·학습 방법』, 역락, 2009.

홍정원, 「7차 교육과정에 따른 중학교 문법 교육 연구」, 강원대학교 교육대학원 석사학위논문, 2008.

Kenneally, C., *The First Word*, William Morris Agency Inc. 전오영 옮김(2009), 『언어의 진화, 알마』, 2007.

Pinker, S., *Language Instinct*, 김한영 외 옮김(2004), 『언어본능』, 도서 출판 소소, 1994.

Weaver, C., *Teaching Gramma rin Context*, Boynton/Cook Publishers, 1996.

비슷한 꼴 되풀이 낱말의 특성

한 길

1. 들머리

낱말 만드는 방법 가운데 뿌리끼리 결합하여 낱말 만드는 방식이 합성법이다. 합성법에 의한 낱말 만들기 중에 되풀이 방식에 의한 낱말 만들기는 되풀이법에 해당한다. 되풀이법에 따라 낱말을 생성할 때, 되풀이 대상이 되는 요소가 바탕소(basic element)가 되고 되풀이되는 요소가 되풀이소(repetition element)이다.[1]

바탕소와 되풀이소가 꼭 같은 경우도 있고, 부분적으로 같고 일부가 다를 수도 있다. 꼭 같은 경우가 같은 꼴 되풀이법이고, 일부가 같은 경우가 비슷한 꼴 되풀이법이다. 같은 꼴 되풀이법에 따라 생성된 낱말이 같은 꼴 되풀이 낱말이고,[2] 비슷한 꼴 되풀이법에 따라 생성된 낱말이 비슷한 꼴

---

1) 바탕소와 되풀이소에 대한 개념 정의는 한길(2009ㄱ : 12) 참조.
2) 같은 꼴 되풀이 낱말에 관하여는 한길(2009ㄱ)에서 논의한 바 있고, 낱말 이외에 월을 포함한 모든 요소에 대하여는 한길(2009ㄴ)에서 논의한 바 있다.

되풀이 낱말이다.3)

우리말에서는 어찌씨에서 이 방식에 의한 낱말 생성이 대단히 생산적으로 이루어지며, 그 중에서도 소리흉내말, 몸짓흉내말, 소리·몸짓흉내말 따위에서 활발한 생산성을 보인다. 어찌씨 밖에도 한정적이기는 하나 이름씨, 풀이씨, 매김씨, 느낌씨 따위에서도 이 방식에 따라 낱말이 생성되기도 한다.

비슷한 꼴 되풀이 낱말이 되기 위한 전제 조건으로 첫째, 바탕소와 되풀이소 중 일부가 꼭 같은 꼴이어야 한다. 바탕소가 두 음절인 경우에 한 음절이 동일해야 하며, 세 음절인 경우에는 두 음절이 같아야 한다. 동일한 부분은 앞부분일 수도 있고 뒷부분일 수도 있어 제약이 따르지 않지만 바탕소와 되풀이소의 앞부분이 같거나 뒷부분이 같아야 한다.

둘째, 바탕소와 되풀이소는 뜻에서 같거나 비슷하거나 상호 의존성이 강한 상관관계를 이루어야 한다. 바탕소와 되풀이소는 뜻에서 실과 바늘 관계처럼 서로 불러일으키는 관계에 놓여 결속력이 강하여야 한다.

셋째, 바탕소와 되풀이소는 꼴에서 부분적으로 같아야 하며, 동시에 뜻에서도 같거나 비슷하거나 상관관계를 이루어 결속력이 있어야 한다.4) 뜻이 같거나 비슷하더라도 꼴에서 부분적으로 일치하지 않으면 비슷한 꼴 되풀이 낱말에 해당되지 않는다.5)

넷째, 대체로 바탕소와 되풀이소는 자리가 고정되어 있어, 자리를 바꾸게 되면 낱말로 성립되지 않는다. 이를테면 '오락가락'은 바탕소가 '오락'이고 되풀이소가 '가락'으로, 자리를 바꾸게 되면 '가락오락'이 되어 낱말에 해당되지 않는다. 그러나 이 제약은 필수적인 것은 아니어서 '오나가나'와 '가

---

3) 같은 꼴 되풀이 낱말을 완전 되풀이 낱말이라 할 수 있고 비슷한 꼴 되풀이 낱말을 부분 되풀이 낱말이라 할 수 있다.

4) 이를테면 '울긋불긋'에서 바탕소 '울긋'과 '불긋'은 뜻이 같으며, '싱글벙글'에서 '싱글'과 '벙글'은 뜻이 비슷하며, '오락가락'에서 '오락'과 '가락'이 상호 의존관계에 놓인다. 아울러 모두 바탕소와 되풀이소 사이에 강한 결속력을 유지하고 있다.

5) 이를테면 '삐걱빼깍'에서 '삐걱'과 '빼깍'은 뜻이 비슷하고 꼴에서 유사하지만, 부분적으로 일치하는 부분이 없기 때문에 비슷한 꼴 되풀이 낱말의 범주에 포함되지 않는다.

나오나'에서처럼 일부 바탕소가 되풀이소가 되기도 하고, 되풀이소가 바탕소가 되기도 한다. 그렇더라도 대부분 비슷한 꼴 되풀이 낱말에서는 바탕소와 되풀이소의 자리가 고정되어 있다.

바탕소와 되풀이소는 낱말일 수도 있고, 통사적 짜임새일 수도 있으며, 낱말 자격이 모자라는 단순형식의 뿌리일 수도 있고 복합형식의 뿌리일 수도 있다. 뿌리인 경우에는 '-하다'나 '-거리다' 결합 뿌리일 수도 있고6) 오직 하나의 뿌리에만 결합되는 유일형태소이거나 유일 뿌리일 수 있으며, 극히 일부에만 결합될 수 있는 불구형태소이거나 불구 뿌리일 수도 있다.

비슷한 꼴 되풀이 낱말의 뜻은 바탕소의 뜻을 강조하거나 바탕소에 잇따라, 자꾸, 계속 따위의 뜻을 덧보태기도 하지만, 대체로 되풀이소와 바탕소의 의미를 바탕으로 한 새로운 뜻을 얻게 된다. 새로운 뜻을 획득하는 경우에는 바탕소와 되풀이소의 뜻에서 유추할 수 있는 것들도 있고, 바탕소나 되풀이소의 뜻에서 멀어져 유추가 잘 안 되는 제3의 뜻을 나타내는 것들도 있다.

되풀이소가 바탕소와 비슷한 꼴로 이루어진 비슷한 꼴 되풀이 낱말에는, 꼴이 부분적으로 같고 의미에서도 비슷하거나 상관관계에 놓이는 바탕소와 되풀이소가 첫 번째 음절이 다른 것, 곧 [ABCB] 꼴인 것들과 두 번째 음절이 다른 것, 곧 [ABAC] 꼴인 것들이 있을 수 있다. 그러나 실제로는 [ABAC] 꼴은 잘 발견되지 않고 대부분 [ABCB] 꼴에 해당하는 것들이다. 또한 바탕소가 그대로 되풀이되면서 결합과정에서 바탕소의 첫 닿소리가 탈락하는 것, 곧 [A−cBAB] 꼴인 것들이 있고, 되풀이소의 첫 음절에 특정의 닿소리가 첨가되는 것, 곧 [ABA+cB] 꼴인 것들이 있다.

이 글에서는 비슷한 꼴 되풀이법에 따라 생성된 낱말을 품사별로 나누고

---

6) 오직 '-거리다'나 '-하다'에만 결합되는 뿌리라 할지라도 그 밖의 유일형태소나 유일 뿌리와는 쓰임에서 큰 차이를 보인다. '-거리다'나 '-하다'에만 결합되더라도 풀이씨를 짜 이루어 끝바꿈을 통해 적극적으로 쓰일 수 있게 된다.

각각의 짜임새와 바탕소 및 되풀이소의 형태적 특성과 의미적 특성을 밝히기로 한다. 아울러 비슷한 꼴 되풀이법에 따라 생성되었지만 낱말 자격이 모자라는 '-하다' 결합 뿌리도 함께 논의하기로 한다.

2. [ABCB] 꼴 비슷한 꼴 되풀이법

바탕소와 되풀이소가 첫 음절에서는 다르지만 끝 음절에서는 꼭 같아 부분적으로 같은 꼴을 유지하며, 뜻에서도 유사하거나 상호 의존적인 상관관계를 이루고 있는 비슷한 꼴 되풀이 낱말이 이 짜임새에 해당한다.

이 짜임새에 속하는 낱말들의 품사를 보면 어찌씨가 주류를 이루고, 이름씨, 풀이씨(움직씨, 그림씨), 매김씨, 느낌씨 따위가 일부 포함된다. 어찌씨 가운데 특히 소리흉내말이나 몸짓흉내말, 소리·몸짓흉내말인 어찌씨에서 대단히 활발한 생산성을 보인다.

비슷한 꼴 되풀이 낱말 중 생산성이 가장 큰 어찌씨를 비롯하여 이름씨, 풀이씨, 매김씨, 느낌씨 순서로 논의하고 마지막으로는 이 짜임새에 해당하지만 낱말 자격이 모자라는 뿌리에 관하여 살피기로 한다.

2.1. 어찌씨

되풀이소가 바탕소와 비슷한 꼴로 되풀이되는 비슷한 꼴 되풀이 어찌씨는 바탕소와 되풀이소의 첫 음절만 다를 뿐이고, 뜻이 비슷하거나 상관관계에 놓이는 특성을 보인다. 바탕소와 되풀이소의 'B'가 풀이씨 씨끝으로 띄어쓰기를 하여 쓰인 것들은 통사적 짜임새에 해당하지만 결합과정을 거쳐 비슷한 꼴 되풀이 어찌씨가 된 것들이 있고, 그 밖에 낱말이나 뿌리가 바탕소와 되풀이소로 결합과정을 거쳐 비슷한 꼴 되풀이 어찌씨가 된 것들이 있다.

2.1.1. 'B'가 풀이씨 씨끝인 되풀이 어찌씨

[ABCB] 꼴로 이루어진 되풀이 어찌씨 가운데, 'A'와 'C'는 풀이씨의 뿌리에 해당하며, 'B'는 굴곡 씨끝으로 되풀이되어 결합과정을 거쳐 새로운 낱말로 생성된 것들이 이 짜임새에 해당한다.[7]

풀이씨 뿌리인 'A'와 'C'는 대체로 뜻에서 맞섬관계를 이루는 것들이며, 일부 서로 상관관계를 이루어 결속성이 큰 것들도 있다. 이를테면, '오나가나'에서 '오-'와 '-가'는 뜻에서 맞섬관계를 이루고 있으며, '이나저나<'이러나저러나'의 준말>'에서 '이'와 '저'는 뜻에서 상호 의존적 관계에 놓인다.

'B'에 해당하는 되풀이 굴곡씨끝에는 이음씨끝인 것과 마침씨끝인 것이 있으며, 이음씨끝으로는 '-나', '-으락', '-다(가)', '-고', '-으며', '-어', '-(다느)니', '-면(서)', '-을락', '-거니' 따위가 있으며, 마침씨끝으로는 '-다', '-어라', '-네' 따위가 있다.

여기서는 'B'가 이음씨끝인 것과 마침씨끝인 것으로 나누고, 되풀이되는 씨끝에 의해 생성되는, 비슷한 꼴 되풀이 어찌씨의 생산성 크기 순서에 따라 살피기로 한다.

2.1.1.1. 'B'가 이음씨끝인 경우

맞섬관계나 상관관계에 놓이는 풀이씨 뿌리에 되풀이 이음씨끝이 결합되어 비슷한 꼴 되풀이 어찌씨가 생성되는데, 되풀이 이음씨끝은 주로 통사적

---

7) 결합과정을 거치지 않으면 통사적 짜임새가 된다. 이를테면 '오나'와 '가나'가 결합과정을 거침으로써 어찌씨 '오나가나'가 생성되었다. 결합과정을 거치지 않게 되면 통사적 짜임새 '오나 가나'가 된다.

짜임새를 이루며, 낱말 생성에 관여적인 되풀이 이음씨끝은 그리 많은 편은 아니다. 통사적 짜임새를 이루는 경우에는 앞과 뒤에 놓이는 풀이씨 뿌리에 제약이 심하지 않지만, 형태적 짜임새로 바뀌어 어찌씨로 생성되는 데에는 풀이씨의 제약이 극심하여, 일부 맞섬관계나 상호 의존성이 큰 풀이씨 뿌리로 제한된다.

비슷한 꼴 되풀이 어찌씨 생성에 관여적인 되풀이 이음씨끝[8]을 '-나', '-으락', '-다(가)', '-고', '-으며', '-어', '-(다느)니', '-면(서)', '-을락', '-거니' 순으로 살피기로 한다.

가. '-나'

본디 이음씨끝이 되풀이되어 '-나…-나'의 짜임새를 이루어, 앞자리와 뒷자리에 서로 맞섬관계에 놓이는 풀이씨 뿌리가 놓이는 것들이 이 짜임새에 해당한다. 이 짜임새는 본디 통사적 짜임새[9]였던 것이 결합과정을 거쳐 형태적 짜임새로 바뀌어 어휘화하였다. 곧 통사적 짜임새였던 '오나 가나'가 형태적 짜임새 '오나가나'로 결합한 다음, <어디를 가나 늘 다름없이>란 뜻의 어찌씨가 생성되었다. 되풀이 이음씨끝 '-나…-나'가 형태적 짜임새를 이루어 낱말이 생성되는 경우는 극히 일부에 한정된다.[10] 되풀이 이음씨끝 '-나…-나'에 의해 생성된 낱말은 어찌씨들로 일부 그 보기를 들면 다음과 같다.

가나오나<=오나가나>
드나나나<들어가거나 나오거나 늘>

---

8) 되풀이 이음씨끝에 의한 통사적 짜임새의 되풀이법에 관하여는 한길(2009ㄴ : 140~172)에서 논의한 바 있다.
9) 통사적 짜임새 '-나…-나'인 경우에는 풀이씨의 종류에 제약 없이 생산적으로 쓰인다.
10) 또한 'A' 자리에 놓이는 것과 'B' 자리에 놓이는 것도 대체로 고정되어 있어 자리를 바꿀 수 없다. '드나나나', '자나깨나', '지나새나'는 가능하지만, '나나드나', '깨나자나', '새나지나'는 불가능하다.

나. '-으락'

되풀이 이음씨끝 '-으락…-으락'은 뜻에서 맞섬관계나 상호 의존적 관계에 놓이는 풀이씨에 결합되어 비슷한 꼴 되풀이 어찌씨를 생성한다. 뜻에서 맞섬관계에 있는 그림씨 '높-'과 '낮-'이 '-으락…-으락'에 의해 되풀이되어 어찌씨 '높으락낮으락'이 생성되었다. 이 짜임새에 의해 생성된 비슷한 꼴 되풀이 어찌씨 보기를 들면 다음과 같다.

> 들락날락[11]<자꾸 들어왔다 나갔다 하는 모양>
> 오락가락<계속해서 왔다 갔다 하는 모양>
> 쥐락펴락<남을 자기 손아귀에 넣고 마음대로 부리는 모양>

다. '-다(가)'

되풀이 이음씨끝 '-다(가)…-다(가)'는 뜻에서 맞섬관계나 상호 의존적 관계에 놓이는 풀이씨에 결합되어 통사적 짜임새를 이루어 생산적으로 쓰인다. 이 통사적 짜임새 가운데 일부가 결합과정을 거쳐 형태적 짜임새를 이루어 비슷한 꼴 되풀이 어찌씨를 생성하기도 하지만, 그 보기는 극히 드물다.

> 오다가다<어쩌다가 가끔. 또는 지나는 길에 우연히>

라. '-고'

되풀이 이음씨끝 '-고…-고'는 뜻에서 맞섬관계나 상호 의존적 관계에 놓이는 풀이씨에 결합되어 통사적 짜임새를 이루어 생산적으로 쓰인다. 그 중 일부에서 결합과정을 거쳐 형태적 짜임새를 이루어 비슷한 꼴 되풀이 어찌씨를 생성하기도 하지만, 그 보기는 극히 드물다.

---

11) 풀이씨 뿌리가 '들-'과 '나-'이기 때문에 이론적으로는 '들락나락'으로 실현되어야 하지만, 예외적으로 '나-'에 받침 'ㄹ'이 첨가되어 '들락날락'이 되었다. '들락날락'인 경우에 한해서 '-락'이 '-랑'으로 실현되어 같은 뜻의 '들랑날랑'이 되기도 한다.

> 울고불고<소리 내어 야단스럽게 부르짖으며 우는 모양>
> 어쩌고저쩌고<'이러쿵저러쿵'을 익살스럽게 이르는 말>

마. '-며'

되풀이 이음씨끝 '-며…-며'도 뜻에서 맞섬관계나 상호 의존적 관계에 놓이는 풀이씨에 결합되어 통사적 짜임새를 이루어 생산적으로 쓰인다. 극히 일부에서 결합과정을 거쳐 형태적 짜임새를 이루어 비슷한 꼴 되풀이 어찌씨를 생성하기도 하지만 그 보기는 극히 드물다.

> 울며불며<소리 내어 야단스럽게 부르짖으며 우는 모양>

바. '-어'

이음씨끝 '-어'가 상호 의존적 관계에 놓이는 풀이씨 뿌리에 결합되어 비슷한 꼴로 되풀이되면서 결합과정을 거쳐 비슷한 꼴 되풀이 어찌씨를 생성하기도 한다. 이를테면 '고래조래'는 상호 의존적 관계인 '고리하-'와 '조리하-'에 이음씨끝 '-어'가 결합과정을 거치면서 줄어들어 비슷한 꼴 되풀이 어찌씨로 생성되었다. 이 짜임새에 해당하는 보기는 극히 드문 편에 해당한다.

> 그래저래<그러하고 저러한 모양으로. 또는 그런저런 이유로>
> 이래저래<이러하고 저러한 모양으로. 또는 이런저런 이유로>

사. '-(다느)니'

되풀이 이음씨끝 '-(다느)니'가 상호 의존적 관계에 놓이는 풀이씨에 결합되어 비슷한 꼴로 되풀이되기도 한다. 이 짜임새에 해당하는 보기는 통사적 짜임새가 줄어든 말에 해당하여, 마치 비슷한 꼴 되풀이 어찌씨와 같은 모습이다.

그러니저러니<'그러하다느니 저러하다느니'가 줄어든 말>
요러니조러니<'요러하다느니 조러하다느니'가 줄어든 말>
이러니저러니<'이러하다느니 저러하다느니'가 줄어든 말>

'-(다느)니…-(다느)니'가 통사적 짜임새로 되풀이되는 경우에는 풀이씨 뿌리에 제약이 그리 심하지 않으며, 앞부분과 뒷부분의 자리바꿈도 가능하다.

아. '-면(서)'

이음씨끝 '-면(서)'가 뜻에서 맞섬관계에 놓이는 풀이씨 뿌리에 결합되어, 비슷한 꼴로 되풀이되면서 결합과정을 거쳐 비슷한 꼴 되풀이 어찌씨를 생성되기도 하지만 그 보기는 극히 드물다.

오면가면<오면서 가면서>

'오면가면'에서 '-면'은 <가정, 조건>을 뜻하는 '-면'과는 관계가 없고, <동시 움직임>을 뜻하는 '-면서'와 같은 것으로, '-면서'의 '-서'가 줄어든 것으로 보인다. 통사적 짜임새에서는 '-면서'가 이와 같이 쓰이는 경우는 없다.

자. '-을락'

되풀이 이음씨끝 '-을락…-을락'이 뜻에서 맞섬관계에 놓이는 풀이씨에 결합되어 통사적 짜임새를 이루는데, 그 중 극히 일부가 결합과정을 거쳐 비슷한 꼴 되풀이 어찌씨를 생성하기도 하지만 그 보기는 극히 드물다.

얼락녹을락<①얼었다가 녹았다가 하는 모양. ②남을 형편에 따라 다잡고, 늦추고, 칭찬하고, 책망하고, 가까이하고, 멀리하여 놀리는 모양>

‘-을락…-을락’이 통사적 짜임새를 이루는 경우에는 주로 ‘-을락 말락’으로 쓰이며, 풀이씨 뿌리에도 제약이 그리 심하지 않은 편이다.

차. ‘-거니’

되풀이 이음씨끝 ‘-거니…-거니’가 뜻에서 맞섬관계에 놓이는 풀이씨에 결합되어 통사적 짜임새를 이루는데, 그 중 극히 일부가 결합과정을 거쳐 비슷한 꼴 되풀이 어찌씨를 생성하기도 하지만 그 보기는 극히 드물다.

겯거니틀거니＜서로 겨루느라고 버티고 맞서는 모양＞

‘-거니…-거니’가 통사적 짜임새를 이루는 경우에는 풀이씨 뿌리에 제약이 그리 심하지 않으며, 앞부분과 뒷부분의 자리바꿈도 가능하다.

2.1.1.2. ‘B’가 마침씨끝인 경우

맞섬관계나 상관관계에 놓이는 풀이씨 뿌리에 마침씨끝이 결합되어 비슷한 꼴 되풀이 어찌씨가 생성되는데, 풀이씨의 제약이 극심하여, 일부 맞섬관계나 상호 의존성이 큰 풀이씨 뿌리로 제한된다.

비슷한 꼴 되풀이 어찌씨 생성에 관여적인 되풀이 마침씨끝에 대하여, ‘-다’, ‘-어라’, ‘-네’, ‘-자’ 순서로 살피기로 한다.

가. ‘-다’

서술법 마침씨끝 ‘-다’가 맞섬관계에 놓이는 풀이씨 뿌리에 결합되어 비슷한 꼴로 되풀이되면서 결합과정을 거쳐 비슷한 꼴 되풀이 어찌씨가 생성되기도 하지만, 그 보기가 극히 드물다.

가타부타＜좋다거나 싫다거나, 옳다거나 그르다거나＞
올타글타[12]＜옳은지 그른지 어쩐지＞

‘가타부타’는 본디 ‘可하다좀하다’의 준말로, 어찌씨로 쓰인다.13) 서술법 마침씨끝 ‘-다’는 아주낮춤의 마침씨끝에 해당하는 것이 아니고 서술법 마침씨끝의 중화형태에 해당한다.

나. ‘-어라’

마침씨끝 ‘-어라’가 맞섬관계나 상호 의존적 관계에 놓이는 풀이씨 뿌리에 결합되어 비슷한 꼴로 되풀이되어 비슷한 꼴 되풀이 어찌씨를 생성하기도 한다. 이 짜임새와 같은 꼴의 다음 보기는 통사적 짜임새가 줄어든 말에 해당하여, 마치 비슷한 꼴 되풀이 어찌씨와 같은 모습이다.

　　요래라조래라<‘요리하여라 조리하여라’가 줄어든 말>
　　이래라저래라<‘이리하여라 저리하여라’가 줄어든 말>
　　오너라가거라<제멋대로 남을 오라고도 하고 가라고도 하는 모양>

위 보기는 쓰임과 뜻에서 비슷한 꼴 되풀이 어찌씨와 비슷하지만 뜻 차이 없이 본디의 통사적 짜임새로 회복이 가능하기 때문에 어찌씨의 범주에 포함되지 않고 통사적 짜임새의 줄어든 말에 해당된다.

다. ‘-네’

서술법 마침씨끝 ‘-네’가 맞섬관계나 상호 의존적 관계에 놓이는 풀이씨 뿌리에 결합되어 비슷한 꼴로 되풀이되면서 결합과정을 거쳐 비슷한 꼴 되풀이 어찌씨를 생성하기도 하지만 그 보기는 극히 드물다.

　　우네부네<소리 내어 야단스럽게 부르짖으며 우는 모양>

---

12) 이 낱말은 사전에 올림말로 실려 있지 않지만, 실제 말살이에서 접할 수 있다.
13) ‘가타부타’의 품사에 대하여 『표준국어대사전』과 『우리말큰사전』에서는 이름씨로, 『연세한국어사전』에서는 어찌씨로 처리하였다.

위 보기와 같이 어찌씨로 생성된 낱말은 찾기가 어렵지만 통사적 짜임새로 되풀이되는 경우는 매우 흔하다. 특히 '-네 마네'의 통사적 짜임새를 이루어 움직씨 뿌리에 그리 큰 제약 없이 결합되어 쓰일 수 있다.

라. '-자'

꾀임법 마침씨끝 '-자'가 맞섬관계나 상호 의존적 관계에 놓이는 풀이씨 뿌리에 결합되어 비슷한 꼴로 되풀이되면서 결합과정을 거쳐 비슷한 꼴 되풀이 어찌씨를 생성하기도 하지만 그 보기는 극히 드물다.

죽자사자<죽을 힘을 다하여>

2.1.2. 바탕소와 되풀이소의 형태적 특성에 따른 되풀이 어찌씨

비슷한 꼴 되풀이 어찌씨를 짜 이루는 바탕소와 되풀이소의 형태적 특성에서 보면, 바탕소가 어찌씨인 것, '-거리다' 결합 뿌리인 것, '-하다' 결합 뿌리인 것, 유일형태소이거나 유일 뿌리인 것, 어찌씨 이외의 다른 품사인 것이 있으며, 되풀이소도 마찬가지로 어찌씨인 것, '-거리다' 결합 뿌리인 것, '-하다' 결합 뿌리인 것, 유일형태소이거나 유일 뿌리인 것, 어찌씨 이외의 다른 품사인 것이 있을 수 있다. 따라서 바탕소와 되풀이소가 서로 결합 가능한 형태적 특성은 20가지에 이른다.

첫째, 바탕소와 되풀이소가 이름씨인 것에서부터 스무 번째, 바탕소는 느낌씨이고 되풀이소가 유일형태소인 것에 이르기까지 20가지 유형으로 분류하여 살피기로 한다.

2.1.2.1. 바탕소와 되풀이소—어찌씨

이 짜임새에 속하는 비슷한 꼴 되풀이 어찌씨는 소리나 몸짓흉내말의 어찌씨와 그 밖의 어찌씨로 나눌 수 있다. 소리나 몸짓흉내말의 비슷한 꼴 되풀이 어찌씨는 공통적으로 바탕소인 어찌씨와 되풀이소인 어찌씨가 한결같이 되풀이되어 같은 꼴 되풀이 어찌씨가 생성되어 있다. 그 밖의 어찌씨들은 일부의 바탕소나 되풀이소가 되풀이되어 같은 꼴 되풀이 어찌씨가 생성되어 있을 뿐이다.

가. 소리나 몸짓흉내말의 비슷한 꼴 되풀이 어찌씨

비슷한 꼴의 소리나 몸짓흉내말의 어찌씨가 되풀이되면서 바탕소의 첫 음절이 되풀이소에서 유사한 소리로 바뀌는 것들이 이 짜임새에 해당한다. 몸짓흉내말인 어찌씨 '비죽'과 '배죽'은 뜻도 거의 같을 뿐 아니라 첫 음절만 약간 다른 모습으로, '비죽'이 바탕소가 되고 '배죽'이 되풀이소가 되어 '비죽배죽'이란 비슷한 꼴 되풀이 어찌씨가 생성되었다. '비죽'과 '배죽'이 자리를 바꾸어 '배죽'이 바탕소가 되어 되풀이되는 '배죽비죽'은 허용되지 않는다. 극히 일부의 보기를 제외하고는 거의 대부분이 바탕소와 되풀이소의 자리가 고정되어 있어 자리를 바꾸면 부적격해진다.

비슷한 꼴 되풀이 어찌씨는 대체로 바탕소의 뜻과 되풀이소의 뜻이 한데 어우러지는 특성을 보이며, 제3의 뜻을 새로 만드는 경우는 거의 없다. 따라서 병렬관계의 합성 낱말에 해당한다. 이들 비슷한 꼴 되풀이 어찌씨에서도 되풀이 자체의 기능이 여느 경우에서와 마찬가지로 <강조>를 바탕으로 하고 <잇따라, 자꾸> 따위의 뜻을 더하기도 한다.

이 짜임새에 해당하는 어찌씨는 상당히 많은 편으로, 한 가지 보기를 들고 바탕소와 되풀이소의 뜻과 각각의 같은 꼴 되풀이 어찌씨에 관하여 살피기로 한다.

싱글벙글<눈과 입을 슬며시 움직이며 소리 없이 정답고 환하게 웃는 모양>
　싱글<눈과 입을 슬며시 움직이며 소리 없이 정답게 웃는 모양>
　싱글싱글<눈과 입을 슬며시 움직이며 소리 없이 정답게 자꾸 웃는 모양>
　벙글<입을 조금 크게 벌리고 소리 없이 부드럽게 한 번 웃는 모양>
　벙글벙글<입을 조금 크게 벌리고 소리 없이 부드럽게 자꾸 웃는 모양>

나. 그 밖

바탕소와 되풀이소가 어찌씨이지만 소리나 모양 흉내말이 아닌 비슷한 꼴 되풀이 어찌씨가 이 짜임새에 해당한다. 바탕소와 되풀이소는 서로 상관적 관계에 놓이는 특성을 보이며, 주로 쪽 가리킴의 어찌씨에 해당된다. 이를테면, '고리'는 비슷한 짜임새인 '이리', '그리', '저리', '요리', '조리' 가운데 '조리'와만 상관적 관계를 이루어 '고리조리'란 비슷한 꼴 되풀이 어찌씨가 생성되었다. 되풀이 순서도 고정되어 있어 '조리고리'는 부적격해진다. 비슷한 꼴 되풀이 어찌씨에서 바탕소로 쓰인 것은 어떤 경우라도 바탕소로만 쓰인다든가, 되풀이소는 어떤 경우라도 되풀이소로 쓰여야 하는 제약은 따르지 않는다. 어떤 곳에서는 바탕소였던 것이 다른 곳에서는 되풀이소가 되기도 하고, 그 반대인 경우도 충분히 가능하다.

이 짜임새의 바탕소나 되풀이소인 어찌씨들은 같은 꼴 되풀이 어찌씨를 생성하지 않으며, 같은 꼴로 되풀이되는 경우에 통사적 짜임새를 이루게 된다.

이들 비슷한 꼴 되풀이 어찌씨는 뜻에서 대체로 바탕소와 되풀이소의 뜻 합계에 해당한다. 같은 꼴 되풀이 어찌씨는 기본적으로 바탕소의 뜻을 <강조>하거나 바탕소의 내용에 <자꾸, 잇따라>의 뜻을 더하는 점과 차이를 보인다.

이 짜임새에 해당하는 보기는 그리 적은 편은 아니며, 한 가지 보기를 들고 바탕소와 되풀이소의 뜻을 살피기로 한다.

> 이제저제[14]<이때나 저 때나>
>   이제<바로 이때에>
>   저제<지나간 때에>

---

14) 『표준국어대사전』에는 어찌씨로 올라 있지 않고 '-하다' 결합 뿌리로 올라 있지만, 『고려대 한국어대사전』에는 어찌씨로 올라 있다.

2.1.2.2. 바탕소–어찌씨, 되풀이소–'–거리다' 결합 뿌리

비슷한 꼴 되풀이 어찌씨 가운데 바탕소는 어찌씨이고 되풀이소가 '–거리다' 결합 뿌리인 것들이 이 짜임새에 해당한다. 바탕소와 되풀이소는 뜻에서 상관관계를 이루며 바탕소와 되풀이소의 둘째 음절이 동일하다. 이 짜임새에 속하는 보기는 극히 드물다.

> 아장바장<①작은 몸집의 사람이 하는 일 없이 이리저리 찬찬히 걸어가는
> 　　모양. ②좀 어색하고 부자연스럽게 행동하는 모양>
> 　아장<키가 작은 사람이나 짐승이 찬찬히 걷는 모양>
> 　아장아장<키가 작은 사람이나 짐승이 이리저리 찬찬히 걷는 모양>
> 　바장거리다<부질없이 짧은 거리를 자꾸 오락가락 거닐다.>
> 　*바장바장15)

2.1.2.3. 바탕소–어찌씨, 되풀이소–'–하다' 결합 뿌리

비슷한 꼴 되풀이 어찌씨 가운데 바탕소는 어찌씨이고 되풀이소가 '–하다' 결합 뿌리인 것들이 이 짜임새에 해당하며, 그 보기는 드문 편이다.

> 고만조만<그저 고만한 정도로>
> 　고만<고 정도까지만>
> 　조만하다<성질, 모양, 상태 따위의 정도가 조러하다.>

2.1.2.4. 바탕소–어찌씨, 되풀이소–유일 뿌리

비슷한 꼴 되풀이 어찌씨 가운데 바탕소는 어찌씨이고 되풀이소가 유일 뿌리인 것들이 이 짜임새에 해당한다. 되풀이소는 유일 뿌리로 단순형식의 유일형태소인 것도 있고, 둘 이상의 형태소가 결합된 복합형식의 유일 뿌리인 것도 있다. 이 짜임새에 속하는 보기는 비교적 드문 편이다.

---

15) '바장–'은 '–거리다'에 결합되는 뿌리이지만 같은 꼴 되풀이어찌씨 '바장바장'으로 되풀이되지 않는다.

> **씩둑꺽둑**<쓸데없는 말을 수다스럽게 자꾸 지껄이는 모양>
> 씩둑<쓸데없는 말을 느닷없이 불쑥 하는 모양>
> 씩둑씩둑<쓸데없는 말을 수다스럽게 자꾸 지껄이는 모양>
> ―꺽둑<'씩둑' 뒤에만 결합됨>

2.1.2.5. 바탕소―'-거리다' 결합 뿌리, 되풀이소―어찌씨

비슷한 꼴 되풀이 어찌씨 가운데 바탕소는 '-거리다' 결합 뿌리이고 되풀이소가 어찌씨인 것들이 이 짜임새에 해당한다. 대체로 바탕소는 그대로 되풀이소로 되풀이되어 같은 꼴 되풀이 어찌씨가 생성되었다. 어찌씨인 되풀이소도 그대로 되풀이소로 되풀이되어 같은 꼴 되풀이 어찌씨가 생성되었다. 이 짜임새에 속하는 보기는 비교적 드문 편이다.

> **옥작복작**<여럿이 한데 모여 수선스럽게 자꾸 들끓는 모양>
> 옥작거리다<여럿이 한곳에 모여 조금 수선스럽게 들끓다.>
> 옥작옥작<여럿이 한곳에 모여 조금 수선스럽게 들끓는 모양>
> 복작<많은 사람이 좁은 곳에 모여 수선스럽게 들끓는 모양>
> 복작복작<많은 사람이 좁은 곳에 모여 자꾸 수선스럽게 들끓는 모양>

2.1.2.6. 바탕소―유일 뿌리, 되풀이소―어찌씨

비슷한 꼴 되풀이 어찌씨 가운데 바탕소는 유일 뿌리이고 되풀이소가 어찌씨인 것들이 이 짜임새에 해당한다. 바탕소와 되풀이소의 첫소리만 다른 경우에 바탕소가 유일 뿌리이지만 같은 꼴 되풀이 어찌씨가 존재하기 때문에 바탕소의 닿소리 탈락 현상으로 보지 않았다. 이를테면 '앙큼상큼'에서 바탕소 '앙큼'을 되풀이소의 '상큼'을 바탕으로 하여 본디 바탕소 '상큼'이 되풀이되면서 /ㅅ/이 탈락한 것으로 보지 않은 까닭은 '앙큼'의 같은 꼴 되풀이어찌씨 '앙큼앙큼'이 존재하기 때문이다. 되풀이소인 어찌씨는 모두 같은 꼴로 되풀이되는 특성을 보인다. 이 짜임새에 해당하는 보기는 그리 많은 편은 아니다.

앙큼상큼<작은 걸음으로 가볍고 힘차게 걷는 모양>
　앙큼-<'상큼', '-앙큼' 앞에만 결합됨>
　앙큼앙큼<작은 동작으로 느리게 걷거나 기는 모양>
　상큼<다리를 가볍게 높이 들어 떼어 놓은 모양>
　상큼상큼<다리를 잇따라 가볍게 높이 들어 떼어 놓은 모양>

2.1.2.7. 바탕소와 되풀이소—'-거리다' 결합 뿌리

비슷한 꼴 되풀이 어찌씨 가운데 바탕소와 되풀이소가 '-거리다' 결합 뿌리인 것들이 이 짜임새에 해당한다. 바탕소와 되풀이소가 '-거리다' 결합 뿌리이기 때문에 대체로 같은 꼴로 되풀이되어 같은 꼴 되풀이 어찌씨가 생성되었다. 이 짜임새에 속하는 보기는 비교적 많은 편이다.

비뚤배뚤<①물체가 이쪽저쪽으로 기울어지며 자꾸 흔들리는 모양. ②물체
　　가 곧지 못하고 이쪽저쪽으로 자꾸 구부러지는 모양>
　비뚤거리다<①물체가 이리저리 기울어지며 자꾸 흔들리다. ②물체가 곧
　　지 못하고 이리저리 자꾸 구부러지다.>
　배뚤거리다<①물체가 요리조리 기울어지며 자꾸 흔들리다. ②물체가 곧
　　지 못하고 요리조리 자꾸 고부라지다.>

2.1.2.8. 바탕소—'-거리다' 결합 뿌리, 되풀이소—유일 뿌리

비슷한 꼴 되풀이 어찌씨 가운데, 바탕소는 '-거리다'와 결합하여 쓰이는 뿌리이고, 바탕소와 꼴과 뜻에서 비슷한 되풀이소는 오직 바탕소 다음에만 결합되어 형태소 자격이 의심스러운 유일 뿌리가 결합하여 생성된 비슷한 꼴 되풀이 어찌씨가 이 짜임새에 해당한다. '-거리다' 결합 뿌리인 바탕소는 대체로 그대로 되풀이되어 같은 꼴 되풀이 어찌씨가 생성되었다. 유일 뿌리로 이루어진 되풀이소는 대부분 단순형식에 해당하는 유일형태소이다. 이 짜임새에 해당하는 보기는 비교적 많은 편이다.

갈팡질팡<갈피를 잡지 못하고 이리저리 헤매는 모양>
　갈팡거리다<방향을 정하지 못하고 이리저리 헤매는 모양>
　*갈팡갈팡16)
　-질팡<'갈팡-' 뒤에만 결합됨>

2.1.2.9. 바탕소와 되풀이소-'-하다' 결합 뿌리

비슷한 꼴 되풀이 어찌씨 가운데 바탕소와 되풀이소가 '-하다' 결합 뿌리인 것들이 이 짜임새에 해당한다. 바탕소와 되풀이소가 '-하다' 결합 뿌리이기 때문에 '-거리다' 결합 뿌리에서와 달리 같은 꼴 되풀이 어찌씨가 생성되는 경우도 있고 없는 경우도 있다. 이 짜임새에 속하는 보기는 그리 많은 편은 아니다.

아릿자릿<①전기가 오른 것처럼 몹시 아리고 저린 느낌. ②순간적으로 크게
　　　위태로움을 느껴 정신을 잃고 쓰러질 듯한 느낌>
　아릿하다<조금 아린 느낌이 있다.>
　자릿하다<조금 자린 듯하다.>

2.1.2.10. 바탕소-'-하다' 결합 뿌리, 되풀이소-'-거리다' 결합 뿌리

비슷한 꼴 되풀이 어찌씨 가운데, 바탕소는 '-하다' 결합 뿌리이고 되풀이소가 '-거리다' 결합 뿌리인 것들이 이 짜임새에 해당하지만, 그 보기는 극히 드물다.

건둥반둥<하던 일을 다 끝내지 못하고 중도에서 그만두는 모양을 나타내는
　　　말>
　건둥하다<흐트러지지 않고 잘 정돈되어 깨끗하고 시원스럽다.>
　반둥거리다<아무 일도 하지 않고 빤빤스럽게 놀기만 하다.>

---

16) '-거리다' 결합 뿌리는 대부분 같은 꼴로 되풀이되어 어찌씨를 생성하지만, '갈팡-'은 '갈팡갈팡'을 생성하지 못한다.

2.1.2.11. 바탕소-'-하다' 결합 뿌리, 되풀이소-유일 뿌리

비슷한 꼴 되풀이 어찌씨 가운데 바탕소는 '-하다' 결합 뿌리이고 되풀이소가 유일 뿌리인 것들이 이 짜임새에 해당한다. 되풀이소는 단순형식의 유일형태소인 것도 있고 둘 이상의 형태소로 결합된 복합형식의 유일 뿌리인 것들도 있다. 이 짜임새에 해당하는 보기도 비교적 드문 편이다.

> 볼만장만<보기만 하고 간섭하지 않는 모양>
> 볼만하다<보기만 하고 시비를 가리거나 참견하지 아니하다.>
> -장만<'볼만-' 뒤에만 결합됨>

2.1.2.12. 바탕소-'-하다' 결합 뿌리, 되풀이소-이름씨

비슷한 꼴 되풀이 어찌씨 가운데 바탕소는 '-하다' 결합 뿌리이고 되풀이소가 이름씨인 것들이 이 짜임새에 해당하지만 그 보기는 극히 드물다. 바탕소와 되풀이소가 각각 세 음절인 것들이 있으며, 첫째 음절에서만 차이를 보인다.

> 오그랑쪼그랑[17]<여러 군데가 안쪽으로 오목하게 들어가고 주름이 많이 지
>   게 쪼그라진 모양>
> 오그랑하다<안쪽으로 조금 오목하게 들어가거나 주름이 져 있다>
> 쪼그랑[18]<=쪼그랑이. 쪼그라지고 볼품없이 작아진 물건>

2.1.2.13. 바탕소-유일형태소, 되풀이소-'-하다' 결합 뿌리

비슷한 꼴 되풀이 어찌씨 가운데 바탕소는 유일형태소이고 되풀이소가 '-하다' 결합 뿌리인 것들이 이 짜임새에 해당하지만 그 보기는 극히 드물다.

---

17) 준말로 '오글쪼글'이 있다.
18) '쪼그랑'과 결합관계를 이루어 생성된 낱말로는, 쪼그랑이<쪼그라지고 볼품없이 작아진 물
    건>/쪼그랑박<잘 굳지 못하여 볼품없이 작아진 물건>이 있다.

    울근불근<①몸이 여위어 갈빗대가 드러나 보이는 모양. ②근육이나 힘줄 따
위가 고르지 않게 여기저기 조금씩 불거져 나온 모양>
    울근-<'-불근' 앞에만 결합됨>
    불근불근하다[19]<여기저기가 불거져 조금 두두룩하다.>

2.1.2.14. 바탕소-불구형태소, 되풀이소-'-거리다' 결합 뿌리

비슷한 꼴 되풀이 어찌씨 가운데 바탕소는 불구형태소이고 되풀이소가
'-거리다' 결합 뿌리인 것들이 이 짜임새에 해당하지만 그 보기는 극히 드
문 편이다. 다음 보기에서 바탕소 '왜뚤-'은 결합될 수 있는 뿌리가 하나
이상이지만 극히 제한된 뿌리에 결합되기 때문에 불구형태소에 포함시켰다.

    왜뚤비뚤<이리저리 비뚤어진 모양,>
    왜뚤-<'-비뚤', '-삐뚤', '-왜뚤' 앞에만 결합됨>
    비뚤거리다<물체가 이리저리 기울어지며 자꾸 흔들리다. 또는 그렇게 하다.>

2.1.2.15. 바탕소와 되풀이소-유일 뿌리

비슷한 꼴 되풀이 어찌씨 가운데 바탕소가 뒤에 놓이는 비슷한 꼴의 되
풀이소에만 결합되며, 그 되풀이소도 앞에 놓이는 바탕소에만 결합되는 유
일형태소이거나 유일 뿌리인 것들이 이 짜임새에 해당한다.

바탕소와 되풀이소가 유일형태소인 것들은 유일형태소 자체의 뜻이 불
분명하기 때문에 전체를 단순형식의 어찌씨로 간주할 가능성도 있다. 바탕
소와 되풀이소로 분석하지 않고 통틀어 한 형태소로 이루어진 어찌씨로
처리하지 않는 까닭은 바탕소에 해당하는 부분과 되풀이소에 해당하는 부
분이 직관적으로 볼 때, 불분명하나마 뜻을 가지고 있는 것으로 보이며,
또한 비슷한 꼴의 다른 짜임새와의 관계에서도 분석하는 것이 합리적이기
때문이다.

---

19) <불거져 조금 두두룩하다>란 뜻의 '불근하다'란 낱말은 없지만, '불근불근하다'란 낱말이
    있기 때문에 이 짜임새에 포함시켰다.

바탕소와 되풀이소가 각각 둘 이상의 형태소가 결합된 복합형식의 뿌리인 경우에도 유일 뿌리에 해당하며, 형태소 분석 자체도 분명하게 이루어지가 힘든 것들이 많다.

이 짜임새에 해당하는 보기는 대단히 많으며, 바탕소와 되풀이소의 형태적 특성에 따라 단순형식 바탕소와 되풀이소, 복합형식 바탕소와 되풀이소, 3음절 바탕소와 되풀이소로 나누어 살피기로 한다.

가. 단순형식 바탕소와 되풀이소

비슷한 꼴 되풀이 어찌씨로, 유일형태소인 바탕소와 되풀이소가 결합하였지만, 어떤 바탕소와 되풀이소는 오직 하나의 뿌리에만 결합하지 않고 두세 개의 뿌리에 결합하는 것도 있다. 일부 불구형태소들도 유일형태소와 구별하지 않고 유일형태소의 범주에 넣어 함께 다루기로 한다. 이 짜임새에 해당하는 보기는 대단히 많은 편으로, 바탕소와 되풀이소가 유일 뿌리인 것 가운데 대부분을 차지한다.

> **곰비임비**<물건이 거듭 쌓이거나 일이 계속 일어남을 나타내는 말>
> 　곰비-<'-임비' 앞에만 결합됨>
> 　-임비<'곰비-' 뒤에만 결합됨>

나. 복합형식 바탕소와 되풀이소

비슷한 꼴 되풀이 어찌씨로, 둘 이상의 형태소가 결합된 유일 뿌리인 바탕소와 되풀이소가 결합하였지만, 바탕소와 되풀이소 중 일부는 둘 이상의 뿌리에 결합되기도 하여 불구 뿌리에 해당한다. 일부 불구 뿌리들도 유일 뿌리와 구별하지 않고 유일 뿌리의 범주에 넣어 함께 다루기로 한다. 이 짜임새에 해당하는 보기는 그리 많은 편은 아니다.

그럭저럭<①정한 방법이 따로 없이 그렇게 저렇게 되어 가는 대로. ②그렇
게 저렇게 하는 사이에 어느덧>
　그럭-<'-저럭' 앞에만 결합됨>
　-저럭<'그럭-', '이럭-' 뒤에만 결합됨>

다. 3음절 바탕소와 되풀이소

비슷한 꼴 되풀이 어찌씨 가운데, 바탕소와 되풀이소가 모두 유일 뿌리
에 해당하는 것으로, 세 음절의 바탕소와 되풀이소로 이루어진 것은 아래와
같으며, 바탕소와 되풀이소의 첫음절에서만 차이를 보인다. 바탕소와 되풀
이소는 각각 단순형식으로 이루어진 유일형태소에 해당하는 것도 있고, 둘
이상의 형태소 결합으로 이루어진 유일 뿌리에 해당하는 것들도 있다. 또한
바탕소와 되풀이소 중 어떤 것들은 둘 이상의 뿌리에 결합될 수 있는 불구
형태소나 불구 뿌리인 것들도 있지만 편의상 모두 유일 뿌리의 범주에 포
함하여 살피기로 한다. 이 짜임새에 해당하는 보기는 비교적 많은 편에 해
당한다.

그렁성저렁성<그런 모양 저런 모양으로 대중없이>
　그렁성-<'-저렁성' 앞에만 결합됨>
　-저렁성<'그렁성-', '이렁성' 뒤에만 결합됨>

2.1.2.16. 바탕소-이름씨, 되풀이소-유일형태소

이름씨로 이루어진 바탕소가 꼴과 뜻에서 유사한, 유일형태소의 되풀이
소와 결합되어 비슷한 꼴 되풀이 어찌씨를 생성하였다. 되풀이소는 오직 그
바탕소에만 결합되는 제약을 나타낸다.

안달복달<몹시 속을 태우며 조급하게 볶아치는 모양>
　안달<속을 태우며 조급하게 구는 것>
　-복달<'안달' 뒤에만 결합됨>

2.1.2.17. 바탕소와 되풀이소─이름씨

비슷한 꼴 되풀이 어찌씨 가운데 바탕소와 되풀이소가 이름씨인 것들이 이 짜임새에 해당지만 그 보기는 극히 드물다.

검불덤불<한데 뒤섞이고 엉클어져 갈피를 잡을 수 없이 어수선한 모양>
　검불<가느다란 마른 나뭇가지, 마른 풀, 낙엽 따위를 통틀어 이르는 말>
　덤불<어수선하게 엉클어진 수풀>

2.1.2.18. 바탕소─유일형태소, 되풀이소─이름씨

비슷한 꼴 되풀이 어찌씨 가운데 바탕소는 유일형태소이고 되풀이소가 이름씨인 것들이 이 짜임새에 해당지만 그 보기는 극히 드물다.

고주알미주알<아주 사소한 일까지 속속들이>
　고주알─<'미주알' 앞과 뒤에만 결합됨>
　미주알<항문을 이루는 창자의 끝부분>

2.1.2.19. 바탕소─느낌씨, 되풀이소─유일형태소

비슷한 꼴 되풀이 어찌씨 가운데 바탕소는 느낌씨이고 되풀이소가 유일형태소인 경우가 이 짜임새에 해당지만 그 보기는 극히 드물다.

애고지고<소리 내어 몹시 슬프게 우는 모양>
　애고<힘에 부치거나 아프거나 피곤할 때 내는 말>
　─지고<'애고' 뒤에만 결합됨>

2.1.2.20. 바탕소─풀이씨 뿌리, 되풀이소─불구형태소

비슷한 꼴 되풀이 어찌씨 가운데 바탕소는 풀이씨 뿌리이고 되풀이소가 불구형태소인 경우가 이 짜임새에 해당지만 그 보기는 극히 드물다.

시들부들<①어떤 일이 싫증이 나서 새로운 맛과 흥취가 다 없어진 모양.

②몹시 시들어서 생생하고 성한 느낌이 없이 풀이 죽은 모양>
시들-<‘시들다’의 뿌리로 ‘-부들’, ‘시들-’에 결합됨>
-부들<‘시들-’, ‘부들-’ 뒤에 결합됨>

2.2. 이름씨

바탕소와 되풀이소의 특성에 따라 이 짜임새에 해당하는 비슷한 꼴 되풀이 이름씨를 분류하면, 바탕소와 되풀이소가 이름씨인 것, 바탕소는 이름씨이고 되풀이소가 유일 뿌리인 것, 바탕소는 유일 뿌리이고 되풀이소가 이름씨인 것, 바탕소와 되풀이소가 유일 뿌리인 것, 바탕소는 ‘-거리다’ 결합 뿌리이고, 되풀이소가 유일 뿌리인 것, 바탕소와 되풀이소가 유일 뿌리인 것으로 나뉜다.

2.2.1. 바탕소와 되풀이소-이름씨

비슷한 꼴 되풀이 이름씨 가운데, 바탕소와 되풀이소가 모두 이름씨이거나 대이름씨인 것들이 이 짜임새에 해당한다. 비슷한 꼴 되풀이 이름씨인 ‘논틀밭틀’은 바탕소 ‘논틀’과 되풀이소 ‘밭틀’이 모두 이름씨이며, ‘여기저기’는 바탕소 ‘여기’와 되풀이소 ‘저기’가 모두 대이름씨이다. 이 짜임새에 해당하는 보기는 그리 많은 편은 아니다.

논틀밭틀<논두렁과 밭두렁을 따라 난 좁은 길>
논틀<=논틀길<논두렁 위로 난, 꼬불꼬불하고 좁은 길>>
밭틀<=밭틀길<밭틀에 난 길>>

2.2.2. 바탕소-이름씨, 되풀이소-유일 뿌리

비슷한 꼴 되풀이 이름씨 가운데 바탕소는 이름씨이고 되풀이소가 유일 뿌리인 것들이 이 짜임새에 해당한다. 되풀이소는 단순형식인 경우는 없고

모두 복합형식으로 이루어진 것들이기 때문에 유일형태소에 해당하지 않고
둘 이상의 형태소 결합으로 짜여 진 유일 뿌리에 해당한다. 이 짜임새에 해
당하는 보기는 적은 편이다.

> **눈짓콧짓**<온갖 눈짓을 강조하여 이르는 말>
> 눈짓<눈을 움직여서 상대편에게 어떤 뜻을 전달하거나 암시하는 동작>
> ─콧짓<'눈짓'과 같은 짜임새이지만 낱말로 존재하지 않음. '눈짓' 뒤에
> 만 결합됨>

2.2.3. 바탕소─유일 뿌리, 되풀이소─이름씨

비슷한 꼴 되풀이 이름씨 가운데 바탕소는 유일 뿌리이고 되풀이소가 이
름씨인 것들이 이 짜임새에 해당한다. 바탕소인 유일 뿌리는 단순형식의 유
일형태소도 있고, 복합형식으로 두 형태소의 결합형인 유일 뿌리도 있다.
이 짜임새에 해당하는 보기는 적은 편이다.

> **괴발개발**<고양이의 발과 개의 발이라는 뜻으로 글씨를 되는 대로 아무렇게
> 나 써 놓은 모양을 이르는 말>
> 괴발─20)<'개발', '디딤'21) 앞에만 결합됨>
> 개발<개의 발>

2.2.4. 바탕소와 되풀이소─유일 뿌리

비슷한 꼴 되풀이 이름씨 가운데 바탕소와 되풀이소 모두 유일 뿌리인
것들이 이 짜임새에 해당한다. 바탕소와 되풀이소인 유일 뿌리는 단순형식
의 유일형태소도 있고, 복합형식으로 두 형태소의 결합형인 유일 뿌리도 있
다. 이 짜임새에 해당하는 보기는 다른 짜임새에 비해 비교적 많은 편이다.

---

20) 낱말로 존재하지 않으나 '개발'과 같은 짜임새로 <고양이 발>의 뜻임.
21) '괴발디딤'은 <고양이가 발을 디디듯이 소리 나지 않게 가만히 조심스럽게 발을 디디는
 짓>이란 뜻의 이름씨이다.

뒤죽박죽<여럿이 마구 뒤섞여 엉망이 된 모양. 또는 그 상태>
　뒤죽-<'-박죽' 앞에만 결합됨>
　-박죽<'뒤죽-' 뒤에만 결합됨>

2.2.5. 바탕소-'-거리다' 결합 뿌리, 되풀이소-유일 뿌리

비슷한 꼴 되풀이 이름씨 가운데 바탕소는 '-거리다' 결합 뿌리이고, 되풀이소가 유일 뿌리인 것이 이 짜임새에 해당하지만, 그 보기는 극히 드물다.

옥신각신<서로 옳거니 그르거니 하면서 다툼. 또는 그런 행위>
　옥신거리다<서로 옳으니 그르니 자꾸 다투다.>
　-각신<'옥신-' 뒤에만 결합됨>

2.2.6. 바탕소와 되풀이소-'-하다' 결합 뿌리

비슷한 꼴 되풀이 이름씨 가운데 바탕소와 되풀이소 모두 '-하다' 결합 뿌리인 것들이 이 짜임새에 해당하지만 그 보기는 극히 드물다.

요만조만<요만하고 조만함>
　요만하다<성질, 모양, 상태 따위의 정도가 요러하다.>
　조만하다<성질, 모양, 상태 따위의 정도가 조러하다.>

2.3. 풀이씨

같은 풀이씨 뿌리의 되풀이를 요구하는 이음씨끝 '-디'나, '-나'에 의해 실현된 되풀이 낱말이 이 짜임새에 해당된다. '-디'에 의해 생성되는 비슷한 꼴 되풀이 풀이씨는 생산성에서 '-나'인 경우보다는 훨씬 큰 편이다.

검디검다<더할 나위 없이 검다.>
　길디길다<매우 길다.>
　깊디깊다<아주 깊다.>

위 보기에서 되풀이 자체의 기능은 바탕소에 <강조>의 뜻을 더하는 역할을 한다. 이들 보기 밖에도 넓디넓다<더할 수 없을 정도로 매우 넓다.>, 높디높다<더할 수 없을 정도로 높다.>, 맵디맵다<매우 맵다.>, 밉디밉다<몹시 밉다.>, 붉디붉다<더할 나위 없이 붉다.>, 시디시다<맛이 몹시 시다.>, 쓰디쓰다<①몹시 쓰다. ②몹시 괴롭다.>, 얇디얇다<몹시 얇다.>, 얕디얕다<아주 얕다.>, 작디작다<사물의 크기나 범위, 정도 따위가 보통보다 매우 작다.>, 옅디옅다<매우 옅다.>, 젊디젊다<아주 젊다.>, 차디차다<매우 차다.>, 크디크다<사물의 크기와 범위, 정도 따위가 보통 정도를 훨씬 넘다.>, 희디희다<더할 나위 없이 희다.> 따위를 더 들 수 있다.[22] 이처럼 어느 정도 생산성이 있음에도 불구하고 통사적 짜임새로 보지 않고 형태적 짜임새로 처리하여, 한 낱말의 짜임새로 보는 까닭은 '-디'에 의해 되풀이될 수 있는 풀이씨가 유한하기 때문이다. 곧 '검디검다'를 통사적 짜임새인 '검디 검다'로 보지 않는 것은 '-디' 앞에 놓이는 풀이씨가 광범위하지 않기 때문이다.

풀이씨 뿌리가 두 음절인 경우에도 '-디'에 의한 되풀이가 가능하다. 이에 해당하는 보기로는 가깝디가깝다<매우 가깝다.>, 가늘디가늘다<매우 가늘다.>, 가볍디가볍다<매우 가볍다.>, 거볍디거볍다<아주 거볍다.>, 너르디너르다<더할 나위 없을 정도로 매우 너르다.>, 누르디누르다<더할 나위 없이 누르다.>, 두껍디두껍다<몹시 두껍다.>, 무겁디무겁다<아주 무겁다.>, 예쁘디예쁘다<매우 예쁘다.>, 푸르디푸르다<더할 나위 없이 푸르다.>, 흐리디흐리다<매우 흐리다.> 따위가 있다.

'-나'에 의해 실현된 비슷한 꼴 되풀이 낱말은 '-디'에 비해 그 수효가 극히 적은 편으로 생산성이 별로 없는 되풀이 방식에 해당한다.

---

22) '다디달다<매우 달다.>'와 '자디잘다<①아주 가늘고 잘다. ②성질이 아주 좀스럽다.>'도 이 짜임새에 해당하지만, 첫음절의 받침 'ㄹ'이 'ㄷ' 앞에서 탈락하여 꼴이 약간 달라졌을 뿐이다.

기나길다<몹시 길다.>
머나멀다<몹시 멀다.>
크나크다<사물이나 사건의 크기나 규모가 보통 정도를 훨씬 넘다.>

위 보기에서 되풀이 자체의 기능도 '-디'와 마찬가지로 바탕소에 <강조>의 뜻을 더하는 역할을 한다. 이들 풀이씨는 주로 매김꼴로 활용하여 쓰이는 제약을 보여, 실제로는 '기나긴', '머나먼', '크나큰'의 꼴로 쓰이게 된다.

이 밖에도 '-어'에 의해 실현되는 비슷한 꼴 되풀이 낱말로 '두어두다<본디 있던 그대로 건드리지 않고 두다.>'가 있지만, 그 밖의 보기는 찾기가 쉽지 않다.

2.4. 매김씨

'이렇-/요렇-', '그렇-/고렇-', '저렇-/조렇-'이 매김씨끝 '-ㄴ'으로 끝바꿈하여, 비슷한 것끼리 되풀이되어 매김씨를 생성한 것들이 이 짜임새에 해당한다. 바탕소와 되풀이소는 각각 놓이는 자리가 정해져 있어 자리바꿈이 불가능하다. 이 짜임새에 속하는 비슷한 꼴 되풀이 매김씨들은 바탕소와 되풀이소가 모두 지시적 기능을 나타내는 풀이씨의 매김꼴로 이루어진 매김씨들이다. 이론적으로는 결합 가능성이 더 많지만 실제로 가능한 비슷한 꼴 되풀이 매김씨는 제한적이다.

그런저런<그러하고 저러한>
　　그런<상태, 모양, 성질 따위가 그러한>
　　저런<상태, 모양, 성질 따위가 저러한>
이런저런<이러하고 저러한>
　　이런<상태, 모양, 성질 따위가 이러한>
　　저런<상태, 모양, 성질 따위가 저러한>

2.5. 느낌씨

뜻에서 관련성이 있으며, 부분적으로 형태가 같은, 바탕소와 되풀이소가 결합과정을 거쳐 느낌씨를 생성하는 짜임새가 이에 속한다. 이 짜임새에 해당하는 보기는 느낌씨인 바탕소 '얼씨구'와 되풀이소 첫소리에 /ㄷ/이 첨가되어 되풀이된 '얼씨구절씨구'와, 이를 강조하는 '얼씨구나절씨구나', '이리위저리위' 따위가 있을 뿐이다.

> 얼씨구절씨구<흥겨울 때에 장단을 맞추며 변화 있게 내는 소리>
> 얼씨구<흥에 겨워서 떠들 때 가볍게 장단을 맞추며 내는 소리>
> -절씨구<'얼씨구'가 되풀이되면서 /ㅈ/ 첨가. '얼씨구' 뒤에만 결합됨>

2.6. 뿌리

뜻에서 관련성이 있으며, 형태가 부분적으로 같은, 바탕소와 되풀이소가 결합과정을 거치되 낱말 자격이 모자라는 뿌리를 생성하는 짜임새가 이에 속한다. 바탕소와 되풀이소의 특성에 따라, 바탕소와 되풀이소가 모두 '-하다'가 결합되는 뿌리에 해당하는 것들, 바탕소는 '-하다'가 결합되는 뿌리이고 되풀이소가 유일 뿌리인 것들, 바탕소와 되풀이소가 모두 유일 뿌리인 것들, 바탕소는 어찌씨이고 되풀이소가 유일 뿌리인 것들로 나누어 살피기로 한다.

2.6.1. 바탕소와 되풀이소-'-하다' 결합 뿌리

바탕소와 되풀이소가 낱말 자격이 모자라는 뿌리로서 '-하다'가 결합 가능한 특성을 가지며, 이들이 결합하여 '-하다' 결합 가능 비슷한 꼴 되풀이 뿌리를 생성한다. 곧 '-하다' 결합 가능 뿌리인 '그러-'가 바탕소가 되고, 여기에 '-하다' 결합 가능 뿌리인 '저러-'가 결합하여 '-하다' 결합 가능 뿌리인 '그러저러-'가 생성되었다. 이 짜임새에 해당하는 보기는 그리 많은 편은 아니다.

> **그러저러하다**<그러하고 저러하다.>
> *그러
>   그러하다<상태, 모양, 성질 따위가 그와 같다.>
> *저러
>   저러하다<상태, 모양, 성질 따위가 저와 같다.>

2.6.2. 바탕소-'-하다' 결합 뿌리, 되풀이소-유일 뿌리

'하다' 결합 가능 뿌리인 바탕소가 유일 뿌리인 되풀이소와 결합하여 '-하다'가 결합 가능한 비슷한 꼴 되풀이 뿌리를 생성한다. 이 짜임새에 해당하는 보기는 극히 적은 편이다.

> **알량꼴량**하다<몰골이 사납고 보잘것없다.>
> 알량-<'-꼴량' 앞에 결합됨>
> 알량하다<시시하고 보잘것없다.>
> -꼴량<'알량-' 뒤에만 결합됨>

2.6.3. 바탕소와 되풀이소-유일 뿌리

낱말 자격이 모자랄 뿐더러 오직 결합 가능한 뿌리가 하나인 유일 뿌리로 이루어진, 바탕소와 되풀이소가 결합하여, '-하다'가 결합 가능한 비슷한 꼴 되풀이 뿌리를 생성한다. 바탕소와 되풀이소는 단순형식의 유일형태소이거나 복합형식의 유일 뿌리일 수 있다. 이 짜임새에 해당하는 보기는 그리 많은 편은 아니다.

> **궁뚱망뚱**하다<(장소가) 몹시 구석지고 너절하다.>
> 궁뚱-<'-망뚱' 앞에만 결합됨>
> -망뚱<'궁뚱-' 뒤에만 결합됨>

2.6.4. 바탕소-어찌씨, 되풀이소-유일 뿌리

어찌씨인 바탕소와 유일형태소인 되풀이소가 결합하여 '-하다'가 결합 가능한 비슷한 꼴 되풀이 뿌리를 생성한다. 이 짜임새에 해당하는 보기는 극히 적다.

> **움푹진푹**하다<움푹 꺼질 정도로 많다.>
> 움푹<물체의 가운데가 둥글게 속으로 푹 패어 들어간 모양>
> -진푹<'움푹' 뒤에만 결합됨>

3. [A-cBAB]와 [ABA+cB] 꼴 비슷한 꼴 되풀이법

'A'와 'B' 두 음절로 이루어진 바탕소 [AB]가 그대로 되풀이되어 [ABAB]가 되면 바탕소와 되풀이소가 꼴과 뜻에서 꼭 같기 때문에 같은 꼴 되풀이법에 해당되지만, 되풀이되면서 바탕소의 첫소리가 탈락하거나 되풀이소의 첫음절에 특정의 닿소리가 첨가되어 되풀이되면 바탕소와 되풀이소가 뜻에서는 같더라도 꼴에서 일부분이 달라지기 때문에 비슷한 꼴 되풀이법에 해당된다.

바탕소 [AB]가 되풀이되면서 되풀이소는 그대로 [AB]로 실현되고 바탕소에서 'A'의 첫소리인 닿소리가 탈락되어 비슷한 꼴 되풀이 낱말이 생성되는 경우에는 바탕소의 'A'를 'A-c'로 나타내어, 이 짜임새에 해당하는 되풀이 낱말을 [A-cBAB] 꼴로 표시하였다.

바탕소 [AB]가 되풀이되면서 바탕소는 꼴 달라짐 없이 그대로이되, 되풀이소 'A'의 첫소리에 특정의 닿소리가 첨가되어 비슷한 꼴 되풀이 낱말이 생성되는 경우에, 되풀이소의 'A'를 'A+c'로 나타내어, 이 짜임새에 해당하는 되풀이 낱말을 [ABA+cB] 꼴로 표시하였다.

이와 같이 바탕소가 되풀이되되, 비슷한 꼴로 되풀이되는 방식에는 바탕소의 첫소리가 탈락되는 경우와 되풀이소의 첫소리에 특정의 닿소리가 첨가되는 경우가 있다.

3.1. [A－cBAB]

[A－cBAB] 꼴로 되풀이 되는 낱말을 보면, 'A'와 'B' 두 음절로 이루어진 바탕소가 되풀이되어 둘째 음절은 넷째 음절로 같은 꼴로 되풀이되지만 바탕소의 첫째 음절은 첫소리가 탈락하여 되풀이되는 것들이 이 짜임새에 해당한다. 곧 바탕소가 같은 꼴의 되풀이소로 실현되면서 바탕소의 첫소리가 변화를 일으키는 것들이 이에 속한다.

비슷한 꼴 되풀이 어찌씨인 '오불고불'은 본디 바탕소 '고불－'이 되풀이되어 되풀이소는 바탕소와 동일한 '－고불'이 되었지만, 그 과정에서 바탕소인 '고불－'의 첫소리 /ㄱ/이 탈락하여 '오불－'이 되었다. 이렇게 보는 까닭은 '오불－'은 그 자체가 낱말 자격이 없을 뿐더러 뜻에서도 분명하지 않으며, 오직 '－고불/－꼬불'에만 결합 가능한 유일형태소에 해당하기 때문이다. 반면에 '고불－'은 '－거리다'가 결합될 수 있는 뿌리이며, 그 자체가 같은 꼴로 되풀이되어 생성된 같은 꼴 되풀이 어찌씨 '고불고불'이 존재하며, 뜻에서도 '오불고불'과 별다른 차이를 보이지 않기 때문이다. 곧 '－거리다' 결합 가능 뿌리인 '고불－'이 바탕소가 되어 같은 꼴로 되풀이되면 같은 꼴 되풀이 어찌씨인 '고불고불'이 되고, 바탕소의 첫소리인 /ㄱ/이 탈락되면 비슷한 꼴 되풀이 어찌씨인 '오불고불'이 된다.

이 짜임새에 해당하는 보기들은 모두 '오불고불'에서와 마찬가지 까닭으로 바탕소 첫소리가 탈락한 비슷한 꼴 되풀이 낱말에 포함되며, 모두 흉내말 어찌씨들이다.

바탕소의 첫소리 탈락에 해당되는 닿소리로는 /ㄱ/을 비롯해, /ㄲ/, /ㄷ/, /ㅂ/, /ㅅ/, /ㅈ/, /ㅍ/이 있으며, 이 가운데 가장 생산성이 큰 것은 /ㅂ/이다. 닿소리의 자모 순서에 따라 그 보기와 뜻, 바탕소와 되풀이소의 특성 따위를 살피기로 한다.

3.1.1. 바탕소 첫소리 /ㄱ/ 탈락

바탕소가 되풀이소로 그대로 되풀이되면서 바탕소의 첫소리 /ㄱ/이 탈락하여 비슷한 꼴로 되풀이되는 것들이 이 짜임새에 해당하지만, 그 보기는 극히 드물다. 이에 해당하는 보기는 되풀이소가 /ㄱ/ 탈락 전 본디의 바탕소 모습이며, /ㄱ/이 탈락된 결과 뜻도 불분명한 유일형태로 바뀌게 되었다.

> **오불고불**<요리조리 고르지 아니하게 구부러진 모양>
> 　오불-<본디 '고불'에서 첫소리 /ㄱ/ 탈락. '-고불', '-꼬불' 앞에만 결합됨>
> 　-고불<'오불-', '고불-' 뒤에만 결합됨>
> 　고불거리다<이리저리 고부라지다.>

3.1.2. 바탕소 첫소리 /ㄲ/ 탈락

/ㄱ/ 탈락에서와 마찬가지로, 바탕소가 되풀이소로 그대로 되풀이되면서 바탕소의 첫소리 /ㄲ/이 탈락하여 비슷한 꼴로 되풀이되는 것들이 이 짜임새에 해당하지만, 그 보기는 극히 드물다. 이에 해당하는 보기는 되풀이소가 /ㄲ/ 탈락 전 본디의 바탕소 모습이며, /ㄲ/이 탈락된 결과 뜻도 불분명한 유일형태로 바뀌게 되었다.

> **오불꼬불**<'오불고불'보다 센 느낌>
> 　오불-<본디 '꼬불-'에서 첫음절 첫소리 /ㄲ/ 탈락. '-고불', '-꼬불' 앞
> 　　에만 결합됨>
> 　-꼬불<'오불-', '꼬불-' 뒤에만 결합됨>
> 　꼬불거리다<이리저리 고부라지다. '고불거리다'보다 센 느낌>

3.1.3. 바탕소 첫소리 /ㄷ/ 탈락

바탕소가 되풀이소로 그대로 되풀이되면서 바탕소의 첫소리 /ㄷ/이 탈락하여 비슷한 꼴로 되풀이되는 것들이 이 짜임새에 해당하지만, 그 보기는 극히 드물다.

> **우툴두툴**<물건의 거죽이나 바닥이 여기저기 굵게 부풀어 올라 고르지 못한
>   모양>
>   우툴-<본디 '두툴-'에서 첫소리 /ㄷ/탈락. '-두툴' 앞에만 결합됨>
>   -두툴<'우툴-', '두툴-' 뒤에만 결합됨>
>   두툴두툴<물체의 겉에 불룩한 것들이 솟아나오거나 붙어 있어 고르지
>   않은 모양>

3.1.4. 바탕소 첫소리 /ㅂ/ 탈락

바탕소가 되풀이소로 그대로 되풀이되면서 바탕소의 첫소리 /ㅂ/이 탈락하여 비슷한 꼴로 되풀이되는 것들이 이 짜임새에 해당하며, 다른 소리 탈락의 보기보다는 상당히 많은 편에 해당한다.

> 아득바득<몹시 고집을 부리거나 애를 쓰는 모양>
>   아득-<'바득-'이 되풀이되면서 바탕소의 첫소리 /ㅂ/ 탈락. '-바득' 앞
>   에만 결합됨>
>   -바득<'바득-', '아득-' 뒤에만 결합됨>
>   바득바득<억지를 부려 자꾸 우기거나 조르는 모양>

3.1.5. 바탕소 첫소리 /ㅅ/ 탈락

바탕소가 되풀이소로 그대로 되풀이되면서 바탕소의 첫소리 /ㅅ/이 탈락하여 비슷한 꼴로 되풀이되는 것들이 이 짜임새에 해당하지만, 그 보기는 극히 드물다.

> 엉기성기<여기저기 성긴 모양>

엉기-<'성기', '-정기' 앞에만 결합됨>
　성기다<물건 사이가 뜨다.>

3.1.6. 바탕소 첫소리 /ㅈ/ 탈락

바탕소가 되풀이소로 그대로 되풀이되면서 바탕소의 첫소리 /ㅈ/이 탈락하여 비슷한 꼴로 되풀이되는 것들이 이 짜임새에 해당하지만, 그 보기는 극히 드물다.

오마조마<마음이 매우 초조하고 불안한 모양>
　오마-<'-조마' 앞에만 결합됨>
　조마거리다<닥쳐올 일이 걱정되어 마음을 놓을 수 없고 자꾸 불안해지다.>

3.1.7. 바탕소 첫소리 /ㅍ/ 탈락

바탕소가 되풀이소로 그대로 되풀이되면서 바탕소의 첫소리 /ㅍ/이 탈락하여 비슷한 꼴로 되풀이되는 것들이 이 짜임새에 해당하지만, 그 보기는 극히 드물다.

우둥푸둥<몸이나 얼굴이 살져 퉁퉁하고 매우 부드러운 모양>
　우둥-<본디 '푸둥'에서 /ㅍ/ 탈락. '-푸둥' 앞에만 결합됨>
　푸둥푸둥<퉁퉁하게 살이 찌고 부드러운 모양>

3.2. [ABA+cB]

[ABA+cB] 꼴로 되풀이 되는 낱말을 보면, 'A'와 'B' 두 음절로 이루어진 바탕소가 되풀이되어 둘째 음절은 넷째 음절로 같은 꼴로 되풀이되지만 바탕소의 첫째 음절은 셋째 음절로 되풀이되면서 셋째 음절의 첫소리에 특정 닿소리가 첨가되어 되풀이되는 것들이 이 짜임새에 해당한다. 곧 바탕소가 같은 꼴의 되풀이소로 실현되면서 되풀이소의 첫소리에 닿소리 첨가라

는 변화를 일으키는 것들이 이에 속한다.

비슷한 꼴 되풀이 어찌씨인 '알록달록'은 본디 바탕소 '알록'이 그대로 되풀이되면서 되풀이소 첫소리에 /ㄷ/이 첨가되어 되풀이소가 '달록'으로 바뀌게 되었다. 이렇게 판단하는 까닭은 '알록-'이 비록 낱말 자격이 모자라는 뿌리이지만 '-지다'와 결합하여 풀이씨 '알록지다'가 생성되며, 같은 꼴로 되풀이되어 '알록알록'이란 되풀이 어찌씨가 생성되는 데 비하여, '-달록'은 오직 '알록-' 뒤에만 결합되는 유일형태소이기 때문이다. 또한 뜻에서도 '알록알록'과 '알록달록'은 별다른 차이가 없기 때문에 '-달록'은 '알록-'이 되풀이되면서 /ㄷ/이 첨가된 되풀이소로 간주하였다.

이 짜임새에 해당하는 보기들은 모두 '알록달록'에서와 마찬가지 까닭으로 바탕소가 되풀이되면서 되풀이소 첫소리에 특정의 닿소리가 첨가되어 생성된 비슷한 꼴 되풀이 낱말에 포함되며, 모두 흉내말 어찌씨들이다.

되풀이소의 첫소리 첨가에 해당되는 닿소리로는 /ㄷ/을 비롯해, /ㅂ/, /ㅅ/, /ㅈ/이 있으며, 이 가운데 가장 생산성이 큰 것은 /ㄷ/이다. 닿소리의 자모 순서에 따라 그 보기와 뜻, 바탕소와 되풀이소의 특성 따위를 밝히기로 한다.

3.2.1. 되풀이소 첫소리에 /ㄷ/ 첨가

바탕소가 되풀이소로 그대로 되풀이되면서 되풀이소의 첫소리에 /ㄷ/이 첨가되어 비슷한 꼴로 되풀이되는 것들이 이 짜임새에 해당한다. 이에 해당하는 보기는 비교적 많은 편으로 되풀이소가 공통적으로 유일 뿌리에 해당한다. 바탕소는 어찌씨이거나 '-거리다' 결합 가능 뿌리들로, 같은 꼴로 되풀이되어 같은 꼴 되풀이 어찌씨를 생성하며, 뜻에서 이 짜임새에 해당하는 비슷한 꼴 되풀이 어찌씨와 그리 큰 차이를 보이지 않는다. 이를테면 '-거리다' 결합 가능 뿌리인 바탕소 '아롱-'의 같은 꼴 되풀이 어찌씨 '아롱아롱'은 비슷한 꼴 되풀이 어찌씨 '아롱다롱'과 뜻에서 그리 큰 차이를 보이지 않는다.

아롱다롱<여러 가지 빛깔의 작은 점이나 줄 따위가 고르지 아니하고 촘촘
하게 무늬를 이룬 모양>
아롱거리다<또렷하지 아니하고 흐리게 아른거리다.>
-다롱<본디 '아롱-'이 되풀이되면서 /ㄷ/ 첨가. '아롱-' 뒤에만 결합됨>

3.2.2. 되풀이소 첫소리에 /ㅂ/ 첨가

바탕소가 되풀이소로 그대로 되풀이되면서 되풀이소의 첫소리에 /ㅂ/이
첨가되어 비슷한 꼴로 되풀이되는 것들이 이 짜임새에 해당하며, 그 보기는
극히 드물다.

아등바등<무엇을 이루려고 애를 쓰거나 우겨대는 모양>
아등거리다<기를 쓰며 고집을 부리거나 애를 쓰다.>
-바등<본디 '아등-'이 되풀이되면서 /ㅂ/ 첨가. '아등-' 뒤에만 결합됨>

3.2.3. 되풀이소 첫소리에 /ㅅ/ 첨가

바탕소가 되풀이소로 그대로 되풀이되면서 되풀이소의 첫소리에 /ㅅ/이
첨가되어 비슷한 꼴로 되풀이되는 것들이 이 짜임새에 해당하며, 그 보기는
극히 드물다.

얼기설기<가는 것이 이리저리 뒤섞여 얽힌 모양>
얼기-<얽다(노끈이나 줄 따위로 이리저리 걸다.)와 관련 있는 것 같음>
-설기<본디 '얼기-'가 되풀이되면서 /ㅅ/ 첨가. '얼기-' 뒤에만 결합됨>

3.2.4. 되풀이소 첫소리에 /ㅈ/ 첨가

바탕소가 되풀이소로 그대로 되풀이되면서 되풀이소의 첫소리에 /ㅂ/이
첨가되어 비슷한 꼴로 되풀이되는 것들이 이 짜임새에 해당하며, 그 보기는
극히 드문 편이다.

얼싸절싸<①홍이 나서 뛰노는 모양. ②중간에서 양편이 다 좋도록 주선하는
　　모양>
　얼싸<홍겨울 때 내는 소리>
　-절싸<본디 '얼싸'가 되풀이되면서 /지/ 첨가. '얼싸' 뒤에만 결합됨>

4. 마무리

　되풀이법에 의한 낱말 생성은 어찌씨에서 가장 활발하게 일어난다. 특히
소리흉내말, 모양흉내말, 소리·모양흉내말의 어찌씨에서 생산성이 크지만,
어찌씨 밖에 다른 품사에서도 일어난다. 되풀이법에 따라 생성된 되풀이 낱
말은 되풀이 대상인 바탕소와 되풀이소가 꼴과 뜻에서 꼭 같은 경우에 같
은 꼴 되풀이 낱말이 되고, 꼴에서 부분적으로 같으면서 뜻에서 상관관계를
이루는 경우에 비슷한 꼴 되풀이 낱말이라 하였다. 이 글에서는 비슷한 꼴
되풀이 낱말과 뿌리에 한정하여, 비슷한 꼴 되풀이법에 따라 생성된 낱말을
품사별로 가르고 각각의 짜임새와 바탕소 및 되풀이소의 형태적 특성과 의
미적 특성을 밝혔으며 낱말 자격이 모자라는 뿌리에 관하여도 논의하였다.
　되풀이소가 바탕소와 비슷한 꼴로 이루어진 비슷한 꼴 되풀이 낱말에
는, 꼴이 부분적으로 같고 뜻에서도 비슷하거나 상관관계에 놓이는, 바탕
소와 되풀이소의 첫 번째 음절이 다른 [ABCB] 꼴인 것들이 있다. 그리고
바탕소가 그대로 되풀이되면서 결합과정에서 바탕소의 첫 닿소리가 탈락
한 [A-cBAB] 꼴인 것들과 되풀이소의 첫 음절에 특정의 닿소리가 첨가
된 [ABA+cB] 꼴인 것들이 있다.
　[ABCB] 꼴 되풀이 낱말은 바탕소와 되풀이소가 첫 음절에서는 다르지만
끝 음절에서는 꼭 같아 부분적으로 같은 꼴을 유지하며, 뜻에서도 유사하거
나 상호 의존적인 상관관계를 이루고 있다.

[ABCB] 꼴로 이루어진 비슷한 꼴 되풀이 낱말을 품사에서 보면 어찌씨가 주류를 이루고, 이름씨, 풀이씨(움직씨, 그림씨), 매김씨, 느낌씨 따위가 일부 포함된다. 비슷한 꼴 되풀이 낱말 중 생산성이 가장 큰 어찌씨를 비롯하여 이름씨, 풀이씨, 매김씨, 느낌씨 순서로 각 품사에 속하는 비슷한 꼴 되풀이 낱말의 유형을 살핀 다음 각각의 보기를 들고, 바탕소와 되풀이소의 형태적 특성과 뜻을 기술하고자 하였다.

[A－cBAB] 꼴 비슷한 꼴 되풀이 낱말은, 바탕소의 둘째 음절이 넷째 음절로 그대로 되풀이되지만 바탕소의 첫째 음절은 첫소리가 탈락하여 되풀이되었다. 따라서 바탕소가 같은 꼴로 되풀이되면서 바탕소의 첫소리인 닿소리가 탈락되는 변화를 일으키는 것들이 이 짜임새에 속하며, 모두 흉내말 어찌씨에 해당하였다. 바탕소의 첫소리 탈락에 해당되는 닿소리로는 /ㄱ/, /ㄲ/, /ㄷ/, /ㅂ/, /ㅅ/, /ㅈ/, /ㅍ/이 있으며, 이 가운데 가장 생산성이 큰 것은 /ㅂ/이었다. 이 짜임새에 해당하는 보기를 들고 바탕소와 되풀이소의 형태적 특성과 뜻을 기술하고자 하였다.

[ABA＋cB] 꼴 비슷한 꼴 되풀이 낱말은 바탕소의 둘째 음절은 넷째 음절로 그대로 되풀이되지만 바탕소의 첫째 음절은 셋째 음절로 되풀이되면서 셋째 음절의 첫소리에 특정의 닿소리가 첨가되어 되풀이되었다. 따라서 바탕소가 같은 꼴로 되풀이되면서 되풀이소의 첫소리에 닿소리 첨가라는 변화를 일으키는 것들이 이 짜임새에 속하며, 모두 흉내말 어찌씨에 해당하였다. 되풀이소의 첫소리 첨가에 해당되는 닿소리로는 /ㄷ/을 비롯해, /ㅂ/, /ㅅ/, /ㅈ/이 있으며, 이 가운데 가장 생산성이 큰 것은 /ㄷ/이었다. 이 짜임새에 해당하는 보기를 들고 바탕소와 되풀이소의 형태적 특성과 뜻을 기술하고자 하였다.

‖ 참고문헌

고려대학교 민족문화연구원 편, 『고려대 한국어대사전』, 고려대학교 민족문화연구원, 2009.

국립국어연구원 편, 『표준국어대사전』, 두산동아, 1999.

김계곤, 『현대국어의 조어법 연구』, 박이정, 1996.

김석득, 『우리말형태론』, 탑출판사, 1992.

박동근, 『한국어 흉내말의 이해』, 역락, 2008.

안상철, 『형태론』, 민음사, 1998.

연세대학교 언어정보개발원 편, 『연세한국어사전』, 두산동아, 1998.

이익섭, 「현대 국어의 반복 복합어의 구조」, 『국어학연구』, 신구문화사, 1983.

전상범, 『형태론』, 한신문화사, 1995.

최현배, 『우리말본』, 정음사, 1971.

한글학회 편 『우리말큰사전』, 어문각, 1992.

한 길, 『현대 우리말의 형태론』, 역락, 2006.

한 길, 『우리말의 낱말 생성 되풀이법 연구』, 강원대학교출판부, 2009ㄱ.

한 길, 『현대 우리말의 되풀이법 연구』, 역락, 2009ㄴ.

허 웅, 『20세기 우리말의 형태론』, 샘문화사, 1995.

재외 한글학교용 한국어 표준교육과정의 개발 준거 및 지침*

박진용

1. 머리말

한국어는 한국인의 삶과 문화가 배어 있는 정신 자산이다. 세계 각지에서 한민족으로서의 삶을 살고 있는 재외동포들은 한국어 학습을 통하여 한국 및 한국 문화에 대한 이해를 높이고, 한민족으로서의 정체성을 형성하고 유지할 수 있다. 재외동포들은 한국어 및 한국 사회에 대한 이해를 통하여 거주지 사회에 더욱 안정적으로 정착할 수 있을 뿐만 아니라 거주지 사회와 한국 사회의 교류 협력에 기여할 수 있다.

우리나라는 재외동포 대국으로서 많은 민족 구성원들이 세계 속에서 자랑스러운 한국인의 삶을 영위하고 있다. 재외동포들은 한민족 의식에 터한

* 이 연구는 '재외 한글학교용 한국어 표준교육과정(각론)'을 개발하는 데 필요한 개발 준거 및 지침을 탐색하는 연구로서 '정영근·박진용·은지용·김민정·강승혜·고현석(2009). 재외 한글학교용 표준교육과정(총론 및 각론) 연구 개발. 연구보고 CRC 2009-48, 한국교육과정평가원'의 일부 내용을 재구성하여 작성하였음.

자발적인 노력으로 오래 전부터 아시아, 미주, 유럽, 중동, 아프리카 등 세계 전역에서 한국어 교육을 실시해 왔다. 재외동포를 대상으로 하는 한국어 교육기관으로는 한국학교, 한국교육원, 한글학교 등을 들 수 있는데, 특히 한글학교는 정규 교육기관이 아니면서도 재외동포를 대상으로 하는 한국어 교육의 구심적 역할을 수행해 왔다고 평가되고 있다(김경근 외, 2008). 최근 통계에 의하면 재외동포들은 자발적 노력으로 무려 2,097개의 한글학교에서 127,184명의 한국어 학습자에게 한국어 교육을 실시하고 있다.

그 동안 재외 한글학교의 한국어교육을 지원하기 위한 노력이 많이 있었다. 재외동포의 한국어교육을 지원하기 위한 한국어 교재 개발 및 보급 사업이 일찍이 국제교육진흥원을 중심으로 진행되다가, 1999년부터는 한국교육과정평가원(이하 평가원)이 중심이 되어 재외동포 교육 지원 사업을 수행하고 있다. 평가원은 재외동포용 한국어 교재 개선을 위한 연구 및 교재 체재 개발 연구를 수행하고, 이를 기반으로 한국어 교재를 개발하여 보급해 왔다(류재택, 2002, 2004).

그러나 이러한 한국어 교재 수준의 개발·보급 지원은 세계 각지에서 현지 사정 및 여건에 따라 다양한 형태로 운영되고 있는 현지 한글학교의 요구를 제대로 충족시키는 데 어려움이 있을 뿐만 아니라 대부분 자원 봉사 형태로 이루어지고 있는 현지 한글학교의 한국어교육을 체계화하는 데에도 일정한 한계가 있었다. 그래서 김경근 외(2008)는 재외동포의 계통성 있는 체계적인 교육을 위하여 표준교육과정 개발의 필요성을 인식하고, 재외 비정규 한글학교용 표준교육과정의 체제를 개발하는 데 목적을 두고 있다. 이제 재외 비정규 한글학교의 현지 사정을 제대로 반영하고, 다양한 형태로 이루어지고 있는 한국어 교육의 체계성을 마련하기 위해 한국어 표준교육과정의 개발이 필요한 시점에 이르렀다.

재외 한글학교 학습자를 대상으로 하는 한국어 교육은 한국어 표준교육과정의 개발을 통하여 현지 한글학교의 다양한 교육적 요구에 부응하고, 한국어교육의 체계성과 계통성을 수립할 수 있을 것이다. 그 동안 재외 한글학교의 한국어 교육은 일반적이고 공통적인 기준이 없이 지역별·학교별 여건과 특성에 따라 개별적으로 이루어져 온 것이 사실이다. 그래서 재외동포의 한국어교육의 전체적 위상 속에서 개별 한글학교의 현 수준과 지향을 가늠하는 데 어려움이 많았다. 재외 비정규 한글학교는 한국어 교육의 일반적이고 공통적인 기준에 해당하는 한국어 표준교육과정을 가짐으로써 해당 학교 및 학습자 특성에 맞는 한국어 교육을 설계하고 운영할 수 있는 실질적 기반을 마련할 수 있을 것이다. 즉 한국어 표준교육과정을 기반으로 해당 학교 및 학습자 특성에 맞는 학교 교육과정을 개발하고, 이에 따라 해당 한글학교 학습자에 맞는 교수요목 및 교재를 개발하여 사용함으로써 체계적이고 실행력이 높은 한국어 교육을 실시할 수 있다.

이 연구는 재외 비정규 한글학교용 한국어 표준교육과정 개발의 일환으로서 이루어진다. 한국어 표준교육과정을 개발하기 위해서는 여러 단계의 연구 절차가 필요할 것이다. 개발되는 한국어 표준교육과정이 세계 각지에서 실시되고 있는 한국어 교육에 실질적인 도움이 되는 공통적이고 일반적인 기준을 제공하기 위해서는 재외 한국어교육 및 연구의 어제와 오늘을 살피면서 주도면밀하게 계획할 필요가 있다. 이 연구는 재외 한글학교용 한국어 표준교육과정을 개발하는 데 필요한 개발 준거 및 지침을 탐색하기 위한 기초 연구이다.

2. 한국어 표준교육과정의 개발 준거

재외 한글학교용 한국어 표준교육과정이란, 말 그대로 전 세계에 산재해 있는 재외 한글학교의 한국어 교육을 체계적이고 계통성 있게 실시하기 위한 일반적이고 공통적인 기준을 의미한다. 즉 한국어 표준교육과정은 재외 한글학교 학습자들을 대상으로 한국어 교육의 성격, 목표, 내용, 방법, 평가 등에 대하여 '표준'을 설정한 것이다. 물론 여기서의 표준은 재외 현지 한글학교들이 그대로 따라야 하는 통일된 규칙으로서의 표준이 아니라, 현지 사정에 따라 다양한 요구를 지닌 한글학교별 특수성에 체계성과 계통성을 부여하는 데 도움이 되는 일반적이고 공통적인 기준으로서의 표준이다. 그러므로 재외 한글학교의 한국어 표준교육과정은 재외 한글학교의 다양한 특수성을 아우르면서 동시에 한국어교육을 체계적이고 계통성 있게 실행할 수 있도록 개발되어야 한다. 그래야 한국어 표준교육과정은 표준화된 설계로서 대표성을 지니게 될 뿐만 아니라 현실적인 실행력도 높일 수 있을 것이다.

한국어 표준교육과정을 개발하기 위해서는 우선 표준 설정을 위한 기초 연구가 필요하다. 이러한 표준 설정 작업은 재외 한글학교의 다양한 양상을 아우를 수 있는 연구와 실천을 기반으로 신중하게 이루어져야 할 필요가 있다. 이 연구는 한국어 표준교육과정의 표준 설정을 위하여 한국어 표준교육과정 개발과 관련이 있는 선행 연구들을 근거로 한국어 표준교육과정을 개발하는 데 도움이 되는 개발 준거를 탐색해 보고자 한다. 재외 한글학교용 한국어 표준교육과정을 개발하는 데 관련되는 선행 연구들은 매우 많을 것이다. 이 연구는 그 중에서 표준교육과정의 개발에 직접적인 준거로 삼을 수 있는 대표적인 것을 살펴보고, 이를 바탕으로 한국어 표준교육과정을 개발하는 데 필요한 개발 지침을 도출하고자 한다. 재외 한글학교용 한국어 표준교육과정의 개발 준거를 설정하기 위하여 이 연구에서 선택한 선행 연구들은 다음과 같다.[1]

---

1) 한국어 표준교육과정 개발의 핵심 준거들은 다음과 같다.
  • 한국어능력시험의 평가 기준(김왕규 외, 2002)
  • 국외의 외국어 등급 기준(김왕규 외, 2002 참고 : 유럽평의회 편, 2001)
  • 재외동포용 한국어 교재 개선을 위한 교육과정(류재택 외, 2002)
  • 재외동포용 한국어 교육과정 및 교재 체제 개발 연구(류재택 외, 2004)

2.1. 국외의 외국어 등급 기준

표준교육과정의 목표나 내용 관련 준거를 탐색하기 위하여 국외의 외국어 등급 기준을 살펴볼 필요가 있다. 국외의 외국어 등급 기준은 다년간의 시행 과정을 거치면서 학습자의 외국어 능력을 평가하는 데 필요한 내용 영역 및 내용 영역의 수준을 수립하여 왔다. 국외의 외국어 등급 기준을 살펴봄으로써 언어 교육과정의 개발에 기반이 되는 언어 교육의 목표, 내용 영역, 내용 영역의 수준 등을 설정하는 데 도움을 얻을 수 있다.

그 동안 세계 주요 국가에서는 외국어 숙달도를 평가하기 위하여 언어 숙달도 평가 기준을 개발하였다. 그 중에서 ILR(Federal Interagency Language Roundtable) 등급 기준과 ACTFL(The American Council on the Teaching of Foreign Language) 등급 기준, 유럽평의회(Council of Europe)의 유럽공통참조기준 (Common European Framework of Reference for Language) 등이 대표적인 예라고 할 수 있다. 먼저, 평가 기준을 효율적으로 파악하기 위하여 비슷한 체계를 유지하고 있는 ILR과 ACTFL을 비교하여 본다. ILR과 ACTFL의 등급 기준을 비교한 것이 [표 1]이다.

[표 1] ILR과 ACTFL의 등급 기준 비교

ILR		ACTFL	
5	원어민 화자 수준의 단계	최상급	• 의견 지지, 가설 수립, 추상적 주제에 관해 토의한다. • 언어학적으로 친숙하지 않은 주제도 다룰 수 있다. • 공식적, 비공식적 대화 상황에 효과적으로 대처한다.
4+			
4	완전한 전문화 단계		
3+			
3	전문적 업무 수행 단계		

• 재외 비정규 한글학교용 표준교육과정 체제(김경근 외, 2008)
• 2007 개정 국어과 교육과정(교육인적자원부, 2007)
• 2007 개정 외국어(영어)과 교육과정(교육인적자원부, 2007)
• 핀란드 외국어(A 언어) 교육과정(National Board of Education, 2003)
• 한국어능력시험 초급 표준 어휘 및 문법 목록(김중섭, 2009)

2+		고급 상	• 설명하고 묘사한다.
2	제한적인 업무 수행 단계	고급 중	• 모든 시제나 상을 이용해 문단 길이로 이야기한다.
		고급 하	• 학교나 직장에서의 일반적인 업무를 수행할 수 있다.
1+		중급 상	• 친숙한 주제에 관해 간단히 질문하고 대답한다.
1	생존하는 데 필요한 언어능력을 갖춘 상태	중급 중	• 단순한 상황과 업무를 처리할 수 있다.
		중급 하	• 예측 가능한 상황에서만 대화를 유지해 나갈 수 있다.
0+		초급 상	• 의사소통할 수 있는 최소한의 능력을 가진 단계이다.
0	언어능력이 없는 상태	초급 중	
		초급 하	• 외운 것을 이용해서만 말할 수 있다.

　　ILR 등급 기준은 말하기, 듣기, 읽기, 쓰기 등의 네 가지 언어 기능별로 11개(0~5까지)의 언어 숙달도 등급을 설정하고 있다. 언어 숙달도가 없는 상태를 가장 낮은 0단계로 설정하고, 원어민 화자 수준의 이상적 언어 숙달도 상태를 5단계로 설정하고 있다.

　　ACTFL 등급 기준은 ILR 등급 기준을 발전적으로 계승하여 만든 것이다. ILR 등급 기준이 상대적으로 상위 등급을 세분화하여 단계를 설정하였다면, ACTFL은 하위 등급을 세분화하여 등급을 설정하고 대신에 외국어 학습자가 실제적으로 도달하기 어려운 3단계 이상의 상위 등급을 하나로 통합하고 있는 것이 특징이다. ILR과 비교할 때, ACTFL은 0단계를 초급, 1단계를 중급으로 분류하고, 각 단계를 '상, 중, 하'로 세분하고 있다. 그리고 2단계는 '고급 하', '고급 중'으로 하고, 2+단계는 '고급 상'으로 분류하고 있다. 그리고 나머지 3~5단계는 '최상급'으로 분류하여 상위 단계보다는 하위 단계를 세분하고 있다. ILR과 ACTFL의 등급 기준에 의하면, 일상생활에 필요한 의사소통 능력을 나타내는 등급은 ILR은 0~2+ 정도이며 ACTFL은 '초급하'~'고급상'이고, ILR의 3~5단계와 ACTFL의 최상급 단계는 전문적인 의사소통 능력을 요구하는 단계로 판단할 수 있겠다.

유럽평의회 편(2001)은 유럽 내의 국가들 사이의 외국어 교육을 체계화하기 위한 일환으로 유럽공통참조기준을 설정하고 있다. 이는 40여 개국의 외국어 전문가들이 여러 해 동안 토론한 결과를 종합하여 의사소통 활동과 언어 능력 수준을 6단계의 평가 기준으로 기술하고 있다. 유럽공통참조기준은 유럽 국가들의 언어 교육을 위한 수업 계획, 교육과정, 평가, 교재 등을 개발하기 위한 공통 기반을 제공한다. 여기에는 의사소통을 목적으로 언어를 사용하는 학습자가 배워야 하는 내용과 효과적인 의사소통 행위를 하기 위해 개발해야 하는 지식과 지능이 체계화되어 있고, 언어를 기반으로 하는 문화적 맥락도 포함되어 있다. 유럽공통참조기준은 하나의 표준으로 제시되어 각국의 사정에 따라 여러 가지 모습으로 변형될 수 있다. 뒤에 살펴볼 핀란드의 외국어 교육과정은 이러한 사례의 하나이다.

유럽공통참조기준의 총괄 척도는 3단계 6등급으로 되어 있다. 유럽공통참조기준은 이러한 총괄 척도를 기반으로 다른 외국어 등급 기준과 마찬가지로 듣기, 읽기, 말하기, 쓰기 등의 4가지 언어 기능별로 구체적 수준을 기술하고 있다. 유럽공통참조기준은 학습자의 언어 능력을 3단계 즉, 기초적 언어 사용 단계, 자립적 언어 사용 단계, 숙달된 언어 사용 단계로 나누고, 각 단계를 두 수준으로 분리하여 전체 6등급 체제로 되어 있다. 각 등급 기술에서는 언어 사용의 가장 낮은 단계인 A1에서부터 가장 높은 단계인 C2에 이르는 언어 사용 능력을 총괄적으로 등급화 하여 제시하고 있다.

ILR, ACTFL, 유럽평의회의 등급 기준은 외국어 교육의 결과를 평가하는 외국어 능력 시험의 평가 기준이지만, 이를 통하여 한국어 표준교육과정을 설계하는 데 필요한 개발 준거를 도출해 볼 수 있다. 먼저, 외국인을 대상으로 하는 자국어 교육의 목표와 내용 영역 체계를 도출해 볼 수 있다. 평가는 목표를 달성한 정도를 측정하는 것으로 목표를 전제하고 있다. 외국어 등급 기준들은 학습자의 의사소통 능력의 정도를 4가지 언어 기능별로 평가하고 있다. 외국어 능력 시험의 이러한 평가 목표를 볼 때, 제2 언어나 외국어로서의 자국어 교육의 주 목표는 의사소통 능력 신장을 중심으로 설정될 수 있고, 의사소통 능력을 구성하는 세부 영역은 듣기, 말하기, 읽기, 쓰기 등 언어 기능별로 나누어질 수 있음을 알 수 있다.

다음으로, 국외의 외국어 등급 기준을 통하여 자국어 교육의 목표 수준 및 각 등급별 등급 수준을 도출할 수 있겠다. 외국어 능력 시험은 학습자의 의사소통 능력을 언어 숙달도에 따라 단계화·위계화하고 있다. 학습자의 언어 능력은 언어 숙달도가 전혀 없는 상태에서 모어 화자의 수준으로 나아가는 일정한 단계와 위계를 나타내고 있다. 그리고 이러한 각각의 언어 발달 단계는 언어 기능별로 세분화된 특성을 지니고 있다. 국외의 외국어 등급 기준을 통하여, 한국어 표준교육과정은 재외 비정규 한글학교 학습자의 수준과 여건에 맞는 목표 수준 및 각 등급별 등급 수준을 설정하고, 이를 달성하기 위한 내용을 선정할 수 있는 준거를 얻을 수 있을 것이다.

2.2. 한국어능력시험(TOPIK)의 평가 기준

한국어능력시험은 한국어를 모국어로 하지 않는 외국인 및 재외동포들을 대상으로 1997년부터 시행되어 2009년인 현재까지 시행되고 있는 국가 수준의 시험으로서, 이제는 한국어 학습자의 한국어 사용 능력(한국어 숙달도의 수준)을 측정·평가하는 표준적인 평가 도구로 자리 잡고 있다. 이러한 한국어능력시험은 한국어 교육기관의 한국어 교육과정, 한국어능력시험의 문항 분석 결과, 외국의 자국어 능력 시험 등급 기준 등을 참조하여 등급 체계를 구성하고 있다(김왕규 외, 2002).

한국어능력시험의 등급 체계는 언어 숙달도가 가장 낮은 1급에서부터 정확성, 적절성 등의 측면에서 언어 숙달도가 가장 높은 6급까지의 체제로 되어 있다. 한국어능력시험은 6개 등급의 일반적 특성을 기술한 총괄 기준과 그에 따른 영역별 평가 기준을 제시하고 있는데, 등급별 평가 영역은 어휘·어법, 쓰기, 듣기, 읽기 등으로 되어 있다. 말하기 영역은 평가 영역으로서 포함되어야 하나, 평가 시행의 현실적인 어려움 때문에 빠져 있는 형편이고, 말하기 영역 대신에 어휘·어법 영역이 포함되어 있다. 한국어능력시험의 등급별 총괄 기준은 [표 2]와 같다.

[표 2] 한국어능력시험의 등급별 총괄 기준

급	총괄 기준
6급	자신의 전문 분야에서의 연구나 업무 수행에 필요한 언어 기능을 비교적 정확하고 유창하게 수행할 수 있으며, 정치, 경제, 사회, 문화 전반에 걸쳐 친숙하지 않은 소재에 관해서도 이해하고 표현할 수 있다. 원어민 화자의 수준에는 이르지 못하나 대부분의 기능 수행이나 의미 표현에 어려움을 겪지 않는다.
5급	요약하기, 논증하기, 추론하기, 토론하기 등 자신의 전문 분야에서의 연구나 업무 수행에 필요한 언어 기능을 어느 정도 수행할 수 있다. 정치, 경제, 사회, 문화 전반에 걸쳐 친숙하지 않은 소재에 관해서도 대체적으로 이해하고, 표현할 수 있다. 공식적, 비공식적 맥락과 구어적, 문어적 맥락에 따라 언어를 적절히 구분해 사용할 수 있으며, 논설문, 보고서, 문학 작품, 대담, 토론 등을 이해하고 구성할 수 있다.
4급	공공시설 이용과 사회적 관계 유지에 필요한 대부분의 언어 기능을 수행할 수 있으며, 간단한 서류 작성 및 보고 등 일반적인 업무 수행에 필요한 기능을 어느 정도 수행할 수 있다. 또한 뉴스, 신문 기사 중 비교적 평이한 내용을 이해할 수 있다. 친숙한 사회적·추상적 소재를 비교적 정확하고 유창하게 이해하고, 표현할 수 있다. 자주 사용되는 관용적 표현과 대표적인 한국 문화에 대한 이해를 바탕으로 사회·문화적인 내용을 이해하고, 표현할 수 있다.
3급	한국어로 일상생활을 영위하는 데 별 어려움을 느끼지 않는다. 출입국 관리 사무소, 여행사 등의 공공시설을 이용하고, 사회적인 관계를 유지하는 데 필요한 설명하기, 묘사하기, 거절하기 등의 언어 기능을 기본적으로 수행할 수 있다. 자신에게 친숙한 사적인 소재뿐만 아니라 직업, 사건, 국가, 생활, 문화 등의 친숙한 사회적 소재를 문단 단위로 표현하거나 이해할 수 있다. 문어와 구어의 기본적인 특성을 구분해서 이해하고 사용할 수 있다.

2급	전화하기, 부탁하기, 제안하기 등의 일상생활에 필요한 언어 기능과 우체국, 은행, 병원 등의 공공시설 이용에 필요한 기본적 기능을 수행할 수 있다. 약 1,500~2,000개의 어휘를 이용하여, 일과, 취미, 약속 등 사적이고 친숙한 소재에 관한 내용을 이해하고 표현할 수 있다. 공식적 상황과 비공식적 상황에서 언어를 구분해 사용할 수 있다.
1급	자기 소개하기, 물건 사기, 음식 주문하기 등 생존에 필요한 기초적인 언어 기능을 수행할 수 있다. 또한 자기 자신, 가족, 날씨 등 매우 사적이고 친숙한 소재와 관련된 간단한 내용을 이해하고 표현할 수 있다. 약 800개의 기초 어휘와 기본 문법에 대한 이해를 바탕으로 간단한 문장을 생성할 수 있다. 또한 간단한 생활문과 실용문을 이해하고, 구성할 수 있다.

한국어능력시험은 국외의 외국어 등급 기준 체제와 마찬가지로 기초적인 의사소통이 가능한 가장 낮은 등급에서부터 일상생활뿐만 아니라 전문 분야의 언어생활에서 효율적인 의사소통이 가능한 가장 높은 등급까지를 포괄하여 등급 체제를 구성하고 있다. 한국어능력시험은 유럽공통참조기준과 비슷하게 가장 높은 언어 숙달도 수준을 설정하고 거기에 이르는 발달 과정을 6등급으로 나누고 있다. 1급은 생존에 필요한 기초적인 언어 사용에 초점을 두고 있고, 2급은 일상생활에 필요한 기본적인 언어 수행을 강조하고 있다. 그리고 3급은 일상 언어생활에 어려움을 느끼지 않으면서 기본적인 사회적 관계를 유지할 수 있는 언어 수행에 초점을 두고, 4급은 일반적인 업무 수행에 초점을 두고 있다. 이어서 5급과 6급에서는 전문 분야의 업무 수행에 필요한 기본적인 언어 수행과 효율적인 언어 수행을 강조하고 있다.

국내 대학 부설의 한국어 교육 기관의 등급 체계도 대체로 6등급 체제를 유지하고 있는데, 이들 교육기관의 6등급 체제는 대체로 등급 당 200시간씩 1200시간을 학습한 한국어 사용 능력을 등급 기준으로 설정하고 있다. 즉 모국어 화자 수준은 아니지만 일상생활 및 전문 분야의 생활에서 효율적으로 의사소통할 수 있는 언어 숙달도 수준을 6급으로 설정하고, 이에 도달하는 등급 수준을 초급, 중급, 고급으로 설정한 후, 각 급을 이등분하여 6등급의 체제를 완성한 것이다(김왕규 외, 2002).

교육과정을 설계하는 데 미치는 영향 요인들은 매우 다양할 것이다. 모든 영향 요인을 전반적으로 고려한 교육과정 설계가 가장 타당한 교육과정 개발 방법이겠지만, 재외 한글학교용 교육과정의 경우는 여러 요인 중에서 우선적으로 고려해야 할 요인을 고른다면 그것은 바로 교육과정의 실행력을 좌우하는 요인일 것이다. 한국어 표준교육과정이 재외 한글학교 교육 현장에서 실제적인 실행력을 가지느냐 못 가지느냐의 문제는 다른 어느 요인보다 우선적으로 고려되어야 한다. 그러므로 한국어 표준교육과정이 재외 한글학교 학습자들이 교실 학습을 통하여 현실적으로 도달할 수 있는 의사소통 능력 수준을 목표로 설정하고, 이에 따라 학습 내용과 방법 등을 설정하여 실행력을 확보하는 문제는 매우 중요하다.

한국어 표준교육과정은 재외 한글학교 한국어 학습자들을 대상으로 매주 2시간씩 9년 동안 총 540시간 동안(2시간 × 연간 30주 × 9년 = 총 540시간) 한국어를 교육하는 교육 설계이다. 한국어 표준교육과정은 재외 비정규 한글학교 학습자의 수준과 학습 여건에 맞게 설계되어야 실행력을 확보할 수 있다. 한국어 표준교육과정의 실행 여건과 한국어능력시험의 등급 수준을 고려할 때, 한국어 표준교육과정은 목표 수준을 한국어능력시험의 3급 정도 수준에 두고, 이를 달성하기 위한 초급, 중급, 고급 과정의 수준을 한국어능력시험의 1~3급 수준 범위에서 설정하는 것이 타당한 것으로 판단된다.

2.3. 재외동포용 한국어 교육과정

한국의 국제적 위상이 높아지고 재외동포 및 외국인들의 한국어에 대한 관심이 높아짐에 따라 제2 언어 및 외국어로서의 한국어 교육에 대한 노력의 일환으로 류재택 외(2002)는 '재외동포용 한국어 교재 개선을 위한 교육

과정'을 개발하였다. 평가원은 이 교육과정에 따라 재외동포용 한국어 교재를 개발하여 보급하였고, 류재택 외(2004)에서는 이를 수정·보완하여 '재외동포용 한국어 교육과정'2)을 개발하였다.

재외동포용 교육과정(2004)은 교육과정 개발의 준거로 국어과 교육과정, 국내외 한국어 교육기관의 한국어 교재, 한국어능력시험의 평가 기준 등에 대한 분석 결과와 재외동포용 한국어 교재에 대한 해외 재외동포 교육 전문가들의 요구 조사, 해외 재외동포 교육 전문가들의 한국어 교육에 대한 의견 등을 들고 있다. 재외동포용 교육과정(2004)에서 제일 먼저 살펴볼 부분은 교육과정의 목표 수준 및 각 등급별 수준 설정이다. 재외동포용 교육과정(2004)은 한국어 교육의 전 과정을 12등급으로 구분하고, 각 등급의 수준을 한국어능력시험의 등급 수준에 맞추어 설정하고 있다. 전체 12등급 중 1~10등급까지는 한국어능력시험의 1~4급과 동일한 수준을 유지하도록 하고, 11~12등급은 한국어능력시험의 5~6급에 맞추고 있다. 재외동포용 교육과정(2004)은 전체 과정을 12등급으로 구분하고 있지만, 실제 교육과정 실행 가능 과정은 10등급까지로 판단하고, 재외동포용 교육과정(2004)의 10등급 수준을 한국어능력시험의 4급 수준에 맞추고 있는 것이다.

그러나 재외동포용 교육과정(2004)은 재외동포 학습자가 도달 가능한 등급 수준에 대하여 이러한 관점을 가지면서도 1~12등급 수준 전체를 대상으로 교육과정을 구성하고 있다. 이런 시각에서 재외동포용 교육과정(2004)은 한국어 의사소통 능력의 목표 수준을 '한글 자모에서부터 일상생활이나 직업상의 업무를 보는데 필요한 한국어 구사'로 정하고 있다. 이는 한글 자모를 구사할 수 있는 1급 수준에서부터 자신의 전문 분야에서 업무 수행이 가능한 5~6급의 수준까지를 교육과정의 목표 수준으로 설정하고 있는 것이다. 그러나 앞에서도 강조된 바지만, 교육과정은 학습자의 요구에 기반을

---

2) 재외동포용 한국어 교육과정(류재택 외, 2004)을 한국어 표준교육과정과 구별하여 위하여 이하에서는 '재외동포용 교육과정(2004)'으로 명명함.

둔 목표를 달성하기 위한 현실성 있는 내용과 방법에 대한 계획이어야 실행력을 얻을 수 있다. 표준교육과정은 대다수의 재외 한글학교의 한국어 교육 여건에 비추어 재외 한글학교 한국어 학습자가 현실적으로 도달할 수 있는 수준을 목표 수준으로 설정하고 그에 부합하는 교육 내용을 선정하고 조직할 필요가 있다.

이러한 측면에서 재외동포용 교육과정(2004)의 12등급은 교육과정의 실행력을 높이기 위해서 축소 조정될 필요가 있다. 재외동포용 교육과정(2004)은 한국어능력시험의 등급 수준을 수용하고 있다. 표준교육과정의 실행 여건에 맞는 한국어능력시험의 등급 수준이 1~3급 수준임을 고려할 때, 표준교육과정의 등급 수준의 설정에 준거가 되는 재외동포용 교육과정(2004)의 등급 수준은 1~7급 수준임을 확인할 수 있다. 재외동포용 교육과정(2004)은 한국어능력시험의 1급을 1~2급으로, 2급을 3~4급으로, 그리고 3급을 5~7급으로 세분화하여 등급 수준을 설정하고 있다.[3]

다음으로, 재외동포용 교육과정(2004)의 목표 측면을 살펴본다. 재외동포용 교육과정(2004)은 다음과 같이 총괄 목표와 세부 목표 체제로 제시하고 있다.

한국어를 제2 언어로 학습하여, 한국문화를 이해하고, 장차 현지 사회와 한국의 가교의 역할을 적극적으로 수행할 수 있도록 한다. 즉, 재외동포의 성공적 정착과 함께 모국과의 긴밀한 유대가 한민족의 세계적 진출이며 한민족의 힘이 된다는 인식을 가지고 재외동포의 모국어 학습을 효율적으로 이루어지도록 돕는다.
① 한국어를 통하여 한국에 대한 이해의 기회를 제공한다.
② 한국의 문화에 대한 이해도를 높여 정체성을 함양한다.
③ 재외동포로서 거주국에서 성공적 정착과 자신의 발전을 기한다.
④ 자신의 민족적 근원을 이해하고 태토(胎土)의 중요성을 인식한다.
⑤ 한국과의 다양한 교류, 협력의 능력을 배양한다.

---

3) [표 3] 참조.

재외동포용 교육과정(2004)이 제시하는 목표는 한국 및 한국 문화에 대한 이해, 한민족으로서의 정체성 함양, 거주국과 한국과의 교류 협력 등에 초점을 두고 포괄적으로 제시하고 있다. 한국어 표준교육과정은 한국 및 한국 문화의 이해와 정체성 함양 등의 기본 정신 등은 발전적으로 수용하되 목표 설정에서 빠진 부분들은 새로이 보강할 필요가 있다. 이를테면 재외동포를 대상으로 하는 한국어교육의 직접적 목표로서 한국어 의사소통 능력의 신장 측면은 분명하게 기술될 필요가 있다4).

세 번째로 재외동포용 교육과정(2004)의 내용 측면을 살펴본다. 재외동포용 교육과정(2004)은 영역별 내용을 의사소통 기능, 한국어 지식, 문화 영역의 세 가지로 설정하고 있다. 의사소통 기능 영역은 말하기, 쓰기, 듣기, 읽기의 하위 영역을 포함하고 있고, 한국어 지식 영역은 어휘·문법을 포함하고 있으며, 문화 영역은 의사소통으로서의 생활 문화와 역사적으로 이루어진 성취 문화를 포함하고 있다.

재외동포용 교육과정(2004)의 내용 영역 설정과 관련하여 검토가 필요한 부분은 문화 영역이다. 재외동포용 교육과정(2004)은 문화 영역을 한국어 교육의 내용 영역으로 설정하고 있다. 언어는 문화를 기반으로 한다. 한국어도 한국 문화를 기반으로 운용되므로, 한국어 의사소통 능력을 기르기 위해서는 한국어 의사소통에 필요한 한국 문화 지식을 교육할 필요가 있다. 재외 한글학교용 표준교육과정(총론)은 한국어 의사소통의 기반 지식으로서 필요한 기초적인 한국 문화에 대한 이해뿐만 아니라 한국 문화 전반에 대한

---

4) 김경근 외(2008 : 112)는 국어과 교육과정, 영어과 교육과정 재외동포용 교육과정(2004)을 참고하여 다음과 같은 6가지의 한국어 교육과정의 목표를 추출하고 있다.
   ① 한국어로 일상적인 의사소통이 가능하도록 한다.
   ② 한국어를 정확하고 효과적으로 표현하고 이해하는 능력을 기른다.
   ③ 한국어로 된 다양한 정보를 이해하고, 이를 활용할 능력을 기른다.
   ④ 한국어에 대한 지속적인 흥미와 자신감을 갖도록 한다.
   ⑤ 한국어 학습을 통하여 한국의 전통과 문화를 이해한다.
   ⑥ 한국어 학습을 통하여 한국과 다양하게 교류, 협력할 수 있는 능력을 배양한다.

이해를 위해 한국 문화 표준교육과정을 한국어 표준교육과정과 연계하여 운영하도록 하고 있다.

재외 한글학교 학습자들은 한국어 표준교육과정과 연계되는 한국 문화 교육과정을 통하여 한국어 의사소통에 필요한 한국 문화 내용을 학습하게 된다. 그러나 한국어 의사소통 능력 신장을 위한 한국 문화 지식을 한국 문화 교육과정을 통해 배운다고 하더라도 한국어 표준교육과정은 한국어 학습을 통한 한국 문화 이해 능력을 신장하기 위한 노력을 기울여야 한다. 재외동포 학습자들이 한국어 학습을 통하여 한국어 의사소통 능력을 신장할 뿐만 아니라 한국 문화 이해 능력을 효율적으로 증대하기 위해서는, 한국 문화 이해를 넓힐 수 있는 언어활동 소재를 선별하여 한국어 학습을 위한 의사소통 활동에 활용할 필요가 있겠다.

재외동포용 교육과정(2004)은 한국어 교재 개선을 위해 기초 연구를 거친 교육과정이라는 측면에서 표준교육과정의 설계와 세부 내용 구성에 주는 영향력은 크다. 표준교육과정이 '표준'으로서의 실행력과 대표성을 조금이라도 높이려면, 그 동안의 연구 성과에 대한 공유가 전제되어야 한다는 측면에서 표준교육과정은 재외동포용 교육과정(2004)의 기본 골격을 유지·발전시키는 방향으로 발전시켜 나갈 필요가 있다.

2.4. 국내외 모국어 및 외국어 교육과정

제2 언어나 외국어로서 한국어 표준교육과정 설계에 관한 연구와 경험이 부족한 우리의 경우는 오랜 경험을 통하여 비교적 체계화 되어 있는 국내외 모국어 교육과정이나 외국어 교육과정에서 시사점을 얻을 수 있을 것이다. 국내 교육과정으로서는 2007년 개정 국어과 교육과정과 외국어(영어) 교육과정을 살펴보고, 국외 교육과정으로서는 비교적 체계화된 외국어 교육의 역사를 가지고 있으며, 유럽공통참조기준을 구체적으로 적용하고 있는 외국 사례로서 핀란드의 외국어(A 언어) 교육과정을 살펴본다.

국내외 모국어 및 외국어 교육과정을 살펴보기 전에, 앞서 살펴 본 개발 준거들을 종합하면서 새로운 개발 준거를 마련하는 차원에서, 개발 준거들의 시간 배당 기준을 살펴본다. 교육 목표를 설정하고, 이를 달성하기 위해 교육 행위를 실행하거나 평가하는 일들은 학습 시간과 관련되어 있다. 교육과정은 학습 목표를 달성할 수 있는 시간 배당 계획을 수립해야 하고, 만약에 교육 가능 시간이 제한적이라면 그 시간을 통하여 도달하기에 가장 적절하고 타당한 목표를 수립해야 할 것이다.

그러므로 앞서 논의한 한국어능력시험과 재외동포용 교육과정(2004), 그리고 이제 새롭게 살펴보려는 국내외 모국어 및 외국어 교육과정의 시간 배당 기준을 표준교육과정의 개발과 관련하여 분석하는 작업이 필요해 보인다. 왜냐하면 이러한 과정을 거쳐야 비로소 이들을 어떻게 적용하고 활용할 지에 대한 합당한 판단 기준을 가질 수 있기 때문이다.[5] 재외동포용 교육과정(2004) 및 한국어능력시험을 포함하여 국내외 모국어 및 외국어 교육과정의 시간 배당 기준을 표준교육과정과 비교해 보면 [표 3]과 같다.

[표 3] 표준교육과정과 관련 개발 준거들의 시간 배당 기준 비교

개발 준거	단계	표준교육과정 단계									전문 특별 과정 단계			비고
		초급 교육과정				중급 교육과정			고급 교육과정					
		1	2	3	4	5	6	7	8	9	10	11	12	
한국어 표준교육 과정	시간 (시수)	60 (2)	60 (2)	60 (2)	60 (2)	60 (2)	60 (2)	60 (2)	60 (2)	60 (2)	60 (2)	60 (2)	60 (2)	30 주
	누적	60	120	180	240	300	360	420	480	540	600	660	720	

5) 이와 관련하여 김경근(2008 : 39)은 한글학교의 수업 시수를 고려한 현실성 있는 교육과정의 중요성을 강조하고 있다. 이는 한글학교 관계자들이 공통적으로 제기하는 내용인데, "아무리 좋은 교육과정이라도 제한된 시간에 소화할 수 없을 만큼 지나치게 많은 내용을 포함하고 있다면 현장에 별로 도움을 주지 못하므로", 한글 학교용 교육과정을 구안할 때는 한글학교가 처한 현실적 상황을 고려한 "적합성 있는" 교육과정을 마련할 필요가 있다는 것이다.

<table>
<tr>
<td rowspan="3">한국어
능력
시험</td>
<td>단계</td>
<td colspan="4">초급 단계</td>
<td colspan="6">중급 단계</td>
<td colspan="2">고급 단계</td>
<td rowspan="3">6
등급</td>
</tr>
<tr>
<td>급</td>
<td colspan="2">1</td>
<td colspan="2">2</td>
<td colspan="3">3</td>
<td colspan="3">4</td>
<td>5</td>
<td>6</td>
</tr>
<tr>
<td>누적6)</td>
<td colspan="2">200</td>
<td colspan="2">400</td>
<td colspan="3">600</td>
<td colspan="3">800</td>
<td>1000</td>
<td>1200</td>
</tr>
<tr>
<td rowspan="3">재외
동포용
한국어
교육
과정
(2004)</td>
<td>급</td>
<td>1</td><td>2</td><td>3</td><td>4</td><td>5</td><td>6</td><td>7</td><td>8</td><td>9</td><td>10</td><td>11</td><td>12</td>
<td rowspan="3">12
등급</td>
</tr>
<tr>
<td>누적</td>
<td>90~
100</td><td>180~
200</td><td>270~
300</td><td>360~
400</td><td>450~
500</td><td>570~
600</td><td>640~
670</td><td>700~
730</td><td>760~
800</td><td></td><td></td><td></td>
</tr>
<tr>
<td>세부
등급7)</td>
<td>1급
하</td><td>1급
상</td><td>2급
하</td><td>2급
상</td><td>3급
하</td><td>3급
중</td><td>3급
상</td><td>4급
하</td><td>4급
중</td><td>4급
상</td><td>5급</td><td>6급</td>
</tr>
<tr>
<td rowspan="2">국어과
교육
과정</td>
<td>시간
(시수)</td>
<td>210
(6)</td><td>238
(7)</td><td>238
(7)</td><td>204
(6)</td><td>204
(6)</td><td>204
(6)</td><td>170
(5)</td><td>134
(4)</td><td>134
(4)</td><td>134
(4)</td><td>선택</td><td>선택</td>
<td rowspan="2">34주</td>
</tr>
<tr>
<td>누적</td>
<td>210</td><td>448</td><td>686</td><td>890</td><td>1094</td><td>1298</td><td>1468</td><td>1682</td><td>1816</td><td>2050</td><td></td><td></td>
</tr>
<tr>
<td rowspan="2">영어과
교육
과정</td>
<td>시간
(시수)</td>
<td></td><td></td><td>34
(1)</td><td>34
(1)</td><td>68
(2)</td><td>68
(2)</td><td>102
(3)</td><td>102
(3)</td><td>136
(4)</td><td>136
(4)</td><td>선택</td><td>선택</td>
<td rowspan="2">34주</td>
</tr>
<tr>
<td>누적</td>
<td></td><td></td><td>34</td><td>68</td><td>136</td><td>204</td><td>306</td><td>408</td><td>544</td><td>680</td><td></td><td></td>
</tr>
<tr>
<td rowspan="2">핀란드
(외국어
-A 언어)</td>
<td>시간
(시수)</td>
<td></td><td></td>
<td colspan="5">304
(8)</td>
<td colspan="3">304
(8)</td>
<td colspan="2">304
(8)</td>
<td rowspan="2">38주</td>
</tr>
<tr>
<td>누적</td>
<td></td><td></td>
<td colspan="5">304</td>
<td colspan="3">608</td>
<td colspan="2">912</td>
</tr>
</table>

한국어 표준교육과정은 연간 30주를 기준으로 초급 과정 4년, 중급 과정 3년, 고급 과정 2년으로 하고, 각 단계별로 연간 60시간을 기준으로 시간 수를 배당하고 있다. 표준교육과정 시간 배당 기준으로 볼 때, 표준교육과정의 설계에 참고할 수 있는 수준으로는 한국어능력시험의 경우는 1~3급 정도(누적 600시간)이고, 재외동포용 교육과정(2004)의 경우는 1~7등급(누적 670시간) 정도로 판단할 수 있다. 국어과 교육과정의 경우는 1~3학년(누적 686시간) 정도이고, 영어과 교육과정의 경우는 3~10학년(누적 680시간) 정도를 적정선으로 판단할 수 있다. 그리고 핀란드(외국어-A 언어) 교육과정의

---

6) 누적 시간 수는 한국어능력시험의 해당 급수를 목표로 한국어교육기관에서 일반적으로 잡고 있는 시간 배당 기준임.
7) 한국어능력시험의 등급을 세부 등급으로 나눈 기준임.

경우는 3~9학년(누적 608시간) 정도가 해당된다. 시간 배당 기준을 염두에 두면서, 국내외 모국어 및 외국어 교육과정에서 표준교육과정 개발에 준거가 되는 사항을 찾아본다.

2007년 개정 국어과 교육과정은 학습자의 창의적인 국어사용 능력을 신장시키는 것을 목표로 내용 영역을 듣기, 말하기, 읽기, 쓰기, 문법, 문학 등 6개 영역으로 나누고, 영역별 성취 기준을 학년별 내용으로 제시하고 있다. 국어과 교육과정은 자국민을 대상으로 많은 학습 시간을 투입하여 국어 생활을 올바르게 영위할 수 있는 자질을 양성하고자 한다. 그래서 국어 학습자는 국어 수업을 통해서 '국어 활동', '국어', '문학'에 대한 이해를 확충하며, 국어 활동에 작용하는 맥락을 충분히 고려하면서 정확하고 효과적으로 국어를 사용할 수 있는 능력을 신장하여야 한다. 또한 국어 문화에 대한 바른 이해를 바탕으로 국어의 발전과 국어 문화 창조에 이바지하려는 태도를 가져야 한다.

자국민을 대상으로 창의적인 국어 능력 신장을 목표로 하는 국어교육의 포괄적 내용 수준으로 볼 때, 국어과 교육과정의 내용과 방법을 재외 비정규 한글학교 학습자를 대상으로 하는 표준교육과정에 직접 적용하기는 어렵다. 다만, 자국민을 대상으로 하는 국어과 교육이 재외 한글학교 학습자를 대상으로 하는 한국어 교육과 폭과 깊이에서는 정도의 차이가 있겠지만, 언어 교육이라는 기본 틀은 크게 다르지 않을 것이므로, 국어과 교육과정의 내용 체계, 성취 기준, 내용 요소 등을 표준교육과정에 제한적으로 활용할 수 있을 것이다.

예를 들면, 국어과 교육과정의 내용 영역 중 듣기, 말하기, 읽기, 쓰기 영역과 문법 영역의 저학년 부분은 부분적으로 표준교육과정의 내용으로 재구성될 수 있을 것이고, 영역별로 세분화된 내용 체계, 성취 기준, 내용 요소, 담화의 수준 및 범위 진술 등도 마찬가지로 표준교육과정의 해당 내용을 구체화하는 데 참고할 수 있을 것이다.

자국민을 대상으로 하는 자국어 교육과정에 비해 자국민을 대상으로 하는 외국어 교육과정은 목표와 내용의 측면에서 상대적으로 범위가 제한적이다. 2007년 개정 영어과 교육과정 및 핀란드의 외국어과(A 언어) 교육과정은 상대적으로 표준교육과정과 시간 배당 기준이 비슷하게 설정되어 있어 표준교육과정의 설계에 준거로 삼을만한 부분이 많을 것이다.

영어과 교육과정은 "일상생활에 필요한 영어를 이해하고 사용할 수 있는 기본적인 의사소통 능력을 기르는 것을 목표"로 삼고 있다. 그래서 초등학교 영어에서는 "영어에 대한 흥미와 관심을 가지고, 일상생활에서 사용하는 기초적인 영어를 이해하고 표현하는 능력을 기르는 것을 목표"로 하고, 중등학교 영어에서는 "일상생활과 일반적인 주제에 관하여 기본적인 영어를 이해하고 표현할 수 있는 능력을 기르는 것"을 목표로 하고 있다. 그리고 이를 달성하기 위한 성취 기준을 학년급에 따라 언어 기능별로 제시하고 있다.

3~10학년의 학습 과정(총 680시간)을 통하여, 영어 학습자들을 일상생활 수준에서 무리 없이 언어활동을 할 수 있는 언어 숙달도 수준으로 이끌려고 하는 영어과 교육과정의 목표 수준 및 영역별 내용은 표준교육과정의 목표 수준과 영역별 내용을 설정하는 데 참고가 된다. 영어 교육과정은 초등 과정과 중등 과정을 구분하고 목표 진술을 구분하고 있다. 초등 영어에서는 일상생활에 대한 기초적인 의사소통 능력 신장에, 중등 영어에서는 일상생활에 대한 기본적인 의사소통 능력 신장에 초점을 두어 초등과 중등을 연계하고 있다.

표준교육과정은 영어과 교육과정의 목표 체계를 참조하여 초급, 중급, 고급의 급별 목표 수준을 설정하고, 이 수준이 점진적으로 연계되어 최종 목표에 도달할 수 있도록 해야 할 것이다. 이때 영어과 교육과정이 외국인을 대상으로 하는 외국어 교육인데 비하여 표준교육과정은 재외동포를 대상으로 하는 제2 언어나 외국어로서의 한국어 교육임을 고려할 필요가 있겠다.

이를테면 표준교육과정은 비슷한 학습 여건 및 환경이라면 영어과 교육과정보다 목표 수준을 조금 높게 설정하고, 이에 도달하는 과정을 초급(4년), 중급(3년), 고급(2년)에 해당 학년 비율에 따라 조정하여 학습 내용을 설정할 필요가 있겠다.

영어과 교육과정은 내용 영역을 듣기, 말하기, 읽기, 쓰기의 네 가지 언어 기능별로 나누어 그에 따른 성취 기준을 학년별 학습 내용으로 제시하고 있다. 그리고 내용 체계로서 '언어 기능', '의사소통 활동', '언어 재료'를 제시하고, 언어 재료의 세부 영역으로 소재, 언어, 어휘, 단일 문장의 길이 등을 설정하여 의사소통 활동에 기반이 되는 핵심적인 내용 요소를 제시하고 있다.

핀란드의 외국어(A 언어) 교육과정도 개정 영어과 교육과정과 마찬가지로 외국어로 의사소통하는 능력을 신장하는 것을 목표로 삼고 있다. 그리고 타문화 사람들의 생활 방식을 이해하고 존중하는 것을 목표로 삼고 있다. 핀란드의 외국어 교육과정(A 언어)은 국내 외국어 교육과정과 달리 학습 목표, 학습 내용, 평가 기준을 1~2학년, 3~6학년, 7~9학년 등 학년군 별로 비교적 간단하게 제시하고 있는데, 핀란드 외국어 교육과정의 내용 중에서 표준교육과정 개발과 관련하여 특히 참고할만한 점은 학년군별 평가 기준이다.

핀란드 외국어 교육과정(A 언어)은 학년군별 교육 목표 및 핵심 내용을 제시하고, 학년군에서 성취해야 할 언어 숙달도 평가 단계를 언어 기능별로 제시하고 있다. 핀란드 교육과정에서 설정하고 있는 언어 숙달도 척도와 학년군별 성취 수준을 정리하면 [표 4]와 같다. 핀란드의 외국어(A 언어) 교육과정은 유럽평의회의 유럽공통참조기준을 바탕으로 자국에 맞게 적용하고 있다.

[표 4] 핀란드 외국어(A 언어) 교육과정의 언어 숙달도 척도와 학년군별 성취 수준

언어 숙달도 척도		학년군별 성취 수준
C1. Managing in a variety of demanding language use situations	C1.1. First stage of fluent proficiency	
B2. Managing regular interaction with native speakers	B2.2. Functional independent proficiency	
	B2.1. First stage of independent proficiency	
B1. Dealing with everyday life	B1.2. Fluent basic proficiency	
	B1.1. Functional basic proficiency	• 3~9학년 읽기, 듣기
A2. Basic needs for immediate social interaction and brief narration	A2.2. Developing basic proficiency	• 3~9학년 말하기, 쓰기
	A2.1. First stage of basic proficiency	• 3~6학년 읽기, 듣기
A1. Limited communication in the most familiar situations	A1.3. Functional elementary proficiency	• 3~6학년 말하기, 쓰기
	A1.2. Developing elementary proficiency	
	A1.1. First stage of elementary proficiency	

[표 4]에 따르면, 핀란드 외국어 교육과정(A 언어)은 3~9학년의 성취 수준을 B1.1. Functional basic proficiency 단계에 두고 있고, 3~6학년의 성취 수준을 A2.1. First stage of basic proficiency 단계에 두고 있다. 핀란드 외국어 교육과정(A 언어)은 목표 수준을 유럽공통참조기준의 전체 6등급 중에서 3등급의 '중하'나 2등급의 '중상' 수준에 두고 있다. 이것은 표준교육과정이 목표 수준을 한국어능력시험의 1~3급 수준에 둔다면, 외국의 외국어 교육과정이 목표로 설정한 수준과 비슷하거나, 재외동포를 학습자로 하는 점을 고려하여 약간 상향 설정한 것으로 해석할 수 있겠다.

[표 4]에 따르면, 핀란드 외국어 교육과정은 언어 기능별로 성취 수준에

차이를 두고 있다. 말하기, 쓰기 등의 표현 활동에 비해 읽기, 듣기 등의 이해 활동의 성취 수준을 더 높게 잡고 있다. 학년별 성취 수준을 표현 활동과 이해 활동에 따라 차등을 두는 관점은 국내 영어과 교육과정도 마찬가지이다. 그러나 등급별 내용 설정에서 표현 활동 수준을 이해 활동 수준에 비해 좀 낮게 설정하는 경향을 표준교육과정에 적용하기는 어려울 듯하다. 표현과 이해 기능별로 성취 수준에 차이를 두는 점은 이들이 외국어 교육과정이기 때문이라고 볼 수 있다. 외국인을 대상으로 하는 외국어 교육에서는 이해 기능에 비해 표현 기능 개발이 더 어려운 과제이다. 그러나 재외동포들은 외국인 학습자에 비해 듣기, 말하기 등의 음성 언어 활동보다는 읽기, 쓰기 등의 문자 언어 활동의 언어 숙달도가 상대적으로 낮은 경우가 많으므로 표준교육과정은 오히려 이들 측면을 적극 고려할 필요가 있기 때문이다.

그리고 핀란드 외국어(A 언어) 교육과정도 9학년 수준(총 608시간)의 의사소통 능력 수준은 영어과 교육과정과 비슷하게 일상생활에서 사용할 수 있는 기본적인 의사소통 능력을 기르는 것에 초점을 맞추고 있다. 이러한 점은 다른 개발 준거들과 마찬가지로 표준교육과정의 목표 수준을 설정하는 데 근거를 제공하고 있다.

3. 한국어 표준교육과정의 개발 지침

선행 연구를 기반으로 재외 한글학교용 한국어 표준교육과정 개발을 위한 준거를 살펴보았다. 재외 한글학교용 표준교육과정의 총론에 기반을 두고 한국어 표준교육과정을 개발하고자 할 때, 각각의 준거들은 실제적인 개발 방향을 제공해 줄 것이다. 어떤 준거는 표준교육과정을 개발하는 전체적인 개발 틀로서 작용하고, 어떤 준거는 교육과정의 내용을 구성하는 부분으로 작용하기도 할 것이다. 한국어 표준교육과정의 개발 준거를 기반으로 한국어 표준교육과정의 개발 지침을 설정하면 다음과 같다. 한국어 표준교육과정의 개발 준거가 다양한 근거로부터 도출된 개발 근거의 집합체라고 한다면, 개발 지침은 실제적인 교육과정 개발에 직접 적용할 수 있도록 이러한 집합체를 종합하여 뽑아 낸 실제 수행 기준이라 할 수 있다.

(1) 재외동포용 교육과정(2004)을 비롯한 선행 연구 결과를 발전적으로 연계하여 한국어 표준교육과정을 개발한다. 표준교육과정은 현지 한글학교의 다양한 교육적 요구에 부응하고, 한국어교육의 체계성과 계통성을 수립할 수 있는 일반적이고 공통적인 기준이 되어야 하므로, 가능한 한 그 동안의 선행 연구 결과를 발전적으로 연계하여 교육과정의 대표성과 실행력을 높일 필요가 있다. 표준교육과정은 국내외 외국인을 위한 자국어 능력 시험의 등급 기준, 기 개발된 재외동포용 교육과정(2004), 자국민을 위한 모국어 및 외국어 교육과정 등을 발전적으로 연계하여 개발한다.

(2) 한국어 표준교육과정은 한국어 의사소통 능력의 수준에 따라 초급 과정(4년), 중급 과정(3년), 고급 과정(2년)으로 나누어 개발한다. 표준교육과정은 개발 준거들에 따라 재외 한글학교 학습자들이 현실적으로 도달 가능하면서, 동시에 당위적으로 도달해야 할 언어 숙달도 수준을 설정하고, 여기에 이르는 의사소통 능력 발달 단계를 초급 과정(4년), 중급 과정(3년), 고급 과정(2년)으로 단계화하여 개발한다.

초급 과정은 음성 언어 활동을 중심으로 일상생활에 필요한 기초적인 한국어 의사소통 능력 신장에 중점을 두고, 중급 과정은 일상생활에 필요한 기본적인 한국어 의사소통 능력의 신장에 중점을 둔다. 고급 과정은 일상생활 및 기초적인 사회적 관계를 유지하는 데 필요한 효율적인 한국어 의사소통 능력의 신장에 중점을 둔다.

(3) 한국어 표준교육과정의 급별 언어 숙달도 수준은 한국어능력시험(TOPIK)의 1~3급 수준과 재외동포용 교육과정(2004)의 1~7급 수준에 맞춘다. 표준교육과정은 재외 한글학교 한국어 학습자의 다양한 여건 및 수준을 고려하여, 학습자들이 현실적으로 도달할 수 있으며 실행할 필요가 있는 기준을 담아 교육과정의 실행력을 높일 필요가 있다. 표준교육과정은 재외 한국어 학습자의 한국어 학습 시간을 고려하여 급별 언어 숙달도 수준을 한국어능력시험의 1~3급 수준과 재외동포용 교육과정(2004)의 1~7급 수준에 맞춘다. 그리고 표준교육과정의 수준 설정을 위하여 국어과 교육과정의 1~3학년 수준, 영어과 교육과정의 3~10학년 수준, 핀란드(외국어-A 언어) 교육과정의 3~9학년 수준을 고려한다.

(4) 한국어 표준교육과정은 한글 자모 학습에서 시작하여 일상생활 및 기초적인 사회적 관계를 유지하는 데 필요한 한국어를 효율적으로 구사하도록 한다. 그리고 한국어 학습을 통하여 한민족으로서의 정체성을 함양하고, 한국 문화에 대한 이해를 높이도록 한다. 재외 한국어 학습자의 학습 능력 및 가능한 한국어 학습 시간 등을 고려할 때, 한국어 표준교육과정은 한국어능력시험의 1~3급 수준 및 재외동포용 교육과정(2004)의 1~7급 정도의 등급 수준을 달성하는 데 목표를 두는 것이 적절하다. 그러므로 한국어 표준교육과정은 '한글 자모에서부터 일상생활 및 기초적인 사회적 관계를 유지하는 데 필요한 한국어 구사'가 가능하도록 하는 데 목표를 두고, 이를 효율적으로 달성하는 데 필요한 급별, 내용 영역별 교육과정 체제를 수립한다. 그리고 이러한 한국어 학습의 궁극적 목적이 한국 및 한국 문화에 대한 이해를 증진하여 한민족으로서의 정체성 함양뿐만 아니라 거주지 사회와 한국 사회의 교류 협력 및 상호 발전에 기여하는 데 있음을 명시한다.

(5) 한국어 표준교육과정은 듣기, 말하기, 읽기, 쓰기의 의사소통 기능 영역과 어휘, 문법 및 문형의 문법 영역으로 나누어 개발한다. 한국어 표준교육과정은 재외 한글학교 학습자가 일상생활 및 기초적인 사회적 관계를 유지하

는 데 필요한 의사소통 능력을 신장하기 위하여 교육과정의 내용 영역을 의사소통 기능 영역과 문법 영역으로 나누어 개발한다. 한국어 표준교육과정은 듣기, 말하기, 읽기, 쓰기의 의사소통 기능 영역을 중심으로 하고, 실제적인 한국어 사용에 기초가 되는 어휘, 문법 및 문형의 문법 영역을 의사소통 기능 영역의 기반 지식으로 설정한다. 의사소통 기능 영역에서는 4가지 언어 기능이 고르게 발달하여 통합되도록 하고, 문법 영역에서는 탈문맥적인 문법 지식보다는 의사소통에 기반이 되는 실제적인 언어 사용 지식에 중점을 둔다.

(6) 한국어 표준교육과정은 한국어 학습을 통해 한국 문화 이해 능력을 높이기 위한 언어활동을 강조하여, 교수요목 및 교재 개발 수준에서 한국 문화 이해를 높이기 위한 언어활동이 구체화되도록 한다. 한국 문화는 효율적인 한국어 학습을 위하여 필요할 뿐만 아니라 한국어 학습을 통하여 한국 문화 이해 능력을 신장하기 위해서도 필요하다. 그래서 재외 한글학교 표준교육과정은 총론 수준에서 한국어 표준교육과정과 한국문화 교육과정이 상호 관계를 유지하며 운용되어야 함을 명시하고 있다. 한국어 표준교육과정은 한국 문화 교육과정과의 연계성을 고려할 뿐만 아니라 한국 문화를 활성화할 수 있는 언어활동 소재를 강조하여, 교수요목 및 교재 개발 수준에서 한국 문화 관련 내용이 의사소통 활동에 구체적으로 반영되도록 한다.

(7) 한국어 표준교육과정은 해외 한글학교의 다양성과 특수성을 고려하여 교육과정의 실행력을 높이기 위하여 교수·학습 방법과 교재 개발상의 유의점 등에 중점을 둔다. 한국어 표준교육과정은 재외 한글학교의 한국어 교육을 위한 일반적이고 공통적인 기준으로서, 현지 학교의 요구와 특성에 맞는 교육과정으로의 재구성이 필요하다. 그러므로 한국어 표준교육과정은 교육과정의 성격, 목표, 내용 등의 항목 내용을 실제적으로 현실화시킬 수 있는 교수·학습 방법 및 교재 개발상의 유의점 등을 구체적으로 진술하여 교육과정의 실행력을 높일 필요가 있다.

4. 맺음말

이상으로 재외 한글학교용 한국어 표준교육과정을 개발하는 데 필요한 개발 준거 및 지침을 살펴보았다. 이 연구는 한국어 표준교육과정이 재외 한글학교의 다양성과 특수성을 대변하면서 한국어 교육의 체계성과 계통성을 수립할 수 있어야 함을 전제로 하고, 이러한 전제를 충족하는 실행력 높은 교육과정을 개발하기 위하여 그 동안 축적되어 온 관련 선행 연구 결과를 기반으로 하여 개발 준거를 도출하고, 이를 종합하여 몇 가지 개발 지침을 설정하여 보았다.

이상의 연구 과정이 의도하는 바를 포함하여 한국어 표준교육과정의 개발 절차를 도시하면 [그림 1]과 같다.

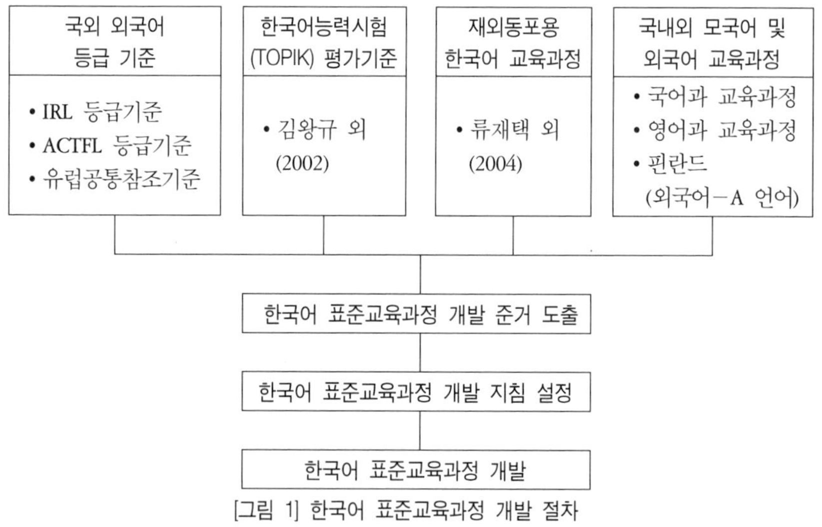

[그림 1] 한국어 표준교육과정 개발 절차

주지하다시피 한국어 표준교육과정의 개발이 개발 준거 및 개발 지침을 마련함으로써 자연스럽게 완성되는 것은 아니다. 개발 준거와 개발 지침은 한국어 표준교육과정의 '성격, 목표, 내용, 방법, 평가, 교재 개발상의 유의점' 등의 항목 내용을 구성하는 방향과 구체적 틀을 제공할 뿐이다. 재외 한글학교용 한국어 표준교육과정이 일반적이고 공통적인 기준으로서 제대로 기능하기 위해서는, 교육과정 개발 및 운영에 대한 질 관리 차원에서 개발 준거 및 지침에 대한 적합성 검토가 지속적으로 이루어져야 할 것이고, 이러한 개발 준거 및 지침이 교육과정의 세부 항목별 특징에 따라 일관성을 유지하면서 효율적으로 반영될 수 있는 방안을 강구하여야 할 것이다.

‖ 참고문헌

교육인적자원부, 『국어과 교육과정』, 교육인적자원부 고시 제2007-79호[별책 05], 2007.

교육인적자원부, 「외국어과 교육과정(I)』, 교육인적자원부 고시 제2007-79호[별책 14], 2007.

김경근 외, 『재외 비정규 한글학교용 표준교육과정 체제 개발 연구』, 교육과학기술부, 2008.

김왕규 외, 『한국어능력시험의 평가기준 개발 연구』, 교육인적자원부, 2002.

김정숙, 「언어 숙달도 배양을 위한 외국어로서의 한국어 교육 방향』, 『민족문화연구』 27, 고려대학교 민족문화연구원, 1994.

김정숙, 「재외동포용 한국어 교재 개발 방안 연구—초급 1단계 교육 내용을 중심으로」, 『이중언어학』 37권, 이중언어학회, 2008.

김중섭 외, 『한국어능력시험 초급 어휘 목록 개발 연구』, 한국교육과정평가원, 2009.

류재택 외, 『재외동포용 한국어 교재 개선을 위한 교육과정 개발 연구』, 한국교육과정 평가원, 2002.

류재택 외, 『재외동포용 한국어 교육과정 및 교재 체제 개발 연구』. 한국교육과정평가 원, 2004.

서울특별시교육청, 『초·중학교/고등학교 국가수준 핵심 교육과정 교육 선진국 핀란드 를 가다』, 서울특별시 교육청, 2007.

김한란 옮김, 유럽평의회 편(2001), 『언어 학습 교수 평가를 위한 유럽공통참조기준』, 한국문화사, 2007.

임광수 외, 『핀란드 국가수준 교육과정의 지역 및 학교 단위 현장 적용 분석 연구』, 교 육인적자원부, 2008.

National Board of Education, *National Core Curriculum for Basic Education*, Helsinki : National Board of Education, 2003.

National Board of Education, *National Core Curriculum for Upper Secondary Education*, Helsinki : National Board of Education, 2004.

http://www.govtilr.org/

http://www.actfl.org/

텍스트 장르와 접미사의 사용 양상*
─ '-적'과 '-적' 파생어를 중심으로 ─

남 길 임

1. 머리말

지금까지 텍스트 장르에 대한 연구는 주로 개별 어휘나 통사적 특성을 중심으로 이루어졌다. 하지만 특정 접사의 사용 양상이나 특정 어휘의 조어법, 활용 형태 등과 같은 형태론적 특성 역시 텍스트 장르에 따라 변이를 보인다는 것은 암묵적인 동의를 얻고 있는 사실이다. 텍스트 생산자는 효율적인 "표현"을 위해 어휘부의 어휘항목과 형태론적 규칙을 최대한 활용하여 필요한 어휘들을 선택하고 배열하는데, 매체적 특성, 주제적 요인, 공식성 등의 사용역(register)[1])과 관련한 요인은 어휘의 선택과 형태론적 조어 범

* 이 논문은 『한글』 283, 한글학회 63-91에 실린 것을 다듬은 것임.

1) 여기서 '사용역'은 레지스터(register)를 의미하며, 언어 사용 상황에 따라 달리 사용되는 언어의 다양한 양상을 포괄하는 용어이다. 이 연구에서는 사용역을 장르의 하위 개념, 즉 장르보다 세부적인 언어 특성을 나타내는 것으로 사용하기로 한다. 또한 이 연구에서는 텍스트 장르와 텍스트 유형 중 텍스트 장르를 논의의 출발점으로 삼기로 한다. 텍스트 장르와 텍스트 유형은 논자에 따라 다소 달리 논의되기도 하였는데, 강범모 외(2000), Biber(1995) 등에서는 언

위에 영향을 준다.

이 연구는 특정 접미사의 생산성, 형태·통사적 실현 양상이 텍스트 장르에 따라 달리 나타나며, 이러한 현상들이 장르의 문체적 특성으로 귀결된다는 직관을 실증적 자료를 통해 검증하려는 시도이다. 이를 위하여 학술 개론서와 자유 대화를 포함한 네 가지 유형의 말뭉치에 나타난 '-적' 파생어의 유형과 형태·통사적 결합 양상을 분석함으로써, 특정 접미사의 생산성이나 통사적 사용 양상이 텍스트 장르에 따라 변별성을 보인다는 것을 증명하고자 한다. 또, 한편으로 이 연구는 조어법을 비롯한 형태론적 특성들이 텍스트 장르를 구분하는 언어학적 기준으로 적용될 수 있는 가능성을 제안하려는 부차적인 목적도 가진다. 어떤 텍스트에서 함께 나타나는 언어적 특성을 밝히는 일은 어휘적, 통사적 차원뿐만 아니라 어휘·형태·통사의 다차원적인 언어 자질을 포괄적으로 분석함으로써 가능한 일이기 때문이다.[2]

'-적' 및 '-적' 파생어는 이론 문법에서뿐만 아니라 사전 편찬에서의 품사 통용어 처리 문제, 형태 분석 말뭉치의 형태 분석 경계 문제 등과 관련하여 많은 논의의 대상이 되어 왔다. 지금까지 논의 결과, 주로 한자어 어기에 결합하는 '-적'은 매우 높은 생산성(productivity)을 보이는 접미사로 어

어 특성(linguistic feature)에 초점을 맞춘 텍스트 종류를 '텍스트 유형'으로, 텍스트에 나타난 언어적 특성보다는 같은 장르라고 인식되는 사회적 인식을 중심으로 한 분류를 '텍스트 장르'로 구분한다. 이 연구는 텍스트 장르 외 사회언어학적 변수 중 대화자 요인(나이, 성별, 계층, 민족성 등)에 대해서는 논의하지 않는다. 텍스트 장르, 유형, 레지스터 등에 대한 더 상세한 논의는 박여성(1995), 고영근(1999), 강범모 외(2000), Knapp & Watkins(2005 : 20~23) 참조.

2) Biber et al.(1998 : 136~145)에서는 언어 사용역 연구에 대한 다차원 분석(multidimensional analysis)을 주장하면서, 다음과 같은 세 가지 요건을 충족시키는 연구가 수행되어야 함을 주장하고 있다. 즉, (1) 다수의 텍스트, (2) 다양한 언어 자질의 비교 검토, (3) 사용역 간의 비교·분석적 접근 방법이 그것이다. 한편, 실제로 Biber et al.(1998)에서 논의된 언어 자질은 모두 16가지로 시제/상, 시공간적 부사, 대용어, 의문문, 명사형 등 대부분 어휘적이거나 문법적인 것에 집중되어 있다. 한국어의 텍스트 장르별 언어 특성 연구는 강범모 외(2000)에서 상세히 논의된 바 있는데, 역시 복합명사의 비율, 피·사동 접사 등이 논의되기는 했으나 어근, 접사의 분포 등의 조어론적 사항들은 폭넓게 논의되지는 않았다.

기의 범위를 점차로 고유어 및 외래어로 확장하고 있으며, 문법적으로는 명사 파생 접사, 관형사 파생 접사로 기능한다는 데에는 의견의 일치를 보고 있다. 하지만 이러한 논의는 주로 '-적' 자체의 속성이나 '-적' 파생어의 어휘 내적 특성에 집중되어 있어서, 어휘 범주를 넘어서는 특성에 대해서는 깊이 논의되지 못했다.

이 연구를 통해 밝히고자 하는 의문은 다음과 같다.

첫째, '-적'의 빈도와 분포는 네 가지 텍스트 장르에 따라 다른가? '-적'이 형성하는 파생어의 유형 빈도(type frequency)와 항목 빈도(token frequency)는 텍스트 장르에 따라 어느 정도의 차이를 보이는가?

둘째, 명사·관형사의 두 범주에 대한 품사 통용어의 대표적 예로 논의되어 온 '-적' 파생어는 실제 텍스트에서 어떤 문법 범주로 기능하며 어떤 통사적 구조로 더 많이 쓰이는가? 그리고 이러한 쓰임은 텍스트 장르에 따라 달리 나타나는가?

셋째, 본고의 결과를 도출하게 된 요인, 즉 접미사 및 파생어의 사용 양상에 영향을 미치는 요인은 무엇인가? 텍스트 장르가 접미사의 생산성에 영향을 미친다고 해석할 수 있는가?

이 연구에서는 텍스트 장르에 따른 접사 '-적'의 결합 어기의 유형 및 항목의 빈도를 분석하고, '-적' 파생어의 형태·통사적 결합 관계를 분석함으로써 첫 번째와 두 번째의 의문을 해결하고자 하며, 세 번째의 논의를 위해서는 지금까지 화용론이나 텍스트 언어학에서 논의되어 왔던 문체적 특성의 요인을 형태론적 관점에서 논의하고자 한다.

2. 연구의 대상과 방법

2.1. 말뭉치의 구성

이 연구는 학술 개론서와 자유 대화를 포함한 전사 말뭉치를 포함한 네 가지 텍스트 장르 각각 5만여 어절씩, 총 20만 어절을 분석 대상으로 한다. 전체 연구 대상 20만 어절의 분량은 계량적 연구를 위해 충분한 양은 아니나, 대략적으로 단행본 300페이지의 4권 정도에 해당하는 분량으로, 계량적인 분석과 함께 질적인 분석을 병행하기에 적절한 양으로 판단된다. 이와 더불어 대용량 말뭉치의 계량적인 결과가 필요한 경우에 한하여, 전체 문어로 구성된 세종 형태 의미 주석 말뭉치 1100만 어절을 보조적으로 활용하기로 한다.

20만 어절의 구성은 다음 [표 1]과 같다.

[표 1] 말뭉치의 구성

분류 범주	크기(어절)	표본 수	하위 주제
학술 개론서	50,128	7	인문/사회/교육/자연
자유 대화	51,586	7	일상적 주제
학술 강의	50,542	8	인문/사회/교육/예술
소설	50,165	10	—

학술 개론서나 학술 강의는 정보 전달을 목적으로 하는 제보 텍스트[3])의 일종으로서, 특히 학문적 사실을 전달하는 것이 목적이므로 전문 용어가 많고 난이도가 높다는 특성이 있다. 주로 한자어 어기와 결합하는 '–적'이 학

---

3) 학술 서적이나 대학 강의는 Brinker(1994)의 기준을 따를 때 제보텍스트 즉, '생산자가 자신이 수용자에게 지식을 전달하고 싶어한다는 것을 수용자에게 이해시키는 것'을 목적으로 하는 텍스트에 속한다(이성만 역, 1994).

술적인 텍스트에서 높은 빈도를 보일 것이라는 것을 짐작할 수 있으나, 그 빈도 및 사용 양상이 매체적 특성에 따라 어느 정도의 차이를 보일 것인지에 대해서는 두 텍스트의 비교를 통하여 살펴볼 수 있을 것이다.

또한 자유 대화와 소설 말뭉치는 매체적 특성 이외의 학술적 주제라는 주제적 특성이나 공식성의 자질 등이 '-적' 사용 양상에 어떤 영향을 미치는지를 살펴보기 위한 것이다. 즉 '학술 서적 : 소설'을 비교함으로써, '-적'의 사용이 학술적 텍스트라는 텍스트 생산 목적 및 주제적 요인과 어느 정도 관련성이 있는지를 분석할 수 있을 것이며, '학술 강의 : 자유 대화'의 비교를 통해 구어 내에서 주제적 요인과 공공성 요인이 '-적' 파생어의 사용 양상에 어떤 영향을 미치는지 점검해 볼 수 있을 것이다. 각 텍스트의 특성을 텍스트 범주를 구분하는 몇 가지 자질로 나타내면 다음과 같이 나타낼 수 있다.

학술 서적   [+문어, +학술, +공공성]
자유 대화   [−문어, −학술, −공공성]
학술 강의   [−문어, +학술, +공공성]
소설   [+문어, −학술, +공공성]

이 연구의 대상인 총 20만 어절 말뭉치는 모두 21세기 세종계획에서 구축된 형태 분석 말뭉치로 구성하였으며, 하나의 텍스트 장르는 적어도 7개 이상의 표본으로 구성하였다. 이는 표본 수를 다양화함으로써 텍스트 생산자의 개인적인 문체적 특성에 대한 변수를 배제하기 위함이다. 하나의 하위 표본은 최소 5000어절 이상 최대 1만 5000어절 이하로 구성된다.

2.2. 연구 방법

이 연구는 형태 분석 말뭉치의 계량적 어휘 분석 결과를 활용하되, 추출된 용례를 질적으로 분석하는 방법으로 진행될 것이다. 연구의 과정은 다음과 같다.

우선, 접미사 '-적'과 '-적' 파생어의 사용 양상을 살펴보기 위해, 명사 파생 접미사(XSN)로 주석된 '적/XSN'을 추출하고 '적/ XSN'이 결합하는 어기 유형의 정보를 함께 추출함으로써 '-적' 파생어의 유형 목록을 구한다. 이를 통해 각 텍스트 장르별로 '-적' 파생어의 유형과 유형 빈도(type frequency), 항목 빈도(token frequency) 등을 구할 수 있다.

또한, '-적' 파생어의 사용 양상을 분석하기 위하여, 관형사와 명사 각각으로 쓰인 '-적' 파생어의 빈도를 분석하고, 명사의 경우 '으로' 결합형과 '이다' 결합형을 각기 구분하여 살펴본다. 특히 '이다' 결합형의 경우, 전체 '이다' 결합형의 빈도뿐만 아니라 개별 활용 형태별 빈도를 분석함으로써, '-적' 파생어의 통사·의미 기능을 텍스트 장르별로 살펴보게 될 것이다.

이러한 분석의 결과는 '-적' 파생어가 주로 어떤 문장 성분으로 쓰이는지를 보여 주는데, 이를 통해 지금까지 '-적' 파생어의 사전 기술에서 일치되지 못했던 품사 정보, 표제어 구분, 의미 정보 등의 문제들을 해결하는 데 실마리를 찾을 수 있을 것이다.

3. '-적'과 '-적' 파생어 사용 양상 분석

3.1. 텍스트 장르에 따른 '-적'의 사용 빈도

이 절에서 살펴볼 내용은 두 가지로, 텍스트 장르에 따라 달리 나타나는 '-적'의 총빈도(항목 빈도 : token frequency)와 '-적'이 생산하는 파생어의 유형 빈도(type frequency)이다. 여기서 항목 빈도란 한 텍스트 장르 내에 '-적'이 출현한 총 횟수로 유형의 반복적인 출현 횟수를 나타내며, 유형 빈도는 한 텍스트 장르 내에서 '-적'이 결합하는 어기 유형의 수[4]를 나타낸다.

다음은 각각 5만여 어절로 구성된 네 가지 장르에서 나타난 '-적' 파생어의 전체 항목 빈도를 표로 나타낸 것이다.

[표 2] 각 5만 어절에 나타난 '-적' 파생어의 항목 빈도[5]

	학술 개론서		소설		학술 강의		자유 대화		총계	
	빈도	백분율	빈도	백분율	빈도	백분율	빈도	백분율	빈도	백분율
항목	1564	70%	277	11.5%	362	15.5%	83	3%	2267	100%

[표 2]에서 알 수 있는 사실은 학술 개론서에 나타나는 '-적'의 항목 빈도는 1564회로 가장 높아서 83회를 나타내는 자유 대화에 비해 18배 가량 높으며, 같은 문어에 속하는 소설의 5배 이상, 학술적 텍스트의 구어 장르인 학술 강의보다 4배 이상 높다는 것이다. 특히 동일한 학술적 텍스트에 속하는 학술 개론서와 학술 강의가 1, 2위로 나타난 것은 '-적' 및 '-적' 파생어가 학술 목적의 텍스트에서 중요한 지위를 차지하고 있음을 보여 준다. 즉, '학술적 의도', '학술적 주제'의 주제적 요인은 '-적' 사용에 있어서 가장 중요한 요인이 됨을 알 수 있다.

한편, 소설은 3위로 구어인 학술 강의보다 더 낮은 빈도를 보이고 있는

---

4) Aronoff & Fudeman(2005)와 Bauer(2004 : 102)에서는 접사의 유형 빈도(type frequency)를 "그 접사가 결합하여 나타나는 다른 어휘소(어기)의 수(The number of different lexemes in which the affix occurs)"로 정의한 바 있다.

5) 위에서 산출된 빈도는 카이제곱 검정 결과, 통계량 값이 5.305이고 이 값에 대한 유의 확률은 0.00으로 나타났다. 이는 언어학적 통계에 일반적으로 적용되는 유의 수준 0.05보다 작아서 귀무가설(H_0 : '-적'의 출현 빈도가 말뭉치 장르에 따라 다르지 않다.)를 기각한다. 따라서 [표 2]에서 텍스트 장르에 따라 달리 나타나는 빈도의 차이는 통계적으로 유의미한 차이를 보인다고 할 수 있다. 이 연구에서는 검정을 위하여 SPSS를 활용하였으며, 이하에서 산출된 통계 검정의 결과는 통계 검정 유형과 함께 "유의 확률(0.00)<유의 수준(0.05)"의 형태로 언급할 것이다. 본고에서 제시된 '-적' 파생어의 빈도는 [표 1]에서 제시된 5만여 어절의 빈도를 그대로 제시한 것이다.

데, 이는 '-적'의 사용 빈도에 [+문어]라는 매체적 요인보다 [+학술]의 주제적 요인이 더 큰 요인으로 작용하고 있음을 보여 주는 것이다. 마지막으로 자유 대화는 전체 총 83회로 매우 낮은 빈도를 보였는데, 이는 자유 대화가 가진 [-문어, -학술, -공공성]의 요인이 복합적으로 작용한 결과로 분석된다.

이러한 양상은 말뭉치 양을 2배 정도 수준인 10만으로 올렸을 경우에도 유사하게 나타난다. 다음은 학술 개론서과 자유 대화 말뭉치를 5만에서 1만씩 더해서 10만까지로 증가시켰을 때 '-적' 파생어의 증가가 어떤 양상을 보이는지를 나타내 준다.6)

[표 3] '-적' 출현의 증가 양상_학술 개론서/자유 대화7)

	5만	6만	7만	8만	9만	10만
학술 개론서_문어	1,564	1,812	2,077	2,367	2,659	3,025
자유 대화_구어	83	103	126	143	159	166

다음 [그림 1]은 말뭉치의 규모가 1만씩 증가할 때마다 '-적'의 항목 빈도가 어떤 변화를 보이는지 살펴보기 위해 학술 개론서의 빈도 구간과 자유 대화의 빈도 구간을 달리 설정하여 그래프로 나타낸 것이다. [그림 1]로부터 학술 개론서의 경우 말뭉치가 1만 어절씩 증가할 때마다 300회 전후의 항목 빈도 증가를 보이고, 자유 대화에서는 20회 전후의 증가를 보인다는 것을 알 수 있다. 두 곡선은 거의 1차 함수의 특성을 보이며 다소 겹치

---

6) [표 3]의 분석은 형태 주석 말뭉치 10만 어절 이상을 확보할 수 있는 말뭉치를 중심으로 이루어졌다. 21세기 세종 계획 구어 말뭉치 중 학술 강의 말뭉치는 전체가 10만 어절에 미치지 못하므로 이 분석에서 제외되었고, 학술 개론서, 자유 대화, 소설 중 학술 개론서와 자유 대화의 두 가지 장르만을 표에서 제시한 것이다.

7) [표 3]은 회귀 분석(regression analysis) 결과, 자유 대화, 학술 개론서 각각 유의 확률 1.5504E－08, 2.93E－07로 나타났는데 이는 유의 수준(0.05)보다 작으므로 귀무가설($H_0 : \beta_1 = 0$ 기울기는 0이다.)을 기각하며, 따라서 선형모형이 적합하다고 할 수 있다. 이는 말뭉치의 규모와 '-적'의 출현 빈도의 관계를 선형모형으로 설명할 수 있음을 의미한다.

는데, 이를 통해 각 구간마다 '학술 개론서 : 자유 대화'의 항목 빈도가 '16.5 : 1~18 : 1' 정도에서 일정하게 나타남을 알 수 있다. 이러한 항목 빈도의 양상은 y축에 해당하는 학술 개론서 항목 구간(500회)과 자유 대화 항목 구간(30회)의 비율과 유사하다.

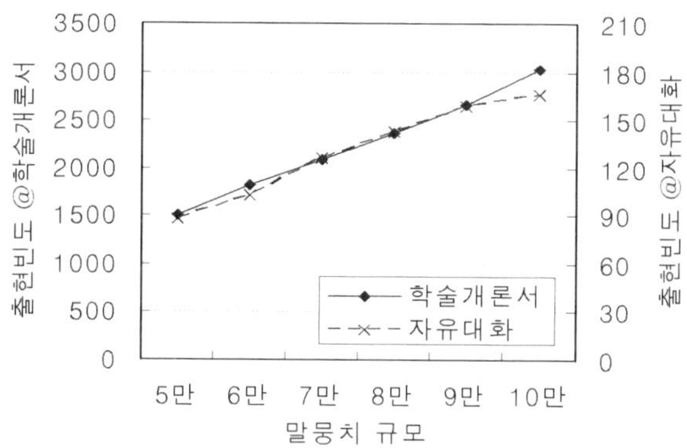

[그림 1] '-적' 출현의 증가 곡선_학술 개론서/자유 대화

[표 2], [표 3], [그림 1]을 종합적으로 살펴볼 때 알 수 있는 사실은, '-적'의 항목 빈도는 장르에 따라 매우 큰 차이를 보이고, 분석 대상의 말뭉치를 증가시켜도 '-적'의 항목 빈도는 장르별로 일정한 증가율을 보인다는 사실이다. 더불어 학술 개론서와 자유 대화에 한하여 분석된 6만~10만의 '-적' 항목 빈도 증가율은 말뭉치의 양을 2배로 증가시켜도 5만 수준과 유사한 결과를 도출한다는 것을 보여 주는데, 이러한 사실로부터 이 연구의 주요 대상인 장르별 5만 어절의 말뭉치는 충분히 신뢰성이 있는 자료라는 사실도 확인할 수 있다. 한편, 위의 결과는 '-적'의 유형 빈도를 통해 좀더 세밀하게 분석될 필요가 있다.

[표 4] '-적' 파생어의 유형 빈도[8)

	학술 개론서	소설	학술 강의	자유 대화
유형 빈도	432	150	147	55
token/type	3.62	1.85	2.46	1.51

위 [표 4]는 텍스트 장르별로 '-적'이 결합하는 결합 어기의 수를 나타낸 것으로, 역시 '학술 개론서 > 소설 > 학술 강의 > 자유 대화'의 순서를 보여서 '-적' 파생어의 다양성을 나타내는 유형 빈도 또한 항목 빈도와 유사한 순서로 나타남을 알 수 있다. 하지만, 다음 몇 가지 관점에서 유형 빈도와 항목 빈도는 다른 결과를 보인다.

첫째, '학술 개론서/자유 대화'의 비율이 18배 전후였던 항목 빈도와 달리 10배 이하를 보이고 있다. 학술 개론서와 자유 대화의 유형 빈도 차이가 항목 빈도의 차이보다 더 적다는 것은 학술 개론서는 자유 대화보다 '-적'을 월등히 더 많이 사용하지만, 특정 유형의 '-적' 파생어가 반복적으로 사용된다는 것을 나타내는 것이다.

실제로 한 어휘의 평균적 출현 횟수를 나타내는 '항목 빈도/유형 빈도(token/type ratio)'의 값은 '학술 개론서 > 학술 강의 > 소설 > 자유 대화'의 순으로 나타났다. 이는 학술 주제 관련 텍스트에서 학술 용어로서 '-적' 파생어가 반복적으로 쓰이고 있음에서 기인한 것으로 분석된다.

다음 표는 각 장르별로 가장 높은 빈도를 보이고 있는 '-적' 파생어를 10위까지만 제시한 것으로, 괄호 안의 숫자는 각 장르 안에서 해당 어휘가 출현한 총 빈도를 나타낸다.[9)

---

8) [표 4]는 카이제곱 검정 결과 통계량 값이 408.643이고, 이 값에 대한 유의 확률이 0.00으로 유의 수준 0.05 수준에서 귀무가설(H_0 : 유형 빈도는 텍스트 장르에 따라 다르지 않다.)을 기각한다. 따라서 장르에 따라 달리 나타나는 '-적' 파생어의 유형 빈도는 유의미한 빈도 차이를 가진다.

9) 또, 각각 학술 개론서과 학술 강의에서 전문 용어나 구 구성 전문 용어의 일부로 정의된 바 있는 어휘들에 대해서 별도로 진하게 표시를 하였다. 예를 들어 학술 개론서에 나타난 '사회

[표 5] 각 장르별 고빈도 '-적' 파생어

	학술 개론서	소설	학술 강의	자유 대화
1	사회적(51)	논리적(9)	법적(18)	기본적(6)
2	구체적(38)	개념적(8)	이차적(15)	규칙적(5)
3	근본적(32)	감각적(8)	구체적(14)	실용적(4)
4	역사적(27)	자동적(8)	기본적(12)	결정적(3)
5	일반적(24)	시각적(7)	일반적(12)	결과적(3)
6	지도적(21)	무의식적(6)	대표적(11)	순간적(3)
7	보편적(19)	전통적(5)	객관적(10)	현실적(3)
8	수학적(19)	결정적(5)	전형적(10)	인상적(3)
9	창조적(17)	일반적(5)	정신적(8)	개인적(3)
10	상대적(17)	비현실적(5)	창작적(8)	정신적(3)

위 표는 학술 개론서와 학술 강의의 고빈도 어휘들이 다른 장르에 비해 반복적으로 쓰이는 횟수가 더 많다는 것을 보여 주는데, 이 결과로 학술적 주제를 다루는 두 장르의 "token/type" 값이 더 높게 나타나는 것이다.

둘째, '학술 개론서 > 학술 강의 > 소설 > 자유 대화'의 순위를 보이던 항목 빈도와 달리, '-적' 파생어의 유형 빈도는 '학술 개론서 > 소설 > 학술 강의 > 자유 대화'로 나타나 전체적으로 구어 장르보다 문어 장르에서 더 많은 유형을 보이는 것을 알 수 있다.[10] 단, 소설과 학술 강의는 미미한 차이를 보이는 것은, [+문어], [+학술]의 두 요인이 '-적' 파생어의 유형 빈도에 있어서 유사한 비중을 차지하는 요인이 되는 것으로 해석할 수 있다.

지금까지 논의한 것을 종합적으로 살펴볼 때, '-적'의 항목 빈도와 유형 빈

적, 지도적, 보편적' 등은 그 자체가 전문 용어는 아니지만 '사회적 동물', '지도적 인재', '보편적 진리' 등의 구 구성으로 써서, 해당 텍스트의 필자가 전문적인 개념을 나타내는 용어로 다루고 반복적으로 사용하는 용어들이다.

10) 접미사 '-적'에 대한 이러한 결과는 영어에서 '-type', '-like', '-free'를 비롯한 대부분의 접미사가 구어 레지스터보다는 문어 레지스터에서 더 많은 유형을 보인다는 Plag et al.(1999)의 연구 결과와 일치하는 부분이다. 하지만, Plag et al.(1999)의 연구 결과가 한국어에도 그대로 적용되는지를 살펴보기 위해서는 '-적'뿐만 아니라 더 많은 유형의 접미사가 텍스트 장르별로 어떤 유형 빈도를 가지는지를 분석하는 것이 필요하다.

도가 각기 달리 나타나는 것은 [+학술], [+문어]의 요인에 기인하는 것이다.

우선, [+학술]의 주제적 요인은 '-적' 파생어의 쓰임에 매우 중요한 영향을 미치는 것으로 보인다. 아래 (1), (2)는 학술 개론서와 학술 강의에 나타난 학술 분야의 고빈도 전문 용어(term)로, '-적' 파생어 수식 구성을 보이는 예들이다.

> (1) ㄱ. 기하학적 도형, 사회적 동물, 통사적 구성, 귀납적 방법, 과학적 정신, …… (학술 개론서)
> 　　ㄴ. 양적인 연구, 질적인 연구, 통계적인 방법, 창작적 표현, 이차적 저작물, …… (학술 강의)
> (2) ㄱ. 그의 이러한 노력은 <u>체계적 의심</u>의 방법(method of systematic doubt)을 사용함으로써…… (학술 개론서)
> 　　ㄴ. 이후에 다루게 될 <u>기계적 철학</u>(mechanical philosophy)은 바로 데카르트의 우주에…… (학술 개론서)
> 　　ㄷ. <u>이차적 저작물</u>이라고 하는 것은 내용 그대로 원작 그래도 하면서…… (학술 강의)
> 　　ㄹ. <u>양적인 연구</u>에서 가장 중요한 것은 뭐냐면은, 우리가 연구하는 것은 이 표본 집단…… (학술 강의)11)

'-적' 파생어 수식 구성의 위 예들은 실제 해당 텍스트에서 반복적으로 사용되면서 '-적'의 항목 빈도와 'token/type'의 값을 높이는 데 기여하는 예들이다. 특히 (2)에서 볼 수 있듯이 '-적' 수식 구성은 외국 전문 용어를 번역한 번역 술어로 많이 쓰이는데, 이는 외국 이론에서 비롯된 학술 용어를 번역하는 과정에서 '-적'이 쓰이는 경우가 많다는 것을 보이는 것이다.12) 이러한 결과는 전문 분야의 텍스트로부터 전문어를 추출할 때 '-적'

---

11) 위 (2ㄱ), (2ㄴ)과 (2ㄷ), (2ㄹ)은 각각 문어_학술 개론서와 구어_학술 강의의 다른 말뭉치에서 나온 것으로, 각각의 예에서 '-적' 파생어의 형태·통사적 결합 관계를 유의해 볼 필요가 있다. 즉, 전자는 '-적' 단독으로 쓰인 반면, 후자 중 (2ㄹ)은 '이다'와 결합하여 관형어로 쓰이고 있다. 이는 구어와 문어라는 매체적 특성에 : 아래 3.2에서 상세히 다룰 것이다.

12) 송민(1985 : 295~298)에서는 한국어에서 '-적'이 중국이 아닌 일본을 통해 들어왔고, 학술 용어 등 신문물의 도입 과정에서 활발하게 유입되었을 것이라고 주장한 바 있다. 이에 따르

파생어의 구 구성을 유의 깊게 고찰할 필요성이 있음을 암시하는 것이다.

한편, 이러한 [＋학술]의 주제적 특성은 '－적' 결합 어기의 확장에도 기여하여, 일반적으로 한자어 어기와 결합하는 '－적'의 특성과 달리 다음 (3)과 같이 외래어, 고유명사와도 자유롭게 결합하기도 한다.

> (3) ㄱ. 역사라고 하는 것이 사실은 특정한 사회 집단의 정치적 비전에 의해 만들어져 <u>이데올로기적</u>으로 유포된 것일 수 있다. (학술 개론서)
> ㄴ. 이에 따라 전부터 존재하던 <u>반아리스토텔레스적</u> 경향들이 더욱 강해져…… (학술 개론서)
> ㄷ. 그가 위와 같은 <u>신플라톤주의적</u> 경향에 젖어 있지 않았다면……
> (학술 개론서)

단, 고유명사와 결합한 '－적'은 특정 화자나 필자가 집중적으로 사용하는 경향이 있어서 총 7회의 빈도를 보인 '아리스토텔레스적'은 한 텍스트 내에서 '아리스토텔레스적 견해/관념/경향/제약/잔재/반격……'으로 쓰인 것으로 분석되었다. 이러한 예들은 '－적'의 학술 텍스트에서의 생산성(productivity)을 지지하는 결과이기는 하지만, 개별 생산자에 한하여 국한되어 쓰인다는 점에서 기존 어휘와 어휘적 위상이 다르다 할 수 있다.

다음으로, [＋학술]이라는 주제적 특성 외에 [＋문어]의 자질이 '－적'의 사용 양상에 미치는 요인을 분석해 보기로 한다. [＋학술]이라는 주제적 요인이 '－적'의 유형 빈도와 항목 빈도, 높은 'token/type'의 값을 설명해 줄 수 있다면, [＋문어]의 요인은 다음 (4), (5)의 '－적'의 연속적 사용을 허용하는 문어 텍스트의 문체적 특성을 통해 '－적' 파생어의 빈번한 쓰임을 간접적으로 설명해 준다.

면 당시 중국의 문어문에 '－적'이 쓰이지 않으며, 국내에서 '－적'의 쓰임은 개화기 무렵 일본을 통해 서양 문물을 받아들인 당시 지식인들의 문학 작품, 평론 등의 글 속에서 빈번하게 발견된다. 또한 영·중 사전의 분석을 통해 영어의 형용사 번역용으로 '－적'이 쓰인 예들을 제시하고 있다.

(4) ㄱ. 이렇듯 우리는 개인적·집단적 이익을 채우기 위해 다른 사람들
앞에서…… (문어_소설)

ㄴ. 일본인은 구체적·비체계적·감정적 언어를 구사하므로…… (문
어_소설)

ㄷ. 뉴미디어의 프로그램 내용에 있어 쾌락 지향적·유희 지향적·감각
적인 대중오락의 경향이 주를 이룬다는 것이다. (문어_학술 개론서)

ㄹ. 달걀에 대한 동물학적·영양학적 설명을 곁들인다. (문어_학술 개
론서)

(5) ㄱ. 장식적 예술이나 예술 지상주의적 예술 표현들의 발달은…… (문
어_학술 개론서)

ㄴ. 이때부터 과학까지를 포함한 기존 교양 교육에다 전문 직업적인
교육을 부가하게 되었다. (문어_학술 개론서)

(5)' ㄱ. [[예술] [지상주의]]적]

ㄴ. [[[전문] [직업]]적]

위 (4), (5)는 각각 관형사적 용법을 가지는 '-적' 파생어가 연속된 수식
구성을 보이거나, '-적'이 의미적으로 구 단위 이상에 결합하는 통사적 접
사의 기능을 보이는 예로 '-적'의 빈번한 사용과 확장된 용법을 설명해 주
는 예들이다. (5)'는 '예술 지상주의', '전문 직업'의 구 구성에 '-적'이 결합
한, (5)의 직접 성분 분석 결과를 보인 것이다.

반면, 문어 텍스트와 달리 [+학술], [-문어]의 자질을 가지는 학술 강의
의 경우는 학술 개론서와 마찬가지로 '-적' 파생어의 연속된 쓰임이 나타
나기는 하지만 문체적으로 다른 쓰임을 보여 준다.

즉 다음 (6)의 예에서 알 수 있듯이 학술 강의에서의 '-적'의 연속된 수
식 구성은 주로 '으로', '이다'와 결합한 형태로 나타난다.

(6) ㄱ. 바로 그런 생각을 좀더 논리적으로 체계적으로 만들어 가게 하기
위한…… (학술 강의)

ㄴ. 상당히 유기적이면서 대칭적인 구도였는데, …… (학술 강의)

ㄷ. 그러한 어떤 그~ 감상적이고 시적인 느낌…… (학술 강의)

이외에도 '낭만적 사랑', '객관적 사실', '절대적 가치', '결정적인 역할', ……과 같은 '-적' 파생어를 포함한 문어적 고정 표현들은 '-적'의 항목 빈도를 높이는 데 기여한 예들이다.

3.2. 텍스트 장르에 따른 '-적' 파생어의 형태·통사적 결합 관계

'-적' 파생어는 '가급적', '비교적' 등 몇몇 예외를 제외하고는 아래 (7ㄱ)과 같이 관형사로 쓰이기도 하고, (7ㄴ), (7ㄷ)과 같이 '이다', '으로'와 결합하기도 해서, 명사와 관형사 두 가지 범주로 논의되어 왔다.

    (7) ㄱ. 객관적 사실
          ㄴ. 객관적인 관점
          ㄷ. 객관적으로 생각하다.

이러한 특성으로 인해 '-적' 파생어는 『표준 국어대사전』이나 『연세 한국어사전』 등 기존 사전에서 관형사와 명사의 품사 통용어로 기술된 바 있다. 하지만 본고에서는 '-적' 파생어의 기본적인 문법 범주를 명사 단일 범주로 한정하고자 한다. 이는 '-적' 파생어를 '속성'을 나타내는 명사로 볼 경우, 관형사적인 용법 역시 설명이 가능하다는 데 주된 이유가 있다. 즉, 격조사와의 결합 유무를 기준으로 하는 한국어의 명사는 다른 명사를 자유롭게 수식할 수 있는데, 특히 '속성'이나 '상태'를 나타내는 명사의 경우는 다음 (8), (9)와 같이 후행 명사의 수식 기능이 훨씬 더 강하다.

    (8) ㄱ. <u>등산용</u> 가방/신발/의류
          ㄴ. <u>접대성</u> 발언/인사/목적
    (9) ㄱ. <u>자유</u> 의지/발언/대화
          ㄴ. <u>무료</u> 공연/입장/강습/봉사

즉, '등산용이 필요하다', '이 가방은 등산용이다'와 같이 쓸 수 있으나 (8
ㄱ)에서처럼 관형사적 용법으로 더 자주 쓰이는 것은 '-용', '-성', '-적'
등의 접미사가 가지는 의미 특성, 즉 특성, 상태, 속성을 나타내는 의미 때
문인 것이다.[13)]

이 연구에서 주목하고자 하는 것은 텍스트 장르에 따라 '-적' 파생어의
명사적 용법과 관형사적 용법이 달리 나타나는가, 달리 나타난다면 어떤 차
이와 분포를 보이는가이다.

다음 [표 6]은 각 텍스트 장르에 따라 달리 나타나는 '-적' 파생어의 조
사 결합 관계를 빈도와 백분율로 나타낸 것이다. 여기서 '독립형'은 '으로',
'이다' 없이 '-적' 파생어가 관형사적으로 쓰여 후행 명사를 단독으로 수식
하는 경우를 말하며, '으로' 결합형과 '이다' 결합형은 각각 '으로', '이다'
와 결합한 경우, 즉 '-적' 파생어가 명사로 쓰인 경우를 나타낸다.

[표 6] '-적' 파생어의 통사적 실현 양상[14)]

	학술 개론서		소설		학술 강의		자유 대화	
	빈도	백분율	빈도	백분율	빈도	백분율	빈도	백분율
독립형	588	38%	63	22%	65	18%	10	12%
'으로' 결합형	269	17%	63	23%	122	34%	43	52%
'이다' 결합형	707	45%	151	55%	175	48%	30	36%
총계	1564	100%	277	100%	362	100%	83	100%

[표 6]의 결과를 통해 알 수 있는 사실은 전체적으로 '-적' 파생어의 형

---

13) 이러한 어휘들은 한정 명사(attributive noun)의 일종으로 기술될 수 있으며, 일부 사전에서는
품사 정보와는 다른 별도의 표지를 부여하여, 수식어로 자주 쓰이는 명사의 특성을 명시하
고 있다. 대표적인 예로는 "often attributive"(『웹스터』), "관형사적으로 쓰이어~"(『연세 한국
어사전』) 등이 있다. 명사와 관형사의 품사 통용에 대한 더 많은 예는 정희정(2000) 참조.

14) 위의 장르별 통사적 결합 빈도의 차이는 독립성 검정(카이제곱 검정) 결과, 통계량 값
(135.602)에 대한 유의 확률이 0.00으로 역시 유의 수준(0.05)에서 가설(H_0 : 텍스트 장르와 통
사적 실현 양상은 연관성이 없다.)을 기각한 것으로 나타났다. 이 결과는 장르에 따라 달리
나타나는 '-적' 파생어의 결합 관계는 유의미한 빈도 차이를 가진다는 것을 의미한다.

태·통사적 사용 양상은 대체로 일정한 경향성을 띠는 한편 텍스트 장르에 따라 확연한 차이를 보인다는 것이다.

세부적으로 살펴보면, 우선, 자유 대화를 제외한 모든 텍스트 장르에서 '이다' 결합형이 가장 높은 빈도를 보이며, 학술 개론서를 제외한 모든 텍스트 장르에서 관형사적 용법인 독립형이 가장 낮은 빈도를 보인다는 것을 알 수 있다. 또한 문어_학술 개론서를 제외하고는 '으로' 결합형과 '이다' 결합형이 '독립형'보다 더 높은 빈도로 나타나는데, 그 결과 '으로' 결합형과 '이다' 결합형을 합한 빈도가 88%(자유 대화) > 82%(학술 강의) > 78%(소설) > 62%(학술 개론서)로 각 텍스트 전체에서 60% 이상을 차지하는 것으로 나타났다. 이는 '-적' 파생어의 이론적 문법 범주로서의 '명사'로서의 쓰임이 실제 사용 빈도에서도 관형사적 용법보다 우선적인 지위를 점유하고 있음을 보여 준다.

이러한 전반적인 특성과 더불어, '-적' 파생어 결합 유형별 분석 결과와 각 텍스트 장르별 분석 결과는 '-적' 파생어의 사용 양상에 있어서 흥미로운 점을 시사한다.

'-적' 파생어 결합 유형 중 다소 두드러진 특징은 문어_학술 개론서에서의 독립형의 빈도와 구어_자유 대화에서의 '으로' 결합형의 빈도이다. 즉, 전체적으로 각각 20% 내외의 빈도로 가장 낮은 순위를 보이는 '-적' 파생어의 관형적인 쓰임은 문어_학술 개론서에서는 38%로 두드러지며, 역시 문어에서 각각 17%, 23 %였던 '으로'형은 구어_자유 대화에서 48%로 고빈도로 나타난다. 이러한 특성은 3.1에서 설명된 바와 같이 학술적 텍스트에서 전문 용어로 '-적' 독립형 수식 구성이 빈번하게 쓰이는 것, '-적' 파생어가 연속 수식 구성, 통사적 접사로서의 기능 확장 등에 유연하게 쓰이는 것 등 학술 개론서의 주제적 요인이나 문체의 특성과 관련된다. 특히 '으로' 결합형의 경우 구어_자유 대화, 구어_학술 강의에서 각각 48%, 34%를 보여 전체 '-적' 파생어가 '으로'와 결합하는 것은 [＋구어] 즉, [−문어]

요인과 관련된다는 것을 확인할 수 있다. 다음 (10)은 구어_자유 대화에서 비교적 고빈도를 보이는 어휘, '순간적(3회)', '결과적(2회)', '전체적(2회)'의 예로 '으로'와 결합한 예들이다.

(10) ㄱ. 나 <u>순간적으로</u> 숨이 딱 멎었었어.
　　 ㄴ. <u>전체적으루</u> 봤을 때 그렇게 많이 온 것 같지는 않았어.
　　 ㄷ. <u>결과적으로는</u> 깎지 못한 가격으로 사야 되는 거야. 결국은.

단, 다음과 같은 용례는 위의 논의 과정을 좀더 정밀하게 살펴보아야 할 필요성을 제기한다.

(11) ㄱ. 그 생각이 틀렸다는 것을 입증할 만한 <u>객관적 자료</u>가 제시되어도…… (학술 개론서)
　　 ㄴ. 우리의 생각은 현실적 <u>객관적인 자료</u>를 토대로 구성되고…… (학술 개론서)
(12) ㄱ. 두 번째는 정신적 요소를 제시해야 합니다. <u>정신적 요소</u>라고 하는 것은? (학술 강의)
　　 ㄴ. 정신성이 있는 <u>정신적인 요소</u>를 표현했을 것. (학술 강의)

위 (11), (12)는 각각 한 쌍의 예 ㄱ, ㄴ으로 구성되었는데, ㄱ은 '-적' 단독으로 명사를 수식하는 예, ㄴ은 '-적'이 '이다'와 결합하여 후행 명사를 수식하는 예이다. 각 쌍의 예들은 같은 화자 또는 필자가 동일하거나 유사한 개념을 설명하면서 번갈아 사용하고 있다는 점에서 특징적이다.

여기서 중요한 것은 '객관적'과 '객관적인'에서 '-적' 파생어의 품사 범주가 무엇이든, 두 유형의 어절이 어떤 통사적 차이가 있든 상관없이 밑줄 친 표현은 모두 후행 명사를 한정하는 기능을 하고 있다는 점이다. 실제로 '-적' 파생어와 결합한 '이다'는 구어_자유 대화를 제외하고 현재 관형형 '-적인'의 형태로 쓰이는 경우가 65% 이상을 차지한다. '-적인'의 활용 형태를 제외한 나머지 활용 형태는 주로 '–적이고', '–적이며', '–적이면서' 등 병렬적 연결어미가 많고, '–적이다'(소설 2회, 학술 개론서 2회), '–적이었다'(소설 2회), '–적이었던'(학술 개론서 2회), '–적이던'(0회), '–적인데'(0회), '–적이겠다'(0회)' 등은 전체 20만 어절 텍스트에서 극소수로 출현하거나 단 한 번도 출현하지 않았다.

4. 텍스트 장르와 '–적'의 생산성

이상의 분석을 통해 우리는 접미사 '–적'의 사용 빈도나 유형 빈도가 텍스트 장르에 따라 다르며, '–적' 파생어의 형태·통사적 결합 또한 텍스트 장르에 따라 일정한 경향성을 띠며 달리 나타난다는 것을 알 수 있다. 이 장에서는 이러한 현상들이 '생산성'이나 '단어 형성 과정' 등과 관련한 형태론적 논의들과 어떤 영향 관계를 가지는 것인지를 살펴보려 한다.

본고의 분석 결과가 생성이론적 관점에서의 단어 형성 규칙(word formation rule), '생산성(productivity)', 어휘부 등의 논의와 관련하여 제기하는 의문은 다음의 두 가지로 요약될 수 있다. 텍스트 장르에 따른 '–적'의 항목 빈도와 유형 빈도의 확연한 차이는 '–적' 파생어 형성 규칙의 생산성이 텍스트 장르에 따라 다르다는 것을 함의하는 것인가? 텍스트 장르를 구분하는 매체적, 주제적 요인 등 화용적 요인은 특정 접사에 대한 단어 형성에 일정한 변수로 기능하는가?

바이버 외(Biber et al., 1998), 플래그 외(Plag et al., 1999) 등에서는 영어 접사를 중심으로 텍스트 장르에 따라 선호하는 접사류가 있으며 이들 각각이 다른 항목 빈도와 유형 빈도를 보임을 증명한 바 있는데, 특히 후자에서는 항목 빈도, 유형 빈도, 단발어(hapax legomena)를 측정함으로써 담화 유형에 따라 각 접사의 생산성이 달리 나타난다고 하였다.15) 물론 이때의 '생산성'의 척도는 계량적 수치로 제시될 수 있는 것이다. 실제로, 생산성과 관련한 대부분의 연구에서 유형 빈도, 항목 빈도, 실재어와 잠재어의 비율, 단발어의 비율 등 생산성의 척도를 무엇으로 정하든 한 형태의 생산성은 어느 정도 계량적 수치화가 가능한 것으로 논의되어 왔다. 실제로 후자의 연구에서는 영어 접사가 구어와 준구어, 문어에 따라 다른 생산성을 보인다는 것을 주장하기도 하였다.

그렇다면 텍스트 장르에 따라 달리 나타나는 '-적' 파생어의 유형 빈도와 항목 빈도 각각의 차이, 그 비율의 차이는 생산성의 차이를 의미하는 것인가, 아니면 생산성이 아닌 다른 무엇으로 해석될 수 있는가? 이에 대한 해답은 '생산성'의 정의와 척도를 무엇으로 할 것이냐 하는 이론적 논의와 밀접한 관련이 있다.

생성형태론적 관점에서 아로노프(Aronoff, 1976)가 생산성(productivity)의 정의에 대한 형식화를 시도한 이후, 생산성은 한 형태의 단어 형성 과정이 가지는 고유한 형태적 속성으로 이해되어 왔다. 이러한 정의를 따를 경우, 생산성은 각 형태들의 새로운 단어 생성 능력에 대한 상대적 차이를 나타내며, 생산성의 논의 범주는 형태의 형태론적 속성을 넘어서지 않는다. 따라서 이러한 '생산성'에 대한 정의는 형태론적 범주를 넘어서 담화 텍스트의 범주, 즉 한 형태의 텍스트 장르 간의 사용 빈도의 차이를 설명하지 못한다.

본고에서는 특정 형태의 사용 빈도, 사용 양상이 텍스트 장르에 따라 달리 나타나는 것은 그 형태소가 고유하게 가지는 내적 속성의 차이가 아닌, 텍스트 장르 또는 해당 텍스트 생산자가 담화 상황에 따라 접사의 사용을

---

15) Baayen & Lieber(1991 : 808~810)의 생산성 측정 방법론을 사용한 것으로, $P = n1^{aff}/N^{aff}$(생산성=주어진 접사를 가지는 단발어의 수/접사를 가지는 모든 단어의 전체 항목 빈도의 수)의 공식을 활용하였다. 접사의 생산성에 대한 논쟁점을 정리한 더 상세한 연구는 시정곤(2006), 이광호(2006) 등을 참조하기 바란다.

통제한 결과로 보고자 한다. 이는 한편으로 언어 능력이 동일한 화자가 사용역에 따라 각기 다른 통사적 특성, 문체적 특성을 가진 문장을 구사하는 것과 평행한 현상으로 이해되며, 따라서 '-적' 파생어의 장르 간의 사용 빈도 및 사용 양상의 차이는 생산성의 차이를 함의하지 않는다. 학술 개론서와 자유 대화에서 서로 다른 통사적 양상으로 실현되는 '-적' 파생어 고유의 통사적 결합 관계가 다르다고 할 수 없듯이, '-적'의 사용 빈도가 텍스트 장르에 따라 달리 실현된다고 해서 '-적'의 생산성이 장르에 따라 다르다고 할 수 없다. 장르에 따라 다른 '-적' 및 '-적' 파생어의 형태·통사적 실현 양상의 차이는 '-적'이 가진 고유한 형태·통사의 규칙의 상이성에 있는 것이 아니라, 동일한 규칙 내에서 [+문어], [+학술] 등의 화용적, 어휘 외적 요인이 사용자의 사용 양상에 일정한 영향을 끼친 결과이다.

단, 위의 논의대로 특정 접사의 사용 빈도의 차이를 어휘 외적인 요인으로 구분한다 하더라도, 텍스트 장르에 따른 접사의 사용 양상의 차이는 어떤 방식으로든 명시될 필요가 있다. 사전의 기술에서는 특정 접사의 장르적 사용 양상에 대한 기술이 추가될 수 있을 것이며, 단어 형성 규칙과 관련해서는 사용역을 중심으로 한 화용적 요인 역시 단어의 형성에 일정한 영향을 미치는 어휘 개별적 요인으로 기술되어야 할 것이다. 예로, 화용적 요인은 할레(Halle, 1973)가 어휘 개별적 특수성(idiosyncrasy)과 관련하여 단어 형성 규칙의 예외적 요인으로 논의하였던 세 가지 요인, 즉 의미론적 요인, 음운론적 요인, 형태론적 요인 외의 요인으로, 이 연구의 결과는 형태론 논의에서 장르, 사용역, 화용론의 논의가 필요함을 암시하는 것이다. 단 화용론적 요인이 의미론적 요인과 음운론적 요인과 동일한 차원에서 논의될 수 있는 것인지는 더 깊은 논의가 필요하다.

5. 맺음말

1100만 어절 세종 형태 의미 분석 말뭉치에 나타난 접사 빈도 분석 결과, '-들'을 논외로 했을 때 '-적'은 가장 높은 항목 빈도를 보이는 접미사이다. '-적'을 비롯한 고빈도 접미사는 모든 텍스트 장르에서 균등하게 고빈도로 나타나며 사용되는 문법적 양상도 유사하게 나타나는가? 더 나아가서 텍스트에 따라 달리 나타나는 접미사의 조어 양상과 파생어의 문법적 실현이 텍스트 장르의 특성과 어떤 상관 관계가 있는가? 이 연구는 고빈도 접사 '-적'의 출현 빈도와 사용 양상을 객관적 자료를 통해 분석함으로써 이러한 의문을 해결하고자 하였다.

연구 결과 일반적으로 문어적 접미사로 인식되어 온 '-적'은 실제 말뭉치의 분석에서도 역시 문어에서 더 많은 빈도로 사용되었는데, 텍스트 장르별 빈도의 수치 차이는 예상했던 것보다 훨씬 큰 것으로 나타났다. 또한 '-적' 파생어의 형태·통사적 결합 양상을 분석함으로써, 자유 대화에서 '으로' 결합형이, 학술 개론서에서 독립형이 선호된다는 결과를 얻을 수 있었고, 전체적으로 명사로 쓰여 '이다', '으로'와 결합하는 경우가 관형사로 쓰인 경우보다 월등히 높은 빈도를 보인다는 결과를 얻을 수 있었다. 이와 같은 '-적' 파생어의 형태통사적 사용 양상은 학술문어의 문체적 특성을 비롯한 텍스트 장르 연구에 형태론적 논의 역시 중요한 지위를 가짐을 암시하는 것이다. 이와 관련하여 본 연구의 의의는 지금까지 주로 어휘적, 통사적 차원에서 논의되어 온 텍스트 장르별 연구를 형태적 차원, 조어법의 차원으로까지 논의를 확장했다는 데 있다고 할 수 있다.

본 연구는 특정 접사의 사용 양상을 밝히기는 했지만, 텍스트 장르에 따른 접사의 사용 빈도의 차이가 결국은 접사의 텍스트 장르에 따른 생산성(productivity)의 차이를 의미하는지에 대해서는 충분히 깊이 있게 논의하지 못했다. 텍스트 장르별 변별성과 '생산성'의 관련성에 대한 심도 있는 연구는 향후 연구를 진행할 계획이다. 이를 위해서는 '-적' 이외의 고빈도 접사 '-성', '-화', '-용'이나 구어나 특정 장르에 편중되어 쓰일 것으로 예측되는 '-질', '-팅' 등을 포함한 다수 접미사의 장르에 따른 사용 양상이 분석되어야 할 것이다.

‖ 참고문헌

고영근, 『텍스트 이론』, 대우학술총서, 1999.

강범모, 『한국어의 텍스트 장르와 언어 특성』, 고려대학교 출판부, 1999.

강범모·김흥규·허명회, 『한국어의 텍스트, 장르, 문체, 유형』, 태학사, 2000.

박여성, 「화행론적 텍스트 언어학을 위하여」, 텍스트 언어학 2집, 텍스트언어학회, 1999.

서상규·한영균, 『국어 정보학 입문』, 태학사, 1999.

송 민, 「파생어 형성 의존 형태소 '-적'의 시원」, 『어문논집(우운 박 병채 박사 환력 기념 특집호)』 24·25호, 민족어문학회, 1985.

시정곤, 「국어 형태론에서의 '생산성' 문제에 대한 연구」, 형태론 8권 2호, 2006.

이광호, 「국어 파생접사의 생산성에 대한 계량적 연구」, 서울대학교 박사학위 청구 논문, 2006.

이성만 역, 『텍스트 언어학의 이해』(원저 : *Klaus Brinker, Linguistische Textanalyse*), 한국문화사, 1994.

정희정, 『한국어 명사 연구』, 한국문화사, 2000.

Aronoff, M., *Word Formation in Generative Grammar*. Cambridge, MA : MIT Press, 1976.

Aronoff, M. & K. Fudeman, *What is Morphology?* Oxford : Blackwell Publishing, 2005.

Bauer, L., *A Glossary of Morphology. Edinburgh* : Edinburgh University Press, 2004.

Baayen, R. H. & R, Lieber, 「Productivity and English derivation : a corpus-based study」, *Linguistics* 29, 1991.

Biber, D., *Variation across speech and writing*. Cambridge University Press, 1988.

Biber, D. & S. Conard. & R. Reppen, *Corpus Linguistics-Investigating Language Structure and Use*. Cambridge University Press, 1998.

Biber, D. et al., *Longman Grammar of Spoken and Written English*, Longman, 1999.

Carter, R. A. and M. J. McCarthy, *Cambridge Grammar of English : A Comprehensive Guide Spoken and Written English*. Cambriage, 2006.

Halle, M., 「Prolegomena to a theory of word-formation」, *LI* 16. 1973.

Knapp, P. & M. Watkins, *Genre, Text, Grammar*, A UNSW Press book, 2005.

Plag, I & C. Dalton-Putter. & R. H. Baayen, 「Morphological productivity across speech and writing」, *English Language and Linguistics* 3.2 1999.

Sinclair, J. M., Corpora for lexicography. in Sterlenburg, P. G. J. van(ed.), 2003.

Sterlenburg, P. G. J. van(ed.), *A Practical Guide to Lexicography*. John Benjamin Publishing Company, 2003.

사전류

국립국어연구원 편, 『표준 국어대사전』, 두산동아, 1999.

연세대학교 언어정보개발연구원 편, 『연세 한국어사전』, 두산동아, 1998.

한국어 조사의 범주와 통합관계*

고 석 주

1. 들어가기

한국어 연구에서 조사는 대부분의 문법 체계에서 독립된 품사로 분류되어 왔으나, 조사의 하위 부류와 그 체계가 과연 타당한 것인지에 대해서는 아직 진지하게 논의되지 않은 것 같다.[1] 일반적으로 조사 범주는 주로 체언에 붙어서 앞말이 문장에서 다른 말과 가지는 관계를 나타내 주거나, 앞말에 뜻을 더해주는 기능을 하는 형태소로 정의되어 왔는데, 몇 가지 대표

---

* 이 글은 고석주(2008)의 계량적 정보에 기반하여 작성된 것이다.

1) 조사의 결합 관계에 기반해서 조사의 하위 부류를 파악한 논의는, 필자가 파악한 바로는, 양인석(1972)이 최초이고, 조사 전반의 분포에 대한 체계적인 논의는 김영희(1974)에서 비롯한다. 그 밖에 조사들 간의 결합 관계를 중심으로 조사의 분포를 살펴본 서정수(1994), 남윤진(1997), 목정수(1998), 임동훈(2004) 등이 있고, '특수조사'만을 대상으로 한 연구로는 홍사만(2002) 등이 있다. 이들 연구는 모두 '격조사' 범주를 설정하고 있는데, 목정수(1998)만이 조사 '이/가'와 '을/를'의 분포적 특성이 조사 '은/는', '도'와 동일하다는 근거에서 이들을 '한정사(=관사)' 범주로 파악하고 있다는 점에서 다른 연구들과 차이를 보이지만, 여전히 '에, 로' 등을 문법 관계 표지(격조사)로 파악하고 있다는 점에서는 다른 연구들과 동일하다.

적인 조사의 정의를 살펴보면 아래와 같다.

(1) ㄱ. 최현배(1961 : 611) : 토씨는, 생각씨에 붙어서 그것들 사이의 걸림을 보이며, 또는 그 뜻을 더하는 씨이니라.

ㄴ. 허웅(1995 : 1231) : 토씨는 그 자체의 꼴바꿈이 없으며, 사전뜻(실사로서의 뜻)을 가지지 않고, 말본뜻(허사적인 뜻)을 가진 구속형태로서, 그 자체로서는 어떠한 월성분(월조각)의 자격을 가질 수는 없으나, 주로 임자씨에 붙어서 <u>그 임자씨로 하여금 어떠한 월성분이 되게 하거나 어떠한 뜻을 덧보태는 낱말의 한 갈래</u>인데, 한 낱말로서의 자격을 가지기에는 문제가 없는 것이 아니나, 우리 말본에서는 한 낱말로 다루는 것이 일반적인 경향이다.

ㄷ. 김승곤(1996 : 220) : 혼자서는 독립하여 쓰이지 못하고 임자씨에 붙어서 그 임자씨와 풀이말과의 사이에 이루어지는 <u>말본적 관계를 나타내기도 하고 또는 어떤 의미적 관계를 나타내 주기도 하며</u> 경우에 따라서는 어찌씨와 풀이씨에 붙어서도 의미적 관계를 나타내어 주는 씨를 토씨라 한다.

ㄹ. 남기심·고영근(1993 : 96) : 조사는 자립성이 있는 말에 붙어 <u>그 말과 다른 말과의 관계를 표시하는 품사</u>로 정의되고 있다.

ㅁ. 서정수(1994 : 776) : '조사'라는 용어는 … 여러 기능 범주를 한데 묶어서 담는 일종의 '주머니'에 비유된다. 이런 주머니는 내용물을 담고 있을 뿐이고 그 내용물의 기능과는 직접 관계가 없다. 다시 말하면 조사는 여러 기능 범주를 포괄하는 상위의 기능 범주가 아니라는 것이다. 다만 우리는 편의상 이 범주들을 가리켜 부를 때에 조사라는 말을 쓸 뿐이다.

그리고, 조사의 하위 부류로는 '격조사'와 '보조사(혹은 특수조사)'를 설정하고 있다는 점에서 기존의 조사 연구들은 공통점을 보인다. 이러한 공통점은 이후의 연구들에서도 확인된다.

(2) 조사 형태와 하위 분류[2]

결합 순서	조사 형태	허웅 (1995)	이남순 (1996)	최동주 (1997)	목정수 (1998)	임동훈 (2004)
1	에, 에게(한테), 에서, 로	격조사	격조사	후치사	격조사	의미격조사
	과(하고), 처럼	격조사/ 접속조사				
2	만, 부터, 까지, 조차, 마저, 마다	보조사	특수조사	특수조사	보조사	후치사 (특수조사)
3	가, 를	격조사	격조사	격조사	한정사 (가, 를, 는, 도, 만)	문법격조사
	의					
	는, 도, 야, 나, 나마, 라도	보조사	첨사	특수조사		첨사 (특수조사)
예외	요, 라고	특수조사				

이와 같이 조사의 하위 부류는 연구자에 따라 차이는 있지만, '격조사'와 '보조사(특수조사)'로 분류하고 있다는 공통성을 보인다. 그러나 이러한 분류는, 인구어의 '격' 범주가, 혹은 주어 목적어 등과 같은 문법 관계를 나타내는 표지가 한국어에도 존재한다는 전제 하에서 이루어진 것으로, 그 전제의 타당성에 대한 검토는 찾을 수 없다.

1.1. 형태·통사론의 문제

대규모 말뭉치를 대상으로 한 조사의 계량적 연구는 남윤진(1997)에서 최초로 시도되었는데, 100만 어절 규모의 말뭉치에서 조사 '가'와 '를'의 분포가 용언의 활용형인 '연결 어미' 다음에서도 가능하다는 것을 보였다. 그런데 이는 조사 '가'와 '를'이 다른 격조사인 '에', '에게', '에서', '로'보다

---

2) 학자에 따라, '보조사'를 '특수조사'라고 부르기도 하나(허웅 1995 제외), 앞말에 의미를 더해 주는 조사라는 식의 정의는 동일하다.

는 조사 '는'이나 '도'와 공통성을 보여준다. 이러한 분포적 특성은 아래의 예에서 확인되는데,3) 남윤진(1997)에서는 보고되지 않은 '부사형'이나 '연결어미'의 경우에도 조사 '가'와 '를'의 결합이 가능하며, 조사 '는'이나 '도'와 대응되는 현상을 보여 준다.

> (3) ㄱ. 동대문 시장은 밤 늦게-가/*를/는/도/*가는/*가도 손님이 많다.
> ㄴ. 선생님은 영이를 집에 가게-*가/를/는/도/*를은/*를도 했다.
> ㄷ. 친구 집에 가고-가/를/는/도/*가는/*가도*를은/*를도 싶어.
> ㄹ. 영이는 예쁘지-가/를/는/도/*가는/*가도/*를은/*를도 않다.

(3)에서 볼 수 있듯이, 조사 '가'와 '를'이 용언의 활용형과 결합하며, 조사 '는'이나 '도'와 대치될 수 있다는 사실은, 이들 조사가 '에'나 '로'가 아니라 '는'이나 '도'와 동일한 계열로 처리되는 것이 타당함을 보여 준다.4) 이는 널리 지적되어 온 바와 같이 주어나 목적어 등으로 쓰인 체언에서 조사 '가'나 '를'이 '는'이나 '도'와 대치되는 현상과 평행하다.

또한, 양인석(1972), 김영희(1974) 등의 여러 연구들에서 지적되었듯이, 조사들이 중첩되어 쓰일 때는 조사들의 결합에 일정한 순서가 있는데 조사 '가'와 '를'은 '는'과 '도'와 동일한 순서를 보여, 다른 조사들과의 결합에서 항상 마지막에 위치하며, 이들 조사끼리는 서로 중첩되어 쓰이지 못한다. 그런데 기존의 연구들에서는 대부분 이러한 형태론적 사실에도 '이/가'와 '을/를'과 '의'를 '격조사' 범주로 분류해 왔다.

---

3) 여기에서 제시한 예들은 고석주(2004, 2008)에서 제시된 것들이다.
4) 김영희(1974, 304~308쪽)에서는 조사를 '격조사', '연결조사', '한정조사', '주어/목적어 조사', '소유 조사'의 다섯 가지로 구분하였는데. '가'와 '를'이 '한정조사Ⅳ류'와 동일한 분포를 보임을 지적하였다.
  (i) ㄱ. 한정조사Ⅰ류 : 부터, 까지, 뿐
      ㄴ. 한정조사Ⅱ류 : 밖에, 조차, 마저, 만
      ㄷ. 한정조사Ⅲ류 : 나마, -ㄴ들, 나
      ㄹ. 한정조사Ⅳ류 : 는, 도, 라도, 야말로

통사적으로도, '격'을 논항의 '문법적 관계 혹은 기능'에 대한 범주로 간주한다면, 특정 '격조사'는 특정한 문법적 '관계 혹은 기능'과 대응되어야 하는데, '격조사'라 불리어 온 조사들은 그러한 일대일의 대응 관계를 찾기 어렵다. 생성 문법 중심의 통사론에서 주장하듯이, '격'이 문장의 통사적 구조에 의해 할당된다면, 특정 '통사 구조'에서는 반드시 특정 '격'이 할당되고 그 '표지'가 나타나야 하나 한국어에서는 그렇지 않은 예들을 쉽게 찾을 수 있다.

(4) ㄱ. 학교−<u>에/가/에가</u> 나무가 많다.
    ㄴ. 이 붓−<u>으로/이/으로가</u> 글씨가 잘 써진다.
    ㄷ. 나는 도서관−<u>에서/이/에서가</u> 공부가 잘 된다.
(5) ㄱ. 선생님−<u>께서만이</u> 이 문제를 해결하실 수 있습니다.
    ㄴ. 그 회사−<u>에서만이</u> 신입 사원을 안 뽑았다.
(6) ㄱ. 이쪽 의자−<u>에/를/에를</u> 앉아라.
    ㄴ. 미국−<u>에서를</u> 제외하면 가족 여행을 가 본 적이 없다.
(7) ㄱ. 사랑하는 사람−<u>에게로</u> 돌아가라.
    ㄴ. 친구−<u>한테로부터의</u> 연락은 없었다.
(8) ㄱ. 난 밥−<u>∅/이/을</u> 먹고 싶어.
    ㄴ. 철수는 학교−<u>∅/에/으로/가/를/에를</u> 가고 싶대.

체언의 문장 성분으로서의 역할 혹은 문법적 관계를 '격조사'가 나타내는 것이라면, (4)에서는 '부사격조사'에 다시 '주격조사'가 결합하고, (5)에서는 '선생님'이나 '회사'가 주격조사 '께서'가 결합해서 '주어'가 된 것인데 다시 주격조사 '가'가 결합해서 '주어가 다시 주어가 되'고, (6)에서는 '부사어'가 다시 '목적어'가 되고, (7)에서는 '부사어'가 다시 '부사어'가 되거나 '부사어'가 '관형어'가 되는 현상이 되고 만다. 특히, (8)에서는 '격조사'가 나타나지 않을 경우에 그것의 문법적 관계가 본래 무엇인지를 파악하기 어려운데, 특정 '격조사'의 복원에 의해 체언의 문법 관계를 확인할 수 있는 것이라면, (8)의 경우에는 하나의 체언이 다양한 문법적 관계를 가질 수 있는 셈이 된다.5) 곧 이러한 문제는 이들 조사가 체언이 문장에서 가지는 문법적 관계를 나타내는 '격조사'로 파악되는 관점이 성립하기 어려움을 뜻한다.6)

1.3. 의미·화용론의 문제

지금까지 살펴본 문제들은 대부분 여러 연구들에서 지적되어 온 것들인데, 또한 그러한 현상에서 나타나는 조사 '이/가'와 '을/를'이 '강조'의 의미를 나타내는 것으로 제시되면서 '격조사'와 '보조사' 두 가지 쓰임이 있는 '동형어' 혹은 '다의어'로 처리되어 왔다.7) 그러나 이들 조사는 주어 자리로 파악되는 경우에서도, 다른 조사들과 중첩되어 쓰이는 경우에서도 동일한 의미·화용적 제약을 보인다.

  (9) ㄱ. 요즘은 아무−*∅/나/*가/*도/*는 대학에 간다.
       ㄴ. 철수−∅/*나/가/도/는 대학에 간다.
  (10) ㄱ. 아무−$\left\{{한테 \atop ∅}\right\}$−*∅/*나/*가/도/*는 돈이 없다.
       ㄴ. 우리−$\left\{{한테 \atop ∅}\right\}$−∅/*나/가/도/는 돈이 없다.

---

5) 이와 같이 여러 '격조사'가 겹치는 문제에 대해서 허웅(1995 : 1247과 1248쪽)에서는 다음과 같이 설명하고 있다. "원칙으로는 서로 다른 기능을 가진 토가 어울릴 수는 없다. 왜 그러냐 하면 자리토는 풀이말에 대한 일정한 관계개념을 나타내는 것이기 때문이다. 만일 자리토가 둘이 겹쳐지면 그 관계개념에 혼선일 일어나게 될 것이다. (…중략…) 이 말들은 밖으로 나타나 있는 그대로의 짜임새로써는 말본의 풀이가 되지 않는다. 다른 자리말이 임자말을 겸할 수는 없기 때문이다. 그러므로 이러한 짜임새에 있어서는 그 속을 들여다 볼 필요가 있다." 이러한 설명은 이른바 '격조사'가 통사론 층위의 범주로는 설명될 수 없음을 뜻하며, 조사의 중첩 현상이 "속을 들여다 보"는 의미·화용론의 층위에서 처리되어야 한다는 것을 뜻한다고 하겠다.
6) 체언이 문장 안에서 가지는 문법적 관계를 파악하는 것에 대한 문제는 고석주(2000, 2장)을 참고
7) 여기에서는 '부사격조사'에 대해서는 특별히 언급하지 않는데, 이들 조사를 '의미격조사'나 '후치사'로 파악한 기존의 연구들이 시사하듯이, 통사론 층위의 범주가 아니라 의미론 층위에서 설명되어야 하는 범주로 파악된다.

(11) ㄱ. 그는 요즘 아무−*∅/*나/*를/*도/*는 만나.
ㄴ. 그는 요즘 여러 사람−∅/*이나/을/*도/*은 만나.

(12) ㄱ. 아무−{에게 / ∅}−*∅/*나/*를/도/*는 안 가.
ㄴ. 저 고양이는 나−{한테 / ∅}−∅/*나/를/도/는 안 와.

위의 예들에서 알 수 있듯이, 조사 '이/가'와 '을/를'은 부정대명사와 결합할 수 없는데, 문장의 의미에 따라 제3유형의 조사들이 결합에 제약을 보인다. (9)는 주어 자리에서, (11)은 목적어 자리에서, (10)과 (12)는 다른 조사와 중첩되어 쓰일 수 없음을 보여준다. 이와 같이 조사 '이/가'와 '을/를'이 의미·화용적인 제약에 따라 제3유형의 조사들과 하나의 계열을 이루는 것으로 파악되는데, 이는 아래에서도 확인된다.

(13) ㄱ. 교실에 사람−∅/▽이 하나 보이지 않았다.
　　　(∅ 부정극어 ; ▽ 단순 수사)
ㄴ. 교실에 사람 하나−∅/▽가/*도/*는 보이지 않았다.
　　　(∅ 부정극어 ; ▽ 단순 수사)
ㄷ. 교실에 사람−이 하나−∅/가/∅도/*는 보이지 않았다.
　　　(∅ 부정극어)

(14) ㄱ. 도서관에서 책−∅/▽을 하나 보지 못했다.
　　　(∅ 부정극어 ; ▽ 단순 수사)
ㄴ. 도서관에서 책 하나−∅/▽를/*도/*는 보지 못했다.
　　　(∅ 부정극어 ; ▽ 단순 수사)
ㄷ. 도서관에서 책−을 하나−∅/를/∅도/*는 보지 못했다.
　　　(∅ 부정극어)

(15) ㄱ. 그 애가 착하기−*∅/*가/도/는 해.
ㄴ. 그 애가 착하기−*∅/가/를/*도/*는 하냐, 예쁘기−*∅/가/를/*도/*는 하냐? 왜 좋아하는 거야?

(16) ㄱ. 그는 돈−밖에/∅/이/도/은 없어.
ㄴ. 사랑−밖에/∅/을/도/은 난 몰라.

(13)과 (14)는 부정극어가 조사 '이/가'와 '을/를'이 결합할 수 없으며 제3유형의 다른 조사들도 결합에 제약이 있음을 보여준다. 또한 조사 '이/가'와 '을/를'이 결합하는 경우에는 전혀 다른 의미로 해석된다는 사실은 이들 조사가 의미·화용론 층위의 범주임을 보여주는 것이라 하겠다. 이는 (15)과 (16)에서도 확인되는데, 선택의 의미를 나타내는 (15)와 유일한 존재임을 나타내는 (16)과 같은 맥락에서는 조사 '이/가'의 결합이 전혀 다른 의미를 산출한다.

이와 같이, 조사 '이/가'와 '을/를'의 쓰임이 이른바 '격조사' 용법이든 '보조사' 용법이든 의미·화용적 맥락에 따라 제약을 보이며, 그러한 제약이 제3유형의 다른 조사들과 마찬가지라는 사실은, 이들 조사를 '격조사'라는 범주로 처리할 수 없음을 보여준다. 아래에서는 이와 같이 조사 '가'와 '를'이 '는', '도'와 동일한 계열적 범주에 속하는 것임을 이들 조사의 분포에서 드러나는 계량적 특성을 통해 살펴보겠다.

2. 말뭉치에서 조사의 분포적 특성

이 연구에서는 조사의 계량적 연구를 위해 '21세기 세종계획'의 최종 성과물로 공개된 말뭉치(이하 세종 말뭉치)를 이용하고자 한다. 세종 말뭉치는 언어 텍스트 자료를 수집하여 정리한 '원시말뭉치'와, 형태소 정보가 주석된 '형태소분석 말뭉치'와, 실질형태소에 대한 동형어 정보가 주석된 '의미분석 말뭉치'와, 통사 정보가 주석된 '구문분석 말뭉치'의 네 가지 유형의 말뭉치로 공개되었다.8) 세종 말뭉치의 파일과 어절 규모를 간략히 정리하여 제시하면 아래와 같다.

---

8) 이와 같은 언어 형태와 관련된 분석 유무에 따른 말뭉치 외에도, '한국어−외국어'의 병렬 말뭉치, 역사 말뭉치 등도 공개되었다. 말뭉치 이외에 '전자사전', 각종 정보화 응용 프로그램 등이 공개되었다. 2009년 12월에 기존의 오류를 수정한 말뭉치가 새로 공개되었으나 이 글에서는 반영하지 못하였다.

[표 1] 세종 말뭉치의 파일 수와 어절 수[9]

말뭉치 종류	공개 보고서		실제 자료	
	어절 수	파일 수	어절 수	파일 수
원시 말뭉치	63,628,546	2,171	2,109	
형태분석 말뭉치	15,293,877	447	301	
의미분석 말뭉치	12,691,945	377	11,119,814	339
구문분석 말뭉치	819,599	31	853,153	31

그런데, 위에서 볼 수 있듯이 21세기 세종계획 결과물의 보고서에서 제시된 말뭉치 파일의 수와 어절의 수가 실제 공개된 말뭉치 파일을 통해 검토해 본 결과 조금 상이한 사항이 있음이 확인된다.[10] 이 연구에서는 '의미분석 말뭉치'(이하 의미 말뭉치)와 '구문분석 말뭉치'(이하 구문 말뭉치)를 대상으로 현대 한국어 조사의 계량적 특징을 살펴보는데, 이 두 말뭉치가 현재로서는 가장 오류가 적고 개별 언어 단위에 대한 주석이 자세하기 때문이다. 의미 말뭉치는 총 11,119,814어절로 이루어져 있고 어절의 유형이 1,686,115가지여서 하나의 어절 유형이 평균적으로 약 6.59회 출현하였음을 알 수 있다. 이에 비해 구문 말뭉치는 853,153개의 어절이 쓰였는데 어절의 유형 수가 221,181개나 되어 평균적으로 한 어절이 3.85회 쓰였음 보여 준다. 형태소의 경우에도 의미 말뭉치에서는 246,551개의 형태소가 총 25,317,924번 출현하여 하나의 형태소가 평균 102.69회 쓰인 데 반해, 구문 말뭉치에서는 50,539개의 형태소가 총 1,870,912번 출현하여 평균적으로 한 형태소가 37.02회가 쓰여서 의미 말뭉치가 구문 말뭉치에 비해 상대적으로 동일 어절과 동일 형태소가 더 자주 쓰였음을 보여 준다.[11] 의미 말

---

9) 이 연구에서 사용한 '형태의미분석 말뭉치'는 파일 수가 많아 구체적으로 제시하지 않는다. 자세한 내용은 21세기 세종계획의 최종결과보고서를 참고하기 바람.

10) 보고서 상의 자료와 실제 자료가 왜 다른지에 대해서는 확인하지 못하였다. 세종 말뭉치를 기반으로 현대 한국어 조사의 계량적 특성을 밝히기 위해서, python 2.5.2 버전으로 작성한 프로그램을 이용하여 계량적 정보와 용례를 검색하였다.

11) 왜 하나의 어절 혹은 형태소가 구문 말뭉치보다 의미 말뭉치에서 훨씬 더 잦은 빈도를 보이

뭉치와 구문 말뭉치에서 고빈도로 나타나는 조사의 유형을 살펴 보면 아래
와 같은데, 편의상 상위 50개를 제시한다.[12)]

[표 2] 조사의 결합 유형과 빈도

순위	구문 말뭉치			의미 말뭉치		
	조사 실현 유형	빈도	비율	조사 실현 유형	빈도	비율
1	를/JKO	63,569	20.386%	를/JKO	879,344	21.141%
2	가/JKS	46,497	14.911%	가/JKS	629,420	15.133%
3	의/JKG	42,986	13.785%	는/JX	556,564	13.381%
4	는/JX	40,736	13.064%	의/JKG	522,985	12.574%
5	에/JKB	27,234	8.734%	에/JKB	365,600	8.790%
6	로/JKB	18,780	6.023%	로/JKB	264,708	6.364%
7	도/JX	11,207	3.594%	도/JX	149,349	3.591%
8	에서/JKB	9,245	2.965%	과/JC	119,935	2.883%
9	과/JC	9,202	2.951%	에서/JKB	118,832	2.857%
10	가/JKC	4,419	1.417%	가/JKC	56,010	1.347%
11	과/JKB	3,836	1.230%	과/JKB	45,303	1.089%
12	에게/JKB	2,787	0.894%	에/JKB+는/JX	37,338	0.898%
13	에/JKB+는/JX	2,598	0.833%	에게/JKB	35,821	0.861%
14	나/JC	2,367	0.759%	만/JX	27,821	0.669%
15	만/JX	1,967	0.631%	까지/JX	26,818	0.645%
16	까지/JX	1,847	0.592%	나/JC	26,810	0.645%
17	처럼/JKB	1,715	0.550%	처럼/JKB	22,385	0.538%
18	에서/JKB+는/JX	1,237	0.397%	부터/JX	17,252	0.415%
19	부터/JX	1,172	0.376%	에서/JKB+는/JX	15,867	0.381%
20	에/JKB+도/JX	1,045	0.335%	에/JKB+도/JX	14,217	0.342%

는지에 대해서는 앞으로 연구가 필요하다. 표4에서 볼 수 있듯이 고빈도 형태소의 경우에
약간의 차이는 있지만 전체 말뭉치에서 차지하는 비율에서는 큰 차이를 보이지 않는다.

12) 여기에서 제시하는 조사는 대표형이다. 즉, '이/가'는 '가'로 '을/를'은 '를'로 등의 대표형을
보인다. 그리고 구문 말뭉치의 경우에는 문장 성분 표기를 위해 기호를 별개의 것으로 구분
해 놓고 있다. 문장 부호를 어절의 유형에 포함시켜야 하는가에 대해서는 의문의 여지가 있
으나 이에 대해서는 다음 기회로 미룬다.

21	나/JX	943	0.302%	보다/JKB	12,621	0.303%
22	보다/JKB	827	0.265%	고/JKQ	12,384	0.298%
23	서/JKB	637	0.204%	나/JX	11,970	0.288%
24	로부터/JKB	582	0.187%	서/JKB	8,081	0.194%
25	로/JKB+는/JX	561	0.180%	라고/JKQ	7,966	0.192%
26	로서/JKB	545	0.175%	로/JKB+는/JX	7,342	0.177%
27	로써/JKB	534	0.171%	로부터/JKB	6,924	0.166%
28	에서/JKB+도/JX	529	0.170%	에서/JKB+도/JX	6,456	0.155%
29	과/JKB+는/JX	492	0.158%	마다/JX	6,281	0.151%
30	라고/JKQ	474	0.152%	밖에/JX	6,139	0.148%
31	고/JKQ	461	0.148%	로써/JKB	5,379	0.129%
32	에게/JKB+는/JX	426	0.137%	과/JKB+의/JKG	5,269	0.127%
33	란/JX	416	0.133%	로서/JKB	5,133	0.123%
34	마다/JX	409	0.131%	에게/JKB+는/JX	5,036	0.121%
35	밖에/JX	407	0.131%	과/JKB+는/JX	5,008	0.120%
36	보다/JKB+는/JX	401	0.129%	란/JX	5,006	0.120%
37	과/JKB+의/JKG	395	0.127%	보다/JKB+는/JX	4,183	0.101%
38	야/JKV	329	0.106%	대로/JX	3,540	0.085%
39	에서/JKB+의/JKG	285	0.091%	야/JKV	3,268	0.079%
40	에다/JKB	279	0.089%	뿐/JX	3,084	0.074%
41	대로/JX	276	0.089%	한테/JKB	3,014	0.072%
42	뿐/JX	258	0.083%	야/JX	2,968	0.071%
43	로서/JKB+의/JKG	254	0.081%	에서/JKB+의/JKG	2,881	0.069%
44	야/JX	243	0.078%	만/JX+를/JKO	2,686	0.065%
45	한테/JKB	200	0.064%	로서/JKB+의/JKG	2,392	0.058%
46	만/JX+를/JKO	199	0.064%	만/JX+가/JKS	2,382	0.057%
47	같이/JKB	184	0.059%	에다/JKB	2,306	0.055%
48	보다/JKB+도/JX	179	0.057%	보다/JKB+도/JX	2,287	0.055%
49	만/JX+가/JKS	175	0.056%	조차/JX	2,268	0.055%
50	로/JKB+도/JX	166	0.053%	같이/JKB	2,203	0.053%
50위까지 누적빈도		306,512	98.296%		4,088,836	98.304%
100위까지 누적빈도		310,514	99.579%		4,139,351	99.518%
합계		311,826	100%		4,159,382	100%

한국어 조사는 문장에서 단독으로 실현되기도 하지만 다른 조사와 결합하여 복합조사로 쓰이기도 하는데, 구문 말뭉치와 의미 말뭉치에서 나타나는 조사의 결합 유형과 빈도를 정리한 위의 표에서, 두 말뭉치의 계량적 특성이 거의 비슷하다. 개별 조사 혹은 복합 조사의 순위와 비율은 두 말뭉치에서 비슷한 양상을 보인다. 다음에서는 구문 말뭉치를 중심으로 각각의 문장 성분에서 조사가 실현되는 양상에 대해 계량적 관점에서 그 특성을 살피며, 개별 조사마다의 계량적 특성을 검토한다.

3. 문장 성분과 조사

21세기 세종계획의 "구문분석 말뭉치 구축 지침(ver. 2006-1)"에서는 구문분석의 기본 원칙을 아래와 같이 제시하고 있다.[13]

(1) 기본 원칙
가. 자연언어처리에서 일반적으로 고려되는 일관성 유지와 효율성 제고에 초점을 두되, 일반언어학적 관점에서도 크게 벗어나지 않도록 한다.
나. 표층 구조를 중시하여 분석한다.
다. 이분지 가설을 취하며 다분지를 허용하지 않는다.
라. 공범주를 인정하지 않는다.
마. 어절을 분석의 기본 단위로 한다.
바. 보어와 부가어를 구분하되 보어의 범위를 엄격히 제한한다.
사. 원칙적으로 접속과 내포를 구별하지 않으며 접속절은 모두 부사절로 분석한다. (다만 명사구 접속만은 인정한다.)

---

13) "구문문석 말뭉치 구축 지침(ver. 2006-1)"은 "21세기 세종계획 최종 성과물"로 배포된 DVD의 "1말뭉치\현대\문어\말뭉치 구축 지침\현대문어구문분석말뭉치_구축지침.hwp" 파일에 있다. 이하에서 제시되는 원칙과 규정 등은 모두 그 파일에서 제시된 것으로 따로 출처를 밝히지 않는다.

아. 하나의 주어가 모문과 내포문 모두에 관련되어 있을 때 모문의 주어로
　　우선 분석한다.

그리고 말뭉치의 구문 분석에 사용된 표지들은 아래와 같이 제시되어
있다.

(2) 구문 표지

	범주	사례
S	문장	
Q	인용절	인용부호(" ") 안에 들어 있는 두 개 이상의 문장
NP	체언구	체언(명사, 대명사, 수사)
VP	용언구	용언(동사, 형용사, 보조용언)
VNP	긍정 지정사구	긍정 지정사 '이다'와 결합한 구
AP	부사구	부사
DP	관형사구	관형사
IP	감탄사구	감탄사

(3) 기능 표지

	범주	사례
SBJ	주어	주격 체언구, 명사 전성 용언구, 명사절 (NP_SBJ, VP_SBJ, S_SBJ, VNP_SBJ)
OBJ	목적어	목적격 체언구, 명사 전성 용언구, 명사절 (NP_OBJ, VP_OBJ, S_OBJ, VNP_OBJ)
CMP	보어	보격 체언구, 명사 전성 용언구, 인용절 (NP_CMP, VP_CMP, S_CMP, VNP_CMP)
MOD	체언 수식어	관형격 체언구, 관형형 용언구, 관형절 (NP_MOD, VP_MOD, S_MOD, VNP_MOD)
AJT	용언 수식어	부사격 체언구, 문말어미+부사격조사 (NP_AJT VP_AJT, S_AJT, VNP_AJT)
CNJ	접속어	접속격 체언 (NP_CNJ, VNP_CNJ)
INT	독립어	체언 (NP_INT)

(4) 기타 표지

	범주	구문/기능	사례
PRN	삽입어구	기능	삽입된 성분의 기능표지에 표시 (예 : [NP_PRN])
X	의사 구 (pseudo phrase)	구문	인용부호와 괄호를 제외한 나머지 부호나, 조사, 어미가 단독으로 어절을 이룰 때 그 구문표지 위치에 표시(예 : [X_CMP])
L, R	부호	구문	인용부호나 괄호의 구문표지에 표시. 왼쪽 부호에는 L을, 오른쪽 부호에는 R을 표시
Q, U, W, Y, Z	인용절	구문	인용부호(" ")에 이끌려 나온 두 개 이상의 인용절을 대신하여 표기되는 부호

이 장에서는 '구문 말뭉치'에서 주석된 '주어(보어)', '목적어', '체언 수식어(관형어)'로 주석된 문장 성분들에서 나타나는 조사의 실현 양상을 살펴보겠다.

3.1. 주어와 조사

주어가 무엇인지를 밝히는 것은, 좀더 정확히는 주어가 무엇이라고 정의하는 것은 언어 연구의 오랜 과제였지만, 아직까지 해결되지 못한 채 학자에 따라, 언어 이론에 따라 다양한 정의들이 제시되었을 뿐이다. 한국어 조사에 대한 기존의 많은 연구들은 또한 주어 문제와 연관되어 있는데, 특히 한국어 조사의 일부를 '격조사'로 보는 연구들이 있다. 여기에서는 21세기 세종계획에서 구축한 '구문 말뭉치'에서 '주어'라는 표지("SBJ")가 붙은 어절에서 조사가 실현되는 양상에 대한 계량적 특성을 살펴보고자 한다. 21세기 세종계획의 "구문분석 말뭉치 구축 지침(ver. 2006-1)"에서는 아래와 같은 기준에 따라 주어를 분석하였다.

(5) SBJ

가) 주어 SBJ는 주격조사 JKS가 결합되거나, 대체 가능한 명사구, 그리고
이러한 명사구와 같이 기능하는 용언구와 절의 기능 표지이다.
　　☞ '이/가'는 주격조사 JKS와 보격조사 JKC의 두 가지로 형태표지를
　　갖는다. 주어는 주격조사 JKS의 '이/가'가 표지된 어절이고, 보격
　　조사 JKC는 보어로 분석한다.
　　예) 그는 [VP_SBJ 거기에 가기가] 싫었다.

나) 따라서 어절에 주격조사를 가진 모든 명사구 또는 명사구 기능하는 용
언구와 절은 주어로 분석한다.
　　☞ 이중 주격 구문과 같이 주격조사로 표지된 모든 명사구 또는 명사
　　구 기능하는 용언구와 절은 주어로 분석한다.
　　예) [S [NP_SBJ 그는] [S [NP_SBJ 호랑이가] [VP 무섭다.]]]
　　※ 이중 주격 구문, 이중 목적격 구문과 같이 동일한 기능표지가 하나
　　의 서술어에 관련될 때 서술어에 인접한 기능표지 어절부터 하나
　　씩 묶어 나간다.
　　☞ 목적어 인상 구문(tough 구문)도 동일
　　⇒ [VP_SBJ 영어를 매일 공부하기가] 쉽지 않다.
　　⇒ [S [S_SBJ 영어가] [S [VP_SBJ 매일 공부하기가] 쉽지 않다.]]
　　⇒ [S 나는 [S 영어가 [S [VP_SBJ 매일 공부하기가] 어렵다.]]]

다) 그리고 조사가 생략되거나 보조사 JX로 표지된 명사구 또는 이에 상응
하는 용언구와 절도 서술어 구문틀에 따라 주격조사로 대치가능하면
SBJ로 분석한다.
　　예) [S_SBJ 가을에 학생들이 [VP_SBJ 공부하기]] 좋다.
　　예) [S_SBJ 가을에 학생들이 [VP_SBJ 공부하기는]] 좋다.

라) 주의 구문
　　(1) '수밖에 없다' 구성
　　⇒ [NP_SBJ 수밖에] 없다.
　　(2) '수/리 있다/없다' 구성
　　⇒ [NP_SBJ 수/리] 있다/없다.
　　(3) '-기 쉽다/어렵다/일쑤이다/좋다/싫다'
　　⇒ [NP_SBJ -기] 쉽다/어렵다/일쑤이다/좋다/싫다.

위의 기준에서 알 수 있듯이 구문 말뭉치에서 '주어'로 분석된 문장 성분

은 근본적으로 '주격조사'에 의지하고 있으며, 그래서 이른바 '이중주어' 구문과 같이 다중 주어를 인정하는 관점을 따르고 있다. 이와 같이 적극적으로 주어를 인정하는 관점에서 구문 말뭉치의 '주어(SBJ)' 표지가 부착된 문장 성분에서 나타나는 조사의 실현 양상을 정리하면 다음과 같다.

[표 3] 주어 자리에서 조사 실현 양상[14)]

순위	조사 유형	빈도	비율	순위	조사 유형	빈도	비율
1	가/JKS	46451	46.785%	39	치고/JX	5	0.005%
2	는/JX	34754	35.004%	40	로/JKB+는/JX	4	0.004%
3	null	9938	10.009%	41	서/JKS+는/JX	4	0.004%
4	도/JX	5595	5.635%	42	가/JKS+요/JX	3	0.003%
5	란/JX	404	0.407%	43	게/JKB+는/JX	3	0.003%
6	만/JX	307	0.309%	44	나마/JX	3	0.003%
7	밖에/JX	289	0.291%	45	로서/JKB+는/JX	3	0.003%
8	나/JX	219	0.221%	46	하고/JKB+는/JX	3	0.003%
9	만/JX+가/JKS	174	0.175%	47	가/JKS+는/JX	2	0.002%
10	까지/JX	173	0.174%	48	가/JKS+만/JX	2	0.002%
11	야말로/JX	127	0.128%	49	게/JKB+도/JX	2	0.002%
12	두/JX	102	0.103%	50	과/JKB+도/JX	2	0.002%
13	야/JX	101	0.102%	51	랑/JKB	2	0.002%
14	마저/JX	72	0.073%	52	로/JKB+도/JX	2	0.002%
15	조차/JX	62	0.062%	53	만큼/JX+는/JX	2	0.002%
16	만/JX+는/JX	58	0.058%	54	보다/JKB+도/JX	2	0.002%
17	까지/JX+도/JX	54	0.054%	55	서/JKS+도/JX	2	0.002%

---

14) 표에서 순위가 47위인 '가/JKS+는/JX' 유형이나 58위인 '는/JX+가/JKS' 유형 등과 같이 전혀 가능하지 않은 조사 결합형이 나타나는데, 21세기 세종계획의 성과물인 말뭉치에는 이와 같은 오류들이 나타난다. 조사의 계량적 특성을 살피는 데에 큰 영향을 미치지 않는다고 판단되어 오류가 있는 채로 제시한다. 이와 같이 빈도가 낮아 실현 가능성이 낮은 유형들에 대해서는 고석주(2008)의 <부록>에서 출처 파일과 몇 행인지를 밝혀 놓았다. 예를 들면, BGGO0098.txt-6265 (NP_SBJ 둘/NR + 이/JKS + 는/JX ; BGGO0098.txt-6467 (NP_SBJ 둘/NR + 이/JKS + 는/JX)에서 알파벳과 숫자로 된 파일 이름과, '-' 다음의 숫자로 몇 행인지를 밝혀 놓았다.

18	께서/JKS	49	0.049%	56	하고/JC	2	0.002%
19	서/JKS	48	0.048%	57	과/JC+가/JKS	1	0.001%
20	께서/JKS+는/JX	34	0.034%	58	는/JX+가/JKS	1	0.001%
21	마저/JX+도/JX	25	0.025%	59	서/JKB+부터/JX+가/JKS	1	0.001%
22	조차/JX+도/JX	21	0.021%	60	조차/JX+가/JKS	1	0.001%
23	만/JX+도/JX	19	0.019%	61	하고/JKB+가/JKS	1	0.001%
24	마다/JX	18	0.018%	62	를/JKO	1	0.001%
25	부터/JX	16	0.016%	63	깨나/JX	1	0.001%
26	과/JKB+는/JX	13	0.013%	64	께서/JKS+도/JX	1	0.001%
27	부터/JX+가/JKS	12	0.012%	65	는/JX+야/JX	1	0.001%
28	나/JC	10	0.010%	66	두/JX+요/JX	1	0.001%
29	에서/JKB+는/JX	10	0.010%	67	라고/JKQ+도/JX	1	0.001%
30	까지/JX+가/JKS	9	0.009%	68	랑/JC	1	0.001%
31	에/JKB+도/JX	9	0.009%	69	로써/JKB+도/JX	1	0.001%
32	에/JKB+는/JX	8	0.008%	70	만/JX+로/JKB+는/JX	1	0.001%
33	까지/JX+는/JX	7	0.007%	71	만/JX+로/JKB+도/JX	1	0.001%
34	나/JX+가/JKS	6	0.006%	72	보다/JKB+는/JX	1	0.001%
35	는/JX+요/JX	6	0.006%	73	요/JX	1	0.001%
36	밖에/JX+는/JX	6	0.006%	74	은커녕/JX	1	0.001%
37	에서/JKB+도/JX	6	0.006%	75	의/JKG+머리/NNG	1	0.001%
38	치고/JX+는/JX	6	0.006%	76	한테/JKB+는/JX	1	0.001%
합계						99286	100%

표에서 알 수 있듯이, 구문 말뭉치에서 '주어'로 분석된 어절은 모두 99,286개인데, 주어 자리에서 조사 '가', '는', '도'의 실현과 조사의 비실현이 대부분의 경우를 차지하고 있다. 표에 제시되었듯이, 실제 주어 자리에서 주격조사가 나타나는 경우는 주어 전체의 절반에 미치지 못하는 약 47% 정도에 불과하다. 또한 조사 '가'와 '께서'는 분포적 사실이 다름을 확

인할 수 있다. 조사 '가'는 다른 조사와 결합할 때 항상 마지막에 위치하지만, '께서'는 항상 처음에 위치한다.

3.2. 목적어와 조사

구문 말뭉치에서는 목적어도 주어와 마찬가지로 '목적격조사'에 근거하여 파악하고 있는데, 구문 말뭉치의 목적어 자리에서 나타나는 조사의 실현 양상을 정리하면 아래와 같다.

[표 4] 목적어 자리에서 조사 실현 양상

순위	유형	빈도	비율	순위	유형	빈도	비율
1	를/JKO	63497	84.391%	27	로/JKB + 만/JX	4	0.005%
2	null	6638	8.822%	28	일랑/JX	4	0.005%
3	도/JX	1607	2.136%	29	에/JKB + 만/JX	3	0.004%
4	는/JX	1318	1.752%	30	은커녕/JX	3	0.004%
5	만/JX	839	1.115%	31	랑/JKB	2	0.003%
6	까지/JX	416	0.553%	32	야말로/JX	2	0.003%
7	나/JX	253	0.336%	33	가/JKS	1	0.001%
8	만/JX + 를/JKO	199	0.264%	34	과/JKB + 를/JKO	1	0.001%
9	조차/JX	82	0.109%	35	를/JKO + 요/JX	1	0.001%
10	부터/JX	54	0.072%	36	부터/JX + 를/JKO	1	0.001%
11	마저/JX	50	0.066%	37	/JX	1	0.001%
12	까지/JX + 도/JX	44	0.058%	38	에게/JKB + 만/JX	1	0.001%
13	밖에/JX	29	0.039%	39	는커녕/JX	1	0.001%
14	만/JX + 는/JX	27	0.036%	40	란/JX	1	0.001%
15	에/JKB + 를/JKO	26	0.035%	41	로서/JKB + 만/JX	1	0.001%
16	두/JX	20	0.027%	42	마다/JX	1	0.001%
17	야/JX	20	0.027%	43	만/JX + 도/JX	1	0.001%
18	까지/JX + 를/JKO	17	0.023%	44	만/JX + 요/JX	1	0.001%
19	까지/JX + 만/JX	15	0.020%	45	만큼/JX + 나/JX	1	0.001%
20	까지/JX + 는/JX	13	0.017%	46	만큼/JX + 도/JX	1	0.001%

21	나마/JX	9	0.012%	47	밖에/JX + 는/JX	1	0.001%
22	깨나/JX	8	0.011%	48	부터/JX + 는/JX	1	0.001%
23	조차/JX + 도/JX	7	0.009%	49	서/JKB	1	0.001%
24	나/JC	6	0.008%	50	에서/JKB + 는/JX	1	0.001%
25	마저/JX + 도/JX	5	0.007%	51	치고/JX	1	0.001%
26	만큼/JX + 는/JX	5	0.007%	합계	75241	100%	0.007%

목적어 자리에서는 조사 '를'의 실현이 84.717%를 차지하고 있는데, 여기에서 흥미로운 것은, 비록 빈도가 그리 높은 것은 아니지만, '부사어' 표지인 '/JKB'가 조사 '를'과 결합하여 쓰였을 경우에 이를 목적어로 분석한 것이다.

3.3. 관형어와 조사

'관형어'의 경우에는 지금까지 살펴 본 문장 성분과는 달리 '관형절'이 '관형어'의 범주에 포함됨으로써 관형어에서의 조사 실현 양상에 대한 계량적 정보를 추출하는 데에 주의가 필요하다. 주어나 목적어, 부사어 등은 체언 상당어구에 조사 '가'와 '를', '에', '로' 등이 결합하는 것에 대한 문장 성분 분석이지만, 관형어의 경우에는 조사의 도움 없이 관형어로 쓰일 수 있는 관형절이 포함되어 있음에 주의해야 한다. 구문 말뭉치에서 관형어 자리에 나타나는 조사의 유형을 정리하면 아래와 같다.

[표 5] 관형어 자리에서 조사의 실현 양상

순위	유형	빈도	비율	순위	유형	빈도	비율
1	null	110631	71.365%	24	로서/JKB	2	0.001%
2	의/JKG	42979	27.724%	25	만/JX + 로서/JKB + 의/JKG	2	0.001%
3	과/JKB + 의/JKG	395	0.255%	26	만큼/JKB + 의/JKG	2	0.001%

4	에서/JKB + 의/JKG	285	0.184%	27	에/JKB + 로/JKB + 의/JKG	2	0.001%
5	로서/JKB + 의/JKG	254	0.164%	28	우/JKG	2	0.001%
6	만/JX + 의/JKG	78	0.050%	29	하고/JKB + 의/JKG	2	0.001%
7	까지/JX + 의/JKG	74	0.048%	30	게/JKB	1	0.001%
8	로/JKB + 의/JKG	65	0.042%	31	게/JKB + ㄹ/ETM	1	0.001%
9	에/JKB + 의/JKG	58	0.037%	32	과/JC + 의/JKG	1	0.001%
10	만/JX	43	0.028%	33	까지/JX	1	0.001%
11	뿐/JX	29	0.019%	34	나/JX + 의/JKG	1	0.001%
12	로부터/JKB + 의/JKG	27	0.017%	35	란/JX	1	0.001%
13	과/JKB	15	0.010%	36	로/JKB + 까지/JX + 의/JKG	1	0.001%
14	대로/JX + 의/JKG	15	0.010%	37	로/JKB + 는/JX	1	0.001%
15	는/JX	9	0.006%	38	로/JKB + 만/JX + 의/JKG	1	0.001%
16	서/JKB + 의/JKG	7	0.005%	39	마다/JX + 의/JKG	1	0.001%
17	에서/JKB	6	0.004%	40	부터/JX	1	0.001%
18	로/JKB	5	0.003%	41	에서부터/JKB + 의/JKG	1	0.001%
19	만큼/JX + 의/JKG	5	0.003%	42	요/JX	1	0.001%
20	부터/JX + 의/JKG	5	0.003%	43	의/JKS	1	0.001%
21	도/JX	4	0.003%	44	이/JKG	1	0.001%
22	를/JKO	3	0.002%	합계		155,021	100%
23	가/JKS	2	0.001%				

관형어 자리에서 조사 없이 쓰이는 관형어의 대부분은 명사 상당어구가 아니라, 관형형 어미가 쓰인 동사구나 절인 경우가 대부분인데, 명사 상당어구는 전체의 0.21%에 불과하다.

4. 개별 조사의 계량적 특성

4.1. 조사 '가'

구문 말뭉치에서 드러나는 조사 '가'의 출현 양상을 정리하면 아래와 같다. 먼저 조사 '가'가 문장에서 실현될 때 동일 어절의 선후행 요소가 무엇인지를 중심으로 살펴보겠다.[15]

[표 6] 조사 '가'의 출현 양상

범주	위치	결합 범주	빈도	비율	범주	위치	결합 범주	빈도	비율	범주	위치	결합 범주	빈도	비율
JKS	뒤	null	46714	99.981%	JKS	앞	null	308	0.659%	JKC	뒤	null	4550	100.00%
JKS	뒤	는/JX	2	0.004%	JKS	앞	MAG	4	0.009%	JKC	앞	null	35	0.77%
JKS	뒤	만/JX	2	0.004%	JKS	앞	NNB	4156	8.895%	JKC	앞	MAG	4	0.09%
JKS	뒤	요/JX	5	0.011%	JKS	앞	NNG	29283	62.674%	JKC	앞	NNB	728	16.00%
					JKS	앞	NNP	2909	6.226%	JKC	앞	NNG	3224	70.86%
JKS	앞	ㅁ/ETN	154	0.330%	JKS	앞	NP	3867	8.276%	JKC	앞	NNP	59	1.30%
JKS	앞	고/EC	2	0.004%	JKS	앞	NR	201	0.430%	JKC	앞	NP	57	1.25%
JKS	앞	과/JC	1	0.002%	JKS	앞	SF	1	0.002%	JKC	앞	NR	47	1.03%
JKS	앞	기/ETN	176	0.377%	JKS	앞	SH	235	0.503%	JKC	앞	SH	35	0.77%
JKS	앞	까지/JX	9	0.019%	JKS	앞	SL	97	0.208%	JKC	앞	SL	4	0.09%
JKS	앞	나/JX	6	0.013%	JKS	앞	SN	19	0.041%	JKC	앞	SN	9	0.20%
JKS	앞	나/EC	2	0.004%	JKS	앞	SO	1	0.002%	JKC	앞	SS	80	1.76%
JKS	앞	느냐/EC	11	0.024%	JKS	앞	SS	515	1.102%	JKC	앞	XSN	79	1.74%
JKS	앞	는/JX	2	0.004%	JKS	앞	SW	59	0.126%	JKC	앞	ㅁ/ETN	7	0.15%
JKS	앞	는가/EC	5	0.011%	JKS	앞	VCP	1	0.002%	JKC	앞	기/ETN	3	0.07%
JKS	앞	는지/EC	6	0.013%	JKS	앞	XR	2	0.004%	JKC	앞	느냐/EC	3	0.07%
JKS	앞	더냐/EC	1	0.002%	JKS	앞	XSN	4344	9.297%	JKC	앞	는가/EC	1	0.02%
JKS	앞	랄지/EC	1	0.002%	JKS	앞	ㄴ가/EC	59	0.126%	JKC	앞	대로/JX	1	0.02%
JKS	앞	로/JKB	2	0.004%	JKS	앞	ㄹ까/EC	3	0.006%	JKC	앞	대서/EC	1	0.02%
JKS	앞	만/JX	180	0.385%	JKS	앞	ㄹ지/EC	1	0.002%	JKC	앞	라서/EC	1	0.02%

---

15) 표에서 결합 범주가 빈 칸인 경우 조사 '가'의 선행어가 따옴표와 같은 문장 부호여서 분석 결과에서 행이 다르게 처리된 경우이다.

JKS	앞	며/EC	1	0.002%	JKS	앞	ㅁ/ETM	1	0.002%	JKC	앞	로/JKB	3	0.07%
JKS	앞	부터/JX	14	0.030%						JKC	앞	로서/JKB	6	0.13%
JKS	앞	어다/EC	1	0.002%						JKC	앞	만/JX	97	2.13%
JKS	앞	을까/EC	2	0.004%						JKC	앞	뿐/JX	9	0.20%
JKS	앞	음/ETN	34	0.073%						JKC	앞	서/EC	1	0.02%
JKS	앞	조차/JX	1	0.002%						JKC	앞	서/JKB	1	0.02%
JKS	앞	지/EC	45	0.096%					,	JKC	앞	아서/EC	29	0.64%
JKS	앞	하고/JKB	1	0.002%						JKC	앞	어서/EC	10	0.22%
										JKC	앞	에서/JKB	14	0.31%
										JKC	앞	음/ETN	2	0.04%

조사 '가'는 왼쪽과 같은 '주격조사'와, 오른쪽과 같은 '보격조사' 두 가지가 있는 것으로 기술되어 왔는데, 구문 말뭉치에서 조사 '가'는 두 가지 경우 모두에서, 조사 '요/JX'를 제외하면, 후행하는 조사가 없음을 명확히 보여준다. 또한, 명사 상당어구와 직접 결합하는 경우가 대부분이기는 하지만, 다른 조사나 어미 등과의 결합도 있음을 보여준다.

4.2. 조사 '를'

조사 '를'은 출현 양상을 살펴 보면 아래와 같이 정리된다.

[표 7] 조사 '를'의 실현 양상

범주	위치	결합 범주	빈도	비율	범주	위치	결합 범주	빈도	비율
를/JKO	뒤	null	63816	99.98%	를/JKO	앞	null	649	1.02%
를/JKO	뒤	로/JKB	1	0.00%	를/JKO	앞	MAG	5	0.01%
를/JKO	뒤	요/JX	11	0.02%	를/JKO	앞	NNB	2854	4.47%
를/JKO	앞	ㄴ가/EC	106	0.17%	를/JKO	앞	NNG	50466	79.07%
를/JKO	앞	ㄴ지/EC	38	0.06%	를/JKO	앞	NNP	1585	2.48%
를/JKO	앞	ㄹ까/EC	3	0.00%	를/JKO	앞	NP	2345	3.67%
를/JKO	앞	ㄹ지/EC	6	0.01%	를/JKO	앞	NR	135	0.21%
를/JKO	앞	고/EC	2	0.00%	를/JKO	앞	SH	309	0.48%

범주	위치	결합 범주	빈도	비율	범주	위치	결합 범주	빈도	비율
를/JKO	앞	나/EC	16	0.03%	를/JKO	앞	SL	89	0.14%
를/JKO	앞	나/EC	3	0.00%	를/JKO	앞	SN	30	0.05%
를/JKO	앞	느냐/EC	6	0.01%	를/JKO	앞	SS	898	1.41%
를/JKO	앞	는가/EC	64	0.10%	를/JKO	앞	SW	50	0.08%
를/JKO	앞	는지/EC	54	0.08%	를/JKO	앞	XR	3	0.00%
를/JKO	앞	니/EC	2	0.00%	를/JKO	앞	XSN	2665	4.18%
를/JKO	앞	던가/EC	4	0.01%	를/JKO	앞	XSV	1	0.00%
를/JKO	앞	든/EC	1	0.00%	를/JKO	앞	/ETN	1	0.00%
를/JKO	앞	며/EC	2	0.00%	를/JKO	앞	ㅁ/ETN	501	0.78%
를/JKO	앞	은가/EC	2	0.00%	를/JKO	앞	과/JKB	1	0.00%
를/JKO	앞	은지/EC	2	0.00%	를/JKO	앞	기/ETN	317	0.50%
를/JKO	앞	을까/EC	1	0.00%	를/JKO	앞	기량/NNG	1	0.00%
를/JKO	앞	을지/EC	1	0.00%	를/JKO	앞	까지/JX	17	0.03%
를/JKO	앞	지/EC	50	0.08%	를/JKO	앞	만/JX	199	0.31%
를/JKO	앞	옆/NNG	1	0.00%	를/JKO	앞	부터/JX	1	0.00%
를/JKO	앞	음/ETN	316	0.50%	를/JKO	앞	에/JKB	26	0.04%

조사 '를'의 경우에도, 동일 어절 안에서 후행 요소로 다른 것이 오는 경우가 전혀 없음을 알 수 있고, 선행 요소로 일부 '부사격조사'와 동사구나 문장을 이루는 어말 어미와 결합함을 알 수 있다.

4.3. 조사 '의'

조사 '의'가 구문 말뭉치에서 실현되는 양상을 살펴보면 아래와 같다.

[표 8] 조사 '의'의 실현 양상

범주	위치	결합 범주	빈도	비율	범주	위치	결합 범주	빈도	비율
의/JKG	뒤	null	44270	100.000%	의/JKG	앞	SL	199	0.450%
의/JKG	앞	ㄴ가/EC	21	0.047%	의/JKG	앞	SN	459	1.037%
의/JKG	앞	ㄴ지/EC	2	0.005%	의/JKG	앞	SS	706	1.595%
					의/JKG	앞	SW	39	0.088%

의/JKG	앞	ㄹ지/EC	3	0.007%	의/JKG	앞	XR	7	0.016%
의/JKG	앞	고/EC	2	0.005%	의/JKG	앞	XSN	3033	6.851%
의/JKG	앞	냐/EC	1	0.002%	의/JKG	앞	ㅁ/ETN	32	0.072%
의/JKG	앞	느냐/EC	4	0.009%	의/JKG	앞	과/JC	1	0.002%
의/JKG	앞	는가/EC	4	0.009%	의/JKG	앞	과/JKB	395	0.892%
의/JKG	앞	는지/EC	3	0.007%	의/JKG	앞	기/ETN	16	0.036%
의/JKG	앞	니/EC	1	0.002%	의/JKG	앞	까지/JX	75	0.169%
의/JKG	앞	다/EF	1	0.002%	의/JKG	앞	나/JX	1	0.002%
의/JKG	앞	든가/EC	1	0.002%	의/JKG	앞	대로/JX	15	0.034%
의/JKG	앞	라든지/EC	1	0.002%	의/JKG	앞	로/JKB	67	0.151%
의/JKG	앞	아서/EC	4	0.009%	의/JKG	앞	로부터/JKB	27	0.061%
의/JKG	앞	어서/EC	62	0.140%	의/JKG	앞	로서/JKB	256	0.578%
의/JKG	앞		321	0.725%	의/JKG	앞	마다/JX	1	0.002%
의/JKG	앞	MAG	28	0.063%	의/JKG	앞	만/JX	79	0.178%
의/JKG	앞	NA	1	0.002%	의/JKG	앞	만큼/JKB	2	0.005%
의/JKG	앞	NNB	2255	5.094%	의/JKG	앞	만큼/JX	5	0.011%
의/JKG	앞	NNG	25864	58.423%	의/JKG	앞	부터/JX	5	0.011%
의/JKG	앞	NNP	5217	11.785%	의/JKG	앞	서/JKB	7	0.016%
의/JKG	앞	NP	3867	8.735%	의/JKG	앞	에/JKB	58	0.131%
의/JKG	앞	NR	356	0.804%	의/JKG	앞	에서/JKB	285	0.644%
의/JKG	앞	SH	486	1.098%	의/JKG	앞	에서부터/JKB	1	0.002%
의/JKG	앞	하고/JKB	2	0.005%	의/JKG	앞	음/ETN	4	0.009%

조사 '의'도 앞의 조사들과 마찬가지로 후행하는 조사는 없지만, 다른 선행조사들과 결합하여 사용된다.

4.4. 조사 '는'

조사 '는'의 경우에는 아래와 같은 실현 유형을 보여주는데, 앞에서 살펴본 '가'와 '를'과 마찬가지로 뒤에 다른 조사가 오지 않는다.

[표 9] 조사 '는'의 실현 양상

범주	위치	결합 범주	빈도	비율	범주	위치	결합 범주	빈도	비율
는/JX	뒤	null	47270	99.962%	는/JX	앞	NNP	4398	9.300%
는/JX	뒤	가/JKS	2	0.004%	는/JX	앞	NP	6008	12.705%
는/JX	뒤	야/JX	1	0.002%	는/JX	앞	NR	224	0.474%
는/JX	뒤	요/JX	13	0.027%	는/JX	앞	SF	1	0.002%
는/JX	뒤	커녕/JX	2	0.004%	는/JX	앞	SH	201	0.425%
는/JX	앞	ㄴ가/EC	21	0.044%	는/JX	앞	SL	110	0.233%
는/JX	앞	ㄴ다/EC	1	0.002%	는/JX	앞	SN	10	0.021%
는/JX	앞	ㄴ다고/EC	3	0.006%	는/JX	앞	SS	637	1.347%
는/JX	앞	ㄴ지/EC	25	0.053%	는/JX	앞	SW	18	0.038%
는/JX	앞	ㄹ지/EC	7	0.015%	는/JX	앞	VV	4	0.008%
는/JX	앞	게/EC	33	0.070%	는/JX	앞	XR	3	0.006%
는/JX	앞	고/EC	452	0.956%	는/JX	앞	XSN	3321	7.023%
는/JX	앞	고서/EC	22	0.047%	는/JX	앞	ㅁ/ETN	79	0.167%
는/JX	앞	구/EC	1	0.002%	는/JX	앞	가/JKS	2	0.004%
는/JX	앞	구서/EC	1	0.002%	는/JX	앞	게/JKB	426	0.901%
는/JX	앞	기에/EC	2	0.004%	는/JX	앞	과/JKB	495	1.047%
는/JX	앞	나/EC	1	0.002%	는/JX	앞	기/ETN	504	1.066%
는/JX	앞	느냐/EC	5	0.011%	는/JX	앞	까지/JX	152	0.321%
는/JX	앞	는가/EC	11	0.023%	는/JX	앞	께/JKB	4	0.008%
는/JX	앞	는데/EC	2	0.004%	는/JX	앞	께서/JKS	37	0.078%
는/JX	앞	는지/EC	44	0.093%	는/JX	앞	나/JX	2	0.004%
는/JX	앞	다/EC	2	0.004%	는/JX	앞	다가/JX	1	0.002%
는/JX	앞	다가/EC	64	0.135%	는/JX	앞	대로/JX	1	0.002%
는/JX	앞	다고/EC	33	0.070%	는/JX	앞	더러/JKB	1	0.002%
는/JX	앞	다니까/EC	1	0.002%	는/JX	앞	라기/ETN	1	0.002%
는/JX	앞	던가/EC	1	0.002%	는/JX	앞	로/JKB	590	1.248%
는/JX	앞	라고/EC	64	0.135%	는/JX	앞	로부터/JKB	2	0.004%
는/JX	앞	려다가/EC	1	0.002%	는/JX	앞	로서/JKB	157	0.332%
는/JX	앞	리라고/EC	6	0.013%	는/JX	앞	로써/JKB	1	0.002%
는/JX	앞	면서/EC	7	0.015%	는/JX	앞	만/JX	163	0.345%
는/JX	앞	아/EC	8	0.017%	는/JX	앞	만큼/JKB	2	0.004%
는/JX	앞	아다가/EC	1	0.002%	는/JX	앞	만큼/JX	14	0.030%
					는/JX	앞	못/NNG	1	0.002%

는/JX	앞	아서/EC	535	1.131%	는/JX	앞	밖에/JX	19	0.040%
는/JX	앞	어서/EC	181	0.383%	는/JX	앞	보다/JKB	409	0.865%
는/JX	앞	으려/EC	1	0.002%	는/JX	앞	부터/JX	66	0.140%
는/JX	앞	으리라고/EC	4	0.008%	는/JX	앞	서/JKB	49	0.104%
는/JX	앞	으면서/EC	1	0.002%	는/JX	앞	서/JKS	4	0.008%
는/JX	앞	을지/EC	2	0.004%	는/JX	앞	서부터/JKB	2	0.004%
는/JX	앞	이/EC	1	0.002%	는/JX	앞	에/JKB	2615	5.530%
는/JX	앞	자/EC	1	0.002%	는/JX	앞	에게서/JKB	11	0.023%
는/JX	앞	지/EC	353	0.746%	는/JX	앞	에다/JKB	1	0.002%
는/JX	앞	지만/EC	3	0.006%	는/JX	앞	에서/JKB	1238	2.618%
는/JX	앞		447	0.945%	는/JX	앞	에서부터/JKB	2	0.004%
는/JX	앞	MAG	362	0.766%	는/JX	앞	음/ETN	46	0.097%
는/JX	앞	MAJ	25	0.053%	는/JX	앞	치고/JX	13	0.027%
는/JX	앞	NA	1	0.002%	는/JX	앞	하고/JKB	21	0.044%
는/JX	앞	NNB	3812	8.061%	는/JX	앞	하고/JKQ	1	0.002%
는/JX	앞	NNG	18656	39.452%	는/JX	앞	한테/JKB	17	0.036%

　조사 '는'은 일찍이 '보조사' 혹은 '특수조사'로 분류된 바와 같이 다양한 요소들과 결합하는데, 앞에서 살펴본 조사 '가', '를', '의' 등과 마찬가지로 다른 어떤 후행 요소와도 결합하지 않는다.16)

4.5. 조사 '도'

　조사 '도' 역시 후행하는 조사는 보조사 '요/JX' 하나뿐으로 가장 끝에 오는 조사이다.

---

16) 앞에서도 언급했듯이, 후행 요소로 조사 '가'가 오는 것으로 표시된 것은 구문 말뭉치의 오류이다.

[표 10] 조사 '도'의 실현 양상

범주	위치	결합 범주	빈도	비율	범주	위치	결합 범주	빈도	비율
도/JX	뒤	null	13836	99.993%	도/JX	앞	NR	55	0.397%
도/JX	뒤	요/JX	1	0.007%	도/JX	앞	SH	35	0.253%
도/JX	앞	ㄴ가/EC	5	0.036%	도/JX	앞	SL	10	0.072%
도/JX	앞	ㄴ다고/EC	5	0.036%	도/JX	앞	SN	2	0.014%
도/JX	앞	ㄴ데/EC	41	0.296%	도/JX	앞	SO	1	0.007%
도/JX	앞	ㄴ지/EC	72	0.520%	도/JX	앞	SS	97	0.701%
도/JX	앞	ㄹ까/EC	2	0.014%	도/JX	앞	SW	2	0.014%
도/JX	앞	ㄹ지/EC	81	0.585%	도/JX	앞	VA	3	0.022%
도/JX	앞	ㄹ지/EF	1	0.007%	도/JX	앞	VV	3	0.022%
도/JX	앞	게/EC	166	1.200%	도/JX	앞	XR	2	0.014%
도/JX	앞	고/EC	190	1.373%	도/JX	앞	XSN	496	3.585%
도/JX	앞	고서/EC	19	0.137%	도/JX	앞	ㅁ/ETN	27	0.195%
도/JX	앞	느냐/EC	3	0.022%	도/JX	앞	같이/JKB	1	0.007%
도/JX	앞	는가/EC	1	0.007%	도/JX	앞	게/JKB	137	0.990%
도/JX	앞	는데/EC	104	0.752%	도/JX	앞	고/JKQ	1	0.007%
도/JX	앞	는지/EC	66	0.477%	도/JX	앞	과/JKB	103	0.744%
도/JX	앞	다가/EC	22	0.159%	도/JX	앞	기/ETN	1050	7.588%
도/JX	앞	다고/EC	19	0.137%	도/JX	앞	까지/JX	171	1.236%
도/JX	앞	더라/EC	1	0.007%	도/JX	앞	께/JKB	2	0.014%
도/JX	앞	더라고/EC	1	0.007%	도/JX	앞	께서/JKS	1	0.007%
도/JX	앞	던지/EC	1	0.007%	도/JX	앞	때/NNG	3	0.022%
도/JX	앞	라고/EC	41	0.296%	도/JX	앞	라고/JKQ	3	0.022%
도/JX	앞	라면서/EC	1	0.007%	도/JX	앞	라기/ETN	1	0.007%
도/JX	앞	락/EC	1	0.007%	도/JX	앞	로/JKB	202	1.460%
도/JX	앞	려고/EC	8	0.058%	도/JX	앞	로부터/JKB	12	0.087%
도/JX	앞	려다가/EC	1	0.007%	도/JX	앞	로서/JKB	22	0.159%
도/JX	앞	리라고/EC	1	0.007%	도/JX	앞	로써/JKB	2	0.014%
도/JX	앞	면서/EC	254	1.836%	도/JX	앞	마저/JX	34	0.246%
도/JX	앞	아/EC	3	0.022%	도/JX	앞	만/JX	38	0.275%
도/JX	앞	아서/EC	147	1.062%	도/JX	앞	만치/JX	1	0.007%
도/JX	앞	어/EC	1	0.007%	도/JX	앞	만큼/JX	5	0.036%
도/JX	앞	어서/EC	59	0.426%	도/JX	앞	밖에/JX	6	0.043%
					도/JX	앞	보다/JKB	180	1.301%

도/JX	앞	으려고/EC	1	0.007%	도/JX	앞	부터/JX	1	0.007%
도/JX	앞	으면서/EC	74	0.535%	도/JX	앞	서/JKB	50	0.361%
도/JX	앞	은데/EC	4	0.029%	도/JX	앞	서/JKS	2	0.014%
도/JX	앞	은지/EC	1	0.007%	도/JX	앞	에/JKB	1051	7.596%
도/JX	앞	을까/EC	1	0.007%	도/JX	앞	에게서/JKB	10	0.072%
도/JX	앞	을는지/EC	1	0.007%	도/JX	앞	에서/JKB	529	3.823%
도/JX	앞	을지/EC	48	0.347%	도/JX	앞	에서부터/JKB	1	0.007%
도/JX	앞	자는데/EC	1	0.007%	도/JX	앞	음/ETN	16	0.116%
도/JX	앞	지/EC	269	1.944%	도/JX	앞	저/NP	2	0.014%
도/JX	앞		48	0.347%	도/JX	앞	조차/JX	37	0.267%
도/JX	앞	MAG	363	2.623%	도/JX	앞	처럼/JKB	1	0.007%
도/JX	앞	MAJ	68	0.491%	도/JX	앞	치고/JX	1	0.007%
도/JX	앞	NNB	1508	10.898%	도/JX	앞	하고/JC	1	0.007%
도/JX	앞	NNG	4698	33.952%	도/JX	앞	하고/JKB	3	0.022%
도/JX	앞	NNP	287	2.074%	도/JX	앞	한테/JKB	16	0.116%
도/JX	앞	NP	726	5.247%					

5. 맺음말

지금까지 살펴 본 조사들은 각기 조사마다 선후행 요소와 결합하는 양상이 다양한데, 그뿐만 아니라, 그것이 실현되는 문장 성분 역시 여러 가지 양상을 보여준다. 앞에서 살펴본 조사들이 구문 말뭉치에서 어떠한 문장 성분들에서 실현되는지를 정리하면 아래와 같다.

[표 11] 조사의 문장 성분과의 상관성

조사	문장 성분	빈도	비율	조사	문장 성분	빈도	비율
가	CMP	9048	8.823%	는	SBJ	69856	73.862%
가	null	48	0.047%	는	AJT	15238	16.112%
가	AJT	4	0.004%	는	null	5570	5.889%
가	SBJ	93328	91.010%	는	OBJ	2732	2.889%
가	null	85	0.083%	는	CMP	1142	1.207%
가	AJT	16	0.016%	는	MOD	20	0.021%
가	CNJ	10	0.010%	는	CNJ	12	0.013%
가	MOD	4	0.004%	는	INT	4	0.004%
가	INT	2	0.002%	는	PRN	2	0.002%
가	OBJ	2	0.002%	도	SBJ	11486	41.494%
를	AJT	1	0.002%	도	null	6286	22.709%
를	CNJ	4	0.006%	도	AJT	5732	20.707%
를	MOD	3	0.005%	도	OBJ	3330	12.030%
를	null	77	0.121%	도	CMP	616	2.225%
를	OBJ	63743	99.867%	도	CNJ	216	0.780%
의	MOD	88522	99.966%	도	MOD	11	0.040%
의	null	18	0.020%	도	INT	4	0.014%
의	OBJ	5	0.006%				
의	AJT	3	0.003%				
의	INT	2	0.002%				
의	CNJ	1	0.001%				
의	SBJ	1	0.001%				

여기에서 볼 수 있듯이, 각 조사들은 널리 알려진 바와 같이 특정 문장 성분과 일정한 상관성을 갖는 것으로 나타난다. 그런데 모든 문장 성분에 나타날 수 있는 것으로만 알려진 조사 '는'과 '도'가 계량적인 측면에서 '주어' 지향적인 특성을 보인다.

[표 12] 조사의 분포 제약

범주	위치	결합 범주	빈도	비율
도/JX	뒤	null	13836	99.993%
도/JX	뒤	요/JX	1	0.007%
는/JX	뒤	null	47270	99.962%
는/JX	뒤	가/JKS	2	0.004%
는/JX	뒤	야/JX	1	0.002%
는/JX	뒤	요/JX	13	0.027%
는/JX	뒤	커녕/JX	2	0.004%
의/JKG	뒤	null	44270	100.000%
를/JKO	뒤	null	63816	99.98%
를/JKO	뒤	로/JKB	1	0.00%
를/JKO	뒤	요/JX	11	0.02%
가/JKS	뒤	null	46714	99.981%
가/JKS	뒤	는/JX	2	0.004%
가/JKS	뒤	만/JX	2	0.004%
가/JKS	뒤	요/JX	5	0.011%

그리고 앞에서 지적한 바와 같이 표12처럼 조사 '가', '를', '의'는 조사 '는', '도'와 뒤에 다른 조사가 올 수 없음을 확인하였다. 이와 같이 계량적으로 파악되는 특성은 이들 조사가 하나의 동일 범주라는 것은 지지하는 증거이다.

‖ 참고문헌

고석주 옮김. 1998. 『격』 한신문화사. Blake, B. J. 1994. *Case*. Cambridge, MA : MIT Press.

고석주 옮김. 1999. 『소쉬르와 비트겐슈타인의 언어』 보고사. Harris, R. 1988. *Language, Saussure and Wittgenstein*. Routledge.

고석주·양정석 옮김. 1999. 『의미구조론』 한신문화사. Jackendoff, R. 1990, *Semantic Structures*. Cambridge, MA : MIT Press.

고석주 외 옮김. 2000. 『정보 구조와 문장 형식』 월인. Lambrecht. K. 1994. *Information Structure and Sentence Form*. Cambridge University Press.

고석주, 「조사 '가'의 의미」, 『국어학』 42집, 국어학회, 2002.

고석주, 『현대 한국어 조사의 연구 I』, 한국문화사, 2004.

고석주, 『현대 한국어 조사의 계량적 연구』, 보고사, 2008.

김귀화, 『국어의 격연구』, 한국문화사, 1988/1994.

김영희, 「한국어의 격문법 연구」, 연세대학교 석사학위논문, 1973.

김영희, 「한국어 조사류어의 연구」, 『문법연구』 1, 문법연구회, 1974.

김영희, 「주어 올리기」, 『국어학』 14, 국어학회, 1985.

김영희, 「한국어 통사론의 모색」, 탑출판사, 1988.

김영희(1998a), 『무표격의 조건』, 김영희(1998b)에 수록.

김영희, 『한국어 통사론을 위한 논의』, 탑출판사, 1998b.

김영희, 「보족어와 격표시」, 『한글』 244, 한글학회, 1999.

김영희, 「쪼갬문의 기능과 통사」, 『어문학』 69, 한국어문학회, 2000.

김용하, 『한국어 격과 최소주의 문법』, 한국문화사, 1999.

김지은(1991), 「국어에서 주어가 조사 없이 나타나는 환경에 대하여」, 『한글』 212, 한글학회. 남기심 엮음, 『국어 문법의 탐구 IV』에 재수록, 1998.

김지은, 『우리말 양태용언 구문 연구』, 한국문화사, 1998.

남기심, 『국어 조사의 용법―'-에'와 '-로'를 중심으로』, 박이정, 1993.

남기심, 『국어 문법의 탐구 I』, 태학사, 1996a.

남기심, 『국어 문법의 탐구 II』, 태학사, 1996b.

남기심 엮음, 『국어 문법의 탐구 III』, 태학사, 1996c.

남기심 엮음, 『국어 문법의 탐구 IV』, 태학사, 1998.

남기심·고영근, 『표준국어문법론』, 탑출판사, 1985/1993.

목정수, 「기능동사 '이다' 구성의 쟁점」, 『언어학』 22, 한국언어학회, 1998a.

목정수, 「한국어 격조사와 특수조사의 지위와 그 의미」, 『언어학』 23, 한국언어학회, 1998b.

목정수, 「격조사 교체 현상에 대한 통사·의미적 논의의 재검토」, 『언어정보』 2, 고려대
　　　언어정보연구소, 1998c.

박양규, 「소유와 소재」, 『국어학』 3, 국어학회, 1975.

박양규, 「주어의 생략에 대하여」, 『국어학』 9, 국어학회, 1980.

서정수, 『국어문법』, 한양대학교 출판원, 1996.

선우용, 「국어조사 '이/가', '을/를'에 대한 연구」, 서울대학교 석사학위논문, 1994.

성광수, 『국어 조사의 연구』, 형설출판사, 1979a.

성광수, 『격표현과 조사의 의미』, 월인, 1999.

송석중, 「조사 '과, 를, 에'의 의미분석」, 『말』 7집, 1982.

송석중, 『한국어 문법의 새 조명』, 지식산업사, 1993.

안병희(1966), 「부정격의 정립을 위하여」, 남기심·고영근·이익섭 편, 『현대국어문법』
　　　에 재수록, 계명대 출판부, 1983.

양정석, 「'이중주어문'의 네 가지 유형 연구」, 『사림어문연구』 6, 창원대학 국어국문학
　　　회, 1989.

양정석, 「재구조화를 특징으로 하는 문장들」, 『동방학지』 71·72합집, 연세대학교 국학
　　　연구원, 1991.

양정석, 「한국어 동사의 어휘구조 연구」, 연세대학교 박사학위논문, 1992.

우순조, 「자유어순 언어의 형상성 : 한국어의 경우」, 『언어』 21-3, 한국언어학회, 1996.

우순조, 「모빌구조와 표지이론에 의한 한국어 통사·의미 기술」, 『언어학』 22, 한국언
　　　어학회, 1998.

우형식, 『국어 타동구문 연구』, 도서출판 박이정, 1996.

우형식, 『국어 동사 구문의 분석』, 태학사, 1998.

유동석, 「양태 조사의 통보 기능에 의한 연구―{이}, {을}, {은}을 중심으로」, 서울대
　　　학교 석사학위논문, 1984.

유동석, 「국어의 매개변인문법」, 서울대학교 박사학위논문, 신구문화사, 1993/1995.

유동석, 「국어의 격 중출 구성에 대하여」, 『국어학』 31, 국어학회, 1998.

유현경, 「국어 형용사 연구」, 한국문화사, 1998.

유현경·이선희, 「격 조사 교체와 의미역」, 『국어 문법의 탐구 Ⅲ : 국어 통사론의 문제
　　　와 전망』, 태학사, 1996.

이광호, 「국어의 '목적어―주어 동지표문' 연구」, 『국어학』 17, 국어학회, 1988ㄱ.

이광호, 『국어 격 조사 '을/를' 연구』, 탑출판사, 1988ㄴ.

이남순, 『국어의 부정격과 격표지 생략』, 탑출판사, 1988.

이남순, 「격표지의 비실현과 생략」, 『국어학』 31, 국어학회, 1998.

이선희, 「조사 {를}의 의미와 그 문법적 실현」, 연세대학교 박사학위논문, 1999.

임동훈, 「현대 국어 경어법 어미 '-시-'에 대한 연구」, 서울대학교 박사학위논문, 1996.

임동훈, 「이중 주어문의 통사 구조」, 『한국문화』, 서울대학교 한국문화연구소, 1997.

임홍빈, 「주격중출론을 찾아서」, 『문법연구』 1, 문법연구회, 탑출판사, 1974.

임홍빈, 「국어 피동화의 의미」, 『진단학보』 45, 1978.

임홍빈, 「{을/를} 조사의 의미와 통사」, 『한국어논총』 2, 국민대하교, 1979.

임홍빈, 「양화표현과 성분주제」, 『이기문교수 정년퇴임기념논총』, 신구문화사, 1996.

임홍빈, 『국어문법의 심층』 I, II, III, 태학사, 1998.

임홍빈, 「국어 명사구와 조사구의 통사 구조에 대하여」, 『관악어문연구』 24, 서울대학교 국어국문학과, 1999.

임홍빈·장소원, 『국어문법론 I』, 한국방송통신대학교 출판부, 1995.

최현배, 『우리말본』, 정음문화사, 1937/1983.

최호철 외, 「기계 번역을 위한 한국어 논항 체계 연구」, 『한국어 의미학』 3, 한국어 의미학회, 1998.

한송화, 「국어 자동사 연구」, 연세대학교 박사학위논문, 1998.

한정한, Morphosyntactic Coding of Information Structures in Korean, 한신문화사, 1999a.

한정한, 「의미격과 화용격 어떻게 다른가?」, 『국어의 격과 조사』, 월인, 1999b.

허 웅, 『국어학』, 샘문화사, 1983.

허 웅, 『국어 때매김법의 변천사』, 샘문화사, 1987.

허 웅, 『20세기 우리말의 형태론』, 샘문화사, 1995.

허 웅, 『20세기 우리말의 통어론』, 샘문화사, 1999.

홍기선, 「연결이론과 한국어 연구」, 『주시경학보』 10, 주시경연구소, 1992.

홍기선, 「한국어 대격의 의미」, 『언어』 19-1, 한국언어학회, 1994.

홍재성, 「현대 한국어 사전과 자동사/타동사 용법의 구분」, 『성곡논총』 18집, 1987a.

홍재성, 『현대 한국어 동사구문의 연구』, 탑출판사, 1987b.

홍재성, 「견디다 구문의 기술을 위하여」, 『한글』 208, 한글학회, 1990.

홍재성, 「동사 먹다의 사전적 처리를 위한 몇 가지 논의」, 『새국어생활』 2-4, 국립국어연구원, 1992.

홍재성, 「약속의 문법 : 서술명사의 어휘·통사적 기술과 사전」, 『동방학지』 81, 연세대학교 국학연구원, 1993.

홍재성, 「술어명사 사전과 '-이다' 술어명사 구문의 기술」, 제6회 국제 한국어 학술대회 논문집, 1997a.

홍재성 외, 『현대 한국어 동사 구문 사전』, 두산동아, 1997.

홍종선·고광주, 「'-을' 논항의 의미역 체계 연구」, 『한글』 243, 한글학회, 1999.

한국어 교수요목을 위한 요구분석 모형 개발 연구

정태섭·남보열

1. 서론

1.1. 연구의 목적 및 필요성

한국어의 위상이 급속하게 높아짐에 따라 한국어 교육 분야도 양적, 질적으로 비약적인 성장을 거듭하고 있다. 이에 따라 한국어 학습자도 급증하고 있는 추세인데, 그 학습자들은 출신국가, 한국어 학습 목적, 한국어 수준 등의 다양한 변인을 가지고 있다. 그동안은 한국어 교육에서 가장 기본이 되는 한국어 학습 내용에 대한 연구가 주를 이루었다. 2000년대 이후 한국어 교육에 대한 연구가 본격화되었다고 보면 아직 미흡한 면이 있기는 하지만, 연구 성과는 상당하게 축적되었다고 볼 수 있다. 이러한 전제로 지금 시대적 요청은 연구와 현장의 밀착이라고 할 수 있다. 즉, 그동안 축적된 연구들을 현장에서 어떻게 적용할 것인가의 문제이다. 상당한 기간 동안 한국어 교육 현장에서는 학계의 연구와는 무관하게 체계가 갖추어지지 않은 상태에서 교사의 직관에 따라 교수·학습이 이루어지는 경향이 있었다. 이는 결국 학습자들이 한국어를 체계적으로 학습할 수 있는 기회를 얻지 못하는 결과를 낳았다.

이 시점에서 근래 한국어 교육과정에 대한 연구가 활발해지고 있는 흐름은 당연한 귀결이다. 한국어 교육과정은 교육목표를 달성하기 위해 그 내용을 체계적으로 나타낸 교육의 전체 계획을 의미하므로, 다양한 학습자 집단을 보유하고 있는 한국어교육 분야에서는 각각에 적합한 교육과정을 개발하여 합리적이며 체계적인 교수·학습이 이루어질 수 있도록 해야 한다. 현재 각 학습자 집단을 위한 교육과정에 대한 논의, 한국어 교육과정의 표준화에 대한 논의 등이 다양하게 이루어지고 있는 연구 경향은 매우 시의적절하다.

본 연구는 한국어 교수요목 설계 과정에서 그 출발점이라고 할 수 있는 요구분석에 대한 논의에 집중한다. 요구분석에서부터 교수요목 개발이 시작되는데, 현재까지의 연구들에서 보인 요구분석은 특정한 논리적 근거가 부족한 상태에서 각 연구자의 임의적 선택에 의해 이루어지는 경향을 보였다. 따라서 동일한 성격의 학습자 집단임에도 불구하고 교수요목 연구 결과들이 상당한 차이를 보이기도 한다.

따라서 본 연구에서는 교육과정 연구자들이 참고하여 활용할 수 있는 요구분석 모형을 제안하는 것에 목적을 둔다. 이는 요구분석이 궁극적으로는 각 학습자 집단별 교재 제작에까지 반영되어야 한다는 것을 전제하므로, 체계를 갖춘 요구분석 모형에 대한 연구는 한국어 교육이 정착하는 데 기여하는 바가 클 것이다.

1.2. 선행연구

학습자 중심의 교수요목 설계에서 가장 중요한 전제는 요구분석이다. 이에 따라 요구분석을 중심으로 하는 논문들이 양산되고 있는데, 그에 대한 연구들을 살펴보면 다음과 같다.

우선 학습자만을 조사 대상으로 하고 있는 논문으로는 강승혜(2003), 안설희(2003), 이덕희(2003), 임서연(2009) 등이 있다.

강승혜(2003)는 중국 학습자와 일본 학습자의 요구를 비교하여 한국어 문화 교육의 다양한 프로그램을 개발하는 데 기초 자료를 제공하고 있다. 안설희(2003)는 이주노동자를 대상으로 하는 요구분석에서 예비조사를 통한 질문문항 개발 등 요구분석의 체계를 충실하게 따르면서, 요구분석의 결과를 바탕으로 의사소통 상황 및 기능에 대한 요구 순위를 선정하여 교수요목에 반영하도록 하였다. 이덕희(2003)는 학문목적 한국어 교육과정을 설계하기 위해서 요구분석을 실시하고 있는데, 서울 소재 대학에서 유학중인 학생들을 대상으로 외국인으로서 학업의 어려움, 한국어 학습 시 필요한 내용 등을 설문조사하여 그 결과를 교육과정에 반영하도록 제안하고 있다. 임서연(2009)은 여성결혼이민자를 대상으로 연구하였는데, 기본생활, 사회생활, 생활문화 영역으로 구분하여 각 영역별 중요도에 대한 요구분석을 통하여 요구순위에 따라 학습내용을 선정한 교수요목을 제안하고 있다.

이 연구들은 각 대상별 교육과정 개발에서 참고할 만한 자료를 제공하고 있으나, 요구분석에서 기본적으로 고려해야 할 요소인 주변 관계자들의 의견을 포함하지 않아서 교수요목 개발로 진전되기에는 부족하다.[1]

학습자 외에 주변 관계자들을 조사 대상으로 하고 있는 논문으로는 최수진(2006), 김정선(2004), 김보경(2003), 허명옥(2009) 등이 있다.

최수진(2006)은 효율적인 한국어 회화 수업을 위해 학습자의 요구분석을 실시했는데, 여기에서는 면접법과 설문지법을 활용하고, 그 조사 대상도 학생뿐만 아니라 교수도 포함해서 한국어 교수·학습 방법의 선호도를 비교하여 교재 개발의 기초자료를 제공하고 있다. 김정선(2004)은 영어 원어민

---

1) 안설희(2003)는 이 부분을 연구의 제한점으로 제시하고 있다.

보조교사를 대상으로 교내, 교외에서 필요한 의사소통 상황 및 기능에 대한 요구분석을 하였는데, 여기에서는 원어민 영어 보조교사뿐만 아니라 협력교사까지 요구 조사에 포함시켰다. 이를 통해 두 집단의 요구 차이를 보임으로써 교육과정 개발에 기초자료를 제공하고 있다. 허명옥(2009)은 다문화 가족을 위한 요구분석에서 한국인 남편과 외국인 아내를 조사 대상으로 하였다. 현재 수준과 필요수준을 분석하여 요구도를 밝히고 이를 학습내용 순위결정에 반영하였다. 김윤자(2007)는 원어민 영어 보조교사들에 대한 연구에서 원어민 보조교사뿐만 아니라 협력교사, 학생들까지 포함한 요구분석을 실시하여 영어 원어민 보조교사를 활용한 영어교육의 효율화를 위한 근거를 제시하고 있다.

복수집단을 대상으로 하는 이 연구들은 조사 대상의 다양화라는 요구분석의 원리를 잘 반영하고 있으나, 복수집단의 요구를 단순하게 그 차이만을 보이는 데 그쳐서 요구분석 결과가 교수요목에 반영되기 위한 종합적 결합의 단계로까지 나아가지 못하고 있는 한계를 가진다.

이 연구들 외에도 요구분석을 근거로 하는 논문들이 많이 있으나, 그 결과에 대한 분석 방법이 위의 논문들과 거의 유사하다.

요구분석을 근거로 하는 연구가 지속적으로 이루어지고 있으나, 그 분석 방법이 대부분 비슷하고, 단편적이어서 이러한 방식이 기초자료 제공이라는 측면에서는 교수요목 개발에 기여하는 바는 있지만, 실용성을 갖기 위해서는 좀 더 진전된 요구분석 모형이 필요하다.

2. 이론적 배경

1970년대 이후 의사소통 중심의 언어 교육이 하나의 패러다임으로 정착하면서 학습자를 고려하는 교수요목이 발달하였다. 학습자 중심의 교수요목을 개발함에 있어 그 출발점이 되는 것이 요구분석인데, 요구분석은 교육과정의 목적과 목표를 정당화하기 위해 사용되는 방식으로 교육과정 개발 초기에 학습자, 교사, 환경 등의 맥락을 알기 위한 과정이다.

2.1. 요구분석[2])의 개념과 필요성

가장 일반적인 요구분석의 개념은 학습자의 현재 상태(what it is)와 바람직한 상태(what should be)의 격차를 결정하고, 그것의 본질과 원인을 점검하여 미래 행동을 위한 우선순위(priority)를 찾는 행위를 말한다. Brown(1995)은 요구 분석의 개념을 교수와 학습 상황에 영향을 미치는 특정 교육 기관 환경에서 학습자들의 학습 요구를 충족시키는 교육과정의 목적을 정의하고 정당화하기 위해 주관적이고 객관적인 정보를 체계적으로 수집하고 분석하는 것으로 보았다. 이를 근거로 요구분석의 개념을 정리하면, 학습자의 주관적이고 객관적인 정보에 대한 체계적인 수집을 통하여, 이를 교육과정에 반영함으로써 학습자의 요구를 충족시키고자 하는 과정이다.

최정임(2002)은 요구분석이 필요한 가장 기본적인 이유는 '요구'가 여러 집단과 조직에 따라 다양하게 변하기 때문에 정책수립과 의사결정의 유용성을 높이기 위해서는 다양한 집단과 조직의 요구를 정확하고 체계적으로 파악할 필요가 있기 때문이라고 보았다. 배두본(2006)은 외국어 교육에서 요구분석은 목표의 선정, 내용의 조직, 학습 방법에까지 영향을 주는 중요한 과정으로 제

---

2) '요구분석'이라는 용어는 '필요사정', '요구사정', '필요조사', '욕구분석' 등으로 사용되는데, 이성호(1990)는 교육의 소비자가 생산자에게 주장할 수 있는 권리를 '필요'보다는 '요구'가 적합하고, 소비자가 '요구'를 해 온다고 해도 생산자 입장에서는 그것을 그대로 조사하는 수준에 그치는 것보다는 그 요구에 대한 평가적 행위가 있어야 하겠다는 의미에서 '사정'이라는 용어를 택한다고 하였다. 그러나 그 타탕성에도 불구하고, '분석'이라는 용어도 평가의 의미를 가지고 있고, 한국어 교육에서 일반화된 용어이므로 본 연구에서는 '요구분석'이라는 용어를 사용한다.

시하고 있다. 요구분석의 필요성을 구체적으로 언급한 Richards(1984)는 외국어 교육에서 학습자의 요구는 인간 행동은 물론 학습 동기와도 밀접한 관련이 있음을 주장하면서, 학습자들의 학습동기에 주목하여 요구분석의 필요성을 세 가지로 제시하였다. 첫째, 요구조사를 통하여 폭넓은 입력을 획득하는 수단을 제공하며, 둘째, 목적, 목표, 내용을 개발하는 데 사용되고, 셋째, 현재의 교육과정을 반성하고 평가하기 위한 데이터로 사용될 수 있다고 하였다.

2.2. 요구분석의 대상

교육과정 개발에서 학습자의 요구가 그 중심에 있지만, 그들은 '즉흥적 요구', '개인적 요구'라는 한계점을 갖고 있다(이귀윤, 2000). 따라서 학습자의 요구조사는 그들의 흥미, 요구, 필요 등을 교사에게 알리는 정도이므로 학습자만을 대상으로 하는 요구분석은 실효성이 떨어지게 된다. Walker(1971)는 교사와 학생, 교육과정 개발자, Schwab(1983)은 교육관계자와 교사, 학생의 의견이 반영되어야 한다(이귀윤, 2000 재인용)고 했고, Munby(1978)는 교수요목 설계자들이 요구분석을 위하여 수집할 정보들을 제시하고 있는데, 그 중에서 학습자와 상호작용하게 될 사람들을 고려하는 것을 포함하고 있다.

이를 한국어 교육의 현장에 적용한다면, 학습자와 한국어 교육 전문가,3) 그리고 학습자와의 상호작용 관계에 있는 직장 동료 등의 주변 관계자의 의견이 반영된 요구분석이 이루어지고 이를 교수요목에 반영해야 한다.

---

3) 한국어 교육에서의 교사는 한국어교원 자격 제도가 시행되고 있으나, 아직은 모든 한국어 교육에서 제도화되어 있지 않고, 많은 부분은 자격증과 무관하게 자원봉사 수준에서 한국어 교육이 이루어지므로 교육전문가에 대한 조사가 필요하다. 김정선(2004)은 자신의 논문에서 교육전문가의 의견이 중요하게 반영되어야 함을 제언으로 제시하고 있다.

2.3. 요구분석 절차모형

2.3.1. 최정임(2002)의 모형4)

최정임(2002)은 요구분석의 절차로 요구분석의 상황 분석, 요구분석 목적 결정, 정보의 출처 확인, 요구분석 도구 선정, 요구분석 계획, 요구분석 실행, 결과 분석 및 보고의 단계를 제시하고 있다([그림 1] 참조).

[그림 1] 최정임(2002)의 모형

이 모형은 우선 요구분석이 필요한 상황을 정확히 이해하고, 불확실한 문제의 본질을 규명하면서 그 문제를 해결하는 가장 적절한 방안을 제안하는 요구분석의 목적을 결정한 후, 누구에게서 필요한 정보를 얻을 수 있는가를 결정한다. 다음으로는 요구분석을 실행하기 위한 도구를 선정하는데 현존자료 분석, 면담, 관찰, 설문조사 등을 도구로 사용할 수 있다. 요구분석 계획은 앞에서의 과정을 바탕으로 구체적인 절차와 일정을 결정하는 단계이다. 요구분석 실행은 자료를 수집하는 단계인데, 요구분석 상황과 요구분석을 통해 얻게 되는 정보의 종류에 따라 융통성을 가질 수 있다. 결과 분석 및 보고에서는 자료를 분석하고, 이를 토대로 해결방안에 대한 대안을 제시하고, 우선순위를 제시하여 구체적인 실행 지침을 제공함으로써 즉각 실천될 수 있도록 도와준다.

---

4) 최정임(2002)에서는 '요구분석 모형'이라는 용어를 사용했으나, 엄밀한 의미에서는 '절차'에 관한 모형이고, 본 연구에서 제안하고자 하는 것이 '분석모형'이므로 혼란을 피하기 위해 '요구분석 절차모형'이라는 용어를 사용한다.

2.3.2. Witkin & Altschuld(1995)의 모형

Witkin & Altschuld(1995)의 모형은 요구분석이 실행되는 기관이나 집단의 체제적 복합성과 상호의존성을 고려한 체계적인 모형이다. 여기서는 요구분석의 단계를 사전분석, 분석, 사후분석의 세 단계로 나누고 각 단계에서 시행해야 하는 행동과 결과물을 구체적으로 제시하고 있다. 또한 이 모형은 요구분석의 단계를 요구분석 수행자가 따라야 할 행동 요목으로 나누고, 각 단계에서 만들어내야 하는 결과물을 제시함으로써 요구분석 수행에 실제적인 지침을 제공하고 있다([표 1] 참조).

[표 1] Witkin & Altschuld(1995)의 모형

1단계 사전분석(탐색)	2단계 분석(정보수집)	3단계 사후분석(활용)

1) 요구분석을 위한 관리 계획 수립
2) 요구분석의 일반적 목적 확인
3) 주요 요구영역과 문제 확인
4) 요구영역과 관련된 기존의 정보 확인
5) 결정 :
  (1) 수집한 자료
  (2) 출처
  (3) 방법
  (4) 자료의 잠재적 용도
	1) 요구분석의 상황, 범위, 한계 결정
	2) 요구에 대한 자료 수집
	3) 요구에 대한 예비적 우선순위 결정(수준 1)
	4) 수준 1, 2, 3에서 원인 분석 실시
	5) 모든 자료 분석 및 종합
		1) 모든 적용 가능한 수준에서 요구에 대한 우선순위 결정
		2) 대안적 해결방법 모색
		3) 실행방법을 위한 행동 계획 개발
		4) 요구분석 평가
		5) 결과 보고

결과물 : 단계 2와 3을 위한 준비계획, 요구분석 평가를 위한 계획	결과물 : 높은 우선순위의 요구에 기초한 행동을 위한 준거	결과물 : 행동계획, 문서와 구두를 통한 보고, 보고서

이 모형에서 수준 1은 요구분석의 기초적인 대상으로 언어 학습자 등 서비스를 제공받는 집단을 포함한다. 수준 2는 이차적인 요구분석의 대상으

로 교사나 학부모, 동료 직원과 같이 서비스 공급자나 의사결정자를 포함한다. 수준 3은 건물, 시설, 기술과 같은 환경이나 자원을 일컫는다. 이러한 수준을 고려한 요구분석은 체제의 복잡한 상호작용을 고려하고, 보다 광범위한 문제 해결 방법을 모색하고자 하는 노력을 반영하고 있다.

이상의 요구분석 절차 모형은 모두 구체적인 실행을 목표로 한다. 따라서 그 절차에 대한 내용은 다소 차이가 존재한다고 해도, 궁극적으로는 요구분석 내용을 어떻게 효과적으로 실행에 옮길 것인가에 관심을 갖는다고 할 수 있다.

3. 요구분석 모형 제안

1970년대 이후 활발하게 전개되는 의사소통식 교수법은 교육의 출발점을 '무엇을', '어떻게' 배우기를 원하는가에 대한 학습자의 요구를 분석하는 것에 둔다. 이는 철저한 학습자 중심의 교육을 지향함을 의미한다(진기호, 2006). 따라서 이러한 요구분석을 철저히 하기 위해서는 요구조사 방법, 요구조사 결과 분석 등이 치밀하게 이루어져야 한다.

이를 한국어 교육의 현장에 적용한다면, 학습자와, 한국어교육 전문가,[5] 그리고 직장 동료 등의 주변 관계자 의견이 반영되어야 한다. 아울러 요구분석이 학습의 내용과 학습의 우선순위를 결정하여 교수·학습 과정에서의 실제적이고 즉각적인 실천을 의도하고 있으므로, 본 연구에서는 이 모두를 아우를 수 있는 요구분석 모형을 제안하는 것이다.

---

5) 본 연구에서 제시하고 있는 '한국어교육 전문가'의 범위에 대해서는 의견 차이가 있을 수 있으나, 아직 한국어 교육이 완전히 정착되지 않은 현 시점을 고려하여 한국어교육 전문가들의 적극적인 역할이 필요하다는 의미에서 본 연구에서는 그 범위를 현재 대학, 대학원에서 '외국어로서의 한국어교육' 과정의 교과목을 강의하는 '교수'로 한정한다.

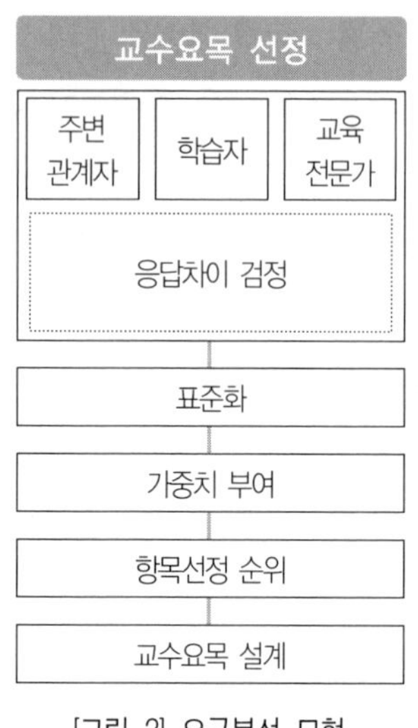

[그림 2] 요구분석 모형

3.1. 요구분석의 절차

3.1.1. 교수요목 선정

요구조사 내용은 연구자의 연구 목적에 따라 달라진다. 한국어 교육과정에서의 연구자는 교수요목을 선정해야 한다. 물론, 몇 가지의 교수요목을 결합하는 복합적인 교수요목도 가능하다. 다음으로는 학습자의 특성을 고려하여 선택된 교수요목을 근거로 구체적인 요구조사 항목을 구성한다. 요구조사 항목은 필요도, 중요도, 난이도 등의 기준을 세우고 기존의 연구에서 실시한 요구조사 항목을 참고하여 구성한다. 또한 요구분석 내용을 교수요목에 객관적으로 즉각 반영하기 위해서는 학습자 집단과 주변관계자들에게 동일한 질문문항을 제시해야 한다.

3.1.2. 응답차이 검정

연구 목적에 따라 필요도, 중요도, 난이도 등으로 요구조사가 이루어진다. 이때 항목별로 각 집단 간에 응답차이가 존재하게 되는데, 각 집단의 응답 평균치의 유의성을 검정하여 응답차이를 확인한다. 이는 기본적인 사실을 확인하여 다음 단계로의 진행을 위해 행해지는 과정이다.

3.1.3. 표준화 점수

요구분석의 내용을 교수요목에 반영하기 위해서는 표준화가 필요하다. 이것은 각 집단별로 항목별 평균점수의 차이를 보일 경우 동일한 기준으로 상대적 차이를 보이기 위함이다.

3.1.4. 가중치(weight)[6] 부여

교수요목을 설계할 때 학습자 집단 외의 주변 관계자들에 대한 요구분석이 이루어졌다고 해도 그 결과를 그대로 반영할 수 없다. 요구분석은 학습자의 요구를 분석해서 교수요목에 반영하려는 목적에서 수행하는 것이다. 2.2에서 요구분석 대상자로 대부분의 학자들이 공통적으로 교사의 요구가 반영되어야 함을 주장하고 있는데, 한국어 교육 현장에서의 교사는 대학교에 개설되어 있는 한국어학당 외에는 아직 대부분 전문성을 지녔다고 볼 수 없고, 한국어 교육이 아직 완전하게 정착된 것으로 보기 어려우므로 한국어교육 전문가의 견해가 비중 있게 반영되는 것이 효율적이라고 판단한다. 이를 객관화하기 위해 다수의 한국어교육 전문가의 의견을 설문하여 평균점수를 생성한 후, 이를 가중치로 부여해서 학습내용의 등급화에 반영하는 것이다. 가중치를 부여하는 방법에 대해서는 경제학 분야에서나 메타 분

---

6) 한국어 교육과정 개발 연구에서는 구체적 가중치를 부여하는 방법이 제시된 적이 없으나, 교육과정 개발자(교육 전문가)의 견해를 가중치로 부여하는 것이 합리적인 것으로 판단된다. 교육과정 개발자의 의견을 수렴하는 방법은 여러 가지가 있을 수 있으나, 설문 방식이 객관성을 지닌다는 점에서 적절하다. 다만 가중치 부여 방법은 특별하게 정리된 것이 없으나, 본 연구에서는 그 방법으로 설문대상이 된 집단의 의견 중 어느 집단의 의견을 어느 정도를 반영하는 것이 합당한지를 조사하여 이를 평균값으로 계산하고 이를 각 집단의 가중치로 부여하는 것이 합리적이라고 본다.

석 등에서 행해지고 있으나 한국어 교육에서는 요구분석의 경우 아직 구체적인 제안이 제시되지 않았으므로 본 연구에서는 각 요구조사 대상자들의 의견을 어느 정도 반영할 것인지에 대한 한국어 교육 전문가들의 의견을 가중치로 부여하여 교수요목에 반영하는 것을 제안한다.[7]

3.1.5. 교수요목 설계

각 학습자 집단의 특성을 고려하여 연구자가 선택한 교수요목을 구체적으로 개발한다. 요구분석은 교육과정 개발에서 교수요목에 학습자의 특성을 반영하여 효과적인 교수·학습이 이루어지도록 시행하는 것이다. 이에 본 연구에서 제안한 요구분석 모형에 따라 학습자, 주변 관계자, 교육전문가를 모두 포함하는 요구분석 결과는 교수요목에 직접적으로 반영함으로써, 그동안 논의되었던 학습자 집단의 다양한 관계자들의 의견을 효율적으로 결합할 수 있다.

3.2. 요구분석 절차에 대한 수식

3.2.1. 응답차이 검정

$$\overline{X_{ij}} \quad 단\ i 는\ 집단,\ j 는\ 항목$$

3.2.2. 표준화 점수

$$Z_{ij} = (x_{ij} - \overline{x_i})/s_{x_i}$$

단, x_i는 집단, j는 항목을 의미하며, $\overline{x_i}$는 i집단의 평균, s_ξ는 x_i의 표준편차를 의미한다.

---

7) 가중치 부여가 성립하기 위한 전제조건은 요구조사의 대상이 되는 집단 모두에게 동일한 질문내용이 부여되어야 하는 것이다.

3.2.3. 가중치 부여 점수

$$f_{ij} = w_{ij}Z_{ij}$$

위에서 i는 집단, j는 항목, w_{ij}는 i집단의 j 항목의 표준화 점수에 대한 가중치를 의미한다. w_{ij}는 한국어교육 전문가에 의해 조사 집단별로 부여한 가중치를 의미한다.

3.2.4. 교수요목 내용의 등급화

집단의 요구 반영을 위해 가중치를 부여한 가중표준화 점수 f_{ij}의 합산 T_i

$$T_i = \sum_{i=1}^{k} f_{ij}$$

으로 계산한다.

4. 요구분석 모형을 적용한 교수요목 설계의 실제

본 연구는 요구분석 모형에 대한 제안을 목적으로 하므로 본격적인 교수요목 개발이라기보다는 요구분석 모형의 합리성을 검토하기 위한 파일럿의 성격을 지닌다. 요구분석의 대상은 이주노동자로 인천시 남동공단에 근무하는 이주노동자 50인과 한국인 동료 50명으로 선정하여 요구조사를 하였으며 결과 분석은 SPSS Windows version 17.0을 사용하였다.

4.1. 교수요목 선정

본 연구에서는 이주노동자들에게 가장 시급한 문제가 특정한 상황에서의 의사소통이므로 상황 중심의 교수요목을 선정하여 요구분석을 시행하였다.

이주노동자를 대상으로 하는 기존의 한국어 교육과정 연구는 주로 상황 중심의 교수요목 개발이 주를 이루고 있어서 본 연구 또한 상황 중심의 교수요목을 선택하였고, 요구조사 내용은 기존의 연구들에서 공통적으로 제시하고 있는 항목8)들을 중심으로 선정하였다.

4.2. 조사대상

이주노동자를 대상으로 하는 한국어 교수요목에서 반드시 반영해야 하는 주변관계자로는 한국인 동료가 있다. 따라서 본 연구에서는 학습자와 한국인 동료, 그리고 한국어교육 전문가의 의견을 교수요목에 반영하였다.

여기에서 학습자인 이주노동자와 한국인 동료의 요구는 동일한 질문문항으로 조사하였고, 한국어 교육 전문가의 견해는 10명을 선정하여 앞의 두 집단의 의견을 어느 비율로 반영할 것인지를 조사하여 그 평균을 가중치로 설정하였고, 이를 두 집단의 요구분석에 반영하였다.

4.3. 응답차이 검정

이주노동자와 한국인 동료에 대한 필요도의 평균의 차의 검정은 t-검정을 사용하였다. 이주노동자와 한국인 동료의 필요도를 분석한 결과 이주노동자와 한국인 동료 모두 대부분의 항목에서 4점 이상의 응답을 보였다. 이것은 이주노동자와 한국인 동료 모두가 이주노동자들을 대상으로 하는 한국어 교육의 필요성이 높다는 응답을 보인 것으로 분석할 수 있다. 조사한 30항목 중 12항목에서 통계적으로 유의적인 차이가 나타났다.

필요도에서 유의적인 항목은 '직장 일과 관련하여 상사나 동료와 의논할

---

8) 안설희(2003), 조선경(2005), 임승선(2006)을 참고하였다.

때’, ‘동호회에 가입하고 활동할 때’, ‘택시 등 대중교통을 이용할 때’, ‘약국, 병원에서 자신의 증상을 말할 때’, ‘가게에서 물건을 살 때’, ‘식당에서 음식을 주문할 때’, ‘인권이 침해를 당했을 때’, ‘손님을 초대할 때’, ‘동료나 상사에게 축하하려고 할 때’, ‘한국문화에 대해 알려고 할 때’, ‘한국 날씨에 대해 알려고 할 때’, ‘한국 동료에게 자신과 자신의 가족을 소개할 때’, ‘이웃과 대화할 때’의 항목이 이주노동자에 비해 한국인 동료가 상대적으로 높은 응답을 보인 것으로 나타났다. 이것은 의사소통상황에 대한 필요도를 서로 다르게 생각하고 있다는 것으로 분석할 수 있다.

[표 1] 의사소통 상황에 대한 문항의 t-검정

의사소통 상황	한국인동료	이주노동자	t값	유의확률
	평균(S.D)	평균(S.D)		
직장 일과 관련하여 상사나 동료와 의논할 때	4.854 (.357)	4.588 (.606)	2.68	0.0045**
부당 노동 행위에 대해 항의할 때	4.541 (.771)	4.490 (.731)	.34	0.367
직장을 구하기 위해 면접을 할 때	4.479 (.583)	4.490 (.703)	−.08	0.4665
직장 내 안전표지나 수칙을 이해해야 할 때	4.562 (.542)	4.352 (.913)	1.40	0.083
일을 하다가 다쳤을 때	4.604 (.536)	4.392 (.802)	1.56	0.062
인권이 침해 당했을 때	4.583 (.539)	4.313 (.905)	1.81	0.037*
동료에게 자국의 문화를 설명할 때	4.604 (.536)	4.294 (1.006)	1.93	0.0285
TV, 라디오를 보거나 들을 때	4.541 (.651)	4.215 (1.083)	1.83	0.0355
이사하거나 집을 구할 때	4.625 (.570)	4.428 (.736)	1.47	0.0725
전화를 걸거나 받을 때	4.520 (.545)	4.294 (.986)	1.43	0.079
동호회에 가입하고 활동할 때	4.625 (.531)	4.254 (.956)	2.40	0.0095**
이웃과 대화할 때	4.645 (.526)	4.352 (.934)	1.94	0.028*
택시 등 대중교통을 이용할 때	4.708 (.504)	4.196 (1.040)	3.15	0.001**
여행지를 알아볼 때	4.638 (.568)	4.411 (.829)	1.59	0.058
숙소를 예약하려고 할 때	4.604 (.610)	4.411 (.898)	1.25	0.1065
이주노동자 정책에 대한 정보를 얻을 때	4.625 (.640)	4.380 (1.105)	1.35	0.0905
약국, 병원에서 자신의 증상을 말할 때	4.708 (.504)	4.431 (.855)	1.98	0.0255*
가게에서 물건을 살 때	4.729 (.494)	4.392 (.896)	2.33	0.011*
식당에서 음식을 주문할 때	4.687 (.552)	4.274 (.918)	2.73	0.004**

은행 등 관공서를 이용할 때	4.680 (.515)	4.313 (.927)	2.45	0.0085
손님을 초대할 때	4.583 (.577)	4.313 (.927)	1.75	0.042*
자신의 감정을 표현할 때	4.604 (.610)	4.431 (.781)	1.22	0.1125
가고자 하는 목적지의 위치를 알려고 할 때	4.562 (.580)	4.392 (.874)	1.15	0.127
동료나 상사에게 축하하려고 할 때	4.583 (.647)	4.274 (1.002)	1.83	0.035*
동료나 상사에게 위로하려고 할 때	4.666 (.519)	4.431 (.878)	1.63	0.053
한국문화에 대해 알려고 할 때	4.708 (.544)	4.333 (.909)	2.51	0.007**
사람이나 사물을 묘사하려고 할 때	4.541 (.651)	4.333 (.931)	1.30	0.099
한국 날씨에 대해 알려고 할 때	4.708 (.544)	4.235 (1.012)	2.92	0.0025**
한국 동료에게 자신과 자신의 가족을 소개할 때	4.604 (.644)	4.235 (1.124)	2.02	0.0235*
자신의 잘못을 해명하고자 할 때	4.574 (.744)	4.372 (1.019)	1.13	0.1315
평균	4.623	4.354		
표준편차	0.077	0.090		

* : $p<0.05$,** : $p<0.01$

4.4. 표준화 점수

이주노동자와 한국인 동료의 응답을 표준화한 결과 이주노동자의 경우에는 '자신의 감정을 표현할 때', '동료나 상사에게 위로하려고 할 때', '약국, 병원에서 자신의 증상을 말할 때', '직장 일과 관련하여 상사나 동료와 의논할 때', '부당 노동 행위에 대해 항의할 때', '직장을 구하기 위해 면접을 할 때', '이사하거나 집을 구할 때', '여행지를 알아볼 때', '숙소를 예약하려고 할 때', '이주노동자 정책에 대한 정보를 얻을 때', '가고자 하는 목적지의 위치를 알려고 할 때', '자신의 잘못을 해명하고자 할 때' 등 14항목에서 평균 이상의 응답을 보였고, 한국인 동료의 경우에는 '직장 일과 관련하여 상사나 동료와 의논할 때', '가게에서 물건을 살 때', '한국문화에 대해 알려고 할 때', '이사하거나 집을 구할 때', '동호회에 가입하고 활동할 때', '이웃과 대화할 때', '택시 등 대중교통을 이용할 때', '여행지를 알아볼 때', '이주노동자 정책에 대한 정보를 얻을 때', '약국, 병원에서 자신의 증상을 말할 때', '식당에서 음식을 주문할 때', '은행 등 관공서를 이용할 때', '동료나 상사에게 위로하려고 할 때', '한국 날씨에 대해 알려고 할 때' 등 14항목에서 평균 이상의 응답을 보였다.

　이주노동자와 한국인 동료 모두 평균 이상의 응답을 보인 항목은 '직장 일과 관련하여 상사나 동료와 의논할 때', '이사하거나 집을 구할 때', '여행지를 알아볼 때', '이주노동자 정책에 대한 정보를 얻을 때', '약국, 병원에서 자신의 증상을 말할 때', '가게에서 물건을 살 때' 등 6항목으로 나타났고, 이주노동자와 한국인 동료 모두 평균 이하의 응답을 보인 항목은 '직장 내 안전표지나 수칙을 이해해야 할 때', '인권이 침해당했을 때', '동료에게 자국의 문화를 설명할 때', 'TV, 라디오를 보거나 들을 때', '전화를 걸거나 받을 때', '손님을 초대할 때', '동료나 상사에게 축하하려고 할 때', '사람이나 사물을 묘사하려고 할 때', '한국 동료에게 자신과 자신의 가족을 소개할 때' 등 9항목으로 나타났다.

[표 2] 각 집단별 표준화 점수

의사소통 상황	한국인동료 표준화	이주노동자 표준화
직장 일과 관련하여 상사나 동료와 의논할 때	3.003	2.598
부당 노동 행위에 대해 항의할 때	−1.069	1.510
직장을 구하기 위해 면접을 할 때	−1.875	1.510
직장 내 안전표지나 수칙을 이해해야 할 때	−0.796	−0.022
일을 하다가 다쳤을 때	−0.249	0.422
인권이 침해 당했을 때	−0.523	−0.455
동료에게 자국의 문화를 설명할 때	−0.249	−0.666
TV, 라디오를 보거나 들을 때	−1.069	−1.542
이사하거나 집을 구할 때	0.024	0.822
전화를 걸거나 받을 때	−1.342	−0.666
동호회에 가입하고 활동할 때	0.024	−1.110
이웃과 대화할 때	0.284	−0.022
택시 등 대중교통을 이용할 때	1.104	−1.753
여행지를 알아볼 때	0.193	0.633

의사소통 상황	한국인동료	이주노동자
숙소를 예약하려고 할 때	−0.249	0.633
이주노동자 정책에 대한 정보를 얻을 때	0.024	0.289
약국, 병원에서 자신의 증상을 말할 때	1.104	0.855
가게에서 물건을 살 때	1.377	0.422
식당에서 음식을 주문할 때	0.830	−0.888
은행 등 관공서를 이용할 때	0.739	−0.455
손님을 초대할 때	−0.523	−0.455
자신의 감정을 표현할 때	−0.249	0.855
가고자 하는 목적지의 위치를 알리고 할 때	−0.796	0.422
동료나 상사에게 축하하려고 할 때	−0.523	−0.888
동료나 상사에게 위로하려고 할 때	0.557	0.855
한국문화에 대해 알리고 할 때	1.104	−0.233
사람이나 사물을 묘사하려고 할 때	−1.069	−0.233
한국 날씨에 대해 알리고 할 때	1.104	−1.321
한국 동료에게 자신과 자신의 가족을 소개할 때	−0.249	−1.321
자신의 잘못을 해명하고자 할 때	−0.640	0.200

4.5. 가중치를 반영한 표준화점수의 합

[표 3] 각 집단별 표준화 점수에 대한 가중치 부여 점수

의사소통 상황	한국인동료 표준화 가중치	이주노동자 표준화 가중치	가중의 합
직장 일과 관련하여 상사나 동료와 의논할 때	1.268	1.501	2.769
부당 노동 행위에 대해 항의할 때	−0.618	0.872	0.254
직장을 구하기 위해 면접을 할 때	−1.084	0.872	−0.212
직장 내 안전표지나 수칙을 이해해야 할 때	−0.460	−0.009	−0.469
일을 하다가 다쳤을 때	−0.144	0.244	0.100
인권이 침해 당했을 때	−0.302	−0.192	−0.484
동료에게 자국의 문화를 설명할 때	−0.144	−0.281	−0.425
TV, 라디오를 보거나 들을 때	−0.618	−0.651	−1.269
이사하거나 집을 구할 때	0.010	0.475	0.485
전화를 걸거나 받을 때	−0.776	−0.281	−1.057
동호회에 가입하고 활동할 때	0.010	−0.468	−0.458
이웃과 대화할 때	0.120	−0.009	0.111

택시 등 대중교통을 이용할 때	0.466	−1.740	−1.274
여행지를 알아볼 때	0.081	0.366	0.447
숙소를 예약하려고 할 때	−0.144	0.366	0.222
이주노동자 정책에 대한 정보를 얻을 때	0.010	0.167	0.177
약국, 병원에서 자신의 증상을 말할 때	0.466	0.494	0.960
가게에서 물건을 살 때	0.581	0.244	0.825
식당에서 음식을 주문할 때	0.351	−0.375	−0.024
은행 등 관공서를 이용할 때	0.312	−0.192	0.120
손님을 초대할 때	−0.302	−0.192	−0.494
자신의 감정을 표현할 때	−0.144	0.494	0.350
가고자 하는 목적지의 위치를 알려고 할 때	−0.460	0.244	−0.216
동료나 상사에게 축하하려고 할 때	−0.302	−0.375	−0.677
동료나 상사에게 위로하려고 할 때	0.235	0.494	0.729
한국문화에 대해 알려고 할 때	0.466	−0.098	0.368
사람이나 사물을 묘사하려고 할 때	−0.618	−0.098	−0.716
한국 날씨에 대해 알려고 할 때	0.466	−0.557	−0.091
한국 동료에게 자신과 자신의 가족을 소개할 때	−0.144	−0.557	−0.701
자신의 잘못을 해명하고자 할 때	−0.370	0.116	−0.254

각 점수는 소수점 4자리에서 반올림

한국어교육 전문가 집단에서는 이주노동자와 한국인 동료에 각각 0.5778, 0.4222의 가중치를 부여하였다. 이를 교수요목에 반영하기 위해 이주노동자와 한국인 동료의 표준화점수에 각각의 가중치를 곱한 후 합산하였다.9) 그 결과 이주노동자의 응답이 평균 이하로 나타났던 항목 중 '이웃과 대화할 때', '은행 등 관공서를 이용할 때', '한국문화에 대해 알려고 할 때' 등 3항목은 평균보다 높게 나타났고, 평균 이상으로 나타났던 '가고자 하는 목적지의 위치를 알려고 할 때', '자신의 잘못을 해명하고자 할 때', '직장을 구하기 위해 면접을 할 때' 등 3항목은 평균보다 낮게 나타났다. 또한 한국인 동료의 응답이 평균 이하로 나타났던 '부당 노동 행위에 대해 항의할

---

9) 표준화점수는 평균이 '0'이고 표준편차가 '1'이므로 '−'점수가 생겨난다. 따라서 가중치를 부여할 때 표준화점수가 '−'인 경우에는 이주노동자와 한국인 동료 각각에 역으로 0.4222와 0.5778의 가중치를 부여한다.

때', '일을 하다가 다쳤을 때', '숙소를 예약하려고 할 때', '자신의 감정을 표현할 때' 등 4항목은 평균 이상으로 나타났고, 평균 이상으로 나타났던 '동호회에 가입하고 활동할 때', '택시 등 대중교통을 이용할 때', '식당에서 음식을 주문할 때', '한국 날씨에 대해 알려고 할 때' 등 4항목은 평균 이하로 나타났다.

이것은 이주노동자에게 필요한 의사소통 상황으로 사회적 소통과 관련한 항목은 필요도가 높다는 것을 의미하고, 자신의 사적인 소통과 관련한 항목은 상대적으로 필요도가 낮다는 것을 의미한다.

4.6. 교수요목 설계

위와 같은 요구분석을 통해서 얻은 결과를 근거로 요구조사 대상 집단별 의견을 결합하여 우선순위를 결정하면 교수요목 설계에서 내용을 등급화할 수 있다. 필요도에 따른 우선순위를 보면 '직장일과 관련하여 상사나 동료와 의논할 때', '약국, 병원에서 자신의 증상을 말할 때', '가게에서 물건을 살 때', '이사하거나 집을 구할 때' 등 기본적인 생존과 관련된 항목이 주로 높은 순위를 보였고, '택시 등 대중교통을 이용할 때', 'TV, 라디오를 보거나 들을 때', '전화를 걸거나 받을 때', '사람이나 사물을 묘사하려고 할 때', '한국 동료에게 자신과 자신의 가족을 소개할 때' 등 개인적인 사생활과 관련된 항목들은 낮은 순위를 보였다.

[표 4] 교수요목의 내용 우선순위

의사소통 상황	필요도에 따른 요구 순위
직장일과 관련하여 상사나 동료와 의논할 때	1
약국, 병원에서 자신의 증상을 말할 때	2
가게에서 물건을 살 때	3
동료나 상사에게 위로하려고 할 때	4
이사하거나 집을 구할 때	5
여행지를 알아볼 때	6
한국문화에 대해 알려고 할 때	7
자신의 감정을 표현할 때	8
부당 노동행위에 대해 항의할 때	9
숙소를 예약하려고 할 때	10
이주노동자 정책에 대한 정보를 얻을 때	11
은행 등 관공서를 이용할 때	12
이웃과 대화할 때	13
일을 하다가 다쳤을 때	14
식당에서 음식을 주문할 때	15
한국 날씨에 대해 알려고 할 때	16
직장을 구하기 위해 면접할 때	17
가고자 하는 목적지의 위치를 알려고 할 때	18
자신의 잘못을 해명하려고 할 때	19
동료에게 자국의 문화를 설명할 때	20
동호회에 가입하고 활동할 때	21
직장 내 안전표지나 수칙을 이해해야 할 때	22
인권이 침해 당했을 때	23
손님을 초대할 때	24
동료나 상사에게 축하하려고 할 때	25
한국 동료에게 자신과 자신의 가족을 소개	26
사람이나 사물을 묘사하려고 할 때	27
전화를 걸거나 받을 때	28
TV, 라디오를 보거나 들을 때	29
택시 등 대중교통을 이용할 때	30

5. 결론

본 연구에서는 학습자 외 주변 관계자와 한국어교육 전문가의 의견을 반영하여 교수요목에 직접적으로 반영할 수 있는 요구분석 모형을 제안하였다. 이에 대한 실제 적용 사례로 이주노동자를 대상으로 하는 교수요목의 설계과정을 제시하여 요구분석 모형의 합리성을 밝혔다. 이주노동자를 대상으로 하는 요구분석에서는 이주노동자, 한국인 동료를 대상으로 요구조사를 한 후, 한국어교육 전문가의 의견을 가중치로 반영하였다. 각 집단의 응답차이검정에서는 12항목에서 통계적으로 유의적인 차이를 보였고, 이를 교수요목에 반영하기 위해서 상대적인 차이를 확인할 수 있는 표준화 과정을 거쳤다. 이 표준화 점수에 한국어교육 전문가의 가중치를 반영한 결과 이주노동자의 경우 5항목에서, 한국인 동료의 경우 11항목에서 표준화 점수와 다른 결과가 도출되었다. 이는 한국어교육 전문가의 견해가 적극적으로 반영된 결과이며, 이 결과에서 나타난 '이주노동자에게 필요한 내용의 우선순위를 교수요목 설계에 반영하여 내용의 등급화를 결정함으로써 본 연구의 목적인 학습자 외 주변관계자의 요구를 모두 반영하고, 이를 교수요목에 직접 반영할 수 있는 요구분석 모형의 합리성을 보였다. 즉, 기존의 요구분석 연구들에서는 단순하게 요구분석의 결과만을 보여주면서 이를 교수요목에 반영할 수 있다고 하였으나, 반영의 방법론이 제시되지 않은 한계가 있었다. 그러나 본 연구는 요구분석의 결과를 교수요목에 객관적이면서 직접적으로 반영할 수 있는 방법론을 제안하였다는 의의가 있다.

본 연구에서는 학습자 중심의 교육과정에서 출발점이 되는 요구분석의 모형을 제안하였다. 본 연구에서 보인 한국어교육 전문가에 의한 가중치 부여 방법에 대한 연구는 구체적으로 논의될 필요가 있다. 아울러 다양한 요구분석 모형에 대한 심층적 연구가 필요하다. 궁극적으로는 일반화할 수 있는 요구분석 모형이 필요하다고 볼 때, 본 연구에서 제안한 요구분석 모형은 요구분석의 표준화에 기여할 수 있을 것으로 기대한다. 아울러 한국어 교육과정의 교수요목 설계의 표준화에도 밑거름이 될 것으로 기대한다.

‖ 참고문헌

강승혜, 「한국문화 프로그램 개발을 위한 한국어 학습자 요구분석」, 『한국어교육』, 2003.

김정선, 「문화간 의사소통 능력 향상을 위한 한국 언어, 문화 교육 프로그램 개발 연구-원어민 영어 보조교사의 요구분석을 중심으로」, 연세대학교 석사학위논, 2004.

김윤자, 「원어민 영어교사들에 대한 영어교사들과 학생들의 인식연구」, 전북대학교 석사학위논문, 2007.

배두본, 『외국어교육과정론』, 한국문화사, 2006.

안설희, 「이주노동자 대상 한국어 교육과정 개발을 위한 학습자 요구분석」, 연세대학교 석사학위논문, 2003.

이귀윤, 『교육과정 연구』, 교육과학사, 2000.

이덕희, 「요구분석을 통한 학문목적 한국어 교육과정 설계 연구」, 연세대학교 석사학위논문, 2003.

이성호, 『교육과정과 평가』, 양서원, 1990.

이해영, 「학문목적 한국어 교육과정 설계 연구」, 『한국어교육』 15-1, 국제한국어교육학회, 2004.

임서연, 「한국어 교육과정 설계 방안 연구」, 충북대학교 박사학위논문, 2009.

임승선, 「이주노동자 대상 취업 전 한국어 교육과정 개발 연구」, 상명대학교 석사학위논문, 2006.

조선경, 「이주노동자 대상 한국어 교재 개발 방향」, 『한국어교육』 17-3, 국제한국어교육학회, 2006.

최수진, 「효율적인 한국어 회화 수업을 위한 한국어 학습자 요구분석」, 국제학술대회 Vol. 16, 2006.

최정임, 『인적자원 개발을 위한 요구분석 실천 가이드』, 학지사, 2002.

한국교육과정학회편, 『교육과정 : 이론과 실제』, 교육과학사, 2007.

허명옥, 「다문화가족의 평생교육 요구분석」, 고려대학교 석사학위논문, 2009.

황현주, 「학문목적 한국어 교육과정 개발을 위한 과제 단위 요구분석-중국인 유학생을 대상으로」, 연세대학교 석사학위논문, 2006.

David Nunan, *Syllabus Design*, Oxford University Pres, 1993.

Munby, J., *Communicative syllabus design*, Cambridge : Cambridge University Press, 1978.

Richards, Jack C, *Language curriculum development*, RELC Journal, 1984.

Richards, Jack C, *Curriculum Development in Language Teaching*, Cambridge University Press, 2003.

7차 교육과정에 따른 중학교 문법 교육 연구

홍 정 원

1. 서론

교육 과정과 교과서, 교사와 학생이 학교 현장에서 긴밀하게 이어져 있어야 함에도 불구하고, 많은 교사들은 교육 과정에 국어 과목의 교육 목표가 어떻게 나타나 있는지, 교육 과정의 목표가 교과서에 어떻게 반영되어 있는지, 어떤 기준을 가지고 국어를 학생들에게 가르쳐야 하는지, 어느 정도의 지식을 학생들에게 전달해야 하는지 등을 깊이 생각하지 못한 채 국어 교육에 임하고 있다.

이 글은 이러한 문제의식에서 출발해서, 7차 교육 과정의 '듣기', '말하기', '읽기', '쓰기', '국어 지식', '문학'의 6가지 영역 중에서 '국어 지식' 영역을 대상으로 7차 교육 과정에서의 문법 교육을 연구해 보려 한다. 교육 과정과의 연계 없이, 단지 교과서에 나타난 단편적인 지식을 학생들에게 암기 위주로 가르치던 문법 교육의 실제에서 벗어나기 위해서는 체계적인 문법 영역에 대한 연구가 필요하다는 생각에 이 글의 주제를 정하게 되었으며, 이 연구를 바탕으로 교육 과정이 지향하는 문법 영역의 교육에 대해 살펴보고, 그것을 바탕으로 학생들이 바르게 국어를 사용할 수 있도록 지도하려는 목적에서 이 글을 쓰게 되었다.

교과서는 학교 현장에서 가장 핵심적인 학습의 도구로 사용되고 있다. 김지연(2000)은, 교과서는 교육 공동체의 합의 아래 교육 과정을 가장 체계적으로 반영한 교재라고 하였다.[1] 교과서 외에 사용되는 다른 교재도 있을 수 있지만, 우리 교육 현실에서 교과서가 가지고 있는 비중이 매우 크다는 것은 아무도 부정하지 않는 사실이다. 이렇게 큰 비중을 차지하고 있는 교과서의 배경에는 교육 과정이 자리하고 있고, 교육과정도 교과서가 가지는 비중 못지 않게 큰 위치를 차지하고 있다고 하겠으나, 실제 교육 현장에서는 대다수의 교사들이 교육 과정을 거의 의식하지 못한 채 교육에 임하고 있다.

따라서 교육 내용의 매개체가 되는 교과서를 살펴보기 전에 교과서의 바탕이라 할 수 있는 교육 과정에 대해 알아보는 것이 우선이라 할 수 있겠으며, 교육 과정에 대해 논의가 있고 난 후에 교과서의 체제를 살펴보는 것이 올바른 순서라 생각된다. 교육 과정과 교과서에 대한 논의는 국어 교육의 최종 목적지라 할 수 있는 학생들의 바른 국어 생활을 돕기 위해 필연적으로 거쳐야 할 과정이라 할 수 있다. 교육 과정과 교과서, 그리고 학생들의 중간 지점에는 교사가 자리하고 있으며, 이 모든 교육 요소들을 자연스럽게 이어주기 위해서는 교사의 역할이 매우 중요하다. 교사로서 이러한 역할을 수행하기 위해서 교육 과정과 교과서에 대한 진지한 논의가 선행되어야 한다는 생각에 이 글을 시작하게 되었다. 여기에서는 국어 교육의 여섯 가지 영역 중에서 문법 영역으로 내용을 한정지어 전개하려 한다.

---

1) 김지연, 「제6차 교육 과정에 따른 중학교 국어 교과서 체제 분석 연구」, 고려대학교 석사학위 논문, 2000.

이 글에서는 7차 국어과 교육 과정과 그에 따른 교과서의 편제를 살펴보고, 문법 영역의 체제를 학년별로 살펴서 그 연계성과 내용의 적절성을 논의하려 한다. 그리고 2007 개정 국어과 교육 과정에서의 문법 교육을 살펴봄으로써 문법 교육이 어떻게 변화해 가고 있는지를 살펴보겠다.

2. 교육 과정과 교과서

2.1. 7차 국어과 교육 과정에 따른 교과서

제7차 국어과 교과서 편찬의 기본 방향은 판형과 외양의 편의성과 현대적 감각 추구, 하위 영역의 특성을 고려한 교과서 분책, 학생들의 학습 동기 유발 강조, 학생 활동 중심의 교과서, 학생의 창의성을 강조하는 교과서, 결과가 아닌 과정을 지도하는 교과서, 학생들의 수준에 적합한 수업을 지향하는 교과서, 자기 점검을 통한 초인지 기능의 신장, 지식·기능·태도를 지식으로 정리해 주는 교과서, 학습 과정에서 학생의 깨달음을 주는 교과서 등으로 제시될 수 있다.[2]

학생들의 학습 동기 유발과 창의성을 강조하고, 결과가 아닌 과정을 지도한다는 점에서 제7차 교육 과정과 그에 따른 국어과 교과서는 구성주의의 이론을 바탕으로 해서 만들어졌다는 것을 알 수 있다. 구성주의의 입장에서 보면 학습의 주체는 학생 자신이 되어야 하고, 교사는 학생들이 지식을 능동적으로 구성할 수 있도록 안내하는 역할을 해야 한다고 하였다. 이에 따라 편성된 중학교 국어 교과서의 편제를 표로 살펴보면 다음과 같다.

---

2) 『중학교 국어과 교사용 지도서』 1-1, 교육인적자원부, 34~36면.

[표 1] 중학교 국어 · 생활 국어 교과서 개관

학년	학기	구분	1 대단원	2 대단원	3 대단원	4 대단원	5 대단원	6 대단원	7 대단원
1	1	국어	문학	읽기	문학	읽기	문학	읽기	문학
		생활 국어	쓰기	말하기 듣기	말하기 듣기 쓰기	국어지식	쓰기	말하기 듣기 국어지식	쓰기
	2	국어	읽기	문학	읽기	문학	읽기	문학	·
		생활 국어	말하기 쓰기	국어지식	듣기 말하기	쓰기	국어지식	쓰기	·
2	1	국어	읽기	문학	읽기	문학	읽기	문학	·
		생활 국어	듣기 말하기	말하기 쓰기	국어지식	듣기 말하기	쓰기	국어지식	·
	2	국어	문학	읽기	문학	읽기	문학	·	·
		생활 국어	말하기 쓰기	국어지식	듣기 말하기	쓰기	국어지식 말하기	·	·
3	1	국어	문학	읽기	읽기 문학	읽기	읽기 문학	문학	·
		생활 국어	말하기 듣기 쓰기	쓰기 국어지식	듣기	국어지식	쓰기	말하기 국어지식	·
	2	국어	문학	읽기	읽기 문학	문학	읽기	·	·
		생활 국어	말하기 쓰기	국어지식	쓰기	말하기 듣기	국어지식	·	·

국어 교과서는 매 학기별로 '국어'와 '생활 국어'의 2권 체제로 하여 지도와 학습의 전문화를 꾀하였다. '국어' 교과서에서는 '읽기'와 '문학' 영역을 다루고, '생활 국어' 교과서에서는 '말하기', '듣기', '쓰기', '국어 지식' 영역을 다루고 있다.

2.2. 7차 교육과정에서의 문법 교육

　7차 국어과 교육 과정에 나타난 문법 영역의 교수·학습 방법으로 제시된 내용은 다음과 같다.3)

　　　국어 지식 지도에서는 지식에 대한 설명보다 탐구 학습을 통하여 지식을 생성해 내는 경험을 강조하되, 학습한 내용이 창조적 국어 생활에 활용될 수 있도록 한다.
　　　국어 지식을 지도하는 교수·학습 상황에서도 국어 지식의 성격에 따라 지도 방법에 차이가 난다. 특히 '국어 지식'은 국어 사용과 관련을 맺을 수 있게 지도해야 한다. 국어 지식은 궁극적으로 듣기, 말하기, 읽기, 쓰기 활동 속에서 효과적으로 습득할 수 있기 때문이다. 따라서, 국어 지식에 대한 지도는 설명보다는 여러 언어 자료를 통하여 학습자 스스로 지식을 터득할 수 있도록 탐구 학습을 강조할 필요가 있다. 바르고 정확한 국어 사용을 위한 국어 지식 교육은 언어의 사회성을 기반으로 하고 있다. 언어를 사용하는 사회 구성원들이 정해 놓은 각종 규범이나 규칙 등을 준수함으로써 창의적 국어 사용 능력 향상의 지식 기반으로 기능할 수 있게 지도해야 한다.

　7차 교육 과정에서의 문법 교육은 위에서 보듯이, 탐구 학습을 통해 지식을 생성해 내어 그것을 실제의 국어 생활에 활용하는 것을 목표로 삼고 있다. 6차 교육 과정에서는 문법 지식을 배우고 그것을 국어 생활에 적용하는 것을 추구했음에 반하여, 7차에서는 학습자가 언어 생활에서 직접 탐구 학습을 통하여 문법 지식을 알아내도록 유도하는 방법을 제시했다는 것이 큰 변화라고 할 수 있다. 7차 국어과 교육 과정에서의 '국어 지식' 영역의 교육 내용 체계는 다음과 같다.

---

3)『중학교 국어과 교육 과정 해설』, 교육 인적 자원부, 134면.

[표 2] '국어 지식' 영역의 교육 내용 체계

영역	내용		
국어지식	• 국어의 본질 －언어의 특성 －국어의 특질 －국어의 변천	• 국어의 이해와 탐구 －음 운 －낱 말 －어 휘 －문 장 －의 미 －담 화	• 국어에 대한 태도 －동 기 －흥 미 －습 관 －가 치
	• 규범과 적용 －표준어와 표준 발음　　　－맞춤법　　　－문법		

　'국어의 본질'과 '국어의 이해와 탐구' 범주가 국어 지식에 대한 내용으로 제시되고, 실제의 생활에 적용하는 것을 중점으로 하여 '규범과 적용'이라는 범주를 제시하였다. 그리고 이러한 내용을 바탕으로 하여 '국어에 대한 태도'를 갖추는 것을 국어 지식의 내용으로 하였다. 이러한 국어 지식 영역의 교육 체계는 교육 과정에서 다음과 같이 학년별로 목표가 설정되어 있다.

[표 3] 7차 국어과 교육 과정의 국어 지식 영역의 학년별 목표

학년	1학년	2학년	3학년
목표	1) 음성 언어와 문자 언어와의 관계를 안다. 2) 음절의 개념을 안다. 3) 형태소와 낱말의 개념을 안다. 4) 은어, 전문어, 속어, 비어, 유행어의 개념을 안다. 5) 동음 이의어와 다의어의 개념을 안다. 6) 담화의 구성을 안다. 7) 국어를 순화하려는 태도를 지닌다.	1) 언어의 사회성을 안다. 2) 언어의 역사성을 안다. 3) 국어의 음운 체계를 안다. 4) 국어의 조어법을 안다. 5) 관용어의 개념을 안다. 6) 발화의 기능을 안다. 7) 국어 사용에서 발견되는 문제를 파악하려는 태도를 지닌다.	1) 남북한 언어의 차이를 안다. 2) 국어의 음운 변동 규칙을 안다. 3) 품사의 분류 기준과 각 품사의 특성을 안다. 4) 각 문장 성분의 특성과 문장의 구성 원리를 안다. 5) 문장의 구조로 말미암아 의미가 여러 가지로 해석되는 현상을 안다. 6) 맞춤법에 맞게 국어를 사용한다. 7) 맞춤법에 맞게 국어를 사용하려는 태도를 지닌다.

각 학년별로 제시된 국어 지식 영역의 목표는 국어 지식 영역의 내용 체계에 따라 '국어의 본질'을 알고 '국어의 이해와 탐구'를 통해 '국어에 대한 바른 태도'를 지니고 그것을 실제 언어 생활의 '규범'에 '적용'시키도록 배열되어 있다.

따라서 중학교 1학년 과정에서는 국어 교과서의 '6. 언어의 세계 (1) 음성 언어와 문자 언어, (2) 문자의 역사' 단원에서 '국어의 본질'을 공부하고, 생활 국어 교과서의 '4. 국어 생활의 반성 (1) 외래어, 은어, 비속어, 유행어', '6. 상황에 맞게 말하기 (1) 상황에 맞게 말하는 방법, (2) 상황에 맞게 말하는 연습', '2. 낱말과 형태소 (1) 음절과 어절, 낱말 (2) 형태소', '5. 낱말의 의미 (1) 동음이의어, (2) 다의어' 단원의 '국어의 이해와 탐구'를 통해, 생활국어 교과서의 '4. 국어 생활의 반성 (2) 국어 생활 반성하기' 단원에서 '국어에 대한 태도'를 정립하여 실제 언어 생활에 적용하도록 목표를 설정하였다.

중학교 2학년 과정에서는 생활 국어 교과서의 '3. 국어의 언어적 특징과 음운 (1) 국어의 언어적 특징' 단원에서 '국어의 본질'을 알고, 동일 단원의 '(2) 국어의 음운', '2. 낱말 형성법과 국어의 관용어 (1) 낱말 형성법 (2) 국어의 관용어', '5. 발화의 기능과 표현 (1) 발화의 여러 가지 기능 (2) 발화의 기능을 고려하며 말하기' 단원에서 '국어의 이해와 탐구'를 통해, 생활 국어 교과서의 '6. 바르게 쓰기 (1) 바른 문장 쓰기 (2) 올바른 국어 생활' 단원에서 '국어에 대한 태도'를 정립하여 실제 언어 생활에 적용하도록 목표를 설정하였다.

중학교 3학년 과정에서는 생활국어 1학기 교과서의 '6. 남북한의 언어 (1) 남북한 언어의 차이 (2) 남북한 언어가 나아갈 길' 단원의 '국어의 본질'을 다루고, 동일 교과서의 '4. 음운의 변동 (1) 음절의 끝소리 규칙 (2) 음운의 동화 (3) 음운의 축약과 탈락', 2학기 교과서의 '2. 문장의 구조 (1) 문장의 구조 (2) 문장의 주성분 (3) 문장의 부속 성분과 독립 성분 (4) 중의적 표현', '5. 품사의 종류 (1) 단어의 분류 (2) 품사의 특성' 단원에서 '<u>국어의 이해와 탐구</u>'를 통해, 다시 1학기 생활국어 교과서의 '2. 바르고 정확하게 쓰기 (2) 맞춤법에 맞게 쓰기' 단원에서 '<u>국어에 대한 태도</u>'를 정립하고, 동일 단원의 '(1) 맞춤법의 기능'에서 실제 생활에 '규범'을 '적용'하도록 목표를 설정하였다.

7차 교육 과정에 제시된 국어 지식 영역의 목표는 교과서에 학년별로 다음과 같이 구현되어 있다.4)

[표 4] 7차 교육 과정에 따른 생활 국어 교과서에서의 국어 지식 내용5)

학년	학기	대단원	영역	내용	소단원
1	1	4. 국어 생활의 반성	국어의 이해와 탐구	어휘	(1) 외래어, 은어, 비속어, 유행어
			국어에 대한 태도	태도	(2) 국어 생활 반성하기
	2	2. 낱말과 형태소	국어의 이해와 탐구	음운 낱말	(1) 음절과 어절, 낱말
					(2) 형태소
		5. 낱말의 의미	국어의 이해와 탐구	의미	(1) 동음 이의어
					(2) 다의어
2	1	3. 국어의 음운적 특징과 음운	국어의 본질	본질	(1) 국어의 언어적 특징
			국어의 이해와 탐구	음운	(2) 국어의 음운
		6. 바르게 쓰기	국어에 대한 태도	문장	(1) 바른 문장 쓰기
					(2) 올바른 국어 생활

---

4) 국어 지식 영역의 학년별 내용은 지식의 난이도와 순차성, 언어 구조의 복잡성, 동일 학년 내에서 다른 영역의 교육 내용과의 관련성을 중시하였다. '국어의 이해와 탐구' 범주의 교육내용은 '언어의 본질적 속성 → 언어와 주변 세계와의 관계' 순으로 '국어에 대한 태도' 범주의 교육 내용은 '우리말의 중요성 인식 → 규범에 맞는 국어 사용의 태도 형성 → 우리말을 가꾸고 발전시키려는 태도의 형성' 순으로 내용을 배열하였다(『중학교 국어과 교육 과정 해설』, 교육인적자원부, 24면)

5) '국어'교과서의 '1학년 6. 언어의 세계의 (1) 음성언어와 문자언어 (2) 문자의 역사, 3학년 2. 중심내용 파악하기의 (2) 표준어와 방언'은 제외하고, 여기에서는 '생활 국어' 교과서의 국어 지식 내용만을 대상으로 한다.

2	2	2. 낱말 형성법과 국어의 관용어	국어의 이해와 탐구	낱말 어휘	(1) 낱말 형성법
					(2) 국어의 관용어
		5. 발화의 기능과 표현	국어의 이해와 탐구	담화	(1) 발화의 여러 가지 기능
					(2) 발화의 기능을 고려하여 말하기
3	1	2. 바르고 정확하게 쓰기	규범과 적용	낱말 문장	(1) 맞춤법의 기능
			국어에 대한 태도		(2) 맞춤법에 맞게 쓰기
		4. 음운의 변동	국어의 이해와 탐구	음운	(1) 음절의 끝소리 규칙
					(2) 음운의 동화
					(3) 음운의 축약과 탈락
		6. 남북한의 언어	국어의 본질	본질	(1) 남북한 언어의 차이
					(2) 남북한 언어가 나아갈 길
	2	2. 문장의 구조	국어의 이해와 탐구	문장	(1) 문장의 구조
					(2) 문장의 주성분
					(3) 문장의 부속 성분과 독립 성분
					(4) 중의적 표현
		5. 품사의 종류	국어의 이해와 탐구	낱말	(1) 단어의 분류
					(2) 품사의 특성

교육 과정에서 제시한 국어 지식의 영역별 목표가 학년별로 교과서에 반영되어 있는 것을 살펴보면, 대체적으로 '국어의 이해와 탐구' 영역이 차지하는 비중이 높음을 알 수 있다. 국어 지식을 학습자에게 전달하는 것이 우선적이라는 측면에서 보면 타당하다고 할 수 있겠으나 다만 아쉬운 점은, '본질-이해와 탐구-태도-규범과 적용'이라는 체계에서 봤을 때 다른 영역의 비중이 상대적으로 적은 부분을 차지하는 것과, 실생활에 적용할 수 있는 내용의 부분이 매우 적다는 것이다. 중학교 3학년 과정에서는 '규범과 적용' 영역의 내용이 있으나, 다른 학년에서는 그러한 내용이 없다.

2.3. 중학교 문법 교육에 대한 제안

제7차 교육 과정에서는 '국어 지식' 영역의 학년별 내용을 선정, 조직, 배열할 때 고려한 사항을 다음과 같이 밝히고 있다.

국어 지식 영역의 학년별 내용은 지식의 난이도와 순차성, 언어 구조의 복잡성, 동일 학년 내에서 다른 영역의 교육 내용과의 관련성을 중시하였다. '국어 이해와 탐구' 범주의 교육 내용은 '언어의 본질적 속성-언어와 주변 세계와의 관계' 순으로, '국어에 대한 태도' 범주의 교육 내용은 '우리말의 중요성 인식-규범에 맞는 국어 사용의 태도 형성-우리말을 가꾸고 발전시키려는 태도의 형성' 순으로 내용을 배열하였다.

교육 과정에 제시된 국어 지식 영역의 교육 내용 체계에 따라서 교과서의 내용을 배열하여 보면 다음과 같이 정리할 수 있다.

[표 5] 7차 교육 과정에 따른 국어 지식 영역의 내용별 단원 구성

내용	영역	1학년	2학년	3학년
국어의 본질	언어의 특성	국어1-1-6.언어와 세계6) (1)음성언어와 문자언어 (2)문자의 역사 1-1-2.말하기와 듣기 (1) 말하기의 특성(음성언어와 문자언어의 개념)	국어2-1-1.보충심화 (언어의 사회성) 2-1-3.국어의 음운적 특징과 음운 (1)국어의 언어적 특징	
	국어의 특질			
	국어의 변천	국어1-2-3.판단하며 읽기(훈민정음 창제 가상 기사문)		3-1-6.남북한의 언어 (1), (2)소단원

---

6) 이 논문은 중학교 생활 국어 교과서에 수록된 문법 영역만을 다루고 있으나, 문법 내용 전체를 살펴보기 위해 '국어' 교과서의 문법 내용을 함께 실었다.

국어의 이해와 탐구	음운	국어1-1-6.보충심화 한글 자모자의 이름과 순서	2-1-3.국어의 음운적 특징과 음운 (2)국어의 음운	3-1-4.음운의 변동 (1)음절의 끝소리 규칙 (2)음운의 동화 (3)음운의 축약과 탈락
	낱말	1-2-2낱말과 형태소 (1)음절과 어절, 낱말 (2)형태소	2-2-2.낱말 형성법과 국어의 관용어 (1)낱말 형성법	3-2-5.품사의 종류 (1)단어의 분류 (2)품사의 특성
	어휘	1-1-4.국어생활의 반성 (1)외래어, 은어, 비속어, 유행어	2-2-2.낱말 형성법과 국어의 관용어 (2)국어의 관용어	
	문장		2-1-6.바르게 쓰기 (1)바른 문장 쓰기	3-2-2.문장의 구조 (1)문장의 구조 (2)문장의 주성분 (3)문장의 부속성분과 독립성분 (4)중의적 표현
	의미	1-2-5.낱말의 의미 (1)동음이의어 (2)다의어		
	담화	1-1-6.상황에 맞게 말하기(담화 상황을 구성하는 요소)	2-2-5.발화의 기능과 표현 (1), (2)소단원	
국어에 대한 태도	동기			
	흥미			
	습관	1-1-4(2)국어생활 반성하기	국어2-1-4(1)사전을 찾아 가며 읽는 즐거움 2-1-6.바르게 쓰기 (2)올바른 국어 생활	
	가치			
규범과 적용	표준어와 표준발음			국어3-1-2.중심 내용 파악하기 (1)표준어와 방언
	맞춤법			3-1-2.바르고 정확하게 쓰기 (1)맞춤법의 기능 (2)맞춤법에 맞게 쓰기
	문법			

위에 제시된 내용별 단원 구성을 살펴보면, 다음과 같은 문제점을 발견할 수 있다.

첫째, 교육 과정에 명시된 학습 요소 중에서 비어있는 부분이 있다는 것이 지적된다. 위 표에서는 '국어의 본질' 부분에서 '국어의 특질'의 학습 요소가 1, 2, 3학년 중 어느 학년에서도 제시되어 있지 않다. 음성 언어와 문자 언어의 특성은 단편적으로 나타나 있으나, 우리 국어의 특성이나 우수성 등에 대한 학습 내용이 1학년 과정에 제시되어, 학생들이 국어에 대한 자부심을 가지고 공부해야 할 필요성을 느끼는 데 도움을 주어야 한다고 생각한다. 이것은 역시 위의 표에 나타나 있지 않은 '국어에 대한 태도' 부분의 '동기'나 '흥미', '가치'와도 관련될 수 있다.

둘째, 학년별 내용 체계의 부적절함이다. 교육 과정에서는 '지식의 난이도와 순차성, 언어 구조의 복잡성, 동일 학년 내에서 다른 영역의 교육 내용과의 관련성을 중시'하여 '국어 지식' 영역의 학년별 내용을 선정, 조직, 배열하였다고 명시하였으나 부분적으로 배열이 적절하지 않은 학습 내용들이 있다.

예를 들어 여러 논의에서 문제점으로 지적된 생활 국어 3학년 2학기 5단원 '품사의 종류'는 단원의 성격상 앞으로 옮기는 것이 바람직하다. 학교 현장에서 아이들과 문법을 공부할 때, '품사'의 개념이 명확하지 않은 상태에서 생활 국어 교과서 1학년 2학기의 '낱말과 형태소' 형태소나 음절, 어절 등의 내용을 이해시키기가 어려웠다.

또한 1학년 생활국어 교과서의 '낱말과 형태소' 단원 학습시 파생어와 합성어의 개념이 등장하는데 파생어와 합성어는 생활국어 2학년 2학기 교과서에 나타난다. 그리고 음운의 개념을 이해해야 단원의 내용을 명확히 알 수 있으나, 음운에 관련된 내용은 2학년 1학기에 가서야 학습할 수 있다.

셋째, 생활국어 교과서의 '부록' 부분을 좀 더 강조해서 학습할 필요가 있다는 것이다. 교과서에 관련된 내용으로 보충 설명을 위해 참고 자료 형식으로 제시되었으나, '부록' 부분에 수록된 표준 발음법이나 한글 맞춤법,

표준어에 관련된 내용은 올바른 국어 생활을 위해 학생들이 꼭 알아야 할 것들이라 생각된다. 그러나 본문에 내용이 나타나지 않고 교과서 뒷부분에 부록으로 수록되어 있기 때문에 중요한 내용임에도 불구하고 학교 현장에서는 잘 다루어지지 않고 있다. '국어에 대한 태도'나 '규범과 적용' 부분의 영역으로 확대하여, 단편적인 국어 지식의 전달보다 우선해서 바른 국어 생활의 기본이 되는 내용들을 학생들에게 인지시켜야 할 것이다.

이러한 문제점들을 바탕으로 해서 생활국어 교과서의 문법 영역을 다음과 같이 재구성하였다.

[표 6] 새로운 문법 교육에 대한 제안으로서의 단원의 재구성

내용	영역	1학년	2학년	3학년
국어의 본질	언어의 특성	언어의 특성		
	국어의 특질		국어의 특성(우수성)	
	국어의 변천			국어의 변천/남북한의 언어
국어의 이해와 탐구	음운	국어의 음운/음운의 변동		
	낱말		낱말과 형태소/낱말 형성법/품사의 종류	
	어휘	외래어,은어,비속어,유행어	국어의 관용어	
	문장			문장의 구조 (문장 성분)
	의미		낱말의 의미	중의적 표현
	담화	상황에 맞게 말하기		발화의 기능과 표현
국어에 대한 태도	동기·흥미	각 단원의 처음 부분	각 단원의 처음 부분	각 단원의 처음 부분
	습관	사전 찾기	바르게 쓰기	국어 생활의 반성
	가치		국어의 특성과 연관	
규범과 적용	표준어와 표준발음	표준발음		표준어
	맞춤법·문법			맞춤법

단원의 재구성에서 중점을 둔 부분은 학년별 학습 내용의 체계성이다. 즉 1학년에서는 음운을, 2학년에서는 낱말을, 3학년에서는 문장과 표준어, 맞춤법에 중점을 두어 학습할 수 있도록 내용을 재구성하였다.

1학년 과정에서 음운의 개념을 학습하여 2학년 과정에서 낱말과 형태소의 개념을 공부할 때 도움이 되도록 배치하였다. '낱말과 형태소' 단원을 학습할 때에는 '음운'의 개념과 조사, 의존명사, 파생어, 어간, 어미 등의 선행 학습이 요구된다. 그러므로 음운 단원을 1학년으로, 낱말 단원을 2학년으로 배치하는 것이 학습에 도움이 되리라고 생각된다.

그리고 '음운의 변동' 단원에서 음운의 동화를 학습할 때 가장 필요한 것이 표준 발음법이었다. 표준 발음법을 부록에서 다루기보다 본문에 부분적으로라도 내용을 수록하여 교과 학습과 연관시키는 것이 필요하리라고 본다.

2학년의 '바르게 쓰기' 단원에서는 문장의 어순과 호응, 높임 표현, 시제 등의 개념을 체계적으로 학습하는 것이 올바른 국어 지식을 통해 바른 문장을 쓰도록 하는 데 도움을 줄 것이라 생각되고, '국어의 특질'과 관련하여 국어의 특성과 우수성 관련 글을 새롭게 수록하여 국어에 대한 동기와 흥미, 가치 등을 학습하도록 하는 것도 필요할 것이다. 또한 '품사의 종류' 단원에서 보충해야 할 것은 단어 분류 기준에 관한 내용이다. 형태, 기능, 의미의 단어 분류 기준을 좀 더 명확히 학습할 수 있는 내용을 담아서 왜 품사가 아홉 가지로 분류되는지를 이해하여야 품사 단원을 공부할 때 암기 위주의 학습으로 흐르지 않을 수 있다.

3학년 과정에서는 '국어 생활의 반성' 부분을 유행어나 비속어에 한정시키지 말고, 국어를 사용할 때의 전반적인 문제점들을 일상 생활의 습관과 관련지어보는 활동을 수록하는 것이 실제 생활과 연관된 문법 교육이라 할 수 있을 것이다. 이와 관련지어 표준어와 맞춤법 단원을 공부하면, 1학년과 2학년 때 배웠던 문법 지식을 바탕으로 하여 바람직한 국어 사용에 대하여 어느 정도 학습할 수 있을 것이라 생각된다. 낱말과 조사 등의 개념을 명확히 알아야 학습이 수월한 맞춤법 관련 단원을 3학년 2학기로, 그리고 3학년 2학기에 수록되었던 품사 관련 단원을 2학년으로 배치하는 것이 적절하리라 생각된다. 그리고 용언의 어간과 어미, 보조 용언, 보조 형용사 등의 개념이 교사용 지도서의 맞춤법 관련 단원에 들어 있는데, 이러한 용어를 학생들에게 이해시키지 않고는 맞춤법의 원리를 설명하기가 어렵다. 학생들에게는 매우 생소하고 어려운 용어일 수 있는데, 이것은 맞춤법을 학생들에게 지도할 때 좀 더 생각해봐야 할 문제일 것이다.

2.4. 7차 교육과정과 2007 개정 국어과 교육 과정의 문법 교육 비교

2007 개정 국어과 교육 과정이 발표되었다. 이번 국어과 교육 과정의 개정에서 주목할 것은 교육 과정의 구현 주체인 교사의 의견을 폭넓게 수렴하여 반영한 것이라 한다. 교육 과정이 학문적으로, 이론적으로 타당성과 적합성을 지녔다고 하더라도 학교 단위에서의 적합성, 적용 가능성을 지니지 못하면 교육 과정의 정신 및 내용의 구현은 불가능하다는 판단 하에 교육 과정 해석 및 실행 주체인 교사의 의견을 폭넓게 수렴하여 반영하였다. 따라서 2007 개정 국어과 교육 과정은 이론과 실천, 보편성과 구체성, 전문가의 목소리와 현장의 목소리가 만남으로써 구체적 보편성을 확보한 교육 과정이라 하였다.[7] 교육 과정 개정의 중점 사항은 다음과 같다.

1) 담화와 글의 수용, 생산 중심의 국어 교육 지향
2) 실제와 내용 요소 간의 관련성, 내용 요소 간의 통합성 강조
3) 학교 수준에서의 수준별 교육 지향
4) 담화와 글의 생산, 수용 활동에 작용하는 맥락의 강조

---

7) 이재기, 「2007년 개정 국어과 교육과정의 성격과 특징」, 『함께 여는 국어 교육』 통권 80호, 134~135면.

> 5) 교육 내용의 타당성, 적정성, 연계성 강화
> 6) 다양한 정보 제공을 통한 소통성의 강화
> 7) 언어 환경의 변화에 따른 '매체' 관련 내용의 확대

위 내용을 종합해서 살펴보면, 개정 국어과 교육 과정에서는 구체적이고 실제적인 상황 속에서 학습자의 국어 능력이 신장된다고 보고 교육 내용을 '실제' 범주를 중심으로 구성하였다. 그리고 실제와 내용 요소 간의 관련성, 내용 요소 간의 통합성을 고려하여 교육 내용을 구성하였으며, 학습자의 수준을 규정하는 주체를 국가가 아닌 단위 학교로 설정하였고, 내용 요소 선정 범주에 지식, 기능 외에 맥락 범주를 새롭게 설정한 것도 특징적인 내용이다. 또한 제7차 교육 과정이 타당성, 적절성, 연계성이 부족하다는 비판을 받아 왔음을 근거로 하여8) 교육 내용의 타당성을 여러 가지 면에서 분석하여 추가, 삭제함으로써 교육 내용의 타당성을 강화하였다. 학습자가 도달해야 할 성취 기준을 중심으로 교육 내용을 선정하고 배열하였으며, 이러한 성취 기준을 이해하는 데 필요한 다양한 정보를 제공하고자 한 것, 매체 담화, 글의 창의적 비판적 수용을 강조한 것 등이 개정 국어과 교육 과정의 중요한 특징이라 할 수 있다.

이러한 특징을 가지고 있는 개정 국어과 교육 과정의 문법 영역의 내용 체계는 다음과 같다.

---

8) 제7차 교육과정은 개인적, 학문적, 사회적 요구에 비추어 볼 때 중요한 내용이 빠져 있다거나, 상대적으로 덜 중요한 내용이 포함되어 있다는 비판을 받아 왔다. 또한 학습량이 많다는 비판이 지속적으로 제기되어 왔으며, 해당 학년의 수준에 비추어 볼 때 내용의 난이도가 적절하지 않다는 문제점도 지적되었다. 한편 학년간 내용이 단절되어 학습 경험의 연속성을 유지하기 어렵고, 영역 간의 연계성이 부족하여 영역 간의 통합 지도를 방해한다는 지적도 받아 왔다. 이전 교육 과정에서도 지속적으로 비판을 받아 온 교육 내용의 타당성, 적절성, 연계성 부족 문제를 제7차 교육과정도 여전히 안고 있음을 알 수 있다(위의 책, 139면).

[표 7] 개정 국어과 교육 과정의 문법 영역의 내용 체계

국어 사용의 실제			
• 음운	• 단어	• 문장	• 담화/글
지식 • 언어의 본질 • 국어의 특질 • 국어의 역사 • 국어의 규범		탐구 • 관찰과 분석 • 설명과 일반화 • 판단과 적용	
맥락 • 국어 의식 • 국어 생활 문화			

7차 교육 과정의 문법 영역이 '국어의 본질', '국어의 이해와 탐구', '국어에 대한 태도', '규범과 적용'으로 나뉘었음에 비하여, 개정 국어과 교육 과정에서는 '국어 사용의 실제'를 가장 상위에 배치하고 하위 개념으로 '지식'과 '탐구', 그리고 새롭게 '맥락'을 제시하였다. 이에 따른 학년별 문법 영역의 학습 내용을 7차 국어과 교육 과정과 비교하여 보면 다음과 같이 정리될 수 있다.

[표 8] 중학교 문법 영역의 학년별 내용 체계

7차 국어과 교육 과정	개정 국어과 교육 과정
7-1. 음성 언어와 문자 언어와의 관계를 안다.	7-1. 다양한 매체에 나타난 언어 사용 방식의 차이점을 파악한다.
7-2. 음절의 개념을 안다.	7-2. 관용 표현의 개념과 효과를 이해한다.
7-3. 형태소와 낱말의 개념을 안다.	7-3. 품사의 개념, 분류 기준, 특성을 이해한다.
7-4. 은어, 전문어, 속어, 비어, 유행어의 개념을 안다.	7-4. 표현 의도에 따라 사동·피동 표현이 달리 사용됨을 안다.
7-5. 동음 이의어와 다의어의 개념을 안다.	7-5. 지시어가 글의 구조와 의미에 미치는 영향을 분석한다.
7-6. 담화의 구성을 안다.	
7-7. 국어를 순화하려는 태도를 지닌다.	

8-1. 언어의 사회성을 안다.	8-1. 남한과 북한의 언어 차이를 비교한다.
8-2. 언어의 역사성을 안다.	8-2. 여러 종류의 어휘를 비교하고 그 사용 양상을 설명한다.
8-3. 국어의 음운 체계를 안다.	
8-4. 국어의 조어법을 안다.	8-3. 국어 단어 형성법을 이해하고 활용한다.
8-5. 관용어의 개념을 안다.	8-4. 문장이 여러 가지 의미로 해석되는 현상을 이해한다.
8-6. 발화의 기능을 안다.	
8-7. 국어 사용에서 발견되는 문제를 파악하려는 태도를 지닌다.	8-5. 담화나 글의 의미 해석에 상황 맥락이 관여함을 이해한다.
9-1. 남북한 언어의 차이를 안다.	9-1. 언어의 규칙성, 사회성, 역사성, 기호성, 창조성 등을 이해한다.
9-2. 국어의 음운 변동 규칙을 안다.	
9-3. 품사의 분류 기준과 각 품사의 특성을 안다.	9-2. 국어의 음운 체계를 이해한다.
	9-3. 문장의 짜임새를 설명한다.
9-4. 각 문장 성분의 특성과 문장의 구성 원리를 안다.	9-4. 담화 또는 글 구성의 기본 개념을 이해한다.
9-5. 문장의 구조로 말미암아 의미가 여러 가지로 해석되는 현상을 안다.	9-5. 한국어의 언어 문화적 특성과 가치를 이해한다.
9-6. 맞춤법에 맞게 국어를 사용한다.	
9-7. 맞춤법에 맞게 국어를 사용하려는 태도를 지닌다.	

중학교 1학년 과정에서의 문법 영역의 내용을 살펴보면, 우선 개정 국어과 교육 과정에서는 다양한 매체에 나타난 언어 사용 방식의 차이점을 첫 번째 학습 요소로 배치하여 '매체' 언어를 중시함을 알 수 있고, 7차 교육 과정에서 3학년 2학기에 제시되었던 '품사' 단원이 1학년 과정으로 이동했다는 것, 7차 교육 과정에서는 나타나지 않았던 사동과 피동 표현, 지시어의 개념이 새롭게 등장했음을 알 수 있다.

중학교 2학년 과정에서는 7차 교육 과정에서 3학년 학습 내용으로 제시되었던 남한과 북한의 언어가 나타나고, 형태소와 단일어, 합성어, 파생어를 하나의 학습 내용으로 묶어서 2학년 과정에 제시했다는 점, 담화나 상황 맥락의 개념이 새롭게 등장했다는 점을 특징으로 들 수 있다.

중학교 3학년 과정에서는 7차 교육 과정에서 언어와 국어의 본질, 태도

범주에서 다루었던 언어의 여러 가지 특성과 한국어의 특성 및 가치가 새롭게 제시되었다. 음운 체계 관련 내용이 3학년 과정에서 다루어졌으며, 문장의 짜임새 단원에서는 서술어와 자릿수, 문장을 확장하는 방법, 안은 문장과 이어진 문장 등의 개념 또한 새롭게 등장하였다.

전체적으로 살펴보았을 때, 개정 국어과 교육 과정에는 문법 영역의 내용이 상당히 축소되었음을 알 수 있다. 학습 요소도 각 학년마다 다섯 가지로 제한되어 있고, 7차 국어과 교육 과정의 중학교 3학년 과정에서 다루어졌던 문장 성분, 맞춤법, 표준어 등의 내용이 드러나지 않는다. 반면에 상황 맥락이나 매체 언어가 각 학년에서 중요하게 다루어지고 있고, 한국어의 언어 문화적 특성 및 한국어의 위상을 점검하는 내용이 새롭게 나타난 점은 주목할 만한 특징이라 할 수 있다.

3. 결론

이 글은 7차 교육 과정의 문법 교육 영역에 대한 연구를 목적으로 하였다. 교육 과정과 교과서에 대한 진지한 논의 없이 단지 교과서에 나타난 단편적인 지식을 학생들에게 암기 위주로 가르치는 활동으로 그쳤던 문법 교육의 현실을 반성하고, 보다 체계적인 문법 영역에 대한 연구가 필요하다는 생각에 글의 주제를 정하게 되었으며, 이 연구를 바탕으로 교육 과정이 지향하는 문법 교육의 목표를 살펴보고 그것을 바탕으로 하여 학생들이 실제 생활에서 바르게 국어를 사용하도록 지도하고자 하는 의도에서 이 글을 시작하였다.

7차 교육 과정에 따른 교과서는 구성주의의 이론을 배경으로 하여 만들어졌다. 구성주의의 입장에서 보면 학습의 주체는 학생 자신이 되어야 하고, 교사는 학생들이 지식을 능동적으로 구성할 수 있도록 안내하는 역할을 해야 한다고 하였다. 이에 따라 교과서의 각 단원이 마련되었으며, 매 학기별로 '국어'와 '생활국어'의 2권 체제로 하여 지도와 학습의 전문화를 꾀하였다. '국어' 교과서에서는 '읽기'와 '문학' 영역을 다루고, '생활국어' 교과서에서는 '말하기', '듣기', '쓰기', '국어지식' 영역을 다루고 있으며, 대단원 수의 축소를 통해서 단원 학습 내용의 체계화를 시도하였다.

7차 교육 과정의 문법 영역의 내용 체계는 '국어의 본질'과 '국어의 이해와 탐구' 범주가 국어 지식에 대한 내용을 제시되고, 실제의 생활에 적용하는 것을 중점으로 하여 '규범과 적용'이라는 범주를 제시하였으며, 이러한 내용을 바탕으로 하여 '국어에 대한 태도'를 갖추는 것을 내용으로 하였다. 여기에서는 '국어의 이해와 탐구' 영역이 차지하는 비중이 매우 큼을 알 수 있으며, 이것은 국어 지식을 학습자에게 전달하는 것이 우선이라는 점을 생각할 때 타당한 비율이라 할 수 있으나, 다른 영역의 비중이 상대적으로 적은 부분을 차지하는 것과 실생활에 적용할 수 있는 부분이 많지 않았다는 점을 단점으로 들 수 있었다.

학년별로 교과서의 단원 배열과 학습 목표 반영, 그리고 학습 목표에 따른 학습 내용이 적절한지를 살펴보면 다음과 같이 정리할 수 있다.

중학교 1학년 과정에서 드러난 문제점은 교과서에는 언어의 특질만이 나타나고 '국어'의 특질과 우수성에 관련된 내용이 없다는 것, 음운에 대한 사전 학습이 없이 음절이나 낱말의 의미를 공부하게 되어 학습 내용에 대한 체계가 서지 않았다는 것, 어간과 어미의 개념을 알지 못하는 상태에서 형태소를 학습하기에 다소 무리가 있었다는 것, 교육 과정에 나타나지 않은 외래어가 교과서에 제시되고, 교육 과정에 있는 전문어의 개념이 교과서에 제시되지 않았다는 것, 국어 생활의 반성이 유행어나 외래어 등의 한 부분으로 치우쳐 있다는 것, 담화의 구성 요소를 아는 것에 그쳐서 실제 생활에 활용하기가 어렵다는 것 등을 들 수 있었다.

중학교 2학년 과정에서는 소단원 하나에 자음과 모음 체계에 대한 내용이 모두 들어가 있기 때문에 학습량이 많을 수 있다는 것, 자음과 모음 체계의 나열로 학습 내용이 이루어져 있기 때문에 음운 체계표의 암기 위주로 활동이 치우칠 우려가 있다는 것, 우리말의 어순, 문법 요소의 쓰임, 호응 관계, 높임 표현, 시제 등의 중요한 요소들이 체계적인 학습 내용 제시 없이 간단하게 훑고 지나가는 식으로 활동이 전개되고 있는 것 등을 문제점으로 들 수 있다.

그리고 중학교 3학년 과정에서는 표준 발음법에 관한 선행 학습이 있어야 음운의 변동 현상을 이해할 수 있는데, 표준 발음법이 교과서 뒷부분에 부록으로 제시되어 학습 현장에서 다루어지지 않을 수 있다는 것, 단어 분류의 기준이 명확하게 제시되지 않아 학생들이 왜 품사가 아홉 가지로 나뉘는지 이해하기가 어려웠다는 것, 2학기에 있는 품사를 공부하기 전에 1학기에 맞춤법 단원을 공부하게 되어 내용 이해에 어려움이 있었다는 것, 보조 용언이나 활용, 용언, 어미 등의 용어를 어느 정도까지 학생들에게 전달해야 하는지 명확한 기준이 제시되지 않았다는 것 등을 지적할 수 있었다.

위의 내용은 다음과 같이 세 가지로 요약된다. 첫째, 교육 과정에 명시된 학습 요소 중에서 교과서에 나타나지 않은 내용이 있다는 것이다. 둘째, 학년별 내용 체계의 부적절함이다. 품사 관련 단원이 3학년 2학기 과정에 나타나 다른 학습 내용을 공부할 때 어려움이 있다는 것을 예로 들 수 있다. 셋째, 표준 발음법이나 한글 맞춤법, 표준어에 관한 내용이 담긴 '부록' 부분이 교육 현장에서 제대로 활용되지 못하고 있다는 점이다.

이를 바탕으로 하여 중학교 문법 교육에 대한 제안을 해 보면, 학년별 위계성과 체계성에 맞춰서 1학년에서는 음운을, 2학년에서는 낱말을, 3학년에서는 문장과 표준어, 맞춤법을 공부하는 것이 타당하리라 생각된다. 1학년 과정에서 음운의 개념을 학습하여 2학년 과정에서 낱말과 형태소를 공부할 때 도움이 되도록 배치하였고, 2학년 과정에서 국어의 특성과 우수성을 학습하여 국어에 대한 동기와 흥미, 자긍심을 높이도록 하였으며 3학년 과정에서는 맞춤법 관련 단원을 2학기로, 2학기의 품사 관련을 2학년으로 배치하는 것이 적절하다고 보았다.

마지막으로 논의한 것은 2007 개정 국어과 교육 과정에 나타난 문법 교육이다. 교육 과정의 구현 주체인 교사의 의견을 수렴하여 반영한 개정 교육 과정은 이론과 실천, 보편성과 구체성, 전문가의 목소리와 현장의 목소리가 만남으로써 구체적 보편성을 확보했다고 하였다. 교육 내용을 '실제' 범주를 중심으로 구성한 것, 학습자의 수준을 규정하는 주체를 단위 학교로 설정한 것, 내용 요소 선정 범주에 맥락 범주를 새롭게 설정한 것, 교육 내용의 타당성 강화, 성취 기준을 중심으로 교육 내용을 선정하고 배열한 것, 매체 담화, 글의 창의적 비판적 수용을 강조한 것 등이 개정 국어과 교육 과정의 중요한 특징이라 할 수 있다.

개정 국어과 교육 과정에서는 문법 영역의 내용이 축소되어서 학습 요소도 각 학년마다 다섯 가지로 제한되고, 문장 성분이나 맞춤법, 표준어 등의 내용이 드러나지 않았다. 반면에 상황 맥락이나 매체 언어가 중요하게 다루어졌다는 점과 한국어의 특성 및 가치가 제시된 것은 새로운 언어 생활에의 요구가 반영된 결과에 따른 특징이라 하겠다.

이 글에서는 주로 7차 국어과 교육 과정과 생활 국어 교과서의 연계성, 그리고 학습 내용의 적절성을 논의하였다. 7차 교육 과정이 가지는 장점도 있지만 지적된 문제점도 적지 않았다. 이에 대한 논의와 결과를 바탕으로 개정 국어과 교육 과정이 발표되었다. 개정 국어과 교육 과정과 그에 따른 국어 교과서가 보다 나은 국어 교육을 이끌어내는 데 기여할 것을 기대해 보며, 이를 위해 7차 교육 과정에 대한 논의가 더욱 충분히 이루어져야 할 것이라 생각한다.

‖ 참고문헌

기본자료

교육부(1997), 국어과 교육과정, 교육부.

교육부(1999), 중학교 교육과정 해설(Ⅱ), 교육부

교육부(2001), 중학교 국어과 교사용 지도서 국어·생활국어 1-1, 대한교과서.

교육부(2001), 중학교 국어과 교사용 지도서 국어·생활국어 1-2, 대한교과서.

교육부(2002), 중학교 국어과 교사용 지도서 국어·생활국어 2-1, 대한교과서.

교육부(2002), 중학교 국어과 교사용 지도서 국어·생활국어 2-2, 대한교과서.

교육부(2003), 중학교 국어과 교사용 지도서 국어·생활국어 3-1, 대한교과서.

교육부(2003), 중학교 국어과 교사용 지도서 국어·생활국어 3-2, 대한교과서.

교육부(2001), 중학교 국어 1-1, 대한교과서.

교육부(2001), 중학교 국어 1-2, 대한교과서.

교육부(2002), 중학교 국어 2-1, 대한교과서.

교육부(2002), 중학교 국어 2-2, 대한교과서.

교육부(2003), 중학교 국어 3-1, 대한교과서.

교육부(2003), 중학교 국어 3-2, 대한교과서.

교육부(2001), 중학교 생활국어 1-1, 대한교과서.

교육부(2001), 중학교 생활국어 1-2, 대한교과서.

교육부(2002), 중학교 생활국어 2-1, 대한교과서.

교육부(2002), 중학교 생활국어 2-2, 대한교과서.

교육부(2003), 중학교 생활국어 3-1, 대한교과서.

교육부(2003), 중학교 생활국어 3-2, 대한교과서.

교육부(2007), 중학교 국어과 교육과정 해설(Ⅱ), 교육과학기술부.

한국교육개발원(1995), 중학교 1학년 1학기 교과서, 대한교과서주식회사.

한국교육개발원(1995), 중학교 1학년 2학기 교과서, 대한교과서주식회사.

한국교육개발원(1996), 중학교 2학년 1학기 교과서, 대한교과서주식회사.

한국교육개발원(1996), 중학교 2학년 2학기 교과서, 대한교과서주식회사.

한국교육개발원(1997), 중학교 3학년 1학기 교과서, 대한교과서주식회사.

한국교육개발원(1999), 중학교 3학년 2학기 교과서, 대한교과서주식회사.

저서

김광해, 『국어지식교육론』, 서울대학교 출판부, 1997.
김수업, 『국어교육의 원리』, 청하, 1989.
남기심·고영근, 『표준 국어 문법론』, 탑출판사, 1986.
박영목·한철우·윤희원, 『국어과 교수 학습론』, 교학사, 2001.
박영목 외, 『국어과 교수 학습 방법의 탐구』, 교학사, 1995.
정준섭, 『국어 교육 사랑』 상·하, 대한교과서, 2000.

논문

강정한, 「7차 국어과 교육과정과 국어 교과서와 ‘우리말 우리글’」, 『국어교과교육연구』
　　　제2집, 국어교과교육학회, 2001.
권미라, 「‘국어 지식’ 영역의 중학교 교과서 실현 양상─제7차 교육 과정을 중심으로」,
　　　계명대학교 석사학위논문, 2003.
권영준, 「국어과 교육과정의 변천과정 연구」, 홍익대학교 교육대학원 석사학위논문,
　　　1994.
권정혜, 「우리말 우리글 설명회」, 2003.
김기용, 「고등학교 문법 교육의 문제점과 새로운 방안 모색」, 건국대학교 교육대학원
　　　석사학위논문, 2003.
김민경, 「중학교 국어 교과서와 『우리말 우리글』의 짜임 비교 연구」, 경상대학교 교
　　　육대학원 석사학위논문, 2005.
김주환, 「중학교 우리말 우리글 설명회 연구결과 논문」, 전국국어교사모임, 2002.
김주환, 「국어 지식 영역의 탐구 학습에 대한 연구」, 강릉대학교 석사학위논문, 2002.
김지연, 「제6차 교육과정에 따른 중학교 국어 교과서 체제 분석 연구」, 고려대학교 교
　　　육대학원 석사학위논문, 2000.
노명완, 「교과서 제도와 개발 과정의 문제」, 『함께 여는 국어 교육』, 1996 여름호,
　　　1996.
문선자, 「중학교 국어과 교육 과정의 변천」, 숙명여자대학교 교육대학원 석사학위논문,
　　　1987.
문신권, 「국어지식 영역의 효과적인 교육방법 연구」, 아주대학교 석사학위논문, 2007.
박병두, 「7차 중학교 교육과정이 국어 교과서에 반영된 양상과 그 문제점 및 원인」, 경
　　　기대 교육대학원 석사학위논문, 2005.
서성희, 「중학교 국어과 교육 과정의 국어 지식 내용에 관한 연구」, 부산대학교 교육대
　　　학원 석사학위논문, 2003.
서혜경, 「제7차 교육과정 국어지식 영역에 관한 연구」, 『국어교육연구』, 국어교육학회,
　　　2001.

서희선, 「중학교 국어과 교육과정과 국어 교과서 연구―중학교 1학년 국어 교과서를 중심으로」, 건국대학교 석사학위논문, 1996.

신말희, 「중학교 '국어 지식' 영역의 체계와 내용에 대한 비판과 개선 방안」, 부경대학교 석사학위논문, 2007.

윤영소, 「중학교 국어과 교육과정 운영 실태에 대한 분석적 연구」, 건국대학교 교육대학원 석사학위논문, 1993.

이난주, 「교육 과정의 문법 교육에 대한 연구―제7차 교육과정 교과서를 중심으로」, 안동대학교 교육대학원 석사학위논문, 2003.

이재기, 「중등 국어과 교육과정 개정의 특징과 의의」, 한국교육과정평가원, 2007.

이재기, 「2007년 개정 국어과 교육과정의 성격과 특징」, 『함께 여는 국어 교육』 통권 80호, 2008.

이혜원, 「제7차 중학교 교과서의 <국어지식> 영역 분석」, 아주대학교 석사학위논문, 2006.

정예지, 「『생활국어』에 나타난 국어지식 영역의 분석과 개선 방향―제7차 교육과정을 중심으로」, 동국대학교 교육대학원 석사학위논문, 2007.

정준섭, 「국어과 교육과정의 역사적 전개에 관한 연구」, 경원대학교 박사학위논문, 1994.

한혜정, 「제7차 국어과 교육 과정 '국어 지식' 영역의 고찰」, 계명대학교 석사학위논문, 2007.

허수임, 「중학교 국어 교과서 단원 배열상의 문제점 연구―제7차 교육과정의 '국어 지식' 영역을 중심으로」, 동국대학교 석사학위논문, 2006.

국어과 어휘교육 실태와 개선방안

이명환

1. 서론

국어의 자원은 어휘이다. 언어의 기본적인 단위들 중 언어사용자의 개념과 정서를 담아 1차적으로 전달하는 것은 어휘이다. 그만큼 언어생활 속에서 어휘가 차지하는 비중은 어휘의 양만큼이나 매우 높다고 할 수 있다. 낱말을 개별적으로 누적시키는 학습은 의사소통능력을 신장을 보장할 수 없는 비합리적인 일이 되어 버렸다.

어휘를 학습한다는 것은 언어학적인 지식만을 가지고 어휘를 이해하고자 하는 것이 아니다. 낱말의 외연 즉 낱말이 참조하는 대상의 사회문화적인 의미도 어휘를 이해하는 중요한 요소이다. 어휘를 교육한다는 것은 더 이상 국어교육에서 간단하고 보조적인 의미로 그치는 것이 아니다.

어휘교육에 대한 연구는 1990년대 이래로 꾸준히 이뤄져왔다. 어휘 교육에 대한 연구 결과물들이 온전히 교육의 현장에 뿌리내렸다고 보기는 어렵다. 어휘교육에 대한 목표 내용 방법에 대한 부단한 연구의 성과가 미흡했던 것만이 제자리를 걷는 어휘교육의 원인으로 보기도 어렵다. 그동안 이뤄진 어휘교육의 학문적 체계화를 위한 연구들도 물론 중요하다. 하지만 더욱 필요한 것은 현장의 교육당사자들이 국어교육의 맥락 속에서 어휘교육의 위상을 높이기 위한 각별한 노력들이다. 또한 현실적으로 실현 가능한 어휘교육의 설계를 위해 현재 국어교육 내 어휘교육 체계를 분석하는 것이다. 본고에서는 국어사용능력을 신장시키기 위해 어휘는 가장 중심적이고 기본적인 학습 사항으로 보고 있다. 어휘교육이 국어교육의 목적을 이루기 위해 중요한 역할을 맡아야 하지만 현재 국어교육의 체계 내에서 어휘교육이 이뤄지는 양상은 만족스러운 상황이 아니다. 따라서 어휘교육의 학문적 체계에 대한 연구와 동시에 국어교육에서 어휘교육이 체계를 갖추는 데 있어서 장애가 되는 요소를 분석해내야 한다. 국어교육의 체계가 어휘에 대한 세심하고 조직적인 어휘교육을 고려하지 않고 있다고 전제하고서 국어교육의 가능한 한 모든 현상을 분석하고 그 원인을 찾아 어휘교육이 더욱 개선되어 나갈 수 있는 방안을 제시하고자 한다.

현재 어휘교육이 국어교육의 체계 속에서 차지하는 위상과 필요성을 분명히 하여 논의의 기반을 다질 필요가 있다. 어휘교육의 당위성이 성립되지 못한다면 어휘교육의 현황에 대한 분석도 아무런 의의를 가질 수 없기 때문이다. 그 다음 어휘교육이 현재 어떻게 실행되고 있는지 국어교육의 모든 현상을 중심으로 체계적으로 분석하여야 한다. 교육과정의 측면, 교과서의 측면, 교수·학습의 측면으로 나누어 분석하는 것은 어휘교육이 국어교육의 구조와 체계에서 조화를 이루지 못하고 겉도는 원인을 다각적으로 찾아보려는 목적이 있기 때문이다. 그런 다음 국어교육의 체계와 구조를 이루는 요소들 중에 어휘교육의 발전을 방해하는 요소들을 분석해내어 그것을 극복하기 위한 방안을 제공한다. 본고의 연구 목적은 국어교육의 체계에 현실적으로 존재하는 어휘교육 저해요인을 찾아내어 극복 방안을 제시하는 데 있다는 것이다.

2. 어휘교육의 위상과 필요성

2.1. 어휘의 가치

어휘는 어휘교육의 대상으로서 어휘교육의 체계에서 핵심적인 구성요소이다. 어휘력은 국어교육의 목적을 이루기 위해서 어휘교육이 실질적으로 추구해야 할 하위 목표이다. 어휘와 어휘력에 대한 이해와 가치의 인식 수준을 높이는 것은 어휘교육의 위상을 높이는 것이다.

그 동안의 어휘교육을 연구하는 과정에서 어휘의 가치를 다양한 방향에서 인정하려는 주장들이 많았다. 마광호(1998)는 김명순(2003), 송기철(2003) 등은 의사소통을 구성하는 기본단위로서의 어휘의 가치를 중요시하고 정확하게 어휘를 구사할 줄 아는 사람이 사물과 세계에 대한 변별과 분석이 우수해질 수 있으며 어휘력이 부족할 때 나타나는 어휘구사의 오류를 말하면서 어휘력의 가치를 정확한 의사소통 과정에서 찾으려고 하였다.

2.2. 어휘교육과 국어교육의 관계

어휘교육의 목적이 어휘력의 신장일 수 있으나 국어과 어휘교육의 궁극적인 목적은 어휘력이 될 수 없다. 국어과 어휘교육의 궁극적인 목적은 국어사용능력의 신장에 있다. 국어교육은 언어교육이며 언어교육을 통해 신장시키고자 하는 언어능력은 어휘력이 기반이 돼야 신장할 수 있는 것이기 때문이다. 따라서 어휘력과 언어능력의 관계를 통해 어휘교육의 목적인 어휘력이 결국은 국어교육의 최종 목적을 이루기 위한 하위 목적이라는 것을 입증할 필요가 있다.

어휘력은 인간이 어휘를 이해하고 구사할 수 있는 능력이라고 할 수 있으며 어휘를 가지고 이해와 표현의 기능을 수행하기 위해서는 양적 어휘력과 질적 어휘력이 동시에 작용해야 한다. 어휘력 중 양적 능력이란 언어 사용자가 얼마나 많은 어휘를 이해하고 구사할 있는지에 대한 능력이며 질적 능력이란 각각의 어휘소들의 의미 및 용법에 관하여 이해하고 구사할 수 있는 능력이다.

질적 어휘력의 구성요소는 어휘에 대한 형태, 의미, 용법에 대한 개념적, 절차적 지식으로 이루어져 있다. 어휘력은 언어활동 전체에 영향을 미치며 의사소통의 과정에 작용하는 중요한 기반이 되는 능력인 것을 알 수 있다. 그 만큼 언어능력과 어휘력을 따로 떼어서 생각하는 것은 쉽지 않다는 것이다.

Nation(1990)에서는 하나의 낱말을 안다고 할 때 알아야 할 지식을 단어의 음운, 형태, 통사, 화용 등에 관한 지식을 포함하여 총 16가지로 제시하고 있다. 하나의 단어를 알고서 그것을 입력하고 산출하는 과정은 얼마나 복잡하고 많은 지식이 작용하는지에 대한 고민을 나타내고 있는 것이다.

이충우(2001)에서는 국어교육과 어휘교육의 관계를 밝히기 위해서 국어교육의 성격을 '언어 사용 기능으로서의 국어 교육과 어휘교육', '도구 교과 교육으로서의 국어 교육과 어휘 교육'의 두 측면으로 나누어서 논의를 전개하였다. 표현행위, 이해행위, 언어를 통한 생각하기 등의 모든 의사소통 과정들이 어휘에 의지하지 않고는 이루어질 수 없다고 하였다. 따라서 어휘 교육은 의사소통을 중심으로 이뤄져야 한다고 본다. '도구교과로서의 국어 교육'에서 국어 교과는 학습자에게 다른 교과 학습에 필요한 도구를 갖추게 하는 교과라고 전제하였다. 국어 교과의 도구 교과로서의 기능을 수행하는데 특히 어휘력이 중요한 부분을 차지한다고 주장하였다. 학교 교육을 통해 학생들에게 전달되는 지식의 결정체는 결국 주요한 개념이나 원리들로서 이는 바로 그 개념이나 원리를 담고 있는 용어(낱말)로 전달되는 것이라고 한다. 따라서 어휘교육은 지식의 틀을 형성하는 어휘의 특성을 중심으로 이뤄져야 한다고 본다.

3. 국어과 어휘교육의 현황

3.1. 교육과정 분석

3.1.1. 제7차 국어과 교육과정의 특성

어휘교육과 관련하여 교육과정을 분석하기 위해서는 국어지식영역의 내용 체계와 어휘교육의 내용 체계를 각각 살펴볼 필요가 있다. 국어지식영역의 내용 체계와 구조를 고려하는 것은 국어교육의 체계 속에서 존재하는 어휘교육의 실태를 조사하기 위한 연구 목적 때문이기도 하지만 교육과정의 '어휘' 부분이 전체적으로 국어교육의 어떠한 의도를 적용받고 있는지 살펴보기 위함도 있다. 또한 국어교육과정에서 정한 학년별 내용 조직, 배열의 기본 원리를 바탕으로 하여 어휘교육 관련 내용의 위계성을 분석한다.

제7차 교육과정이 국어 교육 내용을 범주화하면서 적용한 원리를 살펴볼 때 국어과의 교육 내용은 학습자가 반드시 알아야 할 것으로서의 '학습 요소(내용)'와 이 학습 요소를 학습함으로써 학습자가 할 수 있어야 할 것으로서의 '수행' 두 차원을 고려하였다고 한다. '국어의 이해와 탐구' 범주는 '학습 요소'와 '수행'의 두 차원의 원리가 적용되어 이루어진 복합적인 성격의 범주임을 알 수 있다. '음운', '낱말', '어휘' 등 범주의 내용으로 거론 된 것은 '학습 요소'의 차원이지만 이러한 '학습 요소'를 활용한 '수행' 차원의 '방법 또는 절차에 관한 지식'도 다루어야 한다는 것이다. 선정된 어휘교육 관련 내용을 분석할 때 이러한 범주의 본래 성격과 특성이 고려되어 있는지 살펴야 한다.

국어교육의 내용 체계는 교육과정을 통해서 살필 수 있지만 어휘교육의 내용 체계는 학문적으로 아직 마련되지 못한 실정이다. 여기에서 주목되는 것이 어휘력의 구조이다. 어휘력의 구조에 대한 연구들을 통해 어휘교육이 갖춰야 할 체계를 정리하면 '어휘의 형태에 관한 내용', '어휘의 의미에 관한 내용', '어휘의 용법에 관한 내용', '어휘 학습 방법에 관한 내용'으로 체계화 할 수 있다. 그리고 어휘교육관련 내용으로 선정한 교육과정 항목이 이러한 어휘교육의 내용체계를 반영하고 있는지 살펴볼 수 있다.

3.1.2. 국어지식영역의 분석

국어지식영역에서 선정된 어휘교육 관련 항목을 아래의 표와 같이 선정하였다.

[표 1] 제7차 국어과 교육과정 어휘교육관련 항목

성취 기준	학습 활동의 예
(7-국-3) 형태소와 낱말의 개념을 안다.	[기본] 하나의 문장을 분석하여 형태소와 낱말의 개념을 알게 하는 활동 [심화] 형태소와 낱말의 관계를 설명하게 함으로써 형태소와 낱말의 차이를 알게 하는 활동
(7-국-4) 은어, 전문어, 속어, 비어, 유행어의 개념을 안다.	[기본] 은어, 전문어, 속어, 비어, 유행어에 해당하는 예를 통해 이들의 개념을 알게 하는 활동 [심화] 은어, 전문어, 속어, 비어, 유행어의 특성을 설명하게 함으로써 이들 간에 관계를 파악하게 하는 활동
(7-국-5) 동음이의어와 다의어의 개념을 안다.	[기본] 동음 이의어와 다의어를 사전에서 찾게 함으로써 동음 이의어와 다의어를 구별할 수 있게 하는 활동 [심화] 동음 이의어와 다의어를 이용해 짧은 글을 써보게 함으로써 동음 이의와 다의어를 언어 사용에 활용할 수 있게 하는 활동
(7-국-7) 국어를 순화하려는 태도를 지닌다.	[기본] 국어 순화가 필요성을 말하게 함으로써 국어 순화를 실천할 수 있는 기틀을 마련하게 하는 활동 [심화] 국어 순화의 대상과 범위에 대해 토론하게 함으로써 국어 순화 능력을 기르게 하는 활동
(8-국-4) 국어의 조어법을 안다.	[기본] 낱말의 짜임에 따라 낱말의 종류를 나누어 보게 함으로써 국어의 낱말 형성 원리를 알게 하는 활동 [심화] 국어의 조어법에 따라 새로운 낱말을 만들어봄으로써 국어의 낱말 형성 원리를 어휘력 확장에 활용하게 하는 활동

(8-국-5) 관용어의 개념을 안다.	[기본] 관용어의 예를 찾아 그 뜻을 말하게 함으로써 관용어의 개념을 알고 있는지 확인하는 활동 [심화] 관용어와 관용어가 아닌 것을 구별하는 기준을 알아보게 함으로써 관용어의 특징을 잘 알게 하는 활동
(9-국-3) 품사의 분류기준과 각 품사의 특성을 안다.	[기본] 품사의 분류 기준에 따라 품사를 분류하게 함으로써 낱말을 갈래 짓는 방법을 알게 하는 활동 [심화] 품사 분류기준과 품사의 특성과의 관계에 대해 설명하게 함으로써 품사 분류의 의의를 이해시키고자 하는 활동

형태소와 낱말에 대한 학습은 어휘교육 체계 분석 기준에 의하면 낱말의 구조에 대한 지식에 해당되며 낱말의 개념을 아는 것도 낱말 자체에 대한 개념 형성에 대한 지식에 해당된다. 따라서 '형태소와 낱말의 개념을 안다'의 성취기준은 '어휘의 형태에 대한 내용'으로 분류할 수 있다.

교육과정 해설에 의하면 은어, 전문어, 속어, 비어, 유행어의 개념을 알게 되면 학습자가 상황에 따라 어휘를 적절히 사용할 수 있다는 점을 중시하였다. 어휘교육 체계 분석 기준에 의하면 위 성취기준의 내용은 어휘의 용법에 관한 내용으로 분류될 수 있다. 그것은 성취 기준과 학습 내용이 어휘의 사용 제약에 대한 내용, 어휘의 사용 효과에 대한 내용, 어휘를 상황에 맞게 사용하는 내용들이 애초의 교육 내용으로 선정하려 했던 목적이기 때문이다.

'동음이의어와 다의어의 개념을 안다'는 낱말의 다양한 의미에 관한 지식에 해당하므로 '어휘의 의미에 관한 내용'으로 분류할 수 있다.

국어 순화를 학습하는 것은 최종적으로 어휘를 바르게 쓰려는 태도를 학습자의 내면에 심어주기 위해서이다. 내면화라는 것은 개념과 지식의 이해, 기능적이고 전략적인 수행이 모두 밑받침되어야 하며, 그것을 통해 결국 학습자의 정서적인 변화를 추구하는 교육 내용이다. 따라서 어휘 교육 체계에서 위 성취기준이 해당하는 영역은 '어휘에 대한 태도의 내용'이라 할 수 있다.

학습자에게 낱말 형성법은 낱말의 짜임을 들여다볼 수 있게 한다. 또한 낱말의 구성요소들의 문법적 특성과 의미를 통해 낱말의 정확한 개념을 파악하는 것이 가능하게 해준다. 낱말들 간에 비슷한 짜임을 보이면 일단 분류하고 접사의 기능에 따라 생소한 낱말의 의미를 유추할 수 있는 방법으로 활용할 수 있는 것이다. 이 성취 기준은 [표 1] 어휘교육 체계 분류 기준에 따라서 어휘 학습 방법에 대한 내용으로 분류할 수 있다.

관용어에 대한 학습 내용은 [표 1] 어휘교육 체계 분류 기준에 의해 분류하기가 쉽지 않다. 하지만 국어지식영역에서 관용어를 선정한 이유를 중심으로 따지자면 관용어의 개념과 특성의 학습은 어휘의 효과적인 사용을 고려한 것이다. 관용어는 화자가 처한 상황맥락을 정확히 파악하여 사용해야만 의미 전달 효과가 극대화될 수 있다. 또한 다양한 관용어의 형태와 의미를 습득하는 것은 관용어의 적절한 사용 능력을 높이기 위한 기저가 될 수 있을 뿐만 아니라 관용 표현 전반에 대한 관심을 높일 수 있는 학습이다. 따라서 '관용어의 개념을 안다'는 어휘의 용법에 관한 내용으로 분류할 수 있다.

품사는 낱말 그 자체가 가지고 있는 정적인 특성이다. '낱말 형태의 변화 유무', '문장에서의 기능', '문법적인 공통 의미'의 품사 기준을 학습하게 하여 학습자가 낱말을 특성에 맞게 분류할 수 있게 한다. 그리하여 낱말을 문장 안에서 문법에 맞게 사용될 수 있도록 유도하기 위한 학습이라고 할 수 있다. 문제가 되는 것은 품사에 대한 교육 내용이 품사 분류 기준 자체와 각 품사의 개념 중심으로 강조되어 그 이면의 품사를 통한 어휘 사용의 학습으로는 제대로 연계가 이뤄지지 않는다는 것이다. 학습자가 주어진 낱말을 품사별로 분류하고 품사의 형태 변화와 통사적 자질을 되새기며 실제 적용할 수 있는 능력을 고려한 교육 내용을 표면화 시켜야 할 것이다. 따라서 품사의 분류 기준과 각 품사의 특성을 아는 것은 어휘를 정확하게 사용할 수 있도록 기반을 형성해주는 교육 내용이라고 할 수 있다.

이상의 논의에서 살펴본 '제7차 국어과 교육과정'의 '국어지식영역'에 반영된 어휘교육의 체계를 살펴본 결과를 표로 작성하면 다음과 같다.

[표 2] 국어지식영역의 어휘교육 체계

어휘의 형태에 대한 내용	(7-국-3) 형태소와 낱말의 개념을 안다.
어휘의 의미에 대한 내용	(7-국-5) 동음이의어와 다의어의 개념을 안다.
어휘의 용법에 대한 내용	(7-국-4) 은어, 전문어, 속어, 비어, 유행어의 개념을 안다. (8-국-5) 관용어의 개념을 안다. (9-국-3) 품사의 분류 기준과 각 품사의 특성을 안다
어휘 학습 방법에 대한 내용	(8-국-4) 국어의 조어법을 안다.
어휘에 대한 태도의 내용	(7-국-7) 국어를 순화하려는 태도를 지닌다.

3.2. 교과서 분석

어휘교육 관련 「생활국어」 단원의 학습목표와 교육과정의 연관성을 표로 제시하면 다음과 같다.

[표 3] 7학년 어휘교육 관련 국어지식 교과서 단원

학기	단원명	교과서 학습 목표	교육 과정 내용	어휘교육내용
1-1	4단원 국어 생활의 반성 (1) 외래어, 은어, 비속어, 유행어	외래어, 은어, 비속어, 유행어의 뜻을 알 수 있다.	(7-국-4) 은어, 전문어, 속어, 비어, 유행어의 개념을 안다.	어휘의 용법에 대한 내용
	4단원 국어 생활의 반성 (2) 국어 생활 반성하기	우리말을 바르고 곱게 쓸 수 있다.	(7-국-7) 국어를 순화하려는 태도를 지닌다.	어휘에 대한 태도 형성

	2단원 낱말과 형태소 (1) 음절과 어절, 낱말 (2) 형태소	낱말과 형태소의 개념을 이해할 수 있다. 낱말과 형태소의 관계를 말할 수 있다.	(7-국-3) 형태소와 낱말의 개념을 안다.	어휘의 형태에 대한 내용
1-2	5단원 낱말의 의미 (1) 동음 이의어 (2) 다의어	동음 이의어와 다의어의 개념을 알 수 있다. 문맥 속에서 낱말의 의미를 파악할 수 있다.	(7-국-5) 동음이의어와 다의어의 개념을 안다.	어휘의 의미에 대한 내용
2-2	2단원 낱말 형성법과 국어의 관용어 (1) 낱말 형성법	낱말 형성법에 대해 말할 수 있다.	(8-국-4) 국어의 조어법을 안다	어휘의 형태에 대한 내용
	2단원 낱말 형성법과 국어의 관용어 (2) 국어의 관용어	관용어의 개념과 특징을 말할 수 있다.	(8-국-5) 관용어의 개념을 안다.	어휘에 형태 의미 용법에 대한 내용
3-2	5단원 품사의 종류 (1) 단어의 분류 (2) 품사의 특성	단어 분류의 필요성과 기준을 이해한다. 각 품사의 특성을 이해한다.	(9-국-3) 품사의 분류기준과 각 품사의 특성을 안다.	어휘의 형태와 용법에 대한 내용

4단원 국어 생활의 반성

(1) 외래어, 은어, 비속어, 유행어

교육과정에서는 '비속어'의 개념을 '비어', '속어'로 세분하여 각각의 개념과 특성에 대해 정확한 학습을 의도하였지만 교과서에서는 두 개념을 '비속어'로 묶어서 제시하였다. 교육과정에서 제시한 '전문어'에 대한 내용을 교과서에서 수록하고 있지 않고 있다. 그것은 '외래어', '은어', '비속어', '유행어'와 '전문어' 사이에서 보이는 표면적 차이로 인해 하나의 단원으로 묶어서 다루지 않은 것이다. '외래어', '은어', '비속어', '유행어'는 국어순화의 대상이 될 수 있지만 '전문어'는 국어순화의 대상이 되기 힘들다. 이러한 문제의 이면에는 어휘의 사용 양상에 자동적으로 가치를 부여하여 학습자가 국어순화의 대상을 수동적으로 받아들이게 할 것인지 아니면 어휘 사용 양상을 가치중립적으로 제시하여 학습자가 능동적으로 국어순화의 대상을 찾게 할 것인지의 차이가 작용한 것이다. 전문어의 가치중립성은 국어순화의 대상으로 미리 선점하기에는 적절하지 않기 때문이다.

교육과정에서는 심화과정에 은어, 전문어, 속어, 비어, 유행어의 특성을 설명함으로써 이들 간의 관계를 파악하고자 하는 활동을 제시하였다. 그러나 소단원 (1)은 은어, 비속어, 유행어 별로 학습활동을 나누어서 제시하고 있을 뿐 어휘의 사용 양상 간에 관계를 살펴보기 위한 활동은 찾기 어렵다. 어휘 사용 양상 간에 관계를 파악한다는 것은 어휘가 사용되는데 영향을 미치는 요소들을 분석한 것을 토대로 연관성을 찾아내는 활동이다. 교육과정에 의해 어휘의 관계 파악에 초점이 맞춰졌다면 어휘 사용을 둘러싼 사용자의 심리적인 요인, 사회문화적 요인 등의 내용이 포함되어야 한다.

(2) 국어 생활 반성하기

국어생활을 반성하기 위한 '소단원 (2)'의 내용은 어휘를 바르게 쓰기 위한 가치의 내면화를 목표로 하고 있다. 어휘에 대한 인식과 태도를 바꾸기 위해서는 합리적인 인식과 정서적인 내면화가 함께 작용해야 한다. 국어 생활을 반성할 수 있는 구체적이고 실천가능한 방법의 학습이 부족하였다. 국어에 대한 가치를 내면화하기 위해서는 학습자의 실천적인 활동을 통한 것이 효율적이다. 구체적인 활동을 통해 그 방법을 알고 활동하기를 즐기게 된다면 그것이 바로 내면화의 과정인 것이다. 가령 은어, 비속어, 유행어의 부정적인 기능을 없애기 위해 완곡어법을 사용할 수도 있다는 것을 인식시킬 수도 있으며 외래어와 외국어를 대상으로 한 국어순화와 같은 구체적인 방법으로 국어생활을 반성할 수 있도록 유도하는 것이다.

2단원 낱말과 형태소

(1) 음절과 어절, 낱말

음절과 어절의 학습을 통한 낱말의 이해를 위한 단원인지 음절과 낱말 어절을 순차적으로 학습하기 위한 단원인지 단원의 핵심 제재가 불분명하다.

'낱말과 형태소의 관계를 말할 수 있다'의 학습 목표는 결국은 낱말과 형태소의 개념을 좀더 확실히 하기 위한 지도에 초점을 맞추기 위한 설정이라고 하였다. 이것은 낱말과 형태소의 관계에서 밝혀지는 두 개념의 차이를 명확하게 나타내려는 의도를 내포하고 있는 것이다.

5단원 낱말의 의미

(1) 동음 이의어 (2) 다의어

다의어를 이해시키기 위해서는 의미가 무엇인지 개념을 이해시키는 것에서부터 낱말의 의미를 살펴볼 수 있는 여려가지 접근 방법까지 제시해야 한다고 본다. 그렇다고 한 단원에 낱말의 의미를 이해하기 위한 모든 내용을 담을 수는 없다. 낱말의 의미를 이해하기 위해 단계적이고 연계성 있는 단원들을 만들어야 할 것이다.

2단원 낱말 형성법과 국어의 관용어

단원의 주요 학습 대상인 '낱말 형성법'과 '관용어'의 학습 재제를 하나의 단원으로 묶어서 제시할 만큼 연관성을 찾기 힘들다는 것이다. '낱말 형성법'과 관련하여서는 그것의 선행학습으로서 연관성이 높은 '낱말과 형태소'의 단원과 학년을 달리하면서까지 단원 간 거리를 벌려놓았다. '낱말 형성법'을 통해 익힌 '어근', '접사', '단일어', '파생어', '합성어'와 같은 낱말의 구성요소와 낱말의 종류에 대한 내용이 관용어의 개념과 특징을 이해하는 데 특별히 유용한 것은 아니기 때문이다. 오히려 '손을 끊다', '손에 땀을 쥐다’, ‘손에 잡힐 듯하다’, ‘손에 걸리다’ 등의 관용어의 뜻을 파악하기 위해서 학습자가 ‘손’이라는 낱말이 상황과 맥락에 따라 다양한 의미를 가질 수 있는 다의어임을 파악하는 것이 도움이 된다.

5단원 품사의 종류

(1) 단어의 분류 (2) 품사의 특성

소단원의 주요 학습 내용인 ‘단어의 분류 기준’의 학습 활동은 조직적이고 체계적으로 확립하였는지 의문이다. 사물을 분류하는 것과 분류기준 자체의 이해를 위한 준비학습이 낱말의 분류기준에 대한 본격적인 학습에 비해 양적으로 많다는 것은 오히려 학습자의 낱말 분류기준에 대한 학습의 집중도를 떨어지고 흥미를 반감시킬 수 있는 원인이 될 수 있다. ‘소단원 (2)’의 학습활동은 각 품사를 분류해낼 수 있는 주요한 특성을 유도하여 아홉 품사를 정의하는 수준에서 그치고 있다. 낱말의 품사를 알아내어 문법적 성질에 맞도록 낱말을 정확하게 사용하는 학습을 의도하고 있는지는 의문이다.

3.3. 교수·학습 실태 조사

3.3.1. 교사 대상 실태 조사

[설문 1] 국어 교과에서 어휘 지도는 필요하다고 보십니까?
[설문 2] 국어 교과에서 어휘 지도가 필요하다면 그 이유는 무엇이라고 생각하십니까?
[설문 3] 국어 교과에서 어휘 지도가 필요하지 않다면 그 이유는 무엇이라고 생각하십니까?
[설문 4] 평소 학생들에게 어떤 어휘를 대상으로 지도를 하십니까?
[설문 5] 학생들에게 어휘를 지도할 때 가장 중점적으로 가르치는 것은 무엇입니까?
[설문 6] 평소 학생들에게 어휘 지도를 어느 정도 하십니까?

[설문 7]　어휘 지도를 할 때 수업의 어느 단계에서 주로 하십니까?
[설문 8]　평소 어휘 지도를 할 때 가장 자주 사용하는 방법은 무엇입니까?
[설문 9]　다음 어휘 지도 방법 중 가장 선호하는 방법은 무엇입니까?
[설문 10]　선호하는 어휘 지도 방법이 현재 사용하는 어휘 지도 방법과 차이가 없
　　　　　다면 그 이유는 무엇입니까?
[설문 11]　선호하는 어휘 지도 방법이 현재 사용하는 어휘지도 방법과 차이가 있다
　　　　　면 그 이유는 무엇입니까?
[설문 12]　국어과 교육과정이 어휘교육을 위한 내용을 충분히 반영하고 있다고 보
　　　　　십니까?
[설문 13]　어휘교육을 위해 국어과 교육과정이 어떠한 점에서 개선되어야 한다고
　　　　　생각하십니까?
[설문 14]　「생활 국어」 교과서가 어휘 교육을 위한 고려를 충분히 했다고 보십니까?
[설문 15]　「생활 국어」 교과서가 어휘교육을 위해 어떠한 점에서 개선되어야 한다
　　　　　고 생각하십니까?
[설문 16]　교육 현장에서의 어휘 지도가 잘 이루어지고 있다고 생각하십니까?
[설문 17]　교육 현장에서 어휘 지도가 잘 이루어지고 있다면 그 이유는 무엇입니까?
[설문 18]　교육 현장에서 어휘 지도가 제대로 이루어지고 있지 않다면 그 이유는
　　　　　무엇입니까?
[설문 19]　효율적인 어휘 지도를 하기 위해 가장 필요한 것은 무엇이라고 생각하십니까?

　[설문 1~3]의 답변을 통해 어휘교육의 필요함을 분명히 인식하고 있으며 그 원인으로 어휘가 가지는 특성, 즉 어휘의 학습이 학습자의 인지능력을 길러준다는 것과 학습자의 국어사용능력에 신장시켜준다는 두 가지 원인이 작용하고 있음을 나타내고 있었다.

　[설문 5]에서 대상 어휘의 어떠한 내용과 범주를 주로 교수·학습하는지 물었는데 가장 많이 답변한 것은 '어휘의 사전적 의미와 문맥적 의미'에 비중을 많이 두는 것으로 나타났다.

　[설문 6~7]은 어휘지도가 이뤄지는 조건을 알아보고 어휘지도 이뤄지는 시점에 대해 알아보고자 한 것이다. 또한 어휘지도가 수업의 어느 위치를 차지하는지 등 어휘교육의 형태를 살펴보기 위해 만든 문항이다. 설문의 결과에 의하면 어휘지도는 시간을 정하여 하기보다 새어휘가 나타날 때마다

실행하여 매우 불규칙적인 어휘지도가 이뤄지고 있는 것으로 나타났다. 이 것은 어휘지도가 시행되어야 하는 기준점이 교사의 임의적인 판단에 의해 결정되는 것임을 나타낸다.

[설문 8]의 결과, 국어교사가 실제 사용하는 방법은 ‘읽기 문맥을 이용하기’, ‘사전적 의미 제공과 단어의 의미 직접 설명하기’, ‘유의어 반의어 등의 의미관계 이용’, ‘어휘에 대한 백과사전적 지식·배경지식 이용하기’ 등의 순으로 이용하는 것으로 드러났다. 이것은 국어교사가 국어교과의 학습 진도의 부담으로 인해 어휘에 대한 교수·학습을 전체 수업의 보조적인 수 단으로 인식하기 때문인 것으로 해석된다. [설문 9]의 결과 교사들이 선호 하는 어휘지도의 방법 또한 실제 사용하는 방법과 별반 차이가 없었다. [설문 11]을 통해, 몇몇 국어교사들은 현장의 어휘지도방법에 대한 문제점을 인식하고 있으며 그것에 불만을 느껴 새로운 어휘지도방법을 시도하고 싶다는 의향을 내비쳤다.

[설문 16]을 통해, 국어교사들이 내리는 현장의 어휘교육은 대체로 그 평가가 부정적인 것으로 나타났다. ‘잘 이뤄지지 않고’ 있으며, ‘매우 미흡하다’라는 의견이 답변들 중에 많은 수를 차지하고 있다. [설문 18]을 통해 나타난, 교육 현장에 대한 부정적 평가의 원인으로는 ‘교육과정과 교과서의 문제’가 가장 많이 꼽힌 것으로 나타났으며 그 다음으로는 ‘시간이 부족하다’는 것이다. [설문 16~18]의 결과는 매우 시사적이다. 어휘교육이 이뤄지는 현장에서 어휘교육의 문제의 초점은 어휘교육에 대한 인식 부족이나 자료의 부족만의 문제가 아니라는 것이다. ‘교육과정과 교과서’는 국어교육의 구조를 이루기도 하지만 국어교사에게 규범적이고 제한적인 교육 체계를 제공하기도 한다.

[설문 19]는 어휘교육이 앞으로 개선될 기회를 갖는다면 가장 우선적으로 개선되어야 할 사항으로 보는 것을 살펴보기 위해 만든 문항이다. 가장 변화해야 할 것으로 ‘어휘교육을 고려한 교육과정과 교과서의 개정과 개발’을 들었다.

3.3.2. 학생 대상 실태조사

[설문 1] 국어 수업을 통해 어휘를 배울 필요가 있다고 생각합니까?
[설문 2] 국어 수업을 통해 어휘를 학습할 필요가 있다면 그 이유는 무엇입니까?
[설문 3] 국어 수업을 통해 어휘를 학습할 필요가 없다면 그 이유는 무엇입니까?
[설문 4] 국어 수업에서 어휘에 대해 배운 적이 있다면 주로 어떤 내용의 수업을 받았습니까?
[설문 6] 어휘 학습을 위해 「국어」 교과서가 개선될 필요가 있다고 생각합니까?
[설문 7] 어휘를 배우는 데 있어서 「국어」 교과서의 문제점은 무엇이라고 생각합니까?
[설문 8] 어휘 학습을 위해 「생활 국어」 교과서가 개선되어야 한다고 생각합니까?
[설문 9] 어휘를 배우는 데 있어서 「생활 국어」 교과서의 문제점은 무엇이라고 생각합니까?
[설문 10] 현재 국어 수업 시간에 선생님이 사용하시는 어휘 수업 방법은 무엇입니까?
[설문 11] 국어 선생님의 어휘 지도 방법 중 인상 깊었던 것이 있습니까?
[설문 12] 선생님의 어휘 지도 방법이 인상 깊었던 이유는 무엇입니까?
[설문 13] 국어 수업을 통해 어휘를 배우는 것이 흥미롭습니까?
[설문 14] 국어 수업을 통해 어휘를 배우는 것이 흥미롭다면 그 이유는 무엇입니까?
[설문 15] 국어 수업을 통해 어휘를 학습하여도 흥미가 생기지 않는다면 그 이유는 무엇입니까?
[설문 16] 국어 수업에서 어휘를 배울 때 가장 큰 문제점은 무엇이라고 생각합니까?

[설문 1]의 답변을 통해 학습자가 언어학습에서 어휘가 차지하는 역할비중에 대해서는 어느 정도 인지하고 있는 것으로 나타났다.

[설문 3] 통해 나타난, 어휘에 대한 교육이 따로 필요하지 않다고 생각하는 학습자들의 답변도 눈여겨 볼만 하다. 모어 어휘 학습은 외국어교육과 같이 의사소통의 원활함만을 목적으로 하여 학습하는 것이 아니다. 그럼에도 국어 어휘 학습 과정에서 학습자에게 어휘 학습의 필요성을 모어 어휘 학습의 특성과 관련지어서 이해시키지 못하고 낱말의 중심적인 의미의 학습에만 초점이 맞추고 있다.

[설문 4]는 학습자가 국어 수업을 통해 교수·학습 받는 실질적인 어휘 학습의 내용을 조사하기 위해 만든 문항이다. 가장 많은 답변은 어휘 학습

의 내용으로 '낱말의 뜻풀이'를 배우고 있다는 것이다. 다음으로 많은 것은 어휘 학습 내용으로 '낱말의 학습과 관련된 형태소, 품사 등의 문법적인 내용'을 배우고 있다는 것이다.

[설문 10]은 학습자가 실제 경험한 교사의 교수·학습 방법의 실태를 알기 위한 문항이다. 가장 많은 답변은 '낱말의 사전적 의미 직접 설명하기'이며 그 다음은 '교과서 본문 내용을 통해 낱말의 의미를 추측하기'이다. 교사들을 대상으로 한 교수·학습 방법과 관련된 설문 문항에서는 '문맥을 활용한 방법'과 '사전적 의미를 활용하여 설명하기' 말고도 다른 여러 가지 교수·학습 방법에 대한 답변율도 높게 나타났다. 하지만 학습자를 대상으로 교수·학습 방법을 살펴보았을 때 앞의 두 가지 방법, '사전적 의미를 활용하여 설명하기'와 '문맥을 활용한 방법'에 대한 답변율이 압도적으로 높았다. 여러 가지 해석이 가능하겠지만 높은 비율을 차지하는 두 가지 방법 외의 다른 교수·학습 방법을 사용한 횟수가 많지 않거나 주목할 만한 성과를 보지 못했기 때문에 학습자들에게 각인되지 못한 것으로 보인다. 그러한 해석의 근거가 될 수 있는 것이 [설문 11]의 답변이다. 학습자들에게 어휘 수업이 흥미로웠거나 인상 깊었던 경험의 유무에 대해 물었고 그 답변율은 '있다'의 답변보다 '없다'의 답변이 약간 높은 것으로 나타났다.

[설문 12]는 학습자에 교육적 효과가 높았던 교수·학습 방법이 구체적으로 어떠한 방식이었는지를 살펴보고 궁극적으로 교수·학습 방법에 있어서 교육적 효과를 높일 수 있는 요소를 알아보고자 하는 목적이 있었다. 가장 많은 답변은 '낱말의 뜻과 관련된 설명과 이야기를 많이 해주기 때문'이라는 답변이 가장 많았으며 그 다음은 '대상 낱말과 관련하여 유의어, 반의어를 제시하여 주기 때문'이라는 답변이 많았다. 교사가 낱말에 대한 이해와 배경지식이 풍부하여 학습자에게 의미전달을 단순명료하게 정의하기보다 낱말과 관련된 개념의 틀을 그리게 하는 방법이 어느 정도 효과가 있다고 볼 수 있는 것이다. '낱말의 유의어와 반의어를 활용한 방법'도 같은 연

장선상에서 학습자에게 관심을 끌 수 있는 방법인 것이다. 낱말에 대한 배경지식은 낱말에 대한 개념의 틀을 그리지만 낱말의 유의어와 반의어 등은 어휘의 체계를 그려준다.

[설문 15]에서 국어수업을 받아도 어휘에 대해 흥미를 가질 수 없었던 이유로 가장 높은 비율을 차지한 것은 '국어수업시간에 어휘를 다루는 시간이 부족하기 때문'이라는 답변이 가장 많았으며 그 다음으로는 '어휘지도 방법에 의해 흥미가 떨어졌다', '어휘를 활용해보는 연습 기회가 적었다', '교과서 이외의 어휘는 다루지 않았기 때문'의 순이다.

학습자의 요구는 기존 교과서의 제한된 낱말과 교수·학습의 단조로운 형태에서 비롯된 부정적인 인식에서 반작용으로 일어난 것일 뿐 어휘교육에 대한 인식이 대폭 확대되었다고 할 수 없기 때문이다. 암기식 어휘 수업에 대한 불만족도 마찬가지로 기존의 교육 형태에 대한 반응들이다. 그러므로 학습자들이 문제점이라고 인식하는 기존의 어휘교육의 형태를 수정하고 새로운 어휘교육의 교수·학습 방법을 개발하여 모어 어휘에 대한 인식을 학습자들 사이에서 높아지게 하여야 한다.

4. 국어과 어휘교육 개선방안

4.1. 교육과정 개선방안

4.1.1. 어휘교육의 목표와 내용 측면의 개선방안

어휘력의 개념에 대하여 학계의 연구만이 이뤄졌을 뿐 제7차 국어과 교육과정에서 어휘교육의 목표를 직접적으로 제시하지 않고 있다. 국어교육에서 목표를 설정할 때 강조하는 내용만으로는 어휘교육의 목표 설정이 어

럽다. 어휘교육의 정체성을 지키면서 동시에 국어교육의 목표 달성에 기여
할 수 있는 목표여야 하는 것이다.

신명선(2004)에서는 어휘교육의 목표를 설정할 때 전제해야 할 사항을 제
시하면서 어휘교육이 지향해야 하는 것은 '낱말교육'이 아니라 '어휘교육'
이 되어야 한다고 했다. 낱말의 의미가 '낱말의 속성 정보'뿐만 아니라 '어
휘 체계에 대한 정보'로 구성되어 있기 때문이다. 어휘교육의 목표는 어휘
의 '국어교육적 가치'를 포괄하는 목표여야 한다는 것이다. '국어교육적 가
치'라는 개념은 국어교육을 통해서도 강조되고 있는 '국어 문화 능력 향상',
'언어 의식의 고양', '국어적 사고력'과 같은 목표와 관련 있다(신명선, 2004).

제7차 국어과 교육과정에서 국어지식영역 내용 체계의 '어휘' 범주가 따
로 생겼다. 하지만 어휘교육의 내용이 모두 갖춰졌다고 할 수는 없다. 어휘
교육이 국어교육의 구조 속에서 내용 체계를 갖추기 시작한 것이 아직 시
작 단계에 불과하다. 분석 결과 교육과정의 항목들에 언어학적 지식과 개념
들이 담긴 제재들이 선정되어 있어 어휘교육의 내용으로 어휘의 형태, 의
미, 통사, 용법, 태도의 내용을 어느 정도 갖추고 있음을 알 수 있었다. 하
지만 어휘의 형태, 의미, 통사, 용법, 태도의 범주에 든다고 할 수 있는 것
도 양적으로 따지면 한두 가지의 항목뿐이며 하나의 항목에서 다루고 있는
내용도 학습자의 선행학습과 후행학습에 연계되어 있지 않거나, 지식간의
맥락이 고려되지 않은 빈약한 내용들이었다. 그것은 언어학적인 내용을 가
공하거나 어휘론의 내용을 상당부분 옮겨놓은 것이다.

주세형(2005)은 어휘교육의 내용 설계가 제대로 이뤄지지 못하는 원인을
그는 '학습자의 능력'과 '언중의 언어 사용방식'에 대한 고려가 없었기 때문
이라고 하였다. 가능하다면 언어학적인 개념들과 언어자료들을 학습자의 정
보처리 과정과 인지능력에 적합하도록 배열하거나 변환이 가능하게 될 것이
다. 그는 문법 교육의 영역과 어휘교육의 내용이 조화를 이루지 못했던 이유
들 중 하나로 낱말 형성법의 내용을 대상으로 설명하면서 낱말 형성법의 학

습 내용이 '낱말의 구조 분석'에만 매달렸기 때문이라고 하였다. 어휘 교육에서 학습자의 어휘력을 신장시키기 위해 추구해야 할 것은 학습자가 어휘력의 확장양상을 경험하게 하는 것이 중요하다고 했다. 어휘교육의 방향 설정의 단계에서 '어휘에 대한 언어학적 관심'과 함께 '학습자의 심리적기제'가 국어과 어휘교육의 체계 속에서 어휘력과 연결되는 지점에 대한 관심이 있어야 한다.

낱말의 형태와 의미의 변화는 어휘자체적인 힘으로 이뤄지는 것이 아니다. 낱말의 개념이 형성되고 낱말의 의미가 확장되고 두 낱말이 합성하는 문법현상은 그 이면에 항상 언중들의 의식이 작용하기 때문에 가능한 것들이다. 이러한 내용의 제시는 국어지식영역에서 형태론적인 내용과 어휘교육 내용이 조화될 수 있는 가능성을 찾기 위한 것이다. 학습자 자신의 인식과 어휘구성요소가 어떻게 작용하여 새로운 낱말을 생성하고 활용가능하게 되는지 알게 하자는 것이다. 나아가 일반적으로 언중들로 인해 낱말이 어휘체계의 요소로 인정받게 되는 양상을 알게 하는 것이다.

4.1.2. 어휘교육의 교수방법 개발

다양한 어휘교육방법들이 교육현장에서 활용되지 않는 것은 어휘교육 방법들이 '방법의 절차 및 방법의 효과 검증'에만 치중했기 때문이다. 하나의 어휘교육방법이 사용될 수업의 상황과 교사와 학습자 간의 상호작용을 고려하지 못한 측면이 있다. 그러한 방법들이 학습자의 어휘습득 단계 중 어느 수준에 적합한 방법인지에 대해서도 충분한 검증이 이뤄지지 못했으며, 해당 교사의 특성에 맞는 적합한 방법은 무엇인지, 주어진 교수·학습 환경에 적합한 최선의 어휘지도방법은 무엇인지 등 전반적인 사항을 검토한 연구가 부족하다. 그 중에서 가장 중요한 것은 학습자의 어휘습득 단계에 대한 이해이다. 학습자의 어휘습득 상태에 대한 고려 없이 획일적인 방법으로 일관하게 된다면 어휘교육방법의 효과는 반감되고 말 것이다.

4.2. 교과서 개선방안

첫째, 단원의 학습 목표가 학습자의 어휘 사용능력을 신장시키고자 하는 교육과정의 의도를 제대로 반영하지 못하였다. 학습 목표는 교육과정의 내용과 교과서 단원의 내용을 연결시켜주는 다리와 같은 역할을 한다. 교육과정의 의도를 제대로 반영하면서 동시에 학습자의 입장에서 하나의 단원을 통해 얻을 수 있는 학습자의 능력이 무엇인지 명확하게 보여줄 수 있어야 한다.

둘째, 국어지식영역 단원의 학습 활동이 언어학적 지식 위주의 개념을 전달하는 수준에 머무른 것이 많아 학습자의 탐구 활동을 이끌지 못하고 있다. 학습 활동이 학습자의 사고 능력을 신장시키기 위한 목표 아래 유기적으로 연결되는 것이 아니라 학습 제재인 언어학적 지식을 중심으로 단원을 구성하였다. 국어지식영역의 교육은 일반적인 언어현상에 대한 학습자의 사고력과 통찰력의 신장도 고려하면서 설계되어야 한다. 이것은 어휘교육을 통해 달성하고자 하는 국어교육의 목적과 일맥상통하는 것이다. 학습자가 어휘교육의 내용을 통해 사고력을 신장시키자면 교과서가 탐구활동의 여건을 마련해 줄 수 있어야 한다. 학습자가 탐구활동의 목적과 과정에 따라 국어학적 지식들을 상호 연계하고 통합할 수 있도록 단원의 구조가 이뤄져야 한다.

일상적인 언어생활에서 유발된 언어적 관심이 학습자 자신의 일상에 적용하는 수준까지 도달할 수 있어야 한다. 그러기 위해서는 단원의 제재를 일기, 기사, 안내문, 광고문 같은 곳에서 인용할 필요가 있다. 단원의 목적에 따라서는 영상과 그림 매체를 교과서의 자료로 인용하여 추상적이고 어려운 개념을 이해시킬 필요가 있다. 그럼으로써 일상적 제재 속에서 어휘를 학습할 때 학습자가 어휘를 정확하고 효과적으로 사용하고자 하는 의식도 높아질 수 있다.

4.3. 교수·학습 방법 개선방안

첫째, 수업의 시작단계에서 교사가 그날의 학습 목표와 학습 진행 사항에 대해서 언급하는 것과 같이 어휘교육이 이제는 왜 필요한지 학습자가 어휘교육을 이수함으로써 얻게 되는 최종 능력이 무엇인지 구체적으로 이해시킬 필요가 있다. 어휘학습이 의사소통을 수월하게 할 수 있는 기능의 수준에만 그치는 것은 모어화자를 대상으로 한 어휘교육의 최종 도착지점이 아니다.

둘째, 어휘의 교수·학습 과정에서 낱말의 사전적 의미와 문맥적 의미에만 초점을 맞출 것이 아니라 어휘에 대한 많은 배경지식을 제공하여 낱말의 구성의미가 문맥 속에서 선택적으로 활성화 될 수 있는 바탕을 만들어줘야 한다. 낱말의 사전적 의미는 다양한 문맥 속에서 활성화된 의미들 중 추상화된 의미이다. 추상화된 의미가 표상된 그대로 실제 언어 사용의 맥락에서 활용되는 일은 드물다. '언중의 언어사용방식'에 따라 낱말의 추상화된 의미 또한 변할 수 있는 것임을 통해 낱말에 대한 개념 형성도 도와준다.

셋째, 학습자가 어휘교육을 통해 배운 내용이 새로운 낱말이 등장했을 때에 전략적으로 활용될 수 있도록 교수·학습상의 방향 설정과 학습자를 위한 배려가 필요하다. '낱말의 전략화'라는 것은 낱말에 대한 기본적인 지식이 국어기능의 활용을 통한 비판적인 이해와 창의적인 표현 능력으로 이어지는 것이다. 나아가 낱말에 대한 지식이 국어세계와 국어문화에 대한 관심과 태도로까지 전이될 수 있도록 하는 것이다. 그동안의 교수·학습이 학습자에게 지식의 내용과 개념에 대해 익숙해지도록 하는 효과를 낳았지만 그것이 지식을 '사용하는 수준'으로까지 이어지지는 못하였다. 지식의 쓰임과 용도를 제시한다고 하여 곧바로 학습자의 수행력 향상이 보장되는 것은 아니다. 학습자의 실질적인 어휘력을 높이기 위해서는 교사가 어휘 지식의 전략적 활용을 위한 모든 과정을 고려해두고 교수·학습 계획을 세운다면 학습자는 국어활동 맥락을 스스로 판단하여 어휘에 대한 전략화된 지식을 자유로이 활용하게 된다는 것이다.

5. 결론

국어과 어휘교육의 개선방안을 논의하기 위해서 절실히 필요한 것은 국어교육에서 어휘교육의 문제점을 발생시키는 근본적인 원인을 밝혀내는 것이다. 근본적인 원인에서 파생되는 피상적인 문제점에 대한 개선책은 그 효과가 낮기 때문이다. 그러한 의미로 본고에서 국어과 어휘교육에 대한 보다 근본적인 개선책을 마련코자 깊은 논의를 하지 못한 것은 한계로 여기고 있다.

국어과 어휘교육은 교육과정에서 독립된 영역을 차지하지 못하고 있다. 또한 어휘교육의 학문적 체계화를 위한 연구도 진행 중에 있다. 실상 국어과 어휘교육의 논의는 목표, 성격, 내용, 방법, 평가의 모든 측면에서 가야 할 길이 아직도 멀다. 그럼에도 국어교과에서 어휘교육을 포기할 수 없는 이유가 있다. 정보 기술의 사회에서 언어의 사용은 더욱 중요해졌다. 단순히 언어를 사용할 수 있는 문식성의 수준에 머무르는 것이 아니라 경제적이며 전략적인 사용으로 대화 상대자의 생각을 변화시킬 수 있는 언어 능력이 중시되고 있다. 그러한 언어사용에서 가장 문제되는 것은 효율적이고 정확한 어휘의 이해와 생산이다. 국어과 어휘교육에서 모어 학습자를 대상으로 신장시키고자 하는 질적 어휘력이 그 해답이 될 수 있다. 이것은 언어 사회를 둘러싼 학습자와 사회의 요구에서 비롯된 것이기도 하다. 국어교육이 창의적인 한국인 양성에 기여하기 위해서라도 어휘교육에 대한 논의가 전반적으로 활발해져야 한다.

‖ 참고문헌

단행본

교육 인적 자원부, 제7차 중학교 교육과정 해설(Ⅱ), 대한교과서주식회사, 1999.

교육 인적 자원부, 중학교 생활국어 1-1, 대한교과서주식회사, 2001.

교육 인적 자원부, 중학교 생활국어 1-2, 대한교과서주식회사, 2001.

교육 인적 자원부, 중학교 생활국어 2-2, (주)두산, 2002.

교육 인적 자원부, 중학교 생활국어 3-2, (주)두산, 2003.

김광해, 『국어 어휘론 개설』, 집문당, 1993.

김동환, 『인지언어학과 의미』, 태학사, 2005.

남기심・고영근, 『표준국어문법론』, 탑출판사, 1993.

박영목 외, 『국어교육론 2』(국어 문법 기능 교육론), 한국문화사, 2005.

서울대국어교육연구소, 「국어교육학 사전」, 대교출판, 1999.

이기동 외 공역, 『언어와 심리』, 탑출판사, 1998.

이삼형 외 공저, 『국어교육학과 사고』, 역락, 2007.

이용주, 『한국어의 의미와 문법 I』, 삼지원, 1993.

이춘근, 『문법교육론』, 이회문화사, 2002.

임지룡 외, 『학교문법과 문법교육』, 박이정, 2005.

조명한 외, 『언어심리학』, 학지사, 2003.

조현용, 『한국어 어휘 교육 연구』, 박이정, 2000.

주세형, 『문법교육론과 국어학적지식의 지평 확장』, 역락, 2006.

Asher, J.(1988), 임규혁 옮김, 『두뇌 전환』, 열림원, 1977.

V. Evans, M. Green, 임지룡・김동환 옮김, 『인지언어학 기초』, 한국문화사, 2008.

논문

강명희, 「의미범주화를 통한 어휘지도 방안 연구」, 한국교원대학교 석사학위논문, 2001.

김광해, 「어휘력과 어휘력의 평가」, 『선청어문』 25호, 1997.

김귀영, 「제7차 교육과정의 중학교 ‘국어지식’ 영역에 대한 연구」, 건국대학교 교육대
　　　학원 석사학위논문, 2003.

김명순, 「어휘력의 재이해와 지도방법」, 『청람어문학』 27호, 2003.

김선미, 「국어과 학습활동 ‘문항’의 문제점 연구―중학교 「생활국어」 국어지식 영역을

중심으로」, 경상대학교 교육대학원 석사학위논문, 2005.

김성미, 「제7차 중학교 국어교과서 국어지식영역 연구」, 경남대학교 석사학위논문, 2003.

김창원, 「문학 교과서 개발에 대한 비판적 점검－제7차 고등학교 '문학'교과서를 예로 들어」, 『문학교육학』 11호, 2003.

김철훈, 「중학교 '국어지식' 영역의 지도방안 연구－7학년 단원을 중심으로」, 인제대학교 석사학위논문, 2002.

김현희, 「제7차 국어과 교육과정 국어지식 영역의 내용 연구」, 경남대학교 석사학위논문, 2004.

노명완, 「중학교 국어 교과서와 독서 교육」, 『독서연구』 7호, 2002.

류인석, 「어휘 지도가 국어과 학력 신장에 미치는 영향－동음이의어를 중심으로」, 전주대학교 석사학위논문, 2001.

마광호, 「어휘 교육의 과제」, 『국어교육연구』 5호, 1998.

박정진, 「국어 교과서 개발을 위한 방향 탐색」, 『국어교육』 118호, 2005.

박형우, 「국어지식영역의 방향과 교과서」, 『청람어문학』 22호, 2000.

서보람, 「중학교 [생활국어] 국어 지식 영역의 개선 방향 연구－교과서 분석과 고등학교 <문법>교과서와의 연계성 분석을 중심으로」, 경기대학교 석사학위논문, 2008.

서혜경, 「제7차 교육과정의 '국어지식' 영역에 대한 연구」, 경북대학교 석사학위논문, 2001.

손영애, 「국어과 교육에서의 어휘 지도」, 『교육 개발』 81호, 1992.

손영애, 「국어과 어휘 지도의 내용 및 방법」, 『국어교육』 103호, 2000.

송기철, 「어휘 특성에 따른 어휘 지도 방법 연구」, 연세대학교 석사학위논문, 2003.

신명선, 「어휘교육의 학문적 체계화를 위한 기초 연구」, 『어문연구』 31호, 2003.

신명선, 「어휘 교육의 목표로서 어휘능력에 대한 연구」, 『국어교육』 113호, 2004.

신명선, 「'단어에 대한 앎'의 의미에 기반 한 어휘교육의 방향 설정 연구」, 『국어교육』 124호, 2007.

윤현주, 「국어 어휘 지도 방안 연구－중학교 국어를 중심으로」, 이화여자대학교 석사학위논문, 2002.

이영숙, 「어휘력과 어휘 지도」, 『신청어문』 25호, 1997.

이충우, 「어휘교육의 기본 과제」, 『국어교육』 71호, 1991.

이충우, 「어휘교육과 교과서」, 『국어교육』 56호, 1996.

이충우, 「국어 어휘 교육의 위상」, 『국어교육학연구』 13호, 2001.

임정선, 「중학생 어휘력 신장 방안 연구」, 숙명여자대학교 석사학위논문, 2005.

정예지, 「'생활국어'에 나타난 국어지식 영역의 분석과 개선 방향」, 동국대학교 석사학위논문, 2006.
정지영, 「의미 관계를 이용한 어휘력 확대 방안」, 이화여자대학교 석사학위논문, 2006.
조안나, 「어휘 교육 연구—중학교 <생활 국어>를 중심으로」, 숙명여자대학교 석사학
　　위논문, 2008.
주세형, 「의미자질분석법을 활용한 어휘 교수법 연구」, 서울대학교 석사학위논문,
　　1999.
주세형, 「국어과 어휘교육 내용의 발전 방향」, 『독서 연구』 14호, 2005.
주세형, 「통합적 문법교육 내용의 원리와 실제」, 서울대학교 박사학위논문, 2005.
최경봉, 「단어의 의미 확장과 어휘 체계」, 『언어학』 8-2호, 1999.

중등 대안학교 학생의 통신 언어 사용 실태와
효율적인 지도 방안 연구

정나리

1. 서론

1.1. 연구의 필요성 및 목적

초기의 통신 언어는 대화방에서 빨리 입력하기 위해 타수를 줄이는 수준에서 이제는 단어를 합성, 변형, 축소하면서 일반인들이 이해하기 어려운 일명 '외계어'[1]라는 통신 언어까지 생겨나고 있다. 국어를 무시한 통신언어의 무분별한 사용에 의해 이제는 별도의 해석이 필요하게 될 만큼 통신 언어의 기능이 상당히 변질되었으며, 사회적으로 세대 간에 거리감을 느끼게 하고, 또래간의 의사소통에도 문제가 되고 있다.

어휘적인 면에서도 비속어, 은어, 약어 불필요한 외래어가 지나치게 많이

---

[1] 외계어는 소수의 폐쇄적인 집단에서 회원들 간에 강한 유대감을 느끼기 위해 또래들끼리 사용하는 통신언어의 하위문화로 볼 수 있다.

쓰임으로써 국민들의 건전한 언어생활에 해를 끼치고 있으며, 여러 가지 기호형 표현들이 격식을 갖추어야 할 일상 언어의 영역에까지 침투해 있는 것으로 통신 공간을 벗어나서까지 무분별하게 통신 언어를 사용한다는 것은 크게 잘못된 현상임을 깨닫게 해야 하며, 학생들 스스로 고쳐나가야 한다. 현재 잘못된 통신 언어 사용에 관한 뚜렷한 규제나 규칙이 없으므로, 이에 대한 적절한 교육 방안이 모색되어야 할 것이다.

따라서 본 연구는 다음을 알아보는 데 목적이 있다.

첫째, 통신 언어 및 통신 언어 교육의 필요성을 알아보고자 한다. 둘째, 중학생들의 통신 언어 사용의 실태를 분석하여 통신 언어의 교육에 대한 방향을 모색하고자 한다.

1.2. 연구의 방법

본 논문에서는 통신 언어가 일상 언어에까지 파급된 이유가 청소년들의 무분별한 통신 언어의 사용이라는 것에 바탕을 두어 청소년을 대상으로 하고자 한다. 청소년이란 10대인 중, 고등학생을 가리키는 것이나 필자는 춘천시에 거주하는 중학생과 춘천시에 소재하는 중등대안학교의 학생으로 제한하도록 한다. 이 두 집단의 학생들을 대상으로 설문조사를 하여 통신언어 사용 실태를 서로 비교하는 방법을 통해 분석하고, 중등 대안학교 학생들이 사용하는 통신 언어를 대상으로 삼았다.

또한 교육과정에 담긴 통신 언어에 관한 내용을 분석하기 위해 개정 교육과정의 내용을 바탕으로 하고자 한다. 1~10학년까지의 국민 기본 공통 교육과정 중에서 중학교 과정인 7학년부터 9학년까지를 연구 범위로 정한다. 또한 교육과정의 영역 제시 순서에 따라 듣기, 말하기, 읽기, 쓰기, 국어 지식의 순으로 제시[2]한다. 관련 교육과정 내용을 언급하면서 개선해야 할 점을 언급하고자 한다.

그리고 이를 바탕으로 청소년들의 무분별한 통신 언어 사용을 지도하고 청소년의 올바른 언어생활을 정착시키는 데 목적을 둔다.

2장에서는 통신 언어 및 통신 언어 교육의 필요성에 대해 알아본다. 즉, 통신 언어의 개념과 일반적 특징, 통신 언어 교육과 그 필요성을 살펴보겠다.

3장에서는 통신 언어 사용의 실태를 파악한다. 그리고 이를 통하여 통신 언어의 심각성을 살펴본다.

4장에서는 통신 언어의 교육의 방향을 여러 가지 학습모형을 통해 살펴보며, 학생들의 수업 시간에 실제로 활용될 수 있는 학습 지도안을 제시해 보겠다.

5장에서는 본고에서 논의한 내용을 정리하고, 제언하고자 한다.

1.3. 선행 연구 검토

통신 언어의 지도 방안을 국어교육의 차원에서 접근한 시도는 정명규(2001), 민해(2002), 박희로(2002), 양지연(2004), 홍지은(2006)에서 찾아볼 수 있다.

정명규(2001)[3]는 설문을 통해 중·고등학생의 통신 언어 사용 실태를 파악하면서 사례 중심으로 정리하고, 수업 중 지도 방안과 수업의 지도 방안의 제시하였다. 수업 중 지도 방안은 통신 언어의 사용 실태를 학생들 스스로 찾아 문제점을 발견하게 하고, 실생활에서 사용되는 컴퓨터 통신 언어를 조사하게 하며 컴퓨터 통신 예절 교육, 컴퓨터를 이용한 글쓰기를 통해 학생들이 문제점을 자각하고, 스스로 교정하도록 차시 별로 계획적인 지도방

---

2) 7학년부터 9학년까지의 국민 기본 공통 교육과정 중에서 중학교 교육과정 영역의 하나인 문학의 경우는, 교육과정에서 통신 언어와 연결시킬 수 있는 공통 요소를 찾을 수 없었기에 이를 제외하고 살펴보고자 한다.

3) 정명규, 「컴퓨터 통신 언어 지도방안 연구」, 경상대학교 석사학위논문, 2001.

법에 대한 내용을 다루고 있다. 수업의 지도 방안은 학교 홈페이지를 통한 지도, 전자우편을 통한 지도, 학교·학급 게시판을 통한 지도, 학생회·특별활동을 화용한 지도 방안을 제시하였으나 통신 언어가 학생들 언어생활에 전이된 양상에 대한 명확한 분석이 선행되지 않아, 학생들의 실질적 언어 문제를 직접적으로 교정하는 방법의 제시로는 미흡한 점이 많았다.

박희로(2002)[4]는 통신 언어의 지도 방안을 국어 교육적 측면과 교육 정책적 측면, 사회·문화적 측면으로 나누어 제시하였다. 국어 교과 단원 중 통신 언어 관련 단원을 중심으로 수업 모형을 나타내고, 학교 교육과정 운영 시 재량활동 시간에 표준어, 맞춤법 교육, 통신 예절 교육을 실시할 것을 주장하고 있다. 그리고 언어 파괴 차단을 위한 프로그램 개발의 필요성과 그 활용 방법에 대해 간략하게 기술하였고, 언론이나 매스컴의 올바른 인식을 촉구하였다. 그러나 그는 통신 언어 지도를 위한 수업 모형을 교과 단원과 연계하여 제시하여 국어교육 차원에서 통신 언어 지도를 시도하였지만, 체계적인 방법에 대한 논의는 부족하였다.

민해(2003)[5]는 통신 언어의 문제는 교육적인 방법으로 해결하는 것이 가장 바람직하며 그 교육의 힘으로 통신 이용자들이 솔선하여 스스로 고치려고 하는 자정 노력만이 우리말과 글의 발전과 순화를 가져올 수 있다고 주장하였다. 또한 듣기, 말하기, 읽기, 쓰기의 통합 교육을 강조하며 학습자들의 실제 삶과 유기적으로 관련된 '의미 있는 언어활동'을 통해 언어 사용 능력이 길러져야 할 것이라고 주장하며 실제 통합 교육을 위해 학습지도안을 1차시와 2차시로 나누어 제시하였다. 언어 사용 능력을 신장시키기 위해 통합교육의 필요성을 강조하고, 실제로 통합 교육을 위한 지도안을 제시했다는 것에 의의가 있으나, 계속적이고 단계적인 지도방안을 마련하지 못

---

4) 박희로, 「컴퓨터 통신 언어교육에 관한 연구」, 경희대학교 석사학위논문, 2002.
5) 민해, 「통신 언어의 특성과 국어과 교수·학습 활용방안−청소년의 인터넷 사용 사례를 바탕으로」, 동국대학교 석사학위논문, 2003.

한 점이 아쉽다.

양지연(2004)[6]은 통신 언어를 이용하여 맞춤법을 지도하는 것이 학생들에게 흥미를 주고 학습 효과도 높일 수 있다고 주장하였다. 이 연구와 같이 표준어나 방언, 외래어 적기법 등에 대한 교육에서도 학생들이 일상적으로 접하는 통신 언어 자료를 이용하는 방안을 연구하여 교육 현장에 제시하면 국어 교육에 도움이 될 것이라 생각하지만, 실제 수업 모형에 적용할 수 있는 교수·학습 지도안을 제시하지 못한 점이 아쉽다.

홍지은(2006)[7]은 중학생들의 의식과 언어생활에 크게 영향을 미치고 있는 통신 언어에 대해 교사와 관계자들이 새롭게 나타난 하나의 문화로 이해하는 것이 중요하다고 하였으며, 이를 바로 잡기 위해 학교 교육뿐만 아니라 국가 정책적인 차원에서 이를 바로 잡는 제도적 장치가 필요하다고 주장하였다.

통신 언어에 대한 연구 성과를 종합적으로 살펴보면, 통신 환경의 급격한 변화에 따른 연구가 다각적으로 진행되어 오기는 했지만, 체계적인 연구가 더 이루어져야 할 것으로 보인다. 또한 대부분의 연구가 실태 분석에 초점을 두고 그에 따른 통신 언어의 언어학적 연구를 하고 있다. 그리고 통신 언어의 문제점에 대한 교육적 방안이 모색되고는 있지만 구체적인 방안에 대한 연구는 미흡한 실정임을 알 수 있었다.

따라서 본 연구는 통신 언어에 대한 전반적인 이해를 바탕으로 통신 언어 지도 방안을 마련하고자 하며, 학생들이 학습을 통해 자신들의 언어에 대한 정체성을 정리하고, 스스로 잘못된 국어사용을 교정해 나가는 능동적인 태도를 함양하도록 하고자 한다.

---

6) 양지연, 「통신 언어자료를 이용한 맞춤법 지도방안-중학생을 대상으로」, 건국대학교 석사학위논문, 2004.
7) 홍지은, 「PC통신 언어의 사용 실태와 교과 지도방안」, 단국대학교 석사학위논문, 2006.

2. 통신 언어 및 통신 언어 교육의 필요성

2.1. 통신 언어의 개념

과학 및 통신 기술의 발전은 개인 컴퓨터간의 통신 환경을 뛰어 넘어 휴대전화로 인터넷을 활용할 수 있는 통신환경으로 발전하였다. 휴대전화는 음성을 통해 의사소통을 하는 기본적 기능 외에 컴퓨터와 마찬가지로 문자 및 화상, 동영상을 전송할 수 있는 통신 매체가 되었고 휴대전화를 통한 문자메시지에서도 이미 통신 언어가 사용되고 있다. 따라서 이제 통신 언어는 컴퓨터 간의 통신이라는 통신 환경의 범위를 넘어선 문자를 매개로 하는 각종 통신 환경에 쓰이는 언어 현상을 그 대상으로 하며, 더 나아가서는 전자매체를 통하지 않고도, 통신을 염두에 둔 '상상적 통신 환경'8)에서 일어나는 현상도 포함된다고 할 수 있다.

사회가 변화함에 따라 통신 언어를 기존의 분류 방식에 의해 규정하기는 더욱 어려워졌다. 이전까지 대부분 연구자들이 통신 언어에 대한 뜻을 정확히 정의하지 않고 통신 언어라는 말을 관용적으로 사용한 일이 많았기 때문에 앞선 연구들에서 통신 언어의 개념을 분명히 밝힌 경우는 그렇게 많지 않다. 그 중에서도 컴퓨터 통신 언어에 대하여 정의한 것을 살펴보면, 이정복(2003)9)에서는 통신 언어는 '컴퓨터 통신, 인터넷, 휴대 전화나 PDA 등의 다른 디지털 매체의 의사소통에서 쓰는 문자 언어'라 정의하고 있다.

그러나 필자는 지금까지의 연구결과에 온라인뿐만 아니라 오프라인에서

---

8) '상상적 통신 환경'이라 함은 기존의 통신 언어가 일상 언어로 전이되면서 전자 통신 환경이 아님에도 불구하고 새로운 형태의 통신 언어를 생산해 내는 담화적 상황을 의미한다. 전자 통신 환경에서는 컴퓨터의 자판과 같은 특수한 입력 방식이 통신 언어를 만들어 냈다면, 일상 언어에서는 직접 글을 쓰는 행위 자체가 상상적 통신 환경을 염두에 둔 글쓴이의 입력 방식으로 나타난다. 가장 대표적인 예는 학생들의 쪽지 대화에서 볼 수 있는데 이는 컴퓨터 대화방의 담화 형식을 거의 그대로 따르며, 컴퓨터 자판으로 입력하는 수고로움을 벗어나기 위한 경제적 입력 방식과 마찬가지로 글을 쓰는 노력을 줄이려는 경제성의 원리도 동일한 형태로 나타난다.

9) 이정복, 『인터넷 통신 언어의 이해』, 도서출판 월인, 2003.

도 사용되고 있는 통신 언어 또한 통신 언어의 범주로 넣어야 한다고 생각하며, 본 논문에서는 통신 언어의 범위도 위와 같이 정하고자 한다.

그리고 본 논문에서의 통신 언어의 개념은 단순히 컴퓨터 통신에서 사용하는 모든 관련용어 및 문장뿐만 아니라, 휴대폰 통신 언어와 일상생활에서도 사용되는 언어를 포함하도록 한다.

그리고 지금까지의 연구에서 대다수가 '통신 언어'라는 용어를 사용하고 있으며, 통신에 관련된 모든 언어를 '통신 언어'라는 용어로 지칭하고 있다는 것을 알 수 있으므로, 본고에서도 '통신 언어'라는 용어를 사용하기로 한다.

2.2. 통신 언어의 일반적 특성

통신 언어는 입말과 글말 그리고 비언어적인 것을 포함한 의사소통의 모든 것을 전자라는 매체를 통해 주고 받는 것을 말한다. 따라서 통신 언어는 글말과 입말이 가진 공통된 특성을 공유하고 있으며, 입말의 시간과 공간적 제약을 한꺼번에 제거했을 뿐만 아니라 글말이 가지고 있었던 정보의 비공개성이나 비속도성 그리고 현장성 등 여러 가지 문제를 해결하고 있다. 또한 통신 언어는 다른 언어의 다양성과는 매우 독특한 상황적인 제한의 단계에 의해 규정되는데, 전자적으로 전송되는 메시지는 기존의 관습적인 관점에서 문어도 구어도 아닌 것이다. 이용자가 들을 수 없다는 점에서 엄격하게 구어라고 규정지을 수도 없으며 또한 통신 언어 대부분이 온라인상에서 이루어지기 때문에 엄밀히 문어라고 할 수도 없다. 그러나 통신 언어는 입말이 문자화되는 과정에서 주로 표기된 문자 언어의 형태로 나타나므로 문자 언어적 측면에서 접근하는 것이 옳을 듯하나, 구어적인 측면도 살펴보아야 한다.

통신 언어의 일반적 특성을 살펴보면 다음과 같다.

첫째, 통신 언어는 문자 언어와 음성 언어의 성격을 모두 지니고 있다.

이러한 통신 언어는 컴퓨터라는 공간에서 문자로 실현되지만 실제로 쓰이는 언어는 음성으로 발화되는 언어라는 점이 주목할 만한 특징인 것이다. 특히 대화방에서 소통되는 언어는 표현되는 양식만 문자이지 음성 언어에 더 가깝다고 볼 수 있다.

둘째, 발화들이 완전한 문장의 형태를 지니기보다는 짧은 형태를 지니는 경우가 많다. 문자 언어로 표현해야 되면서도 음성 언어를 구현하는 형식의 특수한 형태를 지니는 통신 언어는 문장의 구성성분을 다 갖춘 완전한 문장의 형태를 띠기보다는 필요한 단어나 구절만을 이용하여 표현하고자 하는 내용을 드러내는 형태의 발화들로 진행된다. 이는 컴퓨터 통신이라는 매체 자체의 특성과 결부되어 나타나는 결과로 짧은 발화로도 충분한 의사소통이 가능하기 때문에 통신이용자들은 굳이 필요하지 않은 말까지 쓸 필요성을 느끼지 못한다.

셋째, 통신 언어는 비문법적인 표기들이 많이 나타난다. 즉, 소리 나는 대로 쓰기, 음운의 축약과 생략, 자모음의 해체, 어순이나 띄어쓰기를 무시하는 표기들이 많다. '열씨미 → 열심히', '쥔 → 주인', 'ㅎㅏ이 → 하이', '추카추카 → 축하축하', '저나 → 전화', '안뇽하셈 → 안녕하세요', '어대이써요 → 어디 있어요' 등 기존의 언어규범에서 벗어난 표기들을 많이 볼 수 있다.

넷째, 통신 공간에서 표현되는 새로운 어휘들이 많이 만들어진다. 통신 공간에서는 하루가 멀다 하고, 은어, 약어, 신조어들이 만들어지고, 이는 통신에 참여하지 않는 사람이나 또 통신을 하지만 세대내, 세대 간 의사소통에 많은 문제를 야기시키고 있다. 새로운 어휘가 많이 생성되고 있는 통신 언어의 특성을 생각할 때 사람들끼리의 의사소통이 원활하려면 교육적인 노력과 바르게 사용하려는 의식이 많이 필요하리라 생각한다.

다섯째, 통신 언어에는 의성어나 의태어 등 감정과 관련된 어휘들이 많이 나타난다. 기존의 의성어·의태어는 사물의 소리나 모양을 흉내 낸 말들이었지만 통신 공간에서의 의성어나 의태어들은 인간의 감정이나 정서를 표현하는 형태들이 대부분을 이룬다. 이는 컴퓨터 통신이 면대면 의사소통 방식이 아닌 비면대면의 의사소통 방식을 취하기 때문에 나타나는 현상으로 문자로 표정이나 감정까지 표현하고자하는 이용자들의 심리가 충분히 반영된 표현들이라 할 수 있다.

여섯째, 통신 언어에는 기호10)를 이용한 표기가 많이 나타난다. 여기에는 숫자를 이용한 표현한 일반적인 기호를 이용한 표현들이 있다. 함축적인 표현으로 통신에서 빠르게 의사를 교환해야 할 상황에서 특히 많이 이용되는 형태이다. 비언어적 의사소통을 담당하는 시각기호는 통신 언어를 구성하는 중요한 부분이 되는데, 주로 담화자의 심리적 상태나 대상의 묘사 그리고 언어적 표현까지도 기호화함으로써 통신매체가 지니고 있는 의사소통의 한계를 극복하고자 하는 노력의 결과로 볼 수 있다.

일곱째, 이용자들의 대화명과 대화내용이 관계성을 가진다. 언어 자체적인 문제 말고도 대화명과 대화내용도 상당한 연관성을 가진다. 대화명의 바꿈이 자유롭기 때문에 이용자들은 수시로 대화명을 바꾸게 되고 대화명만을 보고 대화가 진해되기 때문에 대화내용에 대화명이 주제로 등장할 경우가 많다. 또 대화명을 대화의 내용에 맞도록 변경하면서 대화를 진행하는 경우도 있다.

여덟째, 하나의 대화방에서 하나 이상의 대화가 진행되기도 한다. 일대일 대화가 아니고 일대다 또는 다대다의 대화의 경우 대화가 통하는 사람과 대화를 진행하기 때문에 대화에서 소외되는 이용자도 있고 대화가 하나 이상의 주제를 가지고 진행되기도 한다. 그렇게 진행되더라도 함께 참여한 이용자들은 주제의 일관성이나 통일성에 전혀 개의치 않고 대화를 진행한다.

아홉째, 언어유희나 말장난 등의 표현들이 많다. 아이디를 이용한 말장난 이나 말 이어가기, 발음이 비슷한 단어 만들어가기 등 다양한 형태의 언어 유희가 나타나기도 한다. 대부분의 대화들이 진지하고 심오한 내용으로 진

---

10) 여기서의 기호는 문장부호와 감정 표현 부호(이모티콘, emoticon)를 말한다.

행되는 것이 아니라 오락적인 분위기와 재미를 추구하는 방향으로 흘러가기 때문에 이러한 대화 형태가 자주 나타난다고 할 수 있다.

초기의 통신 언어는 빠른 입력을 위해 단순히 타수를 줄이는 차원에서 줄여 쓰거나 소리나는 대로 쓰기 시작했다. 그러나 최근의 통신 언어들은 다양한 형태를 보이며 빠르게 그 수가 늘어나고 있다. 이러한 통신 언어는 점점 통신 공간이 아닌 곳에서 사용되어 현실 언어를 왜곡하고 의사소통에 장애를 일으키고 있다. 현실 공간의 맞춤법, 문법의 제약에서 벗어난 언어적 일탈이 가상공간에서만 일어나는 것이 아니라 일상에 유입되어 나타나고 있는 것이다.

오프라인에서 통신 언어가 문제가 되는 것은 언어가 변질되고 있으며, 언어가 가진 사회적인 규칙까지도 파괴되고 있기 때문이다. 언어는 시대와 사회적 환경에 따라 변화하지만 통신에 의한 언어의 변화는 그 변화의 양상이 매우 급격하고 빠르기 때문에 의사소통에 장애를 불러일으키고 있어 통신 언어의 교육이 시급한 것이다.

2.3. 통신 언어 교육과 그 필요성

통신 언어 사용에서 어문 규범과 거리가 있는 표현들이 많이 쓰이는 것은 사실이지만 그것이 별 문제가 되지 않는다고 생각을 하는 경우가 많다. 이런 관점에서 통신 언어 현상을 보는 사람들은 통신 언어의 사용의 문제점을 지적하거나 통신 언어 사용과 관련하여 국어 교육의 강화를 주장하는 것에 대해 매우 비판적이다.

또 어떤 사람들은 통신 언어는 과도기적이고 일시적인 언어 현상이기 때문에, 시간이 흐르고 화자들이 나이가 들면 저절로 사라지거나 더 이상 쓰지 않게 될 유행 표현이기 때문에 그냥 두고 보아도 된다고 생각하는 경우도 있다. 그러나 일상어의 언어 규범이 필요하다고 인정하는 상황에서 통신 언어 문제에 무관심할 수 없으며, 국가에서 적극적인 교육과 국어 정책 활동을 통해 통신 언어 사용에 개입할 필요가 있다. 그 이유는 일상어와 통신어가 섞여 쓰이는 상황이 점점 늘어나고, 그 빈도가 높아져 가고 있기 때문이다.

그리하여 필자는 학생들을 옳은 방향으로 지도하기 위해, 필자는 7차 개정 교육과정을 통해 통신 언어 교육에 필요성에 대해 살펴보고자 한다.

2.3.1. 제7차 개정 교육과정

교육과학기술부가 2007년 2월에 개정 고시한 『2007년 개정 교육과정』[11]은 중학교 교육과정의 경우 기존의 듣기, 말하기, 읽기, 쓰기, 국어지식, 문학의 영역을 유지하였고 고등학교 교육과정의 경우도 기존의 화법, 독서, 작문, 문법, 문학의 선택 과목이 그대로 유지되고 있다. 그러나 7차 교육과정과는 다른 특징적인 점은, 일반 선택 과목이었던 국어 생활은 제외하고, '매체 언어' 영역을 신설하였다는 것이다. 매체 언어 영역의 성격을 보면 다음과 같다.

매체는 일반적으로 사람들이 직접 만나지 않고, 간접적으로 생각과 느낌, 정보와 지식을 전달하고 공유할 때 활용하는 것으로, 책, 신문, 잡지, 라디오, 사진, 영화, 텔레비전, 인터넷 등을 포괄한다. 현대 사회에서 매체는 예전에 비해 언어생활에서 매우 큰 비중을 차지하게 되었다. 매체 언어 역시 의미 해석이 필요하다는 점에서 광의의 언어로 볼 수 있는데, 이러한 매체 언어는 기존의 언어 운용 방식과는 일정한 차이를 지닌다.

이 과목에서는 매체 언어의 성격과 사회·문화적 맥락에 대한 이해를 바탕으로 다양한 매체 자료를 비판적으로 수용하고 창의적으로 생산하는 능력을 기른다. 나아가 매체를 통해 형성되는 사회적 의사소통에 주체적으로 참여하고, 문학과 예술을 향유하며, 언어문화를 반성적으로 성찰함으로써 창조적인 국어 생활을 하는 데 기여하도록 한다.

'매체 언어'는 국민 공통 기본 교육과정의 '듣기', '말하기', '읽기', '쓰기', '문법', '문학' 영역에서 담고 있는 매체 언어 관련 내용을 심화·발전시킨 과목이다.[12]

---

11) 교육과학기술부, 『교육인적자원부 고시 제2007-79에 따른 중학교 교육과정 해설Ⅱ』, 대한교과서, 2008.

  이러한 '매체 언어' 영역의 신설은 매체의 중요성을 보여주는 것이며, 새 시대의 증가하고 있는 소통 맥락의 범위를 확대하여 바라보고 이를 교육과정에 반영시켰기에 의사소통이 다양화되고 있는 요즘 시대의 흐름을 고스란히 보여준다. 의사소통의 방법 중의 하나로 매체를 통한 방식이 다루어짐으로 인해, 사회·문화적 과정의 하나로 매체의 언어가 자리매김하며, 주체적인 언어 구사 능력의 배양과 함께 비판적, 창의적 태도를 기대해 볼 수 있다.

  7차 개정 교육과정의 국민 공통 기본 교육과정에 나타난 컴퓨터 통신 매체 관련 내용을 도표화하면 다음과 같다.

7차 개정 교육과정의 컴퓨터 통신 매체 내용

학년	교육과정의 영역별 구분				
	듣기	말하기	읽기	쓰기	국어지식
7학년		(3) 인터넷 게시판의 내용을 비판적으로 분석하고 인터넷 토론에 주체적으로 참여한다.13)		(1) 다양한 매체에서 내용을 선정하여 통일성 있게 설명문을 쓴다.14)	(1) 다양한 매체에 나타난 언어 사용 방식의 차이점을 파악한다.15)
8학년				(4) 목적, 독자, 매체가 쓰기의 내용과 형식에 미치는 영향을 고려하면서 글을 쓴다.16)	
9학년					
10학년		(1) 인터넷 매체를 활용하여 효과적으로 자신을 소개한다.17)			

---

12) 교육과학기술부, 『교육인적자원부 고시 제2007-79에 따른 고등학교 교육과정 해설Ⅱ-국어』, 대한교과서, 2008, 451~454면.
13) 이 성취기준에 해당하는 내용 요소의 예들 중 통신 환경과 관련하여 살펴볼 수 있는 예를 위주로 언급하면 다음과 같다.

위의 표는 컴퓨터 통신 매체와 관련된 내용이 언급된 개정 교육과정 영역의 내용을 도표화해서 정리한 것이다. 위에서 알 수 있듯이 선택 과목인 '매체 언어' 영역 외에 국민 공통 기본 교육과정에도 인터넷 매체에 대한 내용의 반영이 구체적으로 이루어졌음을 확인할 수 있다.

그에 반해 9학년에서는 통신 매체와 관련된 내용을 찾아볼 수 없어 통신 매체와 관련된 각 학년 간에 유기적 흐름이 이루어지지 않음을 알 수 있다. 그러나 7차 교육과정에서는 통신 환경이 정보를 수집하기 위한 하나의 정보 제공원 측면에 치우쳐 있었던 것에 비해, '인터넷 게시판의 내용을 비판적으로 분석하고 인터넷 토론에 주체적으로 참여한다.', '인터넷 매체를 활용하여 효과적으로 자신을 소개한다.'에서 볼 수 있듯이 7차 개정 교육과정에서는 타인과 의사소통을 하기 위한 하나의 방법적 측면에 초점이 맞추어 있는 것을 확인해 볼 수 있다.

2.3.2. 통신 언어 교육의 필요성

컴퓨터 통신 환경에서 사용하고 있는 언어는 주로 청소년들이 인터넷 채팅방에서 사용한 언어라고 할 수 있다. 그러나 청소년들의 언어라고 생각했던 통신 언어가 점차 20, 30대의 청년층에까지 사용자 폭을 넓히고 있으며,

---

- 인터넷 매체의 상호작용적 특성 이해하기
- 게시판의 내용을 비판적으로 분석하기
- 논제에 대한 자신의 입장을 적극적으로 개진하기
- 언어 예절, 인권, 초상권 등을 고려하기
14) • 다양한 매체에서 내용 선정하기
15) • 다양한 매체에 나타난 언어 사용 방식 비교하기
- 매체의 특성을 고려하여 음성 언어와 문자 언어 사용하기
16) • 온라인 대화, 문자 메시지, 전자우편의 매체적 특성 이해하기
- 매체의 특성이 쓰기의 내용과 형식에 미치는 영향 이해하기
- 매체 특성을 고려하여 다양한 형식의 글쓰기
- 속어, 비어, 성차별적 언어 사용 등 부적절한 표현 고쳐 쓰기
17) • 인터넷 매체를 통해 자신을 소개할 때 필요한 자료 이해하기
- 글, 사진, 그림, 동영상으로 자신을 표현하거나 설명하기
- 청자의 관심을 고려하여 자신의 홈페이지 내용을 효과적으로 소개하기

대화방에서만 한정적으로 쓰였던 통신 언어가 지금은 인터넷 게시판이나 전자우편을 제외하고도 휴대전화 문자메시지나 또래들과의 일상 대화 등 통신 공간 이외의 범위에까지 광범위하게 확대되면서 통신 언어는 일상 언어에 밀접한 관련을 맺고, 직접적인 영향을 주게 되는 것이다. 이렇듯 하루가 다르게 변화하고 있는 통신 언어로 인해 일상 언어도 빠르게 변화하고 있다.

통신 언어의 교육은 시급히 이루어져야 한다. 그리고 국어 교육적 차원에서 통신 언어의 교육은 통신 언어를 새로운 언어문화로 인정하면서, 일상어에 대한 부정적 영향을 줄이고, 사회 방언으로서 본래의 영역에서 제한적으로 쓰일 수 있도록 학생을 지도를 해야 한다.

3. 중학생의 통신 언어 사용의 실태 분석

3.1. 일반 중학교 학생과 중등 대안학교 학생의 통신 언어 사용 비교

인터넷이 우리 생활과 밀접한 관련을 맺으면서 학생들을 중심으로 통신 언어의 사용이 일상생활에까지 남발되고 있다. 이에 설문조사를 통하여 통신 언어 사용의 주체인 중학생들의 통신 언어에 대한 견해를 직접 알아보고 통신 언어 사용의 개선방안을 모색해 보고자 한다.

본 설문조사는 중학생들의 통신 언어 사용 양상에 대해 춘천소재 중학교 학생 31명과 중등 대안학교 학생 31명을 상대로 2010년 2월부터 3월까지 설문지 조사를 실시하였다. 그러나 적은 학생 수로 조사를 실시하다 보니, 조사 결과를 일반화하기엔 한계가 있음을 밝혀 둔다.

[설문조사 1] 하루에 컴퓨터사용은 얼마나 하나요?

	일반 중학교		중등 대안학교	
	명	%	명	%
사용안함	4	12.9	2	6.4
30분 미만	2	6.4	4	12.9
30분~1시간 미만	5	16.1	6	19.3
1시간~2시간 미만	11	35.4	6	19.3
2시간~3시간 미만	5	16.1	4	12.9
3시간 이상	4	12.9	9	29

[설문조사 2] 컴퓨터를 사용할 때, 주로 어떤 것을 하나요?

	일반 중학교		중등 대안학교	
	명	%	명	%
채팅	2	6.4	4	12.9
게임	21	67.7	12	38.7
쇼핑	1	3.2	3	9.6
게시판 글 읽고 쓰기	1	3.2	4	9.6
기타	6	19.3	14	45.1

[설문조사 3] 컴퓨터상에서 사용하는 언어 형태는?

	일반 중학교		중등 대안학교	
	명	%	명	%
표준어	5	16.1	3	9.6
통신 언어	8	25.8	5	16.1
통신어 및 표준어	18	58	22	70.9
기타	0	0	0	0

[설문조사 4] 컴퓨터 사용할 때 통신 언어를 사용하는 이유는?

	일반 중학교		중등 대안학교	
	명	%	명	%
사용하기에 편리하고 재미있다.	13	41.9	14	45.1
통신 언어를 쓰지 않으면 왕따를 당한다.	0	0	0	0
통신 언어를 잘 쓰지 않으면 시대에 뒤떨어진 사람 취급당한다.	1	3.2	3	9.6
통신 언어를 사용하는 것이 습관화 되었다.	11	35.4	6	19.3
말을 구사하는 데 있어 규제로부터 자유롭고 싶다.	1	3.2	6	19.3
기타	5	16.1	3	9.6

[설문조사 5] 휴대폰을 사용할 때도 통신 언어를 사용합니까?

	일반 중학교		중등 대안학교	
	명	%	명	%
그렇다	24	77.4	25	80.6
아니다	7	22.5	6	19.3

[설문조사 6] 휴대폰 사용할 때 통신 언어를 사용하는 이유는?

	일반 중학교		중등 대안학교	
	명	%	명	%
재미있어서	5	16.1	2	6.4
많은 내용을 보내기 위해	1	3.2	10	32.2
습관적으로	9	29	9	29
한정된 문자 메시지 환경 때문에	3	9.6	4	12.9
기타	6	19.3	0	0

[설문조사 7] 평소 언어생활에서 통신 언어를 사용합니까?

	일반 중학교		중등 대안학교	
	명	%	명	%
많이 사용한다	5	16.1	5	16.1
조금 사용한다	14	45.1	16	51.6
거의 사용하지 않는다	10	32.2	6	19.3
전혀 사용하지 않는다.	2	6.4	4	12.9

[설문조사 8] 수업시간 등의 공적 언어생활에서 통신 언어를 사용합니까?

	일반 중학교		중등 대안학교	
	명	%	명	%
많이 사용한다.	1	3.2	3	9.6
조금 사용한다.	6	19.3	6	19.3
가끔 사용한다.	11	35.4	14	45.1
전혀 사용하지 않는다.	12	38.7	8	25.8
기타	2	6.4	0	0

[설문조사 9] 주로 어느 경우에 통신 언어를 사용합니까?

	일반 중학교		중등 대안학교	
	명	%	명	%
일기를 쓸 때	0	0	8	25.8
편지를 쓸 때	0	0	11	35.4
쪽지글을 쓸 때	6	19.3	11	35.4
쪽지로 대화할 때	16	51.6	21	67.7
낙서를 할 때	12	38.7	20	64.5
수첩에 필요한 정보를 메모할 때	0	0	8	25.8
글짓기를 할 때	0	0	2	6.4
독후감을 쓸 때	0	0	2	6.4

[설문조사 10] 통신 공간이 아닌 일상생활에서 통신 언어를 사용하는 것에 어떻게 생각합니까?

	일반 중학교		중등 대안학교	
	명	%	명	%
일상생활에서도 통신 언어 사용이 문제될 게 없다.	14	45.1	21	67.7
통신 언어는 통신공간에서만 사용해야 하고 일상생활에서는 사용해선 안 된다.	15	48.3	9	29
통신공간이건 일상생활에서건 통신 언어는 사용해서는 안 된다.	2	6.4	1	3.2

[설문조사 11] 통신 언어를 사용하는 것의 단점은 무엇이라고 생각합니까?

	일반 중학교		중등 대안학교	
	명	%	명	%
표준어 및 맞춤법을 제대로 알지 못한다.	14	45.1	14	45.1
통신 언어의 사용은 의사소통을 원활하게 하지 못한다.	6	19.3	6	19.3
통신 언어의 사용은 우리말 실력을 떨어뜨린다.	7	22.5	9	29
기타	4	12.9	2	6.4

[설문조사 12] 일상생활에서의 통신 언어 사용이 올바른 국어 생활에 어떤 영향을 준다고 생각합니까?

	일반 중학교		중등 대안학교	
	명	%	명	%
매우 나쁜 영향을 준다.	6	19.3	6	19.3
조금 나쁜 영향을 준다.	20	64.5	15	48.3
나쁜 영향을 거의 주지 않는다.	4	12.9	8	25.8
전혀 나쁜 영향을 주지 않는다.	1	3.2	2	6.4

[설문조사 13] 통신 언어 사용의 문제점을 고치기 위한 적절한 지도가 필요하다고 생각합니까?

	일반 중학교		중등 대안학교	
	명	%	명	%
필요하다.	11	35.4	5	16.1
스스로 알아서 자제하면 된다.	20	64.5	23	74.1
통신 언어 사용에 대한 지도가 필요 없다.	0	0	3	9.6

지금까지 중학생의 통신 언어 사용 실태에 관한 설문조사를 살펴보았다. 컴퓨터의 사용은 대안학교 학생들이 많이 사용하고 있었다. 그리고 일반 중학교 학생들은 게임에 편중됨을 알 수 있었고, 그에 비해 대안학교 학생들은 부모님과 떨어져 지내는 환경 때문에 동영상이나 만화를 보는 것으로 나타났다. 그리고 대체로 중학생들은 통신 언어와 표준어를 비슷하게 사용하고 있으며, 통신 언어를 사용하는 이유로 사용하기에 편리하고 재미있기 때문에 사용하고 있다 밝히고 있다. 그리고 대체로 휴대폰을 사용할 때에도 통신 언어를 사용하고 있으며, 습관적으로 통신 언어를 많이 사용하고 있다고 한다.

조사 결과 중, 평소 언어생활에서도 통신 언어를 사용하고 있는 학생들이 45~50% 정도 차지하고 있음을 살펴볼 수 있고, 공적인 언어생활에서도 통신 언어를 가끔 사용하고 있음을 알 수 있다. 그리고 학생들이 메신저나 개인 홈피의 활성화로 인해 채팅의 변형인 쪽지로 통신 언어가 많이 쓰임을 살펴볼 수 있다.

통신 공간이 아닌 일상생활에서 통신 언어를 사용하는 것에 대한 문항에서 일반 중학교 학생들의 경우, 통신 언어는 통신 공간에서만 사용해야 하고 일상생활에서는 사용해선 안 된다고 말하고 있으나, 대안학교 학생들의 경우에는 일상생활에서의 통신 언어 사용이 문제될 게 없다고 말하고 있는데, 여기서 중요한 점은 통신 언어의 교육을 통해 학생들의 의식이 변할 수 있는 가능성을 확인할 수 있었다. 그리고 통신 언어를 사용하는 것에 대한 단점은 두 학교 학생들이 비슷한 결과를 보였는데, ‘표준어 및 맞춤법을 제대로 알지 못한다.’고 답변하였다.

일상생활에서의 통신 언어 사용이 국어 생활과의 영향 관계를 묻는 문항에서 두 학교 학생들의 생각의 차이를 볼 수 있었다. 일반 중학교 학생들의 경우, 일상생활에서의 통신 언어의 사용이 나쁜 영향을 주고 있다고 보는 반면에, 대안학교 학생들의 경우, 나쁜 영향을 주지 않는다는 답변을 한 것으로 보아, 통신 언어 교육의 필요성을 느낄 수 있었다.

통신 언어 교육의 필요성에 대한 문항에서는 두 학교 학생들 대부분이 스스로 알아서 자제하면 된다고 답변하고 있으나 공적인 자리에서 통신 언어를 많이 사용하는 것으로 보아 학생들 스스로 자제하기엔 무리가 있음을 확인할 수 있고, 통신 언어 사용에 대한 적절한 지도의 필요성을 실감한 부분이었다.

3.2. 중등 대안학교 학생들의 통신 언어 사용의 특징

2.2.1. 준말

통신 언어는 구어에 가깝다. 그렇기 때문에 준말이 나타난다. 그 이유는 타자를 빨리 치더라도 입으로 말하는 것보다는 느리기 때문에 원활한 의사소통이 잘 이루어지지 않고, 대화의 끊김을 방지하기 위해 다양한 준말을 사용하게 된다. 이제 준말은 오프라인에서도 많이 나타나고 있다. 그것은 복잡한 것을 싫어하고 단순한 것을 좋아하는 청소년들의 성격이나 사고방식, 생활방식이 반영되면서 온라인상에서 사용되던 준말이 오프라인까지 확대되었기 때문일 것이다.

여기서는 준말의 사례를 분석해 보고자 한다.

> (1) 쌤
> ① 쌤, 약주세요.
> ② 쌤, 오늘 수업하지 말고, 놀아요.
> ③ 나무쌤, 오늘 머하세요?
> ④ 쌤, 맛있는 거 사줘요.
> ⑤ 쌤이 젤루 좋아여.
> ⑥ 쌤, 섬 문제 어려워요?

'선생님'이라는 단어는 온라인에서 '쌤'으로 사용된다. 중등 대안학교 학생들도 온라인뿐만 아니라 오프라인에서도 '쌤'으로 사용하고 있다.

대체로 대안학교 학생들은 애교스러운 마음이나 귀엽게 보이려고 할 때, 그리고 가벼운 대화로 안부를 물을 때 사용하는 것으로 보인다.

경제적인 이유 외에도 대안학교의 학생들은 친근감의 표현임을 알 수 있다. '쌤'은 '선생님'보다 훨씬 더 가깝고 친근하게 느껴지므로, 오프라인상에서도 많이 사용되고 있는 것이다.

　(2) 짱나
　　① 열라 **짱나**.
　　② 아, 씨발 **짱나** 어쩌라고.
　　③ 너 **짱나**니까 저리 꺼져.

'짜증나'는 일상 언어생활에서 입버릇같이 사용되는 말인데, 이 말이 통신 언어의 경제성에 따라 '짱나'로 축약되어 사용되는 것이다.

대체로 '짱나'는 위의 예처럼 비속어와 같이 사용되는 경우가 많이 나타난다. 그 이유는 자신의 감정이 좀 더 격해 보이려고, 또는 기분이 상했다는 정도를 강조하기 위해 사용하는 것이기 때문이라고 생각된다.

　(3) 젤
　　① 니가 세상에서 **젤** 예뻐.
　　② 울반에서 니가 **젤** 차케.
　　③ 쌤이 **젤**루 좋아여.

'젤'은 '제일'의 준말로 사용되며, 언어의 경제성에 의해 오프라인에서도 사용되어 지고 있다.

　(4) 셤
　　① 낼 **셤** 업써씀 조케따.
　　② **셤** 공부 마니 해써?
　　③ 쌤, **셤** 문제 어려워요?

'셤'은 '시험'의 준말로, '셤'은 '시험'의 'ㅎ'이 탈락하고, 'ㅣ'와 'ㅓ'가 이어 소리가 나면서 'ㅕ'로 바뀌어 만들어진 단어임을 알 수 있다.

'시험'은 학생들의 주된 관심사이므로 '셤'이 대화에 많이 등장함을 볼 수 있다.

    (5) 울
        ① 쌤, 울집에서는요...
        ② 울엄마는 미용사자격증도 있어요.
        ③ 울학교 너무 구려요.
        ④ 울강아지 보고 시퍼.

'울'은 '우리'의 준말로서 통신언어에서 사용되기 전에 이미 오프라인에서 사용되던 언어이다. 그러나 통신상에서 타수를 줄이기 위한 경제적인 이유로 '울'을 사용하기 시작하였다.

오프라인에서 '우리'는 대명사로 관형어로 쓰이기도 하는데 '울'도 그러하다. 그런데 '울'은 대체로 '나의' 의미로 많이 사용되고 있어 자신과 가까운 관계의 것에 대한 소유를 나타내는 말로 쓰이는 것임을 알 수 있다..

    (6) 넘
        ① 나는 넘 예뻐서..
        ② 넘 배고파
        ③ 수업이 넘 지루해욤.
        ④ 나는 넘 차칸거가테..
        ⑤ 어제는 넘 만해써.

'넘'은 '너무'의 준말이다. 대체로 '넘'은 자신의 감정이나 성질을 강조하기 위해 사용하는 것으로 보인다. '넘'은 발음의 경제성으로 인해 생긴 형태임을 알 수 있다.

(7) 먄
　① 어제는 넘 먄해써.

‘먄’은 ‘미안’의 준말로써, ‘미안’의 ‘ㅣ’와 ‘ㅏ’를 ‘ㅑ’로 축약하여 만들어진 말이다. ‘먄’도 발음의 경제성으로 인해 발생된 형태임을 알 수 있다.

(8) 담
　① 담에 잘 보면 되지.
　② 담시간이 모지?
　③ 담에 또 놀자.
　④ 담주에 내 생일이야.
　⑤ 몽골에 담에 또 오자.

‘담’은 ‘다음’의 준말이나, 다른 말과 달리 ‘담’의 경우는 온라인에서 만들어진 통신 언어가 아니라 원래 오프라인에서 만들어진 준말이기 때문에 통신 언어에서의 의미는 약하다고 볼 수 있다.

(9) 걍
　① 오늘 걍 자려구.
　② 걍, 오늘 수업끝내요.
　③ 걍, 지금 하자.

‘걍’은 ‘그냥’의 준말로써, ‘그냥’의 ‘ㅡ’와 ‘ㄴ’이 탈락하고, 두 음절이 한 음절로 축약되어 만들어진 말이다. ‘걍’도 빠르게 타자를 치기 위해 만들어진 것으로 볼 수 있고, 발음의 경제성과 애교스러운 말투를 나타내기 위해 사용됨을 알 수 있다.

(10) 컴터
　① 오늘 컴터 하고 시퍼.
　② 야 컴터실 가자.

③ 울집 **컴터**가 망가져서 겜을 못해써.

'컴터'는 '컴퓨터'의 준말로, 발음의 경제성으로 인해 '컴퓨터'의 한 음절인 '퓨'를 탈락시켰고, 통신 언어를 사용한다는 집단의식이 작용해 사용되는 것으로 보인다.

(11) 잠만
    ① **잠만**, 내가 찾아볼게.
    ② **잠만**, 기다려.

'잠만'은 '잠깐만'의 준말로, 언어의 경제성으로 인해 '잠깐만'의 '깐'이 탈락하여 생성된 말로, 중등 대안학교 학생들의 일부만 사용하고 있는 것으로 보인다.

(12) 낼
    ① **낼** 섬 업써씀 조케따.
    ② **낼** 우리 건강검진이래.
    ③ **낼**부터 살뺄거야.

'낼'은 '내일'의 준말이다. 그러나 '낼'은 원래 '내일'의 준말로 사용되고 있었기 때문에 통신 언어라고 볼 수 없으므로, 오프라인에서의 통신 언어 사용이라고 보기는 힘들 것이다.

(13) ① ㄱㄱ [기역기역]
    ② ㄱㄷ [기역디귿]
    ③ ㄱㅅ [기역시옷]
    ④ ㄴㄴ [니은니은]
    ⑤ ㄹㄷ [리을디귿]
    ⑥ ㅂㅂ [비읍비읍]
    ⑦ ㅅㄱ [시옷기역]

⑧ ㅇㅇ [이응이응]
⑨ ㅇㅋ [이응키읔]
⑩ ㅈㅅ [지읒시옷]
⑪ ㅊㅋ [치읓키읔]
⑫ ㅎㅇ [히읗이응]

중등 대안학교 학생들은 (13)처럼 모음이 탈락하여 만들어진 언어들을 많이 사용하였다. 대체로 (13)의 쓰인 예들은 온라인에서 타자를 빠르게 치기 위하여 사용되었으나, 중등 대안학교 학생들은 음소 그대로 발음하고 있다.

①의 'ㄱㄱ'는 '고고/거거'에서 모음이 탈락하여 만들어졌는데, 학생들은 [기역기역]이라고 말한다.

②은 'ㄱㄷ'로 '기달려'에서 모음과 '려'가 탈락하여 만들어졌으며, ①과 마찬가지로 자음만 읽는다.18) ③의 'ㄱㅅ'은 '감사'의 준말이다. ④의 'ㄴㄴ'는 '노노(nono)'의 준말로, '아니다'라는 뜻을 지니고 있다. ⑤의 'ㄹㄷ'는 '레디(ready)'의 준말이다. ⑥의 'ㅂㅂ'은 '바이바이(byebye)'의 준말이나 또는 '바보'를 뜻하기도 한다. ⑦의 'ㅅㄱ'은 '수고'의 준말이다. ⑧의 'ㅇㅇ'은 '응응'의 준말로, 대체로 대답을 할 때 사용한다. ⑨의 'ㅇㅋ'은 '오케이'의 준말로 '이'와 모음들이 탈락되어 생성된 형태이다. ⑩의 'ㅈㅅ'은 '죄송' 또는 '잠수'라는 뜻으로 해석되기도 하며, 여기서 '잠수'는 은어에도 속하므로, 은어에서 설명하도록 하겠다. ⑪의 'ㅊㅋ'은 '축하→추카'의 준말이다. ⑫의 'ㅎㅇ'은 '하이'의 준말이다.

(13)의 예들 중에는 해석이 애매한 것들이 있는데, ⑥의 'ㅂㅂ'와 ⑩의 'ㅈㅅ'이다. 이 둘은 여러 가지로 해석이 될 수 있어 학생들이 뜻이라고 제시한 것을 바탕으로 위에서 두 가지 해석을 제시하였다.

---

18) 중등대안학교의 학생들은 (13)의 예에서 보이듯이 자음그대로 발음하고 있는 학생들이 많았다.

3.2.2. 음운 첨가어

자음의 첨가는 온라인에서 표현할 수 없는 비분절 음운을 표현할 수 있게 하기 위한 것으로 대체로 통신 언어에서 나타나는 언어의 경제성과는 다르게 언어의 유희성으로 보아야 할 것이며, 오프라인상에서도 재미있고 개성있게 표현하려는 의도로 보아야 한다.

여기서는 오프라인에서 나타나는 통신 언어의 음운 첨가형의 사례인 'ㅁ'첨가와 'ㅇ'첨가에 대해 살펴보고자 한다.

    (1) 'ㅁ'첨가
      ① 쌤, 부탁해염.
      ② 저 오늘은 숙제했어욤.
      ③ 지금 뭐하심?
      ④ 지금 숙제하고 있삼.
      ⑤ 낼 모할거임?
      ⑥ 쌤, 숙제내지 말아욤.

'ㅁ'을 첨가하는 것은 상대방과의 친근감을 표현하기 위한 것과, 상대에게 무엇을 부탁하거나 질문을 할 때 많이 사용되는 것으로 보인다.

    (2) 'ㅇ'첨가
      ① 자구 싶당.
      ② 대단해용.
      ③ 당연하징.
      ④ 오빠, 숙제 다 했어용?
      ⑤ 그거 참 웃기넹.
      ⑥ 너 진짜 부럽당.

'ㅇ'첨가도 'ㅁ'첨가와 마찬가지로 상대방과의 친근감을 표현하거나, 자신의 소망을 부드럽게 표현할 때, 또는 애교스럽게 표현할 때 많이 사용되는 것으로 보인다.

3.2.3. 비속어

중등 대안학교 학생들의 설문조사에서 가장 많이 조사되었던 것들 중의 하나이다. 비속어를 단순히 그대로 사용하는 것이 아니라, 형태의 변형이 많이 일어남을 알 수 있었다. 대체로 준말의 예 (13)처럼 모음의 탈락으로 생성된 형태를 사용한다거나, 거칠게 느껴지는 비속어를 나름대로 부드럽게 만든 형태들을 사용함을 볼 수 있었다.

여기서는 중등 대안학교 학생들이 주로 사용하는 비속어에 대해 살펴보고자 한다.

> (1) 음운 탈락으로 만들어진 비속어의 예
> ㄷㅊ : 닥쳐
> ㅁㅊ : 미친
> ㅂㅅ : 병신
> ㅅㅂ : 씨발
> ㅅㅂㄹㅁ : 씨발로마 → 씨발놈아
> ㅈㄹ : 지랄

학생들이 이처럼 모음을 탈락하여 비속어를 사용하는 이유는, 대체로 주위의 교사들을 의식하여 자신들만의 암호라고 생각하며 사용하는 것으로 짐작된다.

> (2) 자신들의 말로 부드럽게 만든 비속어의 예
> ① 졸라/절라/조낸/열라
> ② 조랄/재랄

①의 경우, 원래 일상어에서 '존나'라고 쓰인 것을, '졸라/절라/조낸/열라' 등으로 바꾸어 사용하는 것이다. 대체로 유성음을 이용하여 느낌상 부드러워짐을 통하여 비속어임에도 불구하고, 학생들 사이에서 무의식적으로 사

용됨을 알 수 있다.

②는 원래 '지랄'이었는데, 위의 예와 마찬가지로, 비속어가 가진 거친 느낌을 '조랄/재랄' 등으로 바꾸어 사용하고 있음을 알 수 있었다.

(1)과 (2)의 예를 살펴보면서, 비속어 자체의 거친 느낌이 사라졌다 해도, 비속어 자체만으로도 다른 사람들에게 불쾌감을 줄 수 있기 때문에, 학생들에게 지도가 필요함을 느끼는 부분이었다.

3.2.4. 은어

은어는 특정 집단 내에서만 통용되는 말이다. 그래서 남들에게 노출되면 의미가 없어지는 말이다. 그러나 통신 언어로 만들어진 은어는 남들에게 유행하도록 하기 위한 언어들이 많다.

여기서는 은어의 예를 살펴보고자 한다.

(1) 수족관/아쿠아리움/물고기방 : PC방

위의 예는 PC방의 은어를 나타낸 것이다. 이것은 PC의 발음의 유사성을 이용한 것을 알 수 있다. 우리가 생선을 영어로 'fish[피쉬]'라고 발음하는 것과 'PC[피씨]'라고 발음하는 것과 비슷하여 생성된 말로 보인다. 그래서 단순히 발음이 아니라 'fish'를 우리말로 바꾸어 물고기가 사는 어항인 수족관이나 아쿠아리움, 또는 PC만 바꾸어 물고기 방이라고 나타낸 것이라고 생각된다.

(2) 감기다-감다 : 도난당하다-훔치다

예전에는 '훔치다'라는 표현으로 '쩝다'라는 표현을 많이 사용하였으나, 대안학교 학생들은 대체로 '감다'라는 표현을 많이 쓴다. 그리고 자신의 물건을 도난당하였을 때, 훔침을 당하는 것이므로, 피동접미사 '-기-'를 사용하여 '감기다'라는 표현을 사용하는 것으로 보인다.

(1), (2)의 예를 살펴보면서, 오프라인 상에서 사용되는 통신 언어들이 점점 더 새로운 어휘들이 만들어지고, 그만큼 의사소통이 힘들어질 것이라는 생각이 들었다. 이호영(2004)[19]를 살펴보면, 온라인상에서 통신 언어의 이해 정도에 대해 설문조사한 것을 살펴보면, 전체의 43% 정도가 보통이나 잘 이해하지 못한다고 답변하고 있다. 이런 상황을 볼 때, 온라인뿐만 아니라 오프라인 상에서도 사용되고 있는 통신 언어에 대한 교육이 필요함을 느낄 수 있다.

3.2.5. 의성어, 의태어, 감탄사

온라인상에서 자신의 표정이나 느낌을 전달할 수 없기 때문에 생긴 의성어, 의태어, 감탄사는 오프라인상에서도 가장 많이 사용되는 것이라고 볼 수 있다.

여기서는 오프라인에서 나타나는 의성어, 의태어, 감탄사에 대해 살펴보고자 한다.

(1) 즐
① "우리, 산책가자."
　"즐."

'즐'은 '닥쳐', '꺼져', '무시한다'라는 뜻으로 사용된다. 원래는 채팅할 때, '즐팅하세요'에서 발전한 것인데, 그 당시에는 대체로 '즐거운'이라는 뜻으로 사용되었으나, 현재는 부정적인 뜻으로 바뀐 것을 볼 수 있으며, 자신의 감정을 표현하기 위해 사용하므로, 감탄사로 볼 수 있을 것이다.

---

19) 이호영, 「일상 언어에 통신 언어가 미친 영향 연구―춘천 지역 여중생의 어휘를 중심으로」, 강원대학교 교육대학원, 2004, 80면.

  (2) 헐
　　① "오늘 숙제는 갑오개혁에 대해 조사하기."
　　　"헐!"

'헐'은 황당함을 표현하는 감탄사로 볼 수 있을 것이다.

  (3) 후덜덜
　　① "좀 있음 스피치 대회인데, 잘 할 수 있겠어?"
　　　"쌤, 후덜덜이에요. 너무 떨려요."

'후덜덜'은 대체로 다리가 흔들리는 모습을 나타내는 의태어이다. 그러나 대안학교 학생들은 대체로 긴장되거나 무서운 상황이나 당황스러운 상황이 연출될 때, '후덜덜'이라고 표현하며, 의태어를 소리로 나타내므로, 새로 만들어진 의성어로 볼 수 있을 것이라 생각된다.

　지금까지 중등 대안학교 학생들이 오프라인에서 사용하는 통신 언어에 대해 살펴보았다. 단순히 온라인에서 사용하던 통신 언어들이 오프라인에서도 아무렇지도 않게 사용하는 것으로 보아 통신 언어의 교육이 필요하다는 것을 알 수 있었다. 그래서 필자는 학생들이 통신 언어를 바르게 사용할 수 있도록 4장에서 효율적인 지도방안을 제시하고자 한다.

4. 통신 언어의 교육

　통신 언어의 교육은 제7차 교육과정에서 시작하여, 현재 진행 중인 개정 교육과정에서도 다루어지고 있지만, 현재 제7차 개정교육과정의 교과서는

7학년만 사용하고 있기 때문에, 지도에 있어 한정된 내용만을 가르칠 수밖에 없다. 그리하여 필자는 7차 교육과정의 국어교과서를 중심으로 수업을 진행하였다. 그리고 대안학교 학생을 중심으로 수업을 진행하기에 학년통합수업을 진행하였다. 그래서 대안학교 학생 31명과 7차 교육과정의 국어교과서를 중심으로 통신 언어의 실제적인 교육 방안을 제시하고자 한다.

4.1. 통신 언어 교육의 지도 내용

통신 언어 지도는 통신언어가 사용되는 통신이라는 구체적인 상황을 학습자가 인식하여, 새로운 언어 습관을 습득할 수 있도록 해야 한다. 그러나 지금까지의 통신 언어는 '사용하지 말아야 한다'는 측면만 강조된 당위론적인 차원에서 그 지도 방안이 모색되었고, 대부분은 지도의 필요성에만 그치는 경우를 많이 살펴 볼 수 있었다.

이에 필자는 통신 언어의 지도 내용을 우선 학생들의 부적격한 언어 습관의 교정과 나아가 올바른 언어 사용법에 대한 교육과 훈련을 그 핵심내용으로 삼아야 한다고 생각하고, 다음과 같은 통신 언어 지도 내용을 선정하였다.

    (1) 통신 언어에 대한 이해와 태도 지도
    (2) 통신 언어 사용의 문제점 발견 지도

(1)은 학생들이 사용하고 있는 통신 언어의 개념을 파악하게 하여 자신들이 사용하는 언어에 대한 정체성을 일깨워 주기 위한 내용으로, 이 내용의 지도를 통하여 학생들은 통신 언어가 일상 언어와 다른 특징을 파악하고 통신 언어의 장단점에 대해 인식하며 통신 언어에 대한 올바른 이해와 태도를 정립할 수 있을 것이다.

(2)는 온라인과 오프라인에서의 통신 언어의 사용 실태를 토대로 통신 언어의 문제점을 학생 스스로 진단하여 통신 언어 사전을 만들어 보는 내용이다. 이 활동을 통하여 학생들은 그들의 언어생활에 습관화되어 있는 통신 언어의 실체를 파악하고 오프라인으로 스며드는 통신 언어의 문제점을 유형화할 수 있을 것이다.

국어교과서의 통신 언어 지도 관련 단원과 위의 (1), (2) 통신 언어 지도 내용 관련 단원을 보이면 다음과 같다.

통신 언어 지도 관련 단원

학기	교과서	통신 언어 지도 관련 단원
1-1	국어	6-(1) 음성언어와 문자언어
	생활국어	4. 국어 생활 반성하기
1-2	국어	5-(3) 통신 언어, 어떻게 쓸 것인가?
2-1	생활국어	3. 국어의 언어적 특징과 음운
		6. 바르게 쓰기
2-2	생활국어	2. 낱말 형성법과 국어의 관용어
		5. 발화의 기능과 표현
3-1	국어	2-(1) 표준어와 방언
	생활국어	2. 바르고 정확하게 쓰기
		4. 음운의 변동
3-2	생활국어	2. 문장의 구조

통신 언어 지도 내용과 관련 단원

순서	통신 언어 지도 내용	통신 언어 지도 관련 단원
1	통신 언어에 대한 이해와 태도 지도	국1-1, 6-(1) 음성언어와 문자언어 국1-2, 5-(3) 통신 언어, 어떻게 쓸 것인가? 국3-1, 2-(1) 표준어와 방언
2	통신 언어 사용의 문제점 발견 지도	생1-1, 4. 국어 생활의 반성 국1-2, 5-(3) 통신 언어, 어떻게 쓸 것인가?

4.2. 통신 언어 교육의 지도 방법

국어 지식 영역을 지도하는 데 유용한 학습 방법은 여러 가지가 있지만, 본고에서는 통신 언어를 지도하기 위한 방법으로 문제 해결 학습 모형을 선정하였다.

먼저 문제 해결 학습 모형을 선택한 이유는 학습자들이 문제를 협력적이고 자기 주도적으로 해결해가는 과정을 통하여 내용에 대한 학습뿐만 아니라 사고 능력도 기르도록 하는 교수 학습 모형이기 때문이다. 그리고 문제 해결 학습 모형은 문제들을 해결하는 과정을 거쳐 궁극적으로 문제에 대한 해답, 완수된 과제나 목표에 도달하게 되는데 결과에 치중하는 것이 아니라 문제 해결 과정을 중시하기 때문이며, 학습자들은 단순히 지식이나 개념을 수용하는 것이 아니라, 나름대로 재구성할 수 있는 기회를 가질 수 있게 된다.

문제 해결 학습 모형에 따른 수업절차를 그림으로 보이면 다음과 같다.

문제 해결 학습 모형의 수업 절차

과　　정	주 요 활 동
문제 확인하기	• 문제 진단 및 확인 • 가설 설정
문제 해결 방법 찾기	• 문제 해결 방법 탐색 • 학습 계획 및 학습 절차 확인
문제 해결하기	• 문제 해결 활동 • 원리 터득 • 전략 습득 여부 확인
일반화하기	• 전략의 적용 및 연습 • 적용상의 문제점 추출, 대안 제시 • 전략의 정착 및 일반화

문제 해결 학습 모형의 경우, 교사의 직접적인 개입을 줄이고 학습자들

의 탐구활동을 중심으로 이루어져야 한다. 그리고 학습 능력이 부족한 학습자들에게는 처음부터 일련의 문제 해결 과정을 거치게 하기보다는 한, 두 과정에서의 학습자 주도의 활동을 강조하는 것부터 시작해야 할 것이다.

4.3. 통신 언어 교육의 지도를 위한 수업계획

4.3.1. 통신 언어에 대한 이해와 태도 지도

중등대안학교 학생들은 온라인에서 사용하던 통신 언어의 습관을 아무런 생각 없이 오프라인에서도 사용하고 있다. 그렇기 때문에 통신 언어 지도에 있어 가장 중요한 것은 우선 통신 언어의 사용 환경에 대한 인식을 분명히 할 수 있도록 지도해야 하는 것이다.

통신 언어에 대한 이해와 태도의 지도는 학생들이 일상어와 통신 언어를 정확하게 구분하도록 하여 언어의 정체성을 세우는 데 목적이 있으며, 그로 인해 통신 언어의 장단점을 파악하여 통신 언어 사용에 대한 올바른 태도를 지니게 하기 위한 것이다.

4.3.1.1. 지도 방법 및 유의점

1. 우리와 밀접한 관계를 맺고 있는 컴퓨터와 인터넷이 우리 생활에 어떤 변화를 가져왔는지 인식한다.
2. 인터넷의 유용성과 문제점에 대해 함께 판단할 수 있는 시각을 갖게 한다.
3. 통신 언어의 긍정적인 면과 부정적인 면에 대해 다양한 시각을 갖게 한다.
4. 통신 언어의 특성에 대해 알아보면서 언어의 특성을 이해하도록 한다.
5. 우리 국어의 소중함에 대해서 깨달을 수 있는 기회가 되도록 한다.

4.3.1.2. 교수·학습 지도안

학습 주제	・통신 언어에 대해 이해하기		대상	시간
			중 1, 2, 3학년	1
학습 목표	1. 통신 언어의 뜻을 알 수 있다. 2. 통신 언어의 특징과 문제점을 이해한다. 3. 통신 언어의 장단점에 대해 말할 수 있다.			
관련 단원	국어1-1, 6-(1) 음성언어와 문자언어 국어1-2, 5-(3) 통신언어 어떻게 쓸 것인가? 국어3-1, 2-(1) 표준어와 방언			

단계	학습 흐름	교수·학습 활동	비고
도입 (5분)	목표진단 및 확인 (5분)	・컴퓨터가 우리 생활에 어떤 변화를 가져 왔는지 생각해 본다. ・컴퓨터 통신을 위해 사용하는 언어에 대해 생각해 본다. 　－보편적인 특성, 사용 이유, 장점, 단점 등을 적어보기 ・학습 목표를 제시한다.	PPT
전개 (25분)	문제해결 방법찾기 (10분)	・(전 차시 과제)통신 언어를 사용해 채팅한 자료와 게시판에 있는 자료를 수집한다. 　－실제 자신의 e-mail이나 이용하는 인터넷 사이트 등에서 사용되고 있는 통신 언어를 출력해오고, 친구들과 공유한다. 　－모둠별로 가장 많이 쓰이는 통신 언어를 10개 정도 선정하고, 통신 언어의 원래 뜻과 언제 어디서 쓰이는 말인지 생각해본다. ・통신언어와 일상 언어의 차이점을 모둠별로 토의하여 찾아본다.	
	문제해결 (15분)	・통신 언어의 특징을 활동지에 정리한다. ・통신 언어 사용의 장단점에 대해 모둠별로 토론하고 토론한 내용을 활동지에 정리한다. 　－자유로운 토론을 통해 장단점을 찾도록 한다.	활동지 (OHP 필름)
	발표 및 검토 (10분)	・모둠별로 정리한 내용을 발표한다. ・다른 모둠의 발표를 듣고 서로 공통점과 차이점을 확인한다.	OHP
정리 (5분)	결과 및 정리 (5분)	・통신 언어의 뜻과 일상 언어와의 차이점, 통신 언어의 특징, 통신 언어 사용의 장단점을 정리한다.	PPT

4.3.1.3. 지도의 실제

중등대안학교 전교생을 대상으로 먼저 국어 1학년 2학기 5. 글의 짜임 중 (3) 통신언어, 어떻게 쓸 것인가?의 본문을 각자 읽어오게 한 뒤, 본 차시를 진행하였다. 본 차시는 학년 통합수업을 진행하였다. 대안학교이기 때문에 전교생이 30명으로 수업을 유연하게 진행할 수 있었다. 이 단계에서는 학생들이 평소에 사용하는 통신 언어의 모습을 탐색하고 수집하여 자신들의 언어생활을 반성할 수 있도록 하였다.

학생들은 모둠별로 미리 과제로 주어진 채팅 자료와 게시판 자료를 수집하여 수업에 임하게 하고, 자료에 수록된 통신 언어를 일상 언어와 비교하여 통신 언어의 특징을 찾게 하였다. 그리고 통신 언어의 장단점에 대해 토론하도록 지도하였으며, 모둠별로 활동지에 정리하도록 지도하였다.

4.3.2. 통신 언어 사용의 문제점 발견 지도

통신 언어 사용의 문제점을 발견하는 지도 내용은 학생들이 온라인에서 또는 오프라인에서 통신 언어를 사용하는 실태를 스스로 파악하고, 통신 언어 목록을 만들어 보는 활동이다. 그리고 수집된 목록을 가지고 각 통신 언어가 실제로 쓰이는 의미를 부여하여 통신 언어 사전을 만드는 학습을 하도록 한다.

이 활동을 통해 학생들은 자신들의 언어활동 영역 중에서 통신 언어가 사용되는 모습을 보다 구체적으로 확인할 수 있게 되며, 통신 언어 사전을 직접 만들면서 의미 있는 통신 언어와 가치 없는 통신 언어의 차이를 깨닫게 된다.

4.3.2.1. 지도 방법 및 유의점

1. 통신 언어에 대한 학생들의 흥미와 관심을 존중하고 통신 언어가 부정적으로만 인식되지 않도록 지도한다.

2. 학생들의 적극적인 수업 참여와 흥미도를 높이기 위해 모둠별 과제를 부여하여 통신 상황을 활용하여 과제를 수행하도록 유도한다.

3. 모둠별로 통신 언어의사용 상황을 부여하여 학생 활동의 효용성을 높인다.

4. 통신 언어 사전을 만들고 뜻풀이할 때 비속어를 사용하지 않도록 지도한다.

5. 학생들의 어떠한 의견이라도 긍정적으로 수용하는 분위기를 조성한다.

4.3.2.2. 교수·학습 지도안

학습 주제	• 통신 언어 사용의 문제점 발견 및 통신 언어 사전 만들기		대상	시간
			중 1, 2, 3학년	2
학습 목표	1. 통신 언어의 실태를 파악할 수 있다. 2. 통신 언어의 사용을 상황별로 분류할 수 있다. 3. 통신 언어 사전을 만들고 통신 언어의 의미를 설명할 수 있다.			
관련 단원	생활국어 1-1, 4. 국어 생활 반성하기			
단계	학습 흐름	교수·학습 활동		비고
도입 (5분)	목표진단 및 확인 (5분)	• 통신 언어로 표현된 예시 글을 제시하고 읽어보게 한다. • 통신 언어의 실태를 조사하면서 느낀 점을 이야기한다. • 통신 언어 사전을 만들고자 하는 학습 목표를 인식시킨다.		PPT
전개 (75분)	문제해결 방법찾기 (10분)	• 통신 언어를 사용하는 여러 상황을 생각해 본다. • 모둠별로 통신 언어 사용 상황을 선택하고 통신 언어 사용 실태를 조사한다. • 사전 만들 계획 세우기 　－통신 언어를 어떤 기준, 몇 개의 기준으로 나눌지 정한다.		노트북 (조별 1대씩)
	문제해결 (45분)	• 모둠별로 통신 언어 사용 실태를 조사하고 조사한 자료를 수집하여 활동지에 정리한다. • 정리된 자료를 가지고 통신 언어 목록을 만든다. • 모둠원의 토의와 토론을 통해 통신 언어 사전을 만들고 각 언어의 뜻을 풀이해 본다. • 풀이가 끝나면 각 모둠별로 사전의 형식에 따라 정리한다. • 사전 만들기		활동지 (OHP 필름) 조별 준비물
	발표 및 검토 (20분)	• 각 모둠에서 만든 사전을 가지고 나와 소개하고 사전의 특징을 설명한다. • 통신 언어를 수집하고 사전을 편찬하면서 느낀 소감을 발표한다.		사전
정리 (10분)	결과 및 정리 (10분)	• 통신 언어가 우리 언어생활에 얼마나 많은 영향을 주는지 생각해 보고, 학생들이 자신들의 언어생활을 스스로 반성하도록 하게 한다.		PPT

4.3.2.3. 지도의 실제

'통신 언어에 대한 이해와 태도 지도'와 마찬가지로 '통신 언어 사용의 문제점 발견 및 통신 언어 사전 만들기' 또한 중등대안학교 전교생을 대상으로 학년 통합수업을 진행한다. 수업시간은 토요일 프로젝트시간을 이용하여 진행한다. 이 단계를 지도할 때에는 2차시에 걸쳐 이루어지는데 중간 휴식 시간을 제외하고, 90분의 시간으로 진행한다.

본 차시의 수업은 대안학교의 미디어실에서 진행하였다. 조별로 노트북을 준비하고, 통신 언어 사용 실태에서 나타난 자료를 수집하며, 모둠별 토의를 통해 통신 언어를 정하고, 서로 협동하여 컴퓨터 통신 언어 사전을 만드는 활동이 주가 된다.

각 모둠별로 부여한 통신 언어 사용 상황은 대화방, 게시판, 오프라인상에서의 글쓰기와 대화 자료이다. 학생들은 각각의 상황에서 사용되는 통신 언어를 수집하여 자료로 활용하며, 수집한 자료를 토대로 목록을 마들고 각각의 통신 언어에 실제 사용되는 의미를 붙여 사전을 만들도록 지도한다. 이 활동을 통해 학생들은 통신 언어의 사용 실태를 인식할 수 있고, 사전을 만들면서 통신 언어가 우리의 언어규범을 심하게 훼손하고 있음을 깨달을 수 있다.

5. 결론

지금까지 통신 언어와 중등 대안학교 학생들의 통신 언어 사용 실태, 그리고 그 지도방안에 대해 살펴보았다. 그 내용을 요약하면 다음과 같다.

먼저 통신 언어의 일반적인 특징을 살펴보자면, 통신 언어는 문자 언어와 음성 언어의 성격을 모두 지니고 있으며, 발화들이 완전한 문장의 형태를 지니기보다는 짧은 형태를 지니는 경우가 많다. 또한 비문법적인 표기들이 많이 나타나고, 새로운 어휘들이 많이 만들어진다. 그리고 통신 언어에는 의성어나 의태어 등 감정 표현과 관련된 어휘들이 많이 쓰이고, 기호를 이용한 표기도 많이 나타난다. 그리고 대화명과 대화내용이 관계성을 가지며, 하나의 대화방에서 하나 이상의 대화가 진행되기도 한다. 또, 언어유희나 말장난 등의 표현들이 많음을 알 수 있었다. 초기의 통신 언어가 빠른 입력을 위해 단순히 타수를 줄이는 차원에서 줄여 쓰거나 소리나는 대로 쓰기 시작했다면, 최근의 통신 언어들은 다양한 형태를 보이며 빠르게 그 수가 늘어나고 있음을 깨달을 수 있다. 이러한 통신 언어는 점점 온라인이 아닌 오프라인에서 사용되어 현실 언어를 왜곡하고 의사소통에 장애를 일으키고 있으며, 현실 공간의 맞춤법, 문법의 제약에서 벗어난 언어적 일탈이 가상공간에서만 일어나는 것이 아니라 일상에 유입되어 나타나고 있음을 확인하였다.

그 다음으로 새로운 7차 개정 교육과정을 통하여 통신 언어 교육의 필요성에 대해 살펴보았다.

3장에서는 오프라인에서의 통신 언어 사용의 실태에 대해 살펴보았다. 먼저, 일반 중학교 학생과 중등 대안학교 학생의 통신 언어 사용을 비교하였고, 그 다음으로 중등 대안학교 학생들의 통신 언어 사용 실태를 분석하여, 중등 대안학교 학생들의 통신 언어의 특징을 살펴보았다.

4장에서는 통신 언어의 교육에 대해 살펴보았는데, 먼저 통신 언어 교육의 지도 내용부터 시작하여 지도 방법과 통신 언어 교육의 지도를 위한 수업계획을 구안하였다. 수업 내용은 통신 언어에 대한 이해와 태도를 지도하고, 그 다음에 통신 언어 사용의 문제점 발견 지도로 선택하였다. 그리고 필자는 통신 언어 교육의 지도방법으로써 문제 해결 학습 모형을 선택하였고, 수업 대상은 중등대안학교의 전교생으로 정하였다. 한 학년이 아닌 전교생의 수업을 선택한 이유는, 중등대안학교의 전교생이 31명으로 일반 학교의 한 반의 인원이기 때문에 수업의 진행에 있어 가능하다고 생각하였으며, 실 수업에 적용하였다.

연구의 결과, 통신 언어 지도 방안의 구안은 국어 교과에서 통신 언어 지도의 필요성과 구체적 지도 방안을 제공해 준다는 데 의의가 있다고 본다. 기존의 통신 언어 지도방안이 당위론적인 차원에 머물렀다면, 본 논문의 통신 언어의 지도 방안은 학습을 통해 학생들이 자신들의 언어에 대한 정체성을 정립하고 스스로 잘못된 국어사용을 교정해 나가는 능동적인 태도를 함양하는 데 목적이 있기 때문이다. 그리고 통신 언어의 지도를 통해 학생들이 통신 언어를 사용함에 있어 보다 비판적인 태도를 견지한다는 것을 알 수 있었다. 습관적으로 무분별하게 통신 언어를 사용하던 습관이 점차 올바른 언어를 구사하려고 노력하는 태도를 보이고 있다.

지금까지 연구 결과를 통하여 필자는, 통신 언어의 지도가 학생들의 언어활동을 면밀하게 분석하고 스스로 오류를 교정할 수 있게 하는 활동을 통하여 효과적으로 이루어짐을 확인하였다.

그러나 아쉬운 점은 7차 개정 교과서를 활용하지 못한 점이 아쉬움으로 남는다. 따라서 앞으로의 연구는 새로운 교과서를 이용한 새로운 교수·학습 계획으로 발전해 나가야 할 것이다.

‖ 참고문헌

강옥미, 「해체주의 관점에서 본 통신언어의 언어유희」, 『기호학연구』 제16집, 한국기호
　　학회, 2004.

교육과학기술부, 『교육인적자원부 고시 제2007-79에 따른 중학교 교육과정 해설Ⅱ』,
　　대한교과서, 2008.

교육과학기술부, 『교육인적자원부 고시 제2007-79에 따른 고등학교 교육과정 해설Ⅱ－국
　　어』, 대한교과서, 2008.

교육인적자원부, 『중학교 국어 1-1』, 대한 교과서, 2005.

교육인적자원부, 『중학교 국어 1-2』, 대한 교과서, 2005.

교육인적자원부, 『중학교 국어 2-1』, 대한 교과서, 2005.

교육인적자원부, 『중학교 국어 2-2』, 대한 교과서, 2005.

교육인적자원부, 『중학교 국어 3-1』, 대한 교과서, 2005.

교육인적자원부, 『중학교 국어 3-2』, 대한 교과서, 2005.

구현정, 「통신언어－언어문화의 포스트모더니즘」, 『국어학』 제39권, 국어학회, 2002.

권상한, 「청소년 통신언어의 문화적 의미 연구」, 서강대학교 석사학위논문, 2001.

권연진, 「컴퓨터 통신어의 언어학적 연구」, 『언어과학』 제5권 2호, 1998.

권연진, 「컴퓨터 통신 언어의 유형별 실태 및 바람직한 방안」, 『언어과학』 제7권 2호, 2000.

김봉섭, 「PC통신에서의 언어폭력에 관한 연구」, 경희대학교 석사학위논문, 1998.

노대규, 『한국어의 입말과 글말』, 국학자료원, 1996.

노필승, 정은경, 『컴퓨터 통신 언어 사전』, 역락, 2001.

민　해, 「통신 언어의 특성과 국어과 교수·학습 활용방안－청소년의 인터넷 사용 사
　　례를 바탕으로」, 동국대학교 석사학위논문, 2003.

박동근, 「통신언어의 유형에 따른 언어학적 기능 연구」, 『한말연구』 제10호, 박이정, 2002.

박현구, 「PC통신 게시물의 유사 언어적 표현에 관한 연구」, 연세대학교 석사학위논문, 1997.

박희로, 「컴퓨터 통신 언어교육에 관한 연구」, 경희대학교 석사학위논문, 2002.

백경녀, 「청소년의 언어 사용실태와 개선 방향 연구－통신 언어와 일상 언어를 중심으
　　로」, 가톨릭대학교 석사학위논문, 2001.

성명희, 「PC통신어의 문장 양상 연구」, 한국교원대학교 석사학위논문, 2001.

송민규, 「PC 통신 언어에 나타나는 음절 수 감소현상에 대한 고찰」, 고려대학교 석사
　　학위논문, 2001.

양지연, 「통신 언어자료를 이용한 맞춤법 지도방안-중학생을 대상으로」, 건국대학교 석사학위논문, 2004.

오명환, 「초등학생의 채팅 언어 실태 분석」, 상지대학교 석사학위논문, 2001.

왕문용, 「통신 언어, 어떻게 쓸 것인가」, 『중학교 국어(1-2)』, 대한 교과서, 2001.

이동우, 「채팅언어의 특성에 관한 연구」, 상지대학교 석사학위논문, 1998.

이선희, 「컴퓨터 대화방 언어 고찰」, 전남대학교 석사학위논문, 2000.

이정복, 「컴퓨터 통신 분야의 외래어 및 약어 사용 실태와 순화 방안」, 『외래어 사용 실태와 국민 언어 순화 방안』, 국어학회, 1997.

이정복, 「컴퓨터 통신 분야의 외래어 사용」, 『새 국어 생활』 8-2, 국립국어원, 1998.

이정복, 「바람직한 통신 언어 확립을 위한 기초연구」, 문화체육관광부, 2000.

이정복, 「통신언어로서의 호칭어 '님'에 대한 분석」, 『사회언어학』 8-2, 한국사회언어학회, 2000.

이정복, 「학생들의 인터넷 언어 사용 실태와 해결 방안」, 교육공동체 신뢰회복을 위한 토론회 주제 발표문, 2001.

이정복, 『인터넷 통신 언어의 이해』, 도서출판 월인, 2003.

이정복·양명희·박호관, 『인터넷 통신 언어와 청소년 언어 문화』, 한국문화사, 2006.

이정화, 「청소년의 통신 언어 사용 실태와 지도 방안 연구」, 인하대학교 석사학위논문, 2004.

이진기, 「통신 언어의 특징과 국어 교육 활용 방안 연구」, 경희대학교 석사학위논문, 2004.

이호영, 「일상 언어에 통신 언어가 미친 영향 연구-춘천지역 여중생의 어휘를 중심으로」, 강원대학교 석사학위논문, 2004.

인하대학교 국어국문학과, 「컴퓨터 통신어 연구-통신 대화실 Chatting어를 중심으로」, 천리안, 1997.

임규홍, 「컴퓨터 통신 언어에 대하여」, 『배달말 통권』 제27호, 배달말학회, 2000.

임종현, 「가상공간에서의 청소년문화와 그 교육적 의미-고교생의 인터넷 이용을 중심으로」, 한양대학교 석사학위논문, 2000.

임칠성, 「컴퓨터 공개 대화방 대화의 매체 언어적 성격과 대화 양식 고찰」, 『텍스트언어학』 제9집, 한국텍스트언어학회, 2000.

정명규, 「컴퓨터 통신 언어 지도방안 연구」, 경상대학교 석사학위논문, 2001.

정창웅, 「통신 언어의 전이 양상과 지도방안 연구-중학생의 통신 언어 사용 실태를 중심으로」, 한국교원대학교 석사학위논문, 2004.

최은설, 「청소년 통신언어 사용실태와 지도방안 연구」, 상명대학교 석사학위논문, 2003.

한성일, 「설문 조사를 통해서 본 통신 언어 사용에 대한 연구」, 『사회언어학』 11-2, 한국사회언어학회, 2003.

홍지은, 「PC통신 언어의 사용 실태와 교과 지도방안」, 단국대학교 석사학위논문, 2006.

한국어 연결어미의 효율적 지도 방안 연구

―목적 표현 연결어미 '–려고'를 중심으로―

김동숙

1. 서론

한국어 학습자의 의사소통능력 향상을 위해서는 유창성과 정확성이 요구된다. 이를 위해서는 한국어의 다양한 문법 요소를 잘 알고 제대로 표현할 줄 알아야 한다. 그 중 어미는 문장이 실제 상황에서 어떤 유형으로 사용될 것인지를 결정하기 때문에 상당히 중요한 역할을 한다. 문장을 끝맺는 것도 어미이고 문장을 연결하는 것도 어미이며 문장을 다른 문장 속에 안길 수 있도록 하는 것도 어미이기 때문이다(이은경, 2000).

그런데 한국어 학습자들은 교착어로서의 한국어의 특징인 어미로 인해 한국어 학습에 어려움을 겪는다. 최길시(1998)는 외국인 학습자가 어휘를 상당량 암기하고 있으면서도 회화에 어려움을 겪는 것은 어미의 활용이 말하기에 자유로울 만큼 습관화되어 있지 못하기 때문이라고 하면서 어미 학습의 어려움을 지적한 바 있다.

특히 한국어에는 어미 중에서도 유난히 연결어미가 발달해 있다. 한국어 연결어미는 그 수가 대단히 많을 뿐만 아니라 문법적인 양상이 복잡하여 한국어 학습자가 학습하는 데에 큰 어려움을 겪는다. 게다가 한국어 연결어미 중에는 유사한 의미기능을 가진 연결어미가 다양한데 한국어에 대한 언어 직관이 없는 한국어 학습자에게는 이들 연결어미 간의 의미, 형태·통사, 화용적 차이를 구별해 내는 것이 매우 어렵다. 그렇기 때문에 한국어 학습자들은 유사한 의미의 연결어미를 놓고 혼동하다가 한국인은 절대로 쓰지 않는 문장을 만들어 사용하게 된다. 이때 교사는 한국어에 대해 직관이 없는 학습자들에게 이들 사이의 차이를 명확히 제시해 주어야 한다. 이러한 이유에서 한국어 교육에서 유사 의미 연결어미의 교수 학습을 지나칠 수 없는 것이다. 따라서 한국어 교육을 할 때에는 유사한 의미를 가진 연결어미 간의 차이를 엄격히 구별하여 교수해야 하고 그러기 위해서는 그 차이를 구별하여 지도할 수 있는 지도 방안이 제시되어야 한다.

그런데 교사가 초급 학습자에게 유사 의미 연결어미를 교수함에 있어서 의미적 차이로 접근하는 것은 학습자 입장에서나 교사 입장에서나 현실적으로 어려움이 따른다. 초급 학습자들에게 제시할 수 있는 어휘는 한정적인데 한정적인 어휘를 가지고 미세한 의미적 차이를 명확히 제시하는 것은 사실상 불가능하기 때문이다.

이에 본고에서는 비슷한 의미를 가진 연결어미를 사용함에 있어 학습자들의 오류를 막고 효율적으로 지도할 수 있는 방법으로 통사적 제약을 고려한 지도 방안을 제시하고자 한다. 목적 표현 연결어미를 그 대상으로 삼고 목적 표현 연결어미 중 '-려고'를 이미 학습한 '-러'와 통사적 제약으로 비교·대조하여 '-려고'의 교육 모형과 수업 지도안을 제시한다.[1] 더 나아가 '-려고'의 교육 모형과 수업 지도안을 유사한 의미를 가지는 다른 연결어미

---

1) 서울대를 비롯한 대부분의 한국어 교재는 '-러'를 1권에서 '-려고'를 2권에서 제시하고 있다.

에도 적용하여 연결어미의 효율적인 수업 지도 방안을 마련하고자 한다.

2. 연결어미의 효율적인 지도 방안

국어의 연결어미는 언어 내적인 복잡성으로 인해 시제 선어말어미 제약, 주어 일치 제약, 서술어 제약 등 복잡한 제약을 가지고 있으며 그것을 통해 연결되는 두 문장 간의 의미적·통사적 관계를 제대로 파악하기가 어렵다. 이처럼 복잡한 문법적 특성을 가지고 있는 연결어미를 효과적으로 교육하기 위해서는 적절한 교육 모형을 구성해야 한다.

한국어 문법 교수 모형에 관한 여러 연구가 있는데 본 연구에서는 김정숙(1998)이 제시한 '도입(Warm-up) → 제시(Presentation) → 연습(Practice) → 사용(Use) → 마무리(Follow up)'의 순서에 따라 초급 단계의 학습자들이 자주 오류를 보이는 '-려고'를 가지고 수업 모형을 구성하겠다. 이는 언어 교육 일반에 활용할 수 있는 언어 교육 모형의 틀로서 연결어미의 교육 모형 설정에 적용될 수 있다.

한국어 교육 현장에서 대부분의 교사는 새로운 연결어미가 나오면 이전에 배웠던 유사한 의미의 연결어미를 같이 제시하여 학습자의 이해를 돕는다. 이때 교사는 학생들로부터 새 연결어미의 이해를 촉진하기 위하여 의미에만 접근을 한다. 교사는 학습자들에게 두 연결어미의 의미적 공통점만 제시하고 통사적 차이점을 명확히 설명하지 않아 학습자들이 두 연결어미를 혼용하여 사용하는 일이 발생하게 된다.

이에 본고에서는 목적 표현 연결어미 중 초급단계에 제시되는 '-려고'의 실제 수업 모형을 제시하고자 한다. 이때 교사는 이전에 학습한 '-러'와 같이 제시하여 목적을 나타내는 어미임에는 같지만 언제나 같은 상황에서 사용할 수 없다는 것을 다양한 통사적 제약을 통해 보여준다.

이렇게 교사는 '-려고'와 '-러'를 비교·대조함으로써 두 연결어미가 같은 의미이면서도 사용 환경이 다르다는 것을 학습자 스스로 인지할 수 있도록 돕는다. 이를 바탕으로 학습자들이 올바른 문장을 만들어 사용할 수 있게 한다.

2.1. '-려고'의 교육 모형

1) 도입

수업을 본격적으로 준비하는 단계로서 교사와의 자연스러운 대화 상황 속에서 학습자 스스로 오늘 배울 문형을 예측할 수 있도록 한다. 교사의 계획된 이야기 속에 학습하게 될 내용이 자연스럽게 녹아나와 교사는 학습자가 문맥 속에서 스스로 유추할 수 있는 기회를 제공한다.

교사는 자유로운 학습 분위기 속에서 학생들에게 일상적이고 평범한 질문을 던진다. 학생들은 이미 배운 어미를 사용하여 교사의 물음에 대답한다. 교사는 학생들이 대답한 문장을 가지고 이미 배운 어미와 오늘 학습할 새 어미를 대치해 보여준다. 이를 통하여 교사는 두 어미가 같은 의미 기능을 한다는 것을 학생들에게 자연스럽게 알린다.

학습자들은 교사와의 문답을 통해 새 어미가 이미 학습한 어미와 같은 의미 범주라는 것을 자연스러운 수업 분위기 속에서 스스로 깨닫는다. 이러한 과정을 통하여 학습자들은 새로운 어미 학습에 대한 거부감을 줄이고 무의식 중이지만 학습할 내용에 대해 접근하게 된다.

[대화 1]
교사 : 소피아 씨, 어제 학교가 끝나고 어디에 갔어요?
학생 : 학교 식당에 갔어요.
교사 : 왜 갔어요?
학생 : 밥을 먹으러 갔어요.
교사 : 밥을 먹으려고 식당에 갔군요.

[대화 2]
교사 : 대룡 씨는 한국에 언제 왔지요?
학생 : 5개월 전에 왔어요.
교사 : 한국에 온 목적이 뭐예요?
학생 : 한국를 배우러 왔어요.
교사 : 한국어를 배우려고 한국에 왔군요.

[대화 3]
교사 : 제니 씨, 주말에 어디에 갔어요?
학생 : 도서관에 갔어요.
교사 : 도서관에서 무엇을 했어요?

학생 : 책을 빌렸어요.
교사 : 아~ 그렇군요. 책을 빌리려고 도서관에 갔군요.

　이렇게 교사는 여러 번의 질문을 통해 오늘 새로 배우게 될 '-려고'가 이미 학습한 '-러'와 같이 목적을 나타냄을 학생 스스로 이해하게 한다. 그리고 교사는 질문을 통해 얻은 두 문장을 '-려고'를 사용하여 한 문장으로 만들어 칠판에 적는다.

[판서]
교사 : 소피아 씨는 학교 식당에 갔어요. 학교 식당에서 밥을 먹었어요.
　　　→ 소피아 씨는 밥을 <u>먹으러</u> 학교 식당에 갔어요.
　　　→ 소피아 씨는 밥을 <u>먹으려고</u> 학교 식당에 갔어요.

교사 : 대룡 씨는 5개월 전에 한국에 왔어요. 한국에서 한국어를 배워요.
　　　→ 대룡 씨는 한국어를 <u>배우러</u> 5개월 전에 한국에 왔어요.
　　　→ 대룡 씨는 한국어를 <u>배우려고</u> 5개월 전에 한국에 왔어요.

교사 : 제니 씨는 도서관에 갔어요. 도서관에서 책을 빌렸어요.
　　　→ 제니 씨는 책을 <u>빌리러</u> 도서관에 갔어요.
　　　→ 제니 씨는 책을 <u>빌리려고</u> 도서관에 갔어요.

2) 제시

　그날 학습할 내용과 목적을 제시하고, 이후 연습 단계에서 그날 학습할 내용을 본격적으로 집중해서 교육한다. 학습자의 이해 수준에 맞게 연결어미의 의미를 전달하고 형태·통사·화용적인 사용 환경을 제시한다.

[의미제시] 선행절 내용은 후행절 행위의 목적에 해당하므로 후행절 행위는 선행절의 목적을 실현시키기 위한 선행 요소임을 알린다. 그러므로 후행절 행위는 선행절 동작보다 항상 먼저 이루어져야 한다. 먼저 교사는 '-러'와 '-려고'를 사용해서 문장을 만들었을 때 모두 바른 문장이 될 수 있는 그림 자료를 준비한다. 교사가 학생들에게 그림 자료를 보여주며 질문을 하면 학생들은 그 그림을 보고 교사의 물음에 대답한다. 그리고 교사는 학생들의 대답을 가지고 제시된 연결어미를 사용하여 문장을 만들어 보여준다. 학생들은 문장을 통해 두 연결어미가 공통적으로 목적을 나타낸다는 것을 스스로 이해한다. 그 후에 교사는 '-려고'를 사용하면 문법적인 문장이 되지만 '-러'를 사용하면 비문법적인 문장이 되는 그림 자료를 만든다. 이를 통해 '-려고'와 '-러'가 공통적으로 목적을 나타내는 의미이지만 사용 환경이 다르다는 것을 보여준다. 이 단계에서는 두 연결어미를 항상 대치할 수 없다는 것까지만 인지시키고 두 연결어미의 통사적 제약에 따른 차이는 뒤에서 구체적으로 다룬다.

(1) 두 개의 그림을 보여주며 대답을 이끈다.

교사 : 첫 번째 그림을 보세요. 이 학생이 무엇을 해요?
학생 : 편지를 써요.
교사 : 네, 맞아요. 편지를 써요. 두 번째 그림에서는 어디에 가죠?
학생 : 우체국에 가요.
교사 : 그럼 우체국에 가서 무엇을 할까요?
학생 : 편지를 부쳐요.

→ 교사는 그림의 상황을 설명하고 하나의 문장으로 제시한다.
빙암 씨는 편지를 부치러 우체국에 가요. (O)
빙암 씨는 편지를 부치려고 우체국에 가요. (O)

(2) 교사는 두 번째 그림을 제시한다.

교사 : 첫 번째 그림을 보세요. 어떤 상황이에요?
학생 : 시험에서 A+를 받아요.
교사 : 두 번째 그림에서 학생이 무엇을 해요?
학생 : 공부를 해요.

→ 교사는 그림의 상황을 설명하고 하나의 문장으로 제시한다.
   A+를 받으러 공부를 해요. (X)
   A+를 받으려고 공부를 해요. (O)

(3) 교사는 세 번째 그림을 제시한다.

교사 : 첫 번째 그림을 보세요. 어떤 상황이에요?
학생 : 영화를 봐요.
교사 : 두 번째 그림에서는 어디에 가요?
학생 : 극장에 가요.

→ 교사는 그림의 상황을 설명하고 하나의 문장으로 제시한다.
  영화를 보러 극장에 가세요. (O)
  영화를 보려고 극장에 가세요. (X)

두 어미가 목적이라는 같은 의미를 가지고 있지만 항상 대치하여 사용할 수 없음을 그림을 통해 보여준다. 그래서 학생들이 두 어미를 동일시하여 생길 수 있는 오류를 막는다. 여기에서는 두 어미가 항상 같이 사용할 수 없다는 것만 제시하고 그 구체적인 제약은 뒤에서 자세히 다루도록 한다.

[사용 환경 1] 몇 가지 단어를 이용하여 '-려고'의 형태를 미리 익히게 한다. 그리고 통사적 특성을 말해주어 학습자들이 '-려고'를 사용할 때 일으킬 수 있는 오류를 줄이며 더 나아가 '-려고'와 '-러'가 언제나 대치하여 쓰일 수 없음을 확인시켜 준다.
  <보기>를 통해 '-려고'의 형태를 익히게 한다. 교사는 다양한 예를 통해 받침이 없는 동사 어간이나 'ㄹ'받침으로 끝나는 동사 어간에 '-려고'를 쓰고, 'ㄹ'을 제외한 받침이 있는 동사 어간 뒤에는 '-으려고'를 쓴다는 것을 보여준다. 이는 전 학습과정에서 이미 배운 부분이므로 간단히 제시하고 실제로 써 볼 수 있게 한다.

(1) 형태

<보기>

보다 - 보려고   놀다 - 놀려고
가다 - 가려고   먹다 - 먹으려고
쓰다 - 쓰려고   읽다 - 읽으려고

① 영화를 봐요. 극장에 가요.
→ 영화를 <u>보려고</u> 극장에 가요.

② 편지를 써요. 편지지를 사요.
→ 편지를 <u>쓰려고</u> 편지지를 사요.

③ 책을 읽어요. 도서관에 가요.
→ 책을 <u>읽으려고</u> 도서관에 가요.

④ 전화를 걸다. 전화카드를 사다.
→ 전화를 <u>걸려고</u> 전화카드를 사요.

[사용 환경 2] 연결어미는 그 자체의 시제 결합 제약을 비롯하여 주어 제약, 종결어미 제약 등 선행절과 후행절에 여러 유형의 제약을 형성한다. 따라서 연습 단계에 들어가기 전에 학습자가 그러한 제약을 인식할 수 있는 과정이 필요하다.

다양하고 많은 예문을 통해 학습자가 연결어미의 사용 환경을 구체적으로 인식할 수 있게 한다. 또한 학습자들이 '-려고'와 '-러'를 무분별하게 사용하고 있는 이유가 같은 의미를 가지기 때문에 항상 대치할 수 있다고 생각하는데서 기인하기 때문이다. 그러므로 여기에서는 통사적 특성으로 명확히 구분하여 이 둘을 혼동하여 사용하는 오류를 줄일 수 있도록 한다. 우선 '-려고'와 '-러'가 공통적으로 갖는 통사적 제약을 여러 예문을 통해 제시한다. 그 후에 '-러'에만 나타나는 제약과 '-려고'에만 나타나는 제약에 대해 각각 설명한다. 그리하여 차별적인 통사적 제약을 통해 두 연결어미가 언제나 대치되어 쓰일 수 없다는 것을 확인시키고 학습자로 하여금 혼동의 요소를 줄인다. 그렇게 되면 일상생활에서 두 연결어미를 적절히 사용하지 못해 범하는 오류를 줄일 수 있게 된다.

⑵ 통사적 특성

1) '-려고'와 '-러'의 공통적인 제약
　① 시제의 제약 : 과거와 미래를 나타내는 선어말어미와 결합하여 쓰일 수 없다.
　　돈을 <u>찾았으러/찾았으려고</u> 은행에 갔다. (X)
　　친구를 <u>만났으러/만났으려고</u> 시내에 갔다. (X)

　② 주어 일치의 제약 : 두 문장의 주어가 같아야 한다.
　　형이 돈을 <u>찾으러/찾으려고</u> 동생이 은행에 갔다. (X)
　　내가 친구를 <u>만나러/만나려고</u> 영희가 명동에 갔다. (X)

　③ 선행 용언의 제약 : 동사와만 결합할 수 있고, 형용사나 '이(다)'와는 결합할 수 없다.
　　아내가 <u>기쁘러/기쁘려고</u> 꽃을 샀다. (X)
　　나는 <u>예쁘러/예쁘려고</u> 화장을 한다. (X)
　　김 과장은 <u>사장이러/이려고</u> 많은 노력을 했다. (X)

이상은 연결어미 '-려고'와 '-러'가 공통적으로 갖는 통사적 제약이다. 이러한 공통성이 있기 때문에 학습자들은 이 둘을 구분하여 사용하지 못하며 결국 비문법적인 문장을 만들어 사용하게 된다. 이에 다음 단계에서는 '-려고'와 '-러' 각각이 가지는 제약을 살피고 다양한 문장을 통해 이 둘을 구분할 수 있도록 한다.

2) '-려고'의 제약
    ① 문장 형태의 제약 : 명령문, 청유문과는 잘 어울리지 않는다.
       돈을 <u>찾으려고</u> 은행에 갑시다. (X)
       머리를 <u>자르려고</u> 미용실에 가세요. (X)

       돈을 <u>찾으러</u> 은행에 갑시다. (O)
       머리를 <u>자르러</u> 미용실에 가세요. (O)

위의 예문을 보면 명령문, 청유문과 어울리지 않는 '-려고'의 제약이 '-러'에서는 나타나지 않음을 알 수 있다. 예문을 통해서 알 수 있듯이 '-러'는 명령문, 청유문과 어울려 쓰일 수 있다. 만약 '-려고'에 대한 제약만 제시했다면 학습자들은 이전에 배운 '-러'에도 같은 제약이 있을 것이라고 추측하고 혼용하여 사용하게 된다. 실제로 현장에서 비슷한 의미를 나타내는 두 개의 어미를 교수할 때 그 통사적 차이를 분명히 제시하고 있지 않기 때문에 학습자들의 혼란이 가중되고 있다. 그러나 이렇게 분명한 차이를 가진 통사적 제약을 제시하면 학습자들은 두 연결어미의 차이를 인지하고 비문법적인 문장을 만드는 오류를 줄일 수 있다.

3) '-러'의 제약
    ① 서술어의 제약 : '-러'는 뒤 문장의 서술어가 '가다, 오다, 다니다'와 같은 동사이거나 이들과 합성된 '돌아가다, 다녀오다, 올라가다' 등과 같은 이동 동사만 올 수 있다.

       그는 요리를 <u>하러</u> 요리책을 샀다. (X)
       장학금을 <u>받으러</u> 열심히 공부했다. (X)

       그는 요리를 <u>하려고</u> 요리책을 샀다. (O)
       장학금을 <u>받으려고</u> 열심히 공부했다. (O)

이상에서 살펴본 바와 같이 '-려고'를 사용했을 때는 올바른 문장을 만들 수 있으나 같은 목적의 의미를 가지고 있음에도 불구하고 '-러'는 사용할 수 없는 '-러'의 서술어 제약을 확인할 수 있다. 이러한 제약을 설명할 때에는 학습자들이 이해하기 쉽게 다양한 예를 충분히 들어 이해하게 하는 것이 중요하다.

3) 연습

문법 교육에서 가장 중요한 단계이다. 제시 단계에서 이루어진 단기 기억을 장기 기억으로 옮겨서 실생활에서 사용할 수 있도록 하는 것이 목적이다. 학습자가 연결어미의 다양한 문형 연습을 통해 정확하게 이해하고 생성해낼 수 있도록 한다.

문형 연습의 예문을 제시할 때는 쉬운 것에서 어려운 것으로, 전형적인 예문을 사용하는 것에서부터 단계적인 제시가 필요하다. 연습단계는 통제된 연습(comtrolled drills), 유의적인 연습(meanigful drills), 대치연습(replacement drills)으로 크게 세 단계로 나눌 수 있다.

[연습 1. **통제된 연습**] 형태에 초점을 맞춘 통제되고 제한된 반복 연습으로는 따라하기, 교체 연습이 있다. 문장을 제시하고 그것을 '-려고'를 사용해서 한 문장으로 바꾸는 문형 연습을 하도록 한다. 교사가 두 문장을 제시하면 학생들은 오늘 배운 어미를 사용하여 기계적이고 반복적인 대답을 통해 변이형태에 대한 오류를 줄인다.

① 교사 : 잠을 자요. 침대에 누워요.
　학생 : 잠을 <u>자려고</u> 침대에 누워요.

② 교사 : 학교에 가요. 일찍 일어나요.
　학생 : 학교에 <u>가려고</u> 일찍 일어나요.

③ 교사 : 청소를 해요. 창문을 열어요.
　학생 : 청소를 <u>하려고</u> 창문을 열어요.

④ 교사 : 손님을 초대해요. 음식을 만들어요.
　학생 : 손님을 <u>초대하려고</u> 음식을 만들어요.

⑤ 교사 : 프러포즈를 해요. 반지를 사요.
　학생 : 프러포즈를 <u>하려고</u> 반지를 사요.

⑥ 교사 : 도둑을 잡아요. 경찰이 뛰어요.
　학생 : 도둑을 <u>잡으려고</u> 경찰이 뛰어요.

⑦ 교사 : 종이에 이름을 적어요. 볼펜을 찾아요.
　학생 : 종이에 이름을 적으려고 볼펜을 찾아요.

[연습 2. 유의적인 연습] 의사소통 능력의 배양에 기여할 수 있도록 상호 활동적이고 의미 있는 유형을 제시한다. 물론 사회적·담화적 기능을 알고 적응할 수 있도록 상황을 제시하여 학습자의 의사소통 능력을 향상시킨다. 한 문장만 제시하고 문장을 연결하거나, 그림카드나 주어진 단어를 보면서 '-려고'를 사용해 문장을 구성하는 연습 등을 하게 한다.

① 제시카 : 어디에 가요?
　알렉스 : 우유를 사려고.

② 엘　리 : 왜 학교에 일찍 왔어요?
　마피아 : 일찍 왔어요.

③ 

영　희 : 왜 텔레비전을 꺼요?
라이언 : ______________________.

④ 

영　수 : 왜 옷을 갈아입어요?
마이클 : ______________________.

⑤ 에릭 : 어디에 가세요?
　소냐 : (약을 사다, 약국에 가다) ______________________.

⑥ 정민 : 왜 영어를 공부해요?
　장경 : (대학원에 가다, 영어를 공부하다) ______________________.

[연습 3. 대치연습] 제시 단계에서 언급했던 통사적 제약을 고려한 연습이 이루어진다. 다양한 예문을 통해 '-려고' 및 '-러'가 실현되는 문장 구조를 인지할 수 있도록 한다.

1) 다음 중 맞는 것을 고르십시오.
   ① 한국어를 <u>배우러</u> 한국에 가세요. (   )
     한국어를 <u>배우려고</u> 한국에 가세요. (   )

   ② 친구에게 <u>주러</u> 꽃을 샀어요. (   )
     친구에게 <u>주려고</u> 꽃을 샀어요. (   )

   ③ 살을 <u>빼러</u> 조금만 먹어요. (   )
     살을 <u>빼려고</u> 조금만 먹어요. (   )

   ④ 일찍 <u>일어나러</u> 일찍 자요. (   )
     일찍 <u>일어나려고</u> 일찍 자요. (   )

   ⑤ 주말에 영화 <u>보러</u> 갑시다. (   )
     주말에 영화 <u>보려고</u> 갑시다. (   )

   ⑥ 언제 고향에 <u>가러</u> 하세요? (   )
     언제 고향에 <u>가려고</u> 하세요? (   )

   ⑦ <u>공부하러</u> 도서관에 가세요. (   )
     <u>공부하려고</u> 도서관에 가세요. (   )

4) 사용 단계

앞에서 연습한 것들을 가지고 실제로 사용해 본다. 실세계의 상황을 자료로 활용하여 학습자가 배운 내용을 직접 사용해 보는 단계이다. 첫 번째로, 자유 대화를 통하여 학습자 스스로 자유롭게 의사를 표현하고 실제적인 의사소통 활동을 한다. 두 번째로 자유 작문을 함으로써 언어학습의 궁극적인 목표인 효과적인 의사전달 능력을 키운다.

교사가 문장카드를 제시하면 학습자들은 문장을 보고 상황을 유추한다. 그리고 '-려고'를 사용하여 상황에 어울리는 문장을 만든다. 먼저 교사가 시범을 보인다.

[자유 대화]
(1) 문장 카드를 이용하여 이야기 해 보세요.

      선생님 : 왜 돈을 찾아요?
      학　생 : 친구 생일이에요. 그래서 선물을 사려고 돈을 찾아요.
      선생님 : 우리 반 친구 생일이에요?
      학　생 : 아니에요. 룸메이트의 생일이에요.

돈을 찾아요	빵을 만들어요
한국어를 공부해요	우표를 사요

[자유 작문]
(2) 여러분의 목표는 무엇입니까? 그것을 위해 준비하고 있는 일은 무엇입니까? 오늘배운 '-려고'를 사용하여 써 봅시다.

5) 마무리 단계

지금까지 학습한 연결어미의 내용을 정리하고 학습자가 배운 연결어미를 잘 이해하고 있는지 확인해 본다. 또한 교실 밖 실제 의사소통 상황에서 연결어미의 적절한 사용을 할 수 있도록 유도한다.

[평가] 교육에서 이루어진 활동과 교육 대상에 대하여 어느 정도의 성과가 있었는지 그 정도를 판단하는 행위이다. 학습자와 교사 모두에게 자극이 되기 때문에 동기를 유발한다. 기능을 학생들이 얼마나 잘 배웠는지, 다시 말해서 학습목표를 얼마나 잘 성취했는지 측정하여 과거의 학습을 되돌아보고 점검하는 시간을 갖는다.

(1) 활동을 정리하고 활동에 대한 성취도 평가[2]를 실시하여 피드백(feed-back)을 제공해 준다.
(2) '-려고'의 의미적·통사적 특징을 정리해 본다.
(3) 과제[3]를 통한 연결어미의 반복 연습을 제시하여 실제 의사소통에서 연결어미의 적절한 사용을 할 수 있도록 격려해준다.

---

2) 실제 평가지는 본고의 부록에 신는다.
3) '-려고'를 사용하여 하루 일과를 쓰도록 한다.

2.2. '-려고'의 수업 지도안

앞에서 '-려고'의 실제 수업 모형을 '도입 → 제시 → 연습 → 사용 → 마무리'의 순서에 따라 제시하였다.

한국어 학습자에게 한국어를 강의할 때 어떻게 교수해야 '-려고'의 통사적 특성과 의미적 특성을 잘 이해할 수 있는지, 더 나아 '-러'와의 비교·대조를 통해 유사 의미 연결어미를 구별하여 사용할 수 있도록 하는 것이 학습목표가 된다. 이에 실제 수업 모형을 바탕으로 교육목표를 달성할 수 있는 수업 지도안을 제시하고자 한다.

단원		연결어미 '-려고'		수업시간	100분
수업 목표		1. '-려고'의 의미적 특징과 통사적 특징을 알 수 있다. 2. '-려고'를 '-러'와 비교·대조함으로써 유사한 의미의 연결어미를 구별하여 사용할 　수 있다.			
단계	수업 내용	교수·학습 활동		시 간 (분)	자료 및 지도상의 유의점
		교사	학생		
도 입	인사 및 수업 준비	• 학생들과 인사를 하고 수업 할 준비가 됐는지 살핀다.	• 책을 펴 놓고 수업할 준비를 한다.	10 분	교사는 학 생이 자연 스러운 대 화 상황에 서 오늘 배 울 문법을 예측하게 한다.
	전시 학습 확인	• 지난 시간에 배운 내용을 간 단히 물어 잘 알고 있는지 확인한다.	• 지난 시간에 배운 내용을 상기하며 교사의 물음에 답 한다.		
	학습 목표 제시	• 학습목표를 제시한다. 1. '-려고'의 의미적 특징과 통사적 특징을 알 수 있다. 2. '-려고'를 '-러'와 비교·대 조함으로써 유사 의미 연결 어미를 구별하여 사용할 수 있다.	• 학습목표를 확인하고 이번 시간의 수업내용을 파악해 본다.		
	의미 파악 하기	• 자연스러운 분위기 속에서 학생들에게 질문을 하여 오 늘 학습할 연결어미를 제시 한다. 이때 교사는 학생들이	• 교사의 물음에 적극적으로 답한다.		

		이전에 학습한 '-러'를 사용하여 대답할 수 있는 질문을 하여 '-러'와 '-려고'가 공통적으로 목적을 나타내는 의미임을 보여준다. "어제 학교가 끝나고 어디에 갔어요?" "왜 갔어요?" "밥을 먹으려고 식당에 갔군요." • 여러 번의 질문을 통해 이미 학습한 '-러'와 '-려고'가 목적을 나타낸다는 것을 학생 스스로 깨닫게 한다. 질문을 통해 얻은 문장은 연결어미를 사용하여 한 문장으로 칠판에 적는다. ─소피아 씨는 학교 식당에 갔어요. 학교 식당에서 밥을 먹었어요. → 소피아 씨는 밥을 먹으러 학교 식당에 갔어요. → 소피아 씨는 밥을 먹으려고 학교 식당에 갔어요.	"학교 식당에 갔어요." "밥을 먹으러 갔어요." • 칠판을 보며 '-려고'가 이미 학습한 '-러'와 같은 의미임을 이해한다.		판서는 모든 학생들이 잘 볼 수 있도록 한다.
제시	의미 제시	• 선행절 내용은 후행절 행위의 목적에 해당하므로 후행절 행위는 선행절의 목적을 실현시키기 위한 선행 요소임을 알린다. • 첫 번째 그림자료를 통해 '-러'와 '-려고'가 같은 의미임을 확인하게 한다. "첫 번째 그림을 보세요. 이 학생이 무엇을 해요?" "두 번째 그림에서는 무엇을 해요?" "그럼 우체국에 가서 무엇을 할까요?" ─그림의 상황을 설명하고 '-려고'와 '-러'를 사용하	• 그림자료를 보며 교사의 물음에 답한다. "편지를 써요." "우체국에 가요." "편지를 부쳐요."	20 분	그림자료

		여 각각 하나의 문장으로 만들어 칠판에 적는다. • 두 번째 그림자료를 통해 같은 의미이지만 항상 대치되어 쓸 수 없음을 보여준다. "첫 번째 그림은 어떤 상황이에요?" "두 번째 그림에서 학생이 무엇을 하고 있어요?" ―그림의 상황을 설명하고 '―려고'와 '―러'를 사용하여 각각 하나의 문장으로 만들어 칠판에 적는다. 이때 '―러'를 사용한 문장이 비문법적인 문장임을 보여주어 언제나 대치하여 쓸 수 없음을 알게 한다.	• 그림자료를 보며 교사의 물음에 답한다. "시험에서 A+를 받아요." "공부를 해요."	교사는 학생들이 그림 자료를 보고 산만하지 않도록 지도한다.
형태 보여 주기		• 다양한 예를 통해 받침이 없는 동사 어간이나 'ㄹ' 받침으로 끝나는 동사 어간에 '―려고'를 쓰고 'ㄹ'을 제외한 받침이 있는 동사 어간에는 '―으려고'를 쓴다는 것을 제시한다. 그리고 나서 '―려고'의 형태를 익힐 수 있게 〈보기〉를 통해 보여준다. <table><tr><td>〈보기〉</td></tr><tr><td>보다―보려고 놀다―놀려고 가다―가려고 읽다―읽으려고</td></tr></table> • 그리고 실제로 '―려고'를 사용하여 제시된 두 문장을 하나로 만드는 연습을 한다. ―영화를 봐요. 극장에 가요. ―편지를 써요. 편지지를 사요.	• 교사의 설명에 집중한다. 필요에 따라 공책에 적는다. • '―려고'를 사용하여 두 문장을 하나로 만드는 연습을 한다. ―영화를 보려고 극장에 가요 ―편지를 쓰려고 편지지를 사요.	학습자가 수업 내용을 잘 이해하고 있는지 확인하며 수업을 진행한다.
통사 적인 특성 알기		• '―려고'의 통사적 특성을 통해 '―러'와 구별할 수 있게 한다. 먼저 '―려고'와 '―러'의 공통적인 제약을 제시한	• '―려고'와 '―러'는 목적은 나타낸다는 점에서 같지만 통사적 제약에 따라 다른 환경에 쓰인다는 것을 이해	

		후 '-려고'에만 적용되는 제약을 제시한다. 그리고 마지막으로 '-러'에만 적용되는 제약을 제시한다. —'-려고'와 '-러'의 제약 ·시제의 제약 ·주어 일치의 제약 ·선행 용언의 제약 —'-려고'의 제약 ·문장형태의 제약 —'려고'의 제약 ·서술어의 제약 • '-려고'와 '-러' 각각이 가지는 다양한 제약을 통해 같은 의미이지만 항상 대치되어 쓰일 수 없음을 알게 한다. 그리고 다양한 예문을 보여줌으로써 각각의 통사적 제약을 기억할 수 있게 한다.	한다. —친구를 만났으러/만났으려고 시내에 갔다.(X) —형이 돈을 찾으러/찾으려고 동생이 은행에 갔다.(X) —아내가 기쁘러/기쁘려고 꽃을 샀다.(X) —돈을 찾으려고 은행에 갑시다.(X) —그는 요리를 하러 요리책을 샀다.(X) • 실제로 다양한 예를 통해 문법적인 문장과 비문법적인 문장을 구별해 본다.		
연 습	통제된 연습	• 형태에 초점을 맞춘 기계적인 연습을 하도록 한다.	• '-려고'를 사용하여 두 문장을 한 문장으로 바꾸는 연습을 한다.	30 분	교사는 다양한 문장을 제시한다.
	유의적인 연습	• 학습자 자신이 표현하고 싶은 것을 묻고 대답할 수 있는 유의적 연습을 실시한다. —한 문장만 제시하고 문장을 연결하거나, 그림 카드 및 주어진 단어를 보면서 '-려고'를 사용해 문장을 구성하는 연습을 한다.	• 배운 것을 토대로 연습 활동에 적극적으로 참여한다. —문장의 뒷부분이나 앞부분의 빈 칸에 알맞은 말을 써 넣는다. 그림 카드와 단어를 보고 문장을 만든다.		
	대치 연습	• 통사적 제약을 고려하여 '-려고'와 '-러'가 사용된 문장 중 맞는 것을 찾는 연습을 한다.	• 문장을 보고 맞는 것에 (O) 표시를 한다. —한국어를 배우러 한국에 가세요.(O) —친구에게 주려고 꽃을 샀어요.(O)		
사 용	자유 대화	• 문장 카드를 제시하면 학습자들이 '-려고'를 사용하여	• 문장카드를 보고 상황에 적절한 문장을 만든다.		

		대화를 만든다. "왜 돈을 찾아요?" "우리 반 친구 생일이에요?"	"친구 생일이에요. 그래서 선물을 사려고 돈을 찾아요." "아니에요. 룸메이트의 생일이에요."	30분	자유롭게 이야기하고 쓸 수 있는 분위기를 조성한다.
	자유 작문	• 목표가 무엇이며 그 목표를 위해 어떤 일을 준비하고 있는지 자유롭게 글을 써 보게 한다.	• 자신의 목표가 무엇인지 생각해 본다. 그리고 그 목표를 위해 현재 무엇을 준비하고 있는지 자유롭게 글을 쓴다.		
마무리	정리 및 평가	• 학습 내용을 정리한다. • 평가지를 풀도록 한다.	• 문제를 풀어보며 자신의 성취도를 확인한다.	10분	평가지 차시학습내용과 과제가 분명히 전달되게 한다.
	과제 및 차시 예고	• '-려고'를 사용하여 하루 일과를 써 오는 과제를 제시한다. • 다음 시간에 배울 내용을 제시한다.	• 과제를 공책에 받아 적는다. 과제는 다음 시간까지 완성하여 제출한다. • 다음 시간에 배울 내용을 확인한다.		
	주변 정리 및 인사	• 학습자의 적극적인 자세를 칭찬하고 수업을 정리한다. • 인사하고 수업을 마친다. "이상으로 수업을 마치겠습니다. 여러분 수고 많았습니다."	• 바른 자세로 앉아 선생님과 인사한다. "선생님, 감사합니다."		

3. 결론

외국어로서의 한국어 교육에서 연결어미 사용 능력은 의사소통 능력을 기르는 중요한 요소이며 한국어 학습자가 많은 오류를 범하는 문법 요소 중의 하나이다. 특히 유사한 의미를 가지는 연결어미의 경우 많은 학습자들이 많은 오류를 보이고 있다. 본고에서는 그 오류를 막을 수 있는 대안으로 통사적 제약을 통한 수업 지도 방안을 제시했다. 또한 목적 표현 연결어미

'-려고'의 수업 모형과 지도안을 토대로 그밖에 다른 유사 의미 연결어미도 효율적으로 지도할 수 있는 현장에서 유용한 수업 지도 방안을 모색하고자 했다.

한국어를 제대로 구사하기 위해서는 연결어미의 적절한 사용이 필수적이기 때문에 연결어미 교육은 한국어 학습자에게 반드시 효과적이고 효율적으로 교수되어야 할 필요성이 있다.

본 연구에서 논의된 주요 내용을 살펴보면 다음과 같다. 목적 표현 연결어미 중 '-려고'의 통사적 특성을 바탕으로 초급 학습자들을 대상으로 한 유사 의미를 가진 연결어미의 효율적 지도 방안을 모색했다. 그 방법으로 '-려고'의 교육모형 및 수업 지도안을 제시하였다.

한국어 문법 교육에서 연결어미 지도는 비슷한 의미의 연결어미를 서로 비교·대조하여 학습자가 그 차이점 및 유사점을 인식하고 구별하여 사용할 수 있도록 해야 한다. 그렇게 하기 위해서 교사는 형태, 의미, 통사적 제약 조건에 어긋나는 비문법적인 문장과 문법적인 문장을 다양하게 제시하여 학습자들이 예문 속에서 그 차이를 인식하도록 해야 한다.

이 연구는 한국어 연결어미 교육에 관한 연구로 연결어미 교육의 효율적인 지도 방안을 위해 이미 선행 학습한 어미와의 통사적 특성을 고려하여 학습자의 오류를 막고자 했다는 점, 그밖에 다른 유사 의미 연결어미에도 적용하여 효율적으로 지도할 수 있는 기틀을 마련했다는 데에 의의를 가진다. 그러나 수업 지도안을 실제 한국어교육 현장에 적용하지 못했다는 한계점이 있다. 본 연구의 한계점을 극복할 수 있도록 실제 현장에 적용할 수 있는 실험 연구들이 이루어지길 바란다.

‖ 참고문헌

국립국어원, 『외국인을 위한 한국어 문법 Ⅰ·Ⅱ』, 커뮤니케이션북스, 2005.

김수정, 「한국어 문법교육을 위한 연결어미 연구」, 서울대학교 박사학위논문, 2004.

김정숙, 「외국어로서의 한국어교육 원리와 방법」, 『한국어학』 6-1, 1998.

김진수, 「국어 접속어미의 분류」, 『언어연구』 6, 한국현대언어학회, 1989.

김혜성, 「‘-도록’의 의미에 관한 연구」, 『외국어로서의 한국어교육』 18, 연세대학교 한국어학당, 1993.

남기심·고영근, 『표준국어문법론』, 탑출판사, 1997.

류선영, 「외국어로서의 한국어 연결어미 교육 방안」, 계명대학교 석사학위논문, 2006.

민현식, 「국어 문법과 한국어 문법의 상관성」, 『한국어교육』 14-2, 2003.

백봉자, 『외국어로서의 한국어 문법사전』, 연세대학교 출판부, 1999.

서정수, 『국어 문법』, 한양대학교 출판부, 1996.

서태룡, 「국어 접속문에 대한 연구」, 서울대학교 석사학위논문, 1979.

성진선, 「외국인을 위한 한국어 교육의 연구－연결어미를 중심으로」, 창원대학교 석사학위논문, 2002.

손세모돌, 「연결어미 ‘-고자’와 ‘-려고’에 대하여」, 『한말연구』 3, 한말연구학회, 1997.

송재목, 『외국인을 위한 한국어 교육의 방법과 실제』, 한국방송대학교, 1999.

안주호, 「한국어 교육에서의 [원인]연결어미에 대하여」, 『한국어 교육』 13-2, 2002.

여덕휘, 「한국어 학습자를 위한 ‘-어서’와 ‘-니까’의 교육 방법에 대한 조사 연구」, 서울대학교 석사학위논문, 1996.

연봉월, 「한국어 학습자의 연결어미 오류 분석을 통한 교육 방안 연구」, 충남대학교 석사학위논문, 2009.

왕문용·민현식, 『국어문법론의 이해』, 개문사, 1993.

우인혜·라혜민, 『Easy Korean Grammar』, 한국문화사, 2000.

윤상경, 「연결형 어미 ‘-려, -려고, -고자’의 의미·통사 연구」, 건국대학교 석사학위논문, 1984.

윤평현, 『국어의접속어미 연구』, 한신문화사, 1989.

윤평현, 『현대 국어 접속어미 연구』, 박이정, 2005.

이규희, 「동의적 연결어미의 구문상의 제약」, 동국대학교 석사학위논문, 1982.

이윤진, 「한국어 학습자의 연결어미 사용연구」, 이화여자대학교 교육대학원 석사학위논문, 2003.

이은경, 『국어의 연결어미 연구』, 태학사, 2000.

이익섭·채완, 『국어문법론 강의』, 학연사, 1999.

이재경, 「한국어 학습자의 연결어미 분석과 지도방안」, 고려대학교 교육대학원 석사학위논문, 2002.

이종은, 「의사소통과 인지중심의 한국어 문법 교수」, 『한국어 교육』 9, 국제한국어교육학회, 2007.

이효정, 「한국어 학습자 담화에 나타난 연결어미 연구」, 『한국어 교육』 12-1, 2001.

이희자·이종희, 『한국어 학습용 어미·조사 사전』, 한국문화사, 2001.

임호빈 외, 『신개정 외국인을 위한 한국어 문법』, 연세대학교 출판부, 2003.

최길시, 『외국인을 위한 한국어 교육의 실제』, 태학사, 1998.

최문석, 「의미 중심의 연결어미 교육 방안 연구 '-기에(는)을 중심으로」, 『한국어 교육』 제15권 1호, 국제한국어교육학회, 2004.

최재희, 『국어 접속문 구성 연구』, 탑출판사, 1991.

최지희, 「한국어 교육을 위한 목적 표현 연결어미 연구」, 동덕여자대학교 석사학위논문, 2010.

최현배, 『우리말본』, 정음문화사, 1971.

한송화, 「'-으러'와 '으려고' 연구」, 『어문논총』 47, 한국문학언어학회, 2007.

허 웅, 『국어학-우리말의 오늘·어제』, 샘문화사, 1983.

허 웅, 『20세기 우리말 형태론』, 샘문화사, 1995.

Canale, C. & Swain, M.(1980), *Theoretical based of communicative approach to second language teaching and testing*, Applied Linguistics1(1), 1-47.

Penny, Ur(1996), *A Courst in Language Teaching : Practice and Theory*, Cambridge Teacher Training & Development Series, Cambridge University Press.

Thornbury. Scott(2000), *How to Teach Grammar*, Longman.

제2부 현대문학

한국 역사소설에 나타난 근대체험
― 이기영 『두만강』·홍성원 『먼동』을 중심으로 ―

유 인 순

1. 들어가는 말

1910년 8월 29일, 일제에 의한 강제로 합방조약이 체결되었다. 이는 '조선왕조가 건국된 지 제 27대 519년 만이고, 대한제국이 성립된 지 18년 만에[1] 일어난 일이다. 이후 한국인은 일본의 가혹한 식민통치 아래 들어가게 되었다.

2010년은 합방 이후 100년이 되는 해이다. 일제로부터의 해방, 독립국가의 국민이 되었다고는 해도 한국인은 분단국가의 국민으로서 여전히 무거운 멍에를 짊어지고 있다. 이와 같은 한국인의 고통의 근원이 일제의 강제합방에서 비롯된 것이라는 누군가의 지적은 타당하다.

100년 전 망국민의 고통을 감수해야 했던 사람들, 그들은 자신들에게 주어진 세계를 어떻게 파악하고 어떻게 대처해 나갔을까. 이와 같은 궁금함

---

1) 이광린, 『한국사강좌』 V(근대편), 일조각, 1981, 502면.

가운데 '역사 속에 살아 있는 인간을 그려내고 있는'2) 작품으로 평가받고 있는 대하소설 이기영의 『두만강』과 홍성원의 『먼동』을 대상으로 작품 속의 인물들의 삶의 자취를 살펴보기로 한다.

『두만강』은 이기영 문학의 집대성이며 북한이 자랑하는 최대 걸작3)으로, 『두만강』에서 그려진 일제의 침탈 양상은 예리하고 정확한 역사의식에 근거하고 있다4)는 평가를 받는다. 『먼동』 또한 역사의식을 담은 문학적 전범5)으로 평가 된다.

본고에서 다루려는 『두만강』과 『먼동』은 그 창작시기로 보아 30여 년의 차이6)를 보이지만 그들이 그려내고 있는 작품 속 시대는 구한말에서 한일합방, 그리고 삼일운동에 이르기까지, 우리 역사상 대단히 고통스러웠던 시대에 초점을 맞춘다.7) 이기영(1895~1984)의 경우 그 역사적 현장에 좀더 가까웠고, 홍성원(1937~2008)은 조금 거리를 두고 있다는 것뿐, 망국민의 시대를 살아간 민초들이 주어진 현실을 어떻게 고민하고, 수용하고, 대처해 나가고 있는가를 주목한 점에서는 공통성을 갖는다.

---

2) 김병익, 「어둠의 역사와 문학의 빛」, 『현대문학』 462호 현대문학사, 1993. 6, 351면.
  김병익은 이 논문에서 홍성원의 『먼동』에 대한 것만을 말했지만, 『두만강』에서 볼 수 있는 것도 역시 그 시대를 살아가고 있는 인간들의 생생한 모습이었다.
3) 신춘호, 「이기영의 『두만강』 연구」, 『중원인문논총』 제15집, 건국대학교, 1996, 47면.
4) 정호웅, 『한국의 역사소설』, 도서출판 역락. 2006, 306면.
5) 오생근, 「『먼동』의 역사의식과 문학적 전망」, 『작가세계』, 1993 가을호, 77면.
6) 『두만강』은 제1부는 1951~1954까지, 제2부는 1954~1957까지, 제3부는 1958~1961년까지 집필되었으며, 작품 속 시대배경은 1901~1930년까지이다. 『먼동』은 동아일보 1987년 9월 1일부터 1991년 2월 28일까지 3년 6개월 동안 총 1120호로 연재 마감되었다. 시대배경은 1900~1919년까지를 다루고 있다. 1991년 동아일보에서 5권짜리 『먼동』이 나왔고 다시 1993년 6권짜리 『먼동』이 문학과지성사에서 나왔다. 본고에서는 문학과 지성사 간행의 텍스트를 사용하기로 한다.
7) 『두만강』의 경우는 1900~1930년대까지 다루고 있으나 본고에서는 『먼동』과의 균형을 맞추기 위해 제 1, 2부까지만 다루기로 한다. 이기영은 이 작품의 2부까지를 1957년까지 집필 완료, 독자들로부터 3부 집필에 대한 질문을 받으면서, 3부를 쓰기 위해 동북지방으로 자료 조사 및 수집을 나갈 계획이라고 밝히면서 그 전에 이미 발표된 2부의 일부 내용을 몇 군데 고쳤음을 밝히고 있다. 3부에서는 간도지방이 중심이 된다.
  이기영, 『두만강』 3, 풀빛 출판사, 1989, 후기.

본고에서는, 두 편의 역사소설을 다룸에 있어 구한말의 전통적 삶과 사고방식에 충격을 주었을 변화의 물결들, 내적 성숙으로서의 요인과 외부 충격에 의한 요인들, 그리고 이들이 등장인물에게 통합되어 나타난 모습을 추적해 보려고 한다.

일반적으로 근대화를 통해 얻은 가치 있는 것이 근대성8)이라고 한다. 그러나 근대, 근대화, 근대성에 대한 이론적 규명이 지난한 관계로, 여기에서 말하려는 등장인물들의 근대체험이란 학문적으로 엄격하게 인정받은 논리에 따른 것이 아니다. 범박하게 새로운 사상과 문물에 대한 경이감과 그것에 대한 내면화, 동시에 이미 내재적으로 유전 되어온 정신적인 요인들이 어떻게 충돌과 융합을 거쳐 현재의 삶의 자세를 변화시킬 수 있었는지 등을 살펴보려는 것이다.9)

2. 『두만강』·『먼동』에 나타난 주요인물 계보와 공간이동

소설이란 사람 사는 이야기를 전면에 내세운 것이라는 데에는 이의가 없을 것이다. 먼저 작품 속에서 어떤 인물들이 삶을 어떻게 살았는가를 보기 위해서는 주요인물의 계보와 공간이동을 살펴보는 것이 전제되어야 할 것이다. 인물의 성향과 그들이 처한 공간에 대한 이해가 바로 근대체험에 대한 다양한 반응으로 나타날 것이기 때문이다.

---

8) 임환모, 「한국근대소설의 근대성 실현에 관한 연구」, 『현대문학이론연구』 23호, 현대문학이론연구회, 2004, 295면.

9) 흔히 '근대'는 인간에 대한 새로운 인식으로 성립되고, 이성적이고 주체적인 인간이 외부 세계를 합리적으로 파악하여, 역사의 진보 및 발전에 기여한다는 것이 근대에 대한 지배적 담론이 된다. '근대성'의 철학적 바탕에는 '자기의식'이 자리한다. 자아에 대한 객관적 인식과 자기 시대에 대한 객관적 인식이야말로 바로 근대성이 된다.
　곽승미, 『1930년대 후반 한국문학과 근대성』, 푸른사상, 2003, 22면 요약.

2.1. 주요인물의 계보

『두만강』에서 주요 인물군은 크게 소작농과 지주(무산자와 유산자), 항일파와 친일파, 선재(善材)와 악재(惡材)의 일관된 대립 구도로 전개된다. 여기서 주목하게 되는 것은 이들에게 주어진 역할이 이미 그들 선대로부터 결정되었다는 것, 또한 이들은 자아(주체)와 세계 사이의 갈등에만 주목할 뿐, 자아 자체에 대한 분열은 단 한 번도 보인 적이 없으며,[10] 상대방에 대한 인식은 주체의 삶의 목표에 따라 아군(조력자)과 적군(방해자)으로 파악된다는 것이다.

먼저 소작농(무산자) 계층에 속하는 박곰손의 가계를 보자.[11] 조부는 민란 책임자였고, 부친은 경복궁 건설현장에서 입은 부상의 후유증으로 사망, 곰손은 농민이면서 항일의병대를 돕다가 체포, 투옥, 고문으로 옥사한다. 곰손의 아들 씨동이와 딸 분이는 각각 용정과 서울에서 신학문을 배우며 적극적인 항일 운동에 참여한다. 이진경은 동학내통자로 몰려 일헌병에게 총살을 당한 이진사의 아들로 학교를 세우고, 의병대를 돕다가 연루되어 사형을 당한다. 그의 딸 이형욱은 항일운동가 최동욱의 아들과 결혼한다. 김관일은 갑오 농민전에 참전, 다리를 다치고 아들 김덕성은 독립군이 된다. 강덕만은 독립군이고 그의 딸 옥이는 박씨동과 결혼한다. 항일운동가 김갑룡의 부친은 회령 민란 때의 책임자였다.

한편 악덕지주이며 친일파인 인물들로, 송월동 거주자로는 한길주, 김진해, 윤감역(상구), 홍의관이 있고, 함경도 무산 7소에는 김장의와 허부자가 있다. 한판서-한길주는 가렴주구의 부패한 관리의 표상이며 아들 한경식과 한창식은 방탕에 빠진다. 김진해는 인색한 치부꾼으로 방탕에 빠진 아들은 자살한다. 윤감역은 한학의 거부로 가세도 넉넉하고 양반 법도를 지키지

---

10) 『두만강』에서 주동인물은 한결같이 도덕적으로 선량하고, 반동 인물들은 악하게 설정되어 있는데 이는 프로문학이 갖고 있는 한계점이라는 것에 대한 신춘호의 지적이 있다.
  신춘호, 앞의 글, 56면.
11) 박곰손은 무산자이지 소작농은 아니다.

만 신교육 받은 두 아들들은 친일의 길로 들어선다. 무산의 허부자는 일본 세력에 붙어 토지와 현금을 가장 많이 갖고 있지만 주민들의 원성의 대상이고, 무산 향교의 장의를 지낸 김장의는 부유하지만 허부자의 수하로 전락한다.

『먼동』에서 주요 인물군은 크게 민족주의 계열과 친일 계열로 나뉜다. 그러나 이 작품을 이끌어가는 인물계보는 크게 김효순 일가, 송근술 일가, 박종학 일가로 나뉜다.12) 이들 인물군에서 주요인물인 보경, 근술, 태환들은 모두 인간적인 약점을 갖고 있지만, 이들은 3·1운동과 김현우의 죽음을 통해서 자신들의 약점을 보정하게 된다.

공조판서를 역임한 김효순은 아들 김상민과, 영환, 재환, 태환 등 5명의 손주를 두었다. 이들은 다시 영환에게서 동석, 민석을, 재환에게서 문석을, 태환에게서 중석, 진석을 서손들에게서는 종석, 경석을 두어 증손주만 7명이 된다. 이들 가운데 앞선 세대는 전통적인 교육을 받은 식자층이고 태환과 증손자들은 모두 신교육을 받았다. 서울 필운방 생활을 정리하고 남양 성주골로 낙향한 후 평화로운 삶을 살던 김대감댁은 노복 장쇠가 죽던 날 비복 송근술의 술주정이 벌어지면서 풍파가 일기 시작한다.

송근술은 김대감의 서자이지만 대감댁 비부로 살아왔다. 그는 5남매를 두었고, 그중 필배와 쌍순이는 쌍동이다. 자신의 출생의 비밀에 접한 송근술은 이후 친일파가 되어 김대감댁을 상대로 패악을 일삼는다. 한편 김대감의 셋째 손주 태환은 송근술의 딸 쌍순이를 임신시킨다.

쌍순은 출산의 위기 속에서 미국인 선교사의 도움으로 살아나고 이후 보경으로 개명, 친일적 신여성이 되고, 장안의 거부가 된다. 역시 석유장수로 돈을 번 송근술은 일진회 남양지회장이 되고, 아들 필배는 독립군이, 막내

---

12) 김대감댁은 성리학적 이념에 뿌리를 박은 양반의식, 송근술 일가는 친일을 통해 부를 축적하는 신진계급, 박 종학 일가는 합리적이고 실리를 추구하는 중인계급의 의식을 보여준다. 이승준, 「홍성원의 『먼동』 연구」, 『어문론집』 55호, 안암어문학회, 2007, 252면.

아들 종배는 일본헌병의 보조원이 된다. 후일, 보경은 자신의 출산시 죽은 것으로 알고 있었던 아이가 살아 있다는 사실을 알게 된다. 그러나 송근술 일문이 김대감집 핏줄이라는 사실 앞에 경악한다. 태환과의 사이에서 낳은 아들은 결국 상피 붙어서 낳은 아이인 까닭이다. 보경은 우여곡절 끝에 아들 현우를 만나지만, 아이의 생부 태환으로부터 출생의 비밀을 지킬 것이라는 약속을 받은 뒤에야 양자로 들인다. 그러나 그 아들 현우는 3 · 1만세운동을 전파하다가 체포, 고문으로 사망한다.

산사 박종학은 김효순 대감의 청경(淸京 : 北京)길에 동행했던 인연으로 두 집안의 관계는 돈독하다. 아들 인섭이 홍화학교에 입학할 수 있었던 것은 김대감의 천거에 의한 것이었다. 홍화학교에서 김대감의 손주 태섭과 같이 공부한 아들 인섭은 다시 양의학을 배워 의사가 된다. 한편 박종학의 아우 박승학은 갑오민란 때에 의병대장 출신으로 합방 이후 다시 의병활동을 하다가 자신이 이끌던 의병대를 해산하고 잠적한다. 그러나 3 · 1만세운동이 일어나자 만주 목단강 근교에 있는 동가촌으로 들어가 독립군 조련장 일을 돕는다.

2.2. 주요인물의 공간 이동

『두만강』의 1부는 충청도 송월동이 중심공간이 된다. 이야기는 1901년 음력 2월 초순, 곰손이가 새로 만든 논에서 시작된다. 송월동 주민들의 수난은 서울 한판사의 손자 한길주가 낙향하면서 비롯된다. 한길주는 철저하게 작인들의 노동력과 농토와 재물을 수탈한다. 여기에 경부철도 공사가 시작되고, 토지조사령, 동척이 건립되면서 주민들은 강제노역에 동원, 고통에 빠지게 된다. 결국 주민들은 마을을 떠나고, 한길주의 무고로 억울하게 옥살이를 한 곰손네 가족도 송월동을 떠나 용정을 향한다. 곰손 가족은 강덕만의 처가가 있는 함경도 무산에 잠시 들리지만, 일본헌병대에서 모진 고문을 받은 곰손은 이후 무산 제7소에 머물게 된다. 곰손의 아들 씨동이 혼자 용정으로 떠난다.

제2부 상권에서는 함경도 무산 제7소와 간도지방이 이야기의 중심 공간이 된다. 무산에는 곰손 가족들이 살고 간도에서는 명동촌을 중심으로 씨동이가 학교에 다니고 있고, 그곳 조선인들의 곤궁한 삶과 의병들의 활동이 소개된다. 의병대장 홍범도 대장이 머문 백두산의 삼지연도 잠깐 나오고 간도로 갔던 씨동이가 4년 만에 다시 무산에 나타난다. 제2부 하권의 무대는 송월동, 서울, 무산으로 빠르게 전개되는데 이는 씨동이가 소속된 항일 의병대에서 파견된 비밀공작원들 — 씨동이, 최동욱, 김병렬 등의 시선을 통해 전개된다. 마침내 1919년 3·1만세운동이 일어나고 씨동이들은 이 운동의 전국적 확산을 위해 동분서주한다.

정리하면 『두만강』 1부에서의 공간은 충청도 '송월동' → 함북 '무산제7소', 2부에서의 공간은 '간도'를 중심으로, 그리고 주요인물의 이동에 따라 '서울'지역과 이들이 통과하는 지방들로 때로 전개 된다.

『먼동』의 제1장은 1901년 가을, 경기도 남양부에서 시작된다. 서울 필운방에 살던 김대감댁이 남양 성주골로 낙향, 김대감댁의 외거노비 마산포의 송근술의 삶과 얽히면서 사건이 전개된다. 제2장은 박종학이 뿌리 내리고 살고 있는 수원, 박승학의 어린 아들이 있는 용인으로, 다시 이제는 보경이란 이름으로 미국인 선교사의 양녀가 된 쌍순이가 살고 있는 서울과 인천지역, 박승학이 의병활동을 재개하는 강원도 홍천, 횡성 지역으로 이어진다. 그러나 전체적으로 서울, 남양, 수원으로 이어지며, 22장에서는 다시 남양으로, 그리고 마지막 23장은 한국을 벗어나 태환이 독립군의 일원이 되어 살고 있는 만주의 뚱화(東化동)마을, 의병장 박승학이 살고 있는 목단강 부근의 동가촌(童歌村) 마을로 확장된다.

『먼동』에서 주요 인물들이 차지한 공간을 보면 '남양 성주골' → '수원' → '서울'(인천) → (강원도 홍천과 횡성) → 만주 지역으로 확장됨을 보인다.

3. 『두만강』·『먼동』에 나타난 근대체험

조선조의 유가적인 사회에서는 개인의 의지와 선택 보다는 집단의 그것에 따르는 것이 미덕으로 치부되어 온 것이 사실이다. 따라서 새것을 받아드리기 보다는 지난 것에 집착하고, 잘못된 현실에 대한 비판·항거 대신 부당한 인종이 요구되어 왔음도 사실이다. 그러나 급변하는 세계사 속에서 망국민으로서의 전락은 단순히 국권 상실의 차원을 넘어 인권 상실과 생존권의 위협으로 직결되었다. 당장 변화하지 않으면 살아남을 수 없는 절대절명의 순간에 당시대인들은 주어진 현실을 어떻게 수용하고 대처해 나갔을까. 변화를 위한 요인에는 오랜 세월에 걸쳐 축적된 내적요소와, 외부에서 들어온 요소들이 함께 작용하게 될 것이다. 이들을 두 작품에서 추적해 보기로 한다.

3.1. 『두만강』에 나타난 근대체험

학식 유무를 떠나 등장인물들의 내면세계에는 전통적 삶 속에서 자연스럽게 습득된 삶의 지혜와 의식적으로 습득된 삶의 지혜가 있다. 이들이 조화를 이룰 때 인간의 성장은 바람직한 방향으로 나아가게 된다. 한편 사람의 경험세계는 일상적 삶을 토대로 오랜 세월에 걸쳐 자연스럽게 형성된 것이 있는가 하면, 외부 자극에 의해 급격하게 형성된 것도 있다.

먼저 『두만강』의 주요 인물들의 경험세계를 지배하고 있는 요소들을 보기로 하자.

박곰손의 의식을 지배하고 있는 것은 선험적으로 익힌 윤리의식과 인간에 대한 사랑, 민란책임자였던 조부대로부터 익혀온 비판정신과 그에 따른 실천, 땅은 사람을 속이지 않는다는 믿음에서 나온 땅에 대한 농민으로서의 애착 등이다.

이에 비해 곰손의 아들 씨동이는 좀더 체계적이고 적극적인 자기 계발의 단계를 거친다. 씨동이는 서당과 소학교에서 교육을 받았다. 씨동이는 송월동 시절 야학당을 운영하면서 신문잡지를 통해 세상과 교류한다. 그는 여기에서 우리 영웅 이야기 ― 을지문덕, 연개소문, 감강찬, 이순신, 곽재우 등 ― 를 읽고, 때로는 서양문학작품인 <검둥이의 설움>, <로빈손 표류기>같은 것도 접했다. 씨동이는 마을 사람들에게는 고소설 <춘향전>, <심청전>, <장화홍련전>, <흥부전>, <임진록>, <장끼전>, <허생전>, <홍길동전>뿐만 아니라 신소설 <두견성>, <치악산>, <추월색>13) 같은 작품들을 읽어 주기도 했다. 이들 우리 영웅에 대한 이야기나 고소설, 신소설, 서양소설에 접한다는 것은 씨동이 자신은 물론 마을 주민들의 의식 세계를 점진적으로 향상 시켜나가는 토대가 되었을 것이다. 씨동이는 용정학교에서는 신채호의 『조선역사』를 배웠다. 역사란 조상이 살아왔던 삶의 자취를 확인하는 것이다.

한학의 거두였던 이진사는 일헌병 앞에서 당당했다. 이진사의 아들 이진경은 일제의 부당한 처사 앞에 의연히 항거한다. 그는 일제의 만행을 막기 위해 교육사업에 투신, 지인들의 힘을 빌려 학교를 세운다. 그는 이춘실에게 <북곽선생>14) 이야기를 해주고, 오랜만에 만난 씨동이에게는 정다산의 「경세유표(經世遺表)」, 「원목(原牧)」, 「탕론(湯論)」15)을 읽었느냐고 묻는다. 그 외에도 『두만강』에는 지역관련 민요나 전설들과 같은 구비자료들이 많이 삽입되어 있고, 이들이 송월동 사람들의 의식 구성에 지대한 영향을 주었음이 분명하다. 이를 증명하는 것이 송월동 읍내 가는 길목, 김뗏거리의 전설16)이다. 이 전설은 후일 악덕지주이며 친일파인 김진해를 응징하는데 커

---

13) 이기영, 『두만강』 1권, 풀빛, 1989, 438~439면. 이후부터는 『두만강』으로만 표기하기로 한다.

14) 이기영, 『두만강』 3권, 40면.

15) 위의 책, 71면.

다란 역할을 하게 된다.

조선의 설화, 조선의 영웅, 고소설, 신소설뿐만 아니라 정약용을 비롯한 실학파의 사상은 당시 사람들의 뇌리에 각인되어 그들로 하여금 발전적인 지향점을 제시한다. 당시의 사람들이 금연금주를 통해 국채보상운동[17]을 전개한다거나 「독립신문」을 통해서 당시 정부의 무능과 부패를 고발[18]하는 것, 을사조약을 통탄한 '시일야방성대곡'을 읽으며 자신들의 위치를 점검하는 것 따위가 모두 실학적 사고의 전통에 그 뿌리를 두고 있는 것이다.

그렇다면 당시에 외부 세계로부터 온 문물들은 대략 어떤 것이고 이들에 대해 당대인들은 어떤 반응을 보이고 있을까.

양잿물, 석유, 전화, 전등, 이발관, 화장품, 요리점, 명경, 당황, 광당목, 개화포(開化布) 등은 재앙을 불러오는 자본주의의 한 전형으로, 동시에 빈부의 격차를 극명하게 드러내주는 징표가 된다.

원래 북포(北布)는 조선의 특산물로 치지마는 그중에서도 무산포가 유명하다.

'보름새'는 한산 세모시보다도 가늘어서 베 한 필을 풀어 쥐면 손아귀에 들락 말락 하였다. 이런 베는 20 전후의 젊은 여자나 눈 밝은 처녀들이 밝은 눈에, 열쌘 손으로 짜야만 했다. 마을 청년들과 총각들은 마실을 와서 그들의 하는 일을 도와주고 옛날이야기와 노래를 부르며 밤 가는 줄을 몰랐다.[19]

---

16) 장자못 전설에서는 인간의 선악 여부를 떠나 모두 희생자가 된다. 장자는 물에 빠져 죽고 착한 며느리는 돌기둥이 되는 것이 그것이다. 그런 면에서 보면 김땟거리 전설은 작가의 의도가 가미된 것으로 보인다. 흉년이 든 해에도 악랄하게 소작료를 챙기는 김장자의 횡포, 약이 오른 작인들이 떼를 지어 찾아가 억울한 사정을 호소한다. 김장자는 막무가내로 작인들을 내어 쫓고, 절망한 노인 한 사람이 연못에 투신자살한다. 이에 격발된 작인들이 김장자의 집과 노적가리에 불을 지르고 가족들을 몰살시키고 창고에 든 양곡을 나누어 갖는다.
곧 투쟁을 통해서 목적을 달성한다는 것이 김땟거리 전설이다.
『두만강』 1권, 153~154 전설부분 요약

17) 위의 책, 207면.

18) loct. cit

19) 『두만강』 2권, 39면.

　　무산포를 짜는 장소는 단순히 직녀들의 일터에 그치지 않았다. 청춘남녀들을 위한 즐거운 만남의 장소였고, '앞대'에서 바디장수와 체장수(솔장수)들이 찾아와 거래하는 시장의 역할을 하는 곳이었다. 그러나 개량포가 들어오고 무산포가 그 명성을 잃게[20] 되자, 삼베 직조를 생업으로 삼았던 무산 사람들은 치명타를 입게 된다.

　　한편 철도, 우편제도, 전신 전화, 일본어 학원, 제사공장, 잠업 전습소, 공립학교, 헌병대, 순검청, 군청, 재판소, 세무소, 은행, 금융조합 들은 위로부터 아래로 강압되는, 식민체제 강화를 위한 제도로써 다가온다. 식민체제의 강화란 그 자체가 하나의 재앙이다. 실제로 경부철도를 건설하면서 철도공사 연변 주민들은 강제 부역에 동원, 농민들은 자신의 논밭을 경작할 노동력과 시간을 강탈당했다. 뿐만 아니라 완성된 철도는 조선의 자원을 헐값에 사서 일본으로 보내는 역할을 하고, 전신 전화를 설치하면서 조선국의 전신 권리는 일본 측으로 넘어갔다. 작은 농촌 마을인 송월동에 우편소가 생기면서 우편소장은 송월동 주민들의 편지를 열어보는 것은 당연지사가 되었고, 수집된 조선내의 모든 정보는 전신을 통해 일본 본국으로 발송되었다. 제사공장은 시골 처녀들의 노동력을 착취하고, 잠업 전습소와 뽕나무 묘포 심기와 누에 기르기는 조선인의 노동력 희생으로 가능한 것이었다. 공립학교는 어린학생들에게 일본 체재에 순응하는 식민지 백성을 기르기 위한 훈련 기관이었다.

　　일제의 식민정책을 위한 제도와는 다르지만, 고을 읍내에 생긴 예배당은 설립 취지 자체가 불순하다. 윤용섭은 '왜놈의 세력에 붙을 수 없었던' 그래서 차라리 '미국세력에 아부'[21]하는 것이 또 다른 힘을 갖게 되리라는 발상에서 최전도사를 도와 교회를 유치한다. 김관일 — 동학혁명에 참가했다가 다리에 총상을 입은 — 은 예수교에 다니는 아들 덕성에게 신미양요를

---

20)　위의 책, 40면.
21)　『두만강』 3권, 171면.

일으켰던 미국이 조선을 뺏으려 하다가 그것이 안 되자 총칼 대신 이번에는 예수교를 가지고 나온 것이라고, 학교를 세우고 교회를 세우는 것이 실은 예수교를 통해서 우리나라를 뺏으려는[22] 획책이라고 비난한다.

『두만강』에서 주목되는 것은 러시아의 10월 혁명(1917) 사건이다. 서술자는 러시아 혁명 이야말로 '인류사회에 새 기원을 열어 놓은 것'이고, 이는 '전 세계 근로인민과 약소민족에 해방의 길'을 비쳐 주었다고 주장한다.[23] 그러나 이때의 러시아 혁명 사상은 일본당국이 압록강과 두만강 일대에 내려진 국경 봉쇄로 직접 들어오지 못한다. 이에 연해주 거주 우국지사들이 전후(戰後) 세계 정치 정세의 동향을 일본 동경과 조선으로 특사를 보내 전한다. 한편 조선에서는 고종이 승하하고, 동경 유학생들의 '조선독립선언서' 발표 소식이 서울로 들어오면서 국내에서는 손병희를 중심한 지식인들이 '앙양된 혁명적 기세에 압도되어' 어쩔 수 없어서 '청원식 독립운동'을 협의하게 되었다고 서술한다.

> 이 10월의 광망은 조선인민의 심장에도 민족갱생의 불길이 치솟게 하였다.
> 그것은 조선 인민의 민족적 자각과 해방의식을 제고 시켰다.
> 실로 3·1운동의 폭발을 어찌 우연한 일이라 하겠는가.[24]

러시아 혁명과 3·1만세운동 관계를 더 확고히 하기 위해, 만세 운동 거사 전의 일들이 제시된다. 만세 운동 전에 연해주의 우국지사들이 북간도 우국지사들에게 국제정세를 전달, 이에 대처하는 군중적인 독립운동을 일으키라고 지시했다. 이에 따라 북간도에서는 특사를 파견 서울 측에 알렸으나 지시를 받은 당시의 지도층들이 몸을 도사리고 있었다는 것.[25] 3·1만

---

22) 위의 책, 191면.
23) 위의 책, 264면.
24) 위의 책, 282면.
25) 위의 책, 283면.

세운동 당일에도 이들 서울 측의 지도자들이 표방한 무저항주의란, '전후 식민지 재분할을 위한 미국 대통령의 기만적 구호인 민족 자결론에 심취'하여 자력으로 독립을 쟁취하는 것이 아니라 '국제적 외부의 협력 밑에 독립이 저절로 성취될 것이라는 얼빠진 환상'26)에 사로 잡혀 있었다고 비난한다.

어떻든 3·1만세운동은 서울을 중심으로 퍼져 나가고, 북간도에서 특사로 온 씨동이들은 태극기와 적기를 휘두르며 서울 시내에서의 시위대열에 참가할 뿐 아니라 만세 운동의 전국적 확산을 위해 자신들에게 부여된 지역으로 가서 시위 지도와 일본 헌병대나 경찰대에 폭탄을 투척한다.

『두만강』의 2부 끝 무렵에서 씨동이는 국내에서의 3·1만세운동이 어느 정도 가라앉은 다음 북간도로 복귀하기 위해 출발한다. 이때 씨동이는 일제로부터 독립된 나라, 그리고 러시아 혁명이 보여주었던 무산자가 주인 되는 나라를 그의 이상향으로 설정한다. 그 전까지 곰손들에서 비롯된 모든 운동이 악랄한 지주에 대한 투쟁, 조국의 독립을 목표로 삼았다면, 씨동이들부터는 항일투쟁과 무산자 혁명으로 목표를 확대 수정한다.

『두만강』에 나타난 근대체험은 이미 내면화된 선험적 체험과 전설, 실학 사상을 바탕으로 외부 충격을 비판하면서 시작된다. 합방과 더불어 물밀 듯 쏟아져 들어온 외부 세계의 유형무형의 문물들은 근대화란 가면을 쓰고 들어온 부정적 자본주의의 족쇄였다. 동시에 이들이 가져온 새로운 사회 문화 제도들은 조선사람들을 억압하는 식민주의 체제의 강화를 위한 것이었다. 여기에는 교회마저도 또 다른 식민정책의 하나였다. 합방 후 일제의 폭압 속에서 들은 러시아 혁명의 성공은 국내인들에게 민족적 자각을 깨우치게 하고, 이들은 3·1만세운동으로 발전했다. 그러나 서울 측 지도층들의 윌슨주의에 대한 과신과 몸을 도사린 배신행위는 현실적으로 3·1만세운동을

---

26) loc. cit

실패하게 했다. 결국 씨동들은 조국의 독립과 무산자를 위한 나라를 건설하기 위해 사회주의 체제로의 방향 전환을 꾀하게 된다.

3.2. 『먼동』에 나타난 근대체험

『먼동』에서 초기에 선보이는 근대화는 서양문물과 신학문이다. 산사(算士) 박종학은 김효온 대감을 따라 청경에 갔을 때 양물(洋物)과 전적들 해국도지(海國圖誌) 영환지략(瀛環誌略)[27] 같은 것을 가져오는데 이들은 대개 세계의 지리, 역사와 과학 기술 서양문물들을 소개하는 책이었다. 한편 박종학의 아들 인섭과 김대감댁 태환은 서울 홍화학교 동접으로 이들은 신학문을 공부했다.[28] 김대감댁의 후손들은 모두 신학문을 공부했고 영환의 두 아들은 일본유학까지 했다. 송보경 역시 서울생활을 하면서 여학교를 나왔다.

근대성이 자아의 발견과 자신이 살고 있는 사회에 대한 객관적 발견에 있다면, 먼저 이와 같은 현상은 쌍순에게 나타난다. 태환에게 겁탈당한 직후, 그리고 서울로 옮겨 살아온 4년 동안 그녀에 내면에 나타난 정신적인 변화에서 보인다.

> 자신이 당하는 바로 이 서러운 고통을 이 땅의 수많은 계집종들 역시 지금껏 행랑에 살며 당해왔을 것이다. 똑같은 사람으로 태어나 누구는 상전되고 누구는 왜 종이 되었는가? (…중략…) 이 차등과 불평등을 본래로 되돌려 놓기 위해서는 지금의 힘에 맞설 수 있는 또 다른 힘이 필요하다. 이 땅의 천한 백성들이 새로운 힘을 키우지 못하는 한 반상의 차등과 주종의 구분은 이 땅에 영원히 형벌처럼 계속될 것이다.[29]

---

27) 홍성원, 『먼동』 1, 문학과지성사, 1993, 107면. 이후 『먼동』으로만 표기하기로 한다.
28) 홍화학교는 1895년 민영환이 경희궁 홍화문 옆에 세운 사학으로 수백 명의 졸업생을 냈다. 이곳에서는 명문거족들만 다녔고, 산술, 역사. 지지, 영어, 국어, 체조들을 가르쳤다. 『먼동』 1, 43면.
29) 위의 책, 102면.

(…전략…) 마산포에서 살았던 그녀의 삶은 차라리 삶이 아니고 짐승으로 지낸 오욕과 고통과 수치의 세월이었다. 그녀는 비로소 신학문을 통해서 자신의 존재와 현 위치를 새로운 시각으로 확인했고 자기가 그동안 미망과 무지에 의해 인간 이하의 비참한 삶을 살아왔던 것을 깨달은 것이다.[30]

앞의 인용문은 쌍순이 절망적인 상황에서 돌아본 자신에 대한 인식이고, 뒤의 인용문은 서울로 와서 보경이란 이름으로 개명, 교육을 통해 객관적인 시선으로 자신의 위치를 점검해본 것이다.

인간 본연의 평등 사회로 돌아가는데 필요한 '또 다른 힘'을 얻기 위해서, 신여성으로 태어난 보경은 일본인의 힘을 이용한다. 보경(쌍순)은 친일인사나 일본인의 도움으로 사업을 벌여 장안의 거부가 된다. 쌍순에게 근대체험은 자신이 처한 불합리한 세상에 대한 발견이었고, 보경으로 태어난 뒤에는 교육이 그녀에게 객관적 시선을 주었다. 보경에게서 근대란 돈의 위력을 확인하는 것, 돈을 벌기 위해서는 친일인사가 되어야 하고, 친일인사가 되면서 그녀는 거부가 되었다. 환언하면 보경에게 근대란 세상의 모순 파악, 식민주의 이용하기, 자본주의자로 단계를 높이는 것이다. 그것이 바로 짐승같은 삶에서 인간 본연의 삶으로 들어가는 것이고 짓밟은 자에 대한 짓밟힌 자의 완벽한 복수가 되는 것이라고 생각한다.

보경과는 대칭적 측면에 있는 여성, 의병장 강대장의 누이동생 강봉선이 있다. 봉선은 '치마 둘러 여자지 담력이나 통 크기루 말허면 사내 열이 못 당허는 여걸'인데다 '고운 자색에다 정두 많구 담두'[31] 큰 처녀다. 오라비가 말리고 내몰아도 변복하고 의병들의 뒤를 따라다니며 부상자 간호를 맡았던 봉선에게 세상은 어떤 것이었을까. 그릇된 세상을 고치겠다고 나선 이들과 동행하는 강봉선, 그녀는 자신이 어떻게 해야 역사를 진보·발전시키는 것인지를 알고 있는 것이다. 그녀가 박승학을 만난 것도 박승학을 간호

---

30)『먼동』2, 225면.
31)『먼동』1, 309면.

하면서였다. 전쟁 중에 승학과 이별한 후 그녀는 온갖 협박과 회유에도 불구하고 승학의 아이를 낳고 미혼모가 된다. 병신년 무렵의 일이었다. 이후 그녀는 힘들게 박승학과 재회 부부가 되지만, 승학이 거병한 의병들을 온몸으로 뒷바라지 한다. 표면적으로 보면 봉선의 삶은 근대적 삶과는 거리를 둔 듯하다. 송보경이 가난과 무지로 인해 입은 상처를 돈을 벌어 복수하려는 것이 소아적 발상에서 나온 것이라면 강봉선은 대승적 입장에서 자신의 신념을 실천하는 여성이다.

인간 본연의 모습을 찾아낸 이로 의병장 출신 박승학이 있다. 그는 겉으로 드러난 의병활동과 달리, 그 이면에 감추어진 상처들—자신을 돕다가 죽은 많은 부하들, 그 부하들이 남긴 고아들, 의병을 돕다가 일군에게 살해당한 양민들, 군량미 취합 중 의병에 의해 몰살된 화전민, 나아가 그가 죽인 적군들까지—로 하여 고뇌에 빠지고 마침내 자신이 해야 할 일이 무엇인가를 찾아낸다.

> "(…전략…) 열 사람의 아픔을 구허기 위해 한 사람의 아픔을 돌보지 않을 권리는 한울임이 아닌 담에야 이 세상 뉘에게두 없다. 내가 지금 이 산골에 들어 허는 일은, 의롭구 옳다는 구실루 거침없이 행헌 옛적의 여러 일들을 부끄럽구 민망히 여겨 나를 엄허게 꾸짖는 일이야. 부끄러움을 모르는 사람은 의로운 일두 헐 수 없다 (…하략…)"[32]

갑오민란 이후 3·1만세운동에 이르기까지 박승학은 늘 백성 편에서 옳다고 여긴 일들을 해왔다. 그러나 그가 옳다고 여긴 일이 오히려 타인의 생명과 행복을 파괴하는 일이었다면 그것은 결코 정당한 평가를 받을 수 없다고 박승학은 생각한다. 가장 소중한 것은 생명이고 그 누구도 생명을 소홀히 해서는 안 된다는 것은, 근대화로 위장한 식민주의와 싸워서 도달한 인간 중심주의, 인문주의의 발견으로 보아도 과언은 아닐 것이다.

---

32) 『먼동』 6, 326면.

한편 『먼동』에 나오는 근대문화로서로의 장치는 어떤 것들이 있을까. 자전거, 석유, 철도와 전차, 자동차, 백화점, 극장, 여관, 요리점, 병원 등은 이미 생활 속에 체화된 것들이다. 김대감댁의 아들과 손자들은 기차를 타고 전철을 타며 그 속도감에 경탄 한다. 박인섭은 양의학을 공부하여 의사가 되고 병원을 차렸다. 송근술은 석유 장사로 치부했고, 보경은 여관과 요리점 점포임대 등으로 장안의 거부가 되었다. 송근술 부녀는 자본주의 체계를 잘 이용한 것이다.

신교육을 받은 대부분의 사람들은 기독교의 울타리 안에서 교류한다. 보경은 기독교 선교사의 양딸이 되었고, 신여성이 되었으며 교회에서 이두헌과 우명하를 만났다. 김현우는 기독교 학생 대표이다. 여기서 기독교는 신앙심 유무를 떠나 새로운 세계(신문명)와 접하게 되는 곳이고 교인의 힘을 결집해서 더욱 커다란 힘을 창출할 수 있는 역할을 한다.

『먼동』에서 근대체험의 절정은 역시 3·1만세운동으로 수렴된다. 3·1만세운동의 징조는 이미 태황제 고종의 인산 무렵부터 보인다. 일본 유학중이던 영환의 아들 민석이 급거 귀국하고, 보경은 일본경찰의 정치 사찰 형사가 된 남동생 종배, 친일거두인 이두헌을 통해서 윌슨의 민족자결주의에 고무된 조선의 많은 학생들과 지식인들이 독립운동을 벌이게 되리라는 정보를 듣는다.[33] 정리하면 3·1만세운동은, 고종의 인산, 민족자결주의에 고무된 동경 유학생들의 2·8독립선언문 선포, 조선기독교 청년회의 활약과 그로부터 비롯된 범종교적 33인의 민족대표자가 중심이 되어 전국민적 항생으로 이루어낸 항일 운동이었다.

3·1만세운동은 주요 인물들의 의식을 전환 시키는 요체가 된다. 미래에 대한 기대 없이 현실적 삶에 만족했던 현실주의자 송근술, 송보경, 이두헌 등은 그동안 의식적으로 외면해 왔던 일본 폭압정치의 실체를 확인하면서

---

33) 『먼동』 5, 178면.

동시에 조선인이 가진 저력에 전율한다. 특히 송보경은 거세되었던 모성의 회복34)을 통해서 태환을 용서하고, 태환은 현우의 사망을 통해서 경박한 항일주의자에서 심지 깊은 독립운동가로 태어난다. 그들에게 3·1만세운동은 정치적으로는 완전한 실패였음에도 불구하고 '일본을 미워하고 자신의 실패를 되새기면서', '절망의 구렁에서 헤어날 수 있는'35) 계기를 만들어 준 것이다.

『먼동』에 나타난 근대체험은 민족주의, 자본주의, 식민주의, 인문주의, 그리고 기독교를 통한 낮은 단계의 박애주의 등 다양한 모습으로 다가온다. 그러나 이들 모두는 3·1만세운동을 통해서 철저하게 자기 자신을 돌아보고 미래 없는 현실주의자나, 투철한 민족주의자에게까지 조선 사람의 저력, 그것에서 촉발될 미래 지향적 꿈을 갖게 한다.

4. 나가는 글

1901년부터 20년까지 조선 근대사회를 시공간으로 삼고 있는 『두만강』과 『먼동』을 중심으로 등장인물들의 근대체험을 주목해 보았다.

인물의 계보와 공간 이동으로 보았을 때 『두만강』의 인물계는 소작농과 지주, 항일파와 친일파, 선재와 악재로 나뉘고 이들의 갈등은 조상대부터 후손에 이르기까지 일관되며, 주체와 대상 사이에서 주체의 분열은 전혀 보이지 않는다. 그러나 작품 말미에 이르면 이들이 애초에 세웠던 목표인 일

---

34) 보경은 출산 중 혼절 상태에서 아이가 입양된 사실을 모르고 있었다. 훗날 김현우를 양자로 들이지만 자신의 신분을 위장했다. 타의적, 자의적으로 보경은 현우에 대한 모성애를 거부한 것이다. 그러나 현우가 보경을 위해 만세운동 거사자금의 출처를 밝히지 않았다는 사실 앞에 처음으로 현우에게 모성애를 느낀다.

35) 『먼동』 6, 263면.

제로부터의 조국해방은 조국해방과 동시에 무산자 계급의 해방으로 확대된다.『먼동』의 경우는 크게 민족주의 계열과 친일 계열로 나뉘지만 이야기의 전개는 김효순 일가, 송근술 일가, 박종학 일가로 나뉘고, 주요 인물들은 인간적인 약점을 갖고 있지만, 이들 약점은 3·1만세운동을 통해 보정 된다.

공간적인 이동으로 보았을 때『두만강』은 크게 송월동, 무산7소, 북간도로,『먼동』은 남양 성주골과 수원, 서울과 인천 등 국내지역에서 북만주로 확대된다.

두 작품의 근대체험은『두만강』에서는 새로운 문물과 제도에 대해서 극렬한 반발을 보인다. 자본주의의 형태로, 식민체제의 형태로 찾아온 근대란 친일파를 제외한 모든 백성들을 도탄에 빠뜨리고 일제의 영구적 식민화를 삼는 것이다. 정약용의 실학사상을 높이 받들면서 외세의 영향에 대해 심각한 거부상태를 보인 이 작품이 유독 러시아 혁명에 대해 편애하고 나아가 3·1만세운동의 직접적 원인이 러시아 혁명에 있다고 강조하는 것, 더욱 평소의 순박한 농민의 전형들인 주요인물들이 자연스럽게 전방위적인 테러를 감행하는 상황에서는 당혹감을 금할 수 없다. 그러나 이 작품을 쓸 무렵 작가가 처한 북한 사회에서 일고 있던 '계급교양의 강화'가 요청되던 시대 (1953. 7~1960)[36]라는 점을 감안하면 어느 정도 수긍이 가기는 한다.『두만강』에 나타난 근대체험은 일반적인 근대성의 특성[37]을 그대로 드러내고 있는 것으로 보인다.

한편『먼동』의 등장인물 가운데 철저한 악인은 보이지 않는다. 비록 성격적인 결함, 또는 정신적 외상으로 인해 개인적 결함을 지니고 있지만 이들은 새로운 문물과 제도를 수용하여 자신의 성장을 돕는다. 보경은 신여성이 되고, 인섭은 양의가 되고, 태환은 인쇄소를 경영하며 송근술은 석유로 치부를 한다. 한편 고전소설의 주인공 같은 인물도 보인다. 박승학과 강봉

---

36) 정호웅, 앞의 책, 312면.
37) 근대성의 특성은 자본주의, 식민주의, 민주주의, 사회주의 등이라고 보았을 때 하는 말이다.

선이 그들이다. 그들은 처음부터 끝까지 오염되지 않은 인물군이다.

월슨의 민족자결주의를 통해 격발된 3·1만세운동 현장 앞에서 민족주의자나 친일주의자나 모두 조선인의 마음으로 전율한다. 보경은 김현우의 죽음을 통해서 자신의 마음속에 꿍쳐 두었던 증오와 원망의 흔적을 털어내고, 태섭은 경박한 지식인에서 심지 깊은 독립운동가로, 박승학은 모든 인간생명은 소중하다는 깨달음을 얻게 된다. 『먼동』에서의 근대체험은 일반적인 근대화가 갖고 있는 특성에서 한 발 나아가 성숙한 인문주의자적 성찰까지를 보여준다.

‖ 참고문헌

이기영, 『두만강』 1~5권, 풀빛출판사, 1989.
홍성원, 『먼동』 1~6권, 문학과지성사, 1993.

곽승미, 『1930년대 후반 한국문학과 근대성』, 푸른사상, 2003.
김병익, 「어둠의 역사와 문학의 빛」, 『현대문학』 462호, 현대문학사, 1993. 6.
신춘호, 「이기영의 『두만강』 연구」, 『중원인문논총』 제15집, 건국대학교, 1996.
오생근, 「『먼동』의 역사의식과 문학적 전망」, 『작가세계』, 1993 가을호.
이광린, 『한국사강좌』 V(근대편), 일조각, 1981.
이승준, 「홍성원의 『먼동』 연구」, 『어문론집』 55호, 안암어문학회, 2007.
임환모, 「한국근대소설의 근대성 실현에 관한 연구」, 『현대문학이론연구』 23호, 현대문
        학이론 연구회, 2004.
정호웅, 『한국의 역사소설』, 도서출판 역락, 2006.

문학 교육의 확장과 문화 콘텐츠의 서사 전략*
— 문학관의 현황과 운영 방향을 중심으로 —

정 현 숙

1. 서론

미디어의 발달은 전반적인 사회 구조를 이전 시대와는 사뭇 다른 형태로 바꿔 놓고 있다. 문학도 예외가 아니다. 이른바 영상 세대들은 종이책보다는 인터넷 소설, 하이퍼텍스트 문학 등에 더 많은 흥미를 느끼며, 작가들도 인터넷을 이용하여 창작물들을 쏟아내고 있다. 다양한 형태의 디지털 문학들은 전통적인 문학 장르의 개념을 해체하면서 많은 논란을 불러일으키고 있다. 이러한 변화를 문학의 위기로 인식하고 이에 대해서 우려하는 소리가 높기도 하지만,[1] 이는 사실상 시대의 변화를 제대로 읽어내지 못하는 것이다. 문학은 위기가 아니라 그 영역을 확장하고 있다는 것이 더 정확한 판단일 것이다. 문학은 소멸되는 것이 아니라 새로운 미디어에 의해 다양한 문

---

* 이 글은 강원대학교 개교 60주년 기념 심포지엄에서 발표한 <문학 공간과 문화 콘텐츠>를 수정 보완한 것이다.
1) 김형중 외, 「뉴미디어 시대 문학의 새로운 지형을 말한다」, 『문학동네』, 2004 가을호.

화공간에서 새로운 방식으로 그 기능과 영역을 전환하고 있기 때문이다. 요컨대 이제 문학은 인쇄물의 형태로만 존재하는 것이 아니라, 테마파크, 게임, 영화, 드라마, 광고, 애니메이션, 캐릭터 등 다양한 매체들로 재창조된다. 조셉 켐벨의 영웅 신화가 <스타워즈>, <로보캅>의 창작 배경이 되었으며, <반지의 제왕> 시리즈가 북유럽 신화에서 창조적 영감을 얻었으며, 미야자키 하야오의 <바람계곡의 나우시카>가 그리스 신화 속의 인물을 그리고 있다는 것은 잘 알려진 사실이다.[2]

문화콘텐츠에 대한 관심은 이러한 변화와 맞물려 있다. 문화의 시대라 일컬어지는 21세기에 있어서 문화산업은 국가 경쟁력을 높이는 중요한 요인 중에 하나로 부각된다. 문화콘텐츠는 경제적인 가치와 아울러 국가 브랜드를 향상시키는 데에 절대적인 영향을 미치기 때문이다. 이른바 한류열풍은 이를 잘 반영하고 있다. 주지하는 바와 같이 「겨울연가」, 「가을동화」 등 드라마 한 편이 가져온 영향력은 단지 경제적인 이익 창출에만 그치는 것이 아니라 한국에 대한 관심으로 확장되면서 시너지 효과를 증폭시키고 있다. 이는 문화콘텐츠의 위력을 구체적으로 보여주는 사례이다. 즉 이제 문화는 일상을 지배하고 산업의 중심에 놓이게 된 것이다. 문화산업사회로 재편되면서 세계 각국은 문화산업의 부가가치를 높이기 위해 다양한 아이디어와 정책들을 실행하고 있다. 우리나라도 정부 차원의 기구를 설립하고 다양한 지원책을 내놓고 있다. 2001년 한국문화콘텐츠진흥원을 설립하였으며, 각 대학에서는 연구소와 문화콘텐츠 관련 학과를 신설하거나 교과목을 개설하는 등 많은 변화를 시도하고 있다.

2000년대 들어 급증하고 있는 문학관 설립은 이러한 문화 정책을 잘 반영하고 있다. 현재 우리나라에는 50여 개의 문학관이 운영되고 있으며, 그 중 40여 개가 2000년 이후에 건립되었다.[3] 이러한 문학관의 양적 증가는

---

2) 김만수, 『문화콘텐츠유형론』, 글누림, 2006, 36면.
3) 박화성문학기념관(1991), 추리문학관(1992), 한무숙문학관(1993), 조병화문학관(1993), 한국현

문학과 작가에 대한 사회적인 관심의 결과라는 점에서 고무적이라 볼 수 있다. 그러나 500여 개의 문학관을 운영하고 있는 일본이나 한 작가의 문학관이 다섯 개나 되는 러시아에 비하면 우리나라 문학관은 아직 출발 단계에 있다고 하겠다.

외국의 문학관은 오래전부터 미술관, 박물관등과 함께 중요한 문화산업의 하나로 주목받아 왔다. 러시아의 푸시킨, 톨스토이, 도스토예프스키 박물관은 세계적으로 유명하며, 「빨간 머리 앤」의 본고장인 캐나다의 'P.E.I.(Prince Edward Island)'은 캐나다의 13개 주에서 가장 작은 주이지만, 매년 50만 명 이상의 관광객이 다녀간다고 한다. 「말괄량이 삐삐」로 유명한 아스트리드 린드그렌을 기념하는 '아스트리드 린드그렌 월드' 역시 스웨덴뿐만 아니라 전 세계적인 명소가 되고 있다. 우리나라의 '미당시문학관', '김유정 문학촌' 등에도 수 만 명의 방문객이 다녀가고, 최근에 개관한 '황순원 문학촌 소나기 마을'은 테마파크로 조성되어 이전 문학관과는 다른 모습을 보이고 있다. 그런데 아직까지 상당수의 우리나라 문학관은 전시와 행사 위주에 머물러 그 기능을 충분히 발휘하지 못하고 있는 실정이다. 문학관은 작가와 소통하고 문학을 다양한 형태로 체험하는 특별한 공간이며, 문학교육의 확장 공간으로서 중요한 의미를 지닌다.

이 글은 문학관이 문학교육의 확장 공간이라는 본질적 기능에 충실하기 위한 방법론을 모색하고자 하는 데 목적이 있다. 이를 위해 우선 문학관의 운영 현황과 기능을 살펴보고, 구체적인 운영 방향을 탐색해보기로 한다.

대문학관(1997), 만해기념관(1998), 토지문화관(1999) 이외에 대부분의 문학관이 2000년 이후에 건립되었다. 한국문학관협회 홈페이지 참조(http://www.munhakwan.com).

2. 문학관의 현황과 기능

문학관 협회에 따르면 현재 우리나라 문학관은 50여 개가 설립, 운영되고 있다. 도서관, 박물관, 문화예술관 등에서 운영하는 문학관과 소규모 테마 문학관까지 합치면 이보다 더 많은 문학관이 있지만, 이 글에서는 50여 개 대규모 문학관만 대상으로 삼고자 한다. 1991년 박화성 문학 기념관이 개관된 이후 약 9년 동안 50여 개에 설립되었으며, 앞으로 더 늘어날 것으로 전망하고 있다. 이렇게 문학관이 급증하는 이유는 문화 산업과 문화콘텐츠에 대한 우리 사회의 관심이 높아지면서, 각 지자체들이 지역 출신 작가의 생가를 복원하고 관광자원화하는 사업을 경쟁적으로 추진하고 있기 때문이다.

현재 운영되고 있는 문학관은 크게 두 가지 유형으로 나누어 볼 수 있다. 하나는 특정 작가를 기념하기 위한 문학관이다. 구상문학관, 김유정문학촌, 난고김삿갓문학관, 노산문학관, 만해기념관, 미당시문학관, 박화성 문학기념관, 백담사 만해마을, 이육사문학관, 이주홍문학관, 이효석문학관, 조병화문학관, 조태일시문학기념관, 지용문학관, 채만식문학관, 청마문학관, 최명희문학관, 황순원문학촌 등이 이에 속한다. 또 다른 하나는 특정 장르나 지역, 문학 자료를 중심으로 하는 문학관이다. 경남문학관, 문학의 집. 서울, 세계여성문학관, 아리랑문학관, 영인문학관, 추리문학관, 토지문화관, 한국가사문학관, 한국문인인장박물관, 한국현대문학관등이 이에 속한다. 전자는 작가 기념관의 성격이 짙고, 후자는 문학 자료관의 기능이 강하다.

이러한 문학관들은 첫째, 문학 자료의 보관과 전시, 둘째, 문학체험 학습 공간, 셋째, 지역문화예술의 진지라는 세 가지 기능을 수행하고 있다.4) 자

---

4) 전상국, 「강원도 소재 문학관의 운영 실태와 전망」, 강원사회연구회 편, 『강원문화의 이해』, 한울아카데미, 2005, 168~170면.

료의 수집과 연구, 소장과 전시는 문학관의 존립 의의이며 가장 기초적인 기능이다. 특정 작가의 유품과 각종 자료는 그 자체가 문화유산으로서 중요한 가치가 있으며, 문학관을 찾는 방문객들이 작가와 작품을 보다 심도 있게 이해하는데 직접적인 도움을 주기 때문이다. 또한 대부분의 문학관들은 다양한 프로그램을 기획 운영하고 있다. 각종 기념행사, 문학 강연, 낭송회, 문학 캠프 등이 그것이다. 그리고 이러한 활동을 통해 각 지역의 문학관은 지역문화의 구심체 역할을 담당하고 있다. 정도의 차이는 있지만 대부분의 문학관들은 이러한 기능을 담당하고 있다.

그러나 이러한 운영 방식에는 몇 가지 아쉬운 점이 있다. 우선 문학 자료의 보관과 전시는 문학관의 가장 기초적인 역할인데, 상당수의 문학이 이 기능에 머무르는 경우가 많다는 점이다. 영인문학관, 한국현대문학관 등 자료 수집과 보관을 중심으로 하는 문학관은 그 기능만으로도 충분한 가치가 있다. 이들 문학관은 누군가가 모으지 않으면 유실될 우리 시대의 문학 자료들을 모아 후세에 전하는 것을 목표로 설립되었으며 그 기능에 충실하고 있다. '영인 문학관'의 자료 보유수는 약 25,000여 점이며, 이 자료들 중 대표적인 자료는 문인의 초상화 약 120점, 육필원고 800여 점, 문인 서화 및 도자기 자료 150여 점, 문인과 화가의 선면화 180여 점, 문인의 편지와 엽서 200여 점, 문학 작품에 들어갔던 삽화의 원화 300점, 문인의 문방용구 및 애장품이 300여 점, 문학사상이나 현대문학을 비롯한 문학잡지가 창간호부터 현재까지 보관되어 있다. 특히 50~60년대의 사상계나 문학 예술 등 희귀본 잡지의 원본이 있으며, 70년대부터의 문학 관련 스크랩과 문인 사진, 또한 저자 사인북이 대부분 초판본으로 갖추어져 있다. '현대문학관'은 소설·수필·시 등 작고 문인 문학도서 초판본 2천여 권, 문인 육필원고 1천여 점, 사진자료 1천 5백여 점, 영상자료 4백여 점, 기타 문학잡지와 한국현대문학지도 등 시각화된 자료들을 전시하고 있다.[5]

그런데 특정 작가의 문학관이 자료 보관과 전시에만 한정한다면, 그것도 단순히 자료를 나열해 놓는 것에 머무른다면 문학관의 본래의 기능을 제대로 수행한다고 볼 수 없다. 상당수의 문학관은 작가의 문학 활동과 연보를 벽에 붙여 놓고, 그 아래나 중앙에 자료를 전시하는 전통적인 방법을 고수하고 있다. 백담사 '만해마을'에 있는 만해박물관은 만해의 일대기를 연대순으로 벽면에 붙여 놓고 중앙에 책 몇 권 전시되어 있을 뿐이어서 박물관이라는 명칭이 무색할 정도다. 연보와 자료 전시는 필수적인 사항이지만 천편일률적인 디스플레이는 지양될 필요가 있다. 문학관의 전시는 자료의 내용을 전달하는 데에만 목적이 있는 것이 아니라, 자료를 통해 작가와 작품 그리고 시대를 총체적으로 이해할 수 있어야 한다. 자료는 텍스트 차원에서 소통을 위한 매우 중요한 매개체이기 때문이다. 따라서 연보와 작품집, 잡지 등만 전시하는 것이 아니라 작가와 작품의 시대적 사회적인 배경을 이해할 수 있는 다양한 자료들을 연계시켜 놓거나 영상물들을 함께 상영한다면, 평면적이고 고정된 전시에서 벗어나 생동감 있고 입체적인 효과를 기대할 수 있을 것이다.

러시아의 '푸시킨 박물관'은 푸시킨의 작품 제목을 따서 각 방을 이름 짓고 작가의 도서, 친필뿐 아니라 작품에 등장하는 당시의 다양한 소품을 전시하여 작가에 대한 이해와 함께 작가가 그렸던 작품 속의 사회현실에 대한 이해까지도 넓히도록 해놓고 있으며, '안나 아흐마또바 박물관'에서도 스탈린 치하라는 러시아의 격변기에 시를 창작한 시인의 창작배경을 고려하여 시인의 작품과 함께 당시의 역사적 사건을 담은 영상물을 함께 상영함으로써 전시의 생동감과 입체감을 느끼게 하도록 세심하게 노력하고 있다. 또한 작가와 관련된 신문, 잡지 기사, 혹은 친필자료의 일부분을 벽면에 벽지처럼 입힘으로써 입체감을 느끼게 하고, '푸시킨 박물관'의 경우, 벽면만을 활용하지 않고 원기둥 모양의 유리장을 설치하여, 문방사우나 친필 등

---

5) 한국문학관협회(www.munhakwan.com), 영인문학관(www.youngin.org), 현대문학관(www.kmlm.or.kr) 참조

다양한 종류와 크기의 자료들을 입체적으로 전시하고 있다. 또한 서재, 응접실 등 각 방마다 그 공간에 대한 사진과 설명이 자세하게 적힌 안내 책자가 한쪽에 놓여 있다고 한다.[6]

최근 개관한 '황순원 문학촌'도 기존 문학관의 전통적인 방식과는 달리 참신한 전시 방법을 기획하고 있다. 문학관 중앙부분은 소설 「소나기」에서 소년과 소녀가 소나기를 피했던 수숫단 모양을 형상화하여 원뿔형 모양으로 되어 있고, 천정이 투명한 유리로 되어 있어서 햇빛이 들어오면 은색 벽이 아름다운 빛을 낸다. 중앙 홀 가운데에는 황순원의 육필 원고를 새긴 투명한 판이 매달려 있고, 그 주변으로는 반원형으로 된 황순원 선생님의 연대기가 있다. 그리고 2층 전시실에는 유품 전시, 작품 체험, 애니메이션 영상실, 문학카페 등 모두 4개의 전시실이 있어서 다양하게 황순원의 작품과 인간미를 느낄 수 있게 설계되어 있다.[7]

특정 작가의 문학관은 대부분 생가를 보존 또는 복원하거나 주요 작품의 배경이 되는 장소에 설립한다. 작가의 생가는 그 자체만으로 중요한 가치가 있기 때문에 생가를 보존 또는 복원하는 것이 가장 이상적일 것이다. 하지만 생가가 그대로 보존되어 있는 작가가 많지 않아서 대부분의 문학관은 유사 장소에 복원하는 방식을 선택하는데, 이 때 종종 문학관의 본질과 어긋나는 문제가 발생한다. 예컨대 2006년 개관한 '동리목월문학관'은 생가에서 동 떨어진 토함산 자락 산기슭에 자리하고 있어서 문학관의 제 기능을 다하지 못하고 있다는 비판이 일고 있다.[8] 반면 '김유정문학촌'은 '실레마을'에 건립하였으며, 전시실 옆에 있는 초가집은 1930년대 생활상을 엿

---

6) 서영란, 「한 작가의 문학관이 6개나 되는 나라, 러시아」, 한국문학관협회 홈페이지(www.munhakwan.com) 참조.
7) 황순원문학촌 소나기 마을(www.sonagivillage.kr)
8) 이 문학관은 김동리와 박목월을 기념하기 위해 경주시가 43억 원을 들여 건립하고 매년 1억 원 이상 위탁금을 지급하고 있지만, 위치 선정에 문제가 있어서 도심으로 옮겨야 한다는 여론이 제시되고 있다.

볼 수 있는 생활용품들을 구비하고 있다. 또한 '이효석 문학관'은 전시실 일부에 작가 창작실을 재현해 놓고, 15분 정도의 영상물도 상영한다. 창작실은 서구적이고 이국적인 취향의 이효석의 일상과 정신세계를 잘 반영하고 있으며, 이는 이효석의 작품세계를 이해하는데 도움을 준다. 다만 영상물은 주로 봉평을 중심으로 전개되고 또한 1930년대가 아니라 최근의 봉평장을 담고 있어서 작품 이해와 거리가 있는 아쉬움이 있다. 또한 '황순원 문학촌 소나기 마을'은 양평에 건립하였는데, 황순원과 양평은 아무런 관련성이 없다. 다만 「소나기」 중 '어른들의 말이 내일 소녀 네가 양평읍으로 이사간다는 것이었다'라는 구절에 근거하여 양평을 소나기의 배경으로 삼고 있는 것이다.

문학관은 특정 작가의 삶이나 작품의 배경을 구체적으로 느낄 수 있는 공간으로 재현되어야 한다. 외형뿐만 아니라 내부 구조도 작가나 작품과 관련된 다양한 자료들을 효율적으로 전시하고 이를 통해 문학적 상상력을 생성할 수 있도록 디자인되어야 한다. 문학관은 단순한 건축물이 아니며, 문학 자료 역시 단순한 물건이 아니라 아우라로서 중요한 의미를 지니기 때문이다.

둘째로 주목할 것은 최근 들어 문학관들은 문학체험 학습 공간으로서의 기능을 강화하고 있다는 점이다. 그동안 대부분의 문학관에서는 낭송회, 백일장, 창작교실, 학술세미나, 초청 강연회 등 일반적인 프로그램을 운영해왔으나, 근래에는 독창적인 체험 프로그램을 많이 개발하고 있다. '김유정문학촌'은 다양한 체험프로그램을 실시하고 있다는 점에 주목된다. '김유정문학기행열차', '소설 속 캐릭터 찾기', '실레마을 닭싸움' 등은 인상적이라는 평가를 받고 있다. 기차 안에서 체험하는 호드기 불기, 마임공연 등은 향수를 불러일으키면서 작가와 작품을 생동감 있게 느낄 수 있으며, '봉필영감', '점순이 찾기' 등은 일반인들과 소통하면서 소설 속 인물을 현실에서 구체적으로 이해할 수 있는 흥미로운 프로그램이다. 또한 풍물장터에서는 마을 부녀회에서 운영하는 음식점을 이용할 수 있고, 딱지치기, 어린이 진품명품벼룩시장, 추억의 소품 전시 등 작은 행사들이 함께 열린다.9) 또한 이효석문학관과 미당시문학관은 메밀꽃과 국화꽃 들판을 통해 방문객들에게 정서적 감동을 주고 있다. '만해 마을'은 문인의 집, 만해문학박물관, 만해학교, 심우장, 님의 침묵 광장, 만해사, 님의 침묵 산책로 등을 갖춘 복합문화공간이다. 그런데 이 시설들은 만해축전과 예술제, 강연회 등 연중행사 때에만 활용할 뿐, 일반 방문객들이 체험할 수 있는 프로그램이 거의 없다는 아쉬움이 있다. 즉 문학관은 이벤트성 일회 프로그램이 아니라 평상시 방문객들이 작가와 작품을 깊이 이해하고, 체험할 수 있는 열린 공간이어야 한다. 몇 가지 이벤트 프로그램에만 그친다면 문제가 아닐 수 없다.

특히 '황순원 문학촌 소나기 마을'은 문학 체험 공간으로서 상당히 창의적인 기획이 돋보이는 문학관이다. 소나기 마을은 기존 문학관과는 달리 소설의 의미를 되새기며 체험할 수 있도록 꾸며진 테마파크이다. <소나기 광장>에는 매일 두 시간마다 한 번씩 소나기가 오도록 되어 있어서 소년 소녀가 한 것처럼 원두막이나 수숫단으로 피할 수 있고, 소년과 소녀가 자주 만나던 시냇물과 징검다리도 놓여 있으며, 소년과 소녀가 따던 도라지꽃과 마타리 꽃 등 야생화 꽃밭도 있다. 애니메이션 「그날」은 소설이 끝나는 장면(소년이 소녀가 죽었다는 말을 부모로부터 듣는 장면)부터 시작하는 일종의 소설 다시쓰기의 한 양태이고, 전시실 '작품 속으로'는 황순원의 장편과 단편 대표작을 영상물, 모형, 음성, 애니메이션 등을 통해 입체적으로 즐길 수 있도록 만들어져 있다. 무엇보다 개인적으로 와서 문학관을 둘러보아도 자동감지시스템이 있는 모니터가 해설사처럼 자세하게 설명해준다. '마타리꽃 사랑방(문학카페)'에는 황순원 작품을 종이책뿐만 아니라, 전자책(e-book)으로도

---

9) 김유정문학촌은 김유정 추모제, 김유정 문학제, 청소년문학축제 봄봄, 전국문예작품공모, 김유정문학캠프, 소설의 고향을 찾아가는 문학기행, 사이버 백일장 등 다양한 프로그램을 운영하고 있다. www.kimyoujeong.org 참조.

볼 수 있고, 듣는 책(audio book)으로 들을 수도 있다. 소설을 읽고 나서 직접 소설을 쓰는 곳도 있고, 잘 읽었나 알아보는 낱말 퀴즈도 있다. 또 소나기 그림 맞추기 같은 게임도 있으며, 너무 어려서 소나기 다시 쓰기를 할 수 없는 어린이에게는 커다란 원고지 판에 글자를 붙이면서 원고지 쓰는 법 배우는 코너도 있다.[10)]

이 문학관은 스웨덴의 '아스트리드 린드그렌 월드'처럼 놀이와 교육이 결합된 문학관이라고 볼 수 있다. '린드그렌 월드'는 오페라 극장, 기념관, 숙소, 기념품가게, 식당 등을 구비한 복합문화 테마공원이다. 삐삐의 집, 우체국, 경찰서, 농장, 서점, 기념품 상점, 레스토랑, 기념사진 촬영 장소 등 앙증스러운 목조 주택과 아늑한 분위기로 동화 속의 마을과 집을 그대로 재현해 놓고, 매일 정기적으로 연극과 뮤지컬 등을 공연한다. 「내 이름은 삐삐 롱스타킹」, 「라스무스와 방랑자」, 「사자왕 형제의 모험」 등 동화 속 마을과 집에서는 '삐삐', '카알 손', '라스무스' 등 주인공들도 만날 수 있고, 아이들이 동화 속 등장인물처럼 행동할 수도 있는 체험공간이다. 또한 린드그렌 가든과 생태 체험 산책로는 온가족이 함께 한가로운 여가를 즐길 수 있는 공간이다. 아스트리드 가든은 작가와 연관된 자료를 전시하고 있는 예쁜 정원이고 자작나무와 사철나무 사이 시냇가를 따라 조성되어 있는 생태체험 산책로에는 스웨덴에서 서식하는 여러 종류의 식물과 농가에서 사육하는 다양한 동물을 방목하고 있고, 공원 북쪽에는 카페와 레스토랑 등이 있고 캠핑장도 마련되어 있다. 흥미로운 놀이와 다양한 체험을 통해 문학을 내면화할 수 있는 공간인 것이다.[11)] '소나기 마을'도 '린드그랜 월드' 못지않게 다양한 체험 프로그램과 영상 매체를 활용하고, 주변 환경을 잘 가꾸어 놓고 있어서 새로운 문학관으로 기대되고 있다.

---

10) 황순원문학촌 소나기 마을은 약 1만 4천 평 부지에 연면적 8백 평 3층 건물이다. 2006년 착공하여 2009년 6월 13일에 개관하였다. 이 문학촌은 국비 50억, 도비 25억, 군비 49억 등 총 124억의 건축비가 소요되었다. www.sonagivillage.kr

11) www.naver.com 카페 참조

셋째, 각 지방 소재 문학관은 지역문화예술의 진지라는 기능을 상당히 강조하고 있다. 경남문학관은 경남출신 문인들의 문학 활동 지원을 중요한 목적으로 삼고 있으며, 이주홍문학관도 부산지역 문화예술의 중추 역할을 담당하고 있다. 이뿐만 아니라 대부분 지방에 있는 문학관들은 지역 문화예술의 구심체가 되고자 노력하고 있다. 이는 지자체들이 지역문화 유산과 관광자원의 활성화라는 취지 아래 문학관을 건립한 것과 무관하지 않을 것이다. 특정 지역의 문학관이 그 지역문화예술의 중심 역할을 한다는 것은 자명한 사실이다. 그런데 그러한 기능을 지나치게 강조할 때 문학관은 지역적 한계에 머무를 뿐만 아니라, 개방적인 운영 방식에 걸림돌이 될 가능성이 있다.

현재 우리나라 문학관은 전문 인력 부족, 예산 부족 등 몇 가지 해결해야 할 문제를 안고 있다. 문학관은 주로 유적지 개발 사업, 관광 사업의 일환으로 조성되고, 따라서 지자체가 운영 주체인 경우가 많다. 문학전문가보다는 학예사나 행정 공무원이 파견되어 운영을 맡고 있는 문학관도 적지 않다.[12] 문학관은 학예사가 맡을 수 있는 업무가 아니며 행정 공무원이 근무할 수 있는 곳은 더더욱 아니다. 문학관이 제대로 운영되기 위해서는 설립은 지자체가 하더라도 운영 주체는 전문 기획자에게 위탁해야 할 것이다. 전문기획자는 문학적인 소양을 지니고, 프로그램을 개발, 운영하는 능력까지 겸비해야 하는데, 사실상 전문적인 마인드를 갖춘 전문기획자가 많지 않다는 것이 더 중요한 문제로 부각되고 있다.

무엇보다 문학관은 행정 주도가 아니라 설립 단계부터 문학관계자와 지역주민들이 주체적으로 참여하는 방식으로 추진되어야 한다. 이는 건립 기금과 직결되는 문제이기도 하다. 문학관의 건축비를 행정기관에서 도맡아 지원하는 우리나라와는 달리 외국은 민간이 자발적으로 주도하는 경우가

---

12) 정경운, 「한국문화콘텐츠 활성화 방안연구-국내 문학관 프로그램 운영방식을 중심으로」, 『현대문학이론연구』 25권, 2005, 31면.

많다. 『빙점』의 작가 '미유라 아야코 기념 문학관'은 작가를 사랑하는 1만 5천 명의 독자들이 총 2억 원을 모아 지었으며,13) '린드그랜 월드'도 시민들의 성금과 당국의 일부 지원금으로 건립되었다. '제인 오스틴 기념관'은 독자적인 자선단체인 제인 오스틴 기념재단에 의해 운영되는데, 자금은 책과 상품 판매 수익금, 입장료, 후원금, 지원금 등으로 충당하고 있다.14)

행정기관이 문학관 건립을 주도하는 현재 상황은 순기능도 있지만 역기능도 예상된다. 문학관이 전시행정의 도구로 전락할 우려가 높다는 점이다. 건물은 근사하게 지어 놓고, 속은 텅텅 빈 문학관들이 속출할 수 있으며, 운영비 지원을 중단하는 경우, 애물단지로 전락하는 문학관도 발생할 수 있다. 이는 작가를 기리는 것이 아니라 오히려 욕되게 하고, 문학을 한갓 관광 자원의 수단으로만 인식하는 처사이므로 시급하게 해결되어야 할 문제이다. 또한 지자체의 관심 여부에 따라 문학사적 위상과 무관하게 특정 작가에 대한 미화나 우상화가 초래될 위험성도 있다. 서울 출신 작가들이나 월북 작가들의 문학관이 건립하지 못하는 것도 이와 무관하지 않다. 염상섭, 이상, 박태원, 이태준 등 문학사적으로 충분한 가치가 있는 작가들의 문학관은 거론조차 되지 못하고 있는 실정이다. 이는 우리나라 문학관 전체의 운영 방향이나 작가들의 위상에 대한 균형적인 시각이라는 측면에서 논의되어야 할 문제이다.

지금까지 살펴본 바와 같이 우리나라 문학관은 아직 그 기능을 충분히 발휘하지 못하고 있다. 문학관 운영에 대한 마인드가 정립되어 있지 않고, 전문 기획자 많지 않다는 것이 가장 심각한 문제이다. 요컨대 문학관은 문학교육의 확장 공간으로서 중요한 의미를 지니고 있지만, 사회적인 합의와 인식이 아직은 부족하다고 볼 수 있다.

---

13) 이 기념관은 작가가 죽기 1년 전 1998년 6월에 완공, 개관식을 했다. 파킨슨병으로 목소리를 잃어 작가는 개관식에 참석했지만 아무 말도 할 수 없었다.
14) 한국문학관협회(www.munhakwan.com) 참조.

3. 문학공간의 확장과 문화콘텐츠의 서사 전략

그동안 문학관은 두 가지 기능 즉 하나는 문학유산의 보존과 전승이요, 다른 하나는 그 지역 문학 활동의 모체 역할이라는 측면이[15] 강조되어 왔다. 그런데 이러한 기초적인 기능보다는 문화산업과 문학교육의 확장 기능에 주목할 필요가 있다. 그것은 이 시대에 문학관은 단순히 작가를 기념하는 공간이 아니라 끊임없이 새로운 의미를 생성하고 창출하는 문학장으로서의 역할을 담당하여야 하기 때문이다.

3.1. 문화산업과 문화콘텐츠로서의 문학관

산업면에서 볼 때 문화는 산업의 새로운 광맥으로 여겨진다. 문화 산업은 무궁무진한 생산의 보고라고 할 수 있다. 문제는 누가 더 빨리 문화의 광맥을 찾아 고품질화 하느냐 하는 것이다.[16] 문화산업은 제작자의 전문성과 창조성이 제품의 질과 가격을 결정하는 창조산업으로 중간제의 투입에 비해 창출되는 부가가치가 매우 높은 산업이다. 특히 문화산업은 창의력 및 기획력이 경쟁력을 좌우하는 지식 집약적인 산업으로 첨단기술과 문화가 융합되는 미래형 산업형태로 발전할 가능성이 크다.[17] 각 지자체에서 그 지역을 대표할 수 있는 문화예술의 구심점을 찾고 이를 상품화하기에 부심하는 것도 문화산업 시대를 반영하는 것이다.

또한 여행의 질적 경험이 증가하면서 최근 문화관광객(Cultural Tourists)이 증가하고 있다. 이들은 교육과 생활수준의 상승에 따라 정신적 풍요와 문화적인 욕구를 중시하는 가치관을 지닌 계층이다. 이들 문화관광객이 가진 문

---

15) 정우영, 「누가 문학관을 살리는가」, 한국문학관협회(www.munhakwan.com), 2005.
16) 김천영, 『문화콘텐츠 기획을 위한 인문학의 활용방안연구』, 한국교육개발원, 2002, 6~7면.
17) 김만수, 『문화콘텐츠유형론』, 글누림, 2006, 11면.

화욕구는 다양성에 기반을 두고 있으며, 독특한 지역문화에 대한 관심을 보이면서 단순한 관람보다는 직접적인 체험을 도모하는 특성도 가지고 있다. 이들에게 문학관은 박물관 미술관과 함께 중요한 코스 중에 하나로 부각되고 있다. 문학관은 문화유산과 문화적 요소들을 체험하면서 고부가가치를 창출할 수 있는 소중한 문화상품으로서의 가치를 지니고 있기 때문이다.

전술한 바와 같이 이미 세계 각국은 문학관과 문학박물관, 테마파크 등을 통해 관광객들의 문화 욕구를 충족시키면서 경제적인 이익도 창출하고 있다. 따라서 이제 문학관은 단순한 문화유산의 보관소가 아니라 문화콘텐츠로 인식되어야 한다. 콘텐츠란 "말이나 문장 또는 여러 종류의 예술 작품과 같이 매체를 통해서 표현되어지는 내용", "문자, 영상, 소리 등의 정보를 제작하고 가공해서 소비자에게 전달하는 정보 상품"을 의미한다.[18] 문학관의 다양한 콘텐츠는 대중문화에 적합하게 재창조되어야 하고, 콘텐츠의 원천은 문학 작품에 대한 다양하고 폭넓은 이해에 바탕을 두어야 한다. 즉 문학의 상상력과 예술성은 문화콘텐츠의 그것으로 재창출되어야 한다. 이러한 문화콘텐츠는 예술인 동시에 상품으로서의 속성을 지닌다. 문학작품을 문화콘텐츠 상품으로 생산할 때 문학적인 소양이 요구되는 것은 이 때문이다.

또한 문화콘텐츠 역시 문학작품과 마찬가지로 감동을 주어야 하기 때문에 절대적으로 요청되는 것이 이야기꾼으로서의 능력이다. 문화콘텐츠산업의 핵심은 시나리오와 아이디어를 생산하고 각색하는 창작력과 연출력 그리고 이들을 상품화하는 기획력을 갖춘 높은 수준의 프로그램 제작 인력에 달려 있다. 문화콘텐츠가 외형적으로는 이미지와 영상으로 전달하지만 그것이

---

18) 콘텐츠는 디지털 기술에서 구현되는 내용물이므로 디지털콘텐츠라는 표현은 단순히 디지털을 강조한 자연스러운 표현이라고 할 수 있다. 그런데 우리나라에서는 이러한 디지털내용물을 흔히 문화콘텐츠라고 불러왔다. 문화콘텐츠는 본래 생소한 표현이지만 21세기 문화의 시대를 맞이하여 문화의 중요성과 활용이 증대되면서 자연스럽게 문화콘텐츠라는 합성어가 일반화되었다. 인문콘텐츠학회, 『문화콘텐츠입문』, 북코리아, 2006, 12면.

단순한 이미지와 영상이 아닌 이야기를 지닌 이미지와 영상이라는 점에서 이야기는 문화콘텐츠의 생명력의 원천이라고 할 수 있다. 문화콘텐츠에서 시나리오 내지는 스토리텔링의 중요성이 강조되는 것은 이러한 맥락이다.[19]

마찬가지로 문학관이 문화콘텐츠로서 활성화되기 위해서는 전시와 프로그램에 있어서 스토리텔링이 필요하다. 단순한 자료 전시와 행사가 아니라 특정 작가와 작품세계를 깊이 이해하고 새롭게 해석하는 능력과 구조화된 스토리텔링이 요청되는 것이다. 이를 위해서 가장 기본적인 것은 생가나 작품의 배경을 보존, 재현하는 것일 테이고, 이를 바탕으로 문학적인 상상력과 내러티브 전략을 세워야 한다. 여기서 내러티브란 문학관의 공간과 시간 그리고 이야기라는 일련의 진행 상황을 단순한 문자언어가 아니라 영상과 음향, 시각 등 다양한 매체들을 이용하는 표현 방식의 집합을 의미한다. 요컨대 문학관은 전달하고자 하는 이야기를 구조화하고 이를 전달하기 위해 모든 매체와 기호들을 활용해야 하는 것이다.

예컨대 '안네 프랑크의 집'은 방문객들이 바로 이곳에서 무슨 일이 일어났는지를 각자 상상할 수 있도록 해주는 박물관이다. 이 문학관은 The story on the spot(현장 이야기), The canal-side of the house(운하에 근접한 안네 프랑크의 집), Next door to the historic building(역사적인 건물 옆 집), The new building(새로운 건물)로 구성되어 있으며, 각 공간들은 구조화된 내러티브 전략을 재현하고 있다. 우선 비밀의 집의 방들은 공들여 보존한 덕분에 당시의 모습을 그대로 유지하고 있다. 사람들이 체포된 후 바로 가구들을 빼내었기 때문에 그 방들은 비어 있다. 숨어 지내던 8명의 사람들이 갖고 있던 구조기록과 물건들이 현재 비밀의 방에 전시되어 있다. 또한 협력자들이 일했던 장소이자 오토 프랑크의 사무실이었던 집의 앞쪽은 은신 시기의 스타일과 분위기로 바꾸어졌다. 덕분에 방문객들은 이곳에서 무슨 일이 일어났

---

19) 인문콘텐츠학회, 앞의 책, 2006, 21면.

는지 각자 느껴볼 수 있다. 은신하던 시기의 이야기는 안네의 일기에 인용한 글을 통해 전해진다. 전시되고 있는 실제 물건들, 기록, 사진들은 은신시기나 캠프로 추방당한 사람들의 이야기를 강력하게 뒷받침해준다. 또한 세 개의 단편영화는 역사적인 정황에서 개인의 이야기를 제기한다. 오토 프랑크의 옛 사무실 옆의 프린센그라트 265번지에서 옛 운하 근처 집은 개조되었다. 이 집에서 안네의 일기와 그 소중함에 대한 내용을 찾아 볼 수 있다. 안네 프랑크의 최초의 원본 일기는 영구적으로 전시된다. 뿐만 아니라 박물관의 새로운 건물 시설은 현재 전시, **CD-ROM** 프레젠테이션을 위한 공간과 (학교)단체 맞이하기 위한 환영시설, 박물관 서점, 박물관 카페를 제공하고 있다.[20]

전술한 바와 같이 '황순원문학촌 소나기 마을'은 소설 「소나기」를 체험할 수 있는 스토리텔링을 바탕으로 구조화된 테마파크이다. 영상과 음향, IT와 다양한 시각적 이미지뿐만 아니라 자연 환경까지도 활용함으로써 문학적인 상상력을 극대화하고, 내러티브 전략을 효율적으로 전달하고 있다. 다만 현대적인 장치와 인공적인 공간 속에서 순수하고 자연스러운 「소나기」의 정서를 얼마나 느낄 수 있을까 하는 의문이 든다.

3.2. 체험과 소통공간으로서의 문학관

그동안 우리나라 문학 정책은 창작과 독서 행위에 대해서만 관심을 두어 왔으며, 그마저도 공급자적 관점을 벗지 못하였다. 생산(창작)이든 소비(독서)든 '닫힌 곳'에서 '나 홀로' 한다는 특성을 지닌 문학에 하드웨어는 필요하지 않았지만, 이제 문학도 열린 바깥으로 나가 대중들과 함께 즐길 수 있는 대상이 되었으며, 그 열린 바깥에는 문학관이 있다.[21]

---

20) 해외문학관 기행 – 네덜란드. 안네프랑크 박물관, 한국문학관협회(www.munhakwan.com).
21) 박상언, 「'책 밖'의 문학을 위하여」, 『경기일보』, 2007. 10. 23, 19면.

무엇보다 문학은 문화의 한 양상이다. 문학을 문화현상의 하나로 보는 관점에서는 문학을 역동적 실천태로 상정한다. 작가, 작품, 독자 등의 요소로 이루어지는 문학 현상을 정태적인 것으로 파악하는 것이 아니라, 이러한 요소들이 역동적인 구도를 형성하면서 상호주체적인 실천을 하는 양상으로 파악한다.[22] 그 역동성은 언어활동 즉 언어를 통해 의미를 만들어 내고 그것을 알아듣는 언어행위의 본질 가운데 하나인 대화적 속성이다. 현대사회의 커뮤니케이션은 일방적인 것이 아니라 상호소통을 중시한다. 온라인게임, 디지털애니메이션, 캐릭터, 인터넷콘텐츠 등 새롭게 부각되고 있는 문화콘텐츠들뿐만 아니라, 영화 드라마 등도 대중들의 즉각적이고 직접적인 반응과 평가에 의해 그 성패가 좌우되는 상황으로 바뀌고 있다. 이는 디지털화되고 인터넷이 발달한 미디어 환경에서 대중이 직접적으로 창작자에게 의견을 개진하고 창작물에 대한 구체적인 평가를 내릴 수 있는 매체와 논의의 장이 무한히 확대되어 있기 때문이다.[23]

문학관 역시 이러한 문화의 한 양상이며, 따라서 역동적인 커뮤니케이션이 필수적이다. 작가와 독자의 소통구조는 작가의 일방통행이 아니라 독자의 적극적인 수용과 상호소통이 활발할 때 가능하다. 문학관은 그 자체가 일종의 텍스트라고 할 수 있다. 작가가 작품(텍스트)을 통해 독자에게 메시지를 전달하듯이, 문학관은 기획자가 다양한 프로그램을 통해 관람객에게 메시지를 전달한다. 문학 작품에서 언어가 기호이듯이 문학관의 전시물과 프로그램들 역시 하나의 기호로 볼 수 있다. 요컨대 문학관은 언어적 교신의 특수한 형태라고 볼 수 있다.

문학이 텍스트 이외의 환경과 상호 영향을 주고받으면서 서로 삼투되는 경험의 공간은 문학교육에서 매우 중요한 의미를 지닌다. 문학관의 내러티브 전략이 개별적으로 구현되기 위해서는 다양한 경험적 활동이 실현되어

---

22) 우한용, 『문학교육과 문화론』 서울대학교 출판부, 1997, 5~7면.
23) 김만수, 앞의 책, 2006, 21면.

야 한다. 즉 문학관의 다양한 체험 프로그램은 문학관이 문학교육의 확장
공간으로서의 영역과 역할에 대한 일정한 시사를 주고 있다. 특히 내년부터
실시되는 2010년 개정 교육과정은 '창의적 체험활동'을 도입, 강화하고 있
으며, 다음과 같은 관련 지침을 마련하고 있다.

> (15) 학교는 창의적 체험활동이 실질적 체험학습이 되도록 지역사회의 유
> 관기관과 적극적으로 연계, 협력해서 프로그램을 운영해야 한다.
> (16) 교과와 창의적 체험활동의 효율적인 운영을 위하여 지역사회의 인적,
> 물적 자원을 계획적으로 활용한다.
> (22) 범교과 학습 주제는 관련되는 교과와 창의적 체험활동 등 교육 활동
> 전반에 걸쳐 통합적으로 다루어지도록 하고 지역사회 및 가정과의 연
> 계 지도에 힘쓴다.[24]

이러한 교육현장의 변화는 문학관이 교육의 확장공간으로서의 성격을 더
욱 강화시켜야 한다는 시대적인 요청이다. 이제 문학관은 다양한 프로그램
을 통한 체험과 소통의 교육공간으로 자리매김하여야 한다. 학교와 연계하
여 학교 교육의 연장선상에서 창의적 체험 활동을 수행하는 공간으로 활용
될 필요가 있다. 또한 그 체험과 소통은 에듀테인먼드(edutrainment)의 특정
영역으로서의 개발과 가능성이라는 주문에 적절히 응답하여야 한다. 에듀
테인먼드(edutrainment)는 교육(education)과 오락(enterrainment)을 결합한 신조어
로 지식과 정보를 습득하는 학습활동에 흥미를 유발하는 오락적 요소를 가
미한 것이다.[25] 요컨대 문학적 상상력을 바탕으로 쉽고 재미있게 정보와
지식을 전달하고 문학적 감수성을 체험할 수 있는 다양한 프로그램의 기획
과 효율적인 운영이 문학관이 해결해야 할 과제인 것이다.

---

24) 이광우, 「창의적 체험활동 교육과정의 편성·운영」, 『청소년활동과 창의적 체험활동 연계·
  활성화를 위한 청소년기관 종사자 직무교육』, 2010, 5면.
25) 강현구, 『문화콘텐츠의 서사전략과 인문학적 상상력』, 글누림, 2008, 11면.

4. 결론

지금까지 이 글은 2000년대 들어 급증하는 문학관의 운영 현황과 기능을 살펴보고, 운영 방향에 대하여 논의하였다. 그동안 우리나라 문학관은 문학 유산의 보존과 전승, 문학체험의 공간, 지역 문화예술 활동의 구심체 역할이라는 기능에 충실하여 왔다. 그러나 현재 문학관들은 예산 부족과 전문 기획자의 부재라는 문제점을 안고 있다. 특히 지자체가 주도하는 문학관의 운영방식은 전시행정이라는 폐해를 낳는 경우도 있다.

이러한 상황에서 교육 환경과 사회의 변화는 문학관 운영의 구체적인 전망을 제시하고 있다. 즉 문학관은 문화 산업과 문화콘텐츠, 체험과 소통을 위한 문학교육의 확장 공간으로서 그 기능을 활성화할 것을 주문받고 있다. 즉 이 시대에 문학관은 단순히 자료 전시가 아니라 끊임없이 새로운 의미를 생성하고 창출하는 문학장으로서의 역할을 담당할 필요가 있는 것이다.

이 논의는 공공기관에서 건립한 문학관을 대상으로 삼고 민간 문학관은 배제하였기 때문에 우리나라 문학관 전반에 대한 논의가 되지 못하였다. 이는 다음 논고에서 보완하기로 한다.

‖ 참고문헌

강현구, 『문화콘텐츠의 서사전략과 인문학적 상상력』, 글누림, 2008.
김만수, 『문화콘텐츠유형론』, 글누림, 2006.
김천영, 『문화콘텐츠 기획을 위한 인문학의 활용방안 연구』, 한국교육개발원, 2002.
김형중 외, 「뉴미디어 시대 문학의 새로운 지형을 말한다」, 『문학동네』, 2004 가을호.
박상언, 「‘책 밖’의 문학을 위하여」, 『경기일보』, 2007. 10. 23.
서영란, 「한 작가의 문학관이 6개나 되는 나라, 러시아」, 한국문학관협회 홈페이지,
    2005.
우한용, 『문학교육과 문화론』, 서울대학교 출판부, 1997.
이광우, 「창의적 체험활동 교육과정의 편성·운영」, 『청소년활동과 창의적 체험활동 연
    계·활성화를 위한 청소년기관 종사자 직무교육』, 국립중앙청소년수련원.
    2010.
인문콘텐츠학회, 『문화콘텐츠 입문』, 북코리아, 2006.
전상국, 「강원도 소재 문학관의 운영 실태와 전망」, 강원사회연구회 편, 『강원문화의
    이해』, 한울아카데미, 2005.
정경운, 「한국문화콘텐츠 활성화 방안연구—국내 문학관 프로그램 운영방식을 중심으
    로」, 『현대문학이론연구』 25권, 2005.
정우영, 「누가 문학관을 살리는가」, 한국문학관협회, 2005.

김유정문학촌 www.kimyoujeong.org
영인문학관 www.youngin.org
한국문학관협회 www.munhakwan.com,
황순원문학촌 소나기마을 www.sonagivillage.kr
현대문학관 www.kmlm.or.kr

황석영의 『심청』에 나타난 근대 체험 의미

최 창 헌

1. 들어가며

　황석영의 <심청>은 고전 <심청전>을 새롭게 창작한 현대소설이다. 고전 <심청전>은 신소설, 소설, 희곡, 영화, 발레, 오페라, 뮤지컬, 애니메이션 등으로 변용되어 나타나고 있다.[1] 황석영은 그의 화갑 기념 대담[2]에서 우리의 구비문학 속에 내재해 있는 가치를 재발견하여 현대를 살아가는 우리의 현실에 적용하자는 의견을 피력한 바 있다. 이것은 구비문학을 활용하여 지금－여기에서 현실주의적 시각을 갖는 것이 세계를 보는 새로운 시각이 된다고 본다. 황석영은 고전 <심청전>을 다시 쓰면서, 그 무대를 전근

---

1) 이해조의 <강상련>(1912), 채만식의 <沈봉사>(1936), 서항석의 <악극 심청>(1943), 이형표 감독의 영화 <대심청전>(1962), 오페라는 하랄트 쿤츠가 작시하고 윤이상이 작곡한 <심청>(1972), 최인훈의 <달아 달아 밝은 달아>(1978), 창작발레 <심청>(1986), 오태석의 <심청이는 왜 두 번 인당수에 몸을 던졌는가>(1991), 황석영의 <심청>(2003), 애니메이션 <왕후 심청>(2004), 이청준의 <심청가>(2005), 발레 <심청>(2010) 등이 있다.
2) 최원식·임홍배 엮음, 『황석영 문학의 세계』, 창비, 2003, 22면.

대에서 근대로 이행하는 동아시아 맥락 속에 위치시킨다. 루카치는 문학을 거울이 그 앞에 있는 대상들을 반영하듯이 현실을 반영한다고 보지 않았다. 문학은 현실에 대한 한 지식이고 지식은 바깥 현실과 머릿속의 관념간의 일대 일 대응성을 만드는 문제가 아니다. 현실은 우리가 우리의 생각으로 그것을 알기 이전에도 존재하고 있었고 모습을 갖고 있었다. 루카치의 주장은 모든 개개의 부분들이 움직이는 상태에 있고 모순되는 상황에 있는 하나의 변증적인 총체성이라는 것이다. 문학 속에 반영된 현실은 작가의 창조적인 형태부여의 작업을 거쳐야만 한다.[3] 황석영이 <심청전>에 가한 변화는 크게 세 가지이다. 하나는 심청전의 무시간성의 공간에 시간성을 부여한 것, 그것도 그 시기를 전근대와 근대의 이행기로 설정한 것, 다른 하나는 심청의 활동공간을 중국, 대만, 싱가포르, 일본 등 동아시아 지역으로 확대한 것, 그리고 마지막으로 심청의 삶에 탈향과 귀향, 전락과 정화, 타락과 승화, 성장과 해탈의 인생 역정 드라마를 부여하고 있다는 점이다.[4]

황석영의 <심청>은 동아시아에 속한 나라들의 근대화 과정 속에서 한 여성이 어떻게 성적으로 착취당하고 유린당하는지를 보여주는 이야기이다. <심청>의 전체 서사는 조선의 황주에서 중국 난징, 진장, 타이완의 지룽, 단수이, 싱가포르, 일본의 류큐(오키나와), 나가사키 등을 거쳐 인천(제물포)의 연화암에서 생을 마감하는 긴 여정의 과정이다. 이 과정에서 성(性)을 매개로 한, 심청의 근대 체험기는 보는 시각에 따라서 평가가 엇갈린다.[5]

---

3) 앤 제퍼슨·데이비드 로비, 김정신 譯, 『현대문학이론』, 문예출판사, 1995, 224면.
4) 황석영, 「작가의 말」, 『심청 하』, 문학동네, 2003, 312면.
5) 류보선(2003)은 <심청>을 통해 동아시아를 종횡하는 심청의 처절한 수난사를 통해 동아시아의 모더니티의 살풍경과 모더니티 전체의 아이러니와 광기를 그려냈고, 또한 심청의 정신적 성장과 고도의 정신적 각성과정이라고 말하고 있다. 그리고 <심청>에서 보이는 모성성을 동아시아 전체를 살풍경으로 몰아넣은 자본주의 시스템과 그것이 만들어낸 욕망 모델을 무비판적으로 수용한 주변부 지식인들의 허위의식을 넘어설 수 있는 가치로, 그 양자가 빚어낸 최고의 희생자들을 껴안는 모성의 경험을 제시한다고 보고 있다. 이와 같은 평가로는 김미영 (2004), 성영채(2005), 유임하(2007) 등에서 볼 수 있다.
박숙자(2005)는 더러운 물 속에서 피어나는 연꽃 '렌화' 심청은 속악한 근대의 논리를 뚫고 나아가 근대를 정화할 수 있는 존재로 상상된다. 하지만 이런 식의 상상은 실제 여성의 젠더 심청이 중국으로 팔려 간 이후 조선으로 되돌아오기까지의 긴 여정은, 작품 전체를 감싸고 있는 외부 액자 고전 <심청전>의 내부 이야기6)이다. 심청의 근대 체험은 근대문물과 동아시아 역사의 체험이다. 나아가 19세기 조선의 한 여성이 동아시아의 근대화라는 역사적 흐름에 맨 몸으로 대면하는 과정은 정신적 성장과 각성 과정이기도 하다. 황석영은 한 여자의 몸과 마음이 변전하는 과정에 집중하였고 아편전쟁이나 태평천국, 또는 인도와 베트남과 동인도회사, 오키나와의 멸망, 일본의 메이지 유신과 민란, 동학과 청일전쟁 노일전쟁과 조선의 식민지화 등의 과정을 멀리서 스쳐지나가는 작은 우레 소리처럼 다루었다고7)하였다. 근대 체험의 여정에 오른 심청을 '성장'이라는 측면에서 살펴보는 것은 나름대로 유효하리라고 본다.

2. <심청>에 나타난 근대의 풍경

19세기는 동아시아에 속한 나라들이 근대국가로 진입하는 시기이다. 조선과 중국, 일본 등의 나라들은 스스로의 역사적 진전에 의해 근대국가로써의 면모로 발전한 것이 아니라, 서양의 문명에 의해 근대의 면모를 띠게 된다. 황석영의 <심청>은 신화적 서사의 세계 속에 잠들어 있던 심청을 불

체험을 지우면서 만들어낸 허구이며 이 상상적 허구는 남성적 응시의 오랜 역사에서 결코 새롭다고 할 수 없는 구판의 재연일 뿐이라고 진단한다. 여성의 몸을 타고 근대 역사를 항해하는 이 서사의 모험은 여성도 역사도 가공될 수 있는 것으로 보고 있다는 점에서 위험하다고 밝히고 있다.

고인환(2008)은 황석영이 새롭게 창조한 <심청>이 채만식이나 최인훈의 경우만큼 고전 <심청전>을 철저하게 전복시키지도, 그렇다고 근대적 주체의 모험(수난)을 초월적 영웅의 구원으로 승화시키지도 못한 절반의 성공, 혹은 절반의 실패에 머물렀다고 평가하고 있다.

6) 고인환, 「황석영 소설에 나타난 전통 양식 전용 양상 연구—『손님』, 『심청』, 『바리데기』를 중심으로」, 『한민족문화연구』 제26집, 2008, 187~188면.

7) 황석영, 「작가의 말」, 앞의 책, 332면.

러내어 매우 특별한 미션을 부과했던 셈이다. 근대로 진입하는 19세기 동아시아의 풍경을 포착해내는 것이 그것이다. 근대성이 조형되는 이 공간과 심청의 만남은 매우 낯설고 이국적인 느낌으로 다가온다. 논리적으로는 친숙하면서도 실감으로는 다가오지 않았던 동아시아적 근대라는 개념이, 심청의 시선을 통해 구체적 생활공간의 형태로 드러나기 때문이다.[8] 심청은 여성으로서 성장과 해탈을 통하여 서구적인 것, 근대적인 것, 자본주의적인 것과 충돌하며 극심한 혼란의 양상으로 전개된 동아시아 근대화 과정을 재현하고 그를 통해 한계에 직면한 모더니티의 어떤 가능성을 탐색하고자 한 소설이라고 할 수 있다.[9] 또한 심청은 계모인 뺑덕어미에 의해, 은자 삼백 냥에 태평양 연안으로 팔려 다니며 근대 체험을 하는 전근대적인 인물의 근대체험기라고 할 수 있다. 황석영의 <심청>에서 근대의 모습은 어떻게 묘사되고 있는지 살펴보자.

심청이 난징의 부자 노인 첸씨의 시첩으로 팔려 온 다음, 목욕칸에서 자기 방으로 옮겨온 후, 양거울과 직면하게 된다. 넌 누구야? 넌 누구야, 라고 바로 면전의 얼굴이 되물었다. 청이가 가리개를 밀치고 벽에 다가서자 그네는 선명하고 빛나는 물체에 부딪칠 뻔했다. 청이는 양거울을 처음 보았다.[10] 심청이 서양 문물과의 첫 대면의 장면이다. 심청이 살던 전근대의 장소에서는 자신의 얼굴을 볼 수 있는 도구가 거울은 아니었다. 그것은 물동이, 냇물의 수면, 반질반질 닦은 놋뚜껑의 앞면 뒷면에서 자신의 모습을 보았던 것이다. 그리고 똑바로, 일그러지게, 길쭉하게, 넓적하게 보이던 얼굴이 양거울을 통해 바로 보였던 것이다. 그 양거울을 통해 보인 심청은 이미 심청이 아니었다. 렌화로 탈바꿈되어 있었던 것이다.

---

8) 서영채, 「창녀 심청과 게 개의 진혼제─황석영의 『심청』 읽기」, 『문학의 윤리』, 문학동네, 2005, 178면.
9) 류보선, 「모성의 시간, 혹은 모더니티의 거울」, 『심청 하』 해설, 문학동네, 2003, 312면.
10) 황석영, 『심청』 상권, 문학동네, 2003, 35면. 이하 텍스트 인용은 본문에 상·하권 구분과 면 수만 표기한다.

심청은 타이완의 단수이에서 영국 동인도회사 싱가포르 지사의 부지사장인 로터스에 의해 양인첩으로 다시 팔려가게 된다. 심청이 타이완에서 싱가포르로 가는 중에 허푸에게 시계 선물을 받는다.

> 투명한 유리 안에서 실처럼 가느다란 바늘이 쉴새없이 돌아가고 있었던 것이다.
> "이게 뭐죠, 살아 있잖아요?"
> 청이가 소리를 지르자 허푸는 근엄한 표정을 흐트러뜨리지도 않고 성실하게 가르쳐주었다.
> "이건 시계라고 합니다. 위에 튀어나온 꼭지를 돌려서 밥을 주면 죽지 않고 움직입니다."
> "무에 쓰는 물건이에요?"
> "시간을 가르쳐줍니다. 이것은 서양인들에게 매우 중요한 물건이지요."
> 청이는 움직이는 바늘을 들여다보면서 다시 허푸에게 물었다.
> "시간…… 그게 뭐죠?"
> "하루를 잘게 쪼개서 어느 때가 되었는지를 알게 해줍니다. 시계를 보는 방법은 아마가 잘 가르쳐줄 테니 배워두십시오."(하권, 14면)

심청이 서양문물인 시계를 선물 받고 놀라는 장면이다. 지금까지 자연의 시간 속에 살고 있던 심청이 서양식의 시간 개념을 처음으로 인식하는 장면이기도 하다. 전근대의 시간이라면 일 년을 24절기로 나누고, 자연의 징후에 따라 자연의 순리 속에서의 삶이었다. 근대적 시간은 시계에 의해 지배된다. 시계는 시간을 잘게 쪼개서 공간적으로 위치시켜놓은 기계다. 처음엔 시간을 표시하기 위한 도구였던 시계가 곧바로 인간의 신체를 지배하는 존재로 전도된다. 시계를 신체에 새기는 것이야 말로 문명적 신체가 되는 첫 번째 코스다.11) 근대 문명과 자본주의가 지배하고 있는 현재의 삶의 방식에서 시간은 인간의 자연스러운 삶의 리듬에서 분리된 어떤 형식으로 점점 독립되었으며, 그것이 점점 더 많은 사람들의 삶을 사로잡고 포획하는

---

11) 고미숙, 『나비와 전사』, 휴머니스트, 2006, 40면.

그런 과정이었던 것으로 보인다. 시계적 시간은 자본주의의 화폐적 형식과 결합하여 우리의 삶을 '좀더 정확히', '좀더 빨리', '좀더 길게'라는 구호로 몰아붙이고 있다.12) 심청의 싱가포르에서 양인첩으로서의 생활은 근대적 시간에 익숙해지는 과정이기도 했다. 근대인들은 식사 시간, 회사에 출근할 때, 저녁에 귀가할 때 등의 모든 일과를 시계의 굴레 속에서 생활하는 인간들이다. "청이가 볼 적에 제임스는 거의 자명종의 노예라고 할 만했다."(하권, 29면) 전근대인이 보기에 근대인들은 시계의 노예로 보였을 것이다.

> 청이는 시큰둥해져서 말했다.
> "서양인들은 우리와 집에 함께 살면서도 창피한가봐요."(…)
> "그건 창피해서가 아니랍니다. 개나 고양이를 기르는 거나 마찬가지죠. 우린 여자라 그러려니 하지만 남자들에겐 더해요."(…)
> "서양 여자들 들판에서 크리켓 공놀이하다가 오줌 마려우면 주위에 누가 없나 둘러보지요. 백인 남자는 없고 하인들만 있으면 서슴없이 궁둥이 까고 풀밭에 오줌을 누지요. 그건 강아지 앞에서 아무 일이나 하는 거와 같잖아."
> (하권, 33면)

오리엔트를 서양과는 다른 이국적이고 이질적인 대상, 괴상하고 후진적이며 관능적이고 수동적인 특성을 지닌, 그래서 서양에 의해 지배되고 교정되어야 할 열등한 타자13)로 보는 서양인들의 의식이다. 이러한 의식은 서양에 의해 동아시아가 근대화되는 과정에서도 그대로 적용된다.

> "나에게 마님이라고 하지 말아요."
> "안 됩니다. 절대루 …… 징리를 맡고 있는 허푸 씨가 알면 우리는 당장 해고됩니다. 질서를 지켜야 되거든요." 청이는 부엌 쪽을 돌아보고 나서 아마에게 물었다.
> "그 질서는 누가 만든 거예요?"

---

12) 이진경, 『근대적 시·공간의 탄생』, 푸른숲, 2008, 76면.
13) 정진농, 『오리엔탈리즘의 역사』, 살림, 2004, 29면.

　“물론 양인들이 만들었지요.”(하권, 26면)

　“매너가 무슨 말이죠?”
　아마는 눈을 동그랗게 뜨고 대답했다.
　“양인과 우리가 다르다는 말입니다. 그들이 그런 말을 쓸 적엔 우리더러 빠
지라는 소리예요.”(하권, 30면)

　서양은 질서와 매너라는 무기로 동양을 지배하기 시작한다. 갑작스럽고
강제적인 근대화 메커니즘은 그 사회에 속한 구성원들에게 직접적으로 작
동한다. ‘문명’의 개념은 기술수준이며 매너의 형태며 과학적 지식의 발전
이며 종교적 이념과 관습 등과 같이 아주 다양한 사실을 가리킨다. 그것은
또한 거주방식이나 남녀가 함께 사는 방식, 사법적 처벌형태나 음식을 장만
하는 방식도 가리킬 수 있다. 엄격히 말하면, 거의 모든 것은, ‘미개한’ 방
식으로 이루어진 것이 아니라, ‘문명화된’ 방식으로 이루어진 것이다.14) 문
명화된 세계는 매너의 형태를 띤 세계이기도 하다. 질서와 매너들이 관통하
는 원리는 간단하다. 내부와 외부, 개인과 개인 사이의 엄격한 ‘거리두기’가
바로 그것이다.15) 질서와 매너는 서양 중심으로의 수직적 위계질서를 유지
시켜 준다. “세계는 넓다. 그리고 우리는 그걸 우리 시장으로 만들 거야. 나
도 당신을 새사람으로 만들 작정이다.”(하권, 21면) 싱가포르로 온 청이에게
제임스가 한 말이다. 청이와 계약한 제임스의 말에서 동아시아의 근대화 과
정이 수탈의 과정이었음을 알 수 있다. 그들의 질서와 매너에 의해 재배치
가 이루어지는 것이다.
　19세기에 심청이 다시 살아난다면 그것은 전근대의 가치에 의해서가 아
니라, 음험한 근대 자본주의의 논리에 의해 설명되어야 한다.16) 황석영의

---

14) 노버트 엘리아스 지음, 유희수 옮김, 『매너의 역사』, 신서원, 2001, 33면.
15) 고미숙, 앞의 책, 330면.
16) 박숙자, 「여성의 몸을 탐하는 남성의 서사－황석영의 『심청』과 김영하의 『검은꽃』」, 『여성과
　　사회』, 2005, 220면.

<심청>의 체험은 이러한 동아시아의 근대화 과정에서 이해될 수 있다. 전 근대에서 근대로의 이행은 자본주의로의 변화이다. 자본주의적 생산관계는 사람을 포함한 모든 것을 돈의 가치로 환산하는 체계이다. 이러한 시스템에서, 어느 날 갑자기 맨몸으로 근대화의 세파에 내던져진 나약한 여성은 자기를 상품화하는 도리밖에 없다. 인간의 가치를 찾기 이전에 생존과 직결되는 벽에 부딪힌 것이다. <심청>은 동아시아 근대화 변화 속에서 한 여성의 매춘을 역사적 맥락 위에 올려놓은 것이다. 그 근대화 속에서 심청의 자아 각성의 발전과정, 근대인으로의 진입 과정을 살핀 것이라 볼 수 있다.

3. 심청의 근대 체험을 통해 본 성장 과정

성장소설은 미숙한 주인공이 성숙하기 위한 과정으로써 정신적·육체적 고통을 겪게 되는 통과의례[17]의 과정이 구조화 되어 있는데, 그 과정은 대체로 분리 의례(rites of separation), 전이 의례(translation rites), 통합 의례(rites of incorporation)로 나뉠 수 있다.[18] 이러한 통과의례의 세 단계 과정을 거치면서 새로운 기성 사회로의 입사[19] 양상을 보여주는 이야기가 성장소설[20]이

---

17) 통과의례란 하나의 상태에서 다른 상태로, 또는 하나의 세계로부터 또 다른 세계로의 이행 시에 행해지는 모든 체계를 말하는데, 이를 시간 경험과 연결시킬 때 낡은 사회에서의 죽음이 곧 새로운 사회에서의 재생을 이루는 상징적 행위로 기능하게 된다. 이상우, 『현대소설의 원형적 연구』, 집문당, 1988, 127면.
18) A. 반겐넵 著, 전경수 譯, 『통과의례』, 을유문화사, 1989, 40면.
19) '입사'의 개념은 외부세계에 대한 무지로부터 중대한 인식으로의 통과 과정, 혹은 자기 발견과 거기에서 결과 되는 인생이나 사회와의 타협이라는 개념으로 사용한다. 모르데카이 마르쿠스, 최상규 옮김, 「이니시에이션 小說이란 무엇인가」, 『단편소설의 이론』, 정음사, 1983, 295면.
20) 성장소설에서 '성장(成長)'이라는 개념이 교양소설의 교양(Bildung)과 형성소설의 형성(Formation), 입사소설의 입사(Initiation) 등의 개념을 포괄하면서도 한국 문학사 전반에 통용될 수 있는 개념이라는 점 때문이기도 하다. 그리고 우리의 신화, 전설, 고소설 등의 이야기

다. 한국 현대 성장소설[21]은 통과의례에 바탕한 입사담의 구조를 갖고 있다. 이는 통과제의의 세 단계의 세부적 절차, 분리 → 전이 → 결합의 과정이 성장소설에 구조화되어 있다는 의미이다.[22] 성장소설은 자아와 세계에 대한 새로운 인식과 실천을 보여준다. 성장소설은 자아의 내면에 대한 탐색과 세계 외적인 변화에 대한 적응의 양상으로 드러난다. 심청의 근대 체험 과정을 성장소설이라는 전제하에, 통과제의의 세 단계의 세부적 절차인 분리 → 전이 → 결합단계로 나누어 살펴보고자 한다.

3.1. 집을 떠남-분리단계

심청이 성장한 복사골은 많은 비인간적인 요소와 모순이 있었을 것이다. 인신매매는 복사골에 한정된 것이 아니라, "해안을 거쳐서 나라 밖으로 나가는 길목의 고장에서는 바다 멀리 팔려간 소녀들의 뒷얘기가 남아 있는" 것으로 보아 다반사였던 것으로 보인다. 그리고 "고장마다 전통적 형태의 매춘이 없었던 것은 아니지만 성을 직접 파는 시장으로서의 환락가나 매춘가가 생겨난 것은 서구에 의한 무역시장체제의 출현 이후부터였다."[23] "작년 겨울에 갔을 때에도 너만한 조선 처녀가 셋이나 배에 타구 있었다."(상권, 27면) 19세기의 근대 문물이 바다를 통해 들어오기도 했지만, 19세기의

구조에서도 성장의 모티프가 내재되어 있다는 점에서 이들 소설 유형들을 지칭하는데 성장소설이라는 개념이 가장 적절하다고 할 것이다. 성장소설과 관련된 여러 소설 유형의 개념들을 전제로 할 때 한국 현대성장소설은 한국 근·현대사의 사회·문화적 토대 속에서 주인공의 변화양상이 미숙에서 성숙으로, 불완전에서 완전으로, 결핍에서 충족으로의 과정을 담고 있으며, 성인 사회로의 존재론적 위치 변화를 위한 새로운 인식과 실천이 드러나는 소설 유형이라고 하겠다. 최현주, 『한국 현대 성장소설의 세계』, 박이정, 2002, 39~40면.

21) 어떤 인물의 성장과정을 추적하거나 그의 어린 시절 체험을 그린다고 해서 모두 성장소설이라고 할 수는 없다. 성장소설에는 "무엇보다도 작중 인물이 겪는 정신의 위기와 이에 따른 자아의 각성, 나아가서는 자아와 세계 사이의 관계 정립"이 요구된다. 장경렬, 「반(反)성장소설로서의 성장소설」, 『작가세계』, 1991 가을, 78면.

22) 최현주, 앞의 책, 69면.

23) 황석영, 앞의 책, 331~332면.

'바다'는 처녀를 희생양으로 삼는 봉건적 가치가 실현되는 공간이 아니라 봉건과 근대, 제국과 식민의 격전장으로 근대의 속물화된 가치가 실현되는 공간24)이기도 했다.

분리의 단계는 입문자가 그들을 돌보아오던 어머니의 세계로부터 통과의례의 장으로 옮아감을 의미25)하거나 일상의 삶으로부터 벗어나는 과정이며 집으로부터 벗어나 여행을 떠나는26) 단계를 말한다. A. 반겐넵에 의하면 분리 의례는 장례식에서 더욱 뚜렷이27) 나타난다고 한다.

심청은 엄마가 자기를 낳자마자 산후 불순으로 돌아가셔서 눈먼 아버지가 동냥젖으로 자기를 키웠고, 걸음마를 뗄 무렵부터 아버지의 지팡이를 잡고 앞에서 걸으며 동냥을 다녔다. 그리고 열 살이 되어서는 무당 뺑덕이네가 초상집에 경 읽으러 갔다가 아버지 심씨를 만나 그대로 집까지 따라와 함께 살게 되었다. 청이는 집에 들어앉은 새어미가 있어 읍내 장부자댁의 큰마님 하녀로 일을 다녔다. 심청의 복사골에서의 분리는 외부 세계로부터, 남경 상인들의 제물(祭物)로 은자 삼백 냥에 팔리게 된다. 그리고 남경 상인들은 심청을 수장제와 용왕제, 두 번에 걸쳐 제물로 사용한다. 수장제는 조선 바다에서 굿으로 치러지는 제의로써 형식적으로나마 짚배를 만들어 심청과 함께 바다에 수장시킨다. 용왕제는 청이의 옷을 입힌 제웅을 만들어 제를 올리고 바다에 던짐으로써 상인들의 의식은 끝이 난다. 심청은 두 번의 의사(擬死) 죽음 체험을 통해 렌화(蓮花)로 다시 태어난다. 심청의 복사골로부터 분리는 외부 세계의 폭력에 의한다. 심청의 집으로부터 분리는 어른들의 결정에 의한, 십오 세 소녀가 감당하기에는 버거운 새로운 세계로의 진입을 의미한다.

---

24) 박숙자, 앞의 논문, 220면.
25) 김병희 저, 앞의 책, 39면.
26) 최현주, 앞의 책, 63면.
27) A. 반겐넵, 앞의 책, 40면.

3.2. 시련의 극복 과정에서 만나는 타자들-전이단계

심청의 모험담은 동아시아 연안국들의 근대 국가로 변모 과정과 밀접한 관련이 있다. 심청이 복사골을 떠나 첸 노인의 시첩으로 팔려오는 시기의 중국은 아편전쟁28)이 시작될 무렵이다. 그리고 난징조약, 태평천국의 난29) 등을 겪으며 중국은 근대화 진입의 고통을 겪는 시기이다. 심청의 시련 과정의 공간적 이동은 중국의 난징, 진장, 타이완의 지룽, 단수이, 싱가포르, 다시 단수이로의 경로를 밟는다.

성장소설에서 전이단계는 갈등과 고통을 수반하는 시련으로서의 성격을 가진다. 시련의 내용과 강도는 작품에 따라 다양하게 나타날 수 있지만 분리단계의 환경 및 가치관과 밀접한 관련을 가지고30) 있다. 죽음의 상징적 체험을 통해 심청은 공동체적인 삶의 형태인 복사골에서 완전히 벗어나 자아의 내면에 대한 탐색과 외부 세계의 변화에 대한 적응을 시작한다. 전근대적인 삶과는 다른 형식의 삶을 살아야 하는 것이다.

> 넌 누구야?
> 넌 누구야, 라고 바로 면전의 얼굴이 되물었다. (…) 청이는 양거울을 처음 보았다. (…) 청이는 두 손으로 볼을 감싸 안았다. 맞은편의 렌화도 볼을 감싸 안는다.
> 아, 그래 내가 원래 청이었지……

---

28) 아편전쟁(1840~1842)은 심청의 근대 체험과정에 영향을 미친다. 중국과 영국 사이의 긴장은 중국산 비단·도자기·차를 사기 위해 매년 수백만 파운드의 은괴를 지불함으로써 발생한 무역적자를 만회하기 위해, 영국 상인들이 1770년대 이후 인도에서 생산한 아편을 중국의 항구로 가져와 중국 상품이나 작물과 교환하기 시작하면서부터 발생했다. 조너선 D. 스펜스 지음, 김희교 옮김, 『현대중국을 찾아서1』, 이산, 2009, 157면.

29) 심청과 작수성례(酌水成禮)한 동유는 심청을 슈마지아에게 팔아넘긴 샹자오를 죽이고 포리들에게 잡혀 감옥에 갇히게 된다. 동유는 태평군의 도움으로 감옥을 탈옥하고 배상제회(拜上帝會)에 가입한다. 1851년 1월 11일에 홍슈취안은 배상제회 회원들을 모아놓고 자신이 태평천국(太平天國), 곧 '지극히 평화로운 하늘나라'의 천왕(天王)임을 선언했다. (…) 태평천국은 천왕인 홍슈취한의 공식적인 권위아래 11년간(1853~1864) 난징에 자리잡은 천국을 다스렸다. 조너선 D. 스펜스 지음, 앞의 책, 214~215면.

30) 김병희, 앞의 책, 39면.

심청은 멀뚱히 렌화를 바라보다 허리띠를 풀고 비단 홑옷을 벗어 발아래 떨구었다. 그네는 태어나서 처음으로 자신의 벌거벗은 몸을 남의 것처럼 바라보았다. 거울 속의 렌화가 말했다.
너는 내가 아니야.(상권, 35~36면)

심청이 난징에 있는 첸 노인의 시첩으로 팔려 와서 서양문물인 양거울을 보고 놀라는 장면이다. 거울 밖은 심청이고, 거울안의 모습은 렌화이다. "명심해라. 네 이름은 지금부터 심청이 아니니라."(…) 내가 심청이 아니라면 그럼 나는 누구야?(상권, 10~11면) 중국으로 향하는 배 위에서 조선 상인이 심청에게 한 말에 대한 심청의 궁금증이었다. 복사골에서는 의식하지 못했던 "나는 누구인가?"라는 인간의 본질적인 질문에 부딪친다. 그러나 심청 자신은 그 답을 얻을 수 없었다. 새로 태어난 심청에게 이름을 붙여주는 것은 외부세계(근대·자본)에 의해 주어진 이름이기 때문이다. 처음 보는 서양식 거울 앞에서 심청은 분리된다. 복사골의 심청과 체험자로서의 렌화가 그것이다.

그네의 목구멍 깊숙한 속에서 비명이 들려온다. 서로 다른 목소리의 계집아이들이 제각기 말을 건다.
넌 나가란 말야. 여기 내 몸이야.
아니 이건 내 꺼야.
자세히 들어보면 계집아이들의 목소리는 낮고 높은 것이 서로 섞여 있을 뿐 같은 소리로 들린다.
나는 청이야. 넌 누구니?
나는 렌화라니까. 너는 이미 귀신이야.
누구 귀신?(상권, 42면)

심청은 팔순이 넘은 첸 노인이 양생술로 회춘하는 대상으로서의 보약에 지나지 않았다. 첸 노인과 잠자리를 처음 갖은 다음, 심청의 내면의 변화된 모습이다. 이제 분리되어 있던 자아가 한데 엉켜서 싸움을 벌이고 있다. 이는 영혼인 심청이 육체인 렌화에게 던지는 질문이고, 이런 질문은 그 존재 자체가 영육의 분리를 견딜 수 없어하는 의식의 산물이자 통합된 자아에 대한 갈망의 산물이다.31) 이름은 그 존재를 규정하고 삶의 의미를 한정하는 기호로서의 가치를 지닌다.32) 심청의 이름이 심청→렌화→로터스→렌카→심청으로 바뀌는 동안, 그 이름이 부여되는 상황과 처지에 따라 심청의 운명33)도 달라진다. 심청은 정체성에 대한 분열적 회의 속에서도 자기 동일성을 추구하려는 통합된 자아를 추구한다.

첸 노인의 복상사(腹上死) 후, 심청은 첸 노인의 셋째 아들 구앙(光)이 운영하는 진장의 복락루(福樂樓)에서 매춘을 시작한다. 그러나 매춘은 매우 위험한 물건이다. 비윤리적이기 때문이 아니라, 자칫하면 주체를 집어삼켜버릴지도 모를 심연이 그 안에 도사리고 있기 때문이다.34) 그럼에도 불구하고 심청은 자신이 지니고 있는 유일한 재화인 신체자본을 이용하여 '매춘의 오딧세이아'의 여정에 오른 것이다.

> 나는 힘이 좋아, 힘을 가지고 싶어요.
> 힘은 여자 것이 아냐.
> 키우의 애매한 말에 대해서 청이는 분명하게 표현했다.
> 힘 있는 것을 꾀어서 가지면 되잖아요.(상권, 94면)

심청이 복락루의 링지아 키우와의 대화 내용이다. 19세기 조선의 열다섯 살 소녀가 해외여행을 한다는 것은 불가능했을 것이다. 심청은 근대 체험 노정에 필요한 것을 파악하고 있었다. 그것은 매춘이었다. '매춘의 오딧세

---

31) 서영채, 앞의 책, 181면.
32) 김병희, 앞의 책, 77면.
33) 이러한 다의적 기표는 남성 중심의 근대 서사가 여성적 정체성을 왜곡하고 여성의 몸을 억압해온 역사를 상징적으로 보여준다. 오태호, 「한국 패러디 소설의 현재성 고찰 : 고전 담론의 현재적 전용-김영하의 『아랑은 왜』, 황석영의 『심청』을 중심으로」, 『한국언어문화』 제27집, 2005, 43면.
34) 서영채, 앞의 책, 179면.

이아'의 끔찍한 경험들 속에서도 자아를 지킬 수 있었던 것은 매춘부의 신체를 사용했기 때문이다. "청이는 힘 있는 자가 아니면 절대로 정인을 삼지 않으리라 벌써부터 작정하고 있었다."(상권, 241면) 심청의 긴 여정에서도 심청은 힘 있는 남자들의 도움35)으로 매춘의 험난한 길을 극복해 낸다. 심청의 첫 사랑이었고 작수성례(酌水成禮)까지 했던 이동유와 헤어지게 되었던 것도 그가 힘이 없었기 때문이다.

아편전쟁으로 진장은 초토화 되고 심청은 동유와 항저우로 도망을 간다. 그러나 인신매매소인 슈마지아(瘦馬家)에 잡혀 타이완(臺灣)으로 팔려간다. 심청이 타이완으로 팔려가서 머문 곳은 지룽(鷄籠)과 단수이(淡水)이다. 지룽에서는 여섯 여자들이 두어 식경 안에 팔십 명의 광부들을 상대하는 매춘의 막장을 경험한다.

> 청이는 처음 렌화를 만났을 때처럼 낯선 이국의 이름을 읊조려보았다. 로터스…… 넌 이제 청이도 렌화도 아니야. 거울 속에서 로터스가 입을 벌리며 푸후후 웃고 있었다.(하권, 11~12면)

심청이 영국 동인도회사의 부지사장인 제임스의 양인첩으로 팔려가며 얻은 이름이 로터스다. 심청은 서양식 계약에 의해 문명화된 세계에 진입한다. 중국인 첸 노인의 시첩으로 팔려 와서 서양 거울을 처음 봤을 때는 심청과 렌화로의 분열이었다면, 계약에 의해 영국인 제임스의 첩으로 싱가포르에 온 로터스는 심청·렌화와의 분열이다. 자아(심청)에게서 더 멀리 떨어지게 된 것이다. 양인첩들은 서양인들의 정처가 되는 일을 천당이라도 올라가는 듯이 여기는데, 심청은 제임스의 결혼 제의를 거절한다. "그 순간부터 그네는 로터스가 아닌 렌화로 돌아와 있었다."(하권, 60면) "그네는 거울 속의 자기에게 말했다. 나는 너와 만날 그때까지 아무에게도 매이지 않을 거

---

35) 난징과 진장에서 구앙, 타이완의 지룽에서 아퉁, 단수이에서 상부인, 싱가포르에서는 제임스, 류큐(오키나와)에서는 도요미오야 가즈토시, 나가사키에서는 린다인의 도움을 받는다.

야.”(하권, 62면) 내면의 자아와 외부세계와의 대화를 통해, 심청의 정신적 성장을 보여준다.

심청은 외부 세계에 수동적인 자세에서 능동적인 대응 방식을 찾는다. 그것이 버려진 혼혈아를 모아 기르는 소보원(小宝園)을 만드는 것이다. 양인 첩들은 정처가 되는 것만을 최고의 삶으로 알고 놀음을 하며 서양인들에 기대어 산다. 그러나 청이는 제임스의 허락이라는 한계점이 있지만, 스스로 할 일을 찾고 제임스에게서 독립적인 생활을 시작한다. 청이는 소보원뿐만 아니라 무역상에 투자를 하여 자금을 축적한다. 심청은 내면의 성장뿐만 아니라, 외부 세계에 대해서도 당당히 자기 말을 한다. “남편은 내 자신이 고를 거예요. 마치 복이라도 내려주듯이 나를 뽑아주는 걸 참을 수가 없어요.”(하권, 54면) 시련의 극복 과정에서 심청은 자아 각성과 정체성을 찾아가는 과정을 밟는다.

3.3. 집으로의 귀환–통합단계

일본 사츠마 번의 속국으로 나하에 집정부를 설치하고 집정관과 관리들이 실질적으로 류큐를 지배하던 시기에 심청은 류큐로 넘어왔다. 류큐도 동아시아 근대화 과정의 시련에 예외일 수는 없었다.[36] 그리고 조선은 청일전쟁, 노일전쟁을 거쳐 일본의 식민지가 된다. 이 단계에서 심청의 이동 경로는 일본의 류큐(오키나와), 나가사키, 조선의 인천(제물포)으로의 귀환 과정을 겪는다.

---

36) 심청이 류큐로 자리를 옮길 때의 류큐 역사를 간단히 살펴보면 다음과 같다. 1853년에 페리 내항, 1854년 다시 내항한 페리와의 사이에 류·미수호조약이 체결됨, 1872년 메이지 정부, 류큐번으로 삼고 쇼타이왕을 번주로 고침, 1879년 메이지 정부는 류큐번을 폐지하고 오키나와 현을 설치(류큐처분), 메이지 정부는 군대·경찰을 동원하여 강제로 슈리성을 접수하고 쇼타이왕을 도쿄에 이주시킨다. 450년에 이르는 류큐 왕국은 망한다. 다카라 구라요시 지음, 원정식 옮김,『류큐 왕국』, 소화, 2008, 202면.

세 번째 통합의 과정으로 분리와 전이의 과정을 마치고 원래의 사회에 복귀하게 된다. 이후 통과의례를 마무리하는 입사자는 과거의 미숙한 존재로서가 아니라 성숙한 성인으로 인정받는다.37) 심청은 양인첩의 계약에서 받은 월급과 무역상에 투자한 돈으로 독립할 수 있는 힘을 가지게 되었다. 힘있는 남자를 통해 주어진 상황을 벗어나려던 심청은 용기와 결단으로 자신의 삶을 자율적으로 조절하는 단계에까지 이른다. 심청은 자신의 선택으로 류큐로 향한다. 전이단계까지의 행로가 타인의 결정에 의해 심청의 운명이 정해졌다면, 통합단계에 이르러 심청은 스스로 자신의 운명을 결정한다. 스스로의 힘으로 용궁(龍宮)38)이라는 요정을 운영하고, 스스로의 선택으로 미야코의 우에즈(王子) 가즈토시와 결혼을 한다. 심청이 자신의 남편은 스스로 선택할 것이라는 신념의 실현이다. 그리고 영주의 부인으로서 적극적으로 백성들의 어려움을 해결하고 보살피게 된다. 그러나 아직 심청 자신의 완전한 이름은 회복하지 못한다. 류큐에서 심청은 렌카로 불린다. 가즈토시가 죽자, 심청은 나가사키로 자리를 옮긴다. 나가사키에서 심청은 요정 렌카야(蓮花屋)를 운영하고 거리에 버려진 아이들을 모아 기아보호소를 건립하여 운영한다. 싱가포르에서의 소보원이 제임스라는 서양인의 허락이 필요했다면, 나가사키에서는 그녀 스스로의 결정과 경제적인 능력으로 운영을 한다.

인천서 배를 타고 해주까지 가는 길은 잠깐이었는데, 그네는 달포나 지나서 얼굴이 햇볕에 검게 그을려서 돌아왔다. 마마 상은 부모님 묘소도 없어지고 고향 마을에는 아는 이들도 남아 있지 않더라고 하면서 작은 나무쪽 한 개를 가져왔다며 기리에게 보여주었다. 그것은 절의 지장전(地藏殿)에 올리는 죽은 사람의 위패였다. 심청(沈淸)이라고 씌어 있어서 기리는 그제사 렌카 엄마

---

37) 최현주, 앞의 책, 63면.
38) 심청 이야기에서 용궁이 신화적 환상성으로 가득한 상상의 공간이라면, 류큐의 요정 '용궁'은 창기, 첩실에서 심황후에 버금가는 귀족 부인으로 상승하는 발판을 마련하는 무대이다. 그녀는 이곳에서 렌카로 다시 태어난다. 유임하, 「창녀와 보살 : 동아시아 근대와 다시 쓴 심청 이야기」, 『한국문학과 불교문화』, 2007, 283면.

의 본성이 심가인 줄 알았다.(하권, 304면)

심청은 상품으로 전락한 상태에서 긴 여정을 거쳐 원래의 자기 자리로 돌아온다. 성장소설에서 자아 탐색의 양상은 여행의 모티프로 설정되어 성장소설에 구조화된다. 그래서 성장소설에서의 탐색자는 자아를 찾아나서는 인생이라는 상징적인 길 위에 존재하는 것이다.39) 심청은 60여 년의 세월을 길 위의 여행자로써 보내게 된다. 그것은 분리된 자아를 찾는 과정이었으며, 이름을 찾는 과정이기도 하다. 고향에 돌아와서야 지장전(地藏殿)에 죽은 사람을 위해 올리는 위패에서 '심청'이라고 적힌 이름을 찾았다. 이처럼 주인공의 완전한 성숙과 각성에 이른 입사담의 유형을 결정적 이니시에이션40)이라고 한다.

4. 나오며

황석영의 <심청>은 주인공 심청을 19세기 동아시아의 근대화라는 역사적 맥락 위에 올려놓고, 자아 각성의 발전과정을 그린 장편소설이다. 심청이 고향으로부터 분리되어 중국의 난징, 진장 타인완의 지룽, 단수이, 싱가

---

39) 최현주, 앞의 책, 59면.
40) 모르데카이 마르쿠스는 이니시에이셔을 세 가지 유형으로 분류하였다. 첫째, 어떤 <이니시에이션>은 성숙과 각성의 문턱에까지만 이끌어갈 뿐 결정적으로 문지방을 넘어서지 못한다. 그러한 소설은 경험의 충격적 효과만을 강조하고, 그런 경우의 주인공은 유난히 나이가 어리다. 둘째, 어떤 <이니시에이션>은 주인공을 성숙과 각성의 문턱을 넘어서게 한다. 그러나 어떤 확신을 찾으려 필사적으로 애쓰고 있는 상태로 놓아두고 만다. 이 경우에는 그대로 자아발견까지가 포함된다. 셋째, 가장 결정적인 <이니시에이션>은 주인공을 완전한 성숙과 각성에 다다르게 한다. 그렇지 않으면 최소한 주인공이 성숙에 이르는 결정적인 진로를 정했음을 보여 준다. 이 경우에 <이니시에이션>은 자아발견을 중심으로 한다. 편의상 나는 이 세 가지를 각각 시험적 tentative, 미완성 uncompleted, 결정적 decisive <이니시에이션>이라고 부르기로 한다. 모르데카이 마르쿠스, 앞의 책, 297면.

포르, 일본의 류큐, 나가사키, 조선의 인천으로 돌아오는 긴 여정을 통해 경험하는 일련의 사건들은 근대 체험기이다. 심청의 근대 체험은 서양 근대문물과 동아시아 역사의 체험이기도 하다. 심청의 체험 과정은 외부 세계, 그리고 내면의 자아와의 끝없는 대화와 투쟁의 과정이다.

본고에서는 심청의 체험 과정을 성장소설이라는 측면에서 그 의미를 살펴보았다. 한국 현대 성장소설은 통과의례에 바탕한 입사담의 구조를 갖고 있다. 이는 통과제의의 세 단계의 세부적 절차, 분리→전이→결합의 과정이 성장소설에 구조화되어 있다는 의미이다. 성장소설은 자아의 내면에 대한 탐색과 세계의 외적인 변화에 대한 적응의 양상으로 드러난다. 그를 통해 성장소설은 주인공 혹은 독자로 하여금 새로운 세계관으로의 편입을 유도한다.

심청은 전근대의 시·공간인 황주의 복사골에서, 계모인 뺑덕어머에 의해 남경 상인들에게 은자 삼백 냥에 팔려 분리된다. 남경 상인들에 의해 두 번의 의사(擬死) 죽음 체험을 겪고, 근대 체험의 긴 여정에 오르게 된다. 집으로부터 분리된 심청은 첸 노인의 양생술로의 첫 경험을 통해 "나는 누구인가?"라는 인간 존재의 질문에 부딪친다. 심청은 근대의 폭력적인 환경과 내면과의 대화에서 자아를 찾는 과정을 밟아간다. 그것은 분열된 자아, 육체와 영혼의 합일을 이루려는 몸부림의 다른 이름이다. 또한 심청의 체험은 동아시아 근대화 과정을 구체적 생활공간의 형태로 드러내 보여준다. 심청은 분리와 전이의 과정을 마치고 성숙한 성인으로 사회에 복귀하게 된다. 힘 있는 남자를 통해 주어진 상황을 벗어나려던 심청은, 시련의 극복 과정을 통해 용기와 결단으로 자신의 삶을 자율적으로 경영하는 단계에 도달한다.

심청이 겪은 근대 체험의 여정은 여성의 상품화와 자아 각성의 과정을 보여준다. 심청의 인생역정은 한 개인의 체험이며 동아시아의 체험이기도 하다. 그 체험 과정의 참담함을 통해, 보편적 인류애의 실현자로서의 심청을 보여준다고 할 수 있다.

‖ 참고문헌

기초자료
황석영, 『심청』 상・하, 문학동네, 2003.

단행본
고미숙, 『나비와 전사』, 휴머니스트, 2006.
김병희, 『한국 현대성장소설의 구조와 의미망』, 한국학술정보, 2007.
이상우, 『현대소설의 원형적 연구』, 집문당, 1988.
이진경, 『근대적 시・공간의 탄생』, 푸른숲, 2008.
정진농, 『오리엔탈리즘의 역사』, 살림, 2004.
최원식, 임홍배 엮음, 『황석영 문학의 세계』, 창비, 2003.
최현주, 『한국 현대 성장소설의 세계』, 박이정, 2002.
한국문학평론가협회, 『문학비평용어사전 하』, 국학자료원, 2006.
A. 반겐넵 著, 전경수 譯, 『통과의례』, 을유문화사, 1989.
노버트 엘리아스 지음, 유희수 옮김, 『매너의 역사』, 신서원, 2001.
다카라 구라요시 지음, 원정식 옮김, 『류큐 왕국』, 소화, 2008.
앤 제퍼슨, 데이비드 로비/김정신 譯, 『현대문학이론』, 문예출판사, 1995.
조나선 D. 스펜스 지음, 김희교 옮김, 『현대중국을 찾아서1』, 이산, 2009.

논문
김미영, 「황석영 소설에 나타난 탈식민주의 고찰」, 『한국언어문화』, 2004.
고인환, 「황석영 소설에 나타난 전통 양상 전용 양상 연구―『손님』, 『심청』, 『바리데기』
        를 중심으로」, 『한민족문화연구』 제26집, 2008.
류보선, 「모성의 시간, 혹은 모더니티의 거울」, 『심청 하』 해설, 문학동네, 2003.
박숙자, 「여성의 몸을 탐하는 남성의 서사―황석영의 『심청과 김영하의 『검은꽃』」, 『여
        성과 사회』, 2005.
서영채, 「창녀 심청과 세 개의 전혼제―황석영의 『심청』 읽기」, 『문학의 윤리』, 2005.
오태호, 「한국 패러디 소설의 현재성 고찰 : 고전 담론의 현재적 전용―김영하의 『아랑
        은 왜』, 황석영의 『심청』을 중심으로」, 『한국언어문화』 제27집, 2005.
유임하, 「창녀와 보살 : 동아시아 근대와 다시 쓴 심청 이야기」, 『한국문학과 불교문화』,

2007.
장경렬, 「반(反)성장소설로서의 성장소설」, 『작가세계』 1991 가을.
황석영, 「작가의 말」, 『심청 하』, 문학동네, 2003.
모르데카이 마르쿠스, 최상규 옮김, 「이니시에이션 小說이란 무엇인가」, 『단편소설의
    이론』, 정음사, 1983.

탈향을 꿈꾸던 변방시인 이용악

윤 현 이

1. 들어가며

　이용악은 1930년대 후반기에 등장하여 활약한 시인으로 서정주, 오장환과 더불어 우리 시단의 三才로 평가되었다.[1] 그는 일본유학 중인 1935 『신인문학』 3월호에 「패배자의 소원」을 발표하면서 문단에 나왔고, 시집으로 1937년 『분수령』, 1938년에 『낡은 집』, 1947년에 『오랑캐꽃』, 1949년에 『이용악집』을 출간했다.

　본고에서는 그의 시에 거듭 나타나고 있는 고향의 의미에 주목해 보았다. 그의 시 전반에 나타난 고향의 모습은 우리가 흔히 마음의 안식처로 생각하는 고향의 이미지와는 사뭇 다르다. 즉 이용악 시에 나타나는 고향은 가난하고 살기 힘든 곳, 소외된 곳, 벗어나고 싶은 곳 등으로 자주 묘사되고 있다. 왜 이용악시에 나타난 고향의 모습은 그립고, 소중한 마음의 안식처

---

[1] 김용직, 「현실의식과 서정성―이용악」, 『한국현대시인연구(상)』, 서울대학교 출판부, 2002, 657면.

가 아니라, 가난하고 힘들고, 소외되어 벗어나고 싶은 곳으로 나오는 것일까? 그와 거의 같은 시대에 활동했던 백석의 시에서는 그런 모습이 발견되지 않는다. 이용악은 왜 고향을 힘들고 가난하고 소외되어 벗어나야 할 곳으로 인식했던 것인가?

이러한 질문에 대한 해답은 작품자체의 분석만으로는 찾을 수 없다. 이 질문에 해답을 찾기 위해 본고에서는 미국의 전기 작가 레온 에델의 방법론을 주목해 보았다. 레온 에델은 그의 저서 『작가론의 방법』에서 작품에 대한 올바른 해명을 위해서 문학적 전기가 필요하다고 보았다. 실지로 그는 정신분석학적 방법을 적용하여 작품의 해석을 시도하였는데, 그런 방법으로도 해석되지 않는 부분은 작가의 전기와 결부지어 설명할 때, 비로소 그 문제점이 해결되는 모습을 보여주고 있다.[2]

본고는 이러한 견해를 바탕으로 이용악의 작품 속에 자주 나오는 고향의 의미를 그의 삶과 결부지어 밝혀 보고자 하였다. 이용악의 삶에서 고향이 어떤 곳이었기에 그의 작품에 나타난 고향은 그렇게도 힘들고 어렵고 고통스러운 곳으로 그려졌는지 살펴보려 하였다. 대상 작품으로는 시집에 수록되지 않은 초기 작품들과 『분수령』, 『낡은집』, 『오랑캐꽃』, 『이용악집』에 수록 작품으로 한정하였다.

2. 이용악 시에 흐르고 있는 고향의 의미

이용악시의 나타난 고향은 일반적인 사람들이 생각하는 고향과는 사뭇 다르다. 일반적인 사람들은 고향을 마음의 안식처로 여기고 힘들 때마다 생

---

2) 레온 에델, 김윤식 역, 『작가론의 방법』, 삼영사, 1994, 172~184면.

각하며 위안을 얻는다. 반면에 이용악 시에 나타난 고향은 궁핍하고 소외되어 벗어나고 싶은 곳으로 나타난다. 일반인들이 고향에 대해 긍정적으로 생각하는데 비해 이용악 시에 나타난 고향은 떠나야만 할 곳으로 여겨진다는 점에서 차이를 둘 수 있다. 본고에서는 그의 시에 나타난 고향의 특성을 정리하고 그와 같은 특성이 나타나게 된 것은 그의 삶과 밀착되어 있었던 것임을 밝혀보고자 한다.

2.1. 궁핍하고 소외된 고향

이용악의 시에서 고향의 모습은 궁핍하고 소외된 곳으로 묘사되고 있다. 그의 시 <북쪽>에는 그런 모습을 단적으로 드러내고 있다.

> 북쪽은 고향/ 그 북쪽은 여인이 팔려간 나라/ 머언 산맥에 바람이 얼어붙을 때/ 다시 풀릴 때
> 시름많은 북쪽하늘에/ 마음은 눈감을 줄 모른다.
>
> — <북쪽>

고향은 북쪽에 있는데, 고향 북쪽으로는 여인이 팔려간 나라가 있고, 멀리 산맥으로 둘러싸인 곳으로 매서운 추위가 몰려오는 곳이다. 추위가 풀려도 걱정이 많은 북쪽 고향은 마음 편하지 않은 곳으로 볼 수 있다. 북쪽의 고향은 여인이 팔려갈 정도로 가난하고 근심이 많고, 시련도 많으며 산맥으로 둘러싸여 소외된 곳, 잠시도 마음 편하지 않은 곳으로 생각할 수 있다.

실지로 그의 고향은 함경북도 경성군 경성면 수성동 45번지이다. 함경북도는 우리나라에서 가장 높은 함경산맥이 관통하고 있는 곳으로 그의 고향 후배 유정은 경성읍에 대해 이렇게 술회하고 있다.

> 경성군청 소재지이며, 북으로 나남(羅南) 4킬로, 남으로 주을(朱乙) 4킬로.

시가지의 남쪽 작은 평야를 냇물이 흐르고, 서남. 서북에 나직한 산과 아득한
서쪽에 해발 2천 5백미터의 관모연령이 사시 백설로 빛나고, 동으로 2킬로에
푸른 동해가 웅얼거린다. 시가지를 둘러싸고 함경도 2백 진을 통수한 병마절
도사를 두었던 성곽 곧 치성성지가 있고, 여진을 몰아낸 윤관 장군을 기리는
원수대, 공자묘, 관해사 등 명승고적이 산재하고 인구는 약 2만 5천. 시가지는
성내, 남문 밖, 서문거리의 3구로 형성. 성내는 특색있는 기와집들의 구시가
로, 군청. 읍사무소 등 관청, 초중등학교와 예배당, 청년회관등 교육. 문화시설
이 있고 남문 밖은 상업구로 항시 활기찬 시장이 섬. (이 상업구를 벗어난 남
쪽 끝에 용악의 집이 있었다.) 성 밖 서북 변두리에 서울과 두만강 변을 잇는
함경선의 경성역이 있고……
— 남조선과도정부 발행 『통계연감』, 1943. 12 조사3)

이 기록에서 '여진족을 몰아낸 윤관 장군을 기리는'을 보면 경성은 옛날
부터 이민족의 침입이 있었고, '서북 변두리에 서울과 두만강 변을 잇는 함
경선의 경성역이 있고'를 통해 두만강변과 가까운 지대임을 알 수 있다. 이
는 브리태니커 사전의 함북지역 설명을 보면 이민족의 침입이 잦았던 곳임
을 확연히 알 수 있다.

본래 북부여·숙신의 땅이었다가 후에 옥저의 영토가 되었으며, BC 108년
한4군이 설치되면서 현도군에 속했다. 410년 고구려 광개토왕 때 고구려의
영토가 되었으며, 668년 고구려 멸망 후 한때 당의 지배를 받기도 했다. 699
년 발해의 동경용원부(東京龍原府)에 속했으며 926년 발해가 멸망한 뒤 오랫
동안 거란(渠丹) 또는 여진(女眞)의 할거지가 되었다. 1107년 윤관이 9성을 쌓
고 여진족 정벌에 힘썼으나 여전히 여진족 지배하에 있었다. 또한 1230년 원
(元)의 침략을 받고 서경에 동녕부를 설치했을 때 이 지역은 쌍성총관부(雙城
摠管府)에 속하여 원의 지배하에 있었으나 고려시대 1356년(공민왕 5)에 이
지역의 일부가 수복되었다. 조선시대 1413년(태종 13)에는 영길도, 1416년에
는 함길도라고 했으며, 1449년(세종 31)에 두만강 유역에 6진(鎭)을 완성하면
서 이 지역이 수복되었다. 1509년 함경도로 개칭했다가 1896년 전국을 13도

---

3) 유정, 「암울한 시대를 비춘 외로운 시혼」, 윤영천 편 『이용악시 전집』, 창작과 비평사, 2003,
193면.

로 개편할 때 함경남도와 갈라져 함경북도가 되었다. 1945년 8·15해방 당시 행정구역은 청진시·나진시·성진시와 경성군·명천군·길주군·학성군·무산군·회령군·종성군·온성군·경원군·경흥군·부령군 등 3개시 11개군 7개읍 68개면이었다.[4]

이를 통해 경성이 속해 있는 함북지역은 오랜 기간 오랑캐의 땅이었고, 여진족의 마을과 혼재하기도 하고 변방의 위치에서 소외되고 이역(異域)시 되기도 했으며, 토양이 척박하여 양식이 부족한 곳이었다. 이곳은 두만강을 넘어 만주나 연해주로 건너가는 길목이기도 했고, 남쪽에서 북으로 굶주림을 모면할 터전을 찾아 나선 사람들이 거쳐 가야 할 관문이기도 했다. 즉, 유이민의 길목이기도 한 곳[5]이라 하겠다. 이로써 함북지역은 역사적으로 오랑캐의 침입이 잦았던 곳으로 오오랑캐와 접촉이 많았던 지역이고 기후 조건이나 토양이 좋지 않아 궁핍한 곳으로 추정된다.

이용악의 집안 역시 함북지역에서 뿌리를 두고 살아왔기에 가난한 집안이었다. 그의 할아버지는 금을 얻기 위해 일찍부터 몸소 소달구지에 소금을 싣고 러시아 영토를 넘나들었으며 이러한 생활은 그의 아버지대에도 계속되었던 바, 그의 아버지는 그 과정에서 객사한 것으로 여겨진다. 용악과 같은 고향의 시인인 이수형은 이러한 사정을 이렇게 쓰고 있다.

> 幸인지 不幸인지 젖먹이 때 우리는 放浪하는 아비 어미의 등곬에서 시달리며 무서운 국경넘어 우라지오 바다며 아라사 벌판을 달리는 이즈보즈의 마차에 토로이카에 흔들리어서 갔던 일이며, 이윽고 모도다 홀어미의 손에서 자라올 때 그림 즐기던 용악의 형의 아구릿파랑 세네카랑 숱한 뎃상을 붙인 방에서 밤낮으로 얼굴을 맞대고 있었던 일이며, 날더러 깐디를 그려달라고 해서 그것을 바람벽에 붙여 놓고 그 앞에서 침울한 표정을 해가며 글 쓰던 용악 少年의 얼굴이 지금도 눈에 선하다.[6]

---

4) <http://premium.britannica.co.kr/bol/topic.asp?article_id=b24h3172b>
5) 이경희, 『북방의 시인, 이용악』, 국학자료원, 2007, 51~52면.
6) 이수형, 「용악과 용악의 예술에 대하여」, 『이용악시집』, 기민사, 1986, 80면.

이 같은 진술을 통해 이용악의 집안은 국경지대를 넘나들며 밀무역을 했던 것으로 추정되며, 집안이 가난했고, 홀어머니 손에서 자랐음을 알 수 있다. 이 같이 그의 곤궁하고 어려운 삶의 모습은 그의 시 <우리의 거리>(1949), <풀벌레 소리 가득 차 있었다>(1937), <바람 속에서>(1940), <푸른 한나절>(1940), <우라지오 가까운 항구에서>(1938), <다리 우에서>(1947) 등에서 찾아 볼 수 있다. 시에 나오는 여러 가지 모습들이 이용악의 삶의 모습을 보여준 것이라 할 수 있다.

아버지도 어머니도/ 젊어서 한창 땐/ 우라지오로 다니는 밀수꾼//
눈보라에 숨어 국경을 넘나들 때/ 어머니의 등곬에 파묻힌 나는/ 모든 가난한 사람들의 젖먹이와 다름없이/ 얼마나 성가스런 짐짝이었을까//
오늘도 행길을 동무들의 행렬이 지나는데/ 뒤이어 뒤를 이어 물결치는/ 어깨와 어깨에 빛 빛 찬란한데// 여러 해 만에 서울로 떠나가는 이 아들이/ 길에서 요기할 호박떡을 빚으며/ 어머니는 얼어붙은 우라지오의 바다를/ 채죽쳐 달리는 이즈보즈의 마차며 트로이카며/ 좋은 하늘 못 보고/ 타향서 돌아가신 아버지의 이야길 하시고// 피로 물든 우리의 거리가 폐허에서 새로이 부르짖는/ 우라아/ 우라아

—<우리의 거리>

이용악의 집안이 아버지도 어머니도 젊어선 밀수꾼이었고, 국경을 넘나들며 어린 것들을 키워 왔고, 그의 아버지는 타향에서 돌아가셨음을 짐작할 수 있다. 이는 앞서 이수형이 이용악의 집안에 대해 술회한 내용과 일치하고 있음을 확인할 수 있다.

우리집도 아니고/ 일가집도 아닌 집/ 고향은 더욱 아닌 곳에서/ 아버지의 병상없는 최후 최후의 밤은 풀벌레 소리 가득 차 있었다.//
노령을 다니면서까지 애써 자래운 아들과 딸에게/ 한마디 남겨두는 말도 없었고/ 아무을만의 파선도/ 설룽한 니코리스크의 밤도 완전히 잊으셨다/ 목침을 반듯이 벤 채//
다시 뜨시잖는 두 눈에/ 피지 못한 꿈의 꽃봉오리가 깔앉고/ 얼음장에 누우

신 듯 손발은 식어갈 뿐/ 입술은 심장의 영원한 정지를 가르쳤다/ 때늦은 의
원이 아모 말 없이 돌아간 뒤/ 이웃 늙은이 손으로/ 눈빛 미명은 고요히/ 낯을
덮었다//
　　우리는 머리맡에 엎디어/ 있는 대로의 울음을 다아 울었고/ 아버지의 침상
없는 최후/ 최후의 밤은/ 풀벌레 소리 가득 차 있었다.
―<풀벌레 소리 가득 차 있었다.>

이 시에서는 타관에서 죽음을 맞이한 아버지의 서러운 모습을 담담하게
서술하고 있다. 아마도 밀무역을 하던 아버지가 객사한 것으로 생각해 볼
수 있다.

　　바람이 거센 밤이면/ 몇 번이고 꺼지는 네모난 장명등을/ 궤짝 밟고 서서
몇 번이고 새로 밝힐 때/ 누나는/ 별 많은 밤이 되어 무섭다고 했다.//
　　국숫집 찾어가는 다리 우에서/ 문득 그리워지는/ 누나도 나도 어려선 국숫
집 아히//
　　단오도 설도 아닌 풀벌레 우는 가을철/ 단 하루/ 아버지의 제삿날만 일을
쉬고/ 어른처럼 곡을 했다//
―<다리 우에서>

이 시에서는 아버지가 돌아가시고 어머니가 국수집을 하면서 어렵게 살
아가는 모습을 엿볼 수 있다. 이와 같은 시를 통해 그의 어린 시절 고향에
서의 삶은 매우 가난하고 힘겨웠음을 짐작할 수 있다. 원래 지형적으로 토
지가 척박하고 농사가 잘 안 되는 북방지대로 역사적으로 빈궁한 지역이었
고 밀무역을 하며 어렵게 살아가던 중, 아버지의 객사로 더 힘들고 가난한
삶을 살았다고 볼 수 있다.

한편 그가 살던 경성은 함북 지역으로 앞서 살펴보았듯이 역사적으로도
이민족의 침입이 끊이질 않았던 곳으로, 오랜 시간 이민족과의 침입과 지배
를 받기도 했던 곳이다. 오랑캐의 땅이기도 하고, 아니기도 한 과정을 반복
하면서 오랑캐와 더불어 살아 온 공간이라고 할 수 있다. 이곳은 중앙의 입

장에서 본다면 국경지대이고, 오랑캐가 많이 사는 곳으로 낙후된 변방에 불과한 곳으로 상대적으로 소홀하게 다루어졌던 곳이다. 오랑캐 자치구 정도로 인식되었던 지역이라 할 수 있다. 그러기에 이곳에 사는 사람들은 오랑캐가 아니면서도 오랑캐처럼 취급당하며 소외된 모습으로 오랑캐와 함께 살아야 하는 억울한 입장에 처하게 되는 것이다. 그런 심정이 <오랑캐꽃>(1939)에 잘 드러난다.

　…긴 세월을 오랑캐와의 싸홈에 살았다는 우리의 머언 조상들이 너를 불러 '오랑캐꽃'이라 했으니 어찌 보면 너의 뒷모양이 머리태를 드리인 오랑캐의 뒷머리와도 같은 까닭이라 전한다.…

　아낙도 우두머리도 돌볼 새 없이 갔단다/ 도래샘도 떳집도 버리고 강건너로 쫓겨갔단다/ 고려장군님이 무지 무지 쳐들어와/ 오랑캐는 가랑잎처럼 굴러갔단다//
　구름이 모여 골짝 골짝을 구름이 흘러/ 백년이 몇백년이 뒤를 이어 흘러갔나//
　너는 오랑캐의 피 한 방울 받지 않았건만/ 오랑캐꽃/ 너는 돌가마도 털메투리도 모르는 오랑캐꽃/ 너는 돌가마도 털메투리도 모르는 오랑캐꽃/ 두 팔로 햇빛을 막아줄게/ 울어보렴 목놓아 울어나 보렴 오랑캐꽃//
― <오랑캐꽃>

　이 시에서도 알 수 있듯이 오랑캐와 더불어 살면서 오랑캐와는 피 한 방울 섞이지 않아도 오랑캐와 같은 취급을 받으며 억울하게 살아야 하는 설움이 은연중에 표현되었다고 볼 수 있다. 여기서 오랑캐꽃이 아마도 이용악과 같이 오랑캐도 아니면서 오랑캐 취급받는 함북지역 사람들의 모습이라고 볼 수 있다. 이들에게는 중심에 비해 변두리에서 느껴지는 상대적인 열등감, 소외감 등이 있었을 것이고 중심부로 진출하여 오랑캐라는 오명을 벗고자 하는 마음도 있었으리라 추측할 수 있다.
　이렇게 볼 때, 이용악에게 고향은 가난하고 힘들고, 소외된 곳으로 비쳐

진다. 대대로 내려오던 가난은 부친의 객사로 더욱 심해지고, 변방지대에서 느껴지는 소외감 또한 갈수록 격심해졌던 것이다. 그런 그에게 고향은 결코 마음의 안식처가 될 수 없었다. 지긋지긋한 가난과 변방지대에서 오랑캐로 취급받는 소외감, 열등감에서 벗어나기 위해서는 고향을 떠나야만 했을 것이다. 이것은 단순히 고향에서 떠남-이향(離鄕)이 아닌 고향에서 탈출함-탈향(脫鄕)의 의미였으리라 생각된다.

2.2. 탈출하고 싶은 고향

그가 탈향을 짐작하게 하는 작품으로는 <고향아 꽃은 피지 못했다>(1938), <도망하는 밤>(1937), <두메산골3>(1947), <막차 갈 때마다>(1941), <등잔 밑>(1941), <시골사람의 노래>(1945), <그래도 남으로만 달린다>(1938) 등을 들 수 있다. 이들 작품에는 북쪽 고향에 대한 애증과 탈출 욕망, 고향의 가난함 등이 드러나고 있다.

한결 해말숙한 네 이마에/ 촌스런 시름이 피어오르고/ 그래도/ 우리를 실은/ 차는 남으로 남으로만 달린다//
촌과 나루와 거리를/ 벌판을 숲을 몇이나 지나왔음이냐/ 눈에 묻힌 이 고개엔/ 가마귀도 없나보다//
보리밭 없고/ 흐르는 멧노래라곤/ 더욱 못 들을 곳을 향해/ 암팡스럽게 길 떠난/ 너도 물새 나도 물새/ 너의 사람아 너는 울고 싶고나//
말없이 처다보는 눈이/ 흐린 수정알처럼 외롭고/ 때로 입을 열어 시름에 젖는/ 너의 목소리 어선 없는 듯 가늘다//
너는 차라리 밤을 부름이 좋다/ 창을 열고/ 거센 바람을 받아들임이 좋다/ 머리속에서 참새 재잘거리는 듯/ 나는 고달프다 고달프다//
너를 키운 두메산골에선/ 가라지의 소문이 뒤를 엮을 텐데/ 그래도/ 우리를 실은 차는 남으로 남으로만 달린다//

―<그래도 남으로만 달린다>

이 시에서 이용악의 고향이 북쪽이었다는 사실을 고려한다면 남으로만 달린다는 것은 고향을 떠나는 마음이 나타난 것으로 볼 수 있다. 그의 시 <도망하는 밤>과 <고향아 꽃은 피지 못했다>에도 보면 가난하고 힘든 고향을 떠나는 모습이 확연히 드러나 있음을 볼 수 있다.

> 기름기 없는 살림을 보지만 말어도/ 토실토실 살이 찔 것 같다/ 뼉다구만 남은 마을……/ 여기서 생활은 가장 평범한 인습이었다//
> 씨원히 떠나가자/ 흘러가는 젊음을 따라/ 바람처럼/ 떠나자
> —<도망하는 밤>(1937)

'기름기 없은 살림', '뼉다구만 남은 마을' 등은 궁핍한 생활현실을 보여주며 이로부터 시원히 떠나자고 하는 내용이 연달아 나옴으로써 고향을 벗어나고 싶은 마음을 표출한 것으로 보인다.

> 도망하고 싶던 너의 아들/ 가슴 한구석이 늘 차그웠길래/ 고향아/ 돼지굴 같은 방 등잔불은/ 밤마다 밤새도록 꺼지고 싶지 않았지//
> 드디서 나는 떠나고야 말았다/ 곧 얼음 녹아내려도 잔디풀 푸르기 전/ 마음의 불꽃을 거느리고/ 멀리로 낯선 곳으로 갔더니라//
> —<고향아 꽃은 피지 못했다>(1938)

'도망하고 싶던 너의 아들', '돼지굴 같은 방' 등의 시어를 통해 고향에서 벗어나고 싶은 마음을 읽을 수 있고, 결국 '낯선 곳으로 갔더니라'라는 표현을 통해 고향을 떠났음을 알 수 있다.

실지로 이용악은 그는 1932년 열 아홉 살에 고향 경성을 떠나 일본으로 유학을 갔으며 일본에서 7년간 생활하였고, 방학 때면 경성과 만주 등지로 오간 것으로 기록되어 있다. 1939년에는 귀국하여 서울에서 『인문평론』의 편집기자로 1941년까지 근무하였으니 이 기간 약 10년간 고향을 떠나 소위 말하는 중심부에서 생활하게 되었던 것이다.[7]

　그는 일본유학시절 동경 상지대학 신문학과에 다니는 시절 등단한 것으로 보인다. 1935년 3월 『신인문학』에 「패배자의 소원」을, 4월에는 「애소유언」을 발표하면서 등단한다. 그는 이 시기 동경 삼문사에서 제1시집 『분수령』과 제2시집 『낡은 집』을 연이어 출간하면서 신진시인으로 주목받기 시작한다. 등단과 입신이 동경시절 이루어진다.8) 가난한 변방지대인 경성에서 벗어나 그는 당시 현대문명의 중심부라 할 수 있는 동경에서 등단과 입신을 이룬 것이다. 그런데 그는 이 기간 동안의 생활에서 그는 고향에서 얻지 못했던 행복한 삶을 누릴 수 있었을까? 사실 그러질 못했다.

2.3. 탈향 후 겪는 치명적인 궁핍한 삶

　궁핍함, 변방지대에서 느끼던 소외감을 떨쳐버리고 새로운 삶을 살기 위해 중심부라 할 수 있는 일본으로 유학을 온 이용악은 동경에서 등단하여 시인으로 입지를 펼쳐나가기 시작했다. 그러나 그의 생활은 궁핍함에서 벗어날 수 없었다. 일본에서의 유학생활(1932~1938)에는 부두 선박 노동을 빼고는 온갖 가지의 품팔이 노동꾼으로 피땀을 흘려 이역의 최하층 생활권 내를 유지하면서 학비를 조달하였다 하고, 상지 대학 소재지인 일본 동경 근교의 해군도시 시바우라(芝浦)에서 공사판의 품팔이꾼으로, 군부대에서 반출되는 음식찌꺼기 등으로 목숨을 부지하면서도 『2인』이라는 동인지를 발간하기도 했다고 한다.9) 그의 이 같은 궁핍한 생활상은 <나를 만나거든>, <無宿者>에 잘 드러나 있다.

　　땀 말른 얼골에/ 소곰이 사락싸락 돋힌 나를/ 공사장 가까운 숲속에서 만난거든/ 내 손을 쥐지 말라/ 만약 내 손을 쥐드래도/ 옛처럼 네 손처럼 부드럽지

---

7) 이 부분은 윤영천의 앞의 책에 수록된 이용악의 연보를 참고로 하였다.
8) 김재홍, 『그들의 생애와 문학, 이용악』, 한길사, 2008, 49~50면.
9) 윤영천, 앞의 글, 207면.

못한 이유를/ 그 이유를 묻지 말어다오//

　주름잡힌 이마에/ 석고처럼 창백한 불만이 그윽한 나를/ 거리의 뒷골목에서
만나거든/ 먹었느냐고 묻지 말라/ 굶었느냐곤 더욱 묻지 말고/ 꿈 같은 이야기
는 이야기의 한마디도/ 나의 침묵에 침입하지 말아다오//

　페인인 양 씨드러져/ 턱을 고이고 앉은 나를/ 어둑한 폐가의 회랑에서 만나
거든/ 울지 말라/ 웃지도 말라/ 너는 평범한 표정을 힘써 지켜야겠고/ 내가 자
살하지 않는 이유를/ 그 이유를 묻지 말어다오//

— <나를 만나거든>

　땀이 말라 소금기가 돋힌 얼굴, 거친 손 등은 노동으로 인해 힘겹게 사는
모습을 보여 주고 있다. 손이 거친 이유를 묻지 말며, 밥을 먹었느냐는 인
사도 하지 말며, 자신의 야윈 모습을 보며 웃지도 울지도 말며 애써 평범한
얼굴을 하고 있는 자신을 향해 자살하고 싶을 정도로 힘겹겠다는 말은 더
더욱 하지 말아달라는 내용은 처절하기까지 하다.

　(앞 부분 생략)
　나는 하로밤의 숙소 찾기를 벌써 단념했다/ 쓰레기통에서 나온 빗자루같이
보잘것없는 몸을/ 반가히 맞어줄 사람도 없으려니와//

　나는 왜 이렇게까지 되고야 말었담?/ '삘딍'의 유리창아ー/ 포도의 '아스팔
트'야ー/ 너의들의 에민한 이지도/ 불타고 재 남은 내 가슴속을 알 길을 없으
리라/ 아ー 생각만 해도 소름이 끼치는 기억이여!//

　삶의 전선을 패퇴하기도 전에/ 치명의 상처를 받은 자!/ 내 머릿속은 새파
랗게 녹슨 구리쇠를 잔뜩 쓸어넣은 듯이 테ーㅇ……//

　정처없는 무숙의 보조ー/ 사형죄인의 눈알같이/ 흐밋한 사로등 밑을 비틀비
틀 거나린다/ 그래도 빛을 따라간다/ 새 힘을 얻으려ー//

— <無宿者>

　노동으로 흘린 땀이 식어 소금기로 덮인 얼굴이며, 쓰레기통에서 나온
빗자루와도 같은 몸 등은 집 없이 떠돌면서 힘겨운 생활을 해온 그의 모습
을 바탕으로 한 것으로 보인다. 그가 얼마나 힘겹게 일본 유학생활을 했는

지를 알 수 있게 해 준다. 일본유학생활이 변방지대 고향을 벗어난 중심부의 삶이라 할 수도 있을 텐데 경제적인 궁핍은 나아지지 않았다. 그는 유학 시절 동안 고향을 떠나 그의 열등감, 패배의식을 극복해 보려 했고, 활발한 문학 활동을 했지만, 경제적으로는 너무도 궁핍했다. 고향을 떠나 잘 살아 보려 했지만 타향의 생활 역시 너무도 힘들었던 것이다.

그는 일본 동경소재 상지대학(上智大學) 신문학과를 1939년에 졸업하고, 귀국하여 서울에서 최재서가 주관하던 『인문평론』 편집기자로 근무했다. 월급을 받으며 안정된 생활을 했으리라 짐작되지만 실상은 그렇지 못했다. 동생의 학비를 보태느라 변변한 집도 없이 거의 노숙하다시피 지냈다고 한다. 서정주는 이렇게 진술하고 있다.

> 북의 문인 중에 생각나는 또 한사람은 함북 경성인 이용악이다. 파인 김동환과 동향이며집이 가난하여 고학으로 일본 상지대 신문학과를 졸업했다. (…중략…) 취직해서 고생을 면하는가 여겼으나 그게 아니었다. 자기 동생이 고보에 다니고 있던 때라 월급을 받아도 동생 뒷바라지하기에 바빴다. 서울에서 집도 없이 살면서 이집 저집 옮겨 다니며 잠을 잤다. 어느 때는 파고다 공원 벤치에서 밤을 지새기도 했다.10)

이러한 자료를 토대로 정리해 보면, 이용악은 가난하고 소외된 고향에서 벗어나 좀 더 새롭고 활기찬 곳(변방이 아닌 중심부)에서 생활의 터전을 잡고 싶어 하며 고향을 떠났지만, 새로이 자리 잡은 그 곳에서의 생활도 결코 녹녹하지 않음을 확인할 수 있다. 가난이 싫어 고향을 떠났지만 가난에서 벗어날 수 없었고, 주변부에서 소외된 삶이 싫어서 중심부로 향하였지만, 그 곳에서도 소외된 삶을 탈피할 수가 없었다.

---

10) 서정주, 「광복직후의 문단」, 이경희, 『북방시인 이용악』, 2007, 국학자료원, 87~88면 재인용.

2.4. 부정할 수 없는 고향

앞서 살펴보았듯이 그는 일본 유학에서도 귀국 후 서울에서의 삶도 그다지 안정적이지 못했다. 막노동, 노숙 등과 같은 빈곤은 그를 계속 힘들게 했던 요인으로 생각된다. 이런 상황에서는 그는 다시 고향을 생각하게 된다. <막차 갈 때마다>(1941), <그리움>(1945)은 그런 심정을 잘 표현해 주는 작품이라 볼 수 있다.

어쩌자고 자꾸만 그리워지는/ 당신네들을 깨끗이 잊어버리고자/ 북에서도 북쪽/ 그렇습니다 머나먼 곳으로 와버린 것인데/ 산굽이 돌아 돌아 막차 갈 때마다/ 먼지와 함께 들이키기엔 너무나 너무나 차거운 유리잔//

—<막차가 갈 때마다>

눈이 오는가 북쪽엔/ 함박눈 쏟아져내리는가//
힘한 벼랑을 굽이굽이 돌아간/ 백무선 철길 우에/ 느릿느릿 밤새어 달리는/ 화물차의 검은 지붕에//
연달린 산과 산 사이/ 너를 남기고 온/ 작은 마을에도 복된 눈은 내리는가//
잉크병 얼어드는 이러한 밤에/ 어쩌자고 잠을 깨어/ 그리운 곳 차마 그리운 곳//
눈이 오는가 북쪽엔/ 함박눈 쏟아져 내리는가//

가난하고 후미진 변방에 위치했던 고향으로부터 벗어나려고 몸부림 쳤던 그였지만, 막상 고향을 떠나 중심부로 가 보아도 그 곳에 뿌리내리고 사는 것이 쉽지 않다. 그에게 고향은 척박하고 힘들지만 부정할 수 없는 곳이었다. 힘들고 어렵지만 생각나는 곳이었다. 그렇다면 다시 또 고향을 생각하게 된다. 그의 시 <북쪽>은 이런 그의 마음을 잘 표현해 주고 있다.

북쪽은 고향/ 그 북쪽은 여인이 팔려간 나라/ 머언 산맥에 바람이 얼어붙을 때/ 다시 풀릴 때/ 시름 많은 북쪽 하늘에/ 마음은 눈감을 줄 모르다//

—<북쪽>(1937)

북쪽은 그에게 고향이며 여인이 팔려간 곳이고, 춥고 시름많은 곳이지만 그에게는 부정할 수 없는 고향인 것이다.

1942년 이용악은 서울에서의 삶을 정리하고 다시 고향인 경성으로 돌아온다. 이때는 일제의 탄압이 극에 달하고, 『인문평론』도 폐간되고, 많은 문인들이 절필을 선언하게 된다. 이용악도 마찬가지 상황이었다. 그는 1942년 절필하고 귀향하여 1945년까지 함북 경성에 머물게 된다. 그곳에서 그는 1942년 청진일보 기자와 주을읍 사무소 서기로 근무하기도 한다.[11] 탈출하고 싶은 마음에 떠난 고향에 다시 돌아온 마음은 어떠했을까? 타향생활을 하다 지친 상태에서 다시 돌아온 고향은 과연 마음의 평화를 주는 곳이었을까? 그러하질 못 했다. 고향에서도 역시 마음을 잘 잡지 못했다. 그런 심정을 <등잔 밑>(1941), <시골사람의 노래>(1945)에서 낙향한 그의 모습을 읽어낼 수 있다.

모두 벼슬 없는 이웃이래서/ 은쟁반 아닌/ 아무렇게나 생긴 그릇이 되려/ 머루며 다래까지도 나눠 먹기에 정겨운 것인데/ 서울 살다 온 사나인 그저 앞이 흐리어/ 멀리서 들려오는 파도소리와 함께/ 모올래 울고 싶은 등잔 밑 차마 흐리어//

—<등잔 밑>

모두 벼슬도 없고 아무렇게나 생긴 그릇에 머루며 다래를 나눠 먹는 고향의 모습은 정겹기만 한데 서울에서 살다 온 사나이는 그저 울고 싶은 마음뿐이다. 서울 살다 온 사나이의 모습을 통해 이용악 자신의 복잡한 심회를 드러낸 듯하다.

귀 맞춰 접은 방석을 베고/ 젖가슴 헤친 채로 젖가슴 헤친 채로/ 잠든 에미네며 딸년이랑/ 모두들 실상 이쁜데/ 요란스레 달리는 마지막 차엔/ 무엇을 실어 보내고/ 당황히 손을 들어야 하는 것일까//

---

11) 이 부분도 윤영천의 앞의 책에 수록된 이용악의 연보를 참고하였다.

몇 마디 서양말과 글짓는 재주와 그러한 것은 자랑삼기에 욕되었도다//
　　흘러내리는 머리칼도/ 목덜미에 점점이 찍혀/ 되려 복스럽던 검은 기미도/
언젠가 쫓기듯 숨어서/ 시골로 돌아온 시골사람/ 이 녀석 속눈썹 츨츨히 길다
란 우리 아들도/ 한번은 갔다가/ 섭섭히 돌아와야 할 시골사람//
　　불타는 술잔에 꽃향기 그윽한데/ 바람이 이는데/ 이제 바람이 이는데/ 어디
루 가는 사람들이/ 서로 담뱃불 빌고 빌리며/ 나의 가슴을 건느는 것일까//
— <시골사람의 노래>

고향으로 돌아와서 사는 데 오히려 잘 적응을 못하고 패배감과 자괴감에
사로잡혀 있는 모습이다. 고향사람들의 정겹고 인정 넘치던 모습도 더 이상
좋게 느껴지지 않고 그저 답답하고 암울하게만 느껴지는 자신의 감회를 잘
보여 주고 있다. 그에게 고향은 위로의 공간이 될 수 없었던 것이다.

2.5. 끝내 벗어날 수 없는 곳, 고향

이용악은 1942년 절필하고 귀향했다가 1945년 해방이 되자 다시 서울로
온다. 자신이 서울로 다시 돌아가는 심정과 귀향하는 유이민들의 모습을 보
고 시로 표현한다. <하나씩의 별>(1946), <하늘만 곱구나>(1948)가 그런
시이다.

　　무엇을 실었느냐 화물열차의/ 검은 문들은 탄탄히 잠겨졌다/ 바람 속을 달
리는 화물열차의 지붕 우에/ 우리 제각기 들어누워/ 한결같이 쳐다보는 하나
씩의 별//
　　두만강 저쪽에서 온다는 사람들과/ 쟈무스에서 온다는 사람들과/ 험한 땅에
서 험한 벌 치르고/ 눈보라 치기 전에 고향으로 돌아 간다는/ 남도 사람들과/
북어 쪼가리 초담배 밀가루 떡이랑/ 나눠서 요기하며 내사 서울이 그리워/ 고
향과는 딴 방향으로 흔들려 간다//
　　푸르른 바다와 거리 거리를/ 서름 많은 이민열차의 흐린 창으로/ 그저 서러이
내다보던 골짝골짝을/ 갈 때와 마찬가지로/ 헐벗은 채 돌아오는 이 사람들과/ 마
찬가지로 헐벗은 나요/ 나라에 기쁜 일 많아/ 울지를 못하는 함경도 사내//

> 총을 안고 뽈가의 노래를 불르던/ 슬라브의 늙은 병정은 잠이 들었나/ 바람
> 속을 달리는 화물열차의 지붕 우에/ 제각기 들어누워/ 한결 같이 쳐다보는 하
> 나씩의 별//
>
> ― <하나씩의 별>

이 시에는 서울로, 남으로 달려가는 귀향열차의 지붕위에 드러누워 바라
보는 별을 통해서 해방의 기쁨과 새날에 대한 희망을 노래하고 있다. 눈물
로 고국 땅을 떠나가던 이민열차와 달리 다시 제각기 하나씩의 별, 꿈과 희
망을 품고 돌아오는 귀향열차의 풍경과 귀향민의 설레는 심경이 시인의 그
것으로 표출되어 있다. 시인 이용악도 다시 서울로 돌아가는 것이다. 이용
악은 귀향이 아니라 탈향인 셈이다. 다시 중앙으로의 회귀라고 할 수 있겠
다.[12) 그런데 막상 다시 서울에서의 삶은 어떠했을까?

> 집도 많은 집도 많은 남대문턱 움 속에서 두 손 오구려 혹혹 입김 불며 이
> 따금씩 쳐다보는 하늘이사 아마 하늘이기 혼자만 곱구나//
> 거북네는 만주서 왔단다 두터운 얼음장과 거센 바람 속을 세월은 흘러 거
> 북이는 만주서 나고 할배는 만주에 묻히고 세월이 무심찮아 봄을 본다고 쫓겨
> 서 울면서 가던 길 돌아왔단다//
> 띠팡을 떠날 때 강을 건널 때 조선으로 돌아가면 빼앗겼던 땅에서 농사지
> 으며 가 갸 거 겨 배운다더니 조선으로 돌아와도 집도 고향도 없고//
> 거북이는 배추꼬리를 씹으며 달디달구나 배추꼬리를 씹으며 꺼무테테한 아
> 배의 얼굴을 바라보면서 배추꼬리를 씹으며 거북이는 무엇을 생각하누//
> 첫눈 이미 내리고 이윽고 새해가 온다는데 집도 많은 집도 많은 남대문턱
> 움 속에서 이따금씩 쳐다보는 하늘이사 아마 하늘이기 혼자만 곱구나//
> ― <하늘만 곱구나>

이 시에서 보듯이 고국에서의 삶, 서울에서의 생활이란 해방조국이라는
사실 말고는 그다지 나아진 것이 없는 모습이다. 해방조국의 어두운 현실은

---

12) 김재홍, 앞의 책, 111~112면.

귀향이민들에겐 이미 또 다른 상실된 고향의 모습이기에 좌절감에 사로잡힐 수밖에 없다.

이용악은 이 시기 서울로 돌아와서 '조선문화건설본부'와 그 후신인 '조선문학가동맹'에서 활동하였으며, 1945년 11월경에 중앙신문(해방후 대표적인 좌익지) 기자로 입사하여 약 1년간 근무함으로써 해방정국에 뛰어든다. '조선문학가동맹'은 임화, 김남천, 이원조 등에 의해 결성된 조직으로 민족문학론을 주장한 진보적인 단체였다. 이용악의 입장은 민족주의자의 입장에서 일제 잔재 및 봉건 유물타파와 전 민족의 통합에 뜻을 두고 활동을 했다. 1947년 3월부터 7월까지 문화일보 편집국장으로 활동하며 8월에는 남로당에 가입하였고, 이 시절 그는 남로당의 지하활동에 참여하였으며 1949년에는 핵심조직원으로 비밀종사하였다. 이용악은 '남로당 서울시 문련 예술과 사건'으로 1950년 2월 6일 서울지방법원에서 징역 10년을 구형받고 서대문 형무소에 복역 중 6월 28일 북한국의 '서울점령'으로 월북하였다.13)

이로써 그는 다시 또 고향으로 돌아간 셈이다. 가난하고 소외된 고향으로부터 벗어나 중심부의 삶을 꿈꾸며 일본 유학, 두 차례의 서울 생활을 시도했지만, 그는 다시 그의 고향으로 돌아갈 수밖에 없는 운명이었다. 변방 북쪽으로부터 벗어나려고 했던 그는 다시 변방으로 돌아가고 말았던 것이다. 이용악, 그에게 고향은 벗어나고 싶은 곳이었지만 벗어날 수 없는 곳이 되고 말았던 것이다.

---

13) 이경희, 앞의 책, 190면.

3. 마치며

본고에서는 이용악의 작품에 거듭 나타난 고향의 의미에 주목해 보았다. 이용악 작품에 나타난 고향의 모습은 우리가 생각하는 고향과는 사뭇 다른 모습을 띠고 있다. 그것은 가난하고 소외되어 벗어나고 싶은 곳으로 표상된다. 왜 그런 것일까? 이 문제를 해결하기 위해 본고에서는 이용악의 삶과 결부지어 생각해 보았다. 그의 삶 속에 나타난 고향은 가난과 소외감으로 점철된, 고통스런 공간이었다. 이와 같은 모습은 그의 시에 그대로 표현되었던 것이다.

그의 시에 나타난 고향이 마음의 안식처가 될 수 없었던 것은 그가 살았던 고향에서의 삶이 가난하고 소외되었기 때문이다. 그렇기 때문에 그에게 고향은 가난하고 소외된 공간으로 벗어나고 싶은 곳이었다. 변방이 아닌 중심부에서의 삶을 꿈꾸며 일본유학, 두 차례에 걸친 서울 생활을 시도하지만 결국 순탄하지 못 했고, 그래서 다시 낙향하지만, 고향의 모습을 보면서 그는 다시 답답해한다. 광복 후 그는 서울로 돌아와 중심부의 삶을 살려고 했지만, 남로당 지하활동에 연루되어 징역 10년형을 받고 1950년 6·25북한군이 서울을 점령하였을 때 월북하고 만다. 가난하고 소외된 고향으로부터 벗어나기를 소망한 그는 다시 또 고향으로 돌아가고 만 것이다. 이용악에게 고향은 벗어나고 싶은 곳이지만 벗어날 수 없는 운명적인 공간이 되고 만 것이다. 그는 중심부의 삶을 살고 싶어했지만 결국 변방 시인으로 남고 말았다.

이렇듯 그의 삶의 모습과 작품을 '고향'이라는 잣대에 맞추어 살펴보니 이용악에게 고향은 삶의 안식처라기보다는 고통의 공간이었고, 벗어나고 싶은 곳이었다. 여러 차례 고향을 떠나려고 시도했지만 결국 이용악은 고향을 벗어날 수는 없었던 것이다. 그는 탈향을 꿈꾸고 중심부에 편입하려 했지만 결국 변방시인으로 남고 말았던 것이다. 그에게 고향은 벗어나고 싶지만 벗어날 수 없는 운명적인 공간이 되고 말았다.

이렇듯 이용악의 시에 나타난 고향은 다른 시인들의 작품에 나타난 고향과는 사뭇 다르다. 그것은 그의 삶과 더불어 생각할 때 확연히 드러나게 된다. 그에게 고향은 궁핍하고 소외되어 벗어나고 싶은 공간이었지만, 결코 벗어날 수 없는 공간이었다.

‖ 참고문헌

윤영천 편, 『이용악 시 전집』 증보판, 창작과 비평사, 1998.

감태준, 『이용악 시연구』, 문학세계사, 1991.

이경희, 『북방의 시인 이용악』, 국학자료원, 2007.

김재홍, 『이용악』, 한길사, 2008.

유종호, 『다시 읽는 한국 시인—이용악』, 문학동네, 2002.

권영민, 『월북문인연구』, 문학사상사, 1989.

김용직, 『한국현대시인연구 상』, 서울대 출판부, 2002.

박덕근, 『해금작가 작품론』, 새문사, 1991.

박정희, 『언어의 혁명』, 답게, 1996.

유순태, 「이용악 시 연구」, 서울대학교 석사학위논문, 1994.

이숭원, 『현대시와 현실인식』, 한신문화사, 1990.

레온에델, 김윤식 역, 『작가론의 방법』, 삼영사. 1994

한국 브리태니커 온라인

　　　http://premium.britannica.co.kr/bol/topic.asp?article_id=b24h3172b

오정희의 여성 성장소설 연구
―「완구점 여인」에서 「새」까지―

신미나

1. 서론

　지금까지의 성장소설 연구는 남성 작가들의 남성을 주인공으로 하는 작품을 중심으로 연구되었다. 그러나 성장 소설의 핵심인 자아의 정체성 확립이라는 개념이 성적인 정체성의 확립을 포함하고 있다는 점을 감안했을 때 그 성장의 주인공이 여성일 경우에 빚어질 수 있는 변이를 생각할 수 있다. 이에 본고에서는 남성의 성장과는 다른, 여성만의 성장이 있다는 전제 하에 여성 성장소설의 관점에서 오정희의 작품을 분석해보고자 하였다.

　오정희[1]는 1968년 「완구점 여인」으로 등단하여 꾸준히 여성적 삶을 다

---

[1] 오정희(1947~)는 1947년 11월 9일 서울 출생으로 이화여고를 거쳐 서라벌예대 문예창작학과를 졸업했다. 1968년 「완구점 여인」의 신춘문예 당선으로 등단한 후 1979년 '이상문학상'을, 1982년 '동인문학상'을 수상한 중견작가이다. 1977년 첫 창작집 『불의 강』을 출간한 이래 작품집 『유년의 뜰』(1981), 『동경』(1983), 『바람의 넋』(1986), 『불망비』(1987), 『불꽃놀이』(1995), 『새』(1996) 등을 발간하였다. 30여 년의 필력에 비해 작품의 양은 그리 많지 않으나, 일관되게 여성의 목소리로 여성에 관한 이야기를 풀어내고 있고, 감성적 언어의 사용과 의식

룬 작품을 발표해왔다. 오정희의 작품들에서는 여성 성장소설의 특징이 잘 드러난다. 오정희 소설의 주제는 삶의 불구성, 즉, 낙태, 불임, 가족들 간의 왜곡된 관계, 비정상적인 성장, 중산층 중년 여성의 심리적 갈등 등으로 다양한 변주를 이룬다. 이러한 다양성은 여성의 시각과 삶이라는 공통분모 속에서 유기적으로 통합되어 있어 오정희 소설들이 보편적인 여성의 삶을 다룬 연작처럼 읽혀지게 한다. 또한 작품에 일관되게 흐르는 여성의 정체성 확인과 자아 찾기라는 주제, 여성이라는 일관된 관점에서 자아 문제를 다룬 점 등은 오정희 소설들을 일련의 성장소설로 인식하게 만든다. 지금까지 오정희 소설을 성장소설의 관점에서 파악한 연구들은 대개 개개의 작품을 중심으로 한 것이 많았다. 그러나 여성의 성장은 한 순간에만 일어나는 것이 아니라 인생의 전 과정에서 점층적이고 지속적으로 일어나는 과정이므로, 여기서는 오정희가 궁극적으로 표현하고자 하는 문제가 '여성으로서의 정체성 발견'이라고 전제하여 남성의 성장과는 다른 여성 성장의 특징들을 오정희의 전체 작품 속에서 살펴보고자 한다.

2. 성장소설의 개념과 여성 성장소설의 특징

2.1. 성장소설의 개념과 유형

성장소설은 유년기에서 소년기를 거쳐 성인의 세계로 입문하는 한 인물이 겪는 내면적 갈등과 정신적 성장, 자신을 둘러싸고 있는 세계에 대한 각성의 과정을 주로 담고 있는 작품들[2]을 지칭한다. 그 용어로는 성장소설, 발전소설, 교육소설, 보존소설, 형성소설, 예술가소설, 시련소설, 수련소설

의 흐름 등 내면화 기법, 특유의 서술구조와 시간구조 등으로 주목받는 작가이다.

2) 한용환, 『소설학 사전』, 고려원, 1992, 241면.

등 20여 가지가 사용되고 있으나, 이러한 용어 가운데 교양소설, 형성소설, 교육소설, 발전소설, 입사소설 등이 보편적으로 사용된다.

교양소설(Bildungsroman)은 일반적으로 미성숙한 젊은이가 성숙한 어른으로 발전하는 과정을 다룬 소설로서 자서전적인 양상을 띠는 소설을 말한다. 이러한 소설 유형은 견습소설(Apprenticeship Novel)과 유사하며, 괴테의『빌헬름 마이스터의 수업시대』로부터 헤세의『데미안』으로 이어지는 전통을 갖고 있다.[3] 여기서 '교양(Bildung)'이란 말의 의미는 인간 내면에 중점을 둔 것으로써 인간의 전체적인 형성의 의미[4]를 띤다.

형성소설(Novel of Formation)은 독일어인 Bildungsroman의 번역어[5]로서 마리안 허쉬(Marianne Hirsch)에 의하면 다음 일곱 개의 특성을 갖는 것으로 정리된다.

(1) 형성소설은 한 중심인물에 초점을 두는 소설이다. 그것은 규정된 사회질서의 맥락 속에서 한 대표적인 개인의 '성장'과 '발전'에 관한 이야기다. 주인공은 배우고 성장하지만 본질적으로 수동적이다.

(2) 형성소설은 '전기적'이고 '사회적'인 것과 관련된다. 사회는 소설의 안타고니스트이며 삶의 학교요 경험의 장소이다. 하지만 형성소설은 사회 소설과는 다르게 전반적인 사회의 문제를 드러내지 않는다.

(3) 형성소설의 플롯은 탐색 이야기의 변형이다. 그것은 사회 내에서의 의미 있는 존재—내적 수용력의 열림을 촉진시키는 진정한 가치—에의 탐색을 묘사한다.

(4) 형성소설은 근원적으로 자아의 발전과 관련되는데, 사건은 삶의 전체의 사건이라기보다는 개인의 삶을 결정하는 사건들이다. 그 투사된 해결은 존재하는 사회에 대한 적응이다.

(5) 서술적인 시점과 목소리는 1인칭이든 3인칭이든 젊은 시절에의 향수보다는 무경험한 주인공에 대한 반어로서 성격이 지워진다. 따라서 서술자와 주인공 사이의 거리가 형성된다.

---

3) 최현주,『한국 현대 성장소설의 세계』, 박이정, 2002, 28면.
4) 김윤식,「교양소설의 본질」,『한국 현대소설 비판』, 일지사, 1981, 276면.
5) 조남현,『한국 현대소설 유형론 연구』, 집문당, 1999, 62면.

(6) 소설의 다른 인물들은 중개자나 해석자와 같은 다소 고정된 기능을 수행
  한다.
(7) 형성소설은 교훈적 소설이다. 주인공의 교육을 묘사함으로써 독자를 교육
  한다.[6]

즉 형성소설은 독일의 교양소설들과는 달리, 개인 내면화보다는 사회로
부터의 영향에 초점을 둔다. 성장 주체의 능동적 의지보다는 사회 환경의
영향에 의한 성장 주체의 수동적 양상이 표면화되는 소설 유형이 바로 형
성소설인 것이다.

입사소설(Initiation novel)은 흔히 이니시에이션 스토리라고 불리는데, 사춘기
의 소년이나 소녀가 죽음과 성 또는 선과 악의 도덕적 갈등, 그리고 미와 추,
자아와 같은 일련의 충격적 경험의 의미를 수용하면서 아울러 이전과는 다른
변화의 효과를 가지고 어떻게 성숙되는가를 다룬 소설[7]이라 할 수 있다.

지금까지 교양소설, 형성소설, 입사소설을 중심으로 성장소설의 개념에
대해 살펴보았으며, 여러 소설의 유형들과 서로 공유하는 성격을 가지고 있
기 때문에 그 개념적 정의를 내리기가 어렵다는 것을 알 수 있다. 성장소설
에서 '성장'의 개념은 한 마디로 정의하기 어려우며, 관련 작품도 정확하게
한 개념으로만 설명할 수 없다.

그러나 성장소설은 다른 여러 소설 유형들과 서로 공유하는 성격을 가지
면서도 그 나름의 서사적 유형을 간직하고 있다. 성장소설의 서사적 유형이
란 바로 주인공의 변화 양상이 미숙에서 성숙으로, 불완전에서 완전으로, 결
핍에서 충족으로 변화하는 과정을 담고 있는 이야기적 특질을 말한다. 그러
한 미숙하고 불완전한 존재가 변화하게 되는 계기와 과정, 그리고 그 결과로
구조화된 유형적 특질을 갖고 있는 소설 양식[8]이 성장소설이라 할 수 있다.

---

6) 마리안 허쉬, "The Novel of Formation as Genre", Genre. Vol.XII. No.3.(Oklahoma UP. 1979),
  296~298면. 이재선, 『현대 한국소설사』, 민음사, 1991, 91~92면 재인용.
7) 이재선, 앞의 책, 471면.
8) 최현주, 「한국 현대 성장소설의 서사 시학 연구」, 전남대학교 박사학위논문, 1999, 16면.

이러한 성장소설은 20세기에 들어오면서 또 다른 변화를 경험하게 되는데, 사회와의 통합이나 타협으로 인해 사회화되는 성장의 양상에서 이제는 사회로부터 분리되어 소외되는 성장의 다른 모습을 제시하게 된다. 자신의 의식과 직면하여 자기 정체성을 형성하는데 소외(疏外)가 현대의 불가피한 존재임을 깨닫고 사회화와 사회적 성숙을 거부함으로써 반(反)성장의 양상을 보이고 있는 것이다. 이제 성장소설은 외적 세계에서 내적세계로 모험소설에서 고백소설로 변화를 겪고 있다.9)

2.2. 여성 성장소설의 특성

남성 중심의 성장소설과는 다른 여성 성장소설의 특성을 살펴보면 다음과 같다.

첫째, 여성 성장소설은 자아 정체성의 확립과 더불어 여성으로서의 성적 정체성을 정립하는 이중고를 보인다. 여성 성장소설의 주인공은 삶의 본질과 철학을 배움과 동시에 여성으로서의 역할과 의미를 배우고, 더불어 여성으로서의 삶의 한계를 인식하고 각성하는 데까지 이른다. 때문에 여성의 성장은 남성의 성장처럼 유년에서 성인에 이르는 시기가 아닌 성인기 이후인 인생의 뒤늦은 시기에 사랑과 결혼, 모성의 체험 등을 계기로 불충분하게 나타난다. 이는 남성 주인공의 성장이 주로 단계적이고 점진적으로 이루어지는 반면에 여성 주인공의 성장은 순간적이거나 집약적으로 이루어진다는 특성을 동시에 갖는다.10)

둘째, 남성 성장소설의 주인공들이 사회와의 조화나 이성, 전체성의 개념을 획득해가는 '발전'의 서사를 경험한다면, 여성 성장소설의 주인공들은 내면 심리로의 복귀나 혼돈, 반항에 만족해야 하는 '생존'의 서사를 경험하

---

9) 김미현, 「성장과 생존의 두 겹 쓰기」, 『문학과 의식』, 문학과의식사, 1995, 351면.
10) 김미현, 앞의 책, 378~390면.

게 된다는 것이다.[11] 자신을 발견해 가려고 하면 할수록 자신이 누구인지 모르게 되고, 자기 통제가 아닌 행운에 의해 좌우되는 것이 바로 여성의 성장이다. 또한 남성은 기존의 사회에 복귀할 수 있으나 여성은 그렇지 않기에, 여성 성장소설에서는 내적 자아와 외적 세계 사이의 불화에 대한 강조나 통합이 불가능함을 확인하는 것으로 끝나는 경우가 많다.

셋째, 여성 성장소설의 주인공은 남성 주인공에 비해 행동이나 공간적 이동의 제약을 많이 받는다. 이는 여성이 결혼이라는 제도로 인해 아직도 가족 단위 안에서만 존재할 수 있으므로 자유롭게 다른 세계로 나아갈 수 없는 것이다.

넷째, 성장소설의 남성 주인공은 대부분 결말에서 나름대로의 방법으로 사회에 편입되는 양상을 보이지만, 여성 주인공은 자신의 내면에서 추구하는 바가 현실과 다르다는 것을 깨달으면서 사회와 격리되어 내면에 침잠하게 되는 양상을 띤다. 대부분 전통적인 성장소설에서는 어린 시절부터 성인이 되는 이후의 과정을 연대기적으로 그리는 플롯을 갖지만, 여성 성장소설은 이미 성인이 된 여성이 자신의 존재를 깨닫는 순간부터 시작하여 죽음이나 파멸, 혹은 사회로부터의 이탈 등의 결론을 맺는다.[12] 이것은 성장소설이 사회의 변화과정에서 나타난 특정한 문학 양식이기에 사회 속에서의 성역할을 간과하지 않을 수 없었기 때문인 것으로 보인다.

다섯째, 인간에게 안락함과 행복함을 주는 피호성(被護性)의 공간인 집(가정)이 여성에게는 폐쇄적인 공간으로 받아들여지기 때문에 여성 성장소설에서는 집으로부터의 탈출이 중요한 주제가 된다. 이러한 집의 부정성에 대한 거부가 여성의 성장에 하나의 계기로 작용한다. 이는 여성이 독립된 존재가 되기 위해서는 억압적인 집으로부터 탈출을 해야 하기 때문이다. 억압적인

---

11) 남미영, 「한국 현대 성장소설 연구」, 숙명여자대학교 박사학위논문, 1991, 149~150면.
12) 송둘금, 「Jane Austen의 여성 성장 소설에 나타난 자아인식의 과정」, 계명대학교 석사학위논문, 1998, 43면.

집을 탈출하는 것은 진정한 자아를 찾기 위한 시발점이자 세계를 발견하기 위한 탐색의 행위라고 할 수 있으며, 집의 부정성을 인식한 후 이를 극복하기 위해 집을 떠나면서 세계로 입문한 여성들은 이후에 세계를 체험하게 되면서 자아정체성의 확립에 관심을 갖는다. 세계와의 접촉을 통해 성장의 계기를 만드는 것은 성장의 중간 단계나 전환 단계로 간주할 수 있는데, 이처럼 세계를 경험하면서 거치게 되는 통과의례는 침체된 일상의 삶으로부터 벗어나려는 욕구에 의해 획득되는 것이다. 여성소설에서는 사랑이나 결혼이 그 직접적인 계기가 되는 것이 특징이다.[13]

이러한 여성 성장소설의 특징은 오정희 소설에서도 잘 나타나고 있다. 유년기에는 어머니와의 관계를 통해 자신의 성적 정체성에 대한 고민의 흔적들이 일탈적 행위를 통해 드러나고, 결혼한 여성 주인공은 끊임없이 집을 뛰쳐나가려는 가출 욕망이 들끓고, 낙태를 경험하거나 아이를 낳지 못하는 불임의 육체를 가지고 있다. 오정희 소설에서 이러한 여성들의 삶이 펼쳐짐으로써 여성 성장소설의 특징을 잘 드러내고 있는 것이다.

3. 유년의 공간과 정신적 외상

3.1. 전쟁 체험과 가족의 와해 : 「유년의 뜰」, 「중국인 거리」

「유년의 뜰」은 전쟁이 유년기 주인공의 가치관 형성에 어떻게 관여하는지 잘 드러나고 있다. 피난지에서 극도의 궁핍으로 비정상적으로 성장해야만 했던 유년기 주인공의 내면의 기록으로 작가의 실제 체험과도 유사하다. 「유년의 뜰」의 가족들은 각자의 세계를 가지고 서로를 적대시하고 있으며,

---

13) 김미현, 『한국여성소설과 페미니즘』, 신구문화사, 1996, 281면.

이러한 적대감은 아버지의 부재로 말미암은 가부장적 질서의 공백에서 연유한다고 볼 수 있다.

삶의 지표이자 도덕성의 원천인 아버지의 부재는 가족에게 경제적 궁핍과 함께 윤리성의 상실을 불러온다. 아버지의 부재로 돈을 벌기 위해 술집 작부가 되어 수상한 밤 외출을 하는 어머니와 그런 부도덕한 어머니로 인해 언니에게 폭력을 행사하는 오빠, 오빠의 무서운 매질에도 아랑곳하지 않고 밤마다 저잣거리를 배회하는 언니, 아무렇지도 않게 동네 씨암탉을 잡아다 고아 먹는 할머니, 이러한 상황 속에서 비정상적인 식욕과 도벽을 보이는 '나'의 모습 등은 윤리성의 상실을 보여주고 있다.

아버지의 부재와 어머니의 비윤리적 탈선으로 인한 가족 해체의 위기 속에서 가족으로부터 소외된 유년을 보내는 주인공은 극도의 허기증에 시달리게 된다. 결핍에 대한 충족의 욕구는 떨어진 감을 주워 먹고, 부엌에 남아 있는 고구마를 몰라 훔쳐 먹는 등 엄청난 식욕으로 변형되고, '나'에게 가난이 지배하던 피난 시절에 오히려 기형적으로 살이 찌는 현상을 가져온다. 이러한 허기는 물질적인 빈곤은 물론 가족으로부터 보호받지 못한 '나'의 정신적·심리적 기아상태를 상징적으로 나타낸다.

가부장제의 성역할을 교육시키고 사회화시킬 아버지가 없는 상황에서, 어머니는 가족의 생계를 위해 집밖으로 불순한 외출을 하고, 오빠는 소년이지만 성인의 구실을 하는 불균형한 성장의 모습은 '나'의 눈에 가부장제의 허구성을 보여준다.

이러한 유년의 공간에서 '나'는 바람이 났다는 이유로 아버지인 외눈박이 목수에게 끌려와 머리를 깎이고 골방에 갇혀 있는 '부네'에게 동질감을 느끼게 되는데, '부네'의 이러한 상황은 가부장적인 폭력을 보여주는 또 다른 예이다. '노랑눈이'는 부네와의 동일시를 통해 자신이 속한 피폐한 현실로부터 탈출하고 싶은 욕망을 보여주고 있다. 결국 '나'의 성장은 '부네'의 죽음과 아버지의 귀가를 통해 드러나는데, 작품의 마지막 부분에서 아버지의 귀가가 이루어진다.

전쟁이 끝나고 그토록 기다리던 아버지가 술 취한 '거렁뱅이'와 같은 모습으로 돌아오게 되는데, 이로 인해 '나'는 폭력으로 상정되던 가부장적 사회에 다시 편입되게 된다. 이때 '나'가 똥통을 내려다보면서 구역질을 하는 행위는 가부장제에 대한 근원적인 반감과 거부를 나타내는 동시에, 현실을 인식하고 정체성을 확립하는 입문의 단계로 볼 수 있다. '나'는 '똥통'과 같은 현실 속에서 고구마나 사탕, 케이크와 같은 달콤한 것으로 결핍의 현실을 외면했던 지독한 허기증으로부터 벗어나 '무엇인가 빛 속에서 소리치며 일제히 끓어오르는' 자기 인식에 이르게 된 것이다.

아버지의 부재는 자아의 성장에 의한 세계와의 화해를 어렵게 하는 동시에 세속적인 화해에서 벗어난 진정한 성장을 소망하게 한다. 성장장애와 함께 진정한 성장의 소망을 드러내는 이 같은 아이러니는 여성 성장소설에서 더욱 특징적으로 드러난다. 남성 중심적인 사회에서 여성의 성장은 여러 가지로 방해받을 수밖에 없기 때문이다. 따라서 아버지의 부재가 나타나는 오정희의 소설은 서구의 교양소설이나 형성소설과 구분되는 한국 성장소설의 특수성을 잘 보여준다.

전쟁의 혼돈 속에서 보호받지 못하는 여자아이의 모습은 자폐의 세계에서 빠져나와 생의 열기로 가득 찬 「중국인 거리」로 이어진다. 「중국인 거리」는 「유년의 뜰」의 연장선상에서 이해할 수 있는데, 「유년의 뜰」의 시골집에서 '중국인 거리'로 옮겨 온 이들 가족에게 있어 가장 큰 변화는 전편에서 부재했던 아버지가 다시 가족의 중심에 자리하게 되면서 내부로만 향했던 가족 내의 갈등과 긴장이 완화되고, 아이의 관심은 바깥세상으로 향해진다.14) 더불어 「중국인 거리」의 '나'는 자신만의 공간에서 자신의 세계를 꿈꾸게 된 것이다. 집안에는 숨을 수 있는 벽장이나 골방이 있는데, '나'는 그 안에

---

14) 김해연, 「성장소설의 한 모습」, 『경남어문논집』, 1998. 1, 208면.

서 비밀스러운 물건을 살펴보거나 간직하고, 소설을 읽거나 몽상에 젖기도 한다. 다시 말해서 벽장과 골방은 그 집의 유기적 관계 속에서 자리 잡고 있는 것이 아니라 별개의 공간처럼 존재하고, 그 공간에서 친밀감을 갖는 '나'의 모습 역시 가족과 단절되어 있는 것이다.

'나'에게 있어 집은 다산성으로 가득한 환멸의 공간이고, 그러기에 더욱 자신을 숨기려 한다. 이러한 '집'에 대한 부정적인 의식은 집을 떠나고 싶은 탈출의지로 나타난다. 주인공이 '양갈보'가 되겠다고 다짐하는 것 또한 삶의 가치관이 무너지고 윤리 의식도 존재하지 않는 상황, 생존의 필요성이 본능적 의지로 작용했던 피난민의 상황에서 성장하는 아이들의 정신적 혼돈과 비애가 얼마나 컸는가를 여실히 보여주고 있다.

「중국인 거리」에서 아버지는 큰 비중을 차지하지 않는다. 아버지는 경제적 능력을 잃은 상태이고 어머니가 가장의 위치를 대신하고 있다. '나'의 전통적인 성역할에 대한 회의는 급기야 임신과 출산 등을 여성의 동물적 삶으로 보는 데까지 이른다.

고기집에서 "애라고 조금 주세요?"라고 말하고, 이발소에서 이발소 주인과 "죽을 때까지 이발쟁이나 해요."라고 소리치며 싸우며, 양갈보 매기언니의 방을 동경해 날마다 기웃거리던 주인공은 초조(初潮)로 인해 '여성의 세계'에 입문하게 된다. 그러나 생명의 한 징후이며 여성으로서의 성적 정체성의 확인이라 할 수 있는 초조의 징후를 대하는 '나'의 태도는 절망감과 막막함이다. 이는 사춘기 인물의 의식이 성인적 삶의 전제와 가치, 즉 가부장제로의 입사를 온전히 받아들일 수 없다는 점을 드러낸다고 볼 수 있다. 또한 동시에 사회가 요구하는 관습적인 여성의 삶을 거부한다는 것은 불가항력적인 것이라는 여성으로서의 성적 정체성을 획득하는 대목이기도 하다. 결국 '나'는 하층민들의 거주지인 중국인 거리에서 주변인으로서의 혼돈과 환멸을 체험하면서 자아의 성찰을 통한 성숙에 이르게 된 것이다.

이처럼 「유년의 뜰」과 「중국인 거리」는 전쟁으로 인해 어린 주인공들이 겪게 된 불가해한 혼돈과 충족되지 않은 상실감의 유년기를 경험하면서 영혼에 깊은 상처를 입으며 삶과 자신에 대한 최초의 자각과 인식을 하기에 이른다. 결국 유년 시절의 기억이 원초적 체험으로 강렬하게 작용하여 삶전체의 성격을 결정짓는 모티프 역할을 하고 있는 것이다. 또한 오정희가 그려내고 있는 성장소설은 남성 성장소설의 과정처럼 결코 사회와의 조화를 이루는 것이 아니라 상처를 받으며 살아남기 위해서는 불가피하게 남성적 사회질서에 편입될 수밖에 없다는 처절한 각성인 것이다.

3.2. 소외의 공간과 죄의식 :「완구점 여인」

「완구점 여인」은 세상으로부터 버림받은 혹은 버림받았다고 느끼는 한 여자아이의 상실감과 방황을 형상화하고 있다. 어머니가 된 가정부의 냉혹함과 아버지의 무관심, 그리고 동생의 죽음으로 '나'는 세상에 대한 적의와 거부를 보이기 시작한다. 가령 도벽이 생긴다든지, 청결한 것에 위축감을 느껴 침을 뱉는다든지, 화장실에 상스러운 말로 오래도록 낙서를 하는 등의 일탈적인 행동으로 분출한다.

작품에서의 근원적인 상처는 가족이라는 기본적인 울타리가 일상적인 울타리로서의 기능을 해주지 못하고, 오히려 무관심과 소외라는 상처를 주고 있다. 주인공의 일탈과 방황의 이면에는 동생의 죽음과 소외받는 자아가 있다. '나'의 일탈과 방황의 원인은 동생의 죽음이 발생한 상실의 공간인 집에서 비롯된다. 이와 더불어 오랫동안 지속되어온 죄책감과 소외감이 '나'를 자기 안에 가두게 만들었고, 여기서 비롯된 강박증으로 인해 '나'는 산만하고 흐트러지고 더럽혀진 것에 안정감을 느끼고 정결하고 깨끗한 것에 대해 반감을 느낀다. '나'의 상처의 원인은 죽은 동생, 어머니가 된 가정부의 냉혹함, 아버지의 무관심 그리고 당시 세계 자체[15)]에 있다.

이러한 소외의 공간에서 '나'는 누군가와 소통하기를 간절히 바란다. 동생이 사고로 죽고 난 후, 계속된 죄책감과 치유되지 못한 상실감은 휠체어를 탄 완구점 여인과 오뚝이를 통해 위안을 받는다.

그녀는 결국 동생의 죽음을 기억하게 하는 빨간 오뚝이를 없애버릴 것을 결심한다. 그러나 이러한 다짐은 설사 오뚝이를 없앤다 하더라도 벗어날 수 없는 기억일 것이므로 다리는 맥없이 후들거리고 하늘에는 별이 없고 가슴은 건조해져 있는 것이다. 여전히 세상은 냉정하고 무관심할 것이고, 그녀는 여전히 위안을 받을 존재를 그릴 것이며, 끊임없이 소통을 갈망하면서도 소외된 세계를 살아갈 것이다. 오정희 소설의 오랜 주제이기도 한 어린 시절 세계의 폭력적인 부분들, 즉 성인들의 횡포, 무관심, 냉정함, 공포감, 죽음에 대한 두려움, 불안감의 증오 등이 「완구점 여인」에서부터 여실히 드러나고 있다.

3.3. 단절에 의한 왜곡된 성장 : 「새」

『새』는 어린 성장의 주인공, 우미와 우일의 이야기이다. 이 남매에게는 정착할 안주의 공간이 없다. 세상에 혼자 남은 아이들은 결코 호의적이지 않은 낯선 세상의 서늘함에 그대로 노출되어 피곤하고, 때로 쓸쓸해하며, 자주 영악해진다.

아이들은 어른들에 의해 소외되고 상처받으며 자신들의 존재에 부정적 인식을 갖게 된다. 우미와 우일은 각박한 현실 속에서도 본능적인 삶에의 욕망으로 세상에 존재한다. 가난하고 버려진 우미와 우일은 타인에게 항상 잉여의 존재일 수밖에 없는 것이다. 아이들에게 '집'은 버려지는 공간이며, 이들은 보이지 않는 곳으로 숨어들어간다. 큰어머니는 아이들을 두 마리의 쥐라고 생각하고, 아이들은 쥐처럼 다락으로 숨어들어간다. 자신들 역시 "버려지고 잊혀진" 것들에 속하는 것처럼 다락 안에서 안전함을 느낀다. 이

---

15) 김정진, 「세계인식으로서의 기억과 기록」, 『문학과 창작』, 1999. 8, 206면.

렇게 세상과 단절된 공간은 정상적인 성장을 왜곡시키고 냉소적인 인성과 위악적인 성격을 형성시킨다. 그들은 오로지 동물적인 본능만이 그들의 삶을 이끌어가며, 이 본능적인 삶에의 욕망은 우미로 하여금 '소리를 죽이'거나 세상 사람들을 아무도 믿지 않는 '불신'과 '부정', '감정의 배제'를 내면화시키고 있다. 자신들에게 결코 호의적이지 않은 세상에서 아이들은 자신들을 지키는 방편으로 소리 내지 않고 사는 법을 점차 익혀간다.

그들은 그들에게 호의적이지 않은 세상을 너무 일찍 알아버렸기에 오히려 세상에 냉담한 체 하며 위악적 행동으로 가장한다. 이것은 세상으로부터 상처받지 않으려는 그들의 자기 방어적 태도이다. 또한 우미는 심리적인 통제를 통해 자신을 사물화 시키는 방법으로 고통을 이겨나간다. 우미는 선생님이 곰순이 인형의 배를 갈라보았다는 것을 알고 문책을 하자 두려움을 떨쳐내려고 "나는 책상이다. 나는 의자다. 창밖의 나무다. 아무것도 아니다."라고 하며 자기암시의 최면을 건다. 자신을 무생물과 동일시함으로써 자신의 감정을 무화시키고 상대의 어떠한 위협에도 동요되거나 반응하지 않는 상태를 유지하는 방법을 터득한 것이다.

유년을 뒤로하고 성년을 살아가야 하는 아이들의 위악성과 위태로운 삶은 아이들에 대한 연민과 함께 그것을 넘어서는 삶의 스산함과 공포를 느끼게 한다. 곰순이 인형의 해부는 세계의 가식성에 대한 거부이다. 이런 위악적이며 어린 아이답지 않은 냉담함 속에는 세상과의 단절 속에서 상처받는 연약한 존재가 숨어 있다. 우미는 끊임없이 손을 내밀던 상담어머니에게서 어렵게 마음을 연 순간에 느낀 순간 또 한 번 버림받게 되는데, 곰순이의 뱃속처럼 자신에 대한 호의가 허위로 가득한 것임을 깨닫게 된 것이다.

자신들을 밖으로부터 보호해줄 아버지도 없고 안에서 돌봐줄 어머니도 가지지 못한 채, 고아처럼 불행해지고 유기되어 혼자 자라야 하는 아이들은 떠나버린 어머니와 아버지를 늘 기다린다. 그 기다림이 그려내는, 먼 기억일 수도 있고 상상일 수도 있는 장면들은 확실한 것이 하나도 없다. 어머니에 대한 기다림은 그들의 채워지지 않는 결여로 확대되고 그 기다림에는 희망이 없기에 우미의 꿈은 언제나 불확실하다.

우일은 '토토'에게 자신의 꿈을 실어 날아오르려 하지만 결국 '추락'이라는 영원히 날 수 없는 '죽음'의 세계로 들어간다. 그러나 우미는 진정한 존재의 이유였던 우일의 죽음을 받아들이지 못한다. 우일의 죽음은 우미 말고는 아무도 그 사실을 모른다. 우미는 존재 가치를 느끼지 못하는 단절된 세상에서 우일을 놓아주기로 한다. 어머니의 목소리를 듣고 가장 따뜻했던 유년의 어머니와의 기억을 떠올리는 우미의 모습은 자아정체성의 회복과 세계로의 복귀로 해석될 수도 있으나, 줄곧 버려지고 유기되어 불행한 삶을 살아온 우미가 우일을 잃고 세상과 화해하기는 힘들어 보인다. 결국 우미의 성장은 실패하고 만다.

이처럼 오정희의 『새』는 황폐한 세상 속에 무방비 상태로 버려진 아이들을 통해, 세계에 대한 환멸로 인해 정상적으로 성장하지 못한 아이들의 절망과 병리적인 증후를 보여주고 있다. 세상에 소외되고 단절되어 공간을 상실한 아이들은 위악적인 영리함과 일탈의 행위를 통해서 세상 속에 살아남고 싶어 하지만, 성장을 계속되지 못하고 결국 '세계'라는 공간에 편입되기에 실패하고 만다.

4. 세계에 대한 거부와 일탈

4.1. 불임, 불모의 육체 : 「불의 강」, 「안개의 둑」, 「직녀」

「불의 강」은 이태 전에 죽은 아이가 생각날 때면 가슴에 통증을 느끼는 여성이 주인공이다. 아이는 돌이 지나고 얼마 안 되어 심한 탈수증으로 죽은 것이다. 남편은 매일 일감이 밀렸다는 핑계로 '밤의 출분(出奔)'을 감행하지만, '나'는 그의 외출을 막지도, 함께 가자고도 못한다. 그렇게 남편과 '나'의 위태로운 삶에 대한 불안은 창밖에 우뚝 선 발전소를 통해 증폭된다. 부부 사이의 균열과 모성 결핍을 경험한 '나'에게 발전소는 또다시 삶에 위해를 가할 위협적인 존재이자 두려움의 대상이다. 아이를 잃은 '나'와 그는 일상에서 억압된 무엇인가를 서로 다른 방식으로 해소하고자 한다. 아이를 잃은 주인공에게 나타나는 모성은 거부와 일탈로 훼손되고 일그러진 모성인 것이다.

아이의 죽음을 경험한 모성은 또다시 아이가 태어난다 해도 병약한 신체를 타고 날 것이며, 곱사등이나 척추가 퇴화한 연체동물이 되어버릴 것이라는 비관적인 인식을 지닌다. 이는 더 이상 희망이 없다는 것을 의미한다. 주인공이 체험한 아이의 죽음은 일상적인 부부의 삶의 흐름을 차단하는 계기가 된다. 이는 여성의 입장에서 봤을 때 자신 안에서 생성과 변화의 의지가 사라졌음을 의미하며, 내적 의미의 일탈이라 할 수 있다. 즉 여성인 주인공이 자신의 몸을 통해 일상에 대한 거부의 태도를 취함으로써 일상이 가지는 범속한 흐름에 대한 반대의 입장을 드러내고 있는 것이다.

「안개의 둑」에서 '나'의 아내는 몇 번의 낙태 끝에 아이를 가질 수 없는 여인이 된다. 다시는 모성을 회복할 수 없는, 결코 생명력으로 충만할 수 없는 여인이다. 「안개의 둑」에서 주인공이 아내와 결혼한 것은 사랑보다도 아내가 아이를 가졌기 때문이었다. 그러나 아내는 셋방살이를 하는 처지에 아이를 가질 수 없다하여 혼전에 가진 아이를 지운다. 그렇게 해서 아내는 '조그만 집을 마련'하고자 하는 소시민적 꿈을 위해 세 번의 유산을 한다.

마당이 있는 집을 마련해서 아이를 자유롭게 키우고 부모로서 관대할 것을 다짐하면서도 그들의 일상은 일을 하고 돈을 버는 것으로 채워져 있다. 유산을 반복하면서 부부 사이도 잘디잔 모래처럼 부서져버렸다. 이와 같은 죽음이나 낙태의 모티프들은 오정희 소설에서 권태로운 일상을 살아가는 소시민의 삶에 대한 부정적 이미지로 형상화된다. ‘나’는 여행을 가서도 아내를 여관방에 두고 거리로 나와 혼자 배회한다. 이들의 일상은 불모의 삶과 다름없다. 그래서 ‘나’는 여관방 침대에 누워, 죽은 어머니와 동생을 생각하게 된다. 아내 또한 여행을 떠나며 평소와 다른 들뜬 모습을 보이지만, 도착한 여관방은 더럽고 초라한 공간이다. 남편의 부부관계는 언젠가부터 아내의 욕구를 만족시켜주지 못하고 있다. 이들은 안개에 침윤되듯 일상에 함몰되어 불모의 삶을 이어가고 있는 것이다.

「직녀」에서는 불임으로 남편에게서 버림받은 한 여성이 남편으로부터 소외되고 기다리는 과정을 형상화하고 있다. 주인공 ‘나’는 나로 하여금 생명을 잉태하게 할 ‘당신’을 애타게 기다리지만, 끈질긴 기다림에도 불구하고 석질의 자궁을 가진 여성으로서 버림받은 존재이다. 그래서 그녀는 생명을 탄생시킬 수 없고, 모성을 경험할 수도 없다.

‘나’는 당신이 돌아올 시간에 맞추어 몸단장을 하고 창가에 서서 찻길을 살피지만 당신의 모습은 보이지 않는다. 다만 ‘나’의 회상 속의 당신은 찻길을 건너오는 남자들에게 투영되고 있다. 이렇듯 ‘나’의 회임에 대한 욕구는 당신과의 결합을 강하게 원하고 있다. 하지만 흰 당목 치마저고리가 ‘어둠으로 검푸르게 변색되’듯, ‘별은 떴어도 바람은 *끈끈한 습기를 배고 있*’듯 당신과 ‘나’의 만남은 이미 변질되었고, 눅눅한 우기(雨氣)에는 슬픔이 함축되어 있다. 여기서 여성의 상징인 치마저고리의 변색은 ‘나’의 모성적 조건이 상실되었음을 나타낸다. 결국 당신과 ‘나’의 거리는 한없이 넓기만 하고, ‘나’는 강박적으로 배를 쓸어보지만 언제나 나의 배는 밋밋할 뿐 아기를 가질 수 없다.

당신 방에서 들려오는 ‘닭의 깃 치는 소리, 그리고 잇새로 깨무는 안쓰러운 신음소리’가 성적 결합을 환기시켜, ‘나’는 아랫배를 쓸면서 회임의 결의를 다진다. 이러한 ‘나’의 심정은 발정한 개의 울부짖는 소리와 동일시할 만큼 처절하고 절박하다. 이는 가부장제에서 여성에게 부과되어 있는 출산의 책무에 시달리는 불임 여성의 자의식을 청각적 감각을 통해 보여주고 있다. 석질의 자궁을 가진 주인공이 임신에 대한 욕구가 절실하다는 것은 매우 모순적이다. 주인공이 '당신'과의 만남을 통해 생명을 잉태하는 꿈을 꾸는 것은 곧 죽음 같은 일상에서 생명의 기운을 확인하고자 하는 강렬한 욕구인 것이다.

이처럼 오정희 인물들에게는 생명을 만들어낼 '당신'과의 만남이 없다. 때문에 오정희 인물들은 대개가 불임증 환자들이다. 오정희 소설에서 나타나는 성관계의 삐걱거림, 일그러짐은 자궁의 기능, 혹은 모성의 기능이 훼손되었다는 사실에서 출발한다. 생명을 잉태할 수 없거나 혹은 그것을 거부하는 것으로서의 자궁은 생명력이 부재한 죽음 같은 현실을 상징한다.

4.2. 태아 살해의 욕망 : 「번제」, 「봄날」

태아 살해의 모티프가 나타나는 작품으로는 「번제」와 「봄날」을 들 수 있다. 먼저, 「번제」에서 태아 살해는 번제를 상징한다. 아브라함이 하느님에 대한 믿음과 순종으로 아들 이삭을 제물로 바치려 했던 것처럼, 주인공 '나'는 어머니와의 합일을 바라며 태아를 제물로 바친다. 이러한 '나'의 어머니와의 합일 욕망은 광기의 근원으로 작용한다. 어머니가 타계했을 때 '절대적인 친화력'과 함께 "한 개의 알로 환원되어 그녀의 자궁에 부착된 듯 편안한 느낌"을 갖게 되면서 어머니의 곁을 "다시는 떠나지 말자"고 다짐하게 되는 장면은, 그 출발점을 보여준다. 이는 유아기로의 퇴행심리이자 일종의 죽음충동16)이다. '나'는 최초의 잉태의 기미가 오자 "다시 한번 어머니에게서 완벽하게 떨어져나온 격렬한 충격"을 맛보면서 태아 살해의 욕망에 휩싸인다. 결국 '나'는 어머니와의 합일을 추구하며 태아를 번제의 제

---

16) 이정희, 「오정희·박완서 소설의 근대성과 젠더(Gender)의식 비교 연구」, 경희대학교 박사학위논문, 2001, 57면.

물로 바치게 된다.

"진통하듯 일정한 간격으로 몸을 뒤틀고 흰거품을 토해" 내는 바다라는 묘사에서 확인되듯이, 바다는 생산하는 어머니를 상징한다. '나'는 "내 눈앞에는 늘 번득이는 바다가 있어 나는 밤마다 배태되는 아이들을 차례로 살해했던 것이다."라고 하며, 바다에 태아를 제물로 바친다. 바다는 어린 아이들과 '농밀한 시간 속을 자꾸자꾸 걸어갈 때면' 앞을 가로막으며, 태아를 제물로 바칠 것을 요구한다. 그러나 이러한 제물에도 불구하고, 바다는 '나'와의 합일을 허용하지 않는다. 결국 주인공은 "우리는 이미 신의 자식이 아니다."라는 깨달음으로 어머니와의 결별을 시도한다. 그러나 이미 태아 살해의 죄의식으로 인해 어머니와의 결별 또한 온전하게 이루어지지 못한다.

어머니와의 합일과 결별에 실패한 '나'는 태아를 제물로 바친 것에 죄의식을 느껴 정신병원에 갇히게 되는데, 여기서 가부장제의 권위를 상징하는 남자 의사는 '나의 사고'를 '순응'시키고 '지배'한다. '나'의 욕망은 물론 죄의식으로 인한 광기까지도 가부장제의 상징인 의사에 의해 낱낱이 파헤쳐진다.

「봄날」에서의 '나'도 낙태 후 잠재성 간질에 시달리며 살아간다. '나'는 "떠나간 불성실한 사내의 아이를 다섯 달째나 뱃속에 기르면서 그만 몸속의 피가 다 말라버린 듯 허허"해져서 죽을 각오까지 했지만, "흑판에 가득 씌어진 글씨를 지우개로 쓰윽 지우" 듯, "더러운 종양을 제거하"듯 용감하게 태아를 지운다. 그러나 여러 해가 지난 지금도 아이의 망령에 시달리고 있다.

태아살해라는 강박증은 '나'에게 콜라를 마셔대는 중독 증상으로 나타난다. 콜라의 중독증은 "잠재성 간질"처럼 여자에게 시시때때로 기억되는 낙태의 경험으로부터 벗어나지 못하는 '나'의 죄의식과 거기에서 파생되는 불안정한 심리상태를 말하고 있다. 태아 살해의 모티프는 만물이 생성하는 봄날, 죽은 아기와 그 기억 속에 죽은 듯 살아가는 모성의 대비를 통해 여일한 현실에 대한 자각을 요구하는 작가의식인 셈이다.

이처럼 오정희 작품 속 여인들이 생산성의 상징인 태아를 살해하는 이유는, 태아를 가부장제에 의해 부정적으로 제도화된 모성의 결정체로 인식하기 때문이다. 「번제」에서 태아는 어머니와 나의 연속성을 끊어버리는 대상이고, 「봄날」에서는 불성실한 사내의 분신이다. 그러므로 태아살해의 욕망은 모녀관계를 갈라놓는 가부장제의 음모에 대한 저항의지로, 나아가 가부장제가 강요하는 어머니 되기의 억압성에 대한 무의식적인 거부의지로 해석[17]될 수 있다. 즉, 태아살해의 욕망은 억압적인 성 역할을 거부하고자 하는 적극적이고도 파괴적인 의지의 표명이라고 할 수 있다.

5. 정체성 탐색의 노력

5.1. 가출을 통한 자아 탐색 : 「바람의 넋」

「바람의 넋」은 결혼을 해서 아이까지 둔 여주인공의 탐색을 통해 여성에게 있어서 진정한 성장이 무엇인지를 문제 삼고 있다. 표면적으로 그녀의 가출은 일상에 대한 권태로부터 시작된다. 그녀의 가출은 일상에 대한 권태가 아니라 자신이 누구인가 하는 절실한 고민에서 시작된다. 성장 과정에서 사촌으로부터 자신이 데려온 아이라는 말을 들은 이후 그녀는 줄곧 자신이 사는 곳이 자신의 본원적인 집이 아니라는 사실을 강박적으로 상기하면서, 자신의 근원에 대해 끝없이 질문을 하게 된다. 「바람의 넋」을 여성 성장소설로 볼 수 있는 구체적인 근거는, 이 소설이 자신의 출생에 대한 비밀을 알아가는 이야기의 수준에서 그치는 것이 아니라, 자아 탐색의 절박성이 결

---

17) 이정희, 「오정희·박완서 소설의 근대성과 젠더(Gender)의식 비교 연구」, 경희대학교 박사학위논문, 2001, 61면.

혼과 더불어, 즉 가부장제 속에서 여성의 위치에 대한 인식으로부터 비롯된다는 점이다.

소설 전반부에서 드러나듯이 은수의 남편인 세중은 가부장제를 대표하는 전형적인 인물로 나타난다. 그는 아내와 어머니라는 역할이 여성 정체성의 모든 것이며, 여성이 있어야 할 자리는 바로 집이라고 생각한다. 또한 아내의 가출벽을 이해하려 하기보다는 자신의 말을 무시한다는 생각을 하기도 한다. 이러한 생각은 스스로에게 분노를 일으키며, 아내와 소통할 수 있는 대화의 가능성마저 닫아버리고 만다.

은수가 결혼을 하고 아이를 낳을 만큼 세월이 흘렀지만 심리적인 외상으로 자리 잡은 무의식의 기억은 의식의 표면으로 올라와 그녀의 삶을 뒤흔들고 교란시킨다. 은수의 무의식 속에 떠오르는 환영은 "검정 고무신 두 짝"으로 상징되는데, 이러한 이미지를 자신의 존재에 대한 정체성과 연관시킴으로써 가출이 촉발된다.

은수는 현재 어머니로부터 자신의 태생에 대한 고백을 듣지만 "햇빛이 하얗게 바랜 너른 마당과 함부로 나뒹굴어 있던 두 짝의 검정고무신"에 대한 의문은 해명되지 않는다. 은수의 가출이 잦아질수록 남편과의 결혼생활은 위기를 맞는다. 은수는 자신의 존재의 근원을 해명하기 위해 무의식이 이끄는 대로 자신을 방기한다. 그 결과 그녀는 세 명의 사내로부터 윤간을 당하게 된다. 은수가 윤간을 당하는 도중에 스스로 타자가 되어 자신의 죽는 모습을 바라보는 대목은, 의사(疑似)죽음의 경험을 의미한다. 결국 지금까지 안개에 싸인 자신의 존재에 대한 의문을 세 명의 사내들의 은유로 상정된 제의적 절차를 통과함으로써 유년의 심리적 상처의 근원이었던 기억을 만날 수 있게 된 것이다. 그녀가 세 명의 사내들에게 윤간을 당하는 상황에서도 "감은 눈에도 햇살은 눈부시고 벼랑의 진달래는 선연히 붉"게 인식할 수 있었던 것은 자신을 제 삼자의 입장으로 바라본 것이다. 즉 의사죽음의 과정을 통과한 옛 자신의 모습을 바라볼 수 있었고, 자연스럽게 "두 짝 고

무신”의 기억이 떠오르게 된 것이다.

은수는 아들 승일이를 데리고 최초의 기억 이전의 일과 만날 것 같은 기대와 안타까움으로 기억을 더듬어 자신이 자란 M시로 또다시 가출을 한다. 그 가출은 이전에 바람만 불면 무작정 나섰던 가출이 아니라 자신의 의지에 의한 기억 속의 집을 찾아 떠난 여행인 것이다. 그러나 결국 그 일로 남편과 결별에 도달하게 된다. 아들에 대한 그리움과 모성애로 시작된 여행이 아이러니하게도 가부장제가 덧씌운 모성적 정체성을 위반했다는 결과를 가져온다. 은수는 가출을 통하여 검정고무신과 관련된 유년기에 대한 단서는 제공받지 못하지만, 돌아온 은수는 비로소 어머니로부터 혹은 제 3의 목소리—은수의 무의식이 완강히 거부하던—로부터 ‘그날’의 참상을 듣게 된다.18) 은수에게는 가정주부로서의 삶의 무의미성으로부터의 탈출 이면에 자신의 존재에 대한 뿌리를 찾고자 하는 본능적인 욕망이 자리 잡고 있었던 것이다. 가출로 인하여 은수는 남편과의 결별과 낯선 남자들의 윤간 등의 고통을 겪었지만 결국 유년기의 자아를 찾게 된다. 비로소 가출의 이유를 알게 된 은수는 어둠에 묻힌 골목에서 어머니의 집으로 가고 있는 자신의 환영을 보며 자아를 찾은 자신의 떠도는 넋이 돌아오기를 희망하며 위로한다. 자신의 자아를 찾기 위해 행해졌던 가출은 무의미한 일상의 삶에서의 도피가 아니라 자신의 존재 확인을 통해 삶에 충실하고 세계와 대결하려는 몸부림이었던 것이다.19)

---

18) 프로이트는 ‘외상’을 “짧은 시간 안에 심리적 삶에 엄청난 자극의 증가를 가져와서 정상적인 방법으로 그것의 정리나 해결의 실패로 돌아가는 체험”이라고 설명한다(장 라 플라슈 외, 임진수 역, 「정신 분석학 사전」, 열린책들, 2005, 205면).

19) 자신의 정체성을 확인하기 위한 은수의 열망과 고통을 작가는 다음과 같이 묘사한다. “선창 동네에 살던 아이를 기억하세요. 한 작은 여자 아이를 기억하세요. (…중략…) 그 집은 어디쯤일까요. 간단없이 내 등을 밀고 덜미를 쥐어 휘두르는 것은 무엇일까요. 어떤 무서운 그리움이 있어 나를 바람처럼 펄럭이며 떠돌게 하는가요. (…중략…) 머리칼 날리고 귓가에 웅웅대며 끊임없이 부는 바람은 살아온 흔적까지 몰아가 무로 만들어 버려요. 나는 이제 그림자조차 거느리지 못하는 허깨비 같아요. 뒤를 돌아보아도 살아온 흔적은 아무것도 보이지 않아요. 바람의 동심원에 갇혀 떠돌 뿐이에요. 바람의 눈은 어디에 단단히 숨어 있는 걸까요.”(「바람의 넋」, 265면)

「바람의 넋」은 여성의 성장은 생물학적인 성장뿐만 아니라 정신적인 성장도 함께 병행되어야만 진정한 성장으로 볼 수 있다는 것을 말해준다. 여성의 정신적인 성장은 생물학적인 성장과는 별개이며, 가부장제에 편입되어 있다고 해서 정신적인 정체성이 확립되어 있음을 의미하지는 않는다는 것이다. K. K. 루크벤이 말한 것처럼, 여성 성장담은 '나선형'의 서사구조를 취한다. 결혼 후에도 여전히 정체성에 대한 회의를 드러내는 것은 여성의 성장이 일회적으로 이루어지는 것이 아니라, 반복적으로 시도되며 잠정적인 입사와 성장의 유보가 되풀이될 가능성을 배제할 수 없다는 것이다.[20] 은수의 반복되는 가출 또한 여성의 성장이 나선형의 구조라는 것을 의미한다. 여성의 성장은 유보의 형태로 존재하며, 이는 성인이 된 후에도 다시 정체성의 위기에 처할 수 있다는 것을 시사한다.

5.2. 가부장제에서의 성 정체성 확립 :「저녁의 게임」

여성은 남성과 달리 성 정체성이란 문제를 통과하지 않고는 여성으로서 성장하기 어렵다는 것은 잘 알려진 사실이다. 여기서 성 정체성은 생물학적인 문제를 넘어 사회적인 의미를 획득하는 젠더[21]로서의 성 정체성을 포함한다.

「저녁의 게임」은 가부장제 하에서 자신의 여성으로서의 젠더의 의미를 자각한 여주인공이 아버지로 대표되는 가부장제 이념과 맞서는 힘겨운 게임을 그리고 있는 작품이다. 주인공은 삼십대의 미혼여성으로 결혼에는 별

---

20) 박춘희, 「오정희 소설 연구 : 여성의 성장과 반성장 양상을 중심으로」, 한경대학교 석사학위 논문, 2009, 77~78면.

21) 선천적인 성은 개인이 태어날 때 천부적으로 가지고 나온 귀속적인 지위의 성질이다. 그러나 후천적인 성은 태어난 이후에 개인의 정신·역동적 심리라든가 사회·문화적 환경 요인에 의하여 획득되는 성취적 지위의 성질이다. 선천적 성(sex)이란 생물학적 남자, 여자임을 말하지만, 후천적 성(gender)은 사회적 남자다움, 여자다움을 말하는 것이다(임금복, 『현대여성소설의 페미니즘 정신사』, 새미, 2000, 96면).

관심이 없다. 그녀의 어머니는 정신병원에 감금되어 있다가 죽은 지 오래되었고 오빠는 집을 나가 버렸다. 이러한 상황에서 그녀는 당뇨로 투병중인 아버지와 함께 살아가고 있다.

그녀의 아버지는 항상 딸에게 명령하고 요구하며 질책하는 독선적 인물이다. 그는 작고 연약한 어머니에게 다산의 욕심을 부렸고, 기형아를 낳고 힘들어하는 어머니를 버려두고 외도를 일삼았으며, 급기야 정신착란으로 갓난아이를 죽인 어머니를 청신병원에 보내버려 쓸쓸히 죽게 만든다. 아버지는 어머니의 죽음 이후에도 어머니에 대해 험담하고 자신의 행위를 합리화한다. 그녀는 이런 아버지와 습관적으로 화투놀이를 하며, 매일을 견뎌내듯 살아간다. 이 작품에서 '저녁의 게임'이란 표면적으로는 작품 내에게 이루어지는 그녀와 아버지 사이의 화투놀이를 의미하지만, 화투놀이는 그녀에게나 아버지에게 있어서 진정한 게임이 되지 못한다. 그럼에도 불구하고 이러한 게임을 계속하는 것은, 화투놀이가 두 사람만의 권태로운 시간을 견뎌낼 수 있는 유일한 방법이기 때문이다.

이런 의례적인 게임이 아버지에게는 무료한 삶을 견디는 하나의 방법에 불과한 반면에, 주인공에게는 아버지로 대표되는 가부장제의 이데올로기에 대해 문제를 제기하는 계기가 된다. 그녀는 화투놀이를 하는 내내 무뇌아를 낳고 미쳐서 기도원 치료를 받다가 급기야는 정신병원에서 죽어버린 어머니의 삶과 그에 대한 아버지의 태도를 끊임없이 떠올린다. '나'는 '내적 대화'를 통해 가부장적이고 위선적인 아버지에게 어머니의 죽음과 오빠의 가출에 대한 책임을 묻는다. 주인공이 아버지와 화투를 치면서 어머니의 삶을 떠올리고 아버지와의 의견 대립을 자꾸 회상하는 것은, 비록 그것이 과거의 사건이지만, 그녀에게 있어서는 여전히 해결되지 않은 채 남아있는 사건으로 그녀에게 큰 영향을 미치고 있기 때문이다. 즉, 그녀는 자신도 여성으로서 어머니와 비슷한 삶을 살다가 가부장제적 사고에 의해 미친 여자로 치부될지도 모른다는 생각에서이다. 어머니와 자신의 공통된 운명에 대한 그녀의 생각은 그녀의 젠더 정체성으로 굳어졌을 것이다. 그렇기 때문에 그녀는 의도적으로 아버지의 질문에 대해 거짓으로 답하거나 어머니의 운명에 대한 아버지의 의견을 비판하고, 끝내는 아버지를 속이고 외출을 감행한다.

「저녁의 게임」은 이러한 과정을 통해 가부장제 하에서 여성이라는 젠더에 부과된 이데올로기의 폭력성에 대해 문제를 제기하고 있다. 즉, '저녁의 게임'은 아버지와 딸 사이에서 벌어지는 끊임없는 신경전을 의미하며, 아버지로 대표되는 가부장제와 딸로 대표되는 여성적 '섹슈얼리티'의 갈등22)을 환기하고 있다. 주인공이 익명의 사내를 만나 성 관계를 맺는 것은 그녀가 여성으로서의 자신의 섹슈얼리티를 적극적으로 표현하는 것을 의미한다. 주인공은 나이에 어울리지 않는다는 것을 알면서도 리본과 꽃을 좋아하며, 사나이에게 성 관계에 대한 대가를 요구하여 사내를 놀라게 한다. 이는 스스로를 창부로 규정하려 한다는 것을 보여주는데, 여기서 미친 여자나 창부는 전통적인 가부장제가 정상적인 여성과 대비되는 것으로 간주하는 여성의 젠더 정체성이다. 그러므로 주인공이 사내에게 돈을 요구하는 행위는 아버지로 대표되는 가부장제에 대한 반감의 표현인 것이다. 그녀는 자신의 어머니를 정신 이상으로 몰고 간 가부장제 이데올로기에 저항하기 위해 스스로가 가부장제의 시각에서 정상으로 규정하는 여성의 삶을 거부하고, 창부라고 자처하여 가부장제에 대한 반감을 드러내고 있다.

이처럼 「저녁의 게임」의 주인공은 가부장제에서 요구하는 여성의 운명을 거부하고 자발적으로 창부의 길을 택한다. 그녀는 집에 돌아와 사내와의 성 관계에서 미진했던 자신의 욕망을 이어가기라도 하듯 자위행위에 몰두하기 직전, 미쳐 죽은 어머니의 삶을 다시 떠올린다. 이는 어머니와의 정신적 연대를 통해 나름대로 아버지의 질서에 맞서고자 하는 행위이며, 가부장적인 사회 질서의 규범으로부터 스스로를 구원해내려는 행위이기도 하다.

---

22) 김경수, 「가부장제와 여성의 섹슈얼리티—오정희의 <저녁의 게임>론」, 『현대소설연구』 제 22호, 2004. 6, 78면.

5.3. 여성적 정체성의 탐색 : 「옛 우물」

「옛 우물」은 어머니와 딸의 관계를 통해 자기 정체성을 형성하고 발견하는 여성 인물의 이야기이다. '나'는 마흔 다섯 번째 생일을 맞아 어릴 적 회상을 통해 존재와 죽음에 대해 돌아본다. 아이가 많은 집에서 태어난 '나'는 어머니의 해산 과정을 신성한 의식을 치루 듯 주관하는 할머니를 통해 탄생을 풍요롭고 신비로운 생산의 이미지로 여기며 자란다. 이러한 탄생이 주는 신성한 이미지는 오정희의 초기 작품에서 어머니의 출산, 잉태가 탄생보다는 죽음의 양상을 강하게 띠고 있었던 점에 비하면 작가의식이 변모하고 있음을 알 수 있다. 초기 작품에서의 여성 인물들은 가부장적 질서가 부여한 생물학적 모성, 제도적인 모성을 거부했으나, 「옛 우물」부터는 여성의 입장에서 재발견한 모성, 경험으로서의 모성을 지향하는 양상으로 작가의식이 변모하고 있다. 작품에서의 '우물'은 여성의 자궁을 의미하고, 전작에서 동물적인 것이라 했던 어머니의 출산을 비교적 따스한 시선으로 보고 있다. 하응백23)은 1977년 첫 창작집 『불의 강』에서 보였던 낙태 모티프가 이듬해 나온 「꿈꾸는 새」 이후부터는 사라지고 있다고 하면서, 그것은 오정희의 개인사적 사실과 일치한다고 하였다. 바로 첫 아들을 낳았다는 개인적 경험이 반영되었다는 것이다.

「옛 우물」의 주인공은 생일을 맞아 인생을 돌아보며 삶과 죽음에 대해 생각해 본다. 작품은 출산의 과정을 여인들이 생명을 이어가는 하나의 제의적 과정임을 보여준다. 막내 동생이 태어나기 전과 후의 분위기를 회상하는 '나'를 통해 현실세계와 대조적인 현실 너머의 세계를 유추해 볼 수 있다. 그것은 어머니와의 공간을 의미한다. '나'에게 출생이 '밝음과 고즈넉함'을 주면서도 '슬픔같은 것이 어려'있는 것은 '영원한 암호, 비밀일 수밖에 없는 한 세계와 결별'하기 때문이다. 즉, '나'는 출생이 어머니의 공간을 떠나

---

23) 하응백, 「자기 정체성의 확인과 모성적 지평」, 『작가세계』, 1995 여름호, 58면.

는 것임을 알고 있으며, 그러므로 출생은 곧 죽음을 의미하는 것이다. '나'
가 생일을 맞아 죽음에 대해 떠올리는 것은 생명의 존재로서 모성에 대해
깊이 성찰하기 시작했음을 의미한다.

　그녀는 서른 세 살의 자신의 어머니가 자기를 낳았을 때를 생각하다가,
그것은 아마 '농경민의 마지막 후예인' 어머니가 아기를 낳는 것은 '밤송이
가 벌어져 저절로 알밤이 툭 떨어지는 것, 봉숭아 여문 씨들이 바람에 화르
륵 흐트러지는 것처럼 자연스럽고 범상한 일'이었을 것이라고 회상한다. 그
러나 아이가 태어나는 과정이나 그 태어남을 지켜보는 사람들은 신비스럽
고 옛날 우물에서 길어다 온 정화수나 피 묻은 짚을 태우는 행위는 주술적
이기까지 하다.

　'나'의 무의식중에 떠오르는 '그'의 죽음은 평범한 '나'의 삶을 흔든다.
어느 날 예고 없이 불쑥 찾아 온 그의 죽음으로 인해 '나'는 삶과 죽음을
하나의 세계로 인식하는 것이다. 어릴 적부터 '흰 봉투'로 기억되는 죽음은
탄생이 그러하듯 '두렵고 낯선 비밀'이며, 신성한 것이다. 또한 '그'는 '나'
에게 나의 모성을 받아드릴 수 있도록 한다.

　어머니의 출산의 모습을 고통스럽게 바라보면서도 조그맣게 존재하는
어린 여자 아이는 '씨앗'이고 '비밀'이다. 그래서 아이를 낳은 뒤로 '나'는
이전에 그토록 빈번하게 꾸던 꿈, 날거나 추락하는 꿈을 꾸지 않는다. 아
주 조그맣고 조그마해져서 어디론가 숨어드는 꿈을 꾸지 않는다. 45세의
여자의 몸은 그 몸 안에 러시아 인형처럼 소녀, 처녀, 젊음, 늙음과 함께
탄생한 씨앗과 죽음의 사라짐을 간직한다. 45세의 여성의 몸을 열면, 그
안에 그보다 젊은 여성들이 하나 가득 들어 있고, 또한 그 안에 소멸의 징
후를 품은 늙은 주름들이 가득 들어 있다. 여성의 몸은 그 자체로서 온전
한 존재이다.24) 이 작품에서 모성은 생명의 씨앗을 품고 태어나는 여성성

---

24) 김혜순, 「여성적 정체성을 찾아서」, 『옛우물』, 청아출판사, 1999, 380면.

으로 이해된다. 이러한 모성이야말로 여성을 하나의 동질적인 집단으로 결속시켜 준다.

앞서 말했듯이, '우물'은 바로 여자의 자궁을 가리킨다. '나'는 이제 45세의 폐경기의 여성으로서 몸에 또 하나의 자궁을 잉태하기 시작한다. 정옥이가 우물에 빠져 죽은 이후 덮어 버린 우물을 금빛 잉어에 대한 전설로 살려 낸다. 증조할머니는 우물과 그 속에 사는 금빛 잉어 이야기를 해 주셨는데, 그 옛날 우물에는 금빛 잉어가 살고 있었다고 한다. 천 년이 지나면 이무기가 되고, 또 천 년이 지나면 뇌성벽력 치는 밤에 용이 되어 하늘로 올라갔다는 금빛 잉어 이야기는 소멸하지 않을, 생명력 있는 여인들의 삶을 꿈꾼다.

우물에 친구 정옥이 빠져 죽은 후 우물을 응시했던 '나'는 중년의 나이가 되어서야 비로소 자신의 새로운 자아, 즉 모성에 기반을 둔 자아를 발견한다. 어둡고 둥근 옛 우물은 죽음을 의미하기도 하지만 각시와 상징적으로 일치되는 금비녀를 금빛 잉어로 변하게 해 생명을 영속시켜주는 생명의 공간이기도 하다. 즉 우물은 금빛잉어가 사는 생명의 심연인 자궁인 것이다. '나'는 죽음을 통해 새로운 생명을 잉태하는 자궁, 즉 모성의 공간을 이끌어내고 있다. 일체의 소멸 속에서도 생명을 잉태하고 삶과 죽음을 초월할 수 있는 원초적인 힘이 모성 속에 있음을 깨닫게 된 것이다.[25]

화자는 자신의 소멸 뒤에도 존재할 자연과의 상징적인 결합을 통해 생명의 유구함을 몸에 새기고 있다. 모성의 긍정적 의미는 생명 창조의 건강함을 담고 있다는 점이다. 「옛 우물」의 모성은 여성이 태어나면서 자연스럽고 본능적으로 가지고 있어서 모성의 거부를 악이나 타락으로 간주하는 기존의 모성 이데올로기에서 좀 더 나은 발전의 계기를 만들고 있다.

---

25) 권다니엘, 「오정희 소설에 나타나는 '물'의 이미지와 여성성 연구」, 서울대학교 석사학위논문, 2002, 66면.

6. 결론

지금까지의 성장소설 연구는 남성 작가들의 남성을 주인공으로 하는 작품을 중심으로 연구되었다. 그러나 성장 소설의 핵심인 자아의 정체성 확립이라는 개념이 성적인 정체성의 확립을 포함하고 있다는 점을 감안했을 때 그 성장의 주인공이 여성일 경우에 빚어질 수 있는 변이를 생각할 수 있다. 본고에서는 남성의 성장과는 다른, 여성만의 성장이 있다는 전제 하에 여성 성장소설의 관점에서 오정희의 작품을 여성 성장소설의 관점에서 분석해 보고자 하였다.

본 논의를 위해 우선 서구 성장소설의 개념을 교양소설, 형성소설, 발전소설, 입사소설의 개념을 중심으로 정리하고, 여성 성장소설의 특성과 함께 오정희 소설의 여성 성장소설로서의 특징을 살펴보았다. 이어서 오정희의 소설을 '유년의 공간과 정신적 외상', '세계에 대한 거부와 일탈', '정체성 탐색의 노력'이라는 특징으로 나누어 여성 성장소설의 관점에서 분석해보았다. 그러나 이러한 특징들은 동전의 양면처럼 공존하고 있어 때로는 같은 작품 속에서도 각 특징들이 복합적으로 나타나는 경우가 많다. 결국, 단계별로 위기를 극복하고 과업을 달성하는 남성 성장소설과는 달리 여성 성장소설은 자아의 거부를 시작점으로 하여 자신의 정체성을 찾기 위한 나선형 모양의 성장이라고 할 수 있다. 그러므로 여성의 성장은 인생의 전 과정에서 점층적이고 지속적으로 일어나는 현재진행형의 모습을 보인다고 할 수 있다.

오정희의 여성 성장소설을 총체적으로 파악하기 위해서는 오정희 소설 전체와의 연관성을 토대로 해석하려는 노력이 필요하다. 앞으로 오정희 소설에 대한 보다 심층적인 연구가 진행되어 그의 문학이 갖는 문학사적 의의가 확대될 것을 기대해 본다.

‖ 참고문헌

기본 자료

오정희, 『불의 강』, 문학과 지성사, 1997.

오정희, 『유년의 뜰』, 문학과 지성사, 1998.

오정희, 『바람의 넋』, 문학과 지성사, 1986.

오정희, 『옛우물』, 청아출판사, 1994.

오정희, 『불꽃놀이』, 문학과 지성사, 1995.

오정희, 『새(개정판)』, 문학과 지성사, 2009.

오정희, 「나의 소설, 나의 삶」, 『작가세계』, 1995 여름호.

단행본

권영민, 『한국현대작가 연구』, 문학사상사, 1991.

김경수, 『페미니즘과 문학비평』, 고려원, 1994.

김경자, 「여성의 정체성 회복을 위하여」, 『한국여성소설연구』, 민지사, 1991.

김미현, 『여성문학을 넘어서』, 민음사, 2002.

김미현, 『젠더 프리즘』, 민음사, 2008.

김미현, 『한국여성소설과 페미니즘』, 신구문화사, 1998.

김병희, 『한국 현대성장소설의 구조와 의미망』, 한국학술정보, 2007.

김복순 외, 『페미니즘과 소설비평』, 한길사, 1997.

김승환, 『한국 현대 작가 연구』, 민음사, 1989.

김윤식, 『한국 현대소설 비판』, 일지사, 1981.

서준섭, 『감각의 뒤편』, 문학과지성사, 1995.

오정희 외, 『오정희 문학앨범』, 웅진출판, 1995.

우찬제, 『오정희 깊이 읽기』, 문학과지성사, 2007.

유인순, 「소설의 시간과 공간」, 『현대소설의 이해』, 문학사상사, 1997.

이보영 외,『성장소설이란 무엇인가』, 청예원, 1999.

이유섭, 「동성연애와 도착증」, 『우리시대의 욕망 읽기−정신분석과 문화』, 라깡과 현대
　　　정신분석학회 편, 문예출판사, 1999.

이재선, 『현대 한국소설사』, 민음사, 1991.

임금복, 『현대여성소설의 페미니즘 정신사』, 새미, 2000.

조남현, 『한국 현대소설 유형론 연구』, 집문당, 1999.

장 라 플라슈 외, 『정신 분석학 사전』, 임진수 역, 열린책들, 2005.

최상규, 「'이니시에이션' 소설이란 무엇인가」, 『현대소설의 이론』, 예림기획, 1997.

최현주, 『한국 현대 성장소설의 세계』, 박이정, 2002.

한용환, 『소설학 사전』, 고려원, 1992.

황도경, 『우리 시대의 여성작가』, 문학과 지성사, 1999.

논문 및 평론

권다니엘, 「오정희 소설에 나타나는 '물'의 이미지와 여성성 연구」, 서울대학교 석사학
위논문, 2002.

권영민, 「현실적 상황과 소설적 상상력」, 『문학과 지성』, 1978 봄.

강윤희, 「오정희 소설 연구 : 모성성을 중심으로」, 중앙대학교 석사학위논문, 2008.

김경수, 「가부장제와 여성의 섹슈얼리티―오정희의 <저녁의 게임>론」, 『현대소설연구』
제22호, 2004. 6.

김경수, 「여성성의 탐구와 그 소설화」, 『문학의 편견』, 세계사, 1994.

김경수, 「여성 성장 소설의 제의적 국면」, 『페미니즘과 문학비평』, 고려원, 1994.

김경수, 「여성적 광기와 그 심리적 원천」, 『작가세계』, 1995 여름호.

김나형, 「오정희의 여성 성장소설 연구」, 홍익대학교 교육대학원 석사학위논문, 2005.

김미현, 「성장과 생존의 두 겹 쓰기」, 『문학과 의식』, 문학과의식사, 1995.

김미현, 「한국 근대 여성소설의 페미니스트 시학」, 이화여자대학교 박사학위논문, 1996.

김병익, 「세계에의 비극적 비전」, 『월간조선』, 1982.7.

김병희, 「한국 현대 성장소설 연구」, 서울여자대학교 박사학위논문, 2000.

김복순, 「여성적 광기와 그 비관적 내면의 문체 : 오정희의 소설세계」, 『인문과학연구논
집』 17, 1998.

김예림, 「세계의 겹과 존재의 틈, 그 음각의 사이를 향하는 응시」, 『문학과 사회』,
1996. 11.

김윤식, 「회상의 형식」, 『소설문학』, 1985. 1.

김인숙, 「오정희의 여성성장소설 연구」, 순천대학교 교육대학원 석사학위논문, 2007.

김정진, 「세계인식으로서의 기억과 기록」, 『문학과 창작』, 1999. 8.

김진희, 「오정희 소설에 나타난 여성의 성장 의식 연구」, 한국교원대 교육대학원 석사
학위논문, 2003.

김해연, 「성장소설의 한 모습」, 『경남어문논집』, 1998. 1.

김효신, 「오정희의 성장소설 연구」, 경희대학교 교육대학원 석사학위논문, 2001.

나병철, 「여성 성장소설과 아버지의 부재」, 『여성문학연구』, 한국여성문학학회, 2003.

남미영, 「한국 현대 성장소설 연구」, 숙명여자대학교 대학원 박사학위논문, 1992.

남희진, 「여성 성장소설로서의 '제인에어'」, 숙명여자대학교 석사학위논문, 1998.

류보선, 「불임의 사랑, 모성이라는 공포」, 『동서문학』, 1998 봄.

문진주, 「오정희의 '옛우물'에 나타난 시간 기법 연구」, 경성대학교 석사학위논문, 2007.

박미경, 「오정희 소설 연구」, 동덕여자대학교 석사학위논문, 1998.

박찬종, 「오정희론-비관적 세계인식의 근원」, 중앙대학교 석사학위논문, 1997.

박춘희, 「오정희 소설 연구 : 여성의 성장과 반성장 양상을 중심으로」, 한경대학교 석사학위논문, 2009.

박혜경, 「불모의 삶을 감싸는 비의적 문체의 힘」, 『상처와 응시』, 문학과 지성사, 1997.

송둘금, 「Jane Austen의 여성 성장 소설에 나타난 자아인식의 과정」, 계명대학교 석사학위논문, 1998.

심진경, 「오정희 초기 소설에 나타난 모성성 연구」, 『한국문학과 모성성』, 태학사, 1998.

양선규, 「밤바다 여행, 혹은 고통의 시학-오정희론」, 『한국 현대소설의 무의식』, 국학자료원, 1998.

양 희, 「성장소설 연구」, 충남대학교 석사학위논문, 1997.

오진영, 「한국 현대 성장소설 연구 : 여성 주인공 소설을 중심으로」, 한양대학교 교육대학원 석사학위논문, 2004.

우찬제, 「'텅 빈 충만', 그 여성적 넋의 노래」, 『타자의 목소리』, 문학동네, 1997.

원 화, 「오정희 소설 연구 : 작중인물 분석을 중심으로」, 경희대학교 교육대학원 석사학위논문, 1998.

윤석란, 「오정희 소설에 나타난 인물의 비극성 연구」, 덕성여자대학교 석사학위논문, 2002.

이상경, 「여성작가 소설에 나타난 여성성의 탐구」, 동국대학교 한국문학연구소, 한국문학연구 제 19집, 1997.

이상섭, 「별사의 수수께끼」, 『문학사상』, 1984. 8.

이서현, 「오정희 소설 연구」, 성균관대학교 석사학위논문, 2007.

이숙현, 「정체성 중심의 여성 성장소설 교육연구 : 오정희, 박완서 작품을 중심으로」, 대구대학교 석사학위논문, 2009.

이유진, 「오정희 소설의 모성성 연구」, 경희대학교 석사학위논문, 2008.

이정은, 「오정희의 여성성장소설 연구」, 서강대학교 교육대학원 석사학위논문, 2005.

이정희, 「오정희 박완서 소설의 근대성과 젠더 의식 비교 연구」, 경희대학교 박사학위논문, 2001.

임정민, 「오정희 소설 연구」, 연세대학교 석사학위논문, 1999.

장경렬, 「반(反)성장소설로서의 성장소설」, 『작가세계』, 1991 가을.

정영화, 「오정희 소설 연구 : 여성적 상상력과 문체징후를 중심으로」, 중앙대학교 석사
　　　학위논문, 1996.
정재석, 「의식의 흐름과 그 서사적 변주 : 오정희의 옛우물」, 『현대소설 플롯의 시학』,
　　　태학사, 1998.
지선희, 「오정희의 성장소설 연구」, 충남대학교 교육대학원 석사학위논문, 2005.
최영미, 「오정희 소설에 나타난 모성성 연구」, 중앙대학교 석사학위논문, 2000.
최현주, 「한국 현대 성장소설의 서사시학 연구」, 전남대학교 박사학위논문, 1999.
하응백, 「소멸에의 저항과 모성적 열림」, 『문학과 사회』, 1996 가을호.
하응백, 「자기 정체성의 확인과 모성적 지평」, 『작가세계』, 1995 여름호.
한소선, 「오정희 소설의 여성인물 연구」, 한남대학교 석사학위논문, 2007.
황도경, 「뒤틀린 성, 부서진 육체」, 『작가세계』, 1995 여름호.
황도경, 「빛과 어둠의 문체」, 『문학사상』, 1991. 1.

제3부 고전문학

제국의 몰락과 時勢
— 『열하일기』「還燕道中錄」에 대한 하나의 讀法 —

김 풍 기

1. 서론

박지원이 열하를 다녀와서 쓴 『열하일기』는 최근 여러 종류의 번역본이 선을 보이면서 많은 관심을 받고 있다. 그것이 교양의 차원이든 연구의 차원이든, 혹은 그밖의 다른 차원이든 간에, 이 책에 기울이는 우리의 관심은 지대하다. 그동안 『열하일기』는 많은 연구가 진행되어 논저로 발표되었을 뿐 아니라 한국 고전문학 연구의 중요한 지평을 여는 구실을 했다. 그러나 정작 그간의 관심은 「호질」을 비롯한 몇몇 '소설' 작품에 국한되어 있었고, 최근 「도강록」에 실린 '호곡장론(好哭場論)'[1]이 제7차 교육과정에 의한 문학 교과서에 수록됨으로써 산문 분야의 중요한 책으로 재인식되었다. 물론 그 이면에는 일반 대중들의 『열하일기』에 대한 관심이 상당히 작용한 탓도 있지만, 그것은 연구자들의 연구가 두터워졌음을 전제로 해야 할 것이다. 필

---

[1] 박지원은 이 글에 제목을 붙이지 않았지만, 교과서에 수록되면서 붙인 제목을 그대로 사용하기로 한다.

자는 『열하일기』의 여러 부분들을 산문의 관점에서 살펴보는 일에 관심을 가지고 작업을 해 왔으며,2) 이 논문 역시 그러한 흐름에 위치해있다.

물론 『열하일기』를 한국 고전산문의 관점에서 충실히 이해하기 위한 노력이 그동안 지속적으로 있어왔다. 그러나 책 자체를 통째로 관통하면서 하나의 논문으로 작성한다는 것은 현실적으로 쉽지 않은 일이다. 글의 어떤 부분은 박지원 자신의 여정에 따라 쓰기도 했지만, 어떤 부분은 글의 주제나 장소에 따라 집필된 것도 있으므로 일관되게 무엇인가를 논의하는 것은 더더욱 어렵다.

이 글에서 다루고자 하는 「환연도중록(還燕途中錄)」은 『열하일기』의 한 부분이다. 박지원이 북경에 도착해서 숨을 돌리는가 싶었는데, 느닷없이 한밤중에 열하로 오라고 하는 건륭제의 명령이 떨어지면서 밤을 도와 열하로 달려가게 된다. 그곳에서 지내다가 돌아오는 여정을 기록한 부분이 바로 「환연도중록」이다. 열하로 갈 때, 박지원 일행3)은 힘들고 빡빡한 일정으로 얼마나 몸이 괴로웠던가. 그러나 박지원의 글은 날렵하기 그지없다. 무엇이 몸에 닿기만 해도 깊은 잠에 빠져드는 험난한 여정에도 불구하고 박지원의 정신은 자유롭게 춤추고 있었다. 그런데 「환연도중록」에서 박지원은 뭔가 모르게 착 가라앉아 있다. 그를 가라앉게 만든 것은 무엇인가.

주변의 벗들이 청나라를 다녀와서 많은 이야기를 전해 주었다. 이념적으로 청나라는 우리의 적이었고, 이러한 기본 시각을 견지하지 않는 한 어떤

---

2) 필자는 이미 「사이의 철학과 새로운 학문의 발견」(『산벽 강동엽 선생 퇴관기념 논총』, 북스힐, 2009)이라는 제목으로 『열하일기』의 한 부분을 살펴본 바 있다. 이 논문에서 필자는 『열하일기』의 해석과 관련한 기존 연구성과를 정리하여 제시하였다. 따라서 「환연도중록」을 살피는 글에서 기존 연구 성과를 개괄하는 것은 「사이의 철학과 새로운 학문의 발견」의 몫으로 돌리기로 한다. 다만 박기석 외, 『열하일기의 재발견』(월인, 2006)은 별도의 언급이 필요하다. 이 책은 여러 연구자들이 『열하일기』의 작은 부분들을 맡아서 집필, 완성했으므로 하나의 대상에 대한 다양한 시선을 만날 수 있다는 장점이 있다. 이와 같은 논의가 심도와 다양성을 더욱 확보하는 방식으로 연구가 진행되어야 할 것이다.

3) 사실은 조선 사신단 일행이라고 해야 맞지만, 여기서는 박지원을 중심으로 기술하기 때문에 이렇게 표현하였다.

피해를 입을지 모르는 것이 조선의 현실이었다. 그들은 북방 오랑캐에 불과 했으며, 그들의 문화 수준 혹은 문명 의식이야 그리 대수로운 것이 아니라 고 생각했다. 한 번도 가보지 못한 땅 청나라는 그렇게 조선 지식인들의 머 리에 각인되어 있던 시절, 박지원은 전혀 다른 방식으로 청에 대한 이야기 를 들었던 것으로 보인다. 조선의 현실과 청을 직접 견문한 벗들의 이야기 사이에서 그의 궁금증을 커졌다. 바로 그런 상황에서 박지원이 청나라를 다 녀오게 된 것이다. 청나라 여행은 정말 꿈길처럼 다가왔다.

박지원의 메모광적 면모 덕분에 우리는 18세기 후반 청나라의 현실을 손 에 쥘 듯이 파악한다. 그의 서술 중 어떤 부분은 그대로 복원이 가능할 만 큼 정교하면서도 생생하다. 그런데 여정을 따라 열하일기를 읽어나가노라 면 어느새 그의 말투와 시선이 슬며시 옮겨가는 것을 느낄 때가 있다. 적확 하게 그 달라지는 지점을 집어내기는 어렵지만, 「도강록」에 비해 「환연도 중록」의 기록은 골똘히 이것저것 생각하는 박지원의 몸짓이 읽힌다. 그렇다 고 「환연도중록」에 박지원 특유의 유머라든지 세심한 관찰 등이 빠진 것도 아니다. 그의 문장 속에는 여행 도중에서 만나는 풍물과 사물에 대한 풍부 한 관찰도 들어있고, 글의 결마다 웃음이 스며있다. 그러나 역시 열하에서 돌아오는 박지원의 생각은 상당히 착잡한 느낌으로 가득하다. 이 부분이 뭔 가 모르게 무거운 느낌을 주는 것은 아마 이 때문이 아닐까 싶다.

열하를 떠나서 연산산맥을 넘어 오는 험난한 길에서, 박지원은 도대체 무엇을 생각한 것일까. 이 부분을 읽으면서 필자는 박지원의 어떤 점을 눈여겨보아야 할 것인지, 그 문화 역사적 의미 내지는 핵심을 짚어보고자 한다.

2. 제국의 몰락에 대한 통찰과 권력의 허망함

강희제(聖祖, 재위 1662~1722), 옹정제(世宗, 재위 1723~1735), 건륭제(高宗, 1736~1795) 3대를 거치는 동안, 청나라는 중국 역사상 유례를 찾아볼 수 없을 정도로 태평성대를 구가한다. 내부를 들여다보면 끊임없는 정복 전쟁 내지는 내란을 진압하기 위한 크고 작은 전쟁이 이어졌지만, 적어도 북방의 위험을 어느 정도는 무화시키고 강력한 군사력으로 주변의 유목 국가들을 제어함으로써 청나라는 이전의 어느 시기보다도 강력한 왕권을 자랑하였다. 이들은 한결같이 뛰어난 기억력과 정열적인 독서, 일에 대한 집념, 정확한 판단력 등으로 정치 전반을 장악한다. 특히 강희제와 건륭제는 60여 년의 긴 시간을 통치함으로써 정책의 일관성과 안정된 국정 운영을 기하였다. 이들은 통역 없이 중국어로 신하들과 대화할 수 있을 뿐만 아니라 중국 고전에 대한 해박한 지식으로 그들을 압도하고 있었다. 강희제의 몽골 지역 정벌, 건륭제의 신강 지역 복속 등으로 이 시기는 현재 중국의 밑그림을 완성하는 때이기도 하다.

박지원이 열하를 찾은 시기는 1780년, 청나라의 태평성대가 서서히 저물어가던 시기였다. 황제의 70세 생일인 천추절(千秋節)을 경축하기 위한 사신 일행이 북경에 도착했다는 보고를 받은 황제는 너무도 기뻐하면서 그들을 자신이 머무는 열하의 행궁으로 오도록 명령을 내린다. 북경에서 사신으로서의 임무를 마칠 것이냐 열하로 갈 것이냐를 두고 고민에 빠졌던 조선 사신단 일행으로서는 더 이상 주저할 시간이 없었다. 밤낮을 가리지 않고 말을 달려서 열하에 도착한 그들의 눈에, 청나라의 권력은 험준한 연산산맥 이상으로 높고 거침없었다.

정점에 도달하는 순간 내리막길을 걷기 시작한다는 것은 당연한 일이다. 우리가 딛고 선 지점이 어디인지 판단하는 것이야말로 지식인의 자기 성찰에서 오는 결과다. 공부를 통해 다져진 공력이 빛을 발하는 것은 이런 데가 아닌가 싶다. 이념적으로 청나라를 적대시하다가 막상 그들의 문명을 접하면 놀라워한다. 물론 박지원의 하인 장복이나 창대처럼 청나라라면 어떤 것이든 '되놈' 취급하는 태도는 열하일기 곳곳에 등장하면서 웃음을 자아내지만, 다른 한편 그러한 태도야말로 당시 조선의 대다수 사람들이 견지하고 있던 태도가 아니었겠는가. 만일 중국에 태어난다면 어떻겠느냐는 박지원의 물음에 장복은 '되놈이라서 싫다'고 단호하게 말한다. 그 단호함의 이면에는 거부하는 의도나 이유가 있는 것일까? 당연히 아무 것도 없다. 그들의 머릿속에는 오직 이념으로서 세뇌된 청나라만이 존재할 뿐 자신의 눈으로 바라보는 청나라의 현실은 완전히 도외시된다.

이런 태도가 비단 장복의 문제만은 아니다. 청나라의 사신으로 함께 온 다른 사람들의 태도는 어떤가. 그들 역시 청나라의 문물에는 관심이 없다. 그런 분위기였기 때문에 박지원의 태도나 시선은 참으로 놀랍다. 「환연도중록」에서 박지원이 기술하고 있는 청나라는 서서히 역사 속으로 막을 내리는 듯한 느낌으로 되어 있다. 「도강록」에서보다 훨씬 활력이 떨어지고 가라앉은 듯한 분위기는 이러한 점을 무의식 중에 반영하고 있는 것으로 보인다.

열하에서 돌아오는 길, 황포령을 넘다가 스무 살 남짓 되는 청년 일행을 만난다. 바로 건륭제의 친조카 예왕(豫王)의 행차였다. 「환연도중록」의 기록에 의하면 예왕은 15세의 황손과 11세의 황손을 대동하고 사냥을 하는 중이었다.

다음 날 박지원이 관왕묘의 묘당을 구경하려고 잠시 들어갔을 때, 거기서 예왕을 다시 만난다. 마침 예왕은 관왕묘에 머무르고 있었다. 시종들이 모두 음식을 먹으러 밖에 있는 점방으로 가는 바람에 예왕 혼자 남아있게 된 것이었다. 시종 하나 없이 혼자 있는 상황은 쉽게 이해가 가지 않지만, 어쨌든 박지원은 처음에 누군지도 모르는 상태에서 그를 만난 것이다. 아름다운 청년 하나가 모자를 벗은 채 선뜻 인사를 건네는 품에서도 그가 황제의 조카라는 사실이 나타나지 않는다. 청나라 최고의 귀족 예왕을 뜻밖에 만나기는 했지만, 상황은 참 멋쩍다. 그는 아침술을 많이 마신 탓인지 속이 더부룩한 상태였던 것이다.

이야기 도중에 박지원은 그 청년이 예왕이라는 사실을 눈치 채긴 했지만, 모르는 척 그를 대한다. 자세한 이야기를 나눌 틈도 없이 아침술에 취한 예왕은 '폭포수처럼 토해내고' 방 안에서 나온 내시와 함께 들어가 버린다. 시종 없이 아침술에 취해서 뜨락을 서성거리는 예왕의 모습이나, 외부인이 들어와도 제지하지 않는 주변의 보안 상황이나, 젊은 시종들과 군사들은 모두 아침을 먹는다면서 점방으로 달려가 버리고 늙은 내시만이 그 옆을 지키고 있는 상황 등이 묘한 느낌을 준다. 내시의 손짓을 받고 관왕묘를 나오면서 뒤돌아보니, 여전히 예왕은 '난간에 기대서 굽어보고 있었고', '그의 행동은 몹시 경박하고 얼굴은 유달리 창백하여 위엄이라고는 전혀 없어 마치 시정배의 아들 같았다'고 박지원은 기술한다.[4]

뜻밖에 청나라 황실의 최고위층을 만난 기이한 인연을 강조하기 위해서 이 삽화를 기술한 것일까? 이 삽화를 소개하는 박지원의 의도는 도대체 어디 있는 것일까?

이렇게 뜻밖의 만남 뒤에 다시 길을 떠났다가 또 이들 일행을 만난다. 이들 일행을 관찰하는 박지원의 글을 살펴보자.

조반을 먹은 뒤에 즉시 길을 떠나서 몇십 리를 갔다. 뒤쪽으로는 백여 명이나 되는 사냥꾼들이 말을 타고 멀리 산 밑으로 달려간다. 새매를 팔뚝에 얹은 자 10여 명이 말을 타고 산골짜기 부근에서 흩어져 가고 있다. 한 사람은 큰 독수리를 팔뚝에 앉혔다. 독수리의 다리는 마치 개의 다리처럼 튼실한데 누런

---

4) 이 글에서 인용되는 『열하일기』 번역은 필자의 것이다. 물론 기왕에 민족문화추진회에서 발간된 『국역 열하일기』를 비롯하여 선학들의 번역 성과를 참고하였음은 물론이다. 그러나 번역의 책임 문제는 필자의 몫이라는 점을 밝힌다. 아래에서 따로 번역에 대한 출처를 생략한 것은 이러한 연유 때문이다.

살비늘이 온 정강이에 번쩍인다. 검은 가죽으로 머리를 싸매고 눈을 가렸다. 나머지 것들도 모두 눈을 가리고 있다. 이는 그것들이 사물을 보고 함부로 날개를 퍼덕이다가 다리에 생채기를 내거나 담이 작아질까봐 그런 것이다. 또 그렇게 해야만 눈의 정기를 기르고 사나운 의지를 온전히 지니기 때문이다.

나는 말에서 내려 모래 위에 앉아 담뱃대를 털어 불을 붙였다. 그들 중 활과 살을 몸에 두른 자 하나가 말에서 내려 담배를 넣더니 불을 청한다. 나는 그제야 그에게 물었더니 이렇게 대답한다.

"황제의 조카 예왕께서 열다섯 살 되신 황손과 열한 살 되신 황손 두 분과 함께 열하에서 북경으로 돌아오시는 길에 사냥하시는 겁니다."

"얼마나 잡았소?"

"사흘 동안 메추라기 한 마리 잡았어요."

등 뒤에서 수숫대 부러지는 소리가 들리더니 말 탄 사람 하나가 밭 한가운데서 나는 듯이 달려 나온다. 그는 화살을 메기고 안장 위에 엎드린 채 말을 달린다. 얼굴은 눈처럼 희다. 담배에 불을 붙이던 자가 그를 가리키며 한 마디 한다.

"저이가 열한 살 되신 황손입니다."

그는 토끼 한 마리를 쫓아서 말을 달리며 활을 쏘았다. 토끼는 달아나다가 모래 위에 넘어져 뒹군다. 말을 달려서 재빨리 쏘았지만 맞추지 못하였다. 토끼는 다시 일어나 산 밑으로 도망친다. 백여 기(騎)가 달려가 에워싼다. 평원으로 먼지가 하늘을 뒤덮고 총소리가 연이어 터진다. 그러더니 갑자기 포위를 풀고 가버리는 것이다. 먼지 그림자 속에 한 떼의 무엇인가가 감돌더니 아득히 종적이 보이지 않는다. 토끼를 잡았는지는 모르겠지만, 말 달리는 재주는 어른이나 아이나 할 것 없이 모두 타고났다.

예왕이 사냥을 하기 위해서 데리고 다니는 군사들의 모습은 용맹스럽기 이를 데 없다. 몸에는 활과 화살을 두른 군사들과 함께 10여 명의 군사들은 건실한 새매를 팔뚝에 얹었다. 이런 군사 100여 명이 한꺼번에 말을 달리는 모습은 용맹과 위엄으로 넘친다. 그런데 뜻밖에도 사냥 결과는 보잘 것 없다. 사흘 동안 메추라기 한 마리를 잡았다는 것이다. 청나라 군사의 용맹과 위엄이 순식간에 희화화된다.

열한 살짜리 황손을 묘사하는 방식도 이와 비슷하다. 화살을 메기고 나는 듯이 말을 달리는 모습은 팽팽한 긴장감을 자아낸다. 얼굴이 눈처럼 흰 어린 황손의 모습이 참 인상적이다. 그는 토끼 한 마리를 쫓는 중이다. 토끼의 급박한 상황이 손에 잡힐 듯 이어진다. 황손 뒤로는 백여 명의 말을 탄 군사가 쫓고, 토끼가 사라지는 방향으로 순식간에 달려간다. 평원은 먼지로 뒤덮이고, 총소리가 계속 이어진다. 사실 이러한 묘사에서 사냥감이 '토끼'라는 사실만 빼고 읽는다면 호랑이 사냥에 버금가는 부분이다. 토끼 한 마리를 잡으려고 말을 탄 백여 명의 군사가 활과 화살을 몸에 두르고 달린다는 것 자체가 상황에 맞지 않는 느낌을 준다. 게다가 박지원은 그 뒷부분에 강희제의 사냥을 덧붙이고 있다.

> 강희 황제가 등극한 지 20년 되던 해였다. 오대산(五臺山)에 놀러 갔는데, 범이 숲속에서 뛰어나오자 황제가 직접 활을 쏘아서 죽였다. 그 때 산서도어사(山西都御史) 목이새(穆爾賽)와 안찰사(按察使) 고이강(庫爾康)이 황제에게 아뢰어 그곳을 석호천(射虎川)이라 명명하였고 범의 가죽은 대문수원(大文殊院)에 간직하여 지금까지 전해온다. 황제는 또 친히 화살 서른 대를 쏘아 토끼 스물아홉 마리를 잡았다. 송정(松亭)에서 사냥할 때에는 큰 범 세 마리를 쏘아 죽였는데, 모두들 그림으로 그려서 민간에서 서로 팔고 산다니 신묘한 활솜씨라 하겠다.
>
> 이제 여러 공자(公子)들이 사냥할 때 이렇게 빨리 말을 달리는 걸 보니 재빠르고 호탕한 건 집안 내력인 모양이다. 만일 그 순간 수수밭 속에서 범 한 마리가 뛰어나왔더라면, 그가 득의양양했을 것은 물론이려니와 만 리 머나먼 길을 떠나온 나도 한 바탕 장쾌하게 구경했으리라. 정말 안타까운 일이다.

강희제가 호랑이 사냥을 즐겼다는 기록은 여러 곳에 보인다. 여기서는 지명 전설을 기록하는 형식으로 강희제의 무용(武勇)을 말하고 있다. 게다가 자기 스스로 사냥을 해서 토끼 스물아홉 마리를 화살 30대로 잡았다고 하니, 명중률도 명중률이지만 정확하게 목표물의 중심점을 맞추는 실력은 참으로 놀랍다. 게다가 송정에서 범 세 마리를 쏘아 죽인 일화는 민간에서 그림으로 그려질 정도니, 강희제의 영웅적 면모가 새롭게 보인다.

그러나 지금은 전혀 사정이 다르다는 것을 박지원은 밝힌다. 말을 잘 달리는 것은 집안 내력이니 그렇다 쳐도, 범 한 마리가 갑자기 뛰쳐나와서 그것을 사냥하는 모습을 보았더라면 얼마나 장쾌했을 것이냐고, 그걸 못 봐서 안타깝노라고 은근히 시비를 건다. 범은커녕 달아나는 토끼 한 마리도 잡지 못하는 처지를 대비시킨다. 사흘 동안 메추라기 한 마리를 잡은 현재의 황손은, 호랑이를 잡은 강희제와 비교되면서 청나라의 현실을 상징적으로 보여준다.

이와 같은 맥락에서 읽히는 삽화는 뒤쪽에 다시 등장한다.

사, 오십 명의 기병이 회오리바람처럼 달려온다. 그 기세가 교만하고 사나워서 우리나라의 고달픈 하인배나 잔약한 말을 업신여기는 듯하다. 그들은 한꺼번에 배에 오르는데, 제일 뒤에 따라오던 기병 하나가 팔에는 푸른 빛 큰매를 앉히고 채찍을 휘두르며 단번에 배에 뛰어 오른다. 순간 말의 뒷굽이 허방을 디뎌서 안장에 앉아 매와 함께 거꾸로 뒤집히면서 물속으로 떨어진다. 첨벙거리며 다시 일어서려고 허부적거렸지만 아무런 힘도 못쓰고 이리저리 휩쓸린다. 한참을 그러더니 물 위로 나와서 힘든 몸으로 배에 오른다. 매는 마치 기름등잔에 던져진 나방 같은 꼴이고, 말은 오줌에 빠진 쥐새끼 같았다. 그의 비단 옷과 아름다운 채찍은 가련하게도 물이 뚝뚝 떨어져 몸을 둘 곳이 없다. 그런데도 말에게 채찍질을 하니 매는 더욱 놀라 날개를 퍼덕이며 날뛴다. 자기를 과시하면서 남을 업신여기는 행동에 대한 인과응보가 즉시 닥치는 것은 족히 경계로 삼을 만했다.

강을 건넌 뒤에 그를 따르는 기병에게 누구냐고 물었더니, 그는 말 위에서 몸을 기울여 채찍으로 진흙 위에 '사천장군(四川將軍)'이라고 쓴다. 늙어서 굳세고 사나운 기세가 줄어 그런 듯했다.

이제는 늙어서 예전의 굳세고 사나운 기세가 줄어든 사천장군의 모습에서 우리는 다시 청나라의 현실을 본다. 위풍당당한 겉모습 뒤에 감춰진 이들의 실상이, 뜻밖의 사건을 통해서 우리 앞에 적나라하게 드러난다. 쇠약함을 숨기려다 실수하는 이들의 모습이 박지원의 눈에 포착되는 순간, 그것은 사천장군 개인의 쇠약함에서 청나라의 운명이 서서히 저물어가고 있음을 상징적으로 드러내는 소재로 변한다.

열하로 갈 때와 같은 환대를 더 이상 받지 못할 뿐만 아니라 노골적인 푸대접을 받는 처지이고 보니 조선 사신 일행의 기세가 죽을 수밖에 없었을 것이다. 그러나 그것만으로는 「환연도중록」의 문장 뒤편에 숨어있는 문세(文勢)를 설명하기에 너무 부족하다. 그것은 청나라를 바라보는 박지원의 시선과 연계될 때 비로소 풀릴 문제이기 때문이다.

3. 時勢 : 시대와 개인의 관계에 대한 단상들

발걸음을 돌릴 때부터 분위기는 심상치 않다. 조선 사신이 올린 정문(呈文) 내용을 중국 예부(禮部) 측에서 마음대로 고친 것부터가 시빗거리다. 그것을 문제 삼겠노라고 을러대자 제독은 두려워하는 반면 중국의 상서 등은 오히려 자신들이 큰소리를 친다. 당신들이 써서 올린 정문의 글은 너무 의미가 모호하고 글 속에 성의가 드러나지 않았기 때문에 좋은 방향으로 고쳐준 것인데, 어째서 고마워하지는 않고 자기들에게 항의를 하느냐는 것이다. 그러면서 그 정문을 고친 잘못은 기본적으로 제독에게 있다면서 은근슬쩍 떠넘기는 수작이 보통이 넘는다. 그러는 한편 조선 사신 일행이 떠나는 날짜를 위에 보고를 올렸으며, 그 날짜에는 떠나라고 요구한다. 게다가 제독이 와서 사정을 변명하는 내용은 너무도 장황해서 도저히 알아들을 수가 없다.

애초에 판첸라마에게 최고의 경의를 표하지 않은 것에서 일은 틀어진 셈이다. 황제가 그에게 고두례를 올리라고 했지만, 조선의 사신들은 '중'에게 황제에게 올리는 예를 드릴 수는 없는 노릇이라고 버틴다. 뭘 모르는 건지,

순진한 건지, 겁이 없는 건지, 자기 기준에 투철한 건지, 도대체 알 수 없다. 어쨌든 라마는 황제의 스승이며, 황제가 최대의 경의를 표하는 분이니, 당연히 조선의 사신들도 황제를 알현하는 예로 라마에게 인사를 올려야 한다는 것이 요구 사항이었다. 마지못해 인사를 올렸지만, 라마를 대하는 사신 일행의 태도는 도대체 뻣뻣하기만 하다. 게다가 라마가 선물로 하사한 금불상을 받아들이는 자세도 문제가 된다. 이런 상황에서 건륭제가 조선의 사신들을 곱게 볼 리 만무다.

황제의 기분이 상하는 순간 모든 프리미엄과 황송스러운 대우는 사라진다. 오직 정해진 것밖에는 없다. 정해진 밥을 제공받고, 정해진 숙소를 정해진 법대로 제공받고, 순서에 따라 역참과 나루터를 이용한다. 정해진 것대로 제공받는다면 그것도 다행이다. 오히려 그보다 못한 대접을 받는 경우도 흔하다. 열하로 갈 때 모든 편의를 제공받던 기억이 아직도 생생한데(나루터에서 만난 관리는 분명 박지원 일행의 얼굴을 잘 알고 있는데도 모든 것을 외면해 버린다!), 그 기억이 희미해지기도 전에 냉랭한 기운 감도는 길을 되짚어 오는 것이다. 순식간에 상황이 바뀌면 과분한 대우를 받던 것 이상으로 섭섭한 것이 사람 마음이다.

'시대의 대세(時勢)'란 참 묘한 것이어서, 한 번 형세가 틀어지면 개인적 능력이 아무리 뛰어난 사람이 애를 쓴다 해도 돌이키기 어려운 점이 있다. 대세가 기울었다는 것을 알면서도 돌이키려고 애쓰는 사람이 더욱 비극적으로 느껴지는 것은, 어쩌면 신의 영역에 도전하는 인간의 운명을 안타깝게 바라보는 것에서 오는 감정일지도 모르겠다. 그러나 이 같은 '직관'의 측면을 굳이 거론하지 않더라도, 어떤 것이든 형세가 꺾이는 지점이 존재한다는 점은 상식에 속하는 일 아닌가. 박지원의 열하일기를 읽다보면 참 모호한 문장들이 수시로 우리 독서를 방해한다. 그 구절을 너무 꼼꼼히 이해하자면 전체 상황을 오독하는 결과를 낳을까 두렵고, 그냥 스쳐 지나가자면 뭔가 뒷꼭지가 가려운 점이 분명 있다.

대개 이 관(關)은 천고의 전쟁터이다. 천하가 한 번 어지러우면 백골(白骨)이 산처럼 쌓이니 진실로 호북구[虎北口―범 아가리라는 뜻, 필자 주]라 할 만하다. 이제 태평시절이 백여 년이나 계속되고 있다. 사방 경내(境內)에는 전쟁 소리가 들리지 않고, 삼과 뽕나무가 빽빽하며, 개와 닭 울음은 어디서나 들려온다. 느긋하고 풍족한 삶과 생활은 한(漢)·당(唐) 이후로는 일찍이 본 적이 없다. 그들은 무슨 덕으로 이러한 수준까지 이르렀을까. 그러나 그 높음이 극에 달하면 반드시 허물어지는 것이 당연한 이치다. 백성들이 전쟁을 치르지 않은 지가 오래되었으니, 아아, 흙이 무너지듯 기왓장이 부서지듯 한꺼번에 무너질까 걱정이구나.

청나라에 대한 박지원의 화두가 스며있는 구절이다. 밤에 고북구(古北口)를 빠져나오면서 박지원은 '야출고북구기(夜出古北口記)'라는 명문을 남긴 바 있다. 그만큼 이 지역은 인상적이면서도 군사적 요충지다.

북경은 기본적으로 평원에 세운 도시다. 지금도 그렇지만 도시가 전반적으로 평탄한 느낌을 준다. 가까운 주변으로 산이 있는 것도 아니다. 먼지 날리는 드넓은 지평선으로 해가 뜨고 진다. 북경이 오랫동안 수도로서의 역할을 해온 것에 비하면, 만리장성이 바로 위쪽에 위치한다는 사실을 새삼 다시 느낄 때가 있다. 너무 가까운 곳에 국경이 있는 셈이다. 만리장성이 지나가는 곳이 바로 연산산맥인데, 열하는 바로 이 험벽한 연산산맥을 넘은 자리에 있다.

북방에서 유목민들이 쳐들어오면 언제나 연산산맥이 최후의 방어선으로 여겨졌다. 그보다 북쪽에서 전투가 벌어지고 그들을 물리칠 수 있다면 얼마나 좋겠는가만, 대부분은 연산산맥이 최후의 방어선이 되고 말았다. 그곳만 넘으면 북경까지는 평원으로 트인 곳이어서 삽시간에 적군은 도시 안으로 쳐들어오게 된다. 어찌 청나라 때만 그러했겠는가. 그 이전에도 이곳은 언제나 북방민족과의 전투가 치열하게 벌어지던 곳이었다.

그러나 백여 년의 태평성대가 계속되는 동안 '삼나무와 뽕나무가 빽빽하고 개와 닭소리가 들리는' 곳으로 바뀌었다. 도대체 청나라는 오랑캐의 처지임에도 불구하고 한나라나 당나라가 도달하지 못했던 문명의 개화를 이룩했을까. 열하까지 먼 길을 다녀오면서 박지원의 머릿속에 맴돌았던 화두는 바로 이것이었을 것이다. 조선의 현실을 생각하면 그 거리가 참 멀기만 하다. 여전히 조선은 청나라를 얕잡아보고 있으며, 그들의 학문과 문화를 배우려 하는 태도는 소극적이거나 비판적이다.

다른 한편 청나라의 문화가 정점에 도달했다면 이미 형세가 꺾이는 것은 아닌가 우려한다. 일찍이 강희제는 '말에서 내리면 멸망한다(下馬則亡)'고 후손들을 경계한 바 있다. 이 유훈 때문에 청나라 황실의 자제들은 말 타기와 활쏘기를 끊임없이 갈고 다듬는다. 그럼에도 불구하고 건륭제에 이르면 귀족의 자제들은 전쟁에 참여하기를 두려워하고 있었으며, 말 타기는 잘해도 활쏘기는 형편없는 수준을 보여준다. 앞서 인용한 글에서 이러한 사실을 충분히 살필 수 있다.

시대의 형세는 이렇게 바뀌고 있었고, 박지원은 그 지점을 정확히 포착해서 간파했던 것이다. 국가의 형세가 이렇게 바뀌고 있을 때, 박지원 일행의 시세 역시 바뀌어 있었다. 호아제의 은택이 사라진 자리에 간고하고 구차한 여행이 있을 뿐이었다. 박지원의 시선은 이미 자신에게 닥친 시세의 변화를 언급하고 있었다.

동틀 무렵 길을 떠났다. 차화장(車花莊)·사자교(獅子橋)를 지나니 행궁(行宮)이 있다. 목가곡(穆家谷)에 이르러 점심을 먹고 즉시 길을 나섰다. 석자령(石子嶺)을 지나 밀운(密雲)에 이르자 청나라 종실(宗室)의 모든 왕과 보국공(輔國公 황실로서 봉작을 받은 자), 수많은 관리들이 제가끔 북경으로 돌아가느라고 길에 잇닿아 있다. 백하(白河)에 와보니 나루에 모여든 사람들이 서로 먼저 건너려고 시끄럽게 다툰다. 이들을 한꺼번에 건네주기가 어려워서 이제 막 부교(浮橋)를 매고 있다. 배는 모두 돌을 운반하는 것이었고, 사람을 건네주는 배는 한 척 밖에 없다. 지난 번 이곳을 지날 때에는 군기(軍機)가 나와서 우리를 맞이해주고 낭중(郎中)은 강을 건너는 일을 감독하고 황문(黃門)은 길을 인도해 주었다. 제독과 통관들은 기세도 당당하게 강가에서 채찍을 들어 친히

지휘하여 산을 꺾고 강을 메울 형세였는데, 이제 연경으로 돌아오는 길에는 그들 근신(近臣)의 보호와 전송도 없거니와 황제 또한 한 마디 위로의 말씀이 없다. 이는 사신들이 부처님 뵙기를 꺼려한 탓에 처음과는 달리 이렇게 푸대접을 하는 것이다. 그들의 기색을 살펴보면 열하로 갈 때와 올 때의 대우가 달랐다. 저 백하(白河)는 며칠 전 건너던 물이고 모래 언덕은 지난 번 서있던 곳이다. 제독이 손에 들고 있는 채찍이나 물 위에 떠있는 배도 그때와 같은 것이다. 그러나 제독은 말 한 마디 없고 통관은 머리를 숙이고 있다. 저 강산은 달라진 게 없는데 세상인심은 순식간에 달라진다.

아! 대저 시세(時勢)란 이렇게 믿지 못할 것이로구나. 세력이 있는 곳에는 모두들 미칠 듯이 달려가더니, 눈 한 번 돌리는 사이에 시절은 바뀌고 일은 싸늘해진다. 어느 한 곳 기댈 데도 없이 되어 마치 진흙으로 만든 소가 바다로 들어가 풀어지듯, 얼음산이 햇빛을 만나 녹아버리 듯, 천고의 모든 일이 이처럼 흘러가니 이 어찌 슬프지 않으리오.

갑자기 먹장구름이 사방에서 짓누르더니 바람과 우레가 크게 일어난다. 갈 때에 비하면 그렇게 무서운 정도는 아니었지만, 갈 때나 올 때가 모두 이런 일이 있는 게 너무 이상하다.

한순간에 달라진 대우를 여실하게 묘사하는 부분이다. 변한 것 없는 사람과 시설이건만 그들의 입장은 완전히 달라진다. 이 대목을 다른 측면에서 본다면 여전히 청나라 정권이 얼마나 빠른 정보망과 연락 수단을 장악하고 있었는지를 볼 수도 있다. 조선 사신 일행에 대한 황제의 태도가 달라졌음을 순식간에 알고 마음을 돌리는 것에서, 청나라 제국의 권력이 하급 관료에게까지 속속들이 미치고 있었음을 알 수 있다. 그러나 박지원은 세상인심이 순식간에 달라지는 점에 초점을 맞춘다. 그들이 급변한 이유를 모르는 바도 아니다. 그러나 형세가 달라지는 것이 결국은 인간의 구체적인 행위를 통해서 체현된다는 것을 보여주려는 것이었는지, 그는 못내 섭섭한 마음을 감추지 않는다.

이 대목의 묘사는 참 묘한 울림을 함축하고 있다. 읽기에 따라서 이 부분은 건륭제와 조선 사신 일행을 대립적으로 위치시키면서 상당히 비판적인 느낌으로 진술된 듯하기 때문이다. 문제의 부분은 '그들의 기색을 살펴보면 열하로 갈 때와 올 때의 대우가 달랐다'는 구절이다.

'대우가 달랐다'는 부분의 원문은 '不承權與'다. 이는 『시경(詩經)』 〈진풍(秦風)〉 '권여(權與)' 편의 구절을 이용하였다. 처음에는 큰집과 좋은 음식으로 나를 융숭하게 대접하더니 이제는 처음과는 달라졌다는 내용의 시이다. 모시서(毛詩序)에 의하면, 강공(康公)이 선왕(先王)인 목공(穆公)의 옛 신하와 어진이를 잊고, 처음에는 어진 사람들을 모아 정치를 잘 해보려고 하다가 끝내는 그들을 잊어버린 사실을 풍자하는 노래라고 하였다.

『주자집주』에 의하면 이 구절과 관계되는 고사는 이렇다. 한나라 초원왕(楚元王) 시절의 일이다. 초원왕은 신공(申公), 백공(白公), 목생(穆生)을 공경하여 예우하였다. 목생이 술을 좋아하지 않았기 때문에 술자리가 있을 때마다 초원왕은 단술을 올렸었다. 왕무(王戊)가 즉위한 뒤에도 계속 단술을 올려놓다가 어느 날 그것을 잊고 올리지 않았다. 그러자 목생은 이제 왕의 뜻이 태만해 졌으니 물러가야 할 때라고 하면서 떠나려고 했다. 신공과 백공은 작은 실수를 가지고 너무 민감하게 구는 것이 아니냐고 하면서 만류했다. 그러나 목공은, "선왕(先王)이 우리를 예우한 것은 우리의 도(道) 때문이다. 이제 우리를 소홀히 하는 것은 도를 잊은 것"이라고 하면서 병을 칭탁해서 벼슬을 그만 두었다고 한다.

이것은 『시경』 집주(集註)에 나오는 것이므로, 조선의 선비라면 익히 알고 있는 고사다. '권여'편을 인용했을 때에는 이미 이 같은 사전 지식이 그 속에 충분히 스며있는 셈이다. 그렇다면, 다시 이 이야기를 살펴보자. 목공과 왕무 사이에는 도를 지키는 사람과 도를 잊은 사람이라는 대립적 구도가 만들어져 있다. 처음에는 도를 존중하다가 시간이 흐르면서 더 이상 도를 생각하지 않게 된 왕을 보면서, 이제는 자신이 떠날 때가 되었다면서 모든 것을 단호하게 물리치고 떠나는 목공의 모습에서, 아무리 작은 문제라도 깊이 생각하고 견결하게 행동하려는 관료—지식인으로서의 자세를 발견한다.

박지원은 이 글에서 건륭제와 대비적으로 조선 사신 일행을 배치한다. 건륭제가 조선의 사신들을 처음에는 환대하다가 돌아올 때에는 푸대접한 사실을 두고 '권여'편을 용사(用事)하면서 우회적으로 비판하는 것이다. 그것도 불교로 대표되는 사학(邪學)을 거부했다는 이유로 자신들을 푸대접하는 것은, 도를 지키려는 사람들을 오히려 무시하거나 탄압하는 것과 같다.

그럼에도 불구하고 이 역시 '시세' 때문에 돌이킬 수가 없다. 눈에 보이는 푸대접이 인심의 급변을 통해서 시세를 웅변하는 것이지만, 그 이면으로 들어가 보면 청나라가 태평성대의 정점에서 얼음처럼 녹아가는 단계로 들어간 탓이다. 시대의 형세란 그런 것이어서, 이제 누가 이 역사의 물줄기를 되돌릴 것인가. 황제는 늙어서 분별력이 없고, 황손들은 더 이상 무용을 자랑하지 않는다. 다만 허장성세로 다른 사람을 누르려 하지만, 그것도 조금만 자세히 살피면 모두 헛된 것이라는 점을 쉽게 간파한다. 그 형세를 바라보는 박지원의 시선이 착잡하다.

4. 극기복례(克己復禮) : 공부란 무엇인가

사건이 벌어진 것은 참 뜻밖이었다. 그렇잖아도 더운 여름 험준한 산등성이를 넘어 북경으로 힘겨운 발걸음을 옮기던 참이었다. 고북구 험한 산맥 세 번째 관문을 넘은 뒤 어떤 절에 들렀다. 마당 가득 오미자를 널어 말리는 중이었다. 입에서 침이 고인다. 몇 알 집어넣으니 입 안 가득 새콤달콤한 맛과 함께 더운 열기가 일순간 가시는 듯한 느낌이다. 바로 그 순간 사단이 벌어진 것이다.

난간 밑에 오미자(五味子) 두어 섬을 한창 말리고 있다. 우연히 몇 알을 주

워서 입에 넣었다. 중 하나가 보고 있다가 별안간 화를 버럭 내고 눈을 부릅
뜨면서 소리를 지른다. 하는 짓이 험악하다. 나는 얼른 일어나서 난간 가로 비
켜섰다.

우리 일행 중에 마두(馬頭) 춘택(春宅)이가 때마침 담뱃불을 붙이러 들어섰
다가 그 상황을 보더니 크게 노하여 곧장 앞으로 나아가며 욕을 퍼붓는다.

"우리 어르신께서 더운 날씨에 찬물 생각이 나셔서, 이 자리에 널려있는 쌔
고 쌘 것들 중에서 겨우 몇 알 안되는 걸 씹어 침을 좀 돋워서 해갈이나 좀
해볼까 하신 건데, 야, 이 양심도 없는 까까중놈아, 하늘에도 높은 하늘이 있
고, 물에도 깊은 물이 있는 법이다. 높낮이도 분간 못하고 깊이도 못 재는 이
당나귀 같은 놈아, 이렇게 무례하게 굴다니. 이게 무슨 경우냐?"

그러자 중은 자기 모자를 벗어 들고는 입가에 게거품을 물고 어깨를 삐딱
하게 한 채 까치걸음으로 나오더니 소리를 지른다.

"너희들 영감이 나하고 무슨 관계가 있어? 높은 하늘이 너는 두려울지 모
르지만 나는 안 무서워. 제 아무리 관노야(關老爺)가 신령스럽기 그지없고
태세(太歲)가 문에 들었다 한들(살殺이 들었다 한들) 내가 무서워 할 게 뭐
있냐?"

춘택이 댓바람에 그의 뺨을 한 대 올려 부친다. 그리고는 이어서 조선말로
말도 안 되는 욕지거리를 덧보탠다. 그 중이 그제야 뺨을 감싸 쥐더니 비틀비
틀 들어가 버린다. 나는 목소리를 높여 야단치면서 춘택에게 소란을 떨지 말
라고 했다. 그러나 춘택은 노기가 등등하여 즉시 그 자리에서 싸워 죽여 버릴
기세다. 다른 중 하나는 부엌문에 서서 웃음을 머금은 채 어느 편도 들지 않
을 뿐 아니라 말리지도 않는다. 춘택은 그 녀석을 또 한 주먹으로 패서 엎어
버리더니 욕을 해댄다.

"우리 어르신께서 이 일을 만세야(萬歲爺 황제를 높여서 하는 말) 앞에 아
뢰어서 네놈의 대가리를 빠개 버리든지, 이 절을 완전히 쓸어서 아주 평지를
만들어 버리겠어."

중도 일어나 옷을 털면서 욕을 한다.

"너희 어른이 공짜로 오미자를 가져갔잖아. 그런데 도리어 네놈을 시켜 사
발만한 모진 주먹으로 갚다니, 이게 무슨 도리야."

그렇지만 그의 기색은 점점 사그러든다. 춘택은 더욱 성을 내면서 욕을 해
댄다.

"그게 무슨 공짜냐? 그걸 한 말을 드셨겠냐, 한 되를 드셨겠냐? 그까짓 눈
꼽만한 작은 알갱이 때문에 우리 어르신의 높은 면목을 깎아내린단 말이냐?
만세야께옵서 만일 이 상황을 알게 되는 순간 너 같은 까까중놈의 대가리는

한방에 뽀개 버릴 거야. 우리 영감께옵서 이 일을 만세야께 아뢰었을 때, 네놈이 우리 어르신은 무서워하지 않는다 쳐도 만세야까지 두렵지 않단 말이냐?"

그 중은 더욱 기가 죽어서 다시는 댓거리를 하지 못한다. 춘택은 또 엄청나게 많은 욕을 어지러이 해댔는데, 유세를 부리면서 툭하면 만세야를 팔아먹는 것이다. 이 날 이 시간, 만세야의 두 귀가 당연히 가려웠으리라 생각된다. 춘택이 말끝마다 황제를 거들먹거리면서 허세를 부리는 꼴은 정말 사람들을 포복절도하게 했다. 그 고약한 중 녀석은 진짜 두려워하면서 '만세야'라는 석자를 마치 천둥이나 귀신처럼 듣는다. 춘택이 벽돌 하나를 뽑아서 때리려 하자 두 중은 모두 멋적게 웃으며 달아나 숨는다 (…중략…) 옛 성인은 남의 물건을 사양하고 받는 것, 가지고 주는 것에 있어서 매우 조심했다. 옳은 것이 아니면 지푸라기 하나라도 남에게 주지 않고, 옳은 것이 아니면 지푸라기 하나라도 남에게 받지 않는다. 대저 지푸라기는 세상에 지극히 작고도 하찮은 물건이어서 만물 가운데에 넣어서 헤아릴 필요도 없는 물건이다. 지푸라기 하나를 가지고 어찌 사양하고 받는다든지 가지고 준다든지 하는 걸 논의할 거리가 있겠는가. 그러나 성인(聖人)이 이렇게 심한 예를 들어서 논의를 펼친 탓에 청렴하게 구는 것도 대의에 어긋난다는 감을 지울 수 없었다. 그런데 오늘 오미자 사건을 경험하고 나서야 비로소 지푸라기 하나에 대한 성인의 논의가 과연 심한 말씀이 아니라는 걸 깨달았다. 아아, 성인이 어찌 나를 속이겠는가. 몇 알 오미자는 정말 지푸라기 하나와 같이 작은 물건인데, 저 미련한 중은 나에게 무례(無禮)한 행위를 했으니 상식에 어긋난 짓이라 할 만하다. 그렇지만 이것 때문에 싸움이 일어나서 주먹다짐에까지 이르렀다. 바야흐로 그들이 싸우게 되자 분한 마음을 참지 못하여 피차간에 생사를 걸었던 것이다. 이런 상황이 되면 비록 오미자 몇 알이지만 재앙은 산더미처럼 커졌으니, 세상에 작고도 하찮은 물건이라 해서 얕볼 수 없다는 걸 알겠다.

이 일을 겪은 박지원은 하인들 앞에서 민망하기도 하지만 자신의 무의식적인 행동 때문에 문제가 발생한 것에 대해 반성을 한다. 사소한 문제지만 때로는 커다란 재앙으로 이어지는 경우를 흔히 본다. 이 글의 뒷부분에서 초나라 국경 지대에 살던 여인이 뽕을 따는 문제로 싸우다가 결국은 두 나라 사이의 전쟁으로까지 이어진 문제를 거론한다. 오미자를 몇 알 집어먹은 것은 작은 문제지만, 그것 때문에 하인과 절의 승려들 사이에 다툼이 벌어지고 급기야는 주먹다짐에 이르렀다. 작은 물건이라도 주고받는 문제에 이르면 신중해야 한다. 예에 맞는가의 여부를 따져서 행동해야 한다.

박지원은 '예(禮)'에 주목한다. 사회의 근간이 되는 법도를 예라고 한다면, 예의 발현과정에서 개인의 수양 문제를 거론할 수 있다. 이것은 악(樂)과 서로 얽혀있는 문제다.

유자(儒者)가 제시하는 예의 가장 중요한 실천 덕목은 '조화(和)'다. 그것은 인간과 인간이 조화롭게 잘 어울려서 살아가자는 것이 근간의 정신이다. 그러나 유자가 강조하는 것은 바로 '예'에 의해 절제하는 것이다. 오직 조화롭기만 한다면 지나치게 방만한 관계를 만들게 되므로 이상적인 인간관계를 형성하기 어렵다는 뜻일 터이다. 그래서 예의 현실적 현현에서 중요한 덕목으로 지적되는 것이 '공경(敬)'이다. 상대방에 대한 배려와 존중이 예를 실천하는 과정에서 공경으로 나타난다. 때때로 배려와 존중이 스며있지 않은 예 때문에 가식적이고 형식적인 것으로 오해되기도 하지만, 그 이면의 정신을 체득한다면 조화와 공경이 넘쳐나게 될 것이다.

이렇게만 이야기하고 만다면 다른 의문이 생긴다. 예가 조화로워야 한다는 것은 알겠는데, 그렇게 추상적인 원론만을 이야기한다면 구체적인 생활 속에서는 무엇을 모범으로 삼아 예를 형성해야 하는가 궁금해진다. 예라고 하는 것은 천리(天理)의 현현태이다. 인간의 삶이란 인위적인 다양한 조건에 의해서 '왜곡'된다. 그것을 벗어나는 길은 올바른 예를 배우고, 그것을 실천하는 일이다. 예는 천리의 현현태이므로 당연히 인간의 '인위적인 차원'을 '자연—스러움'의 차원으로 이끈다.

서로가 서로를 존중하고 아름답게 살아가기 위한 최소한의 조건, 그것이 바로 예이다. 번잡하고 인위적이고 불필요한 것처럼 보이는 실생활에서의 몸짓은 그 표면에만 주목할 때 형식적인 층위로 인식되면서 우리를 옥죄는 족쇄가 된다. 표현되는 행동의 속깊은 곳을 통찰할 수 있을 때 비로소 예는 우리를 구속하는 것이 아니라 우리 삶이 천지자연의 이치와 합치되도록 만들어주는 소중한 덕목이 된다. 그렇게 될 때 사람과 사람 사이의 조화로운 관계가 형성되고, 아름다운 이상사회로 한 걸음 나아갈 수 있을 것이기 때문이다.

이렇게 본다면, 천지와 합치될 수 있는 올바른 예는 어떻게 내 몸짓으로 현현될 수 있을까. 여기서 당연히 수행의 문제가 대두한다. 박지원이 '극기복례(克己復禮)'를 말하는 것은 바로 이런 맥락이 전제되어 있다.

'극기(克己)'란 개인의 사사로운 욕망을 견뎌낸다는 것이다. 도저한 욕망의 세계를 제어하기 위해 평생의 수양이 필요하다. 자신의 마음을 되돌아보고 끊임없이 절차탁마하는 과정이야말로 공부의 알파요 오메가다.

박지원이 관운장을 모신 묘당에 들어갔을 때의 일이다. 관우를 높이기 위해 그를 부를 때에는 '관성(關聖)'이니 '관부자(關夫子)'니 한다. 그러나 정작 관우가 다시 살아나 이런 현실을 목도한다면 당연히 그 호칭을 거부할 것이라고 여겼다. 그가 추앙받는 이유는 '춘추대의(春秋大義)'에 밝았기 때문이라는 것이다. 이 역시 저변에는 '극기복례' 공부가 되어 있었다고 생각했다.

대개 소위 학문이란 신중히 생각하고[愼思] 명확히 판별하고[明辨] 상세히 묻고[審問] 널리 배우는 것[博學]을 말한다. 덕성(德性)만을 가지고 높이는 것은 부족한 점이 있으므로 다시 '묻고 배우는 것'으로 언급한 것이다. 옛날 우 임금은 좋은 말을 해주는 사람에게 절을 했고 아무리 짧은 시간이라도 허비하는 일이 없었다고 한다. 안연(顏淵)은 같은 잘못을 두 번 범하지 않았고 노여움을 남에게 옮기지도 않았다고 한다. 그런데도 오히려 그 마음의 거친 부분을 논의한다면 학문에 공을 들이는 노력이나 정진함에 있어서는 여전히 부족한 부분이 남아 있었다. 그 부족한 부분을 제거하려면 자기의 사욕을 이겨내고 예를 회복하는[克己復禮] 방법을 써야만 한다. '나'라는 것은 인간의 사사로운 욕망이다. 만일 터럭 하나라도 그 욕망이 내게 붙는다면 성인은 그것을 원수나 도적처럼 보아 반드시 잘라내고 발라내어 남김없이 없애버릴 것이다. 『서경(書經)』에는 "상(商)을 쳐서 기어코 이기겠다" 하였고, 『역경(易經)』에는 "고종(高宗, 은나라를 중흥시킨 임금 武丁)이 귀방(鬼方)을 쳐서 3년 만에 이겼다" 고 하였다. 3년 동안이나 전쟁을 하면서도 얼마가 걸리든 반드시 이기고 말겠다는 것은, 진실로 싸움에서 이기지 못할 경우 나라를 제대로 된 나라로 생각할 수 없었기 때문이었다. 자기 자신의 사사로운 욕망을 이겨낸 뒤에야 비로소 예(禮)를 회복할 수 있는 법이다. '돌아온다'[復]는 것은 터럭 하나라도 미진한 것이 없다는 말이다. 해와 달이 일식이나 월식으로 사라졌다가다 원래의 둥근 모습을 회복하고, 잃었던 물건을 되찾으면 그 무게가 조금도 줄지 않는 것과 같은 이치다. 그러니 지혜[智]와 어짊[仁]과 용맹[勇]의 세 가지 훌륭한 덕[三達德]을 갖추지 않았다면 학문을 완성할 수 없다. 관운장의 의로움과 용맹이 자신의 사욕을 이기기도 전에 벌써 예를 회복하였겠지만, 이제 '학문'이라는 시각으로 그를 칭송한다면 『춘추(春秋)』에 밝았다는 사실 때문일 것이다. 그는 일찍이 오(吳)·위(魏)가 도리에 어긋난 점에 대해 엄격했으니, 자신을 망녕되이 높여서 붙인 '제(帝)'라는 칭호를 어찌 스스로 편안히 받아들였겠는가. 그의 영혼이 살아 있다면 이처럼 명분에 어긋난 칭호를 결코 받지 않을 것이다. 만일 그의 영혼이 사라졌다면 이렇게 아첨해 본들 무슨 이로움이 있겠는가.

아무리 사사로운 욕망을 덜어낸 성현이라 해도 미세한 부분을 따지고 들어가 보면 문제점이 없을 수가 없다. 인간이 끊임없는 노력을 가하는 것은 이 때문이다. 마음을 돌아보고 한 점 부끄럼 없는 상태가 되어야만 올바른 예를 회복할 수 있고(예로 돌아갈 수 있고), 그런 경지에 도달해야만 어떤 행동을 하든 천지의 이치에 부합하는 자연스러운 삶이 될 수 있다. 박지원 자신이 무심코 먹은 몇 알 오미자는 바로 마음 수양의 수준이 매우 거칠어서 나타난 결과다. 그런 행위가 뜻밖에 사나운 싸움으로 연결된다는 것은 어찌 보면 당연한 일 아니겠는가.

5. 소결

박지원은 『열하일기』 곳곳에서 자신이 목격한 중국의 현실과 그로부터 촉발된 조선의 현실을 다양한 층위로 진술하고 있다. 그것은 독자들에게 진진한 흥미를 주기도 하고 때로는 독해의 어려움을 느끼게 만드는 요인으로 작용하기도 한다. 문장과 문장 사이에 묘한 여운을 남기기도 하고, 자신이 경험한 일화를 통해서 중국의 현실을 단적으로 드러내기도 하며, 때로는 우의적인 문장을 통해 천하의 정세 속에서 조선의 나아갈 방향을 가늠해보기도 했다. 꿈과 현실의 묘한 경계를 통해 그의 통찰은 새로운 깊이를 확보하기도 했다.

그가 경험한 중국은 이미 절정기를 막 지난 거대 제국이었다. 한편으로는 중국 백성들의 생활에서 조선의 민중들이 도움을 받을 수 있는 것들을 생각하기도 했고, 또 한편으로는 시세(時勢)의 흐름이 얼마나 중요하고 거대한 힘인가를 절감하기도 했다.

열하를 다녀온 것은 꿈이었을까 현실이었을까. 그 아득한 기억 너머로 참 다양한 생각들이 스친다. 청나라의 문명은 도대체 어디서 발원한 것일까. 오랑캐 청나라가 어떻게 저런 문화를 만들어냈단 말인가. 그 문명을 부러워하기도 하고 비판하기도 하면서 꼼꼼히 관찰하던 그의 눈에, 청나라의 운명이 이제는 서서히 저물어 가기 시작했다는 징후가 포착된다. 그것이 시대의 형세란 말인가. 뜻밖의 사건에서 자기 수양의 의미를 다시 생각해 보기도 하고, 마주치는 사물을 통해 천고의 역사를 드나들기도 한다.

일견 극기복례(克己復禮)라는 주자학적 도덕으로 돌아감으로써 그의 통찰이 빛을 바래는 것처럼 보이는 점이 있지만, 일상생활을 주자학적 도덕 법칙과 병치시킴으로써 공부와 삶의 일치를 지향하고 있다. 이는 박지원의 경화사족적 태도와 연관되는 것으로 보이는 바, 이 점에 대해서는 보다 상세한 검토가 필요할 것이다.

‖ 참고문헌

박지원, 『연암집』(영인본), 계명문화사.
박지원, 고미숙·길진숙·김풍기 공역, 『열하일기(상, 하)』, 그린비, 2008.
박지원, 신호열·김명호 공역, 『열하일기』, 민족문화추진회, 2005.

강동엽, 『열하일기 연구』, 일지사, 1988.
강혜선, 『박지원 산문의 고문 변용 양상』, 태학사, 1999.
김명호, 『박지원 문학 연구』, 성균관대학교출판부, 2001.
김명호, 『열하일기 연구』, 창작과비평, 1990.
김지용, 『박지원의 문학과 사상』, 한양대학교출판부, 2000.
김풍기, 「사이의 철학과 새로운 학문의 발견」, 『산벽 강동엽 선생 퇴관기념 논총』, 북
        스힐, 2009.
김혈조, 『박지원의 산문문학』, 성균관대학교출판부, 2002.
박기석 외, 『열하일기의 재발견』, 월인, 2006.
박향란, 「열하일기(熱河日記) 필담(筆談)에 포착된 청조(淸朝) 지식인의 형상과 의미」,
        『동방한문학』 제39집, 동방한문학회, 2009.
우창호, 「열하일기의 일고찰」, 『국어교육연구』 제26권, 국어교육학회, 1994.
이가원, 『연암 소설 연구』, 을유문화사, 1965.
이현식, 『박지원 산문의 논리와 미학』, 이회문화사, 2002.
이현식, 「열하일기의 황성기」, 『국어국문학』 제152호, 국어국문학회, 2009.
차용주, 『연암 연구』, 계명대학교출판부, 1984.

고전소설 교육의 실태분석과 웹(Web)을 활용한 교육방안 모색
─ 강원도 소재 중·고등학교 사례를 중심으로 ─

이 민 희

1. 서언

최근 고전소설 연구자와 현장 교사 간 소통의 부재를 지적하는 자성의 목소리가 적지 않다.[1] 그동안 관련 분야 연구자들은 새로운 자료 발견과 작품 분석, 그리고 새로운 이론을 제시하며 다양하고 시사적인 성과를 많이 제시해왔다고 자부한다. 그러나 고전 작품을 교실에서 가르치는 교사 입장에서는 대학입시라는 블랙홀 같은 제도에서 살아남을 수 있는 학생을 길러내고, 또 그것으로 인정받는 우수한 교사가 되기 위해 어쩔 수 없이 기존의 교육방법과 내용을 답습하면서 생존을 위한 성역 쌓기에 몰두해 왔다고 해도 과언이 아니다. 그 결과 연구자와 교육자는 서로 상대의 고민과 경험, 그리고 그 성과에 무관심한 채, 각자의 길에 충실했다는 논리로 고전소설

---

1) 한국고소설학회 편, 『고전소설 교육의 현황과 과제』, 월인, 2005.

교육문제를 합리화해 왔다고 할 것이다. 그러나 그 결과, 공교육을 받은 기졸업자나 현 재학생들이 고전문학에 대해 느끼는 애정 내지 호감도는 냉랭하다 못해 무미건조하기까지 하다. 그것은 어느 한 쪽의 문제로 야기된 것이 아니라 고전문학 교육 전반에서 비롯된 총체적 난제에 해당한다.

그것을 단적으로 체감할 수 있는 것이 고전문학에 대한 심드렁한 학생들의 반응일 것이다. 상당수의 학생들은 고전문학 수업을 막연히 또는 아주 구체적으로 너무 재미없고, 어렵고, 짜증나는 공부로 재단해 버리곤 한다. 부정적 선입견에 사로잡혀 입시 대비용으로 마지못해 대면하는 원수 같은 대상으로 인식하고 또 그런 인식이 졸업 후 사회생활로까지 이어지는 경우를 종종 목도하게 된다. 그런데 이것이 정말 학습자들의 일반적 반응인지 아니면 개인 또는 지역의 특수한 상황에 기인한 것인지조차 확인하기 어렵다. 실태파악조차 별반 이루어지지 못했기 때문이다. 이것은 고전문학 교육 문제의 심각성을 실감하지 못한 것뿐만 아니라 연구자와 교사와의 엇박자와 불통이 상당 기간 안일하게 진행되어 왔기 때문이다.

본 연구는 바로 이렇듯 갈수록 고전의 현대적 의미를 찾기 어려워하는 시대에서 고전문학 연구와 교육의 간극의 실상을 확인하고, 이를 토대로 현장의 교사와 학생들, 그리고 일반 국민이 공유할 수 있는 고전소설 교육의 긍정적 방향을 모색하고 새로운 인식 확장을 꾀하려는 데 목적이 있다. 무엇보다 고전은 낡은 것이 아니라 당대보다 더 앞선 세대의 젊은 것이라는 점을 바로 알게 하고, 현대의 문화생산물과 현대적 의미 역시 근대이전 문학에서 마련한 원천에서 그 소스를 얻고 있다는 사실을 일깨워 줄 필요가 있다. 또한 고전은 언제든지 현재와 미래에 재해석 혹은 재창조될 수 있는 가변적 대상임을 깨닫게 할 필요가 있다. 고전소설 교육의 원천적 소스에 대해 '낡은 것이 아니라 낯설지만 새로운 것 혹은 과거지만 젊은 것'이라는 의식의 재고에서 출발할 수 있도록 해야 한다.[2] 대안을 찾자면, 문제의식을 공론화하고, 해법을 찾아나서는 노력에 달려 있다고 할 것이다. 무엇보다

교실에서 학생들을 가르치는 교사와 연구하는 연구자들의 인식부터 새롭게 할 필요가 있다. 학생들에게 고전에 대한 흥미와 지식욕을 불러일으키고 교육문제를 바로잡는 제일선에 선 이들이 바로 교사이기 때문이다. 또한 새롭게 도전하고 재교육을 통해 자가 발전을 이룰 수 있도록 자극을 주어야 할 주체가 연구자이기 때문이다.

문제 해결을 위해 현재 일선 학교, 즉 교육현장에서 고전산문, 그 중에서 고전소설을 직접 가르치고 있는 교사와 이를 배우고 있는 학생들이 수업을 통해 고전소설을 어떻게 받아들이고 있으며, 어떤 방법으로 학습이 이루어지고 있는지 종합적으로 진단하는 일이 우선적으로 요구된다. 아울러 고전문학이, 고전소설이 국어교육에서 필요한 이유까지 살피는 일이 요구된다. 모든 예술이 그러하듯이 문학도 '비평'과 병행되지 않으면 자신을 드러내기가 어렵다. 게다가 언어나 정서면에서 현대문학보다 고전문학이 장벽이 많으며, '광고'나 '비평'의 도움을 받는 현대문학보다 고전문학이 불리한 위치에 놓여 있다.

사실 총체적으로 볼 때, 국어교육에 있어 거리와 소통의 문제들은 고전산문에 한정된 문제가 아니라, 우리의 현 '문학' 교육 전반에 관한 문제이기도 하다. 총체적인 문제를 거론하면서 문제의 해결을 풀기 시작하면 답이 쉽게 나오지 않기 때문에 현 교육 제도권 안에서 조금씩 풀어갈 수 있는 방안 제시가 요청된다. 고전소설 연구자와 국어교육 교사들의 끊임없는 소통이 진지하게 요구되는 상황이다. 본 연구는 바로 연구자와 교사 간 문제의식의 공유와 소통을 위한 탐구의 한 가지 결과물인 셈이다.

---

2) 서인석, 「고전산문 연구와 국어교육」, 한국고소설학회 편, 『고전소설 교육의 현황과 과제』, 월인, 2005, 34~35면 참조.

2. 고전소설교육의 실태 분석

2.1. 실태 분석을 위한 예비적 논의

본 연구에서는 고전소설에 대한 학생들의 흥미를 높이고, 참여도를 높일 수 있는 수업방법에 대해 고민해 보고자 한다. 이를 위해 먼저 교육현장에서 교사와 학생이 고전문학(고전소설) 교육에 대해 어떻게 느끼고 있으며, 실제 수업이 어떻게 진행되고 있는지 진단해 보고자 한다. 이를 위해 주로 강원도 소재 중학교와 고등학교의 학생들과 교사들을 대상으로 설문 조사를 실시하고자 한다.[3] 고전문학 교육이 학습자에게 효과적으로 이루어지고 있는가를 밝히기 위한 것인 만큼 학습의 주체인 학습자를 대상으로 설문조사를 실시하고, 아울러 교수·학습상의 실태와 문제점을 분석하기 위해 교사를 대상으로 설문조사를 병행하게 될 것이다.

이러한 설문 조사는 현행 고전소설 교육의 실태를 올바로 진단하고, 문제가 있다면 그것을 어떻게 해결할 수 있을지 그 방향과 방법을 새롭게 구성해 보기 위한 기초 작업에 해당한다.

2.2. 설문을 통한 실태 분석

고전소설 교육의 교수·학습상의 실태와 문제점을 분석하기 위해 중·고등학교 학생과 교사를 대상으로 설문 조사를 하였다. 조사 대상은 강원도 내 춘천 소재 인문계 고등학교 4곳과 중학교 1곳, 그리고 비춘천권 내 고등학교 2곳과 중학교 1곳을 임의로 선정하여 국어(상)·(하) 교과서를 학습한

---

3) 2010년 현재 강원도 소재 현직 교사인 윤현이(유봉여고), 최정문(진부중)의 도움을 받아 학생과 교사를 대상으로 한 설문 조사를 실시했다. 설문 조사에 적극 협조해 준 두 분 선생님께 감사의 마음을 전한다.

남녀 중·고등학교 학생 522명을 대상으로 했다. 구체적으로 중학생 63명, 고등학생 459명이 설문에 참여했다. 그리고 교사 설문은 춘천 및 강원도 소재 중학교 4곳, 고등학교 8곳에 재직 중인 교사로서 국어(상)·(하) 교과서를 다룬 경험이 있는 국어과 교사 69명을 대상으로 하였다. 설문에 응한 교사들의 교육경력은 평균 약 20년이었다.

학교		중학교				고등학교								합
지역	춘천	유봉여중				강대사대부고	춘천고	유봉여고	봉의고					5
	비춘천		가평중	진부중	방산중(양구)					① 원주여고	② 둔내고	치악고	봉평고	7
학생수		28	35			77	37	108	37	100	100			522
교사수		3	5	3	1	9	10	8	8	1	10	9	2	69

2.2.1. 학습자에 대한 설문(522명)

먼저 학생 대상 설문 조사 결과를 분석, 소개해 보기로 한다.

① 고전 소설 흥미도에 대한 설문[4]

질문	〈1〉 고전소설에 흥미를 느끼고 있습니까?				
응답	① 매우 느낀다	② 느낀다	③ 보통이다	④ 느끼지 않는다	⑤ 전혀 느끼지 않는다
인원(명)	23	124	207	114	54
비율(%)	4.4%	23.8%	39.7%	21.8%	10.3%

---

4) 본 설문 조사를 위해 사용한 설문 문항과 기본적 분석의 틀은 황택준,「고등학교 고전소설 교육의 실태와 개선 방안 연구」, 연세대학교 교육대학원 석사학위논문, 2005, 21~38면의 것을 참고하였다. 그러나 설문 조사 결과와 그 구체적 내용은 직접 설문조사에 의한 것이다.

질문	〈2〉 고전소설이 재미있다면 그 이유는 무엇입니까?				
응답	① 소설 자체가 재미있어서	② 선생님의 수업이 재미있어서	③ 문학에 원래 관심이 많아서	④ 당시의 사회상을 짐작할 수 있어서	⑤ 기타
인원(명)	158	34	35	89	56
비율(%)	30.3%	6.5%	6.7%	17.0%	10.7%

질문	〈3〉 고전소설이 재미없다면 그 이유는 무엇입니까?					
응답	① 소설 자체가 재미없어서	② 너무 현실성이 없어서	③ 문학에 원래 관심이 없어서	④ 어려운 낱말, 한자어가 많아서	⑤ 고전문법, 한자 관련 지식이 부족해서	무응답
인원(명)	35	25	38	285	59	78
비율(%)	6.7%	4.8%	7.3%	54.6%	11.3%	14.9%

질문	〈4〉 교과서에 수록되지 않은 고전소설 작품을 몇 편 정도 읽었습니까?				
응답	① 1~2편	② 3~4편	③ 5~6편	④ 7편 이상	⑤ 읽은 적 없다
인원(명)	123	135	68	81	109
비율(%)	23.6%	25.9%	13.0%	15.5%	20.9%

질문	〈5〉 자신은 독서의 대상으로 외국 고전과 우리 고전 중 어느 것을 먼저 선택하겠습니까?	
응답	① 외국 고전	② 우리 고전
인원(명)	156	362
비율(%)	29.9%	69.3%

질문	〈6〉 인터넷에서 우리 고전 정보에 자주 접속하십니까?			
응답	① 자주 접속한다	② 가끔 접속한다	③ 거의 접속하지 않는다	④ 접속한 적이 없다
인원(명)	7	40	188	282
비율(%)	1.3%	7.7%	36.0%	54.0%

학생들의 고전 소설에 대한 흥미도를 조사한 결과, 대략 70% 이상의 학습자가 고전 소설에 그다지 흥미를 느끼지 못하고 있으며, 그 이유로는 어려운 낱말이나 한자어가 많기 때문이라는 응답이 54.6%를 차지했다. 여기

서 고전문학의 현대어역에 대한 필요성을 볼 수 있다.

또한 고전소설에 흥미를 느낀다고 응답한 경우, 그 이유에 대해서는 교사의 수업이 재미있기 때문이라는 응답이 의외로 적었다. 고전소설 자체에 가치를 부여하고 거기서 흥미를 찾으려 한다는 점에서 고전소설에 대한 긍정적 사고의 일단을 엿볼 수 있다. 교사가 수업을 어떻게 하느냐에 따라 흥미도가 생기고 떨어지고 한다는 속설을 본 설문에서는 확인하기 어렵다.

그 이외의 질문에서 학생들이 인터넷으로 고전소설 검색을 거의 안하며(약 90%), 교과서 외의 작품을 많이 읽어보지 못한 사실을 확인할 수 있지만, 독서대상으로 외국 고전보다 우리 고전을 선택하겠다는 응답이 많은 것으로 보아 적절한 교육방안의 마련과 실천이 제대로 이루어질 경우 얼마든지 학생들의 고전문학에 대한 관심이 높아질 것으로 여겨진다.

② 현행 고전 소설 수업에 대한 설문

질문	〈7〉 현대 소설과 고전 소설 중 수업시간에 더 많은 비중을 차지하고 있는 것은 어떤 것입니까?	
응답	① 현대 소설	② 고전 소설
인원(명)	367	155
비율(%)	70.3%	29.7%

질문	〈8〉 학교에서 고전소설에 대한 학습의 양은 어느 정도라고 생각합니까?			
응답	① 매우 충분하다	② 충분한 편이다	③ 적절하다	④ 부족한 편이다
인원(명)	34	112	243	131
비율(%)	6.5%	21.5%	46.6%	25.1%

질문	〈9〉 교과서에 실린 고전소설 작품에 대한 이해의 정도는 어떻다고 생각합니까?				
응답	① 매우 어렵다	② 어려운 편이다	③ 적절하다	④ 쉬운 편이다	⑤ 매우 쉽다
인원(명)	42	186	249	34	8
비율(%)	8.0%	35.6%	47.7%	6.5%	1.5%

질문	〈10〉 고전소설을 학습할 때 장애가 된다고 생각하는 요소는 무엇입니까?				
응답	① 내용이 재미없다	② 현대어로 해독하기 어렵다	③ 암기해야 할 것이 많다	④ 수업시간 부족에 따른 빠른 수업 진행으로 따라가기 어렵다	⑤ 일부분만 실려 있어 전체를 알지 못한다
인원(명)	50	316	66	19	89
비율(%)	9.6%	60.5%	12.6%	3.6%	17.0%

질문	〈11〉 고전소설 수업에 선생님께서 주로 사용하시는 매체는 무엇입니까?				
응답	① 칠판	② 슬라이드	③ 비디오나 오디오	④ OHP 및 실물화상기	⑤ 프레젠테이션
인원(명)	422	12	12	8	64
비율(%)	80.8%	2.3%	2.3%	1.5%	12.3%

질문	〈12〉 선생님께서 고전소설 수업에 주로 사용하시는 지도 방식은 무엇입니까?				
응답	① 교사 중심의 강의식	② 학생 발표 중심의 발표식	③ 과제 제시를 통한 탐구학습식	④ 조 편성 등을 통한 토론식	⑤ 멀티미디어 등을 이용한 매체이용식
인원(명)	406	23	19	15	57
비율(%)	77.8%	4.4%	3.6%	2.9%	10.9%

질문	〈13〉 고전소설 수업에 가장 효과적인 수업방식은 무엇이라 생각합니까?				
응답	① 교사 중심의 강의식	② 학생 발표 중심의 발표식	③ 과제 제시를 통한 탐구학습식	④ 조 편성 등을 통한 토론식	⑤ 멀티미디어 등을 이용한 매체이용식
인원(명)	170	33	40	61	215
비율(%)	32.6%	6.3%	7.7%	11.7%	41.2%

질문	〈14〉 수학능력시험에서 좋은 점수를 얻기 위해 가장 적절한 고전소설 수업방식은 무엇이라고 생각합니까?				
응답	① 교사 중심의 강의식	② 학생 발표 중심의 발표식	③ 과제 제시를 통한 탐구학습식	④ 조 편성 등을 통한 토론식	⑤ 멀티미디어 등을 이용한 매체이용식
인원(명)	155	70	115	65	127
비율(%)	29.7%	13.4%	22.0%	12.5%	24.3%

위의 조사에서 알 수 있듯이 학생들은 고전소설 수업이 현대소설 수업보다 작은 비중을 차지하고 있다고 생각하면서도 고전소설 수업량이 적절하다고 답한 경우가 적지 않았다. 이는 현대소설에 비해 고전소설을 어렵게 느끼고 있기 때문으로 고전소설의 작품 수나 수업량을 늘리는 것에 대해 그다지 호감을 갖지 못하고 있음을 간접적으로 짐작해 볼 수 있다.

수업방식의 경우 교사의 판서로 인한 일방적 강의식으로 진행되고 있는데 학생들은 이 같은 방식보다는 토론이나 멀티미디어를 통한 수업방식을 효율적이라고 생각하고 있다. 그러나 수능을 위해서는 교사 중심의 강의식을 가장 효과적이라고 꼽고 있다. 이는 학생들의 인식 속에는 고전문학교육과 수능은 별개의 것이라는 생각이 자리 잡고 있기 때문이다. 고전문학교육을 통해 성취해야 하는 이상적 목표에는 다양한 수업 방식이 요구되지만, 수능을 위해서는 강의식이 효과적이라는 인식이 자리 잡고 있는 이것 또한 문제점으로 볼 수 있다.

③ 고전소설 수업의 성과에 대한 설문

질문	〈15〉 고전소설을 배운 후에 얻은 것은 무엇입니까?				
응답	① 흥미와 관심을 갖게 되었다	② 조상들의 삶을 이해하게 되었다	③ 흥미를 잃고 지루하게 여겨졌다	④ 건전한 가치관을 갖게 되었다	⑤ 아무런 변화가 없다
인원(명)	133	131	66	14	158
비율(%)	25.5%	25.1%	12.6%	2.7%	30.3%

질문	〈16〉 고전소설을 학습한 후 학습문제를 스스로 해결할 수 있다.				
응답	① 매우 그렇다	② 그렇다	③ 보통이다	④ 아니다	⑤ 매우 아니다
인원(명)	16	95	293	95	22
비율(%)	3.1%	18.2%	56.1%	18.2%	4.2%

질문	〈17〉 고전소설 수업 후 고전소설에 대한 관심이 높아졌습니까?				
응답	① 매우 그렇다	② 그렇다	③ 보통이다	④ 아니다	⑤ 매우 아니다
인원(명)	10	83	229	147	49
비율(%)	1.9%	15.9%	43.9%	28.2%	9.4%

질문	〈18〉 고전소설 수업 후 고전소설의 독서량이 늘었습니까?				
응답	① 매우 그렇다	② 그렇다	③ 보통이다	④ 아니다	⑤ 매우 아니다
인원(명)	7	34	225	234	74
비율(%)	1.3%	6.5%	43.1%	44.8%	14.2%

　고전소설 교육의 성과에 대해 긍정적이지 않다. 특별히 고전소설 학습 후 흥미와 관심을 갖게 되었다는 긍정적 답변도 많았지만, 오히려 흥미를 잃거나 아무런 변화가 없었다는 부정적 답 또한 40%가 넘었다. 이로 볼 때, 현행 고전소설 교육에 대한 학습자들의 학습 효과 내지 만족도가 그다지 높지 않음을 짐작해 볼 수 있다.

④ 고전소설 교육에 대한 기타 설문

질문	〈19〉 우리 고전소설이 현재 우리에게 필요하다고 생각하십니까?				
응답	① 매우 그렇다	② 그렇다	③ 보통이다	④ 아니다	⑤ 매우 아니다
인원(명)	48	216	195	38	24
비율(%)	9.2%	41.4%	37.4%	7.3%	4.6%

질문	〈20〉 '춘향전'을 처음부터 끝까지 다 읽어 보셨습니까? (판본에 관계없이)	
응답	① 읽어보았다	② 읽어보지 못했다
인원(명)	213	307
비율(%)	40.8	58.8%

질문	〈21〉 읽은 고전소설 작품 중 재미있다거나 추천할 만하다고 생각한 것이 있다면 적어 보십시오.				
응답	1위 홍길동전	2위 구운몽/ 허생전	4위 전우치전/ 운영전	5위 흥부전	⑤ 기타
인원(명)	24	21	20	16	별주부전(15), 춘향전(13), 금오신화(12) 박씨전 · 심청전 · 장화 홍련전(9)

20번에서 『춘향전』을 예로 들어 물어 보았는데, 이 작품을 '제대로' 읽지 않은 학생이 절반 이상인 58.8%나 되었다. 학생들은 고전소설이 우리에게 필요하다는 점에서 긍정적으로 생각하고 있다. 그런데도 불구하고 현장에서 제대로 교육이 안 되고 있다는 것은 상당히 큰 문제점이라 할 수 있다. 재미있게 읽었거나 추천해 주고 싶은 고전소설 작품을 적어보라는 마지막 질문에 대해서는 『홍길동전』, 『구운몽』, 『허생전』, 『운영전』 등이 자주 언급되었다. 그러나 수위를 차지한 작품들은 모두 교과서에 빈번히 수록되어 있는 작품들이다. 교과서 미수록 작품을 추천한 경우는 드물다. 한정된 수의 교과서 수록 작품만을 섭렵하고 있음을 짐작케 해준다.

2.2.2. 교사에 대한 설문(69명)

다음은 교사를 대상으로 한 설문 조사 결과이다.

① 교육과정과 수업의 연계성에 대한 설문

질문	〈1〉 7차 교육과정에 대해 어느 정도 숙지하고 계십니까?			
응답	① 상세히 알고 있다	② 대략 알고 있다	③ 조금 알고 있다	④ 전혀 모른다
인원(명)	16	38	15	0
비율(%)	22.2%	52.8%	20.8%	0%

질문	〈2〉 수업 설계시 무엇을 가장 많이 고려하십니까?				
응답	① 교육과정	② 대학수학능력 시험의 출제경향	③ 교사용 지도에서 중점을 두는 것	④ 참고서에서 강조하는 것	⑤ 수업내용과 관련한 여러 학설들
인원(명)	15	38	18	2	0
비율(%)	20.8%	52.8%	25.0%	2.8%	0%

설문 결과, 교육과정과 수업이 별개로 진행되고 있음을 알 수 있으며, 수업 설계시 수능을 많이 고려한다는 응답이 지배적이었다. 이는 중학교와 고등학교 교사를 구분해 살필 경우 다른 결과를 얻을 수 있다.

② 7차 교육과정과 고전소설 수업에 대한 설문

질문	〈3〉 7차 교육과정에서 고전소설은 현대소설에 비해 어떻다고 생각하십니까?			
응답	① 매우 중요하게 다뤄짐	② 중요하게 다뤄짐	③ 비슷함	④ 중요하지 않게 다뤄짐
인원(명)	0	10	43	18
비율(%)	0%	13.9%	59.7%	25.0%

질문	〈4〉 고전소설 지도시 가장 중점을 두고 있는 사항은 무엇입니까?				
응답	① 어휘 분석	② 작품내용	③ 작품 감상	④ 고전문학을 통한 삶의 이해	⑤ 가치의 내면화
인원(명)	5	18	33	15	0
비율(%)	6.9%	25.0%	45.8%	20.8%	0%

질문	〈5〉 고전소설의 교육 방법으로 가장 적절한 것은 무엇이라고 생각합니까?				
응답	① 어휘 이해	② 전체 내용 파악	③ 주제 파악	④ 사회적 배경 이해	⑤ 다독(多讀)
인원(명)	3	37	7	21	6
비율(%)	4.2%	51.4%	9.7%	29.2%	8.3%

질문	〈6〉 수업에서 고전소설을 지도하는 주된 방식은 무엇입니까?				
응답	① 교사 중심의 강의식	② 학생 발표 중심의 발표식	③ 과제 제시를 통한 탐구학습식	④ 조 편성 등을 통한 토론식	⑤ 멀티미디어 등을 이용한 매체이용식
인원(명)	64	1	4	0	2
비율(%)	88.9%	1.4%	5.6%	0%	2.8%

질문	〈7〉 고전소설 수업에 주로 활용하는 매체는 무엇인가?				
응답	① 칠판	② 슬라이드	③ 비디오나 오디오	④ OHP 및 실물화상기	⑤ 프레젠테이션
인원(명)	57	1	4	0	11
비율(%)	79.2%	1.4%	5.6%	0%	15.3%

위에서 알 수 있듯이 고전소설도 현대소설에 비해 결코 소홀하게 다루어지고 있지 않다. 그런데 고전소설 교육에 중점을 두고 있는 것이 '작품의 감상'이라고 다수가 응답했으면서도 정작 수업에 중점을 두고 있는 것은 작품의 전체적 내용 파악이라는 응답이 많았다. 교육과정은 감상을 지향하면서도 정작 교육 현장에서는 감상의 첫 단계라고 할 수 있는 내용 파악에 그치고 있다. 또한 교육과정이 몇 번이나 바뀌었음에도 교사 중심의 강의식이나 칠판에 판서하는 수업방식 등은 거의 변하지 않고 있음을 알 수 있다. 그러나 교사 중심의 판서 위주 수업은 중학교보다 고등학교에서 압도적 우위를 보이고 있었다.

③ 교과서와 관련된 설문

질문	〈8〉 현 교과서에 실려 있는 고전소설 작품에 만족하십니까?				
응답	① 아주 만족	② 만족	③ 보통	④ 개선의 여지가 있다	⑤ 개선의 여지가 많다
인원(명)	0	15	25	29	2
비율(%)	0%	20.8%	34.7%	40.3%	2.8%

질문	〈9〉 현 교과서에 실려 있는 고전소설의 분량(각 작품에 대해)에 만족하십니까?				
응답	① 너무 많다	② 많은 편이다	③ 적절하다	④ 적은 편이다	⑤ 너무 적다
인원(명)	0	2	24	42	2
비율(%)	0%	2.8%	33.3%	58.3%	2.8%

질문	〈10〉 고전소설을 실을 때 현대역을 해서 싣는 것에 대해 어떤 견해를 가지고 계십니까?	
응답	① 현대역을 싣는 것이 바람직하다	② 원문을 그대로 싣는 것이 바람직하다
인원(명)	41	21
비율(%)	56.9%	29.2%

질문	〈11〉 고전소설 교육을 위해 교과서 외 보조교재(예, 강의노트, 작품 전체 수록 작품 모음집 등)를 새로 개발할 필요가 있다고 생각하십니까?			
응답	① 매우 그렇다	② 그렇다	③ 그저 그렇다	④ 그럴 필요 없다
인원(명)	22	42	5	1
비율(%)	30.6%	58.3%	6.9%	1.4%

위에서 볼 수 있듯이 내용파악이 곤란할 정도로 전체 작품에서 지극히 적은 일부분만을 싣고 있는 것이 문제라는 인식을 갖고 있다. 교과서 수록 작품을 개선할 필요가 있다는 생각도 적지 않다. 또한 많은 수의 교사가 현대어로 번역된 것을 싣는 것이 좋다는 의견을 보였다. 그러나 교사를 위한 강의노트나 보조교재 등을 제시하는 것은 완전히 원문을 배제하는 것이 아니라 일부분을 제시해 줌으로써 옛글의 이해와 고전문학의 원형을 보여주는 것이 더 바람직한 것으로 생각하고 있다는 것이다. 다양한 고전소설 작품을 수업 외 시간에도 자유롭게 읽고 이를 다양하게 평가할 수 있는 근거 마련이 아쉽다는 의미로 받아들일 수 있다.

④ 고전소설 교육에 대한 제반 사항에 관한 설문

질문	〈12〉 현행 고전소설 교육의 가장 큰 문제점은 무엇이라고 생각하십니까?				
응답	① 선행학습 부재(한문 및 고전문법교육)	② 부적절한 제재 선택	③ 작품의 내용과 학습자들의 가치관 차이	④ 교사의 고전문학에 대한 전문성 결여	⑤ 전체 내용을 알 수 없을 만큼 실린 작품의 분량
인원(명)	19	2	19	5	24
비율(%)	26.4%	2.8%	26.4%	6.9%	33.3%

질문	〈13〉 고전소설을 학생들에게 가르칠 필요가 있다고 생각하십니까?			
응답	① 대단히 있다	② 있는 편이다	③ 꼭 가르칠 필요가 없다	④ 가르칠 필요 없다
인원(명)	23	45	2	0
비율(%)	31.9%	62.5%	2.8%	0%

질문	〈14〉 고전소설 수업 후 학생들이 얻은 성과는 무엇이라고 생각하십니까?					
응답	① 어휘력 향상	② 우리 문화에 대한 관심 제고	③ 고전소설에 대한 관심 제고	④ 능동적 고전소설 읽기 능력 배양	⑤ 타 평가에서의 좋은 성적 획득	⑥ 기타
인원(명)	5	34	22	5	3	0
비율(%)	6.9%	47.2%	30.6%	6.9%	4.2%	0%

질문	〈15〉 수업 시 필요한 자료는 주로 어디서 얻으십니까?				
응답	① 참고서	② 교사용 지도서	③ 인터넷	④ 전공서적	⑤ 기타
인원(명)	13	13	42	9	0
비율(%)	18.1%	18.1%	58.3%	12.5%	0%

질문	〈16〉 고전소설 교육의 바람직한 방향 마련을 위해 가장 필요하다고 생각하는 것은 무엇입니까?					
응답	① 현행 대학 입시 제도 개선	② 학습자의 흥미 유발	③ 교사의 열정과 관심	④ 연구자와 교육자간 소통	⑤ 평가방법의 다양화	⑥ 기타
인원(명)	12	38	12	5	2	0
비율(%)	16.7%	52.8%	16.7%	6.9%	2.8%	0%

　　교사도 학생과 마찬가지로 고전문학의 필요성에 대해서는 모두 동의하고 있다. 그러나 교사 입장에서 본다면, 고전소설 교육의 문제로 작품 전체가 아닌 부분의 제시, 한자 및 고어 교육의 어려움, 그리고 작품 내용과 학습자간 가치관 및 정서의 차이에서 오는 불편함을 지적하고 있다. 고전문법이나 한문이 거의 배제된 수능이라는 입시가 시행되면서 학교 현장에서 고전문법과 한문이 등한시 되었고 이와 함께 고전소설 교육도 어려움에 빠졌다. 15번 문항에서 알 수 있듯이 교사들이 수업을 위한 자료를 인터넷에서 주로 찾는 반면, 학생들은 참고서나 교과서 등 기존 인쇄매체에 기대어 공부하려는 수동적 자세가 일반적이다. 한편 교사들은 고전소설 수업 후 학생들이 고전소설이나 우리 문화에 대해 관심이 제고되었을 것이라 기대하고 있

는 점이 학생의 응답(별로 달라진 것이 없다)과 차이를 보이고 있는 점이기도 하다.

2.3. 구체적 사례 분석 : 원주여고(①)와 둔내고(②)의 경우[5]

지역별 특성에 따른 학습자 간 고전소설 교육에 관한 의식 차이가 있는지를 살피기 위해 평준화, 비평준화 학교를 각각 하나씩 표본 대상으로 삼았다. 학습자 대상 설문은 원주여고와 둔내고 각 100명을 대상으로 하였다. 원주여고는 원주시에 소재한 학교로 33학급의 대규모 학교이며 비평준화 제 1선발 집단으로 강원도에서는 학력이 비교적 높은 여학교이다. 둔내고는 횡성군 둔내면에 소재한 전형적인 농촌 소규모 학교로 6학급 규모이며 둔내면 주변의 학생들이 진학하게 되는데 성적이 우수한 학생들 가운데는 상당수가 원주 등 주변의 도시로 유학을 가고 시내의 인문계 학교에 진학이 불가능하거나 대학 입시(농어촌 가산점 등)를 위해 성적이 우수한 편이지만 스스로 도시로 진학하지 않은 소수의 학생들로 구성된 학력 면에서는 원주여고에 비해 뒤처진다고 할 수 있는 학교다. 원주여고 설문은 2학년에 재학 중인 100명의 학생을 대상으로 하였으며, 둔내고 설문은 전 학년에 걸쳐 100명의 학생을 대상으로 하였다. 설문에 답한 내용을 살펴본 결과 학년에 따라 답변 내용이 달라지는 특기할만한 점은 발견할 수 없었다.

서로 다른 특성을 지닌 두 학교의 설문을 비교해 볼 때 눈에 띄는 것은 먼저 4번 문항에 대한 답변이다. 전체적으로는 교과서 수록 외 고전소설 작품을 3~4편 정도 읽었다고 답한 학생들이 가장 많은 비중(27.5%)을 차지하였으나 원주여고 학생들 가운데는 7편 이상 읽었다는 학생들도 26명으로

---

5) 앞에 제시한 표에서 확인할 수 있듯이 원주여고와 둔내고 학생 100명씩을 대상으로 동일한 내용으로 설문 조사를 했다. 본 절은 그 결과에 대한 상세한 분석에 해당한다. 이 분석은 진부중학교에 재직 중인 최정문 교사의 도움을 받았다.

많은 부분을 차지하고 있었다. 이에 반해 둔내고 학생들은 7편 이상 읽은 학생은 8명에 불과했다. 이러한 결과는 뒤에 21번 문항의 추천할 만한 고전 작품을 적으라는 문항과도 관련이 있어 보이는데 원주여고 학생들은 많은 학생들이 다양한 고전 소설 작품을 추천해 준 데 반해 둔내고 학생들은 소수의 학생들만이 몇몇 작품을 들고 있다.

다음 8번 문항도 눈여겨 볼만하다. 원주여고 학생들은 57명의 학생들이 고전소설의 학습의 양이 부족한 편이라고 답한 데 반해 둔내고 학생들은 30명의 학생만이 학습의 양이 부족한 편이라고 답했으며 충분하다고 느끼는 학생도 22명으로 원주여고 8명의 학생보다 훨씬 많았다.

고전소설 수업 시 사용하는 매체와 지도 방식에 대한 물음에서는 대부분의 교사가 교사중심의 강의식 수업을 칠판을 매체로 하고 있는 것으로 나타났다. 그러나 여기에서도 둔내고 교사들은 강의식 수업 외에 다양한 지도 방식을 시도하는 경우도 있는 것으로 나타나고 있는데 그것의 영향인지 고전소설을 수업하기에 효과적인 수업방식과 수학능력시험을 위해 효과적인 수업방식을 묻는 질문에서 원주여고 학생들에 비해 다양한 수업방식을 원하고 있었다. 즉 원주여고 학생들은 56명의 학생들이 강의식 수업방식을 가장 효과적인 고전소설 수업방식으로 꼽았으며 65명의 학생들이 수능을 위해 효과적인 수업방법으로 강의식 수업을 들고 있는데 반해 둔내고 학생들은 27명, 22명의 학생만이 강의식 수업이 좋다고 답하였다. 이는 학력이 높은 학생들은 비교적 고난도의 수업 내용을 다른 수업 방식에 기대지 않고 교사의 설명만으로 받아들일 만한 집중력을 지니고 있어 핵심만을 짚어 강의하는 수업 방식을 선호한다고 볼 수 있다. 이에 반해 학력이 비교적 낮은 학생들은 고전소설을 이해하기 어려운 학습과제로 받아들여 교사가 설명 외에 다양한 매체와 교수법을 통해 고전소설에 흥미를 갖고 쉽게 접근할 수 있도록 도와주기를 원하는 것으로 보인다. 이러한 학생의 요구와 필요에 의해 둔내고 교사들이 원주여고 교사에 비해 다양한 교수법을 시도하고 있는 것이 아닌가 한다. 이는 고전소설을 가르칠 때 학생들의 수준을 고려하여 그에 맞는 교수법을 선택하는 것도 중요함을 보여준다.

설문의 내용을 전체적으로 살펴보면 고전소설에 대한 학생의 흥미도는 낮은 것으로 보인다. 고전소설에 대한 흥미도가 보통이하인 학생들이 76.5%로 많은 부분을 차지하고 있으며 우리 고전 정보를 찾기 위해 인터넷에 접속하는 학생도 6%에 불과했다. 그러나 독서의 대상으로 외국고전에 비해 우리 고전을 선택하겠다는 학생이 3배 정도 많은 것은 특이한 점이다.

또한 고전소설을 어렵다고 느끼는 학생들이 41.5%로 쉽게 느끼는 학생들(3.5%)에 비해 많았으며 그에 따라 고전소설의 학습양이 부족하다고 느끼는 학생들도 43.5%나 되었다. 고전소설을 학습할 때 가장 어려운 점은 현대어로 해독하기 힘들다는 점을 가장 많이 꼽고 있는데 이는 교과서에 고전작품을 실을 때 어려운 한자어나 고어를 그대로 싣기 보다는 최대한 현대어에 가깝게 실어주는 것이 학생들이 고전에 보다 쉽게 다가가게 할 수 있는 방법임을 보여준다.

설문 결과, 가장 심각하게 다가오는 것이 고전소설 수업의 성과에 대한 질문부분이다. 대부분의 학생들이 고전소설 수업 결과 변화된 것이 거의 없다는 반응을 보이고 있다. 이것이 앞에서 먼저 살펴본 고전소설에 대한 학생들의 흥미도에 부정적 영향을 미친 주요 요인이 아닐까 한다. 즉 고전소설 수업이 학생들에게 고전소설에 대한 흥미와 관심을 불러일으키지 못하고 있는 것이다. 이는 교사가 한 가지 수업방식에 얽매여 학생들에게 그러잖아도 어려운 고전소설을 딱딱하고 지루하게 받아들여질 수밖에 없도록 가르치고 있기 때문일 수도 있고 애초에 교과서에 실린 고전소설 작품이 학생들의 흥미를 자극할 만한 작품이 아닐 수도 있다.

여기에서 우리는 고전소설 교육을 위한 두 가지 중요한 시사점을 얻을 수 있다. 첫째는 고전소설 작품을 선정하여 교과서에 실을 때 학생들의 흥미를 고려할 수 있어야 하며 같은 작품이라도 학생들이 흥미를 가지고 학습할 수 있도록 교과서를 구성하는 섬세한 작업이 필요하다는 것이다. 둘째는 우리 고전소설의 맛과 멋을 느끼고 고전소설에 흥미를 갖도록 할 수 있는 다양한 교수학습 방법을 개발하고 시도하는 교사의 역할이 중요하다는 것이다. 이러한 가운데 그나마 희망을 주는 설문 결과는 과반수이상의 학생들이 고전소설이 필요하다고 느끼고 있다는 점이다. 그렇기에 위에서 언급한 교과서를 만드는 사람들과 고전소설을 일선에서 가르치는 교사의 노력이 더욱 절실하다 하겠다.

한편, 교사를 대상으로 한 설문 조사(총 11명)에서는 뚜렷한 시사점을 얻어내기 어려웠다. 다만 대체적으로 교육과정과 수업의 연계성에 대한 설문을 보면 7차 교육과정에 대해 대략 알고 있다고 답한 교사가 가장 많았으나 수업설계 시 교육과정을 고려하는 교사는 별로 없는 것으로 나타났다. 고등학교에 근무하는 대부분의 교사는 수업 시 대학수학능력시험의 출제 경향을 가장 많이 고려하는 것으로 조사됐다. 이는 교육과정이 고전소설과 관련하여 교육 내용이나 방법을 구체적으로 짚어주고 있지 못한 현실을 반영한다고도 하겠다.

다음 교과서와 관련된 설문 결과는 주목할 만하다. 먼저 교과서에 실려 있는 고전 소설 작품에 만족한다는 의견보다는 개선의 여지가 있다고 답한 교사가 많았으며 교과서에 실린 고전소설의 분량이 부족하다고 답한 교사가 많았다. 또한 원문을 그대로 싣는 것보다는 현대어역을 싣는 것이 바람직하다고 보는 교사가 압도적으로 많았는데 이는 학생들의 설문과도 일치하는 결과다. 또한 고전소설 교육을 위한 부교재를 개발할 필요가 있다고 답한 교사가 다수를 차지하고 있어 부교재 개발의 필요성을 여실히 보여주었다.

현행 고전소설 교육의 가장 큰 문제점으로 작품내용과 학습자들의 가치관의 차이를 들고 있는데, 이는 학생들의 생각과 큰 차이를 보인다. 즉 고전소설이 재미없는 이유로 현실성이 없기 때문이라고 답한 학생은 전체학생의 4%에 불과했기 때문이다. 즉 고전소설 교육을 받는 학습자 입장에서는 작품내용과 자신들의 가치관 차이를 고전소설을 공부하는 데 있어 장애가 된다고 생각하지 않는다는 것이다. 학생들은 오히려 어려운 낱말이나 한자어가 많고 고전문법 및 한자에 대한 지식이 부족해서 고전소설의 내용을 쉽게 이해하지 못하기 때문에 고전소설에 대한 흥미를 느끼지 못한다고 답한 학생들이 많았다(전체학생의 64%). 이는 교사가 학습자들이 고전소설을 공부하는 데 있어 어떤 점을 어려워하는가를 알고 수업에 임할 때 학생들의 고전소설에 대한 흥미도 끌어낼 수 있을 뿐 아니라 성공적인 고전소설 교육이 가능할 것이라는 시사점을 준다.

　마지막으로 고전소설 수업 후 학생들이 얻은 성과에 대하여 고전소설에 대한 관심을 끌어올릴 수 있다고 답한 교사가 많았는데 이 또한 학생들의 답변과는 사뭇 다른 결과이다. 고전소설 수업 후 고전소설에 대한 관심이 높아졌는가에 대한 질문에 전체 학생의 14.5%의 학생만이 그렇다고 답하였던 것이다. 교사는 고전소설에 대한 관심이 높아질 것을 기대하고 고전소설을 가르치지만 수업을 받는 학생들의 입장에서는 별다른 변화를 느낄 수 없었다는 것일 것이다. 이는 지금과 같은 고전소설 교육하에서 학생들의 고전소설에 대한 관심을 높이기에는 역부족이라는 사실과 고전소설 교육에 새로운 변화가 시급함을 보여주는 것이기도 하다. 비록 두 학교만을 대상으로 비교해 본 것이라 이것을 일반화해 단정 짓기 어려울 수 있다. 그러나 전체적으로 본 설문을 통해 많은 교사들이 원하고 있는 것이 고전소설 교육의 방향을 제시해 주고 교과서 부족 부분을 보충해 주어 학생들의 이해를 돕고 흥미를 높일 수 있는 부교재의 개발이라는 점을 확인할 수 있다. 부교재 또는 보조교재의 개발이 현 고전소설 교육 문제를 해결할 수 있는 하나의 해답이 될 수 있을 것으로 보인다.

3. 웹을 활용한 고전소설 교육 방안

3.1. 웹을 활용한 고전소설 교육의 가능성

이상 교육현장에서의 설문조사는 시사하는 바가 적지 않다. 현행 고등학교의 고전문학 교육이 교육과정과 교과서, 수업, 그리고 평가가 서로 맞물리지 못하고 별개로 진행되고 있음을 확인할 수 있었다. 다양한 수업 방식 모색 및 기자재의 설치, 운영에도 불구하고 여전히 판서 위주의 전통적 수업 방식이 현장에서 주로 사용되고 있으며, 입시를 궁극적 목적으로 한 교육이 이루어지고 있다고 할 것이다. 따라서 조사결과를 토대로 몇 가지 논의 과제를 상정할 수 있다. 첫째는 교육 정책 차원에서 교육과정6)과 교과서, 평가가 따로 이루어지고 있는 현실에 대한 정밀한 원인 진단과 그 해결책에 대한 연구가 필요하다. 둘째는 고전소설에 대한 부정적 인식 해소를 위한 연구로 고전소설이 학생들과 교사들에게 기피되는 이유와 해결책, 특히 고전소설의 원문 제시 및 현대어 번역의 문제에 대한 논의가 필요하다. 셋째로는 현재와 미래를 열어 나갈 수 있는 생활 연계 응용 교수방법의 모색 등으로 요약해 볼 수 있다.

그러나 본고에서 이 세 가지 문제를 모두 다룬다는 것은 역량 밖의 일이다. 따라서 그 중 하나만을 택해 바람직한 고전소설 수업 방안을 모색하는 것에 주목하고자 한다. 그 하나의 대안이 교사의 일방적인 설명과 지식위주의 강의식 수업을 지양하고, 웹(web)을 활용한 고전소설 교육에 대한 방안이다.

흔히 월드 와이드 웹(World Wide Web)의 줄임말인 '웹'을 활용한 교육은 그래픽, 동영상, 사운드, 애니메이션 등의 자료를 하이퍼미디어 형식으로

---

6) 2010년 현재 제7차 개정 교육과정에 의거해 중학교 1학년 검정 국어교과서가 사용되고 있지만, 고전소설이 실려 있는 중학교 고학년(3학년)과 고등학교 국어·문학 교과서는 여전히 제7차 교육과정에 의거한 것이므로, 설문 대상에서 도출된 교육과정에 대한 평가 및 분석은 제7차 교육과정을 전제로 한 것이다.

제시할 수 있는 웹의 특성을 십분 활용해 학습자가 스스로 학습하는 것을 가능케 하는 교육을 말한다.7) 웹은 현행 학교에도 그 인프라가 잘 구축되어 있고, 학생들에게도 친숙한 매체라는 점을 장점으로 꼽을 수 있다. 더욱이 웹의 개방성과 상호소통성으로 말미암아 직접 학습자가 웹상에 참여하여 다양한 경험적 지식 구성 활동을 전개하고 스스로 학습 주제를 탐구함으로써 흥미와 관심을 유발하는데 유리하다. 따라서 낯설거나 어렵게 느낄 수 있는 고전소설 교육을 시도하고자 할 때 학습자에게 동기부여와 관심 유발을 촉진시킬 수 있는 매체로 웹이 효과적일 수 있다.

정보화 사회를 살아가는 현대인으로서 교육에서의 정보화 문제는 긴요하다. 새로운 정보 기술로 학교 교육현장이 크게 변화하고 있고, 정보화 사회의 가장 큰 가치를 지니고 있다고 할 컴퓨터가 학교 교육 현장에 자리 잡아 이제는 더 이상 낯설지 않은 교육매체가 되었다. 따라서 앞 설문 조사에서도 확인할 수 있듯이, 과거에 전통적으로 이루어졌던 교사 주도의 주입식 고전소설 수업에서 탈피해 학생들이 가능한 한 수업에 능동적으로 참여하고, 이를 통해 새로운 지식을 창조하고, 지식을 새롭게 해석하는 등의 학습 효과 증대에 기여할 수 있는 방안을 찾기 위해서라도 웹을 활용한 고전소설 교육 모색은 의미 있다고 본다. 본 연구는 이러한 새로운 교육방법을 제시하고, 이를 응용할 수 있는 구체적 방안 모색의 하나이다.

3.2. 웹 활용 고전소설 교육의 실제 : 중 3 국어 교과서 수록 「박씨전」을 중심으로

현재 제7차 중학교 3학년 『국어』 교과서에 실려 있는 고전소설 중 『박씨전』을 예로 들어 웹을 활용한 교육 방안을 모색해 보고자 한다.8) 주제적

---

7) 배미화, 「웹을 활용한 고전소설 교육방법 모색」, 안동대학교 교육대학원 석사학위논문, 2005, 3면.
8) 물론 『박씨전』 외에 다른 고전소설 작품을 웹을 활용한 교육의 예로 적용, 그 구체적 사례 개발을 꾀할 수 있다.

측면에서 『박씨전』은 병자호란이라는 역사적 사실을 사건화하면서도 허구와 환상을 동원해 역사적 패배를 통쾌하게 설욕하는 내용이라 이를 '판타지 소설'이라는 측면에서 접근할 수도 있을 것이다.9) 그러나 본고에서는 작품의 내용 파악보다 인터넷이라는 매체를 활용한 학습자와의 상호소통의 문제에 더 주목하고자 한다. 특별히 현재 학생들이 가장 많이 사용하는 매체교육 중 하나인 인터넷 카페(Internet Cafe)를 활용한 교육 방안 모색에 초점을 맞추고자 한다.

예를 들어, 『박씨전』 작품을 읽고, 자신의 생각 및 느낌을 표현하고 소설 속에서 나타나는 주제 및 특징을 학습목표로 설정하여 총 3차시에 걸쳐 교수·학습할 수 있도록 구성하는데, 그 기본 학습활동과 평가활동이 이루어지는 주된 공간과 방법이 바로 웹상인 인터넷카페를 통한 것이다. 이는 단순히 매체를 활용한 고전소설 교육이 아니라 매체를 조작하고 매체에 참여함으로써 학습효과를 기대할 수 있는 고전소설 교육을 지향한다는 점에서 적극적이라 할 것이다.

영역	교육과정내용	단원학습목표		차시별 교수·학습 내용
읽기/ 쓰기	다양한 매체를 활용해서 폭넓게 이해한다.	• 인터넷 카페 활용 학습을 통해 『박씨전』의 내용을 이해 및 감상 할 수 있다.	1 차 시	인터넷 카페 학습을 통해 소설의 내용 및 주제 이해하기
		• 『박씨전』에 나타난 사회적·역사적 맥락을 이해하고, 박씨 부인과 현대매체에서 나타나는 현대여성(진취적인 여성)을 비교하여 유사점 및 차이점을 알아본다.	2 차 시	작품의 사회적·역사적 맥락 파악하기 / 박씨 부인과 현대 매체에 나타난 여성 비교하기
		• 신문기사와 만화(카툰)를 활용하여 『박씨전』에 나타난 여성관(외모지상주의)을 주제로 비판적 글쓰기를 할 수 있다.	3 차 시	신문기사와 만화(카툰)를 활용하여 『박씨전』에서 보이는 여성관(외모지상주의)에 대한 비판적 글쓰기

---

9) 권순긍, 『고전소설의 교육과 매체』, 보고사, 2007, 15~22면.

이런 학습목표 하에 구체적인 차시별 교수학습 방안을 제시하고 그것을 활용한 매체교육을 시도해 볼 수 있다. 이때 학습자들이 고전소설 『박씨전』을 접하고 이해하는 학습공간과 매체가 인쇄 책자로 국한되지 않고, 컴퓨터를 활용한 인터넷 공간으로 확대됨으로써 자기 참여적이며 능동적인 수업활동이 가능해진다. 그리고 『박씨전』을 통한 읽기 교육, 문학 교육(감상, 이해), 쓰기 교육 등이 가능할 것으로 기대된다.

3.3. 1차시 교수·학습 지도 계획안

여기서 제시할 수 있는 구체적 방법은 다양하다. 그러나 지면관계상 1차시 분량의 교수 학습 지도 계획만을 예시 차원에서 제시해 보기로 한다. 먼저 인터넷 카페를 교사가 개설하고, 학생들이 그 카페에 가입할 수 있게 한다. 그런 후에 게시판을 통해 작품의 해제를 정리하여 학생들이 수업 전 선행학습을 할 수 있도록 한다. 인터넷을 활용한 학습을 통해 학습자들의 학습동기 및 흥미를 유발시키고, 소설 내용에 대한 이해와 집중력을 높일 수 있다. 또한 이를 통해 구체적 교수·학습 지도안을 마련할 수 있다.[10]

① **도입** : 선행학습을 통해 배운 작품의 해제 및 줄거리를 바탕으로 플래시 애니메이션 <박씨전>[11]을 감상하게 한다. 교수자는 학습자가 애니메이션 감상 후 작품에 대한 감상평을 인터넷 카페 댓글을 활용하여 올리게 한다.[12] 학습자간에 서로 감상하게 한 후, 본인들의 생각을 나눌 수 있도록

---

10) 이것은 앞선 설문 결과를 토대로 한 적실한 활용 방안을 찾기 위한 하나의 시도일 뿐, 학교 현장에서 검증된 수업안은 아니다. 아울러 본 수업 계획은 학습자 전원이 컴퓨터(인터넷)를 수업시간에 활용할 수 있는 환경이 갖춰져 있다는 전제 하에서 마련된 것이다.

11) 플래시 애니메이션 <박씨전> 출처 : 에듀넷 http://down.edunet4u.net/KEDLAA/05/B3/2/ KERIS03_B3205Bs17A.swf

12) 이는 종이에 글을 쓰는 전통적인 방식의 글쓰기가 아니라 글을 치는 것 혹은 글을 올리는 것과 같은 글쓰기를 의미한다. 이는 가감이 자유롭고 생각과 감정을 즉각적으로 표현해낼

지도한다.

인터넷 카페 내 고전소설『박씨전』작품 해제[13)]와 관련해 게시판에 올려놓을 수 있는 애니메이션

　　플래시 애니메이션을 감상한 후, 학습자에게 인터넷 카페 게시판을 통해 『박씨전』의 줄거리를 스스로 요약하여 올리게 한다. 요약한 줄거리를 학습자간에 서로 감상하게 하여 작품을 보다 더 잘 이해할 수 있도록 한다. 이때 줄거리 제시를 위해 교수자가 개입하는 일이 없도록 한다. 순전히 학습자들이 직접 작성한 줄거리를 서로 공유하고 비교할 수 있도록 유도하는 일만 행한다. 웹 공간에 올린 개개인의 글을 다른 학습자들이 봄으로써, 본 학습자는 다른 학생들의 반응도 수렴하고, 자신과 타인의 것과의 차이에 대해 비교할 수 있는 기회도 갖게 된다. 이 과정에서 자신의 판단을 포함해 다양한 여러 가치판단의 사회적 근거를 깨닫게 되고, 일상생활에서의 미디어 이용 방식까지 인식하게 된다.

수 있는 대신 깊이 있는 사고와 성찰, 진지성이 결여되기 쉽다. 따라서 인터넷 상에서의 글쓰기와 관련한 문제를 학습자들로 하여금 충분히 인식하게 해 주고, 또한 직접 체험을 통해 깨달을 수 있는 과정 내지 연습이 사전에 이루어져야 한다.

13) 작품 해제 내용은 예컨대, 김기현 역주,『박씨전』(한국고전문학전집 15), 고려대학교 민족문화연구소, 1995, 136~139면을 참고해 이를 정리해 놓을 수 있다.

학습자의 『박씨전』 줄거리 요약 예시14)

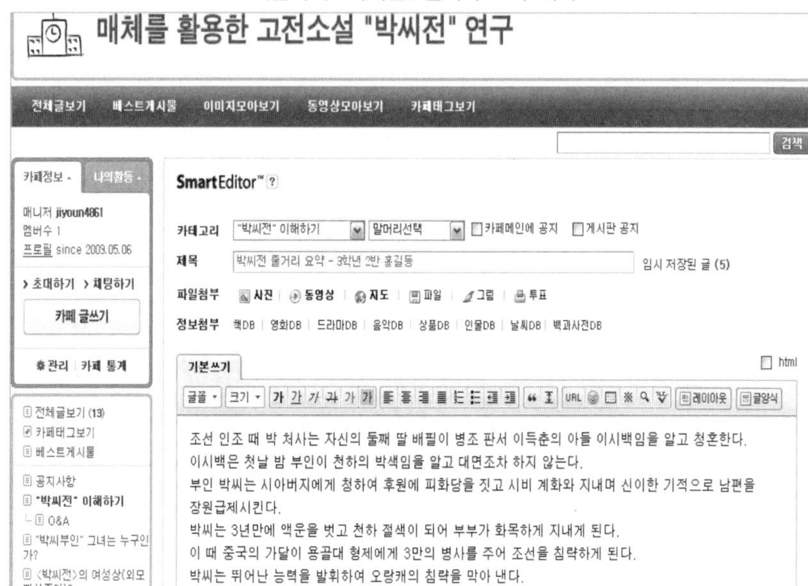

② **전개** : 전개에서는 간단한 독서퀴즈를 활용해 학습자가 『박씨전』을 제대로 감상하였는지 확인한다(아래 『박씨전』 독서 퀴즈 예시문 참조). 이때 이러한 독서퀴즈를 카페 게시판에 교수자가 직접 올려놓고, 학습자들이 스스로 답을 작성하도록 유도한다.

---

14) 이 인터넷 카페는 이지연 강원대 교육대학원생의 도움을 받아 개설해 만든 것을 캡처한 것이다. 이하 제시된 인터넷 카페 캡처 화면과 학습 지도안 초안은 모두 동일인의 것임을 밝혀 둔다.

『박씨전』 독서 퀴즈 예시

『박씨전』 독서 퀴즈	
문제	답안
이 소설은 어떤 사건을 배경으로 하고 있는가?	
박처사의 아들은 누구와 결혼했는가? 아버지와 아들의 이름은 무엇인가?	
박씨의 남편은 박씨를 혼인 첫날밤에 왜 멀리했는가?	
박씨는 무엇을 사서 백배의 이윤을 남겼는가?	
박씨는 시아버지에게 청하여 후원(後園)에다 무엇을 지었는가?	
박씨의 노력으로 남편은 어떻게 되었는가?	
어느 나라에서 조선을 침략하게 되는가?	
이 소설은 어느 나라 어느 왕 때 이야기인가?	

독서퀴즈를 다 푼 후, 『박씨전』에서 나타나는 주요인물(박씨 부인, 이시백, 임경업, 계화 등) 및 사건(병자호란)의 특징 및 성격에 대해 조사하도록 한다. 모둠별(3~4명)로 1~2가지 주제를 선정하여 함께 자료를 정리할 수 있도록 유도한다. 작품에 대한 기본적인 참고자료는 '수업관련 자료' 게시판을 활용하도록 하며, 컴퓨터 원격제어프로그램을 이용해 모둠별로 컴퓨터를 제대로 이용하고 있는지 확인한다.[15) 모둠별로 정리한 학습 자료는 인터넷 카페를 통해 학습자 모두가 공유할 수 있도록 한다. 모둠별 학습 시, 학습자가 간단명료하면서도 핵심적인 내용만 올릴 수 있도록 도와준다.

---

15) 이때 원격제어프로그램을 활용한 교육은 교수행위와 학습행위가 서로 분리된 채 원격 의사소통 방식에 수업이 진행되는 것을 의미한다. 이에 관한 자세한 설명은 이칭찬·이의길, 「원격교육」, 『교육방법 및 교육공학』, 태영출판사, 271~286면을 참고할 것.

모둠별 토론 내용 정리 예시

[주요인물 및 사건 공부하기] 박씨부인 │ "박씨전" 이해하기   2009.05.06 22:01

jiyoun4861   http://cafe.naver.com/parkssijeon/5   주소복사

모둠학생 : 이oo, 강oo, 김oo, 최oo

==

모둠주제 : 박씨부인에 대해

----

1. 등장인물(박씨부인)의 성격
→ 소설의 주인공으로 인물은 못생겼지만, 재주가 뛰어나며 학문이 깊고, 덕행이 뛰어나다.
  자신의 약점을 분명히 알고 자신이 어떻게 처신해야 할 줄 아는 생각이 깊고 행동에 사려가
  깊은 성격이다.

2. 등장인물의 성격을 알 수 있는 부분
→ 아녀자되어 어찌 남편의 은정을 생각하리오?
→ 얼굴은 못생겼으나 어질고 현명한 박소저는 비루먹은 말은 사서 백 배 이윤을 남기고, 남편
  이 장원급제를 하도록 뛰어나 재주를 보임

이때 웹상에 글을 올리는 학습자들은 독자이면서 저자요, 구성자, 디자이너, 그리고 정보생산자로서의 다기능을 수행할 수 있다. 따라서 교수자와 학습자 모두 교실 칠판이나 공책에다 문자로 적으면서 수업하던 방식에서 탈피해 단순히 다른 매체를 활용한 글쓰기가 아니라 정보의 수집과 교환, 쌍방 간의 의사소통을 통한 생산적이고 새로운 정보와 의미 공유, 확산이라는 사고의 패러다임까치 추구할 수 있음을 염두에 둔 글쓰기를 지향해야 할 것이다. 아울러 이때 학습자들의 모둠별 학습 내용은 단순히 『박씨전』의 주제, 소재, 성격, 서사단락, 시점 등 지식적 차원의 이해를 구하는 방향으로 구성해서는 안 된다. 천편일률적인 지식을 요구하기보다 모둠별로 실시간 채팅 또는 리플 달기를 통해 서로 『박씨전』의 주제나 작품 표현의 특징과 서사구조 등 작품을 분석한 내용을 토론할 수 있도록 한 뒤, 모둠 토의에서 나온 중요한 내용들을 정리해 올리도록 유도하는 것이 바람직하다.

그런데 이런 방법을 취할 경우, 자연스럽게 학습자 중에 작품과 등장인물에 대한 비판적 시각을 제시하는 학생이 나타날 수 있다. 다시 말해, 학생들이 자연스럽게 '작품 분석' 단계에서 '이해를 통한 비판' 단계로 옮아갈 수 있다는 것이다. 이럴 경우일수록 교수자의 역할이 중요하다. 왜냐하면 작품 감상을 통한 비판 수업은 2차시에서『박씨전』의 작품 창작 및 향유와 관련한 역사적·사회적 맥락을 이해하는 내용과 현대 매체에서 그려지고 있는 여성상에 대한 이야기와 맞물려 진행될 예정이므로 교수자는 미리 다음 차시의 수업 내용으로 깊숙이 들어간다거나 중복되는 문제를 적절히 차단하는 한편, 본 수업의 학습목표를 달성할 수 있는 방향으로 최대한 끌고 나가야 하기 때문이다. 그러므로 교수자는 실시간으로 모둠별로 학습자들이 벌이는 토론 내용을 모니터링하되 필요할 경우 적절히 개입해 문제를 해결해주고, 다음 단계로 넘어갈 수 있도록 이끄는 안내자 역할을 감당할 수 있어야 한다.

여기서 한 가지 더 짚고 넘어가야 할 것이 있다. 그것은 새로운 매체가 새로운 소통 방식을 요구하는 것이 맞지만, 그렇다고 해서 모든 것이 새롭다는 의미는 아니라는 점이다. 이는 기존의 교육 방식이 감당하기 어려웠거나 부족했던 교육방식을 개선하거나 대체한다는 식의 소극적 의미에서의 웹 활용이 아니다. 그것은 새로운 소통 매체로 말미암아 역할 분담 또는 기능의 재배열까지 일어날 것을 염두에 둔 매체활용을 의미한다. 따라서 학습자 개개인마다 그 나름의 역할 분담을 할 수 있도록 교사가 유도하고 안내해주는 과정과 작업이 필요하다. 읽기와 쓰기가 동시적으로 가능한 웹상에서의 모둠별 활동이므로 기존의 순차적 사고와 표현, 커뮤니케이션의 질서 유지에서 탈피해 지식이 계속적, 협력으로 생산될 수 있는 글쓰기와 글엮기가 되도록 해야 할 것이다. 이렇듯 매체 자체가 갖는 속성과 매체 특성에 따른 다양한 글쓰기와 글읽기 교육을 수업 중간에 주지시키고 연습시켜야 학습효과를 높일 수 있다.

③ **정리** : 교수자는 모둠활동을 통해 학습한 내용을 정리하고 질의·문답 시간을 통해 학습자의 궁금한 점을 해결하여 준다. 2차시에서는 『박씨전』의 주인공 박씨 부인과 현대 매체에서 나타날 수 있는 현대여성(진취적인 여성)을 비교 분석하여 박씨 부인에 대해 자세히 배우게 될 것임을 예고한다. 그리고 2차시 학습을 원활히 진행할 수 있도록 과제를 부여한다. 과제는 현대매체에서 표현되는 현대여성에 어떤 인물이 있는지 조사해 오는 것이다. 조사한 내용은 인터넷 카페를 통해 제출 하도록 한다. 본 과제는 모둠별(3~4명)로 할 수 있도록 지도한다. 이때 학습자가 과제를 잘 수행할 수 있도록 교수자가 인터넷 카페 게시판을 활용해 모범 예시문을 올려주는 것도 방법이 될 수 있다. 교수자는 학습자에게 활용할 매체를 한정시켜 학습자가 가능한 한 과제 수행 시 어려움이 없도록 지도해야 할 것이다(ex. 신문, 광고, 만화, 드라마 등).

한편, 교수자는 다음 차시 수업과 관련해 '읽기' 과제로 『박씨전』 본문과 병자호란에 대한 자료를 게시판에 게시해 놓거나 학습자들이 직접 관련 자료를 찾도록 동기부여를 해 주는 것도 가능하다. 학습자가 수시로 수업 이외의 시간에도 『박씨전』을 학습하고 『박씨전』에 나타난 사회·역사적 맥락과 의미를 생각할 수 있는 기회를 갖도록 하고 1차시에 행한 수업 내용을 피드백 할 수 있는 방법과 내용도 함께 웹상에 구성해 놓는 것도 중요하다. 예를 들어, 1차시 수업 내용을 별도의 파일이나 방을 마련해 놓아 언제든지 열어 볼 수 있도록 하고, 본문 '읽기'에서 어려운 낱말이나 문장은 인터넷 카페 Q&A를 통해 질문할 수 있도록 지도하고 참여를 독려할 수 있다.

1차시 교수·학습 지도안

단원	(1) 박씨전		차시	1/3

학습 목표	1) 인터넷 카페 활용 학습을 통해 고전문학 작품의 이해도를 높이고 이해 및 감상을 할 수 있다. 2) 모둠별 학습을 통해 작품 속에 등장하는 인물 및 사건의 성격에 대해 학습한다.

학습 내용	학습 시량	교수·학습 활동		자료 및 유의점
		교수자	학습자	
도입	10분	• 단원개관을 설명하고 학습 목표를 제시한다. • 선행학습을 통해 학습한 작품 해제를 다시 설명한다. • 학습 동기 유발 및 흥미를 위해 플래시 애니메이션 <박씨전>을 보여준다. • 독서 퀴즈를 학습자에게 내주고, 간단한 퀴즈를 통해 학습자가 작품을 이해하였는지를 확인한다.	• 단원과 학습목표를 확인한다. • 교수자가 설명하는 작품 해제를 재차 확인하고 작품을 이해한다. • 인터넷 카페를 통해 영상을 본다. • 교수자가 내준 독서퀴즈를 풀면서 박씨전을 보다 쉽게 이해하도록 한다.	http://cafe.naver.com/parkssijeon 원격지원 가능한 컴퓨터를 사용할 수 있는 교실(인터넷 가능)
전개	30분	• 학습자 3~4명으로 모둠을 나눠주고 작품 속에 나타나는 등장인물 또는 사건의 특징 및 성격에 대해 자료를 정리할 수 있도록 지도한다. • 학습자가 인터넷 카페 게시판을 통해 올린 자료를 학습자간에 서로 공유하여 학습할 수 있도록 제시한다.	• 모둠별로 1~2가지의 주제를 정해 토론을 통해 자료를 정리한 뒤, 인터넷 카페 게시판에 자료를 올린다. • 공유한 자료를 토대로 작품의 주요 내용 및 인물, 사건을 이해한다.	
정리	3분	• 모둠별 활동 결과를 정리하고, 질의 시간을 통해 복습한다.	• 학습내용 중에 문의점이 있으면 교수자에 질의한다.	
차시 예고	2분	• 다음 차시를 예고하고 과제에 대해 설명한다.	• 차시 및 과제 내용 학인	

4. 결언

이상에서 간단하게나마 웹을 활용한 고전소설 교육 방안을 구상해 보았다. 그러나 이러한 예시적 논의와 구상이 현실에서 얼마나 실현 가능하고, 또한 어떤 학습효과가 나타날 수 있을지 검증하는 작업까지 충실히 나아가지 못했다. 또한 교육현장에서 실질적으로 웹을 활용하고자 할 때 야기될 수 있는 여러 '인터넷 활용격차'의 문제까지 감안하지 못했다. 기존의 주입식 교육방법에서 탈피해 학습자의 흥미 유발과 적극적 참여 유도, 학습효과의 극대화라는 여러 장점이 있는 웹을 활용한 고전소설 교육을 긍정적으로만 볼 것이 아니라 예상 가능한 문제점 역시 충분히 고려해야 할 것이다.16) 그러나 웹을 활용한 미디어 교육의 진정한 가치가 학습자들의 역동적 참여와 이해의 상호작용에 있음 또한 분명히 직시하고 이를 적극 활용할 수 있어야 한다.

현대인에게 정서적, 지식적 자양분으로서의 문학교육, 아니 고전소설 교육으로 거듭나기 위해서는 '지금 여기'의 고전문학 교육의 필요조건과 '과거 거기'의 고전소설 교육이 자리 매김했던 가치를 재점검하는 작업이 지속적으로, 그리고 다각도로 모색되어야 할 것이다. 이를 위해 현재 고전소설 교육의 실태를 제대로 파악하고, 문제와 해결 방향을 가늠하는 작업이

---

16) 이러한 고려가 중요한 이유는 이미 매체교육 또는 미디어교육이라는 이름하에 각종 디지털 매체를 활용한 교육방법과 이론적 논의가 지난 10여 년 동안 한 차례 쏟아져 나오면서 그 예 또한 폭넓게 제시되었다. 그러나 정작 우리 교육현장에서 적실히 필요한 방법이자 도구요 목표인지에 대한 사후 검증이나 책임 있는 적용은 별반 이루어지지 못하고 있는 실정이다. 국어교육이, 고전소설교육이 여전히 텍스트를 기반으로 한 이해·표현 과정이 주가 되는 상황에서, 굳이 ICT(정보통신기술)를 사용한 교수·학습 활동이 필요한가?라는 회의론도 충분히 제기될 수 있기 때문이다. 따라서 제안은 쉽고 많을 수 있지만 현장에 꼭 필요한 제안과 논의거리를 찾는 것이 쉽지 않다. 이런 점을 고려할 때, 연구자들은 교육현장의 문제점을 제대로 파악하고 문제 해결을 위한 책임 있는 논의 전개가 요구된다. 본고에서는 최대한 이 부분에 대해 고민하고자 했으며 향후 중·고등학교 수업 현장에서 현직 교사의 협조 하에 시범 수업을 진행해 나갈 계획이다.

철저히 인식되어야 함 또한 자명하다. 본고는 그런 문제제기와 함께 앞으로 나아갈 방향을 모색하는 데 주안을 두었다. 고전소설 교육이 입시에 휘둘린 채 예전의 획일적 지식 전달 위주의 교육방법을 답습하는 선에서 안주하고 만다면 고전소설은 물론 고전문학 교육의 황폐화는 불을 보듯 뻔한 일이다. 아니 그것은 대한민국 교육과 정체성 부재의 자화상이 되고 말 것이다. 즐기면서 배울 수 있고, 생활에도 유익할 수 있는 고전소설 교육이 될 수 있기 위해서는 교육현장과 연구현장이 더 자주 만나야 한다. 뜨거운 분발이 요구된다.

‖ 참고문헌

권순긍, 『고전소설의 교육과 매체』, 보고사, 2007.

김기현 역주, 『박씨전』(한국고전문학전집 15), 고려대학교 민족문화연구소, 1995.

데이비드 버킹엄, 기선정·김아미 역, 『미디어 교육-학습, 리터러시, 그리고 현대문화』, JNBook, 2004.

배미화, 「웹을 활용한 고전소설 교육방법 모색」, 안동대학교 교육대학원 석사학위논문, 2005.

윤여탁 외 4인, 『매체언어와 국어교육』, 서울대출판부, 2008.

이성흠·이준, 『교육방법 및 교육공학-의사소통, 교수설계, 그리고 매체활용』, 교육과학사, 제2판, 2009.

이칭찬·이의길, 『교육방법 및 교육공학』, 태영출판사, 2007.

한국고소설학회 편, 『고전소설 교육의 과제와 방향』, 월인, 2005.

황택준, 「고등학교 고전 소설 교육의 실태와 개선 방안 연구-제7차 교육과정 국어(하)의 <춘향전>을 중심으로」, 연세대학교 교육대학원 석사학위논문, 2005.

한국교육학술정보원, 『ICT 활용 교육 연수자료』, 한국교육학술정보원, 2001.

「허생전」의 실학적 성격

안 재 순

1. 들머리

우리가 일반적으로 「허생전」이라고 부르는 작품은 연암 박지원(1737~1805)의 『열하일기』 중 「玉匣夜話」에 나오는 것으로,[1] 尹映이라는 사람을 통해 듣는 이야기의 형태로 전개된다. 그래서 작품에 대한 문제가 논의되기도 하지만,[2] 이 글에서는 '연암 박지원의 「허생전」'이라는 통설을 따르기로 한다. 이 글은 「허생전」의 작품성을 따지자는 것도 아니고, 더구나 그것의 문학적 가치를 논하자는 것은 더욱 아니다. 다만 한국사상사 가운데 박지원

---

[1] 朴趾源, 『燕巖集』 권14(熱河日記), 「玉匣夜話」(『燕巖集』三, 啓明文化社, 1986, 179~192면 所收)

[2] 예컨대, 연암 자신이 이를 「허생전」이라고 한 적이 없다는 점에서, 이 작품명을 차라리 「玉匣夜話」로 하는 것이 온당할 지도 모르며, 이 「玉匣夜話」의 「허생전」이 『靑邱野談』에 수록되어 있는 것으로 보아 이 『열하일기』의 「허생전」은 오랜 전승설화를 작품화한 것이 틀림없다든가(蘇在英, 「燕巖 朴趾源의 文學認識」, 『燕巖研究』, 계명대출판부, 1999, 131~132면), 「허생전」을 자기의 이야기라고 하지 않고 尹映의 이야기라고 하는 것은 아마도 時諱를 조심하느라고 한 방법일 것(金智勇, 「실사구시 사상과 박연암의 문학」, 『燕巖研究』, 계명대출판부, 1999, 173면)이라는 등, 작품 문제를 명확히 하고자 하는 논의가 있다.

이 실학파 중 북학파의 중요한 일원이라는 점에서, 그의 북학사상이 「허생전」에 어떻게 투영되었는가를 살피고자 하는 것이 이 글의 주된 목적이다.

북학파의 주요 인사로는 흔히 담헌 홍대용(1731~1783), 연암 박지원, 정유 박제가(1750~1805)를 꼽는다. 홍대용의 실학관계 저술로는 經世書로서는 『林下經綸』이 있고, 일종의 燕行錄으로서 『燕記』와 『劉鮑問答』 등이 있다. 박제가는 『북학의』를 저술한 대표적인 북학론자로, 북학파라는 이름도 여기에서 유래한다. 이들이 체계적으로 자신의 경세론과 북학론을 저술했음에 비해, 박지원(이하 연암으로 표기)의 경우는 문학작품의 형태를 빌어 자신의 견해를 피력하고 있다는 점이 대비된다. 그래서 『열하일기』 등 연암의 문학작품은 순수문학이라기보다는 경세적 경륜의 문학화라는 표현이 더욱 적절할지도 모른다는 평가가 있기도 있다.3) 이 글은 이런 점을 염두에 두고 「허생전」을 실학적 입장에서 분석해 보려 한다. 조선후기 실학의 개념에 대해서는 다양한 견해들이 있지만, 이 글에서 사용하는 실학이란 용어는 통설대로 "조선후기에 전개된, 富國裕民4)을 위한 일련의 개혁사상"을 의미한다.

2. 허생의 상업 종사와 변산 도적―「허생전」의 시대 상황

10년을 기약하고 공부에 열중하던 허생은 아내의 힐난에 못 이겨 독서를 포기하고, 변씨라는 부자에게 돈을 빌려 장사를 해서 큰돈을 벌게 된다는 것으로 「허생전」의 이야기는 시작된다. 여기서 우리가 주목해야 할 첫 번째

---

3) 다산학연구원 편, 『李乙浩全書』 4(실학사상과 한사상), 예문서원, 2000. 11, 33면
4) 연암 박지원은 實學이라는 말을 사용하면서, 실학의 효과는 "백성을 부유하게 하고 나라를 이롭게 하는[裕民益國]" 것이라고 언급한 바 있다. 朴趾源, 『燕巖集』 三, 啓明文化社, 1986, 368면, "士之實學…其所表見於歷代史傳者…莫不有裕民益國之效"

사항은 士의 신분인 허생이 商의 신분으로 전환된다고 하는 것이고, 두 번째로는 허생이 돈을 벌게 되는 과정과 방법이다.

먼저 첫 번째의 경우를 보자. 조선시대는 주지하다시피 士農工商이라고 하는 四民이 신분적 계급 질서로서 엄연히 기능하던 시대였다. 본래 이는 직업의 분업적 개념으로서 분화된 것이었지만,5) 본래의 의도와는 상관없이 신분제로 고착되었다. 따라서 四民계급구조의 정점인 士로부터 가장 밑의 商으로 된다는 것은 보통 일이 아닐 수 없다. 士의 신분인 허생이 商의 신분으로 된다는 것은 무엇을 말하고자 하는 것일까? 여기에는 이중적 의미가 내포되어 있다.

우선, 일단 그것은 액면 그대로 신분의 변동이다. 四民의 계급구조가 무너지는, 신분제의 동요를 의미한다. 연암은 士의 신분인 허생을 그 아래 단계인 農이나 工이 아닌 가장 낮은 단계인 商의 신분으로 변동시킴으로써, 신분제가 극심하게 요동치고 있음을 웅변하고 있다. 그 당시 신분제의 동요에 대해 조선왕조실록에서는 다음과 같이 기록하고 있다.

> 지평 신기(申耆)가 아뢰기를, "나라가 기강을 유지하는 것은 바로 명분인 것입니다. 그런데 요즈음 거리의 사람들이 재상의 이름을 함부로 부르고 저자의 무리들이 서로가 양반이라고 일컬으며, 하리들이 갓을 쓰고 장사꾼들이 도포를 입으며, 상놈들이 사대부를 욕하고 노비들이 상전을 배반하는데, 이 몇 가지 일은 모두가 놀랍습니다. 지방에는 서자들이 사족과 맞먹고 양반이 상놈에게 모욕을 당합니다. 그런데 수령들은 강한 자를 누르고 약한 자를 부추켜

---

5) 직업적 분업에 관한 견해는 이미 맹자에게서 찾아볼 수 있다. 맹자는 농가학파들과의 논쟁에서 직업적 분업이 필요할 수밖에 없음을 역설한다. 즉 농사짓는 이는 농산물로 공산품을 교역하고, 정신노동자와 육체노동자는 각자의 노력의 부산물을 서로 호혜적으로 나누는 것이 천하의 通義라는 것이다. 勞心者로서의 士와 勞力者로서의 農工商의 직업적 분업이 필요함을 역설하는 것이다. 『孟子』滕文公上, "孟子曰, 許子, 必種粟而後, 食乎? 曰然. 許子, 必織布而後, 衣乎? 曰否. 許子, 衣褐. 許子, 冠乎? 曰冠. 曰奚冠? 曰冠素. 曰自織之與? 曰否. 以粟易之. 曰許子, 奚爲不自織? 曰害於耕. 曰許子, 以釜甑爨, 以鐵耕乎? 曰然. 自爲之與? 曰否. 以粟易之. 以粟易械器者, 不爲厲陶冶. 陶冶亦以其械器易粟者, 豈爲厲農夫哉⋯故曰, 或勞心, 或勞力. 勞心者, 治人. 勞力者, 治於人. 治於人者, 食人, 治人者, 食於人, 天下之通義也."

세우는 것만 알아 상놈은 책망하지 않고 반대로 양반을 짓누르고 있습니다. 서울과 지방의 법을 관장하는 관리로 하여금 엄격히 금지시켜 명분을 바로잡는 데에 도움이 되게 하소서.”하니, 그대로 따랐다.6)

이렇게 연암 당시의 사회는 이미 신분제의 질서가 와해되어 양반의 권위는 땅에 떨어진 상태였다. 이제 양반은 넘보기 어려운 상대가 아니라, 마치 요즈음 길가는 누구에게나 사장님이라고 부르듯이, 아무나 양반으로 일컬을 수 있었다. 연암의 「양반전」에서 그려지듯이, 실지로 돈이 있는 천민은 양반이 되기도 하고, 반대로 경제적으로 무능한 양반이 경제력의 확보를 위해 허생처럼 생업에 종사하는 경우도 생겨났다. 「허생전」의 도입부에서 士의 신분인 허생이 商人으로 변신하는 것은 바로 이러한 시대상을 상징적으로 묘사하는 것이었다.

여기에는 또 하나의 의미가 내포되어 있다. 연암 당시의 조선 사회는 일정한 정도로 상업이 발전하고 있었는데, 역설적이게도 이는 三政의 문란으로 야기된 농민층의 遊離와 관련이 있었다. 삼정이란 주지하다시피 토지세[田賦]・환곡・군포의 세 가지를 말하는데, 이를 하층민을 수탈하는 제도로 악용하는 모리배들 때문에 농민들은 살 수가 없어 토지를 처분하고 소작농이 되든가, 심한 경우는 토지를 버리고 流移民이 되는 경우가 많았다. 유이민의 경우는 대부분 도회지로 몰렸고, 그들은 권세가에 의탁하거나 수공업에 종사하여 노동력을 대가로 한 수입으로 생활했으며, 특히 유이민의 서울 집중은 필연적으로 식량공급의 문제를 야기 시키고, 마침 농업기술의 발전으로 생산이 증가하여 잉여농산물이 상품화하는 단계에 이르렀다. 요컨대

---

6) 正祖 15卷, 7年(1783 癸卯 / 청 건륭(乾隆) 48年) 6月 20日(庚辰) 2번째 기사, 홍의영・이동식을 섬으로 귀양보내고, 승문원 상박사 남필석을 파직시키다. “持平申耆啓言 : ‘國之所以維持綱紀者, 名分是已, 近來街巷之人, 斥呼宰相, 市井之徒, 互稱兩班。吏隷之着駁帽, 商儈之衣道袍, 常賊之話叱士夫, 奴婢之背叛上典, 凡此數事, 無非可駭。外方則鄕孼抗禮於士族, 兩班見辱於常漢。爲官長者, 徒知抑强扶弱, 不責常漢, 而反詘兩班。請飭京外執法之官, 痛加禁止, 以爲正名之助。’ 從之。” 이는 조선왕조실록 홈페이지에서 인용함. 이하 실록관계 기사도 마찬가지임.

도시에서의 수공업과 상업이 빠른 속도로 발전해 가는 추세였다.[7] 士의 신분인 허생이 商業에 종사한다는 것은 바로 이러한 시대상을 반영하는 것이었다.

　다음으로 두 번째의 경우 허생이 돈을 버는 방법에 대해서 살펴보자. 허생은 빌린 돈으로 안성에 가서 과일장사를 하고, 제주도에 가서 말총 장사를 한다. 그런데 그것이 정상적인 상업윤리라고 하기에는 꺼림칙한 매점매석의 방법이다. 그래서 혹자는, 民을 해치고 나라를 병들게 하는 방법인 줄 알면서도 매점매석으로 돈을 버는 허생을 두고, 연암은 상업에 대한 직업의식이 희박하다는 평가를 하기도 하고,[8] "이윤을 얻기 위해 매점과 같은 부도덕한 상행위가 장려된 듯한 표면상의 의미와 그것이 가능했던 유통구조의 원시성이 폭로되는 이면을 드러낸 아이러니"[9]라고도 한다. 사실 이것은 상업에 대한 연암의 직업윤리를 말하는 것도 아니고, 연암이 매점매석을 장려하는 것도 아니다. 다만 유통구조의 원시성을 폭로하는 것이라는 해석은 일면 타당하다. 왜냐하면 이 부분 또한 연암 당시의 시대 상황을 사실적으로 고발하는 내용이기 때문이다. 이는 당시 매점매석의 상황을 고발하는 의미를 지닌다. 매점매석의 문제는 영·정조 특히 정조 때에 이르러 많은 문제가 된다. 이는 조선왕조실록에서 '都庫'나 '都賈'라는 항목을 찾아보면 금세 확인할 수 있다. 이 都賈(都庫)에 대한 기사는 그 이전에는 없다가 영·정조 때에 집중적으로 나타난다. 『실록』을 검색해보면 영·정조 시대에는 도고의 매점매석에 대한 병폐를 논의하는 것이 많이 보인다. 예컨대, 영조 20년 4월에는 염전과 땔나무의 매점 폐단에 대해 논의하고 있으며,[10] 다방면

---

7) 이 시기의 상업 발전에 관한 글로는 이세영 「18~19세기 곡물시장의 형성과 유통구조의 변동」(『한국사론』 9, 1983, 서울대), 김영호 「조선후기에 있어서의 도시상업의 새로운 전개」(『한국사연구』 2, 1968), 강만길 「정약용시대의 경제사정」(『정다산과 그 시대』, 민음사, 1986) 등이 좋은 참고가 된다.

8) 車溶柱, 「허생전의 모순과 한계성에 대한 고찰」『燕巖研究』, 계명대출판부, 1999, 361~365면 참조.

9) 李石來, 「許生傳연구」, 『燕巖研究』, 계명대출판부, 1999, 342면.

에서 도고들의 농간은 심해지고 있었다. 조정에서는 계속 도고의 폐단을 금하고자 노력했지만,[11] 官員이 밀착되어 있는 관계로 쉽게 해결을 보지 못하고 있었던 것이다. 다음의 기사를 보자.

> 영의정 김상철(金尙喆)이 말하기를, "도성 백성들이 의지하여 살아가는 것은 오로지 시사(市肆)를 벌여 놓고 유무(有無) 간에 팔고 사며 교역하는 데 달려 있습니다. 그런데 근래에는 기강(紀綱)이 엄하지 않아서 간세(奸細)한 무리들이 어물(魚物)과 약재(藥材) 등의 물종은 물론이고, 도고(都庫)라 이름 하면서 중앙에서 이익을 독점하는 폐단이 그 단서가 한둘이 아닙니다. 그래서 전후하여 대조(大朝)께서 여러 차례 번거롭게 엄칙하였으나, 근래에는 이 법이 점차 더욱 해이해져 백 가지 물건이 등귀한 것이 오로지 이에서 말미암은 것이라고 합니다. 평시서(平市書)와 집법사(執法司)에서 참으로 적발하여 통렬하게 다스린다면 어찌 이런 일이 있겠습니까? 다시 각별히 엄금을 가하시되, 이것들에 대해 들은 것이 한결 같이 이와 같으니, 능히 금칙하지 못한 관원은 중죄를 면하기 어렵다는 것으로 조목을 만들어 신칙하는 것이 좋겠습니다." 하니, 하령하기를, "엄칙해야 한다." 하였다.[12]

이는 정조 연간에 들어서도 마찬가지이다. 다음의 기사를 보면 영조 때의 어전회의를 녹음하여 되돌리는 것 같다.

---

10) 영조 59권, 20년(1744 갑자 / 청 건륭(乾隆) 9년) 4월 25일(임신) 1번째 기사, 대신과 비국 당상을 인견하고 염선의 내수사 예속, 도고의 폐단 등등을 논하다. "又言：'外方鹽船之來泊江頭者, 皆屬內司, 事體、名目固已未安, 而其流之弊, 不可不深慮。鹽廛都庫, 侵虐孔劇, 故船人輩自願屬於內司, 宜痛加禁斷。' 副提調洪象漢盛陳都庫之弊。右議政趙顯命曰：'自都庫出後, 雖柴束之微, 江民不得任意賣買, 此不可不禁也。' 上曰：'鹽船之屬內司, 其令罷之, 都庫各別禁斷。'"

11) 이를테면, 영조 36년에도 도고폐단을 금하는 조치가 내려진다. 영조 96권, 36년(1760 경진 / 청 건륭(乾隆) 25년) 11월 9일(기유) 3번째 기사, 각사에 진배하는 종이는 지나치게 두꺼운 것을 쓰지 말라 하고, 장령 김영섭을 파직시키다 : 右議政閔百祥, 以市廛都庫之弊, 仰請嚴禁, 上從之。

12) 영조 126권, 51년(1775 을미 / 청 건륭(乾隆) 40년) 12월 29일(임신) 4번째 기사, 영의정 김상철이 도고 행위를 엄히 다스릴 것을 청하다. "領議政金尙喆曰：'都民之賴以爲生者, 專在於列市分肆, 貿遷有無。而近來紀綱不嚴, 奸細之徒, 毋論魚物與藥材等物, 名曰都庫, 從中權利之弊, 不一其端。故前後大朝, 屢煩嚴飭, 而近來此法漸益解弛, 百物踊貴, 專由於此云。平市之署, 執法之司, 苟能摘發痛治, 豈有是哉? 更加各別嚴禁, 此等所聞, 一向如此, 則不能禁飭之官員, 難免重罪, 出擧條申飭好矣。' 令曰：'嚴飭可也。'"

　　이른바 도고(都賈)가 요로(要路)에서 이익을 독차지하고 조종하여 은밀히 판매하는 폐단이 날과 달로 불어난 바람에 시민이 생업을 잃고 물가가 폭등하고 있습니다. 일은 비록 미세하지만 그 해는 큽니다. 법사(法司)를 엄중히 신칙하여 특별히 금지하게 하소서."[13]

　　이러한 사정은 시간이 가도 나아질 기미가 없다. 정조 5년에는 소금[14]과 米穀,[15] 정조 6년과 11년에는 쌀[16] 등의 매점으로 가격이 폭등하고, 그로 인한 폐단이 문제가 되고 있다. 이는 그 대체를 소개한 것일 뿐 매점매석의 폐단은 이 뿐만이 아니다. 당시 힘깨나 쓰는 사람들은 모두 계를 조직해서 물건을 헐값으로 사들이고, 조직원 이외의 사람들에게 배 값으로 파는 등의 방법으로 폭리를 취하여, 물가는 마구 뛰어 민생들의 폐해가 말이 아니었다.[17]

---

13) 정조 10권, 4년(1780 경자 / 청 건륭(乾隆) 45년) 12월 9일(계축) 1번째 기사, 수령의 잦은 교체, 군포, 어세, 대동미, 각사 노비 등에 대한 정언 이긍연의 논의. "京城市肆, 卽都民資生之源, 而所謂都賈要路, 罔利操縱, 潛賣之弊, 日增月滋。市民失業, 物貨騰踊。事雖微細, 爲害則大。嚴飭法司, 另加禁斷。"

14) 정조 12권, 5년(1781 신축 / 청 건륭(乾隆) 46년) 9월 24일(계해) 4번째 기사, 서용보의 별단(別單). "沿江民人之貿鹽, 鹽廛不許賣買, 便成都賈, 大爲船民失利之端, 在所嚴禁。"

15) 정조 12권, 5년(1781 신축 / 청 건륭(乾隆) 46년) 10월 18일(정해) 1번째 기사, 영의정의 의견을 좇아 경조와 평시서에 도고의 폐단을 엄단하라고 명하다. "領議政徐命善啓言 : '頃因八江御史別單回啓, 以都賈嚴禁之意, 陳達矣。近聞此弊愈甚, 不但百物之盡入操縱, 至於米穀, 亦事權利, 以致市直之騰踊。請使京兆平市, 廉探嚴繩, 俾絶奸弊。' 從之。"

16) 정조 13권, 6년(1782 임인 / 청 건륭(乾隆) 47년) 4월 30일(병신) 1번째 기사, 영의정 서명선이 쌀값이 오르자 도고인을 엄단할 것을 청하다. "領議政徐命善啓言 : '特軫都民之艱食, 且慮米直之高騰, 內需司米四千石, 減價許買, 惠廳貢價米二萬石, 前期預下, 而市直依舊踊貴。必是廛人輩, 深藏罔利之計。請嚴禁都賈之類。' 敎曰 : '貿遷之際, 隨時高下, 不是異事。令平市署提調, 間間察飭。都賈之弊, 亦爲嚴禁。'" 정조 23권, 11년(1787 정미 / 청 건륭(乾隆) 52년) 1월 19일(무자) 4번째 기사, 집의 이사렴이 남병사 신철이 부임길에 가마를 탄 것 등을 보고하다"又啓言 : '都下米直, 日漸踊貴。請嚴飭五部、平市, 禁穀商之都賈、市價之操縱。'"

17) 정조 12권, 5년(1781 신축 / 청 건륭(乾隆) 46년) 11월 1일(기해) 2번째 기사, 문을 숭상하는 폐단, 도고법의 폐지 등을 아뢴 장령 구수온의 상소문. "近聞都賈之法新出, 一人兼幷, 他人莫敢私買。富民作爲契房, 歇價買取, 轉賣於契外人, 而價則倍受。此所謂利歸於一人, 而害受乎萬民也。以此都民失業, 實無支保之望。此則都民之一大弊也。臣請令京兆、平市, 各別嚴禁, 罷其都賈, 使之各自買賣, 如前資生焉。" 정조 16권, 7년(1783 계묘 / 청 건륭(乾隆) 48년) 9월 1일(기축) 1번째 기사, 영의정 정존겸이 구휼과 매점 방지에 대해 아뢰니 옳게 여기다. "又啓言 : '荒政十二, 散財爲首。今之都賈之輩, 中間都執, 以爲乘時射利之計, 物價騰踊, 民受其弊。宜令京兆、平市撿飭。' 從之。"

「허생전」에서 허생이 매점매석으로 돈을 버는 것은, 바로 이처럼 극소수 권력자의 매점매석 때문에 대다수의 민생들이 고초를 받고 있는 현실을 고발하기 위한 설정이다. 그래서 허생도 자신이 매점매석으로 돈을 번 행위를 "민생을 해치는 길"이라 하고, "이 방법을 쓰면 나라를 병들게 할 것"이라고 경고한다.[18]

다음으로 변산 도적에 대해 살펴보자. 허생은 매점매석으로 번 돈을 가지고 변산으로 간다. 그곳에는 도둑들이 모여 살고 있었기 때문이다. 앞서 보았듯이 三政의 문란과 모리배의 수탈 등으로 流移民이 생겨나고, 그 중 생업에 종사할 수 없는 사람들이 마지막으로 선택한 길이 도둑이었는데, 영조 때에 변산과 월출산을 근거로 하는 도적떼들이 꽤 골칫거리였음이 『실록』기사에서 확인된다. 다음의 기사를 보자.

> 또 아뢰기를, "근일에 듣건대, 호남(湖南)의 유민(流民)들이 무리를 모아 도당을 이루어 하나는 변산(邊山)에 있고 하나는 월출산(月出山)에 있는데, 관군(官軍)이 체포할 수가 없어 그 기세(氣勢)가 크게 떨친다고 하니, 진실로 작은 걱정이 아닙니다."하고, 이어 호남의 수령을 각별히 가려서 차임할 것을 청하니, 임금이 말하기를, "수령을 비록 가려서 보내더라도 영장(營將)을 만약 가려서 차임하지 않는다면 실제의 효과를 요구하기가 어려우니, 영장도 각별히 가려서 차임하라."하였다.[19]

특히 변산 도적들의 위세는 대단히 컸는데, 『영조실록』에서는 직·간접으로 변산 도적에 관한 기사 건수가 20여 건에 달한다. 그 중의 하나를 보기로 한다.

---

18) 朴趾源, 『燕巖集』 권14(熱河日記), 「玉匣夜話」, "…此賊民之道也. 後世有司者, 如有用我道, 必病其國." (『燕巖集』 三, 啓明文化社, 1986, 188면)

19) 영조 13권, 3년(1727 정미 / 청 옹정(雍正) 5년) 10월 22일(갑진) 2번째 기사, 이광좌가 서울과 지방의 재력이 부족한 것을 진달하다. "又奏曰 : '近聞湖南流民, 嘯聚爲黨, 一在邊山, 一在月出山。 官軍不能捕, 其勢鴟張, 誠非細憂。' 仍請湖南守令, 各別擇差。 上曰 : '守令雖擇送, 營將若不擇差, 則難責實效, 營將亦各別擇差。'"

　　(사간원에서) 또 소회(所懷)를 진달하기를, "남쪽 지방에 적환(賊患)이 치성하여, 근래에는 부안(扶安)과 변산(邊山)에서 적도(賊徒)들이 많이 몰래 점거(占據)하고 있습니다. 그리하여 대낮에 장막(帳幕)을 설치하고 대대적인 노략질을 하고 있는데, 변산(邊山)에 있는 큰 절에 적도들이 들이닥쳐 절의 중을 불러서 말하기를, '삼동(三冬)에는 밖에서 거처할 수 없으니 너희들이 우선 절을 빌려 주어야 하겠다.' 하자, 중들이 두려워 감히 따지지 못하고 모두 눈물을 흘리고 흩어져 갔다고 합니다. 남쪽에서 온 사람이 호남 어사(湖南御史)의 말을 듣고 와서 이런 사실을 자자하게 전하였습니다. 전주(全州)의 영장(營將) 전순원(全舜元)은 도적을 금하는 행정(行政)이 너무도 소활(疏闊)하니, 개차(改差)하소서."하니, 임금이 파직하라고 명하였다. 또 부안(扶安) 근처 고을의 수령들을 무신(武臣)으로 가려서 차임할 것을 청하였다.[20]

　　이렇게 부안 근처의 수령들을 무신으로 임명할 것을 요청할 만큼, 변산 반도의 도적들은 勢가 컸고 행동 또한 대담했다. 「허생전」에서 서술하고 있는 변산 도적들은 허구가 아니라, 실지로 존재하면서 조정에 부담을 주고 있는 골치 덩어리였다. 그들은 양민이 도적으로 된 實例였다. 허생이 그 도적들을 모아 놓고 아내와 밭이 있느냐고 물었을 때, 그런 상황이라면 왜 도둑질을 하겠느냐는 도적들의 대답[21]은 바로 저간의 상황을 사실적으로 묘사한 것이며, 연암은 이를 통해 당시 사회의 모순을 극렬히 비판하고 있는 것이다.

　　지금까지 살펴본 바와 같이, 허생의 상업활동과 변산 도적에 관한 「허생전」의 내용은 모두 현실에 바탕한 것이었고, 그러한 현실이 바로 「허생전」의 시대적 배경이었다.

---

20) 영조 13권, 3년(1727 정미 / 청 옹정(雍正) 5년) 10월 20일(임인) 11번째 기사, 흉역의 서원을 훼철하고 위판을 불사르게 했는데 바로 이행하지 못한 예조의 낭청을 태거시키다. 又陳所懷曰："南中賊患熾盛, 近來扶安邊山, 賊徒多竊據。 白晝設帳幕, 大行侵掠, 而邊山有大刹, 賊徒招寺僧言曰：'三冬不可外處, 汝等姑爲借寺。' 僧徒畏怯, 莫敢誰何, 皆涕泣散去。 南來之人, 聞湖南御史之言而來, 傳說藉藉, 而全州營將全舜元, 禁盜之政, 極爲踈闊, 請改差。" 上命罷職。 又請扶安近邑倅, 以武臣擇差。

21) 朴趾源, 『燕巖集』 권14(熱河日記), 「玉匣夜話」, "許生曰, 爾有妻乎? 群盜曰, 無. 曰, 爾有田乎? 群盜笑曰, 有田有妻, 何苦爲盜?"(『燕巖集』 三, 啓明文化社, 1986, 185면)

3. 無人空島와 北伐비판의 실학적 의미—이용후생의 북학론

　허생은 변산의 도적들조차 매점매석[榷盜]하여 無人空島로 모두 데리고 들어가고, 덕분에 나라 안은 도둑을 경계할 필요성이 없게 되었다. 섬으로 들어간 허생의 일행은 열심히 농사를 지어 풍족한 삶을 영위했고, 잉여농산물은 배에 싣고 長崎島로 가서 팔아 은 백만 냥을 벌었다. 허생은 섬을 떠나면서 글을 아는 자[知書者]를 데리고 나온다. 섬의 화근을 끊기 위해서라고 했다. 그래서 허생은 섬에 남아 있는 사람들에게 단지 禮讓의 삶과, 오른손으로 밥 먹는 것이나 가르치라는 부탁을 하면서, 장기도에서 번 돈 백만 냥 중 50만 냥은 바다에 던지고 섬을 빠져 나온다. 이상이 「허생전」에서 無人空島 부분의 대체적인 내용이다.

　이 무인공도에 대해서 연구자들은 일반적으로 연암의 유토피아 사상을 그려낸 것이라고 한다. 어떤 이는 유가적 유토피아라 하고,22) 혹은 도가적 유토피아라고 한다.23) 연암 자신이 기본적으로 유학자라는 점에서 유가적 유토피아의 건설을 지향한다는 것은 그렇다 하더라도, 이를 도가적 유토피아로 파악하는 것은 흥미롭다. 사실 연암 사상에서 도가적 사유구조는 도처에서 번뜩인다.24) 어쨌든 無人空島를 도가적 유토피아로 보는 근거는 두 가지이다. 섬의 화근을 끊기 위해 '知書者'를 데리고 나온다는 것과, 섬의 모습이 『노자』 80장의 '小國寡民'25)과 맞닿아 있다는 것이다.26) 화근을 끊기

---

22) 金義淑, 「燕巖 朴趾源의 유토피아 思想考」, 『人文學研究』 제20집, 강원대, 1984. 12, 38면.

23) 文永午, 『연암소설의 도교철학적 조명』, 太學社, 1993. 문영오는 이 책에서 연암 소설의 사상적 기저가 도가임을 다방면으로 논증하고 있는데, 모든 것을 도가라는 틀에 꿰어 맞추려는 인상도 없지는 않으나, 연암사상이 실로 도가적 영향도 많이 받고 있다는 점에서, 이 책의 연구 방법과 성과는 평가받을 만하다.

24) 이 점에 대해서는 안재순, 「조선후기 실학의 주체성 문제」, 『동양철학연구』 40집, 동양철학연구회, 2004. 12. 참조할 것.

25) 『老子』 80장, "小國寡民, 使有什佰之器而不用, 使民重死而不遠徙. 雖有舟輿, 無所乘之, 雖有甲兵, 無所陳之, 使人復結繩而用之. 甘其食, 美其服, 安其居, 樂其俗. 隣國相望, 鷄犬之聲相聞, 民至老死不相往來."

26) 文永午, 『연암소설의 도교철학적 조명』, 太學社, 1993, 45면.

위해 '知書者'를 데리고 나온다는 것은 『노자』 19장27)과 연결된다. 『노자』 19장에서 "知를 끊어야 백성들의 이익이 백배로 된다[絶聖棄智, 民利百倍]"는 말이 나오며, 여기서 聖智는 人爲의 상징이다. 따라서 聖智를 끊는다는 것은 無爲自然을 의미한다. 그러나 그렇다고 해서 허생이 '知書者'를 배에 싣고 나오는 것에 대해서, 공도에 남겨진 백성들이 보다 인간답게(자연에 합일되는) 삶을 누리도록 하는 것이며, 그것이 바로 연암의 反知사상의 실체이고,28) 그 反知 혹은 去知가 무위적 삶의 전제조건29)이라고 해석하는 것은 무리가 있다.

노자의 핵심사상 중에 無知와 無名이 있는데, 여기서 知와 名이 내포하는 상징적 의미를 알 필요가 있다. 無知의 知는 기본적으로 변별력을 의미한다. 변별력이란 이것과 저것을 구별하는 역량이다. 名도 그 이름을 갖는 자를 타자와 구별하기 위해 붙인다. 본래 의도는 그렇지 않더라도, 일반적으로 차별은 구별하는 것에서부터 .비로소 생겨난다. 따라서 無知와 無名은 "구별이 없음" 곧 "차별이 없음[無差別]"을 의미한다. 노자가 無知와 無名을 주장하는 것은 바로 무차별의 평등을 실현하기 위함이다. 그래서 『노자』 2장에서는 인간의 知로 구별하고 규정해 놓은 가치체계와 그 우열의 차별은 무의미함을 역설한다. 예컨대 어떤 사람들은 허리가 가는 여인을 '몸짱'이라고 하지만, 남태평양 군도의 원주민들에게는 허리가 굵은 여인이 '몸짱'이다. 쓸데없이 인간의 知로 美醜를 설정하고 그 우열을 논하는 것은 무가치한 것이다. 적군을 섬멸하는 것이 아군에게는 義요 善이지만, 적군의 입장에서 보면 그것은 불의와 불선일 따름이다. 그럼에도 각 진영에서는 온갖 지혜를 짜내어 각종의 명분과 당위성을 만들어 내고, 그를 내세워 백성들을 자신들이 주장하는 의와 선의 영역으로 내몬다. 춘추전국시대 제후들

---

27) 『老子』 19장, "絶聖棄智, 民利百倍, 絶仁棄義, 民復孝慈, 絶巧棄利, 盜賊無有. 此三者以爲文不足, 故令有所屬, 見素抱樸, 少私寡欲."
28) 文永午, 『연암소설의 도교철학적 조명』, 太學社, 1993, 92면.
29) 文永午, 『연암소설의 도교철학적 조명』, 太學社, 1993, 100면.

이 그랬다. 제후들이 자신의 이익을 위해 내세우는 善과 美는 백성들이 생각하는 그것과는 다를 수도 있었다. 그래서 노자는 우리가 생각하는 美는 또 다른 추악함이고, 우리가 알고 있는 善은 또 다른 不善일 뿐이라고 역설한다.[30] 그래서 노자는 일반적으로 운위되는 道는 절대불변의 도가 아니며, 숱하게 내세우는 명분들 이를테면 義니 善이니 美니 하는 것들은 모두 참다운 이름(명분)이 아니라고 한다.[31] 이처럼 『노자』에서 知와 名은 '이것과 저것을 인위적으로 구별해서 우열을 논하는 세속의 가치'를 의미하며, 無知와 無名은 '그러한 인위적 차별의 세계를 지양하고 무차별의 평등을 지향하는 것'을 뜻한다. 그것이 장자에게서는 혼돈의 우화로 다루어지고(『莊子』應帝王), 萬物齊同의 논리로 귀일된다(『莊子』 齊物論 편).

요컨대 노자의 無知와 無名은 평등을 지향한다. 그런데 섬에 '知書者'가 있으면 巧詐의 우려가 있고, 그에 따라 새로운 계층이 형성되어 평등한 삶은 깨지고, 그 계층사회 속에서 또 다른 수탈이 자행될 수도 있다. 이런 점에서 "知書者"를 끌고 나오며 "이 섬에서 화를 끊어버리기 위한 것[爲絶禍於此島]"이라고 했던 행위는 문명의 부정이 아니라, 식자들로 인해 빚어진 사회적 병리를 혐오하고 있는 것이라는 해석[32]은 아주 타당하다. 바로 그것이 노자의 본뜻이기도 하다. 노자의 無知(곧 無爲의 세계)는 정치·경제·사회 등 여러 방면에서 식자들에 의해 자행되는 모순(곧 人爲의 병폐)을 해결하자는데 근본 목적이 있다. 인위적 문명의 세계를 등지고 사람 없는 빈 섬에 가서 자연적(원시적)인 삶을 살라는 것이 無爲自然은 아니다. 만일 空島에서 '知書者'를 데리고 나오는 것을 문명과 등진 자연적(원시적) 삶을 살기 위한 것이라고 해석한다면, 연암을 이용후생학파의 일원으로 자리매김하는 것하고는 서로 논리적으로 배치된다. 북학파의 이용후생은 자연에의 회귀보다

---

30) 『老子』 2장, "天下皆知美之爲美, 斯惡已, 皆知善之爲善, 斯不善已."
31) 『老子』 1장, "道可道非常道, 名可名非常名."
32) 李石來, 「허생전연구」, 『연암연구』, 계명대 출판부, 1999, 344면.

는 문명의 발전에 초점이 맞추어져 있기 때문이다. 연암은 결코 문명의 利器를 부정하지 않는다. 연암이 연행길에 나섰을 때, 마침 벽돌과 기계를 이용하여 성곽 보수공사를 편리하게 진척시키는 것을 보고는 이렇게 말한다.

> 공사가 거창한 것 같지마는 기계가 편리하여, 벽돌이나 흙을 나르는 데 모두 기계가 움직인다. 혹은 위에서 끌어올리기도 하고, 혹은 스스로 밀며 가기도 하여, 그 움직이는 방법이 같지는 않지만, 모두 힘은 적게 들이고 효과는 배가 되는 기술이어서 본받을 만하다. 그러나 갈 길이 바빠서 두루 살펴볼 수 없을 뿐 아니라, 비록 종일토록 자세히 본다 하더라도 갑자기 배울 수 있는 것이 아니니 진실로 한스럽다.33)

이처럼 연암은 중국이 조선과는 달리 문명의 利器를 잘 이용하는 것을 보고 긍정하고 부러워한다. 『열하일기』 자체가 이용후생이 기본 주제이다.

그리고 空島로 들어가는 것도 액면 그대로 노자의 小國寡民을 실현하기 위한 것이라 보기는 어렵다.34) 『노자』80장 중의 "비록 배가 있더라도 탈 일이 없다[雖有舟輿, 無所乘之]"거나, "이웃나라가 서로 마주보고 있으면서, 닭 울음과 개짖는 소리가 서로 들려도, 백성들은 늙어죽을 때까지 서로 왕래하지 않았다[隣國相望, 鷄犬之聲相聞, 民至老死不相往來.]"는 구절은 長崎島와 해외무

---

33) 『燕巖集』 권11(熱河日記),「渡江錄」, "工役雖似浩大, 器械便利, 運甓輸土, 皆機動輪轉. 或自上汲引, 或自推自行, 不一其法, 皆事半功倍之術, 莫非足法, 而非但行忙難以遍觀, 雖終日熟視 非造次可學 良可歎也."(『燕巖集』二, 啓明文化社, 1986, 147면)

34) 文永午는 "허생의 공도개척은 자아실현장인 이상향의 모습이나 규모면에서 노자의 小國寡民에 접목되어 있다…다시 말해 유가에서는 그 이상향을 실현하기 위해 법을 제정하고 악을 제거하기 위해 형벌을 가하며 살생을 자행한다. 그러나 도가에서는 법이나 인의예지를 부정하고 심지어는 이같은 제도를 창출하는 지식마저도 부정한다. 곧 무위자연의 경지를 추구한다. 그런데 「허생전」에서 무인공도의 모습은 도가가 지향하는 양태를 고스란히 간직하고 있다."(文永午, 『연암소설의 도교철학적 조명』, 太學社, 1993, 81면)고 한다. 그러나 이는 유가에 대한 이해 부족에서 오는 견해이다. 여기서 그가 말하는 유가의 모습은 유가가 아니라 법가의 모습이다. 유가에서는 법과 형벌로 다스리는 것을 좋게 여기지 않는다(『논어』 위정, "子曰 道之以政, 齊之以刑, 民免而無恥. 道之以德, 齊之以禮, 有恥且格."). 심지어 이상향을 실현하기 위해 살상을 자행한다는 것은 유가와 법가를 혼동하는 데서 오는 不知의 소치이다. 더구나 연암도 "槪以禮者, 防於未然之前, 法者, 禁於已然之後."(『연암집』 권2,「答丹城縣監李侯論賑政書」; 朴趾源, 『燕巖集』 一, 啓明文化社, 1986, 124면)라 하여 法治 이전에 禮治를 강조한다.

역을 하는 허생의 모습과 맞지 않고, "비록 갑옷과 병장기가 있어도 쓸일이 없었다[雖有甲兵, 無所陳之]"는 것은 李浣과 북벌을 논할 때의 허생의 계책과도 모순된다. 그렇다면 空島에 들어간다는 것은 무엇을 의미하는 것일까?

空島는 정치권력이 미치지 않는 곳, 말하자면 농민에 대한 수탈이 없는 곳을 상징한다. 空島에 들어가 농사짓는 것은 耕者有田의 원칙이 실현됨을 의미한다. 말하자면, 三政의 문란으로 말미암아 농민은 토지를 잃고, 심지어는 도둑까지 되는 당시의 사회적 모순이 해결되어야 함을 역설적으로 강조하는 표현이다. 그래서 배의 사용[用舟]이 가능한 無人空島의 설정은 사사로운 이윤추구나 도피 안주에 뜻이 있었던 것이 아니라 이용후생의 가능성을 제시한 청사진이라는 해석35)이, 小國寡民의 노자적 유토피아를 지향한다는 해석보다는 설득력이 있다. 허생이 배를 이용하여 長崎島와의 무역을 하고 있기 때문이다. 당시 長崎島는 일종의 국제 무역항이었다. 연암은 長崎島의 상황에 대해 이렇게 말하고 있다.

고려 때 송나라 상선이 빈번하게 우리나라에 와서 예성강에 정박하여 온갖 물건이 다 모여들었는데, 고려 임금이 그들을 예로써 대우해 주었으므로, 당시에 모든 서적들이 크게 갖추어지고, 중국의 온갖 기물들이 안 들어 온 것이 없었다. 그러나 지금의 우리나라는 뱃길로 중국 남쪽과 통상을 하지 않았기 때문에, 文獻에 더욱 어두워지고 三王36)의 일도 몰랐던 것은 전혀 이 때문이었다. 그런데, 일본은 중국의 강남지방과 통했으므로, 명나라 말에 옛 그릇[器皿]과 글씨·그림이며 서적·약재 들이 長崎에 모여들어, 이제 蒹葭堂 주인 木弘恭(자는 世肅)같은 이는 책을 3만 권이나 가지고 있고, 중국의 여러 명사들과도 사귀고 있다고 한다.37)

---

35) 李石來, 「허생전연구」, 『연암연구』, 계명대 출판부, 1999, 345면.

36) 明 멸망 후 남쪽으로 달아난 황족으로서 나라를 일컬은 福王·桂王·唐王

37) 朴趾源, 『燕巖集』 권15(熱河日記), 「銅蘭涉筆」, "高麗時, 宋商舶頻年來泊於禮成江, 百貨湊集, 麗王待之以禮. 故當時書籍大備, 中國器物無不來者. 我國不以水道通南貨, 故文獻尤貿貿, 不識三王事者, 全由此也. 日本通江南, 故明末古器書畵書籍藥料, 輻輳於長崎島, 今蒹葭堂主人木氏弘恭字世肅有書三萬卷, 多交中國名士云."(『燕巖集』 三, 啓明文化社, 1986, 264면)

이러한 長崎島의 실정은 朴齊家의 『北學議』에서도 찾아볼 수 있다. 즉, 長崎島에는 무역이 활발하여 천하의 진기한 물건과 중국의 고서화가 몰려 있다는 것이다.38) 이처럼 長崎島는 해외통상의 중요한 거점이었다. 따라서 「허생전」에서 설정한 장기도와의 무역은 곧 해외통상을 통해 국부를 창출해야 한다는 주장과 맞닿아 있다.

요컨대 無人空島 부분의 이야기는, ① 老子的 無知 사상을 원용하여, 식자층의 농간으로 하층민이 고통 받는 일이 없는, 그래서 계층 간의 갈등과 대립이 없는 평화로운 세상을 지향하고, ② 농업의 안정과 해외통상을 통해 國富를 창출해야 한다는, 즉 이용후생을 강조하기 위한 설정 장치라고 할 수 있다.

다음으로 북벌에 대한 허생의 입장을 살펴 보자. 「허생전」의 후반부는 허생이 李浣에게 북벌책을 제시하는 내용이다. 여기에서 허생은 입으로만 북벌을 되뇌며 준비에는 소홀한, 무능한 집권층을 신랄하게 비판한다. 북학 대 북벌의 대립구도가 선명하게 드러나는 대목이다. 허생은 북벌의 준비를 위해 ① 斷髮 곧 청나라 사람처럼 체두변발(剃頭辮髮)하여 중국유학을 보내 선진문물을 배울 것, ② 장사꾼들의 왕래를 막지 말 것, ③ 양반자제에게 胡服을 입혀 밀정으로 보낼 것 등을 제안한다. 결국 당시의 상황으로는 후진적인 조선은 도저히 선진적인 淸의 적수가 되지 못하며, 만일 맞수가 되려면 모든 체면과 위선을 벗어던지고 먼저 그들을 배우라는 것이다. 그런데 여기서 유의할 점이 하나 있다. 흔히 북벌 대 북학의 구도로 말하면, 전자는 민족 주체적이고 후자는 몰주체적인 것처럼 도식화될 우려가 있다. 그러나 북학은 결국 국력을 기르기 위한 방법이지, 淸에 대한 새로운 사대주의가 아니라는 점을 명심할 필요가 있다. 연암에게서 북학의 최종 목적은 북벌론자에 못지않게 민족자존의 주체를 지키는 것이었다. 현실에는 어두우

---

38) 朴齊家, 『北學議』 進北學議·通江南湘江商船議, "天下珍怪物, 中國之古畵書畫輳輯於長崎島."

면서 무조건 춘추대의만 앞세워 尊華攘夷하는 당시 사대부들의 맹목성을 비판하는 것이지,[39] 胡亂 당시 민족의 자존을 지키기 위해 끝까지 결사항전을 주장했던, 그래서 북벌론의 단초를 제공하는 淸陰 金尙憲의 春秋大義에는 피가 끓는다. 연암의 다음 독백을 들어 보자.

> 나는 淸陰 두 글자를 들을 적마다 머리털이 치솟고 피가 뛰지만, (그러나) 비록 어둠 속에서일지라도 목구멍 속에서만 맴돌고 감히 입 밖에 내지 못하여, 거의 王鵠汀처럼 체증이 생겼으니 어찌할까, 어찌할까?[40]

漢族으로서 滿族인 淸의 지배하에 살면서, 현실적인 힘의 차이 때문에 그 울분을 토하지 못하고 속으로만 삭혀 속병이 든 王鵠汀처럼, 연암은 조선의 힘없는 현실 속에서 춘추대의를 속으로만 삭히고 있는 것이다. 조선인이라면 누군들 민족의 치욕을 갚고자 하는 마음이 없으랴! 중요한 것은 힘을 길러 치욕을 씻어야지, 힘도 없이 입으로만 원수를 갚자고 하는 것은 공허할 뿐이다. 그래서 공허한 북벌론은 虛學이고, 실지 힘을 길러 북벌하자는 북학론은 實學이다. 이러한 민족자존감으로 말미암아 연암은 淸의 고증학과 그 결정판인 四庫全書의 편찬에도 비판적이다. 흔히 淸朝 실학의 특징을 말할 때 고증학을 예로 들지만, 연암의 실학관은 그에 대해 비판적이다. 그 이유가 무엇일까? 滿族이 漢人 들의 민족의식을 말살하기 위해, 문교정책이라는 미명하에 여론주도층의 학자들을 문자감옥 속에 집어넣은 것이 청대의 고증학이요, 그 결과물이 古今圖書集成이나 四庫全書라고, 연암은 생각한다.[41] 그래서 연암은 이것은 秦의 분서갱유보다도 더 심하다고

---

39) 朴趾源, 『燕巖集』 권14(熱河日記), 「口外異聞」, '羅約國書', "我國士大夫, 白地春秋, 空談尊攘, 百有餘年."(『燕巖集』 三, 啓明文化社, 1986, 157~158면)

40) 朴趾源, 『燕巖集』 권15(熱河日記), 「銅蘭涉筆」, "余每聞淸陰二字, 未嘗不髮動脈跳. 雖闇, 自喉裏徘徊, 而未敢發諸齒外, 幾成王鵠汀痞證, 奈何奈何."(『燕巖集』 三, 啓明文化社, 1986, 284면)

41) 朴趾源, 『燕巖集』 권14(熱河日記), 「審勢編」, "朱子集註群書, 則皇帝集天下之士, 徵海內之書, 爲圖書集成·四庫全書, 率天下而唱之曰, 此紫陽之緒言, 而考亭之遺旨也. 其所以動邊朱子者, 非他也, 騎天下士大夫之項, 扼其咽而撫其背, 天下之士大夫, 率被其愚脅, 區區自泥於儀文節目之中, 而莫之能覺也."(『燕巖集』

비판한다.42)

북학의 대상으로서의 청의 선진문물을 수용할 것을 주장하면서도, 청에 의해 정복당한 漢人의 민족의식에 주목하는 연암의 모습에서 '북학 대 북벌'의 단순 대립구조는 무의미하다. 연암에게서 북학은 북벌을 위한 방법이요, 필수적인 과정이다. 북벌의 목적을 달성하기 위해서라도 '이용후생의 북학'은 절실히 필요하다. 그것이 「허생전」 후반부의 북학론(허울뿐인 북벌론의 비판)이다.

4. 實學之士의 지향−참다운 선비상의 확립

여기서 다시 허생의 상업 활동을 상기해 보자. 士의 신분인 허생이 商人으로 변신하는 것은 앞에서 살펴보았듯이 일차적으로 연암 당시의 시대상황을 반영하는 것이었다. 즉, 당시 일정한 정도로 상업이 발전하고 있었고, 그리고 신분제가 상당히 동요하고 있던 역사적 사실을 바탕으로 이야기를 꾸민 것이었다. 매점매석 또한 당시 권세가와 부호들이 부를 축적하던 수단이었으며, 이는 민중의 삶을 더욱 곤고하게 하고 있었다. 그런데 허생은 매점매석이 가능한 근본적인 이유를 "조선(朝鮮)은 배가 외국과 통하지 못하고, 수레가 국내(國內)에 두루 다니지 못하기 때문에, 백물(百物)이 그 안에서 생산되고 (그대로) 그 안에서 소비되는"43) 구조 때문이며, 자신은 그를 이용해 돈을 벌었다고 고백한다. 수레나 배를 이용하지 못해 유통이 제대로 안

三, 啓明文化社, 1986, 4~5면)

42) 朴趾源, 『燕巖集』 권14(熱河日記), 「審勢編」, "一以顯受文敎之名, 非秦之坑殺, 而乾沒於校讐之役. 非秦之燔燒, 而離裂於聚珍之局(乾隆以四庫全書板, 名之曰聚珍板). …嗚呼, 其愚天下之術, 可謂巧且深矣. 所謂購書之禍, 甚於焚書者, 正指此也."(『燕巖集』 三, 啓明文化社, 1986, 6면)

43) 朴趾源, 『燕巖集』 권14(熱河日記), 「玉匣夜話」, "朝鮮, 舟不通外國, 車不行域中. 故百物生于其中, 消于其中."(『燕巖集』 三, 啓明文化社, 1986, 187면)

되고, 그 때문에 가난할 수밖에 없다는 관점은 연암의 다음 말에서도 확인이 된다.

> 사방 수 천리 밖에 안 되는 나라 백성들의 살림살이가 이처럼 가난한 것은 한마디로 말하여 나라에 수레가 다니지 않기 때문이다. 그러면, 어찌하여 수레가 다니지 못하는가 묻는다면, 역시 한마디로 말하여 사대부의 잘못이라고 하겠다. 그들은 평생토록 글을 읽어야 "『周禮』는 성인이 지은 것이다"하고, 또 輪人이니 輿人이니, 車人이니 舟人이니 말하지만, 끝내 그것을 어떻게 만들고 움직이는가에 대해서는 도무지 연구하지 않는다. 이것이 이른바 "한갓 글을 읽기만 하는 것"이니, 그것이 학문에 무슨 보탬이 되겠는가?44)

여기서 흥미 있는 것은, 제대로 器物을 이용하지 못한 까닭에 나라가 가난하며, 그것은 학문을 제대로 하지 못한 사대부의 책임이라는 주장이다. 올바른 독서란 무엇이며, 진정한 학문은 어떤 것이고, 참다운 선비[士]는 어때야 하는지를 묻고 있는 것이다. 연암에게 있어서 올바른 독서란 책의 내용을 완전히 숙지하여 실험·실습을 통해 실제에 적용하는 것이며, 진정한 학문이란 민생에 도움이 되는 것이며, 그런 학문을 하는 이가 참다운 선비인 것이다. 요컨대 이용후생에 적합한 학문을 하는 이가 참다운 선비이다. 正祖에게 올린 글에서 연암은 진정한 학문과 참다운 선비에 대해 다음과 같이 말한다.

> 士의 학문은 사실 농업, 공업, 상업의 이치까지를 겸하여 포함하고 있으며, 이 세 부류의 업(業)은 반드시 모두 士를 기다린 뒤에야 이루어집니다. 이른바 농사(農事)를 밝힌다거나 상업을 유통시키고 공장(工匠)을 돌본다고 하는데, 그 밝히고 유통시키고 돌볼 수 있는 자는 士가 아니라면 누구이겠습니까? 그렇기 때문에 신은 가만히 생각건대, 후세의 농, 공, 고(賈)가 제 업을 이루지

---

44) 朴趾源, 『燕巖集』 권12(熱河日記), 「馹汛隨筆」, '車制', "方數千里之國, 民萌産業, 若是其貧, 一言以蔽之曰, 車不行域中. 請問其故, 車奚不行, 一言以蔽之曰, 士大夫之過也. 平生讀書, 則曰周禮, 聖人之作也. 曰輪人, 曰輿人, 曰車人, 曰輈人, 然竟不講造之之法如何, 行之之術如何. 是所謂徒讀, 何補於學哉."(『燕巖集』二, 啓明文化社, 1986, 244면)

못하는 것은 바로 士에게 실학(實學)이 없는 잘못 때문입니다.

당시 학문이라고 하면 흔히 성리학을 연상하지만, 사실은 농·공·상업을 아우르는 實學이 진정한 학문이고, 그 실학을 할 수 있는 이가 참다운 선비라는 것이다. 「허생전」에서 士의 신분인 허생이 상업에 종사하는 행위는, 바로 연암의 이러한 학문관을 현실에서 실제로 적용하는 실험활동이라고 볼 수 있다. 無人空島에서 농업의 생산량을 증진시키고, 그 잉여농산물을 長崎島와 무역하여 큰돈을 벌고 난 후에, 허생은 "이제 나는 이미 조금 시험해 보았다"고 하는데, 저간의 사정이 바로 "農·賈의 일은 선비를 기다린 뒤에 완성 된다"고 하는 것을 시험한 것이라 볼 수 있다. 당시 조선 지식인은 財富를 논하는 것을 소인의 일로 간주하는 경향이 강했음에 비해, 연암은 허생을 통해 그러한 의식을 깨트리고 있는 것이다. 진정한 사대부라면, 특히 국정을 담당하고 있다면, 마땅히 國富 창출에 나서야 한다는 것이 연암의 생각이다. 연암이 연행 길에 나섰을 때, 청나라의 변경도시 조차도 번화한 모습에 놀라면서, 한 전당포에 걸린 柱聯에 주목한다.

홍범구주는 먼저 富를 말하고, 대학10장의 절반은 財를 논한다.[45)]

「홍범」은 중국 고대 현군인 우왕의 정치철학을 담은 것으로 『書經』의 한 편이며, 『대학』은 기본적으로 정치지도자가 읽어야 할 유가경전이다. 특히 『대학』의 제10장[46)]은 治國平天下章으로 최고의 리더가 지녀야 할 사항을 강조하고 있다. 한마디로 「홍범」과 『대학』은 위정자의 經世書이며, 위정자에게 제일 중요한 것은 백성들의 財富라는 것이다. 이 전당포의 주련에 주목하는 연암에게, 財富 논하는 것을 천시하는 조선 선비는 경전조차도 잘못

---

45) 朴趾源, 『燕巖集』 권11(熱河日記), 「渡江錄」, "洪範九疇先言富, 大學十章半論財"(『燕巖集』 二, 啓明文化社, 1986, 150면)
46) 여기서 말하는 『대학』은 朱熹의 『大學章句』를 말한다.

읽는 것으로 보였을 것이다. 어쩌면 「허생전」은 그러한 조선 선비의 의식을 깨기 위한 작업의 소산일지도 모른다. 그래서 「허생전」은 한권의 경세서이다. 이는 박제가의 평에서도 잘 드러난다.

> 이는 대체로 규렴(虯髥)47)으로써 화식(貨殖)48)에, 합친 것이었으나 그 중에는 중봉(重峯)의 봉사(封事), 반계(磻溪)의 수록(隨錄), 성호(星湖)의 사설(僿說) 등에서 말하지 못했던 부분을 능히 말하였다. 문장이 더욱 소탕(疎宕)하고 비분(悲憤)하여 압수(鴨水) 이동에 있어서의 유수한 문자이다.49)

이처럼 박제가에 의하면, 「허생전」은 중봉의 「봉사」와 『반계수록』·『성호사설』의 계보를 잇는 경세서인 셈이다. 오히려 중봉 조헌과, 반계 유형원, 성호 이익의 경세론을 보완하고 있어 그들보다 진일보한 면을 보인다. 여기서 한국사상사의 입장에서 중요한 단서가 하나 포착되는데, 그것은 북학파의 선하가 흔히 말하는 경세치용학파라는 점이다. 박제가는 여기서 조선후기실학파의 계보가 重峯 → 磻溪 → 星湖 → 燕巖으로 이어진다는 것을 암시하고 있다. 이는 후세학자들이 경세치용학파니 북학파니 하고 실학파를 구별하는 것이 무의미함을 뜻한다. 만일 그렇게 분류한다면, 경세치용학파와 북학파가 별개의 것이 아니라, 중봉 → 경세치용학파 → 북학파의 계보가 형성되는 셈이다.50) 어쨌든 「허생전」은 富國裕民의 실학51)을 제창하는 경세서이고, 허생은 실학을 하는 선비[實學之士]이다.

그렇다면 허생에게, 바꾸어 말하면 연암에게, 財富가 최상의 궁극적인 목적이었을까? 여기서 우리는 허생이 변씨 부자에게 빌린 돈을 갚을 때의 상황을 상기할 필요가 있다. 허생이 너무 많은 돈을 갚아서, 변씨 부자가 허

---

47) 당(唐) 두광정(杜光庭)이 지은 『규렴객전(虯髥客傳)』
48) 한(漢) 사마천(司馬遷)·반고(班固)의 「화식열전(貨殖列傳)」
49) 한국고전번역원, 한국고전종합DB, 『열하일기』 '차수평어'에서 인용함
50) 조선후기실학파의 사상적 계보에 대해서는 안재순, 「조선후기실학파의 사상적 계보」, 『동양철학연구』 12집, 동양철학연구회, 1991. 12. 참조할 것
51) 각주 4번 참조

생에게 돈을 돌려주려 할 때, 허생은 이렇게 말한다.

> 내가 부자가 되고자 했다면, 백만을 버리고 십만을 취했겠는가? 나는 이제
> 부터 그대 덕으로 살아가겠네. 그대는 자주 나를 돌보아서, 식구를 헤아려 양
> 식을 대주고, 몸을 살펴 베를 주시게나. 일생을 이같이 하면 만족할 것인데,
> 누가 재물로써 정신을 피곤하게 할까?52)

이 말에는 두 가지의 의미가 들어 있다. 첫째로, 이는 권력과 부를 이용
하여 매점 매석 등의 부당한 방법으로 더 큰 돈을 벌려는 자들에 대한 역
설적 비판이다. 둘째로는, 外物의 유혹으로부터 자유로운 주체적 삶을 사는
것을 의미한다. 여기서 지도자가 가져야 할 덕목이 그려진다. 이제 허생의
행위와 『대학』 10장의 내용들을 음미해 보자. 허생은 자신이 돈을 벌었지
만, 그를 소유하지 않는다. 번 돈으로 도적떼에게 새로운 삶을 열어 주고,
온 나라 안을 돌아다니며 빈민과 소외계층을 구제한다. 『대학』은 기본적으
로 '노블리스 오블리제'를 강조한다. 그런데 이 '노블리스 오블리제'는 財富
나 명예 등 外物의 유혹에 빠질 때 실현되기 어렵다. 그래서 힘이 있는 자
는 자신의 힘을 이용해서, 말하자면 위정자는 권력으로, 부자는 돈으로, 민
중의 삶을 도탄에 빠트리면서까지 자신의 부를 축적하려고 하면 안 된다.
그 경우 힘 있는 자의 재물이 쌓일수록 민중은 떠나가고, 반대로 그들이 재
산을 나누어 민중의 곤고한 삶을 구제하면 민중은 그들 곁으로 모인다.53)
어진 자는 재물로 민심을 얻어 성공하지만, 어질지 못한 자는 일신의 욕심
때문에 말하자면 外物의 유혹 때문에 몸을 망치는 줄도 모르고 재물을 탐
한다.54) 요컨대, 나라를 다스리는 사람은 자신에게만 이로운 것을 이롭다고

---

52) 朴趾源, 『燕巖集』 권14(熱河日記), 「玉匣夜話」, "許生辭曰, 我欲富也, 棄百萬而取十萬乎. 吾從今得君而
   活矣. 君數視我, 計口送糧, 度身授布, 一生如此, 足矣. 孰肯以財勞身."(『燕巖集』三, 啓明文化社, 1986,
   187면)
53) 『大學』 傳10章, "是故財聚則民散, 財散則民聚."
54) 『大學』 傳10章, "仁者以財發身, 不仁者以身發財."

여기면 안 되고, 백성 모두에게 이로울 수 있는 것이 진정으로 이로운 것이라고 생각해야 한다.[55] 일신상의 이익 때문에 외물의 유혹을 받기 쉬운 것이 보통사람일진대, 지도자는 이것을 초월하여 의로운 삶을 살아야 한다. 이들에게는 사람이 모인다. 그래서 『대학』에서는 덕을 닦으면 사람이 모이고, 사람이 모이면 나라를 가질 수 있고, 나라를 가지면 財富가 있게 된다고 한다.[56] 「허생전」을 보자. 허생이 과일과 말총의 매점 매석으로 번 돈을 가지고 빈 섬으로 들어가려 할 때, 사람도 없는 곳에서 누구와 살 것이냐고 뱃사공이 묻자 허생이 대답한다―덕이 있으면 사람이 모이기 마련인데, 덕이 없음을 근심해야지 사람이 없는 것을 근심하랴?[57] 허생의 이 대답과 『대학』의 내용은 상통한다. 이것이 바로 '덕이 근본이고, 재물은 지엽적'이라는 '德本財末'[58]의 사상이다. 그런데 연암 당시 조선의 선비들은 이 '德本財末'을 잘못 해석하여, 財物을 논하는 것을 지엽적인 것에 매달리는 천한 짓이라고 보았다. '덕본재말'은 특히 위정자가 지켜야 할 덕목이다. 그래서 『대학』 傳10章인 治國平天下章에 이 대목이 들어 있다. '덕본재말'은 위정자의 '노블리스 오블리제'를 요구하는 언명이다. 위에서 인용한, 변씨 富者와 나누는 허생의 말과, 돈을 벌고 난 후에 돈을 처리하는 허생의 행위로부터, 허생은 『대학』의 治國平天下章에 나오는 지도자의 모습과 그대로 일치하고 있음이 확인된다.

이를 정리하자면 이렇다. ① 선비는 財富를 창출할 수 있는 實學을 해서 나라와 백성을 부유하게[富國裕民] 해야 한다. ② 선비가 지도층이 되었을 때는, 자신의 이익 때문에 外物의 유혹에 흔들려서는 안 되고, 나라와 백성들을 위한 삶을 우선적으로 고려해야 한다. 연암에 의하면, 이를 실천하는 선

---

55) 『大學』 傳10章, "此謂國, 不以利爲利, 以義爲利也."
56) 『大學』 傳10章, "是故, 君子先愼乎德, 有德此有人, 有人此有土, 有土此有財, 有財此有用."
57) 朴趾源, 『燕巖集』 권14(熱河日記), 「玉匣夜話」, "篙師曰, 島空無人, 尙誰與居. 許生曰, 德者, 人所歸也. 尙恐不德, 何患無人."(『燕巖集』 三, 啓明文化社, 1986, 185면)
58) 『大學』 傳10章, "德者本也, 財者末也. 外本內末, 爭民施奪."

비가 바로 '實學之士'이고, 이것이 우리가 지향해야 할 바람직한 선비상이다. 「허생전」이 말하고자 하는 속내는 바로 이것이라고 생각된다.

5. 마무리

지금까지 살펴본 것처럼 「허생전」은 단순한 문학작품이 아니라, 연암의 경세사상을 문학에 용해시켜 표현해 낸 것이라 할 수 있다. 「허생전」에서 그려지는 내용들은 모두 역사적 사실에 바탕을 둔 것이고, 당시 사회가 지향해야 할 역사적 당위성을 제시하는 것이다. 허생의 상업 종사는 당시 상업의 발전 정도와 신분제의 동요를 반영하는 것이고, 매점매석 또한 당시 사회의 병폐였다. 삶의 근거를 잃은 농민들은 유랑하다가 도적이 되기도 했는데, 당시 변산 도적이 세력이 컸다. 「허생전」의 전반부는 이러한 시대적 상황을 그려내면서, 그를 비판하고 있다. 과일과 말총을 팔아 돈을 번 허생이 도적들을 데리고 들어가는 無人空島 부분에서는, 노자의 無知 사상을 원용하여 식자층에 의해 빚어지는 사회병리를 성토하고, 농업 생산의 증대와 해외통상으로 財富를 창출하여 나라와 백성을 부유하게[富國裕民]할 것을 주장한다. 「허생전」의 후반부에서는 청의 선진문명을 받아들여 실질적인 북벌계획을 수립할 것을 강조한다. 이른바 이용후생의 북학론이 잘 드러나는 대목이라고 할 수 있다. 연암의 북학은 북벌과 단순히 대립되는 구도로서의 북학이 아니라, 궁극적으로는 國富를 통한 민족자존의 확립을 추구한다는 점에서 북벌론이 추구하는 이상과 통할 수 있음도 살펴보았다. 결국 「허생전」을 통해 연암이 강조하고자 하는 것은 농·공·상의 이치를 포괄하는 실학이 장려되어야 하며, 이러한 실학을 하는 선비만이 참다운 선비라는 것이다. 그리고 그 선비가 위정자가 되어서는, 자신의 자리를 수단으로 삼아

이익을 도모하는 것이 아니라, 오히려 그러한 외물의 유혹에 휘둘리지 않은 채 주체적이고도 능동적으로 富國裕民을 위한 공동선에 매진해야 한다는 것이다. 이를 행하는 이가 '實學之士'인데, 허생은 바로 연암이 추구하는 '실학지사'였고, 「허생전」에서는 이러한 내용들이 때로는 상징적으로, 때로는 사실적으로 묘사되고 있다. 요컨대 「허생전」은 한 권의 실학적 經世書이다.

‖ 참고문헌

『孟子』, 『大學』, 『老子』, 조선왕조실록(영조, 정조)

朴趾源, 『燕巖集』, 啓明文化社, 1986.

다산학연구원 편, 『李乙浩全書』 4(실학사상과 한사상), 예문서원, 2000. 11.

文永午, 『연암소설의 도교철학적 조명』, 太學社, 1993.

강만길, 「정약용시대의 경제사정」, 『정다산과 그 시대』, 민음사, 1986.

김영호, 「조선후기에 있어서의 도시상업의 새로운 전개」, 『한국사연구』 2, 1968.

金義淑, 「燕巖 朴趾源의 유토피아 思想考」, 『人文學研究』 제20집, 강원대, 1984. 12.

金智勇, 「실사구시 사상과 박연암의 문학」, 『燕巖研究』, 계명대출판부, 1999.

蘇在英, 「燕巖 朴趾源의 文學認識」, 『燕巖研究』, 계명대출판부, 1999.

안재순, 「조선후기실학파의 사상적 계보」, 『동양철학연구』 12집, 동양철학연구회, 1991. 12.

안재순, 「조선후기 실학의 주체성 문제」, 『동양철학연구』 40집, 동양철학연구회, 2004. 12.

李石來, 「許生傳연구」, 『燕巖研究』, 계명대출판부, 1999.

이세영, 「18~19세기 곡물시장의 형성과 유통구조의 변동」, 『한국사론』 9, 서울대, 1983.

車溶柱, 「허생전의 모순과 한계성에 대한 고찰」, 『燕巖研究』, 계명대출판부, 1999.

방각본 연구의 몇 가지 문제

이윤석

1. 서언

    방각본연구를 학문적 수준에서 논의한 것은 김동욱에서 시작되었다고 할 수 있다.[1] 이후 류탁일, 이창헌[2] 등의 연구자들에 의해 많은 연구가 축적되기에 이르렀으나, 방각본 연구가 한글방각본 소설에 집중되었기 때문에 한문방각본에 대한 연구는 상대적으로 소홀했다. 한글방각본은 대부분 소설이므로 그 성격이 오락적인 데 비해, 한문방각본은 교양을 쌓기 위한 것이거나 사회생활을 해나가는 데 필요한 실용적인 내용의 책이 많다. 그러나 한문방각본은 아직까지 정확한 전체 목록이 정리된 일이 없기 때문에 앞으로 상당 기간 연구가 축적되어야 그 전체적인 개요를 파악할 수 있을 것이

---

1) 김동욱, 「한글소설 방각본의 성립에 대하여」, 『향토서울』 8, 서울시, 1960.
    김동욱, 「방각본에 대하여」, 『동방학지』 11집, 연세대학교 동방학연구소, 1970.
2) 류탁일, 『완판방각소설의 문헌학적 연구』, 학문사, 1981.
    이창헌, 「경판방각소설의 판본 연구」, 서울대학교 박사학위논문, 1995.

다. 이렇게 한글 방각본과 한문방각본은 분명하게 그 성격이 다른데다가, 한문방각본은 이제 연구의 초기단계라고 할 수 있으므로 방각본 전체를 아우르는 시각을 갖기 어려운 것이 현재 실정이다. 최근에 한문방각본에 대한 관심이 높아지고 있고, 또 몇몇 연구자들이 이 방면의 연구를 열심히 계속하고 있으므로 앞으로 방각본 전체에 대한 활발한 연구를 기대해도 좋을 것 같다.

필자는 고소설 이본(異本) 연구의 일환으로 세책이나 방각본 같은 상업출판물에 관심을 갖게 되었는데, 연구를 해나가는 과정에서 이들 상업출판물 소설을 잘 이해하기 위해서는 방각본 일반에 관한 지식이 필요하다는 점을 깨닫게 되었다. 이 글에서는 그동안 필자가 방각본을 다루면서 생각했던 문제 몇 가지를 얘기하기로 한다. 방각본 연구에서 염두에 두어야 할 것은, 먼저 방각본은 사회의 변화를 보여주는 지표라는 점을 분명히 할뿐 아니라, 나아가서는 방각본 같은 상업출판물이 사회를 어떻게 변화시켰는가 하는 문제도 다룰 수 있어야 한다는 점이다. 다음으로 최초의 방각본이 무엇인가를 밝히는 문제도, 어떤 책이 최초의 방각본이다 아니다 하는 논의보다는 방각본 하나하나에 대한 연구를 축적해나가면 이 문제는 자연스럽게 해결될 것임을 말했다. 그리고 필자가 그동안 관심을 갖고 본 몇몇 책을 통해서 앞으로 방각본 연구의 방향을 몇 가지 제시해보았다.

2. 방각본을 어떻게 볼 것인가

근대 이전의 서적과 인쇄에 관한 연구는 주로 관청에서 간행한 관판(官版)이나 족보와 문집 같은 사판(私版) 그리고 사찰판(寺刹板)을 중심으로 이루어졌으므로, 우리나라에도 근대 이전에 상업출판물이 있었다는 사실에 대해서는 잘 알려지지 않고 있다. 그러나 18세기 중반에는 영리를 목적으로 책을 빌려주는 세책(貰冊)집이 있었고, 18세기 후반이 되면 목판인쇄(木板印刷)로 책을 찍어내어 판매하는 상업출판이 시작된다.3) 목판인쇄로 간행된 이 상업출판물을 '방각본(坊刻本)'이라고 하는데, 한문방각본이 먼저 나오고 이어서 한글방각본이 나타난다.

한문방각본은 초보적인 지식을 익히는 데 도움이 되는 책과 실용적인 책이 대부분인데, 대체로 분량이 많지 않은 책 위주로 간행되었다. 분량이 많은 한문서적은 관판본이나 중국에서 수입한 책으로 충분히 수요에 응할 수 있었으므로, 분량이 많은 수준 높은 책은 방각본으로 간행되지 않았다. 이것은 책 시장의 규모가 크지 않았음을 반증하는 것이기도 하고, 또 다른 면에서 보자면, 방각본업자가 운용하는 자본 규모가 영세했음을 말하는 것이기도 하다. 이와 같은 사정은 한글방각본도 마찬가지이다. 한글방각본은 많아야 3책 정도이고 대부분은 한 책이다. 한문방각본이 전근대 동아시아의 공통문자인 한문으로 된 상업출판물이라면, 한글방각본은 자국어로 된 통속문예물의 출판이라는 세계적인 보편적 문화현상이 조선사회에도 있었음을 보여주는 자료이다. 한글방각본의 주류를 이루고 있는 것이 소설이라는 사실이 이 점을 분명하게 한다. 한문본이나 한글본을 막론하고 방각본 이해의 핵심은 상류계층의 독점물이었던 서적이 다른 계층으로 확대되었다는 점에 있다고 하겠다.

체계적인 지식의 습득을 위해서는 책이 필요한데, 방각본이 나오기 전에는 책을 손에 넣는 일이 쉽지 않았다. 특히 인쇄된 책을 구하기 위해서는 상당한 사회적 지위가 필요했다. 조선시대에 인쇄된 서적을 구할 수 있는 길은 두 가지로, 관청에서 간행한 것을 얻는 방법과 중국에서 들여온 책을 구하는 것이었다. 관청에서 간행한 책을 받을 수 있으려면 꽤 높은 지위에

---

3) 방각본의 언제 처음 나왔는가 하는 문제에 대해서는 연구자마다 다른 견해를 갖고 있다. 필자는 18세기 후반이 되어야 방각본의 시대가 열린다고 보고 있다.

있어야 하고, 또 중국책을 구입하기 위해서는 적어도 중국에 사신으로 가는 행렬에 끼일 수 있는 정도의 신분이거나 그런 사람과 친분이 있어야 한다. 이와 같이 인쇄된 책은 돈만 있다고 해서 얻을 수 있는 것이 아니라 사회적 지위가 필요했다. 책을 읽고 싶어도 책을 구할 수 없어서 읽지 못하는 일은 흔한 일이었기 때문에, 인쇄된 책을 구할 수 없을 때는 다른 사람의 책을 빌려서 베끼는 방법을 썼다. 시간과 노력이 들어가기는 하지만 이렇게 남의 책을 필사해서 소장하는 것도 책을 구하는 방법의 하나였다.

조선사회의 봉건질서가 변하지 않는 동안에는 책을 구하는 방법에도 별다른 변화가 없었다. 그러나 조선사회의 기존 질서가 변하면서 책을 구하는 방법에도 변화가 생기고, 독서에 대한 생각도 변하게 된다. 책은 개인이 소장하는 것이고, 일정한 사회적 지위를 갖고 있는 사람이라야 책을 소장하고 읽을 수 있다는 사회적 통념에 변화가 생긴다. 돈을 받고 책을 빌려주는 세책(貰冊)집이 나타난다든가, 돈을 내면 누구라도 살 수 있는 방각본이 생긴 것은 책의 수요와 공급이 독서시장과 관련을 맺기 시작했음을 의미한다. 책을 구하는 방법이나 독서의 방식이 변했다는 사실은 조선의 문화가 새로운 국면에 들어섰음을 보여주는 하나의 징표라고 할 수 있다. 세책이나 방각본의 출현은 지식이나 오락이 상품으로 거래되는 시대가 되었음을 보여주는데, 이러한 시대는 그 이전과는 질적으로 다른 사회이다.

방각본은 책이 시장에서 상품으로 팔리게 된 시대의 산물이다. 그렇다고 해서 방각본이 나오기 이전에는 책이 상품으로 거래되지 않은 것은 아니다. 방각본이 나오기 이전에도 책은 돈을 주고 구입하거나 빌려보는 물건이라는 인식이 보편적이었다. 조선시대 중국에 가서 서적을 구입한 기록은 수없이 많고, 또 관청에서 갖고 있는 판목으로 서적을 인출(印出)하기 위해서도 돈이 필요했으며, 책 거간꾼의 활동에 대한 기록도 있다. 이밖에도 책의 구입과 관련된 많은 이야기가 전하고 있고, 또 18세기 중반에는 세책(貰冊)의 폐해에 대한 기록이 있는 것으로 보아 책은 돈을 주고 구매하는 상품으로 보는 시각이 일반적이었음을 알 수 있다. 그러나 1800년 무렵까지도 책을 인쇄해서 판매하는 상업출판이 본격적으로 나타나지는 않았다. 상업출판이 18세기 후반이나 되어야 비로소 생겨나는 가장 큰 이유는, 조선의 제반 상황이 이 시기가 되어야 비로소 상업출판이 가능했기 때문으로 보아야 할 것이다.4) 앞에서 얘기한 바와 마찬가지로 방각본으로 간행된 서적의 분량은 대부분 한두 책 정도이고, 다섯 책이 넘는 것은 거의 없다. 그리고 중국에서 들여온 책이나 관판(官版)으로 간행된 책 가운데 분량이 많은 것은 출판하지 않았다. 이것을 단순히 방각본 출판의 영세성 때문이라고만 보기는 어려운 면도 있는데, 왜냐하면 방각본은 기존의 지식체계와는 다른 형태의 지식을 요구하는 새로운 독서 계층의 출현 때문이라고도 볼 수 있기 때문이다.

이제까지 방각본에 대한 연구는 주로 고소설 연구자들이 해왔다. 근래에 고소설의 상업성에 관한 연구들이 나오기 시작하면서, 방각본 고소설을 단순히 고소설의 한 이본으로서만 연구하는 것이 아니라 그 제작과정의 상업성에 초점을 맞춘 연구도 나오고, 방각본과 활판본 소설의 관계에 대한 연구도 진행되고 있다. 방각본을 단순히 이본의 한 형태로 다루는 것만으로는 방각본의 본질을 이해할 수 없다. 방각본에 얽힌 여러 문제는 방각본이 출현한 사회의 변동과 연관시켜서 보아야 풀릴 수 있다.

방각본이 단순히 사회변화의 산물인지, 그렇지 않으면 방각본 같은 새로운 형태의 출판물이 사회변화를 이끌어낸 것인지에 대한 심도 있는 논의가 필요하다. 그리고 한문방각본이나 한글방각본 모두 이전과는 다른 새로운 독자층의 요구로 나온 것인데, 이 새로운 독자층은 어떤 계층이었으며, 당시의 문자해득률(literacy rate)과는 어떤 관련이 있는가 하는 문제도 검토해야

---

4) 1518년의 『고사촬요』나 1637년에 간행된 『사서언해』를 방각본으로 보는 견해에도 충분히 수긍할만한 면이 있다. 그러나 필자는 방각본이 상업출판물의 하나이고, 상업출판이 보편적인 문화현상의 하나로 자리잡는 시기가 되어야 비로소 방각본시대라고 말할 수 있다고 본다.

할 것이다. 이런 문제는 차후의 문제라 하더라도, 우선 방각본을 책의 생산과 유통이 이루어지는 시장이 형성되었다는 점에 초점을 맞춰 이해할 필요가 있다. 책이 특정한 신분이나 계층의 사람을 위해서가 아니라 불특정 다수를 겨냥해서 상품으로 간행되고, 정치나 도덕 같은 큰 문제에 관한 것이 아니라 사소한 지식이나 교양 그리고 오락을 위한 책이 만들어지는 시대가 바로 방각본시대이다. 방각본을 소비하는 사람들이 갖추어야 할 필수적인 조건은 구매력이고, 이 상품을 구매할 수 있는 능력을 갖고 있는가 없는가가 새로운 사회에서 신분의 척도가 된다.

3. 최초의 방각본

어느 분야의 연구에서나 마찬가지이지만, 방각본 연구에서도 "최초의 방각본은 무엇인가?"라는 문제가 대두되었다. 김동욱은 이 문제에 대해서 다음과 같이 말했다.

> 방각본의 기원을 어느 때로 잡느냐 하는 문제는 앞에서 말한 대로 아직 정설이 없다. 그 상한을 올려 잡으려는 이가 안춘근 씨이나, 필자는 壬亂 이후로 잡아보려는 것이다. 필자는 애초에 한글방각본을 다루는 마당에서 18세기설을 내세운 바 있으나 현존 일반 방각본의 자료가 이미 임병란 후로 올라가므로 前說을 수정하고 17세기설을 주장하려 한다. 16세기에는 『고사촬요』가 증언하는 대로 교서관을 중심으로 해서 그 간행 서적이 매매되었으나 그렇다고 그것이 방각본이 아닌 바에 이를 기점으로 할 수는 없다.[5]

여기서 얘기하는 '『고사촬요』가 증언하는 대로'라는 말은, 『고사촬요』 말

---

5) 김동욱, 「방각본에 대하여」, 『동방학지』 11집, 연세대학교 동방학연구소, 1970, 102면.

미의 "萬曆四年七月日"이라는 간기와 함께 있는 "水標橋下北邊二第里門入河漢水家刻板買者尋來"라는 기록을 근거로 이『고사촬요』를 최초의 방각본이라고 보는 견해이다.6) 김동욱은 이『고사촬요』의 기록이 방각본을 증명하는 것이라고 보지 않고, 이것은 관판의 판목을 갖고 있는 사람이나 기관에 가서 인쇄해오는 조선시대 책을 구하는 일반적인 방법이었다고 보았다.7)

김동욱은 전주와 태인에서 간행된 몇 가지 책의 간기를 잘못 파악하여 전주판『동몽선습』이나 태인에서 간행한『사요취선』등을 17세기 간행본이라고 생각했다. 그러나 태인판의 간행년도는 김동욱이 비정한 시기보다 두 갑자 후인 1800년을 전후한 시기임이 후에 밝혀졌다.8) 김윤수에 의해 태인에서 간행한『고문진보』가 1796년임이 확정되었지만, 전이채와 박치유의 이름이 들어간 책을 방각본으로 보는 시각은 그대로 계속되고 있다. 류준경은, "출판사, 서점, 소비자의 관련이 구체적으로 뚜렷하게 확인되는 가장 이른 시기의 방각본은 전라도 泰仁에서 간행된 방각본들이다. 이들은 주로 田以采, 朴致維가 간행한 것인데, 처음부터 영리를 목적으로 출판했는지 여부는 명확하지 않다."고 하여 태인판을 방각본으로 보고 있다. 그러나 류준경은 "앞서 언급한『고사촬요』,『맹자언해』, 한문본『구운몽』등도 방각본적인 성격을 띠기는 하지만 이윤을 목적으로 하는 상업출판인지 여부가 불확실하다. 구체화된 방각출판의 흐름을 예비하는 모습으로 파악할 수 있을 것이다."라고 하여 태인판은『고사촬요』,『맹자언해』, 한문본『구운몽』등과는 성격이 다르다고 했다.9)

---

6) 만력 4년은 1576년이다. 이 기록을 천혜봉은, "수표교 아래 북변 이제리의 수문 입구에 있는 하한수 집에서 목판을 새겼으니 살 사람은 찾아오라."라고 해석했다. 천혜봉,『한국 서지학』, 민음사, 1995, 232면.

7) 김동욱은 "京師에서는 校書館이 거대한 板主노릇"을 한다거나, "刻主인 官衙에 대하여 종이 몇 束 몇張을 納入하여 引出케 하여 여기에 引出과 裝冊의 入費를 加算하는 方法"이라고 보았다. 김동욱 위의 논문, 100면.

8) 김윤수,「泰仁坊刻本 ＜詳說古文眞寶大全＞과 ＜史要聚選＞」,『書誌學硏究』5·6합집, 1990.

9) 류준경,「독서층의 새로운 지평, 방각본과 신활자본」,『한문고전연구』13집, 한국한문고전학회, 2006.

그러나 태인판을 방각본이라고 말하기는 어려운 면이 있다. 현재 우리가 알고 있는 태인판은 모두 후대에 유통된 것이다. 그러므로 류준경이 얘기한 것처럼, '처음부터 영리를 목적으로 출판했는지 여부는 명확하지 않다.'는 점이 태인판을 방각본이라고 확정적으로 말하기 어렵게 만든다. 현재 우리가 방각본으로 알고 있는 경서(經書)의 상당수는 관판의 판목으로 간행한 것인데, 특히 20세기 들어서 판권지가 붙은 경서의 대부분은 관판의 판목으로 간행한 것이다. 이와 같이 관판의 판목이 민간으로 흘러들어가서 상업출판에 이용된 것이 많다. 태인판을 방각본이라고 말하기 위해서는, 태인판이 후대에 관판 판목으로 간행한 상업출판물과 달리 처음부터 상업적 목적으로 만든 것임을 증명해야 한다.

태인판을 방각본이라고 말하기 어려운 또 다른 이유는, 대도시가 아닌 곳에서 상업출판물이 먼저 나올 수 있는가 하는 점 때문이다. 방각본은 상업출판의 한 형태이므로 상업출판이 어떤 조건에서 생겨나는가 하는 상업출판의 보편적 원리와 연관 지어 생각해야 한다. 방각본이라는 상품이 시장에 나타날 수 있는 조건은 무엇일까? 이 문제는 앞으로 여러 측면에서 연구해야 할 과제라고 생각한다. 그러나 태인판이 방각본이라는 기존의 견해에 국한시켜 얘기한다면, 서울이라는 대도시를 제외한 조선의 다른 곳에서 상업출판이 먼저 시작되었다고 말하기에는 무언가 석연치 않은 점이 있다.

앞에서 류준경이 언급한 『맹자언해』에 대해서도 같은 얘기를 할 수 있다. 옥영정은 『맹자언해』뿐만 아니라 사서언해 모두를 발굴하고 다음과 같이 말했다.

사서언해 중 『孟子諺解』 권말에 나타나는 간행기록에 의거하여 "窮儒寒士本" 또는 "寒士本"으로도 알려져 있는 이 책은 처음에 『孟子諺解』만을 대상으로 처음 발굴하여 조사되었고 당시에 『論語諺解』의 일부도 알려져 있어서 四書의 언해가 모두 간행되었을 가능성이 있음을 짐작할 수 있었다. 그러나 전체적인 규모를 파악하기가 어려웠는데 마침 동일한 양식의 『大學諺解』, 『中庸

諺解』가 잇달아 확인되고, 이 연구를 진행하는 과정 중에 일부만 알려졌던 『論語諺解』의 나머지 부분도 찾게됨에 따라 사서언해 1질이 동일한 주체에 의해 모두 간행되었다는 사실을 알 수 있게 되었다.[10)

그리고 이 사서언해에 대해, "官撰本이 아닌 개인출판물의 성격을 가지므로 기존에 알려진 坊刻本과 書肆 문제에 대한 새로운 접근을 가능하게 한다. 간행 주체는 확인하기 어렵지만 간행지역을 刻手名으로 분석해본 결과 전라도 태인 지역일 가능성이 있으며, 사찰의 승려가 각수로 참여하였을 것으로 추정된다."고 했다.

옥영정의 연구를 통해 이 사서언해가 태인 지역에서 간행되었을 가능성이 높다는 점이 밝혀짐에 따라, 1800년을 전후한 시기에 간행된 태인판과 함께 이 태인 지역의 출판물에 대한 논의의 필요성이 더 커졌다. 옥영정은 활자를 가지고 다니면서 족보 등을 만들어주던 사람들이 간행한 책도 방각본에 포함시킬 수 있을 것이라는 의견을 내기도 했다.[11) 이런 일은 물론 상업적인 행위이지만, 주문에 의한 제한적 출판이므로 이런 것을 방각본에 포함시킬 수 있을까 하는 점은 의문이다.

『우포청등록(右捕廳謄錄)』 1807년 7월 25일의 기록에는 가짜 족보를 찍어서 판매한 사건에 연루된 범인을 조사한 다음과 같은 내용이 있다.

> 그리고 가장 痛惡한 자는 서울에 사는 李東秀로서 그는 새로이 인쇄한 단권 璿譜와 宗姓族譜를 각처에 發賣하였으므로 熙川郡에 잡아 가두고 엄히 조사하여 본즉 그가 말하기를 서울 墨洞에 사는 李得中이라는 자가 있는데 그의 집에는 鑄字를 藏置하고 單券族譜를 찍어내고 또한 선보를 출급하여 각처에 가서 팔게 하였다는 것입니다. (…중략…) 이득중은 校書館 冊匠으로 종친부 소속관리 및 이동수 등과 부동해서 선보를 도출하고 족보를 幻弄한 것이 심히 많습니다.(而最有絶可痛惡者 京居人李東秀 持新印單券譜及宗姓族譜 發賣各處 故

---

10) 옥영정, 「17세기 개인출판의 사서언해에 관한 고찰」, 『서지학연구』 27집, 2004, 189면.
11) 열상고전연구회, 『조선후기 상업출판과 방각본』, 제47차 정례학술발표회 발표논문집, 2009. 12. 18, 35면.

捉囚凞川郡 嚴加査問 卽以爲京城墨洞居李得中爲名人 渠家藏置鑄字 印出單券族譜
又出給璿譜 使之往賣於各處云 (…중략…) 李得中段 以校書館冊匠 符同宗府所屬
及李東秀輩 璿譜圖出 族譜幻弄 亦爲夥多)[12]

이 사건을 보면, 교서관의 아전인 이득중은 자신의 집에 인쇄시설을 갖추어 놓고 책을 찍어냈음을 알 수 있다. 비록 범죄행위이기는 하지만, 이와 같이 활자를 이용한 개인적인 출판을 했다는 점에서 이 사건은 주목할 필요가 있다.

최초의 방각본이 무엇인가를 밝혀내기 위해서는 먼저 방각본의 정의를 명확하게 할 필요가 있지만, 모든 사람이 동의하는 명쾌한 방각본의 정의를 만들어내기는 쉽지 않다. 그리고 모두가 동의하는 최초의 방각본 실물을 찾아낼 수 없을 수도 있다. 그러므로 최초의 방각본이 무엇인가, 또는 방각본의 정의는 무엇인가를 따지는 방식이 아니라 개별 자료에 대한 연구 성과가 어느 정도 축적된 다음에 이 문제를 논의하는 것이 좋을 것이라고 생각한다. 물론 어떤 방법으로 연구를 진행할 것인가는 각 연구자들이 결정할 문제이지만, 실증적인 작업을 통한 구체적 물증이 추상적인 논의를 뒷받침해주는 방식이 필요하다. 최근에 김영진, 이민희, 류준경 등이 관심을 갖고 논의하고 있는 이인석이라는 인물과 『간식류편』에 대한 논의는 좋은 예이다.[13]

---

12) 정석종, 『조선후기사회변동연구』, 일조각, 1983, 261~262면에서 재인용
13) 김영진, 「조선후기 서적 출판과 유통에 관한 일고찰」, 『동양한문학연구』 30집, 2010.
　　이민희, 『16~19세기 서적중개상과 소설·서적 유통 관계 연구』, 역락, 2007.
　　류준경, 「지식의 상업유통과 소설출판」, 『고전문학연구』 34집, 한국고전문학회, 2008.
　　류준경, 「방각본 簡札敎本 연구」, 『한문고전연구』 18집, 2009.

4. 논의의 실제

여기서는 필자가 그동안 관심을 갖고 보았던 몇 작품을 가지고 방각본에 대한 논의를 펴보기로 한다.14)

4.1. 『문자류집(文字類輯)』

『문자류집』은 한시나 한문 문장을 짓는 사람이 필요한 자구(字句)를 찾아보기 쉽도록 편찬한 유서(類書)이다. 19세기 말부터 방각본으로 여러 군데서 나왔고, 이를 증보하고 교정한 『증정문자류집(增訂文字類輯)』도 목판본과 함께 활판본으로도 간행되었다. 그리고 필사본도 흔한 것으로 보아 이 책의 독자가 매우 많았음을 알 수 있다. 이와 같이 대단히 많은 독자를 갖고 있었던 책이지만, 『문자류집』에는 서문이나 발문 등의 간행에 대한 정보를 알 수 있는 내용이 없기 때문에, 언제 누가 지은 책인지 알 수 없다.

『문자류집』은 방각본으로 간행된 몇 가지 유서(類書), 즉 『신편옥총(新編玉叢)』, 『경서류초(經書類抄)』, 『사문유취초(事文類聚抄)』, 『고사성어고(故事成語考)』 등과 비슷한 성격의 책이다. 이런 책은 『문자류집』처럼 한 책이거나, 두세 책으로 되어 있어서, 이전의 지식인들이 참고했던 방대한 규모의 유서(類書)와는 질적으로 다른 것이다. 『문자류집』과 같은 책은 새로운 독자층의 요구에 의해서 나온 것임을 알 수 있는데, 이 요구의 다른 한 편에는, 이러한 요구에 부응하여 책을 만들어 낼 수 있는 경제력과 지적 능력을 갖춘 방각본 출판인이 있다. 방각본은 새로운 계층의 독자가 나타났다는 사실을 알려주는 동시에 이들의 요구 수준을 확인시켜주는 자료이다. 『문자류집』은 한

---

14) 『문자류집』과 『임경업전』에 대한 논의는 필자의 다음 두 논문을 요약한 것이다.
　　이윤석, 「『임경업전』 목판본 49장본에 대하여」, 『열상고전연구』 28집, 2008.
　　이윤석, 「『문자류집(文字類輯)』에 대하여」, 『열상고전연구』 29집, 2009.

문 문장을 짓는 일이 소수의 특정계층에만 한정되지 않고 대중화되었다는 것을 알려주는 자료이므로, 『문자류집』에 대한 연구는 지식의 대중화와 관련시키지 않을 수 없을 것이다.

『문자류집』은 대부분의 방각본 유서(類書)와 유사한 분류를 했고, 또 부록으로 장혼(張混)의 『근취편(近取篇)』을 그대로 실어놓은 것으로 보아 새로운 내용을 갖고 있다고 보기는 어렵다. 일상적인 문자생활까지도 순전히 한문으로 해온 상층의 지식인들에게는 『문자류집』처럼 한 책으로 된 간단한 참고서적은 필요 없는 책이었을지도 모른다. 그러나 기존의 상층 지식인이 아닌 새롭게 형성된 한문을 구사할 수 있는 계층에게는, 빠르고 쉽게 필요한 단어를 찾아볼 수 있는 간단하고 단순한 참고서적의 필요성이 절실했을 것이다. 『문자류집』은 이런 수준의 책을 필요로 하는 계층의 대두와 함께 나온 책이고, 또 이러한 책에 대한 수요가 사라짐으로서 더 이상 간행되지 않은 책이다.

다른 많은 한문방각본과 마찬가지로 『문자류집』은 아직까지 정리되지 않았다. 이 책은 서지학계에서도 다루지 않았고, 한문학계에서도 연구하지 않는 책이지만 19세기 말부터 20세기 초 사이에 대단히 많은 부수가 간행된 책이다. 『문자류집』을 연구자들이 거의 다루지 않은 가장 큰 이유는 이 책이 그리 높은 수준의 책이 아니라고 판단했기 때문으로 보인다. 『문자류집』은 소수가 독점한 지식에서 다수의 보편적 지식으로 옮겨가는 과정을 보여주는 책이라고도 할 수 있다. 아직까지 이런 관점에서 조선후기 한문방각본을 보려는 연구자가 드물기 때문에 『문자류집』에 대한 관심이 없지만, 앞으로 방각본 『문자류집』의 의미를 밝히는 작업은 반드시 필요한 일이다.

조잡한 인쇄와 저급한 내용이라는 19세기 한글방각본에 대한 당대의 인식은, 20세기 후반에 들어와 19세기 통속문화의 하나로 연구자들의 연구대상이 됨으로써 새롭게 조명되고 있다. 그러나 한문방각본은 통속문화를 연구하는 연구자나 한문학을 전문으로 하는 연구자 모두의 관심에서 벗어나 있다. 그렇지만 한문방각본에 대한 연구 없이는 19세기 출판문화를 온전하게 이해하기 어렵다. 방각본의 출현은 새로운 독자층과 깊은 연관이 있으므로, 그 표기가 한글이냐 한문이냐 하는 것과 상관없이 이 새로운 독자에 대한 연구가 요구된다. 앞으로 『문자류집』에 대한 연구도 이런 방향에서 접근하는 것이 필요할 것이다.

4.2. 『사략(史略)』

『사략』이라고 하면, 일반적으로 증선지(曾先之)가 지은 『십팔사략(十八史略)』을 생각하지만, 조선 후기에 읽힌 『사략』은 『십팔사략』이 아닌 『십구사략(十九史略)』이다.

증선지는 송말원초(宋末元初) 사람으로 태고(太古)에서 오대(五代)까지의 17가지 정사(正史)에 송(宋)나라 역사를 더해 『십팔사략』을 지었다. 이 책은 문자 그대로 십팔사(十八史)의 요점을 추린 것이다. 그 후 명(明)나라 초에 여진(余進)이 『십팔사략』에 원(元)나라 역사를 더해 『십구사략』을 지었는데, 단순히 증선지의 『십팔사략』에 원사(元史)를 덧붙인 것이 아니라, 『십팔사략』에 수정을 가해 주자학적 정통사관을 확립하였다. 여기서 주자학적 정통사관이라고 하는 것은, 조조(曹操)의 위(魏)나라를 정통으로 보는 것이 아니라 유비(劉備)의 촉한(蜀漢)을 정통으로 보는 것을 말한다. 『십팔사략』은 조선초기에 간행되었으나, 뒤이어 들어온 『십구사략』이 더 인기가 있게 되자 『십팔사략』은 자연히 조선에서는 읽히지 않게 되었다.

『십구사략』의 정식 명칭은 『고금역대표제주석십구사략통고(古今歷代標題註釋十九史略通攷)』이나 일반적으로 『사략』으로 부른다. 『십구사략』은 조선 초기부터 활자본이나 목판본으로 여러 가지 관판본이 간행되었고, 조선 후기에도 언해본(諺解本)을 포함해서 관판본이 많이 나왔다. 『십구사략』은 조선에서 매우 인기 있는 책이었지만, 중국의 청(淸)나라에 와서는 거의 없어지다시피

된 책이므로, 조선 후기에 중국에서 『십구사략』을 구입해오는 일은 없었다.

관판본 『십구사략』은 두 가지가 있는데, 하나는 8권 7책본으로 원(元)나라까지의 역사를 기록한 것이고, 또 하나는 10권 8책본으로 명(明)나라 역사를 덧붙인 것이다. 명사(明史)를 덧붙이면 '19사략'이 아니라 '20사략'이 되지만, 제목은 『십구사략』이라고 했다. 명사(明史)를 덧붙인 것도 명사를 두 권으로 나눠서 10권 8책으로 된 것과 나누지 않은 9권 8책의 두 가지가 있다.

방각본으로 간행된 『십구사략』 가운데 현재 완질(完帙)로 전하는 것은 1913년 8월 신구서림(新舊書林)의 판권지가 붙은 것이 있다. 이 책은 현재 여러 군데 소장된 것으로 보아, 방각본 『십구사략』의 완질은 이 신구서림본이 상당히 많이 유통된 것 같다. 신구서림본은 10권 8책으로 명사(明史)까지 붙어 있는 것으로 여러 방각본 업소에서 가지고 있던 판목을 합쳐서 한 질을 만든 것이다. 그런데 이 신구서림본을 제외한 방각본 『십구사략』은 모두가 3권 이내로 전질이 아니다.

신구서림본을 제외한 방각본 『십구사략』이 대부분 3권까지만 남아 있다는 사실은, 방각본 『십구사략』을 간행한 방각업자가 3권까지만 간행했다는 것을 말한다. 완질이 흩어져서 3권까지만 남거나 또는 한두 권이 남아 있는 것이 아니라, 애초에 간행할 때 첫 권만 냈거나, 3권까지만 간행한 것이다. 특히 19세기말에서 20세기 초에 간행된 무간기본(無刊記本) 방각본은 대부분 1권만 간행한 것이다. 이러한 상황은 20세기 들어와 활판본으로 간행한 것도 마찬가지이다. 활판본 가운데는 1권만 간행한 것도 있지만, 『사략언해(史略諺解)』라는 제목으로 언해본이 여러 곳에서 나왔는데, 이것도 3권까지만 간행되었다. 신구서림에서 간행한 방각본 완질이 오히려 특별한 것이다. 『십구사략』은 7책이나 8책이 한 질이라는 것은 다 아는 사실인데, 그 가운데 첫 권 한 책만 간행하고, 또 이런 책을 구입해서 읽었던 현상을 어떻게 이해해야 할까?

조선시대 『십구사략』을 읽던 전통은 19세기 중반 방각본 『십구사략』의 출현과 함께 그 방향이 바뀌게 된다. 물론 관판 『십구사략』을 읽는 계층은 계속 있었고, 또 앞에서 본 신구서림본처럼 관판을 그대로 복각한 방각본도 있어서 관판의 역사관에 충실한 『십구사략』의 독서는 계속되었다. 그러나 19세기 중반 이후 무수히 많이 간행된 방각본 『십구사략』은 10권 8책이나 8권 7책의 완질이 아닌 첫 권만 찍어낸 것이거나, 기껏해야 3권까지 찍은 것이 대부분이다. 『십구사략』에 명사까지 합친 '20사'를 읽어야 한다는 중국 역사에 대한 인식은 방각본 『십구사략』의 간행에서는 더 이상 필요치 않게 되었다.

개화기에서 식민지시대를 거치는 동안 『사략』은 역사서로서의 의의를 더 이상 유지할 수 없게 되었다. 세계의 중심은 일본이라는 창을 통해 보는 서양이 되었기 때문에 중국을 중심으로 한 세계 인식은 이제 낡은 것이 되었다. 그리고 『사략』은 지식의 중심부에서는 필요 없는 책이 되었다. 그러나 엄청난 양의 『사략』 1권이 팔린 것은, 지식의 중심부와는 아무 관련이 없는 주변부에서는 아직도 『사략』이 지식의 행세를 하고 있었기 때문이다.

새로운 교육제도가 운영되면서, 이 제도교육의 교과과정에는 포함되지 않는 『사략』이 식민지시대 대부분의 서당에서는 교과서로 읽혔기 때문에 『사략』 1권의 효용은 아직 남아 있었던 것으로 보인다. 그러나 『사략』의 지식은 더 이상 사회적 효용이 없는 것이었다. 식민지시대에 이미 그랬고, 광복 후에는 더더욱 의미가 없는 것이었다. 방각본으로 간행된 수많은 『사략』 1권은, 지식의 습득을 위한 것이 아니라, 읽어야 하는 책이라는 조선시대 지식습득체계의 한 당위로서의 효용만 남은 것이다.

4.3. 『故事成語考』

이 책은 일반적으로 '고사성어고'라고 하지만 권수제는 '新鐫詳解丘瓊山

故事成語必讀成語考'이다. 이 책에는 서문과 발문이 있는데, 서문의 말미에는 "天和辛酉季冬之月下澣洛陽後學荒川秀書"라고 했고, 발문의 끝에는 "天和壬戌六月上浣後學中島義方跋"이라고 있어서 서문과 발문을 쓴 시기와 쓴 사람을 알 수 있다. 그런데 서문과 발문을 쓴 시기를 알려주는 '天和'는 일본 연호(1681~1683)이고, '荒川秀'나 '中島義方'은 일본인의 이름이므로 서문과 발문만으로는 이 책이 조선에서 간행된 책이 아니라 일본책으로 잘못 알 수도 있다. 김동욱은 일찍이 이 책에 대해, "이는 日本 坊刻本이 우리나라에 들어와서 坊刻本이 된 例이다."[15]라고 했다.

'丘璟山'은 중국 명나라의 저명한 학자 '구준(丘濬)'을 말하는데, 그렇다면 이 책은 중국에서 간행된 것을 일본에서 가져와서 찍어내고, 다시 이 일본판이 조선에 들어와서 방각본으로 간행된 것이다. 이것은 서문과 발문을 통해서도 확인할 수 있다. 서문에는 "명나라 구경산 씨가 지은 『고사성어고』 한 권인데, 대체로 어린아이들이 글 짓는 법을 배우게 하려고 만든 것이다.(明丘璟山氏所作故事成語考一卷盖爲蒙童學作文者而作也)"라고 했고, 발문에도 "명나라 구경산 씨가 어린아이들의 글짓기를 위해서 만든 것이다.(明丘璟山氏爲童蒙作文者)"라고 했다.

일본에서 간행된 책은 영인본으로 확인할 수 있었는데, 조선 방각본은 일본에서 나온 것을 저본으로 한 것임이 분명하다. 그런데 일본에서 간행된 영인본의 해제에서는 이 책의 저자가 구준이 아닐 것이라고 했다.[16] 일본의 저명한 서지학자인 나가사와 키쿠야가 이 책의 저자를 구준이라고 보지 않은 이유는, 『고사성어고』와 같은 내용의 책 가운데 저자의 이름이 다른 것이 있기 때문이다. 『和刻本類書集成』에 들어 있는 책 가운데 1918년에 나온 『精註雅俗故事讀本』은 『고사성어고』의 본문에 자세한 주석을 붙인 책

---

15) 김동욱, 앞의 논문, 131면.
16) "명말청초의 방각본을 복각한 것인가 하고 생각해보았다. (…중략…) 구씨의 이름은 가탁일 것이다." 長澤規矩也, 「和刻本類書集成 第四輯 解題」, 『和刻本類書集成』, 東京 : 汲古書院, 1976.

인데, 이 책에는 원 저자를 정윤승(程允升)이라고 했다.

『고사성어고』는 중국에서 만든 책이 분명하지만, 이 책이 일본과 조선으로 전파된 과정에 대해서는 아직까지 알려진 것이 없다. 현재 중국에서는 『고사성어고』라는 서명으로 통용되는 책은 없고, 『고사성어고』의 본문에 자세한 주석을 붙이고 내용도 증보한 『유학경림(幼學瓊林)』이 간행되고 있다. 이런 책 가운데 하나를 보면, 『유학경림』의 원래 이름은 『유학수지(幼學須知)』로 명나라 말기에 정등길(程登吉, 字는 允升, 西昌人)이 편찬한 것을 청나라 건륭(乾隆, 1736~1795) 연간에 추성맥(鄒聖脈)이 증보하여 주석을 붙이고 『유학고사경림(幼學故事瓊林)』이라고 했다고 한다. 그런데 원 저자에 대해서는 명나라 경태(景泰, 1450~1456) 연간의 진사 구준(邱濬)이라는 설도 있다고 하고, 이 책의 다른 이름으로는 『성어고(成語考)』, 『고사심원(故事尋源)』등이 있다고 했다. 중국에서도 『고사성어고』에 대해서는 여러 가지 설이 있는 것으로 보인다.[17]

방각본 가운데는 『백미고사(白眉故事)』처럼 중국에서 나온 책을 간행한 것은 있지만, 일본에서 간행된 책을 조선에서 낸 것은 이 책이 유일한 것 같다. 조선 방각본 『고사성어고』의 간행연대가 언제인지 알 수 없기 때문에 일본판 『고사성어고』의 전래시기를 알 수 없으나, 일본 책이 조선시대에 들어와서 간행된 특이한 상황을 보여주는 자료이다.

『고사성어고』를 보면서 한 가지 생각해본 것은, 조선시대에 상업출판에 대한 정부의 규제가 전혀 없었나 하는 점이다. 에도[江戶]시대 일본의 출판 검열은 상당히 엄격했다. 비록 명목상으로는 출판업자들이 자체적으로 행한 것이었지만, 실제로는 정부의 통제 아래서 검열이 이루어진 것이다. 그런데 조선시대에 상업출판에 대한 정부의 간섭에 대한 기록은 보기 어렵다. 앞에서 본 것처럼 왕실의 족보를 위조하는 문제에 대해서는 민감하게 반응

---

17) 馬自毅 註譯, 『新譯 幼學瓊林』, 臺北 : 三民書局, 1997의 서론을 간추렸다. 한국에서도 번역된 것이 있다. 임동석 역주, 『유학경림』, 고즈윈, 2005.

했다는 기록 정도이다.

방각본을 찍어서 판매하는 데 대한 정부의 통제 기록이 없다는 것은 방각본 출판이 정부의 통제를 완전히 벗어난 영역에서 이루어졌다는 것을 말하는 것인데, 방각본 특성상 방각본의 제작과 판매가 비밀리에 행해질 수는 없다. 그렇다면 방각본 출판에 대해서 정부에서 아무런 관심을 갖지 않았다는 것인가? 19세기 중반이 되면 서울에는 상당수의 방각본 출판사가 있었음을 알 수 있는데, 이들에 대해 정부에서는 어떠한 통제도 취하지 않았다는 것은 무엇을 말하는가? 서적에 대한 통제는 정부의 중요한 일 가운데 하나인데, 방각본 출판에 대한 기록이 없다는 것은 무엇을 말하는가? 방각본이 봉건정부에 아무런 위협이 되지 않았음을 시사하는 것인가? 등등의 여러 가지 의문은 앞으로 상업출판 연구에서 꼭 짚고 넘어가야 할 문제이다.

4.4. 『임경업전』

연세대학교 중앙도서관에 소장된 목판본 49장본 『임경업전』은 낙장(落張)이 여러 장 있고, 또 보각판(補刻板)이 섞여 있어서 최초의 모습을 파악하기 어렵다. 이 연세대본 『임경업전』에는 '歲庚子孟冬京畿開板'이라는 간기가 있다. '歲庚子'에 대해 연구자들은 1780년, 1840년, 1900년 등의 여러 가지 설을 제시했는데, 2002년에 마쯔바라 타카토시[松原孝俊]가 쓰시마[對馬島]에서 『임경업전』 필사본을 발견하여 '歲庚子'는 1780년으로 확정되었다. 쓰시마에서 발견된 『임경업전』 필사본은, 조선어 통역관으로 『상서기문(象胥紀聞)』을 쓴 오다 이쿠고로[小田幾五郎]가 연세대본의 초간본을 보고 1799년에 필사해놓은 것이다. 오다가 필사한 『임경업전』을 찾아낸 마쯔바라 타카토시는, 연세대본의 간행 시기가 1780년이므로, 조선에서 한글방각본 소설의 출판은 1780년 이전부터 시작된 것으로 보아야 한다고 했다.

연세대본은 한글 목판본이고 이와 같은 내용의 이본도 몇 종이 있으므로 간행시기가 확정되기 이전에도 대부분의 연구자들은 연세대본을 한글방각본 소설이라고 생각해왔다. 그리고 그동안 논란이 있었던 간행시기가 1780년으로 확정됨으로써 연세대본은 가장 빠른 간기를 갖고 있는 방각본 고소설이 되었다. 필자도 그동안은 연세대본이 방각본이라고 생각해왔다. 그러나 연세대본이 상업출판된 것인가 하는 점에 대한 명확한 증거가 있는 것은 아니므로 이제부터 이 문제는 본격적으로 검토해야 한다.

그동안 간행시기 문제에 가려져서 전면에 드러나지 않았던 '歲庚子孟冬京畿開板'의 '京畿開板'은 무슨 의미인가 하는 것을 면밀히 검토할 필요가 생겼다. '歲庚子孟冬京畿開板'의 '京畿'가 방각본의 발행소인가? 그렇지 않으면 경기감영(京畿監營)을 말하는가? 또는 다른 어떤 곳인가? 이제까지 알려진 바로는 조선후기에 한글방각본 소설을 출판한 곳은 서울, 안성, 전주 세 곳이다. 이밖에 지역에서 한글방각본 소설을 찍어낸 곳은 없다. 그렇다면 연세대본을 찍어낸 '京畿'는 어디를 말하는 것인가? 이 세 곳이 아닌 새로운 상업출판지인가?

방각본을 간행한 출판사가 자신의 출판사 이름을 표시하는 데는 일정한 방식이 있었다. 특히 서울 지역의 방각본 출판사는, 출판사가 있는 동리의 이름을 자신들의 상호(商號)로 삼았다. 예를 들면, '宋洞', '冶洞', '石洞', '武橋' 등등이 그것이다. 그런데 연세대본은 동리의 이름이 아닌 '京畿'라는 한 도의 이름을 간행소의 명칭으로 썼다. 이런 명칭은 상업출판을 하는 방각업자들의 이름붙이기와는 다른 것이다.

연세대본을 한글방각본 소설이라고만 보지 말고, 관청에서 간행한 관판이라고 생각해볼 필요가 있다. 이제까지는 연세대본의 권수제(卷首題) 밑에 '조선국언역수긔'라고 쓴 것이라든가, 마지막에 "경업젼을 언문으로 번역ᄒ야 사람마다 알게 ᄒ기ᄂ 동국 츙신의 말이매 혹 만민이라도 ᄭᅵ다라 본밧게 ᄒ미라"라고 한 것을 방각업자가 자신이 판매하는 소설의 권위를 높이기 위해서 쓴 것이라고 생각해왔다. 그러나 이러한 내용을 문면 그대로 받아들인다면, 연세대본은 선행하는 한문본을 번역한 것이고, 이를 간행한 사람은 이 작품을 실제 임경업의 전기라고 생각했던 것이 된다.

연세대본이 한글 목판본이라는 이유만으로 방각본이라고 결론지을 수는 없다. 이제까지 알려진 초기 경판 방각본소설의 간행연대가 1840년대라는 점을 생각한다면 더더욱 이 문제는 신중하게 판단해야 한다.[18]

5. 결언

방각본 연구는 이제 시작 단계이다. 한글방각본은 고소설 연구자들의 노력으로 거의 완전한 이본의 목록이 이루어졌지만, 한문방각본은 1970년대에 김동욱이 정리한 목록이 아직까지 통용되고 있다. 전이채·박치유가 태인에서 간행한 몇 가지 책의 간행 연대가 밝혀진 지 이미 20년이 되었지만, 아직도 이 태인판을 16세기라고 얘기하는 글이나 해제가 심심찮게 눈에 띈다. 이 태인판의 간행 연대가 1800년을 전후한 시기라고 하는 것은 이제 정설이 되었지만, 이 태인판이 방각본인가 아닌가에 대해서 연구자들은 깊이 생각하지 않고 있다.

방각본은 수요와 공급이라는 시장의 원리를 바탕으로 한 것이므로 책을 사고파는 시장이 없는 곳에서 방각본이 생겨날 수는 없다. 한문방각본이 상층부 지식인의 교양을 요약한 상품이라면, 한글방각본은 하층의 오락을 상품화한 것이다. 봉건질서가 해체되면서 나타나는 새로운 질서가 '신분'이

---

18) 연세대본 『임경업전』을 이창헌은 방각본으로 보고 있고, 정병설은 방각본으로 보기에는 의심스러운 면이 있다고 했다.
　　이창헌, 「방각소설 출판과 관련된 몇 가지 문제」, 『고전문학연구』 35집, 2009.
　　정병설, 「조선후기 한글 출판 성행의 매체사적 의미」, 『진단학보』 106집, 2008.

아닌 '돈'이 되는 시대의 산물이 방각본이다. 그러므로 방각본 연구는 이 새로운 사회질서와 관련시켜서 진행해야 한다.

현재 방각본 연구는 고소설 연구자 이외에는 거의 손대지 않고 있기 때문에, 학문의 사각지대라고 말할 수 있을 정도이다. 그러나 방각본이라는 상업출판물에 대한 연구는, 당대 서민층의 독서물에 대한 연구라는 면에서, 앞으로 큰 관심을 갖지 않으면 안 된다. 이제까지 전근대 연구가 주로 양반 관료층을 중심으로 이루어졌던 데 비해, 앞으로는 서민층에 대한 관심이 높아질 것이기 때문이다. 한 사회를 총체적으로 이해하기 위해서는 그 사회의 전체 계층에 대한 관심을 골고루 갖지 않으면 안 된다. 최근에 몇몇 연구자들이 방각본에 대해 관심을 갖고 논의를 계속하고 있는 것은 고무적이다.

방각본 연구는 이 책을 읽은 독자에 대한 연구로 나아가게 될 것이다. 이것은 필연적인 추세이다. 상업출판에 대한 연구는 서민의 독서에 대한 연구와 연결되기 때문에, 상층 지식계층 위주로 책에 대한 연구를 해온 기존의 연구와는 다른 시각의 연구태도를 요구한다. 이러한 연구는 서양이나 일본에서는 1950년대부터 시작되어 이제는 중요한 연구주제로 자리 잡고 있다. 방각본 연구는 세계적인 보편성을 띠는 주제인 책과 독서에 대한 연구이다. 책과 독서에 대한 연구는 서구의 여러 나라와 일본에서 일찍부터 관심을 갖고 있는 학문 분야이다. 한문방각본은 한문을 구사할 수 있는 새로운 계층의 대두로 나타난 것이라면, 한글방각본은 유럽에서 인쇄술의 발달과 더불어 일어난 자국어 출판물이나, 중국의 백화문(白話文)으로 된 통속문예물, 일본의 가나[仮名]로 쓴 에도[江戶]시대 정판인쇄물(整版印刷物) 등과 같은 성격의 책이다. 이들 상업출판물에 대한 연구는 이제 단순히 책에 대한 것만이 아니라 이 책을 만들어낸 사회적 조건과 이 책을 읽었던 독자에 대한 연구로 확대되어나가게 될 것이다.

지금까지 방각본 연구는 대체로 고소설에 한정되었는데, 고소설 연구도 대중문화가 아닌 상층문화를 연구하는 방식으로 접근해왔다. 이런 방식의 연구가 계속되어온 가장 큰 이유는 방각본 소설을 19세기 대중문화라는 관점에서 이해하지 못했기 때문이다. 한글방각본 소설의 작자나 독자는 전혀 이름 없는 서민 대중이기 때문에 아무런 역사적 기록을 남기지 않았으므로, 이들을 불러내어 그들이 누구인지를 알아보려는 시도조차 할 수 없었다. 그러나 한글방각본은 서민 독자의 요구에 부응하여 탄생한 것이므로, 이야기를 면밀하게 분석함으로써 독자의 요구와 작자의 반응, 그리고 방각본 업자의 대응을 밝혀낼 수 있을 것이다. 우리나라에서는 아직 이 방면의 연구가 시작단계이지만, 21세기 대중문화시대에, 과거 우리의 대중문화의 소비와 공급이라는 문제는 앞으로 중요한 연구주제가 될 것이 틀림없다. 한문방각본에 대한 연구도 지식의 하향평준화라는 측면에 초점을 맞출 필요가 있다.

방각본은 서민층의 독서물이므로 방각본 연구는 자연스럽게 조선 후기 서민문화 연구로 연결될 수 있다. 서민문화의 연구에 있어서 가장 큰 난점은 자료가 없다는 것이다. 역사 연구가 지배층 연구에 국한되는 가장 큰 이유는 남아 있는 자료가 지배층이 남긴 것밖에 없기 때문이다. 문화 연구에 있어서도 연구를 할 수 있는 구체적 자료가 남아 있는 것은 대부분 엘리트 문화의 자료뿐이다. 서민들이 향유했던 문화는 무엇이었는지에 대해서는 기록도 별로 없고, 또 자료가 남아 있는 것도 거의 없다. 방각본이야말로 서민문화 연구를 위한 중요한 자료이므로, 방각본 연구를 통해 조선후기 서민문화에 접근할 수 있는 통로를 열어나갈 수 있을 것이다.

‖ 참고문헌

김동욱, 「방각본에 대하여」, 『동방학지』 11집, 연세대학교 동방학연구소, 1970.

김동욱, 「한글소설 방각본의 성립에 대하여」, 『향토서울』 8집, 서울시, 1960.

김두종, 『한국고인쇄기술사』, 탐구당, 1974.

김영진, 「조선후기 서적 출판과 유통에 관한 일고찰」, 『동양한문학연구』 30집, 2010.

김윤수, 「泰仁坊刻本 ＜詳說古文眞寶大全＞과 ＜史要聚選＞」, 『書誌學硏究』 5·6합집, 1990.

김윤수, 「십구사략의 원류와 한국적 전개(상)」, 『서지학보』 6호, 한국서지학회, 1991.

김윤수, 「십구사략의 원류와 한국적 전개(하)」, 『서지학보』 7호, 한국서지학회, 1992.

류준경, 「독서층의 새로운 지평, 방각본과 신활자본」, 『한문고전연구』 13집, 2006.

류준경, 「방각본 簡札敎本 연구」, 『한문고전연구』 18집, 2009.

류준경, 「지식의 상업유통과 소설출판」, 『고전문학연구』 34집, 한국고전문학회, 2008.

류탁일, 『완판방각소설의 문헌학적 연구』, 학문사, 1981.

안춘근, 「방각본논고」, 『서지학』 창간호, 한국서지연구회, 1968.

옥영정, 「17세기 개인출판의 사서언해에 관한 고찰」, 『서지학연구』 27집, 2004.

이민희, 『16~19세기 서적중개상과 소설·서적 유통 관계 연구』, 역락, 2007.

이창헌, 「방각소설 출판과 관련된 몇 가지 문제」, 『고전문학연구』 35집, 2009.

長澤規矩也, 『和刻本類書集成』 4, 東京 : 汲古書院, 1976.

정병설, 「조선후기 한글 출판 성행의 매체사적 의미」, 『진단학보』 106집, 2008.

정병설, 「조선후기 한글소설의 성장과 유통」, 『진단학보』 100집, 2005.

정석종, 『조선후기사회변동연구』, 일조각, 1983.

천혜봉, 『한국 서지학』, 민음사, 1995.

『구운몽』에 나타난 욕망의 실현 양상 연구

김하나

1. 서론

『구운몽』에는 한 인물이 '성진(性眞)'과 '양소유(楊少游)'라는 두 가지 자아 정체성을 경험하는 독특한 서사구조가 나타난다. 『구운몽』 연구자들 사이에서 "성진과 양소유 가운데 어느 인물에 초점을 두고 읽어야 하는가?"라는 문제를 두고 논쟁[1]이 계속되어 온 것은 이 작품이 독특한 서사구조로

---

1) 조동일, 「영웅소설 작품구조의 시대적 성격」, 『한국소설의 이론』, 지식산업사, 1977.
　김일렬, 「구운몽 신고(新考)」, 『한국고전산문연구』, 동화문화사, 1981.
　정규복, 『구운몽 연구』, 고려대학교출판부, 1984.
　안창수, 「구운몽 연구」, 영남대학교 박사학위논문, 1989.
　박일용, 「인물형상을 통해서 본 구운몽의 사회적 성격과 소설사적 위상」, 『정신문화연구』 44권, 한국정신문화연구원, 1991.
　이원수, 「구운몽의 구조와 그 중층적 의미」, 『고전소설 작품세계의 실상』, 경남대학교 출판부, 1996.
　성현경, 「구운몽과 김만중의 삶 의식」, 『구운몽의 불교사상과 소설미학』, 국학자료원, 1998.
　설성경, 「구운몽에 구현된 유불사상의 혼융적 통합상」, 『한국 고전소설과 서사문학』上, 집문당, 1998.

인해 다양한 주제로 해석될 수 있는 가능성을 가지고 있기 때문이다. 이러한 견해는 성진의 삶에 중점을 두는 입장과, 양소유의 삶에 무게를 두고 작품을 이해하려는 입장, 그리고 성진과 양소유의 삶을 균형 있게 통합하여 해석하려는 입장으로 나누어 볼 수 있다.

『구운몽』 표제의 의미에 천착하여, 작품의 구조에 큰 영향을 미치고 있는 '운(雲)'과 '몽(夢)'의 의미를 밝히려는 연구2)도 계속되고 있다. 이러한 연구 경향 가운데 최근의 연구로는 이강옥의 「구운몽에서 구름의 의미와 주제」와 「구운몽의 환몽 경험과 주제」가 있다. 그는 '운'과 '몽' 모두 '성진－양소유의 관계'를 지칭한다는 것을 밝혀, 앞선 연구들처럼 성진과 양소유 가운데 어느 한 쪽에 무게를 두기 보다는 두 인물의 관계 자체에 초점을 맞추는 성과를 이루어 냈다.

앞서 살펴본 선행 연구들에서는 연구의 중심 주제와 더불어 『구운몽』에 나타난 '욕망의 문제'가 부수적으로 다루어져 왔으나, 최근에는 작품에 나타난 '인간 욕망의 문제'를 중심으로 작품을 해석하려는 연구3)가 시도되고

강상순, 「구운몽의 상상적 형식과 욕망에 관한 연구」, 고려대학교 박사학위논문, 1999.

2) 정주동, 「구운몽의 불교관적 고찰」, 『동양문화』 6·7, 영남대학교 동양문화연구소, 1968.
사재동, 『불교계 국문소설의 연구』, 중앙문화사, 1994.
설성경, 『구운몽 연구』, 국학자료원, 1999.
배영희(a), 『구운몽과 동서철학의 만남(상)』, 민속원, 2001 ; 배영희(b), 『구운몽과 동서철학이 만남(하)－역학을 중심으로』, 민속원, 2002, 120면.
다니엘 부셰, 「구운몽의 제목에 대하여」, 『동방학지』, 연세대학교 국학연구원, 2006.
이강옥(a), 「구운몽에서 구름의 의미와 주제」, 『국어국문학』 151권, 국어국문학회, 2009 ; 이강옥(b), 「구운몽의 환몽 경험과 주제」, 『고소설연구』 28권, 한국고소설학회, 2009.

3) 강상순(a), 「구운몽과 17세기 장편소설의 정신 분석」, 『배달말』 27권, 배달말학회, 2000 ; 강상순(b), 「고소설에서 환상성의 몇 유형과 환몽소설의 환상성」, 『고소설연구』 제15집, 한국고소설학회, 2003 ; 강상순(c), 「구운몽에 형상화된 남녀관계의 소설사적 계보와 역사적 성격」, 『우리어문연구』 제32집, 우리어문학회, 2008 ; 강상순(d), 「고전소설 연구와 정신분석학의 접합, 그 가능성과 한계들」, 『민족문학사연구』 39호, 민족문화연구소, 2009.
이주영, 「구운몽에 나타난 욕망의 문제」, 『고소설연구』 제13권, 한국고소설학회, 2002.
남기택, 「구운몽의 판타지적 욕망」, 『비평문학』 24권, 한국비평문학회, 2006.
권순긍, 제어할 수 없는 세속적 욕망, 그 질주와 머뭇거림」, 『고전, 그 새로운 이야기 : 권순긍 교수가 들려주는 우리 고전소설』, 숨비소리, 2007.

있다. 이러한 경향의 연구는『구운몽』에 나타난 욕망을 '개인적인 욕망'4)으로 보는 관점과 '지배층 남성의 무의식적 성적 환상을 재현'5)한 것으로 보는 관점, 그리고 '시대적 욕망을 충실히 재현'6)한 것으로 보는 관점으로 나눌 수 있다.

그러나 아직까지 작품에 나타난 욕망의 실현양상을 규명하여 작품의 독특한 서사구조의 의미를 설명하려는 시도는 이루어지지 않았다. 작품의 주인공은 남아로서의 욕망에 의해 '양소유'가 되었다가, 불생불멸의 도(不生不滅의 道)를 얻고 싶은 욕망에 의해 다시 '성진'이 된다. 한 자아가 다른 자아로 전이되는 과정에서 가장 중요한 원동력이 되는 것은 자아의 욕망이다. 그렇기 때문에 한 인물이 두 가지 자아 정체성을 경험하게 되는 서사구조의 의미를 밝히기 위해서는 작중 인물의 욕망이 실현되는 양상을 우선적으로 고찰해야 한다.

본고에서는 작중 인물의 욕망이 실현되는 양상을 살필 것이다. 작품분석을 통해 작중 인물의 욕망이 어떤 방식으로 작동하는지 점검하여 그 욕망의 속성을 밝힌 후에, 작중 인물의 욕망이 작품에 어떻게 실현되어 있는지 살필 것이다. 그 과정에서 작품의 중요한 서사 장치인 '꿈'이 어떤 역할을 하고 있는지 규명할 수 있을 것이다.『구운몽』은 욕망의 실현양상을 단순히 제시하는데 그치지 않고, 욕망이 지연되었다가 실현되는 동안 작중 인물이 가상과 실재가 뒤섞이는 여러 가지 상황을 경험하도록 설정하고 있다. 그렇기 때문에 본고에서는 욕망의 실현양상을 파악해 본 뒤에, 이 작품이 제기하고 있는 문제의식이 무엇인지 살피고, 그와 같은 문제의식을 형상화하는데 기여하고 있는 여러 가지 장치들의 의미를 밝혀보고자 한다.

---

4) 이주영, 앞의 글, 36면.
5) 강상순(c), 앞의 글, 186면.
6) 남기택, 앞의 글, 173면.

2. 시대적 욕망이 재현[7]되는 양상

2.1. 이상적인 남성상에 대한 환상

성진(性眞)은 어떤 대상을 욕망하게 되면서 자신의 현실에 결핍(缺乏)[8]을 느끼고, '있어야 할 것'이 있는 다른 어딘가로 '가고자' 하는 마음이 일어나는 것을 경험하게 된다. 성진은 아름다운 여성들에게 인정을 받을만한 남성상에 대한 환상(幻想, fantasy)을 품고, 꿈속에서 양소유가 되어 그것을 실현하고 있다.

> (가) 셩진이 여듧 션녀를 본 후의 졍신이 즈못 황홀ᄒ여 ᄆᆞᆷ의 싱각ᄒ디, 남이 셰샹의 나 ①어려셔 공밍의 글를 넑고, ②자라 요슌ᄀᆞᆺ튼 님군을 만나 ③나면 댱쉬되고 ④들면 졍승이 되어 ⑤비단 옷슬 입고 옥ᄃᆞ를 씌고 ⑥옥궐의 됴회ᄒ고, ⑦눈의 고은 빗츨 보고 귀에 됴흔 소리를 듯고 ⑧은튁이 빅셩의게 밋고 ⑨공명이 후셰의 드리오미 ᄯᅩ흔 대댱부의 일이라. 우리 부텨의 법문은 흔 바리 밥과 흔 병 믈과 두어 권 경문과 일빅 여듧 낫 염쥬분이라. 도덕이 비록 놉고 아름다오나 젹막ᄒ기 심ᄒ도다. 싱각을 이리ᄒ고 져리ᄒ여 밤이 임의 깁허더니 믄득 눈 알픠 팔션네 셧거늘 놀라 곳쳐 보니 임의 간 곳이 업더라.(13~14면)

---

7) '재현'이라는 개념에 대한 자세한 설명은 채운, 『재현이란 무엇인가』, 그린비, 2009, 30~35면을 참조할 것.

8) 예문 (가)를 통해 성진의 욕망이 작동하는 방식을 정리해보면 다음과 같다. ① 어떤 대상을 보고 욕망을 느낀다. ② 새롭게 욕망하게 된 대상을 소유할 수 있을만한 이상적(理想的)인 조건을 가정해본다. ③ 욕망의 대상을 소유할 수 있는 조건에 비해 자신의 현실은 보잘 것 없는 것으로 인식한다. ④ 자신의 현실이 보잘 것 없는 것으로 인식될수록 새로운 대상에 대한 욕망이 강해진다. ①~④를 구체적으로 작품에 적용해 보면 다음과 같이 정리할 수 있다. ① 성진은 팔선녀라는 아름다운 여성들을 보고 남아로서의 욕망을 품게 된다. ② 그리고 나서 자신이 기거하던 선방으로 돌아와 아름다운 여성들을 소유할 수 있을만한 남아로서의 성공의 조건을 하나씩 떠올려본다. ③ 그것에 비하면 자신이 속해 있는 부처법문의 세계는 초라하기 그지없다고 생각된다. ④ '한 바리 밥과 한 병 물과 두어 권 경문과 일백 여덟 낱의 염주 뿐'인 자신의 현실이 보잘것없이 느껴질수록 팔선녀에 대한 성진의 욕망은 강해져, 그는 팔선녀의 환상까지 보게 된다. ①~④를 통해 성진의 욕망은 어떤 대상에 대한 욕망이 발생하는 순간, 자신의 현실을 결여(缺如)로 인식하는 방식으로 작동한다는 것을 파악할 수 있다.

예문 (가)에서 성진이 열거하고 있는 이상적인 남성의 아홉 가지 조건은 당대 사회의 양식(良識, good sense)을 충실하게 재현하고 있는 욕망인데, 그것은 유교적(儒教的) 현실사회에서 부귀영화(富貴榮華)를 누릴 수 있는 사대부의 일생과 관련된 것이다. 성진의 이러한 환상이 극대화되어 실현된 이상적인 자아의 상(像)이 바로 양소유이다. 양소유는 앞서 성진이 상정했던 아홉 가지 이상적인 조건을 성취할 수 있는 자질을 가지고 있는 것으로 묘사되어 있는데, 그 자질 또한 아홉 가지로 나타나고 있다.

(나) 쇼위 십수오세의 니르러는 ①얼골은 반악 갓고 ②긔샹은 쳥년 갓고 ③문쟝은 연허 갓고 ④시직는 포샤 갓고 ⑤필법은 종왕 갓고 ⑥제주빅가와 ⑦뉵도삼약과 ⑧활쏘기와 칼쓰기를 졍통티 아닐거시 업스니, 진실노 여러 디 슈힝ᄒ는 사ᄅ이라 셰샹 쇽자의 비홀 배 아니러라.(25~26면)

(다) 도인이 깃거 ᄯ 벽옥 퉁쇼를 내여 ᄒ 곡됴를 브러 싱을 가르치고 닐오디, 디음을 만나기는 녯사ᄅ의 어려워ᄒ던 배라. 이제 ⑨거문고와 퉁쇼를 주ᄂ니 후일의 필연 쓸 곳이 이시리라.(36~37면)

예문 (나)와 (다)에 나타난 양소유의 아홉 가지 자질을 하나씩 점검해보면 다음과 같다. 조건 ①은 양소유를 이름난 미남자인 반악[9]에 빗대어 양소유의 준수한 외모적 조건을 나타내고 있다. 조건 ②는 협객 이태백[10]의

---

9) "潘岳(반악)은 진(晉) 형양(榮陽) 중모(中牟) 사람이며, 자는 안인(安仁)이다. 어려서 재주가 뛰어나 기동(奇童)이라 불렸고, 수재(秀才)로 천거되어 무제(武帝)의 적전(籍田) 나들이를 읊은 부(賦)로 천하에 명성을 떨쳤다. 벼슬은 하양령(河陽令). 태부 주부(太傅主簿)·급사 황문 시랑(給事黃門時郎). 권세가인 가밀(賈謐)의 집을 드나들며 아첨하다가 손수(孫秀)의 모반 무고(誣告)로 주살되었다. 용모가 아름다워 젊은 시절 집을 나서면 만나는 여자들마다 정표(情表)로 던진 과일이 수레에 늘 가득하여 미남의 대명사로도 쓴다. 문사(文詞)에 뛰어났으나 사람이 가볍고 이끗을 너무 추구한다는 평을 들었다." 단국대학교 동양학연구소, 『한한대사전』 8권, 단국대학교출판부, 2007, 877면.

10) "이백(李白)은 당(唐) 성기(成紀) 사람이다. 선세(先世)에 서역(西域)에 우거하였으므로 안서도독부(安西都督府)의 쇄엽성(碎葉城)에서 태어나 신룡(神龍) 초에 촉(蜀)의 창릉현(昌隆縣) 청련항(靑蓮鄕)으로 이주하였다. 자는 태백(太白)이며, 호는 주선옹(酒仙翁)·해상조오객(海上釣鰲客)·청련거사(靑蓮居士)이다. 젊은 시절 협객(俠客)으로 사방을 주유하며 밤낮으로 호음(豪飮)하여 양주(揚州)에서는 1년에 30만금(萬金)을 뿌리기도 하였다. 하지장(賀知章)에게 시재(詩才)를 인정받아 현종(玄宗) 때 한림(翰林)에 임명되어 총애 받았으나, 술에 취해서 고양사(高力士)에게 신

행적에 빗대어 풍류를 즐길 줄 아는 양소유의 호방한 기상을 나타내고 있다. 조건 ③은 연허대수필(燕許大手筆)이라 불리는 연국공(燕國公) 장열(張說)[11]과 허국공(許國公) 소정(蘇頲)[12]의 문장에 양소유의 문장을 빗대어 양소유의 문장이 대문장에 비길만한 수준임을 나타내고 있다. 조건 ④는 뛰어난 시인의 대명사인 '포사' 고사를 차용하여 포조(鮑照)[13]와 사영운(謝靈運)[14]에 양소유의 시적재능을 견주고 있다. 조건 ⑤는 '종왕' 고사를 차용하여 양소유의 필법이 대서예가인 종요(鐘繇)[15]와 왕희지(王羲之)[16]에 비길만한 수준임을 나

을 벗기게 한 것이 화근이 되어 현종이 등용하려 할 때마다 양귀비(楊貴妃)를 앞세운 고역사의 방해로 이루어지지 않았다. 이후 다시 방랑 생활을 하다가 안녹산(安祿山)의 난리에 영왕인(永王璘)의 막좌(幕佐)가 되어 평란(平亂)에 참여하였으나, 영왕이 전투에 패하자 함께 연좌되어 야랑(夜郞)으로 귀양갔다. 중도에 사면되어 돌아와서는 친족 이양빙(李陽氷)에게 의탁하다가 죽었다. 두보(杜甫)와 친교를 맺었고, 그와 함께 이두(李杜)로 병칭된다. 촉도난(蜀道難)·행로난(行路難) 등의 수많은 명작과 작품을 남겼다. 저서로는 이태백집(李太白集)이 있다." 단국대학교 동양학연구소, 『한한대사전』 6권, 단국대학교출판부, 2007, 1207면.
11) "장열(張說)은 당(唐) 낙양(洛陽) 사람이다. 자는 도제(道濟)·열지(說之)이며, 시호는 문정(文貞)이다. 현량방정(賢良方正)에 뽑혔다. 봉호는 연국공(燕國公)이며, 벼슬은 동중서문하 평장사(同中書門下 平章事)·중서령(中書令)을 지냈다. 조정의 중요 문서는 모두 그의 손에서 나왔다." 단국대학교 동양학연구소, 『한한대사전』 5권, 단국대학교출판부, 2007, 82면.
12) "소정(蘇頲)은 당(唐) 경조(京兆) 무공(武功) 사람이다. 자는 정석(廷碩)이며, 시호는 문헌(文憲)이다. 괴(瓌)의 아들이다. 측천무후(則天武后) 때의 진사(進士)이다. 벼슬은 중서 사인(中書舍人)·동자미황문 평장사(同紫微黃門平章事)·예부 상서(禮部尙書)이다. 허국공(許國公)에 습봉(襲封)되어 소허공(小許公)이라고도 불리었고, 문장에 뛰어나 연국공(燕國公) 장열(張說)과 함께 연허대수필(燕許大手筆)이라 일컬어졌다." 단국대학교 동양학연구소, 『한한대사전』 11권, 단국대학교출판부, 2007, 1278면.
13) "포조(鮑照)는 남조 송(南朝宋) 동해(東海) 사람이다. 자는 명원(明遠)이다. 악부(樂府), 특히 칠언가행(七言歌行)에 뛰어났다. 임해왕(臨海王) 유자욱(劉子頊)의 전군 참군(前軍參軍)을 지내다, 태시(泰始) 연간에 유자욱의 반란이 실패로 돌아가자 난군(亂軍)에 의해 살해되었다. 저서로는 포참군집(鮑參軍集)이 있다." 단국대학교 동양학연구소, 『한한대사전』 5권, 단국대학교출판부, 2007, 845면.
14) "사영운(謝靈運)은 남조 송(宋) 진군(陣郡) 양하(陽夏) 사람이다. 현(玄)의 손자로 문벌 귀족의 집안에 태어났으나, 종숙 혼(混)이 송 무제(宋武帝)에게 죽음을 당한 뒤 불우하게 살다 모반죄를 뒤집어쓰고 피살되었다. 시인으로 유명하여 안연지(顏延之)와 함께 안사(顏私)라 불리었는데, 정치적 불만을 산수의 아름다움으로 승화시켜 중국 문학에 산수시의 새로운 길을 열었다." 단국대학교 동양학연구소, 『한한대사전』 12권, 단국대학교출판부, 2007, 1036면.
15) "종요(鐘繇)는 삼국시대 위(魏) 영천(潁川) 장사(長社) 사람이다. 자는 원상(元常)이고, 봉호는 한 말(韓末)의 동무정후(東武亭侯), 위나라의 정릉후(定陵侯)이다. 시호는 성(成)이다. 조조(曹操)를 도운 공으로 위나라 건국 후 태부(太傅)에 올랐다. 예서(隸書)와 해서(楷書)에 뛰어나 장지(張芝)·왕희지(王羲之)와 이름을 나란히 하였으며, 선시표(宣示表)·묘전병사첩(墓田丙舍帖) 등이

타내고 있다. 조건 ⑥에서 양소유가 '제자 백가(諸子百家)'[17]를 두루 이해하고 있다는 것은 당대에 손꼽히는 전문적인 지식을 갖추고 있는 이론가로서의 소유의 자질을 나타내고 있는 것이다. 조건 ⑦에서 양소유가 육도삼략[18]을 통했다는 표현은 그가 병서를 두루 이해하고 병법에 능하다는 것을 나타내고 있다. 조건 ⑧은 양소유가 실제로 전쟁을 수행할 수 있는 무예(武藝)까지 갖추고 있다는 것을 나타내고 있다. 조건 ⑨에서 차용된 것은 '지음(知音)'[19] 고사이다. 이 고사는 중국 춘추시대 거문고의 명수 백아(伯牙)[20]와 그의 친구 종자기(鍾子期)[21]와의 우정에 얽힌 것인데, 종자기가 죽자 백아는 이 세상에 자기 거문고 소리를 들려줄 사람이 없다고 생각해 다시는 거문고를 타지 않았다고 한다. 남전산 도인에게 거문고와 퉁소를 전수받으면서 양소유는 음악적 재능까지 갖추게 된다.

법첩(法帖)으로 전한다." 단국대학교 동양학연구소, 『한한대사전』 14권, 단국대학교출판부, 2008, 399면.

16) "왕희지(王羲之)는 진(晉) 나라 사람으로 자는 일소(一少)이며, 도(導)의 종자(從子)이다. 해서·행서·초서의 3체를 예술적 완성의 영역에까지 끌어올려 서성(書聖)이라고 불린다. 처음에 진의 여류 서예가인 위부인(衛夫人)의 필법을 배웠고, 뒤에 한위(漢魏)의 비문을 두루 연구하였다. 왕술(王述)과 불화하여 벼슬을 그만두고 회계의 산음에서 청담(淸談)을 즐기다 일생을 마쳤다." 단국대학교 동양학연구소, 『한한대사전』 9권, 단국대학교출판부, 2007, 516면.

17) "제자백가(諸子百家)는 선진(先晉)에서 한(漢) 나라 초기까지의 여러 학자의 총칭이다. 뒤에 전문 직종을 이르는 말로 썼다." 단국대학교 동양학연구소, 『한한대사전』 12권, 단국대학교출판부, 2007, 988면.

18) "육도삼략(六道三略)은 병서(兵書)인 육도(六道)와 삼략(三略)을 말한다. 육도는 태공망이, 삼략은 황석공(黃石公)이 지은 것으로, 둘 다 후세의 위작(偽作)이라 한다. 전의되어, 병서나 병법(兵法)을 이른다." 단국대학교 동양학연구소, 『한한대사전』 2권, 단국대학교출판부, 2007, 209면.

19) "지음(知音)은 음률을 앎, 음률에 정통함을 말한다. 마음이 서로 통하는 친한 벗이나 동지를 비유하는 말로 쓰이기도 한다." 단국대학교 동양학연구소, 『한한대사전』 10권, 단국대학교출판부, 2007, 216면.

20) "백아(伯牙)는 춘추시대 거문고 연주의 달인이다. 성연(成連)에게 거문고를 배워 종자기(鍾子期)로부터 높이 평가받았다. 종자기가 죽자 거문고를 뜯지 않았다고 한다." 단국대학교 동양학연구소, 『한한대사전』 1권, 단국대학교출판부, 2007, 967면.

21) "종자기(鍾子期)는 춘추시대 초(楚) 나라 사람이다. 금(琴)의 명인 백아(伯牙)의 친구로 그의 연주를 가장 잘 이해하였다. 종자기가 죽자 백아는 세상에 자기의 음악을 알아줄 사람이 없다고 슬퍼하며 금의 줄을 끊고 다시는 타지 않았다고 한다." 단국대학교 동양학연구소, 『한한대사전』 14권, 단국대학교출판부, 2008, 393면.

이는 성진이 생각하는 이상적(理想的)인 남성상이 양소유를 통해 모두 실현된 것이다. 반악(潘岳), 이태백(李太白), 연국공(燕國公)과 허국공(許國公), 포조(鮑照)와 사영운(謝靈運), 종요(鍾繇)와 왕희지(王羲之), 백아(伯牙)와 종자기(鍾子期)는 모두 한 분야에서 대단한 성취를 이루고 전설이 된 인물들이다. 성진은 당대 현실세계에서 가장 완벽하다고 여겨지는 이상적(理想的)인 상(像)을 미리 정해놓고, 그 상(像)에 준하는 이상적인 자아의 상을 설정한다. 그를 통해 자신을 타인의 인정을 받을 만한 객관적인 매력을 가진 대상으로 만든다.

성진이 생각하는 이상적인 자아의 상, 다시 말해, 그가 생각하는 이상적인 남성상22)이 갖추어야 할 아홉 가지 조건을 정리해보면 다음과 같다. ① 옥 같은 외모, ② 호방한 기상, ③ 문장 창작 능력, ④ 시적 재능, ⑤ 뛰어난 서체, ⑥ 이론적 지식, ⑦ 병서, 병법에 대한 이해, ⑧ 무예, ⑨ 음악적 재능. 이상의 아홉 가지 조건들은 후에 여덟 명의 여인이 양소유에게 반해 '스스로 좇아오는' 원인이 되기도 하고, 양소유가 아름다운 여성을 얻기 위해 사용하는 수단이 되기도 한다.

2.2. 이상적인 여성상에 대한 환상

양소유(楊少遊)가 만나게 되는 여덟 명의 여성은 앞에서 열거한 양소유의 아홉 가지 자질에 각각 걸맞는 여성들이다. 각각의 여성들은 자신이 갖추고 있는 개성적인 재능을 통해 양소유와 소통하고자 한다. 그러나 개성적으로

---

22) 본고에서는 작품의 남자 주인공인 성진이 생각하는 이상적인 남성상을 위주로 다루었는데, 적경홍(狄驚鴻)이 이상형의 남성을 열거하는 부분에는 여성들이 생각하는 이상적인 남성상이 나타나기도 한다. 적경홍 또한 '사안석(謝安石), 주공근(周公瑾), 이태백(李太白), 사마상여(司馬相如)'와 같은 이상적인 상을 정해 놓고, 그에 준하는 남성에게 일생을 의탁하고자 한다.
"만일 진 시절의 녀기를 잇그던 샤안셕 곳트면 진상의 쳡이 될 거시오, 삼국적 곡됴를 도라 보던 쥬공근 곳트면 장슈의 쳡이 될 거시오, 현종됴의 취등의 청평스 드리던 니티빅 곳트면 명스를 조출 거시오, 한나라 녹긔금으로 봉황곡 타던 스마샹여 곳트면 션비를 조출 거시니 어이 미리 정흐리오?"(54~55면)

보이는 각 여성들의 매력 또한 당대 현실 사회에서 이미 표준으로 정해놓
은 이상적(理想的)인 상(像)을 재현한 것이다. 각 여성과 만나게 되는 사건 역
시 고사를 차용하여, 그 고사의 주인공이 벌인 일에 '효측(效則)하여' 일어나
는 경우가 많다. 성진(性眞)의 환상(幻想, fantasy) 속에서 여덟 명의 여성들은
이상적인 사랑의 대상(對象)이기 때문이다.

> (가) 봄바람이 거두쳐 누샹으로 올나가니 누 가온디 옥 굿튼 사롬이 브야흐
> 로 봄잠을 드럿다가 글 소릭의 씨여 창을 열고 남간을 의디호여 두로 브라보
> 더니 졍히 양싱으로 더브러 두 눈이 마초이니, 구름 굿튼 머리털이 귀밋히 드
> 리웟고 옥치 반만 기우러는디 봄잠이 죡디 못호여 호는 양이 쳔연이 슈려호야
> 말노 형용호기 어렵고 그림을 그려도 방블티 못호너라.(28면)

예문 (가)에는 양소유가 만나게 되는 첫 번째 여성인 진채봉(秦彩鳳)의 특
징이 묘사되어 있다. 진채봉은 낮잠 자는 미인이라는 전형적이고 이상적인
여성상(女性像)으로 나타나며, 시적재능(詩的才能)을 통해 거듭해서 양소유와
인연을 맺게 된다.23) 또한 진채봉은 탁문군(卓文君)24)이 사마상여(司馬相如)25)
를 따라간 전고를 효측하여 자신의 사랑을 성취하려는 적극적인 태도를 보

---

23) 진채봉은 양뉴사(楊柳詞)에 화답하는 시를 지어 양소유에게 종신대사(終身大事)를 의탁하려고
    하지만, 난리가 일어나는 바람에 그 열망은 좌절된다. 작품 말미에 이르러 진채봉은 양소유
    와 재회하게 되는데, 이때도 진채봉의 시적 재능이 큰 역할을 한다. 진채봉은 궁에 들어온
    양소유를 알아보고, 양소유가 시를 적은 부채에 자신의 심정을 덧붙여 적는다. 그런데 천자
    가 부채들을 걷어오라고 하자, 진채봉은 죽기를 각오하지만 천자는 오히려 그 재능을 아깝
    게 여겨 난양공주의 시중을 들도록 한다.
24) "탁문군(卓文君)은 한(漢) 임공(臨邛)의 부자 탁왕손(卓王孫)의 딸이다. 과부가 되어 친정에 가
    살다가 사마상여(司馬相如)의 거문고 소리에 반하여 같이 도망하여 술을 팔며 살았다. 그 뒤
    상여가 출세하여 첩을 얻자, 백두음(白頭吟)을 읊어 마음을 돌리게 하였다고 한다. 후대에 탁
    문군의 일을 인용하는 전고(典故)로 쓰였다." 단국대학교 동양학연구소, 『한한대사전』 2권,
    단국대학교출판부, 2007, 894면.
25) "사마상여(司馬相如)는 한(漢) 성도(成都) 사람이다. 자는 장경(長卿)이다. 경제(景帝) 때 무기상
    시(武騎常侍)를 지냈고, 무제(武帝) 때 효문원령(孝文園令)을 지냈다. 특히 사부(辭賦)에 뛰어나
    자허(子虛)·상림(上林)·대인(大人) 등의 부(賦)와 함께 한위 육조(漢魏六朝)의 문인들의 모범이
    되었다. 탁왕손(卓王孫)의 딸 문군(文君)과의 애정 행각으로도 유명하다. 단국대학교 동양학연
    구소, 『한한대사전』 2권, 단국대학교출판부, 2007, 1156면.

인다.

  (나) 져 낭즈의 일홈은 셤월이오 셩은 계니, 혼갓 즈식과 가뮈 텬하의 독보
홀 분 아니라 고금 시문을 모롤 거시 업고 더옥 글 보는 눈이 신녕 곳틋여 무
릇 낙양 션비 과거의 드러 그 지은 글을 보고 입낙을 졍ᄒ디 그롤 젹이 업스
니,(47면)

  양소유가 만나게 되는 두 번째 여성인 기생 계섬월(桂蟾月)의 미모를 묘사
하는 부분에서는 '요대의 선녀(瑤臺의 仙女)'라는 미인을 나타내는 전형적인
표현이 사용되었다. 예문 (나)에는 계섬월의 시를 보는 탁월한 안목이 서술
되어있다. 계섬월은 "양셩의 글이 쳥신 쥰일함"에 반해서 좌중의 수많은 글
가운데 양소유의 글을 고른다. 그 사건을 계기로 계섬월과 양소유가 사랑을
나누게 되는데, 이 장면에서는 무산지몽(巫山之夢)[26] 고사와 낙수(落水)의 만
남[27] 고사가 차용되었다. 남녀 간의 사랑에 관한 고사를 차용하여 이상적
인 사랑의 상(像)을 재현하고 있는 것이다.[28]

  (다) 쇼졔 왈, 이 녀관이 처음은 예샹곡을 주ᄒ고 ᄎᄎ 올녀 뎨슌의 남풍가
롤 타거눌 내 일일이 평논ᄒ고 계찰의 말을 인ᄒ여 그만 드러디라 ᄒ니, 졔
닐오디 쏘 흔 곡됴 잇다 ᄒ고 새 소릭롤 주ᄒ니 이는 스마샹여의 탁문군을 됴
희ᄒ던 봉구황이라.(74~75면)

---

26) "무산지몽(巫山之夢)은 남녀간의 정사를 이르는 말이다. 초희왕(楚懷王)이 고당(高唐)에 노닐던
   중 낮잠을 자다가 꿈속에서 무산신녀(巫山神女)를 만나 정을 통하고 나서 양대(陽臺) 밑에 사
   당을 세우고 여신을 받든 고사를 말한다." 단국대학교 동양학연구소, 『한한대사전』 4권, 단
   국대학교출판부, 2007, 962면.
27) "낙수(洛水)의 만남은 삼국시대 위(魏)나라 조식(曹植)이 낙수(洛水)의 신(神)인 견황후(甄皇后)의
   신령을 만난 일을 말한다." 단국대학교 동양학연구소, 『한한대사전』 8권, 단국대학교출판부,
   2007, 337면.
28) 계섬월은 유생들의 시샘을 염려하여 양소유를 급하게 보내면서도 동기 적경홍을 첩으로 천
   거하고 정부인이 될 만한 여성으로 정경패(鄭瓊貝)를 소개한다. 진채봉와의 첫 결연이 실패한
   이후, 양소유는 이름난 기생인 계섬월을 만나 인간관계가 확장된다.

양소유가 만나는 세 번째 여성인 정경패(鄭瓊貝)는 언어로 형용하기 어려울 만큼 눈부신 미모의 여성이다. 예문 (다)에서 볼 수 있듯이 정채봉은 양소유의 음악적 재능을 알아볼만한 뛰어난 음악적 식견을 가지고 있다. 정경패가 양소유의 계략을 알아차릴 수 있었던 것도 그녀가 음악적인 배경지식을 갖추고 있었기 때문이었다. 정경패와 양소유의 결연에는 '봉구황(鳳求凰)'29)이라는 곡조가 중요한 역할을 하는데, 이것은 사마상여가 탁문군에게 구애할 때 연주했던 곡이다. 이번에도 남녀의 결연을 묘사하는데 탁문군 고사가 차용되었다. 또한 정경패가 양소유의 음률을 알아봐 주는 부분에서 '지음(知音)' 고사가 다시 한 번 차용되고 있다.30)

　　(라) 네 신녀는 아츰의 구룸이 되고 나죄 비 되더니 츈낭은 아츰의 신선이 되고 나조히 귀신이 되니 족히 대적하리로다.(105면)

양소유가 만나게 되는 네 번째 여성인 가춘운(賈春雲)은 신선과 같은 외모를 갖춘 것으로 묘사되어 있다. 양소유는 가춘운을 선녀라고 생각했다가, 그녀가 귀신임을 알고 모골이 송연해지는 경험을 한다. 양소유는 혼란스러워하면서도 귀신 장녀랑에게 더욱 빠져든다. 양소유와 가춘운의 결연은 인간이 아닌 대상과 결연했던 고사를 따라 그 환상을 실현한 것이다. 예문 (라)에서 양소유가 가춘운에게 속은 것을 알고 난 뒤에, 그녀와 만났던 일을 무산지몽 고사에 빗대고 있기 때문이다. 가춘운은 정경패의 몸종인데, 정경패(鄭瓊貝)의 뜻에 따라 양소유의 첩이 된다.

---

29) "봉구황(鳳求凰) 또는 봉황곡(鳳凰曲)은 악부(樂府) 금곡(琴曲) 이름이다. 한(漢) 사마상여(司馬相如)가 탁문군(卓文君)에게 구애하는 시의 '鳳兮鳳兮歸故鄉, 遨遊四海求其凰' 구절에서 취하여 붙인 이름이다." 단국대학교 동양학연구소, 『한한대사전』 15권, 단국대학교출판부, 2008, 939면.

30) 양소유는 정경패와의 결연에서 가장 적극적인 태도를 취한다. 한번이라도 정경패의 얼굴을 보고 싶다며, 어머니의 표매인 두련사를 졸라 여장을 하고 거문고를 연주해 정경패의 얼굴을 엿본다. 양소유는 과거에 급제해 한림학사라는 사회적 지위를 갖추고 난 뒤 정사도의 집에 납폐하여 정경패와 혼인을 약속한다.

(마) 한님이 골오디, 홍낭의 놉흔 뜻은 양월공의 홍블기도 밋디 못ᄒ리로다. 다만 스스로 니위공의 지쵀 업스믈 븟그려ᄒᄂ이다.(119~120면)

양소유가 만나게 되는 다섯 번째 여성인 적경홍(狄驚鴻)이 남장을 한 모습은 미남으로 이름난 '위개(衛玠)'[31]와 '반악(潘岳)'에 준하는 것으로 묘사되어 있다. 예문 (마)에서 양소유가 적경홍을 묘사하는 부분에서는 영웅을 알아보는 여성을 나타내는 전고로 쓰이는 '당희(唐姬)'와 '홍불기(紅拂技)'[32] 고사를 차용하고 있다.

(바) 공쥐 쑴의 션녀를 만나 곡됴 젼ᄒ니 셰샹 사름은 아ᄂ니 업스나 공쥐 무양 퉁쇼롤 블면 모든 학이 ᄂ려와 춤추니, 태후와 샹이 긔이히 넉여 진 목공의 ᄯᆞᆯ 농옥의 일을 싱각ᄒ여 브대 쇼ᄉ ᄀᆞᆺᄒᆞᆫ 부마롤 어드려 ᄒ시ᄂ 고로 공쥬 임의 댱셩ᄒ엿시디 오히려 하가ᄒᆞᆫ 디 업더니, 이날 위연이 월하의셔 ᄒᆞᆫ 곡됴롤 부러 쳥학 ᄒᆞᆫ 빵을 질드리더니 곡됴 긋티며 그 학이 ᄂ라 옥당으로 가니, 궐듕 사름이 셩히 뎐ᄒᆞ디 양샹셰 퉁쇼롤 부러 션학을 ᄂ리게 혼다ᄒ니, 텬지 이 말을 드르시고 공쥬의 인연이 이곳의 잇ᄂ 줄 아르샤 태후긔 됴회ᄒ고 ᄯᅩ 갈오디,(122~123면)

예문 (바)에는 양소유가 여섯 번째 여성인 난양공주 이소화(李簫和)와 결연을 맺게 되는 계기가 드러나 있다. 난양공주와 양소유는 음악적 재능을 통해 소통한다. 난양공주가 꿈에 선녀에게 배워 익힌 퉁소를 불 때 날아들던 학이 양소유가 퉁소를 불자 양소유가 있는 곳으로 날아갔다는 소식을 듣고 천자가 양소유를 난양공주의 천상배필로 여기게 된 것이다. 난양공주와 양

---

31) "위개(衛玠)는 진(晉) 하동 안읍 사람이며, 자는 숙보(叔寶)이다. 용모가 빼어나 옥인(玉人)이라 불리어 그를 보려고 몰려드는 사람으로 인해 병사하였다고 한다. 일설에는 살해되었다고 한다." 단국대학교 동양학연구소, 『한한대사전』 12권, 단국대학교출판부, 2007, 336면.

32) "홍불기(紅拂技)는 수당(隋唐) 시대의 여협(女俠) 장출진(張出塵)을 이르는 말. 수말의 권상(權相) 양소(楊素)의 시기(詩妓)로 양소를 찾아온 이정(李靖)에게 반하여 함께 달아났다. 뒤에는 영웅을 알아보는 부녀자의 전형으로 쓰였다." 단국대학교 동양학연구소, 『한한대사전』 10권, 단국대학교출판부, 2008, 939면, 1191면.

소저의 결연에는 남편과 함께 퉁소를 불어 봉황을 길들였던 '농옥(弄玉)'[33)] 고사가 차용되었다.[34)]

　(사) 양샹셰 그 녀즈를 보니 구름 곳흔 머리털을 되오 쁘러 금줌을 쏫고 스미 좁은 젼포의 셕듁화를 슈흥엿고 발의는 봉의 머리텨로 슈질흔 휘를 신고 허리의는 뇽텬검 가플을 차시디 쳔연흔 졀식이 흔 가지 희당화 곳흐니 만일 죵군흐던 목는이 아니면 이 합을 도젹흐는 홍션이러라.(151면)

예문 (사)에는 양소유가 만나게 되는 일곱 번째 여성인 심요연(沈裊烟)의 외모가 묘사되어 있다. 심요연은 여협객으로 이름난 '목란(木蘭)'[35)]과 '홍선(紅線)'[36)]에 준하는 재주를 갖춘 여성으로 형상화되어 있다. 그는 양소유를 해하라는 토번국의 찬보의 명령을 듣고 양소유의 전장에 들어와 그를 위협할 정도로 뛰어난 무술 실력을 갖추고 있으며, 양소유가 병법의 가르침을 구할 정도로 전쟁에 대해 해박한 지식을 갖추고 있다. 두 사람은 전쟁 상황에서 병법(兵法)을 서로 가르치고 배우며 소통한다.

　(아) 시녀 십여인이 흔 녀즈를 옹위흐여 왼편 월앙으로조차 듕텽의 다드르

---

33) "농옥(弄玉)은 춘추시대 진 목공(秦穆公)의 딸이다. 퉁소를 잘 부는 소사(蕭史)에게로 시집가 퉁소를 배워 봉(鳳)이 우는 소리를 내었고, 목공이 봉대(鳳臺)를 지어 살게 하였다. 부부가 함께 봉을 타고 날아가 신선이 되었다 한다." 단국대학교 동양학연구소, 『한한대사전』 5권, 단국대학교출판부, 2007, 6면.

34) 난양공주는 신선의 음률을 알 뿐 아니라, 인간 여성으로써 누릴 수 있는 최고의 지위인 공주의 신분을 가지고 있다. 그러나 양소유는 천자의 부마가 되는 것을 그리 달가워하지 않는다. 난양공주와의 결연은 정경패, 가춘운과의 혼사에 큰 걸림돌이 되기 때문이다. 결국 난양공주가 아량을 베풀어 모든 갈등은 해결되고 결국 정경패는 천자의 양녀가 되어 난양공주와 함께 양소유의 양부인이 된다. 더불어 양소유는 두 부인을 맞을 수 있는 제후의 위치에 오르게 된다.

35) "목란(木蘭)은 아버지를 대신하여 12년 동안 종군(從軍)하여 많은 공을 세웠다는 전설상의 남장(男裝) 여인이다. 그의 성(姓)과 활동 연대는 자세하지 않다." 단국대학교 동양학연구소, 『한한대사전』 6권, 단국대학교출판부, 2007, 1065면.

36) "홍선(紅線)은 당대(唐代)의 여협(女俠)이다. 원래는 설숭(薛嵩)의 하녀로 위박절도사 전승사(田承嗣)의 금합(金盒)을 훔쳐와 전승사와 설숭을 화해시킴으로써 설숭을 위기에서 구하였다." 단국대학교 동양학연구소, 『한한대사전』 10권, 단국대학교출판부, 2007, 1192면.

니, 그 녀ᄌ의 미려ᄒ미 신션 ᄀᆺ고 복식의 빗나미 셰샹의 업ᄂᆫ 배러라. 시녀 일인이 찬언ᄒ여 ᄀᆯ오ᄃᆡ,(158면)

예문 (아)에는 양소유가 만나게 되는 여덟 번째 여성인 백능파(白凌波)의 신선과도 같은 외모가 묘사되어 있다. 백능파는 양소유의 꿈에서 만난 여인이다. 그는 인간이 아닌 신이한 여성이며, 더 이상 도달할 수 없을 만큼 높은 신분의 여성이다. 어떤 여성도 용왕의 딸이라는 신분보다 더 이상 높은 지위를 가지기는 어렵다. 양소유와 여성의 결연담은 백능파와의 만남에서 끝이 나는데, 그것은 양소유가 이미 사랑의 대상으로써 성취할 수 있는 가장 높은 신분의 여성을 확보했기 때문이다. 더불어 앞에서 가춘운과의 결합이 신이한 존재와의 가상적인 결합이었다면, 백능파와의 결합은 신이한 여성과의 결연이라는 환상을 충족시키는 역할을 한다.[37]

위에서 살펴본 여덟 명의 여성의 모습과 재능에 대한 묘사에는 성진이 꿈꾸는 이상적인 여성의 상이 반영된 것이다. 양소유가 만나는 여성들은 모두 한 시대를 주름 잡았던 유명한 여성들인 당희(唐姬), 홍불기(紅拂技), 농옥(弄玉), 목란(木蘭), 홍선(紅線) 등에 준하는 재주와 미모를 가진 것으로 묘사되어 있다. 또한 성진이 이상적인 사랑의 상이라고 생각하는 무산지몽(巫山之夢), 지음(知音), 낙수(落水)의 만남 등의 고사를 차용하여 그가 품었던 이상적인 사랑에 대한 환상을 실현하고 있다.

양소유가 만나게 되는 여덟 명의 여성은 각기 다른 개성을 갖추고 있는 것 같지만, 그들의 욕망은 결국 하나의 욕망으로 귀결된다. 성진이 꿈꾸는 이상형으로 실현된 각 여성들 역시, 자신들이 생각하는 이상적인 남성상에 가장 가까운 양소유에게 "종신대사(終身大事)를 의탁"하고자 하는 것이다.

---

37) 백능파는 자신의 신분을 이용해 병사들을 먹일 물이 없어 고생하는 양소유의 당면 과제를 해결해주며, 꿈에서 동정 용왕과 남악산, 육관 대사를 만날 기회를 제공해 양소유가 다시 성진이 되는 계기를 마련해준다.

2.3. 남녀 결합에 사회적 지위가 미치는 영향

『구운몽』에 나타나는 남녀관계는 성진(性眞)의 환상(幻想, fantasy)이 반영된 것이기 때문에, '이상적인 사랑'의 형태로 나타난다. 성진이 생각하는 '이상적인 사랑'을 재현하기 위해서 남녀의 개인적 자질도 중요하게 고려되고 있지만, 상대에 어울리는 사회적 지위(社會的 地位)를 확보해야만 남녀 간의 애정이 성립되는 경우가 여러 장면에서 드러난다.

> (가) 샹년의 갓다가 위퇴한 디경을 디내고 네 나히 오히려 져머시니 공명은 실노 밧브디 아니ᄒᆞ디 이제 너의 힝ᄒᆞᄆᆞᆯ 말니디 못ᄒᆞᆷ은 쓰디 이시니, 네 나히 십뉵셰의 졍혼ᄒᆞᆫ 디 업고 우리 슈쥐 ᄯᅡᄒᆞᆫ 벽누ᄒᆞᆫ 고을이라 어이 아름다온 쳐네 너의 비필이 될 지 이시리오? 나의 표미 일인은 셩은 두시라. 경스 ᄌᆞ쳥관의 츌가ᄒᆞ여 도스 되어시니 나흘 혜면 오히려 싱존ᄒᆞ여실 ᄃᆞᆺᄒᆞ니, ᄀᆞ쟝 유심ᄒᆞᆫ 사ᄅᆞᆷ이오 셩듕 지샹가의 아니 ᄃᆞᆫ닌디 업ᄉᆞ니, 내 편지롤 보내면 필연 졍셩으로 지로홀 거시니 이 일은 네 모ᄅᆞ미 뉴의하라.(40면)
> (나) 쳡의 눈으로 본 바는 진실노 낭군만 ᄒᆞ니 업ᄉᆞ니 갑히 낭군긔 쳔거ᄒᆞ디 못ᄒᆞ거니와(57면)
> (다) 양낭의 풍치 신션 ᄀᆞᆺ트니 당금 녀ᄌᆞ 듕의 비필 될 사ᄅᆞᆷ이 어려울가 ᄒᆞ노라. 그러나 노신이 죵용이 싱각ᄒᆞ여 볼 거시니 양낭이 겨롤이 잇거든 다시 오라.(60면)

예문 (가)에서 양소유(楊少游)의 어머니 유씨는 '양소유에 준하는 조건을 갖추고 있는 여성만이 그의 짝이 될 자격이 있다'는 의중을 드러낸다. 이러한 언급은 예문 (나)에서 계섬월(桂蟾月)이 양소유에게 정경패(鄭瓊貝)를 조심스럽게 천거할 때와, 예문 (다)에서 두련사가 유씨의 부탁을 받아들여 양소유의 짝을 생각해보겠다고 말하는 부분에서도 반복된다.

이렇게 남녀관계에서 사회적 지위라는 조건을 생각하는 것은 양소유와 기생 계섬월과의 관계에서도 볼 수 있다. 아무리 계섬월의 미모와 재주가 뛰어나다고 해도, 기생 신분인 그녀가 양반가의 자제인 양소유의 첩이 되기는 어렵다. 양소유의 일대기는 성진의 환상이 반영된 것인데, 성진의 환상은 주자학적 명분을 중시하는 유교적 현실 세계를 배경으로 하고 있기 때문이다. 계섬월은 양소유의 신분에 미치지 못하는 자신의 처지를 생각해 '물 긷고 밥 짓는' 종이 되기를 자청하고, 양소유 또한 이를 만류하지 않고 자신의 어머니를 앞세워 계섬월을 정부인으로 맞을 수 없음을 분명히 밝히고 있다.38) 계섬월은 자기를 정부인으로 맞을 수 없다는 양소유의 말을 당연하다는 듯 받아들인다.39) 이러한 사정은 계섬월이 양소유에게 천거한 기생 적경홍(狄驚鴻) 또한 마찬가지이다. 적경홍도 양소유가 '실가를 이루기를 기다렸다가' 후일에 첩이 된다.40)

남녀의 결합에 사회적 지위가 고려되는 것은 여성의 경우만은 아니라서, 양소유도 정사도 집안의 여식과 혼인을 하려면 우선 과거에 급제해야 한다는 두련사의 독촉을 받는다.

(라) 혼 쳐지이시니 지모롤 의논ᄒ면 진짓 양낭의 짝이로ᄃᆡ 다만 문지 너무 놉하 여슷 ᄃᆡ 공휘오, 세 ᄃᆡ 정승이라. 양낭이 만일 신방 급데롤 하면 이 혼ᄉ롤 의논ᄒ려니와 그 젼은 닐너 브졀업ᄉ니 굿ᄐᆞ여 노신을 ᄌ로 와 보디 말고 과업을 힘쁠지어다.(60면)

예문 (라)에서 두련사는 정사도의 집안이 문지가 너무 높으므로 양소유가 그 집의 사위가 되기 위해서는 과거에 급제해 최소한의 사회적 지위를 확보해야 한다고 말하고 있다. 그러나 이러한 두련사의 당부에도 불구하고 과

---

38) "낭군이 쳡을 더럽다 아닐진ᄃᆡ 낭군의 믈 긷고 밥 짓ᄂᆞᆫ 종이 되어도 브터 조출 거시니 낭군의 뜻이 엇더ᄒ뇨? 양성이 굴오ᄃᆡ, 나의 뜻이 어이 계경과 다르리오마는, 다만 니 몸이 가난혼 슈지오 당상의 노친이 겨시니 계경으로 더브러 희로ᄒ믄 노친의 뜻이 어긜 듯ᄒ고, 쳐쳡을 ᄀ초믄 계경이 즐겨 아닐 거시오, ᄯᅩᄒᆞᆫ 텬하의 구ᄒ여도 계경의 녀군 될 녀ᄌ롤 엇기 어려울까ᄒ노라."(53면)

39) "오직 낭군은 놉흔 가문의 어진 부인을 취혼 후의 쳔쳡도 브리디 마르쇼셔. 쳥컨ᄃᆡ 오늘노브터 몸을 조히ᄒ여 명을 기ᄃ리이다."(53면)

40) "도로의 비편ᄒ야 수리롤 혼가디로 못ᄒ니 오딕 실가 일우믈 기ᄃ려 서로 ᄎᆞ자리라."(120면)

거 공부에 매진하는 양소유의 모습은 보이지 않는다. 양소유는 장원급제는 자신의 주머니 안에 있는 것이라며, 정경패의 얼굴을 구경할 방법을 찾는 것에만 몰두한다. 또한 양소유가 정사도의 여식과 결혼하기 위해 확보한 한림학사라는 위치에서, 그가 수행해야 할 업무도 전혀 바쁜 업무가 아닌 것으로 묘사되어 있다. 이와 같이 양소유가 사회적 지위를 확보해 나가는 것은 남녀의 결연을 위해서이고, 다시 말해 여성들이 사랑할만한 조건을 갖춘 대상이 되기 위해서이다.

그렇기 때문에 『구운몽』에서는 공적인 업무조차도 여성과 결합하는 계기가 된다. 양소유는 위왕을 제압하고 돌아가는 길에 계섬월과 재회하고, 더불어 적경홍을 얻는다. 이러한 양상은 심요연과 백능파를 만나는 장면에서도 나타난다. 양소유는 분쟁을 뿌리 뽑기 위해 적국으로 원정을 나갔다가 반사곡에 이르러 병사들이 그 곳의 물을 먹고 죽어가는 위기 상황을 맞게 된다. 이 사건은 양소유의 공적 업무와 관련된 유일한 위기 상황인데, 양소유는 여성들(심요연(沈裊烟)과 백능파(白凌波))과의 만남을 통해 이러한 위기를 해결하게 된다. 양소유는 토번국을 제압하고 돌아와 대승상 위국공이라는 더욱 높은 사회적 지위를 확보한다. 이와 같이 양소유는 혼인이 거듭될수록 높은 지위를 확보하면서, 더욱 높은 신분의 여성과 결연을 하게 된다. 양소유가 여성들과 만나기 위해서는 어느 정도의 사회적 지위가 필요했지만, 계속되는 여성과의 결합은 양소유의 사회적 지위를 더욱 높이는 데 기여하게 된다.

지금까지 『구운몽』의 남녀 결합에서 사회적 지위라는 조건이 중시되는 양상을 점검해 보았다. 작품의 남녀 결합 관계에서 사회적 조건이 중시되는 까닭은 첫째, 양소유의 사회적 조건으로 인해 남녀가 결합할 조건이 마련되기 때문이다. 둘째, 여성의 사회적 조건으로 인해 양소유가 더욱 높은 사회적 지위에 오를 수 있기 때문이다. 이것은 작품의 서두에서 성진이 아름다운 여성을 만나고 싶은 욕망을 갖게 되면서 자신의 현실을 결핍으로 인식

하고, 여성들의 사랑을 받을만한 이상적인 남성상이 되기 위해 사회적 지위
를 성취하고 싶어 했던 환상이 반영된 것이다.

3. 욕망의 지연된 실현

3.1. 혼사를 방해하는 장애물

양소유(楊少遊)는 전생에 인연이 있던 여덟 여성을 모두 만났지만, 누구와
도 쉽게 혼인을 하지 못한다. 양소유가 번뇌하는 모습이 드러나는 장면은
진채봉과 헤어져 슬퍼하는 장면과 귀신 장녀랑과의 만남으로 인해 혼란스
러워 하는 장면, 그리고 혼사장애로 인해 정경패가 죽은 줄 알고 슬퍼하는
장면이다. 이를 통해 양소유를 고통스럽게 만드는 것은 대부분 애정 사건이
라는 것을 알 수 있다.

양소유와 여성들의 결연과정에 나타나는 장애 양상을 정리하면 다음과
같다. 진채봉과의 결연에서 나타나는 장애는 전쟁(戰爭)이다. 계섬월(桂蟾月)과
의 결합에 장애가 되는 것은 낙양(洛陽)의 유생들이다. 정경패(鄭瓊貝)와의 결
합에 첫 번째 장애가 되는 것은 양소유의 속임수이고, 가춘운(賈春雲)과의 결
합에 첫 번째 장애가 되는 것은 가춘운의 속임수이다. 정경패, 가춘운과의
결합에 두 번째 장애가 되는 것은 낙양공주와의 혼인이다. 계섬월, 적경홍,
심요연(沈裊烟)은 자청하여 첩이 되고자 하기 때문에, 이들과의 결연에 장애
가 되는 것은 양소유가 '실가를 이루지 못한 것'이다. 백능파(白凌波)와의 결
연에 장애가 되는 것은 양소유와 백능파가 현실 세계와 용궁이라는 '다른
차원에 존재한다'는 것이다.

이 가운데 진채봉은 행방이 묘연해졌기 때문에 논의에서 제외하더라도,

양소유가 남은 일곱 명의 여성을 모두 소유하기 위해서는 '실가를 이루어' 야만 한다. 양소유가 우선 정부인을 맞아들여야 계섬월, 가춘운, 적경홍, 심요연, 백능파를 첩으로 들일 수 있기 때문이다. 또한 양소유가 실가를 이루기 위해서는 정경패와 난양공주 사이에 얽힌 혼사 장애를 해결해야만 한다. 태후의 계교에 따라 양소유는 지금까지 겪었던 일들 중에서 가장 큰 갈등을 맞이하게 된다. 태후의 명령에 따라 가춘운은 양소유가 전쟁에서 승리하고 돌아오자마자 정경패가 죽었다고 거짓말을 하며 정경패의 유언을 전한다. 정경패가 죽은 줄로 알고 슬퍼하던 양소유는 영양공주가 죽은 정씨와 닮은 것을 보고, 그것을 영양공주에게 이야기했다가 공주를 노하게 만든다. 영양공주가 화가 나서 깊은 궁궐에서 혼자 늙으려 한다고 하자, 난양도 영양공주의 뜻을 따르겠다고 고집을 부리고, 어렵게 다시 만난 진채봉까지 아내가 없는데 첩이 있음이 당치 않다며 물러가기를 청한다. 양소유는 영양공주의 화를 풀 방도를 찾지 못해 번뇌하다가, 우연히 양공주와 가춘운이 쌍륙 놀이를 하면서 옛 일을 이야기하는 것을 엿듣고 사건의 진상을 파악하게 된다.

> (가) 난양과 슉인이 다 우음을 먹음고 디답디 못ᄒ더니 뎡부인이 왈, 이 일은 쳡등의 알 배 아니니 상공이 병을 곳치려 ᄒ실진ᄃ 태후 낭낭긔 무르쇼셔. 승샹이 참디 못ᄒ야 대쇼ᄒ고 뎡부인ᄃ려 니ᄅᄃ, 쇼위 후싱의 부인 만나기를 졈복ᄒ더니 이 아니 꿈이니잇가? 부인 왈, 이 다 태후 낭낭과 황샹 셩은이며 난양공주의 은혜라.(237면)

그러나 예문 (가)에서 볼 수 있듯이 그토록 절실했던 혼사장애의 문제도 욕망의 실현을 유보해, 더 큰 즐거움을 얻기 위한 것일 뿐이다. 양부인과 진씨도 웃음을 참지 못하고, 양소유도 '이 아니 꿈이리잇가, 천지조화와 다를 것이 없으니'라고 말할 정도로 크게 기뻐하며 혼사장애로 인해 빚어진 갈등은 해결된다. 작품에서 가장 큰 갈등으로 나타난 양소유와 낙양공주의 혼사 장애가 해소되면서 그 사건과 관련된 정경패와 가춘운의 혼사 장애 문제가 해결되는 것은 물론이고 다른 혼사 장애들도 함께 해소되는 것을 볼 수 있다. 심지어 죽은 줄로만 알았던 진채봉과의 혼사장애까지 해결된다. '어두운 밤길을 걷는 것 같이' 좌절된 것처럼 보이던 욕망의 성취는 예문 (나)에서 볼 수 있는 것과 같이 더욱 큰 즐거움을 가져다준다.

> (나) 이 밤의 녯정을 니르며 새로 즐기기를 당ᄒ니 졔일 졔이일 밤의셔 더옥 친열ᄒ더라.(226면)

양소유가 난양공주와 영양공주를 정부인으로 맞아들여 실가를 이루었기 때문에, 그는 계섬월, 적경홍, 심요연, 백능파와도 차례로 재회해 그들을 첩으로 맞게 된다. 어떤 장애물로 인해 작중 인물의 혼사가 지연되었다가, 나중에 장애물이 해소되면서 더욱 큰 기쁨을 느낄 수 있는 상황은 가춘운과의 결연담과 적경홍과의 결연담에서도 찾아 볼 수 있다. 가춘운이 귀신인 줄 알았다가 양소유가 속은 줄 알고 호탕하게 웃는 것으로 마무리 되었던 장면이 그렇고, 적경홍이 남자인 줄로만 알았다가 양소유가 저간의 사정을 듣고 기뻐했던 장면이 그렇다. 결국, 속임수로 인한 혼사장애를 통해 양소유의 욕망의 실현이 지연되는 것은 더욱 큰 '우음'을 위한 것으로, 그의 욕망이 지속되기 위해서 필요한 것이다. 그러한 사건들은 양소유의 환유적인 욕망의 추동운동을 유예시키는 기능을 한다.

이 작품에서는 양소유와 여성의 결연이 바로 이루어지지 않고, 어떤 장애물 때문에 각 여성과의 혼사가 지연되었다가 나중에 이루어지는 양상이 나타난다. 이러한 장애물은 첫째, '양소유의 환유적 욕망의 추동운동을 유예'시켜 둘째, '더 큰 즐거움을 얻기 위한 방편'이며, 셋째, 작중 인물과 독자가 '가상과 실재의 모호한 경계를 체험하게 하도록 하는 계기'가 되기도 한다. 세 번째 사항과 관련된 내용은 '4. 가상과 실재의 모호한 경계'에서 자세히 다루기로 한다.

3.2. 충족될 수 없는 욕망

『구운몽』에 나타나는 가장 첨예한 갈등이 해결되었으니, 이제 유예되었던 욕망들을 하나하나 실현할 일만 남았다. 양소유는 작품 말미에 이르러 여성들의 애정을 모두 성취하고, 그를 과시하기 위해 연왕과 미인들의 재주를 겨루기로 한다. 이 사건도 이름난 부자였던 석숭(石崇)[41]과 왕개(王愷)[42]가 부를 다투던 고사를 효측하여 이루어진 것이다. 월왕과 양소유도 자신들이 소유한 삼대 기녀 만옥연, 적경홍, 계섬월을 한 자리에 모아 재주를 겨루게 한다. 이 자리는 양소유가 여덟 여성을 모두 소유하게 되는 계기가 되기도 하며, 그 여성들의 재주와 미색을 자랑하는 자리이기도 하다. 이 장면은 유예되었던 작중 인물의 욕망이 아낌없이 실현되는 순간인 것이다.

양소유는 이제 모든 여성들의 애정을 성취했다. 작품에서는 성진(性眞)의 '이상적인(理想的) 사랑의 상'을 재현하고 있기 때문에, 여덟 여성들이 서로 동기간처럼 화목하게 지내며, 각자 아들딸을 고르게 낳아 기르는 모습이 묘사되어 있다. 양소유의 어머니는 백수를 누리고 세상을 하직했다. 양소유가 승상의 자리에 오른 지도 벌써 십년이 지났다. 양소유는 벼슬을 하직하려 하나, 천자가 이를 만류하다가 태사 벼슬을 더해주고 물러나도록 한 뒤, 취미궁에 양소유와 식솔들을 거하도록 한다.

---

41) "석숭(石崇)은 진(晉) 발해(渤海) 남피(南皮) 사람이다. 자는 계륜(季倫)이며, 어릴 때 이름은 제노(齊奴)이다. 포(苞)의 아들이다. 벼슬은 수무령(修武令)·형주 자사(荊州刺史)·위위(衛尉)에 이르렀다. 사신과 상인의 재물을 갈취하여 하양(河陽)에 금곡 별장(金谷別莊)을 두고 사치와 유회를 일삼았다. 아첨하여 가밀(賈謐)의 24우(友)가 되었다가 면직되었고 조왕 윤(趙王倫)에게 살해되었다." 단국대학교 동양학연구소, 『한한대사전』10권, 단국대학교출판부, 2007, 262면.

42) "왕개(王愷)는 진(晉) 동해(東海) 담현(郯縣) 사람이다. 자는 군부(君夫). 시호는 추(醜). 숙(肅)의 아들. 사마소(司馬昭)의 처남. 벼슬은 용양장군·후군장군에 이르렀다. 석숭과 함께 진나라의 대표적인 부호였다." 단국대학교 동양학연구소, 『한한대사전』9권, 단국대학교출판부, 2007, 400면.

남아로서 꿈꾸던 모든 욕망을 실현하고 난 뒤, 어느 날 양소유는 자신이 기거하는 취미궁을 진시황의 아방궁과 한 무제의 무릉과 현종황제가 양귀비와 놀던 화청궁과 비교해 보며, 자기보다 더한 풍류를 취한 사람들도 모두 멸(滅)하고 말았다는 생각에 숙연해진다.[43] 지상에서 만날 수 있는 모든 사회적 지위와 미모와 재주를 갖춘 여성에 대한 낭만적인 환상이[44] 모조리 실현되었을 때, 양소유는 이 모든 것 또한 언젠가 멸할 수밖에 없다는 생각에 이르게 된다. 성진의 환상 속 인물인 '양소유의 일대기'를 통해 우리가 알게 된 것은 부귀영화(富貴榮華)를 아무리 누려도 욕망은 충족될 수 없다는 사실이다. 성진은 어떤 대상만 얻으면 행복해질 수 있을 것이라고 생각했지만, 대상을 소유해도 욕망은 여전히 남는다. 성진의 욕망은 결핍을 채우기 위해 '무언가를 소유하려는 욕망'이기 때문에 어떤 대상을 얻더라도 그 결핍은 충족되지 않는다.

그러나 작품의 주인공은 그러한 욕망의 속성 자체를 문제 삼지 않고, 계속해서 욕망의 대상을 문제 삼고 있다. '부귀영화'와 같은 것은 언젠가는 멸하는 것이므로, 이번에는 멸하지 않는 것을 소유하고 싶어하는 것이다. 그래서 양소유는 '옛 사람 댱주방의 격슝자 좃은 일'을 따라 멸하지 않는

---

43) "냥 부인이 옷깃술 여미고 무러 굴으더, 승샹이 공을 임의 일우고 부귀 극ᄒ야 만인이 브러ᄒ고 쳔고의 듯디 못ᄒ 배라. 가신을 당ᄒ야 풍경을 희롱ᄒ며 꼿다온 슐은 잔의 ᄀ득ᄒ며 ᄉ랑ᄒᄂ 사ᄅᆷ이 겻히 이시니 이 쏘ᄒᆫ 인성에 즐거온 일이어늘, 퉁쇼 소ᄅᆞ 이러ᄒ니 오ᄂᆯ 퉁쇼ᄂ 녯날 퉁ᄉᆞ 아니로소이다. 븍으로 브라보니 편ᄒᆫ 들과 믄허딘 언덕에 셕양이 쇠ᄒᆫ 플에 비최엿ᄂ 곳은 진 시황의 아방궁이오, 셔로 브라보니 슬픈 브람이 ᄎᆫ 수플에 불고 겨믄 구롬이 빈 뫼희 덥흔 ᄃᆡᄂᆫ 한 무뎨의 무릉이오, 동으로 브라보니 분칠ᄒᆫ 셩이 쳥산을 둘넛고 븕은 박공이 반공에 숨엇ᄂᆫ디 명월은 오락가락ᄒᄃᆡ 옥난간을 의디ᄒᆯ 사ᄅᆷ이 업ᄉᆞ니 이ᄂᆫ 현종황뎨 태진비로 더브러 노ᄅᆞ시던 화쳥궁이라. 이 세 님군은 쳔고영웅이라 ᄉᆞ히로 집을 삼고 억됴로 신쳡을 삼아 호화부귀 빅년을 쟈ᄅᆞ게 녀기더니 이제 다 어디 잇ᄂᆞ뇨?"(288면)

44) 정병설, 앞의 책, 165면.
"<구운몽도> 병풍을 한번 펼쳐보아도 알 수 있듯이 『구운몽』의 중심은 낭만적 사랑이다. 고전으로서 『구운몽』의 위대한 점은 그 불교적 인생철학이 아니라 삶이 아름다울 수 있는 이유를 낭만적으로 보여준 데 있다. 종반부에 있는 육관대사의 의미심장한 불교적 계명은 낭만적 삶을 다시 진지하게 성찰함으로써 소설의 품격을 한층 더 높였다는 의미가 있을 뿐이다."

도(道)를 소유하고자 한다. 양소유가 다시 성진이 되고자 하는 것은 '불생불멸의 도(不生不滅의 道)'로 치환된 새로운 욕망을 소유하기 위해서이다. 욕망의 성취가 지연 되는 동안 작품의 주인공은 가상인지 실재인지 판단하기 어려운 사건들을 여러 차례 경험하게 되는데, 그러한 경험들은 그가 실재라고 믿고 있는 욕망의 주체에 대한 문제의식을 갖도록 만드는 것들이다.

지금까지의 논의에서 볼 수 있었듯이 성진과 양소유의 욕망은 결여적(缺如的) 욕망이기 때문에, 그들은 각자의 세계에 만족하지 못하고 끊임없이 '여기보다 다른 곳'을 욕망한다. 성진은 팔선녀라는 대상을 소유하고 싶은 욕망에 의해 양소유와 같은 사대부(士大夫)의 삶을 이상적인 삶으로 가정하고, 그와 같은 삶을 누릴 수 있기를 소망한다. 양소유는 불생불멸의 도라는 대상을 소유하고 싶은 욕망에 의해 성진과 같은 수도승의 삶을 이상적인 삶으로 가정하고, 그와 같은 삶을 누릴 수 있기를 소망한다. 이렇게 두 주체가 끊임없이 다른 곳(다른 대상)을 욕망한 끝에 다다른 세계가 서로의 자리 바꿈이라는 것은 『구운몽』이 인간 욕망의 본질에 대한 문제를 제기하기 위해 치밀하게 기획된 작품임을 반증한다.

4. 가상과 실재의 모호한 경계

『구운몽』은 환상성(幻想性)이 두드러지게 나타나는 작품이다. 환상 문학은 자아와 타자, 삶과 죽음 사이의 경계를 무화시키고, 시간·공간·인물간의 통일성을 따르는 것을 거부하는 특징을 가지고 있는 문학 장르를 말한다.[45] 『구운몽』에서도 이러한 특징이 나타나는 것을 볼 수 있는데, '성진(性眞)'과

---

45) '환상성'에 대한 자세한 논의는 로지 잭슨, 서강여성문학연구회 옮김, 『환상성』, 문학동네, 2001, 10면을 참조할 것.

'소유(少遊)'라는 한 인물의 두 자아정체성이 꿈을 통해 서로 교차하면서 서로의 세계를 경험하는 양상이 나타난다. 그렇기 때문에 이 작품에는 '가상(假想)'과 '실재(實在)'의 경계가 정확하게 구분되지 않고, 모호하게 뒤섞여서 존재하고 있다.

4.1. 진실과 거짓의 모호한 경계

> (가) 승상이 다만 양뉴스 인연만 알고 환션시 인년을 모릭시늑이다.(226면)
> (나) 올타. 올타. 비록 올흐나 몽듕의 잠간 만나본 일은 싱극흐고 십년을 동쳐흐던 일을 아디 못흐니 뉘 양쟝원을 총명타 흐더뇨?(291면)

『구운몽』에서 양소유(楊少遊)는 계속해서 어떤 질문을 받고 있다. 예문 (가)와 (나)는 양소유의 '실재'에 대한 믿음을 전복시키고자 하는 질문들이다. 예문 (가)는 진채봉의 질문인데, 육관대사의 질문인 예문 (나)와 동일한 형태를 가지고 있다. 예문 (가)와 (나)에서 질문의 주체들은 모두 어떤 진실을 알고 있는데, 양소유만이 그 진실을 모르고 있다. 예문 (가)에서 질문의 주체인 진채봉(秦彩鳳)만 알고 있고, 양소유만 알지 못하는 진실은 '진채봉이 궁녀로 있었다는 사실'이다. 예문 (나)에서 질문의 주체인 육관대사만 알고 있고, 양소유만 알지 못하는 진실은 '양소유는 성진(性眞)으로서 10년간 육관대사의 지도 아래 수행을 해 왔다는 사실'이다. 이러한 질문들은 양소유가 '실재' 혹은 '진실'이라고 믿고 있는 것들에 균열을 만든다.

『구운몽』에는 진실인지 거짓인지 파악하기 어려운 상황들이 여러 번 제시되고 있다. 여성들과 결연하는 과정에서 양소유는 여러 가지 크고 작은 장애를 경험하게 된다. 그러한 장애물 가운데는 '전쟁'이나 '다른 차원의 공간에 존재한다는 것'과 같이 피치 못할 장애도 있지만, 한 인물이 다른 인물을 속이려는 의도에서 비롯한 장애도 있다. 이 작품에서는 인물들이 서로를 속이고 속는 사건이 여러 번 일어난다. 이때 속이는 사람만 진실을 알고 있기 때문에, 속는 사람은 무엇이 진실이고 거짓인지 알기 어려운 상태에 처하게 된다. '무엇이 진실인지 거짓인지 알 수 없는 모호한 상황'은 '남성과 여성의 경계', '산 자와 죽은 자의 경계'를 넘나들며 두 대상 사이의 엄격한 구별을 무화시킨다.

> (다) 내 부야흐로 유의흐여 보니, 용모 거지 녀즈와 다르니 벅벅이 간샤흔 사롬이 츈석을 엿보려 흐여 변복하여시니, 츈낭이 만일 병이 업더면 벅벅이 처음의 아라시리라.(75면)
>
> (라) 원간 덕셩이 홍낭의 형이랏다. 작일의 내 덕형의게 득죄흐미 만흐니 이제 어대 잇느뇨? 경홍이 대왈, 첩이 본더 형데 업느이다. 한님이 다시 홍낭을 보고 황연이 끼드라 대쇼흐고 골오디, 한단 길희셔 날을 조차온 지 원간 홍낭이오, 셧녁 월랑의셔 셤낭으로 더브러 수어흐던 쟈도 홍낭이로다. 남복으로 날을 속이믄 엇디오?(118면)

예문 (다)와 (라)는 작중 인물이 '남성과 여성의 모호한 경계'로 인해 곤란함을 겪는 사건들이다. 예문 (다)에서는 양소유가 속임수의 주체이고, 속임수의 대상은 정경패이다. 예문 (라)에서는 적경홍(狄驚鴻)이 속임수의 주체이고, 속임수의 대상은 양소유가 된다. 정경패와 양소유는 변복(變服)한 상대방들 때문에 혼란을 겪는다. '보이는 것'과 '실재'가 일치하지 않기 때문이다. 남성이 여성으로 오인(誤認)되기도 하고 여성이 남성으로 오인되기도 하는 사건들은 '남성과 여성'의 경계를 넘나들며, 작중 인물과 독자가 '보이는 것'을 실재로 인식하는 인식론에 대한 문제의식을 갖도록 한다.

'산 자와 죽은 자의 모호한 경계'를 나타내는 사건들은 '가춘운과 장녀랑의 경우', '정경패(鄭瓊貝)와 영양공주의 경우'로 나누어 볼 수 있다. 먼저 '가춘운(賈春雲)과 장녀랑의 경우'를 살펴보도록 하겠다.

> (마) 사디 대쇼 왈, 양생의 풍치 송옥과 곳흐니 벅벅이 신녀부롤 지어시리

오. 노뷔 양낭을 위ᄒ여 소기디 아니ᄒ리니 져머실 적의 이인을 만나니 소옹
의 도슐을 비화 일즉 능히 귀신 닐위기를 ᄒ더니 이제 양낭을 위ᄒ여 댱녀랑
의 녕혼을 오게 ᄒ여 나의 디으의 죄를 삭ᄒ라 ᄒ니 엇더ᄒ뇨? 양성 왈, 악댱
이 쇼져를 희롱ᄒ시ᄂᆞ니잇가? 어이 이런 일이 이시리잇가? 슈되 왈, 네 보라.
ᄑ리치로 병풍을 ᄒ번 티며 굴오대, 댱녀랑이 어디 잇ᄂᆞ뇨? 홀연 병풍 뒤흐로
ᄒ 녀지 표연이 나오며 우음을 머금고 부인 뒤희 셔거늘 셩이 보니 완연이 댱
녀랑이라. 눈을 놉히 쓰고 슈도와 뎡셩을 보며 오라거야 닐오디, 사ᄅᆞ미냐? 귀
신이냐? 어이 귀신이 빅듀의 뵈ᄂᆞ뇨? 슈도와 부인이 우음을 ᄎᆞᆷ디 못ᄒ고, 뎡
셩 블각졀도ᄒ야 니러나디 못ᄒ더라.(102~103면)

(바) 어이 속디 아녀시리오? 다만 겁내고 두려ᄒᄂᆞᆫ 양을 보려 ᄒ엿더니 이
완ᄒ기 심ᄒ야 귀신 아쳐홀 줄을 모르니 호식ᄒᄂᆞᆫ 사ᄅᆞᆷ을 싀듕아귀라 ᄒ미 녯
말이 그릇디 아니ᄒ니 귀신이 엇디 귀신을 두리리잇가?(223면)

예문 (마), (바)에서 속이는 주체는 가춘운 일당이고, 속는 사람은 양소유
이다. 가춘운은 '선녀'와 '귀신(장녀랑)'과 '사람(가춘운)'의 경계를 넘나들면
서 양소유를 혼란스럽게 만든다. 예문 (마)에는 가춘운, 정경패, 정사도, 정
십삼 등은 모두 가춘운이 사람이라는 진실을 알고 있지만, 양소유만 그 진
실을 알지 못하기 때문에 벌어지는 상황이 드러나고 있다. 예문 (바)는 가
춘운이 양소유를 속인 사건에 대한 후일담인데, 이 대목에서 양소유가 여성
을 취할 때 '산자'와 '죽은 자'를 구별하지 않는다는 점이 드러난다. 양소유
의 그러한 특징을 우스갯거리로 삼으며, 여성들은 살아있는 양소유를 귀신
에 비유하기까지 한다.

(사) 세샹의 ᄀᆞ튼 사ᄅᆞᆷ도 잇도다. 내 뎡쇼져로 더브러 뎡혼홀 적 ᄆᆞ옴의 스
싱을 ᄒ가디로 ᄒ려 ᄒ얏더니 나는 이제 항녀의 즐기오미 잇거늘 쇼져의 외로
온 무덤은 어ᄂᆞ 곳의 의탁ᄒ엿ᄂᆞᆫ고?

예문 (사)는 '정경패와 영양공주' 사이의 모호함을 나타내는 장면이다. 양
소유는 살아있는 영양공주를 보고 죽은 정경패를 떠올린다. 자신의 눈에 보

이는 것은 분명히 정경패의 형상이지만, 자신을 제외한 모든 사람들은 그것
이 정경패가 아니라 난양공주라고 말한다. '보이는 것'과 '실재적인 것'이
일치하지 않는 상황은, '나는 본다'를 '나는 이해한다'로 인식하는 체계를
전복한다.46) 여기서는 '산자와 죽은 자의 경계'만 모호해지는 것이 아니라,
'보이는 것과 실재의 경계'도 모호해진다.

『구운몽』에는 "'나'의 이름으로 주어진 경험이 사실인지 아닌지에 대한
불확실"47)한 상황이 거듭해서 나타난다. '진실과 거짓의 모호한 경계', '남
성과 여성의 모호한 경계', '산자와 죽은 자의 모호한 경계'를 넘나드는 속
임수 상황들은 '보이는 것이 실재하는 것이다'라는 인식을 전복시킨다. 그
것은 나아가 '보는' 주체가 실재인가까지도 의심하게 만든다.48)

4.2. 꿈과 현실의 모호한 경계

꿈과 현실의 모호한 경계를 드러내는 사건들은 '환상공간과 현실공간의
모호한 경계'를 드러내는 것과 '자아와 자아의 모호한 경계'를 드러내는 것
으로 나누어 살필 수 있다. 먼저 '환상공간과 현실공간의 모호한 경계'를
드러내고 있는 사건들을 살펴보기로 하겠다.

(가) 셩이 쟉일의 산의 드러 올제 버들 곳치 지지 아녓더니 흐로 스이의 믈

---

46) 로지 잭슨, 앞의 책, 65~66면.
　　"보이지 않는 것 또는 안 보이도록 강요하는 것은 '나는 본다'를 '나는 이해한다'와 동의어
　　로 만드는 인식론적이고 형이상학적인 체계에 대해 전복적인 기능을 가진다. 지식, 이해, 이
　　성은 '보는 것'의 힘을 통해 그리고 '눈'과 '나', 즉 대상과의 관계가 시각의 영역을 통해서
　　구조화되는 인간 주체 '나'를 통해 만들어진다. 환상 예술에서 대상들은 보는 것으로 쉽사리
　　전유되지 않는다. 사물들은 그것들을 소유하려는 강력한 눈/나로부터 미끄러져 왜곡되거나
　　해체되고 균형을 잃거나 불가시성의 상태로 빠진다."
47) 로지 잭슨, 앞의 책, 47면.
48) 이강옥(b), 앞의 글, 115면.
　　"작가가 속임수 상황을 거듭 만들어간 것은 등장인물과 독자로 하여금 가상이나 환상을 경
　　험하게 하면서도 그 경험의 주체가 과연 실재인가를 의심하게 만들기 위함이었다."

식이 변ᄒᆞ여 바회 스이의 국홰 만발ᄒᆞ여거놀 싱이 고이히 너겨 사롬을 만나 무르니 임의 팔월이 되어더라.(38면)

(나) 샹셰 쟝ᄉᆞ롤 모ᄒᆞ고 문왈, 너히 밤의 무슴 꿈이 잇더냐? 모다 대왈, 꿈의 원슈롤 뫼시고 신병귀졸노 더브러 ᄡᆞ화 이기고 쟝슈롤 잡아 뵈니 이 필연 오랑캐롤 멸홀 징죄로소이다. 샹셰 대열ᄒᆞ야 몽ᄉᆞ롤 니르고 쟝ᄉᆞ롤 거ᄂᆞ려 빅농담 우희 가 보니 고기비ᄂᆞ리 ᄶᅥ러져ᄀᆞ득ᄒᆞ고 피 흘너 내히 되었더라.(170~171면)

작품에서 양소유(楊少遊)가 '현실 공간'이라고 믿고 있는 곳은 유교적 현실 세계인 중국이다. 예문 (가)에서 양소유는 남전산으로 피란을 간다. 그 곳에서 도인을 만나 하루 동안 가르침을 받고 산을 내려간다. 양소유가 남전산에 머물렀다고 인식하는 것은 하루이지만, 현실 공간의 시간은 몇 달이 지나있다. 예문 (나)에서도 환상 공간에서 벌어진 일이 현실 공간에 반영되는 사건이 드러난다. 양소유는 꿈을 통해 '용궁'이라는 환상공간을 체험하게 된다. 그곳에서 양소유는 동정용녀를 탐하는 남해태자와 싸워 이기는 공을 세워 용왕의 치하를 받는다. 양소유가 잠에서 깨어 남해태자의 군대와 싸우던 장소(백룡담)에 가보니, 고기 비늘이 어지럽게 떨어져 있었다. 꿈에서 벌어진 일이 현실 세계에 실제적인 변환을 일으킨 것이다. 위의 두 예에서 볼 수 있듯이 『구운몽』에서 '환상공간'과 '현실공간'은 분명하게 구분지어지지 않는다.

『구운몽』에 이러한 '모호성'이 나타나는 것은 환상성이 본질적으로 모호한 것이고, 비실재적인 것이기 때문이다. 환상은 실재적인 것들과 충돌하고 그것들을 위반한다.[49] 그렇기 때문에 자신을 '실재'라고 믿는 주체 또한 고정된 정체성을 보장받을 수 없다. 이번에는 '자아와 자아의 모호한 경계'를 드러내는 사건들을 살펴보도록 하겠다.

양소유는 꿈에서 '남악산', '육관대사', '포단'을 본다. 그리고 그것들을

---

49) 로지 잭슨, 앞의 책, 34면.

보고 난 뒤에 자신이 불가에 인연이 있음을 느낀다. 남악산과 포단은 양소
유가 아직 성진(性眞)일 때 머무르던 공간과 자리이다. 양소유와 성진은 한
번도 마주친 적이 없지만, 양소유는 '남악산'과 '포단'을 통해 과거에 가졌
던 느낌과 동일한 느낌을 가지게 된다.[50] 작중 인물이 꿈을 통해 다른 자아
정체성의 존재를 인식하게 되는 상황은 '자아'와 '자아'의 경계 또한 모호
하게 만들어 버린다.

> (다) 어제 성진과 쇼위 어니는 진짓 꿈이오 어니는 꿈이 아니뇨?(294면)

예문 (다)는 성진이 '양소유의 일이 꿈임을 깨달았다.'라고 말했다가 스승
육관대사에게 호통을 듣는 대목이다. 육관대사는 성진에게 "성진과 소유 중
에 어떤 것이 꿈이고 어떤 것은 꿈이 아니냐?"라고 묻고 있다. 작중 인물과
독자는 '성진'과 '소유' 가운데 어느 쪽에도 안주할 수 없다. 이 작품은 환
상적 장치인 '꿈'이라는 서사구조를 통해 양소유가 살고 있는 '유교적 현실
세계'를 재현하다가도, 양소유의 '꿈'을 통해 '용궁', '남악산 연화봉'과 같
은 환상적 세계를 넘나들고 있기 때문이다. 이러한 구조적 이탈은 독자와
작중 인물이 '진실'을 확인할 수 있는 고정점에 도달하는 것을 방해한다.[51]
　성진과 소유의 욕망은 '주체'와 '대상'을 가정하고 있는 욕망이다. 작품

---

50) 서동욱, 「공명효과-들뢰즈의 문학론」, 『철학 사상』 27권, 서울대학교 철학사상연구소, 2008, 239~230면.
　이러한 현상은 마르셀 프루스트의 소설 『잃어버린 시간을 찾아서』에서 주인공 마르셀이 홍차에 적신 과자 마들렌의 냄새를 맡고 불듯 어린 시절을 회상하게 되는 장면과 유사하다. "마들렌 체험의 분석을 특징짓는 것이 공명(resonance, 共鳴) 효과이다. 우리는 공명을 비의존적인 이질적인 항들 간의 이웃관계의 조화라고 정의할 수 있다. 프루스트론에서 공명은 그 효과(결과)의 측면에서 기술하자면 우연히 마들렌의 맛을 봄으로써 비자발적으로 과거의 동일한 맛을 상기하게 되고 그로부터 행복감을 느끼게 되는 경험을 말한다. 과거의 마들렌 경험과 현재의 마들렌 경험이 병치됨으로써 생기는 행복감이 공명의 효과이다."
51) 로지 잭슨, 앞의 책, 139면.
　"독자는 어떤 것에도 안주하도록 허용되지 않는다. 계속되는 구조적 이탈은 독자, 편집자, '인물들'이 '진실'을 확인할 수도 있는 고정점에 도달하는 것을 방해한다."

의 주인공은 자신의 욕망에 따라 '양소유'라는 욕망의 주체가 되었다가, 다시 자신의 욕망에 따라 '성진'이라는 욕망의 주체가 된다. 성진과 소유라는 두 주체는 서로 자신을 실재라고 믿고, 상대방을 가상이라고 착각한다. 『구운몽』에는 '가상'과 '실재'가 모호하게 뒤섞여 무엇이 진실인지 알기 어려운 상황이 거듭해서 제시되어 있다. '남성과 여성의 경계', '산 자와 죽은 자의 경계', '현실 공간과 환상 공간의 경계'를 넘나드는 사건들을 통해 '보이는 것'이 '실재하는 것'이라는 인식론을 전복시키기도 하고, 나아가 '자아와 자아의 경계'를 넘나들며 인식의 주체에 대한 고정성을 전복시키기도 한다. 자아에 얽매여 있던 주인공이 그 환상에서 벗어나 새로운 길을 모색하도록 하는 것은 '가상'과 '실재'를 구분 지으려는 이분법적 사고를 넘어서고자 하는 시도이고 모색이다. 『구운몽』에 나타나는 환상적 장치인 '꿈'은 고정된 자아 혹은 고정된 주체라는 환상을 소멸하게 만든다.

5. 결론

　지금까지의 고찰을 통해 본 연구에 앞서 필자가 해결하고자 했던 의문점들을 해결할 수 있었다. 그 의문점들은 첫째, "『구운몽』에서 왜 한 인물이 성진과 소유라는 두 가지의 자아로 나타나는가?"라는 문제와 둘째, 그 두 자아의 관계에서 "꿈은 어떤 역할을 하는가?"라는 문제였다. 성진이 '꿈'이라는 서사장치를 통해 '자아와 자아의 경계'를 넘나들면서 욕망의 대상을 모두 성취한 뒤에도, 욕망이 충족되지 못하고 남아 있는 것은 욕망의 본질에 대한 이 작품의 문제의식이 드러나는 지점이다. 성진과 소유는 속임수에서 비롯한 임시적·가상적 장애를 통해 '보이는 것'이 '실재하는 것'이라는 인식론에서 벗어나게 되고, '꿈'을 통해 현실공간과 환상공간을 넘나들면서 인식의 주체 또한 어느 한쪽에 고정될 수 없다는 인식에 도달하게 된다. 속임수라는 가상적 장애와 꿈이라는 환상적 장치를 통해 작중 인물은 욕망의 대상을 문제 삼던 상태에서 벗어나, 욕망의 주체 자체에 대한 문제의식을 갖게 되는 것이다. 그러므로 '성진'과 '소유'라는 두 자아정체성이 나타나는 『구운몽』의 독특한 서사구조는 작중 인물과 독자가 인간 욕망의 본질에 대해 사유해볼 수 있도록 유도하는 장치로 볼 수 있다.

‖ 참고문헌

자료

김만중, 김병국 교주, 『구운몽』, 서울대학교출판부, 2007.

논저

강상순, 「구운몽과 17세기 장편소설의 정신 분석」, 『배달말』 27권, 배달말학회, 2000.

강상순, 「고소설에서 환상성의 몇 유형과 환몽소설의 환상성」, 『고소설연구』 제15집, 한국고소설학회, 2003.

권순긍, 「제어할 수 없는 세속적 욕망, 그 질주와 머뭇거림」, 『고전, 그 새로운 이야기 : 권순긍 교수가 들려주는 우리 고전소설』, 숨비소리, 2007.

김일렬, 『고전소설신론(개정판)』, 새문사, 2003.

김치수·송의경 옮김, 르네 지라르, 『낭만적 거짓과 소설적 진실』, 한길사, 2001.

남기택, 「구운몽의 판타지적 욕망」, 『비평문학』 24권, 한국비평문학회, 2006.

다니앨 부셰, 「구운몽의 제목에 대하여」, 『동방학지』, 연세대학교 국학연구원, 2006.

단국대학교동양학연구소, 『한한대사전』 1~15권, 단국대학교출판부, 2007~2008.

로지 잭슨, 서강여성문학연구회 옮김, 『환상성』, 문학동네, 2001.

박정자, 『시선은 권력이다』, 기파랑, 2008.

서동욱, 「공명 효과―들뢰즈의 문학론」, 『철학 사상』 27권, 서울대학교 철학사상연구소, 2008.

이강옥, 「구운몽에서 구름의 의미와 주제」, 『국어국문학』 151권, 국어국문학회, 2009.

이강옥, 「구운몽의 환몽 경험과 주제」, 『고소설연구』 28권, 한국고소설학회, 2009.

이주영, 「구운몽에 나타난 욕망의 문제」, 『고소설연구』 제13권, 한국고소설학회, 2002.

이진경, 『노마디즘』 1, 2권, 휴머니스트, 2002.

자크 라캉, 권택영 외 옮김, 『욕망이론』, 문예출판사, 1994.

정규복, 『구운몽 연구』, 고려대학교출판부, 1984.

정병설, 『구운몽도』, 문학동네, 2010.

조셉 캠벨, 이윤기 옮김, 『신화의 힘』, 이끌리오, 2002.

조셉 캠벨, 이윤기 옮김, 『천의 얼굴을 가진 영웅』, 민음사, 1999.

정병설, 『구운몽도』, 문학동네, 2010.

조동일, 『한국소설의 이론』, 지식산업사, 1977.

조동일, 『한국문학사상사시론』, 지식산업사, 1978.

질 들뢰즈, 서동욱 외 옮김, 『프루스트와 기호들』, 민음사, 2004.

질 들뢰즈, 김상환 옮김, 『차이와 반복』, 민음사, 2004.

채 운, 『예술의 달인, 호모 아르텍스』, 그린비, 2007.

채 운, 『재현이란 무엇인가』, 그린비, 2009.

프로이트, 윤희기·박찬부 옮김, 『정신분석학의 근본 개념』, 열린책들, 1997.

한형조 옮김, E. 콘즈, 『한글세대를 위한 불교』, 세계사, 1990.

황병하, 「환상 문학과 한국 문학」, 『세계의 문학』 84, 민음사, 1997 여름.